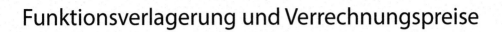

# Funktionsverlagerung und Verrechnungspreise

Björn Heidecke · Richard Schmidtke
Jobst Wilmanns
(Hrsg.)

# Funktionsverlagerung und Verrechnungspreise

Rechtsgrundlagen, Bewertungen, Praxistipps

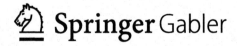

*Herausgeber*
Björn Heidecke
Hamburg, Deutschland

Jobst Wilmanns
Frankfurt/Main, Deutschland

Richard Schmidtke
München, Deutschland

ISBN 978-3-658-09025-8     ISBN 978-3-658-09026-5  (eBook)
DOI 10.1007/978-3-658-09026-5

Die Deutsche Nationalbibliothek verzeichnet diese Publikation in der Deutschen Nationalbibliografie; detaillierte bibliografische Daten sind im Internet über http://dnb.d-nb.de abrufbar.

Springer Gabler
© Springer Fachmedien Wiesbaden GmbH 2017
Das Werk einschließlich aller seiner Teile ist urheberrechtlich geschützt. Jede Verwertung, die nicht ausdrücklich vom Urheberrechtsgesetz zugelassen ist, bedarf der vorherigen Zustimmung des Verlags. Das gilt insbesondere für Vervielfältigungen, Bearbeitungen, Übersetzungen, Mikroverfilmungen und die Einspeicherung und Verarbeitung in elektronischen Systemen.
Die Wiedergabe von Gebrauchsnamen, Handelsnamen, Warenbezeichnungen usw. in diesem Werk berechtigt auch ohne besondere Kennzeichnung nicht zu der Annahme, dass solche Namen im Sinne der Warenzeichen- und Markenschutz-Gesetzgebung als frei zu betrachten wären und daher von jedermann benutzt werden dürften.
Der Verlag, die Autoren und die Herausgeber gehen davon aus, dass die Angaben und Informationen in diesem Werk zum Zeitpunkt der Veröffentlichung vollständig und korrekt sind. Weder der Verlag noch die Autoren oder die Herausgeber übernehmen, ausdrücklich oder implizit, Gewähr für den Inhalt des Werkes, etwaige Fehler oder Äußerungen.

Gedruckt auf säurefreiem und chlorfrei gebleichtem Papier

Springer Gabler ist Teil von Springer Nature
Die eingetragene Gesellschaft ist Springer Fachmedien Wiesbaden GmbH
Die Anschrift der Gesellschaft ist: Abraham-Lincoln-Str. 46, 65189 Wiesbaden, Germany

# Vorwort

*Zu wissen, was man weiß,
und zu wissen, was man tut,
das ist Wissen.*
*Konfuzius*

Konzernsteuerpolitik hat in den letzten Jahren weltweit das Interesse der Öffentlichkeit auf sich gezogen. Es vergeht kaum eine Woche, in der nicht investigative Journalisten und Organisationen die Steuerpolitik international agierender Konzerne untersuchen und veröffentlichen. Die Finanzorganisation multinationaler Unternehmen steht somit nicht nur vor der Herausforderung, steuerliche Sachverhalte gegenüber den jeweiligen Finanzverwaltungen zu verteidigen, sondern vielmehr die Konzerne vor Reputationsschäden zu schützen. Dort, wo die Grenzen zwischen Legalität und Legitimität ausgereizt werden, gilt ein besonderes öffentliches Interesse. Die Gefahr derart öffentlich geführter Diskussionen ist die Pauschalierung und somit das Risiko – trotz einer seriösen Konzernsteuerpolitik – mit in den Strudel der Diskussionen gezogen zu werden. Umso wichtiger erscheint es, die Rahmenbedingungen und die Parameter einer Konzernsteuerstrategie zu verstehen, um diese beurteilen zu können.

Basierend auf den G-20-Beschlüssen in St. Petersburg im Jahr 2012 hat die OECD Empfehlungen im Rahmen der sog. BEPS-Aktionspunkte verabschiedet, die nun über die verschiedenen Handlungsebenen (nationales Recht, Völkerrecht, EU-Recht) umgesetzt werden sollen. Martin Kreienbaum, Leiter der Unterabteilung für internationales Steuerrecht des Bundesministerium für Finanzen, beschrieb auf dem 4. BMF-Symposium zur internationalen Steuerpolitik am 27. November 2015 die Umsetzung des BEPS-Aktionsplans wie folgt: „Auf die Globalisierung der Wirtschaft folgt nun die Globalisierung der steuerpolitischen Entscheidungen mit einer Globalisierung der Steuerverwaltungen als nächstem Schritt." Kernziele der BEPS-Aktionspunkte sind die Schaffung von internationaler Abstimmung, um beispielsweise weiße Einkünfte zu vermeiden, die

Erfüllung von Substanzanforderungen sowie eine erhöhte Transparenz, beispielsweise durch Informationssautausch zwischen den Finanzverwaltungen.

Vorboten des BEPS-Aktionsplans waren nach Einführung der Verrechnungspreisdokumentationsvorschriften im Jahr 2003 sowie anschließend die international erstmaligen gesetzlichen Regelungen zur Funktionsverlagerung. Auch dieser Weg hin zum neu gefassten § 1 Abs. 3 AStG im Rahmen des Unternehmenssteuerreformgesetzes 2008 war geprägt von der öffentlichen Vermutung, dass Umstrukturierungen in Konzernen vielfach steuerlich getrieben sind. Die OECD ergänzte in Folge einer international intensiven Auseinandersetzung zum Thema Funktionsverlagerung die OECD-Verrechnungspreisrichtlinien um das Kap. 5 „Business Restructuring". In beiden Regelungen stehen im Fokus der Betrachtung die Fragen nach der definitorischen Abgrenzung der Begriffe „Funktionsverlagerung" bzw. „Business Restructuring", der Anwendung des hypothetischen Fremdvergleichs sowie in der Folge die Bewertung etwaiger steuerlicher Ausgleichszahlungen. In der Praxis hat sich mittlerweile erwiesen, dass sich die steuerlichen Konsequenzen von konzerninternen Umstrukturierungen zunehmend investitionshemmend auswirken. Es muss jedoch auch von der Finanzverwaltung, den Gesetzgebern und Steuerorganisationen sowie der OECD in Betracht gezogen werden, dass Konzerne im Kontext permanent veränderter Rahmenbedingungen, wie z. B. gegenwärtig die digitale Revolution, und der Erhaltung der Wettbewerbsfähigkeit gezwungen sind, sich immer wieder neu zu erfinden und somit bestehende Strukturen in Fragen zu stellen. Nicht nur sondern insbesondere auch in Deutschland wird das Thema „Vorliegen einer Funktionsverlagerung" in laufenden Betriebsprüfungen verstärkt – auch teilweise aggressiv – aufgegriffen. In vielen Fällen werden pauschalierte Vermutungen bei Veränderungen von konzerninternen Wertschöpfungsketten angestellt, ohne dass weder eine eingehende betriebswirtschaftliche Untersuchung noch eine ausreichende Auseinandersetzung mit dem vorhandenen steuerlichen Regelungswerk vorgenommen wird. Sowohl durch die bestehende Betriebsprüfungspraxis als auch durch die Umsetzung der OECD-Maßnahmen zu BEPS ist mit einer erheblichen Zunahme an Doppelbesteuerungen im Kontext von konzerninternen Umstrukturierungen und der hiermit verbundenen Anwendung der Regelungen zur Funktionsverlagerung zu rechnen.

Im vorliegenden Handbuch „Funktionsverlagerung und Verrechnungspreise" haben sich interdisziplinär erfahrene und mit der Praxis verbundene Verrechnungspreisexperten, Rechtsanwälte, Unternehmensberater, Industrievertreter und Vertreter der Finanzverwaltung mit dem Themenkomplex „Funktionsverlagerung" befasst und systematisch die betriebswirtschaftlichen Grundlagen, die steuerlichen und rechtlichen Regelungen, Bewertungsaspekte sowie die hiermit verbundenen Mitwirkungspflichten des Steuerpflichtigen analysiert. In den Kapiteln setzen sich die Autoren kritisch mit den Fragen auseinander, wann eine Funktionsverlagerung vorliegt und welche steuerlichen Konsequenzen hieraus erwachsen. Es wurde bewusst eine praxisbezogene Darstellung gewählt, in der auch Erfahrungen und Implikationen zu Wort kommen. Am Ende des Handbuches geben Entscheidungsträger aus verschiedenen Industrien sowie Vertreter der Finanzverwaltung Einschätzungen und Erfahrungen im praktischen Umgang mit dem Thema Funktionsverlagerung.

Insofern ist das Ziel dieses Praxishandbuchs, den Leser umfassend interdisziplinär zu Fragestellungen im Kontext von Funktionsverlagerungen zu informieren, bei konzerninternen Umstrukturierungen Handlungsoptionen aufzuzeigen sowie aus der betriebswirtschaftlichen, der steuerlichen und rechtlichen Sichtweise zu begleiten. Es ist unvermeidlich im Publikationsprozess einem Zeitpunkt zu definieren, nachdem keine Änderungen in Rechtssprechung und Gesetzesentwicklung mehr berücksichtigt werden können. Diese 1. Auflage reklamiert als Redaktionsschluss den 01.06.2016. Der Aufbau und die Inhalte dieser Publikation sind in Anlehnung an die von Konfuzius formulierte Weisheit „Zu wissen, was man weiß, und zu wissen, was man tut, das ist Wissen." ausgerichtet.

Das vorliegende Buch wäre ohne die sehr gute Zusammenarbeit mit dem Springer Verlag, insbesondere ohne die Unterstützung von Herrn Andreas Funk, Frau Anna Pietras und Frau Sylvia Meier, nicht zustande gekommen. Besonderer Dank gilt den Unternehmensvertretern sowie der Finanzverwaltung für ihre Bereitschaft und ihre Zeit, den Fokus dieses Handbuchs im Rahmen von Interviews zu reflektieren. Zu nennen sind hier Frau Dr. Menninger, Herr Dr. Bremer, Herr Dr. Lagarden, Herr Kuckhoff und Herr Naumann. Des Weiteren möchten wir uns ganz herzlich bei den Kolleginnen und Kollegen Dr. Michèle Weynandt, Dr. Katharina Crössmann, Angelina Schulmeister, Regina Götz, Daniela Griese sowie dem Deloitte-Marketing-Team für die sehr konstruktive und kritische Unterstützung bedanken, die einen effizienten Umsetzungsprozess dieses Handbuches ermöglicht haben.

Für Anregungen und Hinweise sind wir dankbar. Wir freuen uns auf einen spannenden Austausch und wünschen Ihnen eine interessante Lektüre.

| | |
|---|---|
| Hamburg, Deutschland | Björn Heidecke |
| München, Deutschland | Richard Schmidtke |
| Frankfurt/Main, Deutschland | Jobst Wilmanns |
| Juni 2016 | |

# Inhaltsverzeichnis

**1 Verrechnungspreise bei Umstrukturierungen** .................... 1
Björn Heidecke und Heike Schenkelberg
  1.1 Einleitung ................................................ 1
  1.2 Verrechnungspreisthemen bei Umstrukturierungen ............... 2
    1.2.1 Verrechnungspreisthemen ............................. 4
    1.2.2 Ergänzende allgemeine steuerliche Themen ............. 10
  1.3 Zusammenfassung: Praxistipp................................ 15
  Literatur ..................................................... 16

**2 Betriebswirtschaftliche Grundlagen zu Umstrukturierungen** .......... 19
Björn Heidecke, Andreas Süß und Christine Hoefer
  2.1 Betriebswirtschaftliche Realitäten.......................... 19
  2.2 Umstrukturierung – Umwandlung – Sanierung – Restrukturierung?... 20
  2.3 Theoretischer Rahmen: Ein Struktur-Prozess-Modell
      der Umstrukturierung ....................................... 22
    2.3.1 Strukturdimension.................................... 22
    2.3.2 Zieldimension ....................................... 32
    2.3.3 Prozessdimension .................................... 34
  2.4 Praktische Anwendung: Implikationen für Bewertungen
      von Funktionsverlagerung................................... 37
  2.5 Praxisbeispiel Prozessebene: Deloitte-Value-Pyramide ........ 39
    2.5.1 Strategische Alternativen............................ 40
    2.5.2 Methodik ............................................ 42
  2.6 Zusammenfassung............................................ 49
  Literatur ..................................................... 50

**3 Gesellschaftsrechtliche Grundlagen einer Umstrukturierung** .......... 53
Felix Felleisen und Maximilian Backhaus
  3.1 Einführung................................................. 54
  3.2 Umstrukturierungsvorgänge auf gesellschaftsrechtlicher Grundlage ... 56

|  |  |  |  |
|---|---|---|---|
|  | 3.2.1 | Die gesellschaftsrechtlichen Umwandlungsmöglichkeiten | 56 |
|  | 3.2.2 | Grenzüberschreitende Sitzverlegung | 64 |
|  | 3.2.3 | Sonstige gesellschaftsrechtlich geprägte Umstrukturierungsmöglichkeiten | 68 |
| 3.3 | Umstrukturierungsvorgänge auf vertraglicher Grundlage | | 70 |
|  | 3.3.1 | Einleitung | 70 |
|  | 3.3.2 | Grundlagen zur Gestaltung einer vertraglichen Umstrukturierung | 71 |
|  | 3.3.3 | Entschädigung, Ausgleich und Schadensersatz bei vertraglichen Umstrukturierungen | 72 |
| 3.4 | Haftungsrisiken für Gesellschafter und Unternehmensleitung bei Umstrukturierungen | | 73 |
| 3.5 | Arbeitsrechtliche Konsequenzen von Umstrukturierungen | | 74 |
| 3.6 | Sonstige rechtliche Themen im Zusammenhang mit Umstrukturierungsvorgängen | | 77 |
| Literatur | | | 78 |

**4 Steuerrechtliche Rahmenbedingungen von Funktionsverlagerungen** .... 81
Michael Puls und Christina Storm

|  |  |  |  |
|---|---|---|---|
| 4.1 | Einleitung | | 81 |
| 4.2 | Tatbestandsmerkmale einer Funktionsverlagerung | | 83 |
|  | 4.2.1 | Überblick | 83 |
|  | 4.2.2 | Begriff der Funktion | 84 |
|  | 4.2.3 | Ausprägungsformen einer Funktionsverlagerung | 88 |
|  | 4.2.4 | Negativabgrenzung | 91 |
|  | 4.2.5 | Beispielhafte Fallgestaltungen einer Funktionsverlagerung | 94 |
| 4.3 | Transferpaket und Bewertungsansatz | | 97 |
|  | 4.3.1 | Tatsächlicher Fremdvergleich | 97 |
|  | 4.3.2 | Einzelbewertung als Ausnahme | 97 |
|  | 4.3.3 | Hypothetischer Fremdvergleich | 100 |
| 4.4 | Weitere praktische Überlegungen | | 104 |
|  | 4.4.1 | Zivilrechtliche Schadenersatz- bzw. Ausgleichsansprüche als Transferpaketersatz (§ 8 FVerlV) | 104 |
|  | 4.4.2 | Preisanpassungsregelung | 104 |
|  | 4.4.3 | Gestaltungsoption: Lizenzierung des Transferpakets | 105 |
|  | 4.4.4 | Funktionsverlagerung innerhalb Deutschlands – Anwendbarkeit der Geschäftschancenlehre | 106 |
| Literatur | | | 107 |

## 5 Business Restructurings aus Perspektive der OECD und aktuelle BEPS-Entwicklungen ... 111
Silke Lappé, Paul Chao und Michèle Weynandt
- 5.1 Einführung ... 111
- 5.2 Business Restructurings im Sinne der OECD ... 112
  - 5.2.1 Definition der Funktionsverlagerung bzw. Umstrukturierung ... 113
  - 5.2.2 Die Anwendung des Fremdvergleichsmaßstabs ... 113
  - 5.2.3 Die Systematik zur Bestimmung einer fremdüblichen Vergütung ... 115
  - 5.2.4 Überblick über die sonstigen Themengebiete in Kap. 9 OECD-Verrechnungspreisrichtlinien ... 121
- 5.3 Der BEPS-Aktionsplan der OECD ... 123
  - 5.3.1 Einführung ... 123
  - 5.3.2 Hintergründe zum BEPS-Aktionsplan ... 124
  - 5.3.3 Aufbau und Inhalt der einzelnen Maßnahmen ... 127
  - 5.3.4 Ausblick/Umsetzung in nationales Recht ... 136
- 5.4 Anwendungsbereich: BEPS und die Digitale Wirtschaft ... 143
  - 5.4.1 Hintergrund und Problemstellung ... 144
  - 5.4.2 Diskutierte Lösungsansätze ... 145
- Literatur ... 147

## 6 Transferpaketbewertung ... 149
Richard Schmidtke, Heike Schenkelberg und Florian Eger
- 6.1 Grundprinzipien bei der Transferpaketbewertung bei Funktionsverlagerungen ... 149
  - 6.1.1 Bewertungsobjekt und Bewertungsmaßstäbe ... 150
  - 6.1.2 Grundsätze der Transferpaketbewertung nach § 1 Abs. 3 AStG – hypothetischer Fremdvergleich als Bewertungsmethode ... 152
- 6.2 Transferpaketbewertung gemäß den Vorgaben der Finanzverwaltung ... 155
  - 6.2.1 Grundlegende Elemente der Transferpaketbewertung – Übersicht ... 156
  - 6.2.2 Bestimmung der Gewinnpotenziale und Barwertermittlung ... 156
  - 6.2.3 Kapitalisierungszeitraum ... 160
  - 6.2.4 Kapitalisierungszinssatz ... 161
  - 6.2.5 Berücksichtigung von Steuereffekten ... 163
  - 6.2.6 Bestimmung eines Wertes im Einigungsbereich ... 165
  - 6.2.7 Bewertung eines Transferpakets – Anwendungsbeispiel BMF-Schreiben FV ... 165

| | | | |
|---|---|---|---|
| | 6.3 | Transferpaketbewertung gemäß betriebswirtschaftlicher Grundsätze.............................................. | 169 |
| | | 6.3.1 Übersicht Barwertverfahren............................ | 169 |
| | | 6.3.2 Anwendungsbeispiele ................................ | 172 |
| | 6.4 | Zusammenfassung............................................ | 178 |
| | Literatur ............................................................ | | 179 |
| **7** | **Ermittlung des Kapitalisierungszinssatzes**.......................... | | **181** |
| | Björn Heidecke, Marc Hübscher und Florian Eger | | |
| | 7.1 | Einleitung ................................................... | 181 |
| | 7.2 | Gesetzliche Vorgaben im Rahmen der Funktionsverlagerung......... | 182 |
| | 7.3 | Der Kapitalisierungszinssatz beim DCF-Verfahren (WACC-Ansatz) vs. Ertragswertverfahren ..................... | 184 |
| | 7.4 | Eigenkapitalrendite ........................................... | 185 |
| | | 7.4.1 Eigenkapitalkosten nach dem CAPM-Ansatz............... | 185 |
| | 7.5 | Fremdkapitalrendite.......................................... | 208 |
| | 7.6 | Eigenkapital- und Fremdkapitalquote........................... | 208 |
| | 7.7 | Steuersatz................................................... | 210 |
| | 7.8 | Abschlussbeispiel: Ermittlung des WACC unter Einbezug des CAPM........................................ | 211 |
| | Literatur ............................................................ | | 250 |
| **8** | **Planzahlen, Wachstumsraten und der Terminal Value**................ | | **255** |
| | Björn Heidecke und Marc Hübscher | | |
| | 8.1 | Einleitung ................................................... | 255 |
| | 8.2 | Ermittlung von Wachstumsraten für die Detailplanungsphase ....... | 256 |
| | | 8.2.1 Das CAGR-Modell ................................... | 257 |
| | | 8.2.2 Zusammenhang zwischen verschiedenen Wachstumsraten der Gewinn- und Verlustrechnung........................ | 258 |
| | 8.3 | Die Ermittlung des Terminal Values ............................ | 260 |
| | | 8.3.1 Überblick............................................ | 260 |
| | | 8.3.2 Ermittlung von langfristigen Wachstumsraten für die Terminal-Value-Phase ................................. | 262 |
| | Literatur ............................................................ | | 263 |
| **9** | **Ausgleichsanspruch nach § 89b HGB für Vertriebsunternehmen und die Bedeutung für die Bewertung von Funktionsverlagerungen** ..... | | **265** |
| | Felix Felleisen, Björn Heidecke und Janis Sussick | | |
| | 9.1 | Einleitung ................................................... | 266 |
| | 9.2 | Profile: Eigenhändler, Kommissionär und Handelsvertreter.......... | 267 |
| | | 9.2.1 Eigenhändler ........................................ | 267 |
| | | 9.2.2 Verkaufskommissionär ................................ | 267 |
| | | 9.2.3 Handelsvertreter...................................... | 268 |
| | | 9.2.4 Zusammenfassung.................................... | 268 |

| | | | |
|---|---|---|---|
| 9.3 | | Tatbestandsmerkmal „Ausgleichsanspruch" | 268 |
| | 9.3.1 | Beendigung | 269 |
| | 9.3.2 | Erhebliche Vorteile | 270 |
| | 9.3.3 | Billigkeit | 270 |
| 9.4 | | Analoge Anwendung | 270 |
| 9.5 | | Ausschluss des § 89b HGB | 272 |
| | 9.5.1 | Kein grundsätzlicher Ausschluss des § 89b HGB bei Konzernsachverhalten | 272 |
| | 9.5.2 | Ausschluss des Ausgleichsanspruchs | 272 |
| 9.6 | | Höhe des Ausgleichsanspruchs | 276 |
| | 9.6.1 | Berechnungsgrundlagen | 276 |
| | 9.6.2 | Besonderheiten bei Eigenhändlern | 277 |
| | 9.6.3 | Höchstgrenze | 278 |
| 9.7 | | Vereinfachte Berechnung für Eigenhändler | 278 |
| 9.8 | | § 89b HGB bei Funktionsverlagerungen | 285 |
| | 9.8.1 | Anwendung dem Grunde nach | 286 |
| | 9.8.2 | Anwendung der Höhe nach | 286 |
| | 9.8.3 | Die Münchner Formel in der Kundenstammbewertung | 287 |
| | 9.8.4 | Anwendung bei einer Funktionsabschmelzung | 287 |
| Literatur | | | 288 |

**10 Multiplikatorverfahren** .................................... 291
Björn Heidecke und Janis Sussick

| | | | |
|---|---|---|---|
| 10.1 | | Überblick | 291 |
| 10.2 | | Anwendungsmöglichkeiten im Rahmen von Funktionsverlagerungen | 292 |
| 10.3 | | Funktionsweise des Multiplikatorverfahrens | 294 |
| | 10.3.1 | Schritt 1: Beschreibung des zu bewertenden Unternehmens | 295 |
| | 10.3.2 | Schritt 2: Auswahl des Multiplikators | 296 |
| | 10.3.3 | Schritt 3: Auswahl von Vergleichsunternehmen | 302 |
| | 10.3.4 | Schritt 4: Berechnung der Multiplikatoren | 307 |
| | 10.3.5 | Schritt 5: Wertermittlung | 311 |
| 10.4 | | Zusammenfassung: Eingeschränkte Anwendbarkeit bei Funktionsverlagerungen | 312 |
| Literatur | | | 314 |

**11 Funktionsverlagerungen bei Betriebsstätten** ............... 317
Julia Gehri, Claas Buurman und Jochen Breunig

| | | |
|---|---|---|
| 11.1 | Einleitung | 317 |
| 11.2 | Betriebsstättenbegründung aufgrund einer Umstrukturierung | 318 |
| 11.3 | Die Betriebsstätte als Besteuerungstatbestand | 318 |
| 11.4 | Begriff der Betriebsstätte | 319 |
| 11.5 | Die Besteuerung der Betriebsstätte | 321 |

| | | | |
|---|---|---|---|
| | 11.6 | Aktuelle Entwicklungen in Zusammenhang mit Betriebsstätten | 322 |
| | | 11.6.1 Internationale Urteile | 322 |
| | | 11.6.2 BEPS-Maßnahme Nr. 7 | 323 |
| | | 11.6.3 Auswirkungen der neuen Regelungen | 328 |
| | 11.7 | Die Gewinnaufteilung und Einkünfteermittlung in Betriebsstättenfällen durch Verankerung des Fremdvergleichsgrundsatzes im nationalen Recht gemäß § 1 Abs. 5 AStG | 329 |
| | | 11.7.1 Rechtliche Entwicklung | 329 |
| | | 11.7.2 Die Anwendung des Fremdvergleichsgrundsatzes auf Betriebsstätten per Selbstständigkeitsfiktion | 330 |
| | | 11.7.3 Die Gewinnaufteilung und Einkünfteermittlung in Betriebsstättenfällen | 331 |
| | | 11.7.4 Zweistufige Vorgehensweise für die Gewinnaufteilung bzw. Einkünfteermittlung | 332 |
| | | 11.7.5 Die Betriebsstättengewinnaufteilungsverordnung (BsGaV) | 333 |
| | | 11.7.6 Entwurf Verwaltungsgrundsätze Betriebsstättengewinnaufteilung (VWG BsGa-E) | 334 |
| | | 11.7.7 Verhältnis von § 1 Abs. 5 AStG gegenüber den DBAs | 335 |
| | 11.8 | Umstrukturierungen bei Betriebsstätten und damit einhergehende Entstrickungen sowie Funktionsverlagerungen | 336 |
| | | 11.8.1 Bedeutung der Personalfunktion | 336 |
| | | 11.8.2 Entstrickung/Überführung einzelner Wirtschaftsgüter | 339 |
| | | 11.8.3 Funktionsverlagerungen | 342 |
| | Literatur | | 349 |
| **12** | **Bewertungen im Rahmen von Umstrukturierungen insbesondere für handelsbilanzielle Zwecke** | | **351** |
| | Steffen Säuberlich und Ulrike Scharnowski | | |
| | 12.1 | Einleitung | 351 |
| | 12.2 | Wesentliche IDW-Standards und Rechnungslegungsvorschriften | 352 |
| | | 12.2.1 IDW-S1- Gutachten | 353 |
| | | 12.2.2 PPA-Gutachten gemäß IFRS 3 | 365 |
| | 12.3 | Zusammenfassung | 379 |
| | Literatur | | 380 |
| **13** | **Steuerrechtliche Grenzen bei Umstrukturierungen** | | **383** |
| | Steffen Voll, Roland Pfeiffer und Paul Chao | | |
| | 13.1 | Einleitung | 383 |
| | 13.2 | Vertragliche Gestaltungen | 385 |
| | | 13.2.1 Bedeutung von konzerninternen Verträgen | 385 |
| | | 13.2.2 Konzerninterne Verträge und (abweichendes) tatsächliches Verhalten | 387 |

| | 13.2.3 | Grundsätze der sog. Substance over Form | 387 |
|---|---|---|---|
| | 13.2.4 | Konzerninterne Verträge und von dem Vereinbarten abweichende steuerliche Rechtsfolgen | 389 |
| 13.3 | | Substanzerfordernisse und künstliche Gestaltungen | 391 |
| | 13.3.1 | Einführung | 391 |
| | 13.3.2 | Personelle und sachliche Substanz | 392 |
| | 13.3.3 | Missbrauch von rechtlichen Gestaltungsmöglichkeiten (§ 42 AO) | 393 |
| | 13.3.4 | Hinzurechnungsbesteuerung (§ 7 ff. AStG) | 396 |
| 13.4 | | Weitere steuerlich relevante Vorschriften für Umstrukturierungen | 398 |
| | 13.4.1 | Fremdvergleichsgrundsatz (§ 1 Abs. 1 S. 1 AStG) | 398 |
| | 13.4.2 | Mindestbesteuerung (§ 10d EStG) | 399 |
| | 13.4.3 | Zinsschranke (§ 4h EStG i. V. m. § 8a KStG) | 400 |
| | 13.4.4 | Verhinderung der doppelten Verlustnutzung bei Organschaften (§ 14 Abs. 1 S. 1 Nr. KStG) | 401 |
| | 13.4.5 | Funktionsverlagerung (§ 1 Abs. 3 S. 9 f. AStG) | 402 |
| | 13.4.6 | Ausweitung des Korrespondenzprinzips (§ 8b Abs. 1 S. 2 KStG) | 402 |
| | 13.4.7 | Verlustabzug bei Körperschaften (§ 8c KStG) | 403 |
| | 13.4.8 | Negative Einkünfte mit Bezug zu Drittstaaten (§ 2a EStG) | 404 |
| | 13.4.9 | Versagen von Abkommensvorteilen (§ 50d Abs. 3 EStG, § 50d Abs. 9 EStG) | 404 |
| | 13.4.10 | § 50d Abs. 3 EStG (Vermeidung von „Treaty-Shopping" und „Directive-Shopping") | 405 |
| | 13.4.11 | § 50d Abs. 9 EStG (Einschränkung der DBA-Freistellungsmethode) | 408 |
| | 13.4.12 | Exkurs: Treaty Override | 409 |
| 13.5 | | Internationaler Informationsaustausch in Steuersachen | 409 |
| | 13.5.1 | Einführung | 409 |
| | 13.5.2 | Rechtsgrundlagen für den Informationsaustausch | 410 |
| | 13.5.3 | Grenzüberschreitende Betriebsprüfungen (Joint Audit) | 414 |
| Literatur | | | 415 |

**14 Mitwirkungs- und Aufzeichnungspflichten** .......... 419
Richard Schmidtke und Patrick Tränka

| 14.1 | | Mitwirkungspflichten | 419 |
|---|---|---|---|
| | 14.1.1 | Allgemeine Mitwirkungspflichten | 420 |
| | 14.1.2 | Erweiterte Mitwirkungspflichten | 424 |
| | 14.1.3 | Aufzeichnungspflichten | 425 |

|   |   |   |   |
|---|---|---|---|
| | 14.2 | Verwertbarkeit bzw. Unverwertbarkeit von Aufzeichnungen......... | 444 |
| | | 14.2.1 Schätzungsbefugnis................................. | 445 |
| | | 14.2.2 Verwertbarkeit bzw. Unverwertbarkeit von Aufzeichnungen... | 445 |
| | | 14.2.3 Berichtigungen der Einkünfte bei verwertbaren Aufzeichnungen.................................. | 447 |
| | Literatur ....................................................... | | 450 |

## 15 Umsatzsteuer bei Umstrukturierungen ............................. 453
Heiko Borberg und Stefan Runge

|   |   |   |
|---|---|---|
| 15.1 | Relevanz der Umsatzsteuer bei Umstrukturierungen ............... | 453 |
| 15.2 | Umsatzsteuerliche Aspekte in der Umstrukturierung .............. | 454 |
| | 15.2.1 Zentrale Ausgangsfrage: Vorliegen einer Geschäftsveräußerung im Ganzen...................... | 454 |
| | 15.2.2 Kein Vorliegen einer Geschäftsveräußerung im Ganzen..... | 464 |
| 15.3 | Das Recht auf Vorsteuerabzug................................ | 469 |
| | 15.3.1 Kumulative Voraussetzungen für den Vorsteuerabzug ...... | 470 |
| | 15.3.2 Praxisbeispiele...................................... | 470 |
| | 15.3.3 Geltendmachung von Vorsteuerbeträgen................. | 472 |
| 15.4 | Umsatzsteuerliche Aspekte nach einer Umstrukturierung .......... | 473 |
| | 15.4.1 Marktauftritt ....................................... | 473 |
| | 15.4.2 Verfahrensrechtliche Aspekte ......................... | 476 |
| | 15.4.3 Weitere organisatorische Aspekte im Rahmen von Umstrukturierungen .............................. | 478 |
| Literatur ....................................................... | | 479 |

## 16 Industrieperspektiven auf Funktionsverlagerungen .................... 481
Björn Heidecke, Richard Schmidtke und Jobst Wilmanns

|   |   |   |
|---|---|---|
| 16.1 | Einleitung ............................................... | 481 |
| 16.2 | Retail-und-Consumer ....................................... | 482 |
| | 16.2.1 Typische Merkmale der Industrie ...................... | 482 |
| | 16.2.2 Typische Wertschöpfungsketten ....................... | 483 |
| | 16.2.3 Erfolgsfaktoren ..................................... | 484 |
| | 16.2.4 Langfristige Trends ................................. | 484 |
| | 16.2.5 Mögliche Funktionsverlagerungen ..................... | 485 |
| 16.3 | Automobilindustrie ........................................ | 486 |
| | 16.3.1 Typische Merkmale der Industrie ...................... | 486 |
| | 16.3.2 Typische Wertschöpfungsketten ....................... | 487 |
| | 16.3.3 Erfolgsfaktoren in der Automobilindustrie ............... | 487 |
| | 16.3.4 Langfristige Trends ................................. | 489 |
| | 16.3.5 Mögliche Funktionsverlagerungen ..................... | 490 |
| 16.4 | Technologieindustrie........................................ | 491 |
| | 16.4.1 Typische Merkmale der Industrie ...................... | 491 |
| | 16.4.2 Typische Wertschöpfungskette ........................ | 492 |

|  |  |  |  |
|---|---|---|---|
| | 16.4.3 | Langfristige Trends | 492 |
| | 16.4.4 | Mögliche Funktionsverlagerungen | 495 |
| 16.5 | Pharmazeutische Industrie | | 496 |
| | 16.5.1 | Typische Merkmale der Industrie | 496 |
| | 16.5.2 | Typische Wertschöpfungsketten | 498 |
| | 16.5.3 | Erfolgsfaktoren | 500 |
| | 16.5.4 | Langfristige Trends | 500 |
| | 16.5.5 | Mögliche Funktionsverlagerungen | 501 |
| 16.6 | Chemische Industrie | | 501 |
| | 16.6.1 | Typische Merkmale der Industrie | 501 |
| | 16.6.2 | Typische Wertschöpfungsketten | 504 |
| | 16.6.3 | Erfolgsfaktoren | 505 |
| | 16.6.4 | Langfristige Trends | 506 |
| | 16.6.5 | Mögliche Funktionsverlagerungen | 507 |
| 16.7 | Versicherungsindustrie | | 508 |
| | 16.7.1 | Typische Merkmale der Industrie | 508 |
| | 16.7.2 | Typische Wertschöpfungsketten | 509 |
| | 16.7.3 | Erfolgsfaktoren | 510 |
| | 16.7.4 | Langfristige Trends | 511 |
| | 16.7.5 | Mögliche Funktionsverlagerungen | 511 |
| 16.8 | Banken | | 512 |
| | 16.8.1 | Typische Merkmale der Industrie | 512 |
| | 16.8.2 | Typische Wertschöpfungsketten | 513 |
| | 16.8.3 | Erfolgsfaktoren im Geschäftsmodell von Banken | 514 |
| | 16.8.4 | Langfristige Trends | 514 |
| | 16.8.5 | Aspekte von Funktionsverlagerungen | 515 |
| Literatur | | | 516 |
| **17** | **„Im Gespräch…"** | | 519 |
| Björn Heidecke, Richard Schmidtke und Jobst Wilmanns | | | |
| 17.1 | „… mit Vertretern der Industrie" | | 520 |
| 17.2 | „… mit einem ehemaligen Betriebsprüfer" | | 529 |
| 17.3 | „… mit einem Vertreter des BMF" | | 534 |
| Literatur | | | 541 |
| **Stichwortverzeichnis** | | | 543 |

# Verrechnungspreise bei Umstrukturierungen

Björn Heidecke und Heike Schenkelberg

**Leitfragen dieses Kapitels:**

- Welche Verrechnungspreisthemen können bei Umstrukturierungen relevant sein?
- An welcher Stelle ergeben sich bei Umstrukturierungen Schnittstellen zur Funktionsverlagerung?
- Welche weiteren steuerlichen Themen können damit verbunden sein?
- Wo finde ich in dem vorliegenden Buch weitergehende Informationen zu den einzelnen Themen?

## 1.1 Einleitung

„Für den Begriff der Umstrukturierung der Geschäftstätigkeit gibt es keine gesetzlich verankerte oder allgemein anerkannte Definition."[1] Da nichts beständiger ist als der Wandel, sind multinationale Unternehmen gezwungen, laufend Umstrukturierungen vorzunehmen. Steuerlich löst die Umstrukturierung einer Geschäftstätigkeit für sich alleine

---

[1] Vgl. *Tz. 9.1 OECD-Verrechnungspreisleitlinien.*

---

Die Autoren danken Katharina Crößmann für wertvolle Unterstützung.

---

B. Heidecke (✉)
Hamburg, Deutschland
E-Mail: bheidecke@deloitte.de

H. Schenkelberg
Düsseldorf, Deutschland
E-Mail: hschenkelberg@deloitte.de

© Springer Fachmedien Wiesbaden GmbH 2017
B. Heidecke et al. (Hrsg.), *Funktionsverlagerung und Verrechnungspreise,*
DOI 10.1007/978-3-658-09026-5_1

keine Rechtsfolgen aus. Erst die Durchführung einzelner Maßnahmen im Rahmen einer Umstrukturierung der Geschäftstätigkeit, beispielsweise die Neugründung einer Gesellschaft, der Verkauf von Wirtschaftsgütern oder auch die Entlassung von Arbeitnehmern, kann zu bestimmten Rechtsfolgen führen. Da diese Maßnahmen – und nicht die Umstrukturierung der Geschäftstätigkeit an sich – ursächlich für die Rechtsfolgen sind, wird im Allgemeinen keine Definition des Tatbestandsmerkmals „Umstrukturierung der Geschäftstätigkeit" benötigt. Im Bereich der Verrechnungspreise sah der deutsche Gesetzgeber allerdings eine Notwendigkeit, eine Umstrukturierung der Geschäftstätigkeit basierend auf den Tatbestandsmerkmalen der sog. Funktionsverlagerung zu konkretisieren, um mithilfe von gesetzlichen Regelungen angemessene Verrechnungspreise zu bestimmen (vgl. Gesetzesbegründung Unternehmenssteuerreform 2008).[2]

Dieses Buch gibt einen Überblick über die wesentlichen, praxisrelevanten Themen im Bereich der Verrechnungspreise unter Berücksichtigung von Industriespezifika für Umstrukturierungen der Geschäftstätigkeit. Der Leser wird mit den relevanten Bewertungsgrundlagen vertraut gemacht, wobei die Frage, wie eine Funktionsverlagerung identifiziert und bewertet werden kann, einen Kernaspekt des Buchs darstellt. Darüber hinaus werden Dokumentationsanforderungen thematisiert und Schnittstellen zur Umsatzsteuer, zu Bewertungen für bilanzielle Zwecke und zur gesellschaftsrechtlichen Grundlage von Umstrukturierungen ausgeführt. Die Darstellung von aktuellen Diskussionen auf OECD-Ebene zum Thema „Gewinnverschiebung" und „BEPS" ist in einem aktuellen Praxisbuch geboten und daher auch hier aufgenommen.

## 1.2 Verrechnungspreisthemen bei Umstrukturierungen

Tz. 9.1 der OECD-Verrechnungspreisleitlinien definiert eine Umstrukturierung der Geschäftstätigkeit als eine grenzüberschreitende Verlagerung von Funktionen, Wirtschaftsgütern und/oder Risiken eines multinationalen Unternehmens. Diese Umstrukturierung der Geschäftstätigkeit führt regelmäßig zu einer veränderten Gewinnverteilung innerhalb des Konzerns. Die durchgeführten Funktionen, die getragenen Risiken und die eingesetzten Wirtschaftsgüter bestimmen die unter dem Fremdvergleichsgrundsatz zu erzielenden

---

[2]Vgl. Für eine tiefgehende Beschäftigung mit den Grundlagen der Verrechnungspreise einschließlich Dokumentationspflichten und einigen Spezialthemen sei auf Renz & Wilmanns (2013) sowie Dawid & Dorner (2013) verwiesen. Bittner & Heidecke (2013) liefern in einem Kurzbeitrag einen kondensierten Überblick zu den Grundlagen des Transfer Pricing einschließlich von Rechtsgrundlagen. Sie erläutern zudem anhand eines Zahlenbeispiels die einzelnen Methoden einschließlich der Vor- und Nachteile sowie typischer Anwendungsgebiete. Heidecke, et al. (2015a, 2015b) ergänzen mit einer Fallstudie nebst Lösungsskizze. Wassermeyer & Baumhoff (2014), Vögele, et al. (2015) und Kroppen (2016) kommentieren die Gesetzesnormen, Richtlinien und Verwaltungsanweisungen sowie den internationalen Kontext. Darüber hinaus stellen sie einen rechtlichen Schwerpunkt einzelner Verrechnungspreisthemen heraus.

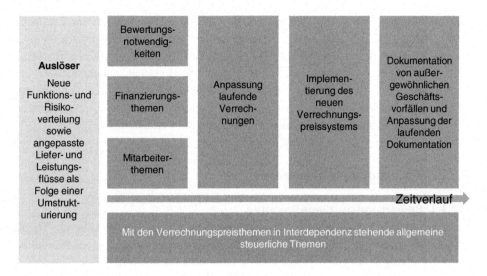

**Abb. 1.1** Verrechnungspreise bei Umstrukturierungen. (Quelle: Eigene Darstellung)

Gewinne, da diese Vergleichskriterien entscheidend für die Bestimmung der Vergleichstransaktionen sind. Regelmäßig kann auf dem Markt beobachtet werden, dass mehr durchgeführte Funktionen, mehr getragene Risiken und mehr eingesetzte Wirtschaftsgüter zu höheren erwarteten Gewinnen führen. Werden Funktionen, Risiken und Wirtschaftsgüter in einer anderen Jurisdiktion übernommen bzw. eingesetzt, so ist es folgerichtig, dass das Besteuerungsrecht an den Gewinnen der Funktionen, Risiken und Wirtschaftsgüter der anderen Jurisdiktion zufällt. Fraglich ist allerdings, ob für die Umstrukturierung der Geschäftstätigkeit Liefer- oder Leistungsbeziehungen zwischen den verbundenen Parteien eingegangen, geändert oder beendet werden, die fremdüblich zu vergüten sind.

Die Abb. 1.1 stellt mögliche Verrechnungspreisthemen in einem idealtypischen Zeitverlauf ausgehend von einer Umstrukturierung dar.

Durch Umstrukturierung können sich regelmäßig unmittelbar Bewertungsnotwendigkeiten ausgehend von der Übertragungen oder Überlassung von (immateriellen) Wirtschaftsgütern ergeben. Weiterhin sind (konzerninterne) Finanzierungsaspekte sowie Veränderungen in der Arbeitnehmerschaft oftmals unmittelbar an die Umstrukturierung gebunden. Beispielsweise erfordern Umstrukturierungen regelmäßig Mitarbeiterentsendungen in Anlaufphasen oder, dass Mitarbeiter bei einer anderen Konzerngesellschaft langfristig tätig werden und deshalb bei dieser Gesellschaft einen neuen Arbeitsvertrag erhalten. Im Bereich der Finanzierung kann es notwendig sein, eine im Zuge der Umstrukturierung neu gegründete Konzerngesellschaft mit Darlehen auszustatten, was zu konzerninternen Zinsverrechnungen oder der Vergabe von Garantien im Konzern führen kann.

Zeitlich nachgelagert ergibt sich möglicherweise eine Neukonzeption oder Anpassung der Verrechnungspreisrichtlinien im Konzern, einschließlich deren Implementierung. Darüber hinaus sind regelmäßig umfangreiche Dokumentationsanforderungen für

Verrechnungspreiszwecke zu erfüllen. Auch wenn diese Erfordernisse der Umstrukturierung oftmals nachgelagert sind, ist es ratsam, diese Aspekte und die möglichen finanziellen und steuerlichen Folgen bereits im Entscheidungsprozess zur Umstrukturierung abzubilden. Mit den verrechnungspreisspezifischen Themen stehen allgemeine steuerliche Implikationen in Wechselwirkung. Der folgende Abschnitt enthält weitere Ausführungen zu den möglichen Verrechnungspreisthemen sowie einen Überblick über mögliche steuerliche Themen und bietet gleichermaßen Verweise auf die weiteren Kapitel.

### 1.2.1 Verrechnungspreisthemen

#### 1.2.1.1 Bewertungsnotwendigkeiten

Ein zentrales Moment und sicher auch eines der am intensivsten diskutierten Themen sind die im Rahmen von Umstrukturierungen erforderlichen Bewertungen. Hierbei sind sowohl Einzelbewertungen von materiellen und immateriellen Vermögensgegenständen wie Lagerbestände, Maschinen, Kundenstämme oder Patente als auch Bewertungen von sog. Transferpaketen denkbar.[3]

Eine Transferpaketbewertung ist insbesondere bei einer sog. Funktionsverlagerung angezeigt. Eine Funktionsverlagerung liegt vor, wenn ein Unternehmen (verlagerndes Unternehmen) einem anderen, nahestehenden Unternehmen (übernehmendes Unternehmen) Wirtschaftsgüter und sonstige Vorteile sowie die damit verbundenen Chancen und Risiken überträgt oder zur Nutzung überlässt, damit das übernehmende Unternehmen eine Funktion ausüben kann, die bisher von dem verlagernden Unternehmen ausgeübt worden ist, und dadurch die Ausübung der betreffenden Funktion durch das verlagernde Unternehmen eingeschränkt wird, § 1 Abs. 3 S. 9 AStG i. V. m. § 1 Abs. 2 FVerlV.

Die Frage, unter welchen Voraussetzungen eine Umstrukturierung den Tatbestand der Funktionsverlagerung erfüllt, ist zentraler Gegenstand von Kap. 4. Im Vorgriff auf Kap. 4 fasst die Abb. 1.2 die Tatbestandsmerkmale einer Funktionsverlagerung gemäß § 1 Abs. 3 S. 9 AStG i. V. m. § 1 Abs. 2 FVerlV zusammen und bietet dem Leser somit einen ersten Überblick. Abhängig von der rechtlichen Ausgestaltung der Umstrukturierungen und der Würdigung mit Blick auf die Frage, ob eine Funktionsverlagerung vorliegt, sind entweder Einzelbewertungen oder Transferpaketbewertungen vorzunehmen.

Wenn alle in Abb. 1.2 dargestellten Tatbestandsmerkmale kumulativ erfüllt sind und damit eine Funktionsverlagerung dem Grund nach vorliegt, ist im nächsten Schritt die geeignete Verrechnungspreismethode für die Bewertung des entsprechenden Transferpa-

---

[3]Ein Transferpaket besteht aus einer Funktion und den mit dieser Funktion zusammenhängenden Chancen und Risiken sowie den Wirtschaftsgütern und Vorteilen, die das verlagernde Unternehmen dem übernehmenden Unternehmen zusammen mit der Funktion überträgt oder zur Nutzung überlässt, und den in diesem Zusammenhang erbrachten Dienstleistungen, § 1 Abs. 3 FVerlV.

1 Verrechnungspreise bei Umstrukturierungen

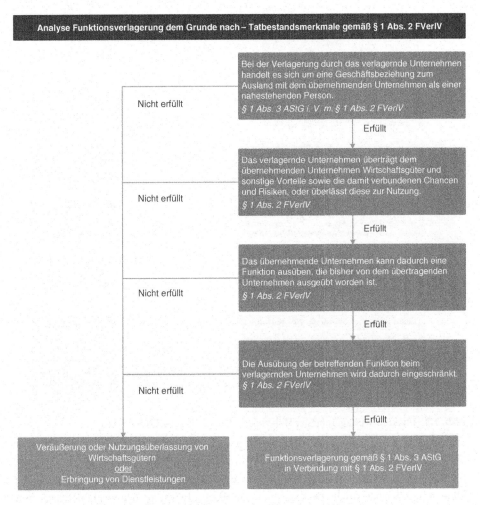

**Abb. 1.2** Funktionsverlagerung dem Grunde nach. (Quelle: Eigene Darstellung)

kets zu identifizieren und der Wert der Höhe nach zu bestimmen. Abb. 1.3 fasst die sich ergebenden Bewertungsnotwendigkeiten zusammen. Ausgehend von der Anwendung der Preisvergleichsmethode (§ 1 Abs. 3 S. 9 i. V. m. S. 5 i. V. m. S. 1 AStG) über Einzelbewertungen infolge von Escapeklauseln (§ 1 Abs. 3 S. 10 AStG) ist zumeist der hypothetische Fremdvergleich gemäß § 1 Abs. 3 S. 5 ff. AStG anzuwenden. Dieser ermittelt den Mindestpreis des verlagernden Unternehmens und die maximale Zahlungsbereitschaft des aufnehmenden Unternehmens. Ein Wert innerhalb dieser Bandbreite ist der anzuwendende Verrechnungspreis für das übertragene Transferpaket. Für eine detaillierte Beschreibung der Tatbestandsmerkmale mit Blick auf die Methodenwahl sei auf Kap. 4 verwiesen. Details zur Bewertung finden sich in Kap. 6. Weitere Methoden im Bereich der Einzelbewertung, wie die Bewertung von Kundenstämmen sowie Methoden zur

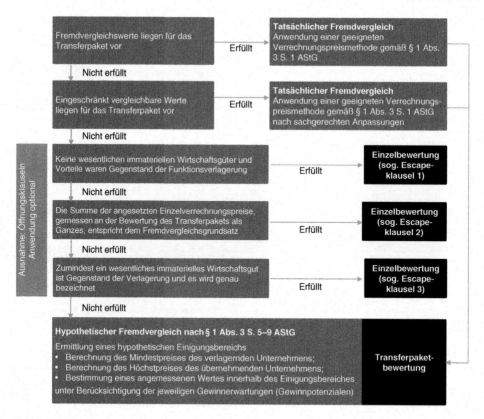

**Abb. 1.3** Funktionsverlagerung der Höhe nach. (Quelle: Eigene Darstellung)

Verprobung, beispielsweise über sog. Multiples, sind in Kap. 9 und Kap. 10 ausgeführt. In Kap. 12 finden sich zudem Ausführungen zu weiteren Bewertungsmöglichkeiten für bilanzielle Zwecke sowie Diskussionen zu Wechselwirkungen zwischen Bewertungen für steuerliche bzw. bilanzielle Zwecke.

### 1.2.1.2 Finanzierungsthemen

Bedingt durch Umstrukturierungen ergeben sich häufig kurz- und langfristige Finanzierungsnotwendigkeiten. Dies kann beispielsweise die Ausstattung einer im Rahmen der Umstrukturierung neu gegründeten Gesellschaft mit langfristigen Konzerndarlehen sein, die fremdüblich zu bepreisen sind. Gerade in der Gründungsphase können auch kurzfristige Darlehen zur Sicherung der Zahlungsfähigkeit benötigt werden. Zudem können sich Anpassungsnotwendigkeiten bei bestehenden Cash-Pool-Systemen ergeben.

Im Fall von (sowohl kurz- als auch langfristigen) innerbetrieblichen Darlehen ist der entsprechende Zinssatz grundsätzlich gemäß des Fremdvergleichsprinzips zu bestimmen (vgl. Abs. 4 BMF-Schreiben vom 23.2.1983). Hierbei sind alle Umstände des Einzelfalls zu berücksichtigen, insbesondere die Kredithöhe und Laufzeit, die Art und der Zweck des Kredites, Sicherheiten und Kreditwürdigkeit des Schuldners, die Kreditwährung, die Wechselkursrisiken bzw. Wechselkurschancen und etwaige Kurssicherungskosten, bei durchgeleiteten Krediten die Refinanzierungskosten sowie sonstige Umstände der Kreditgewährung.

Bei Cash-Pool-Systemen ist die Vergütung des Cash-Pools-Betreibers grundsätzlich nach Maßgabe der von ihm ausgeübten Funktionen und übernommenen Risiken und eingesetzten Wirtschaftsgütern zu bestimmen (vgl. BMF-Schreiben vom 12.04.2005, Tz. 3.4.10.2 zu Funktions- und Risikoanalysen). So können, je nach Funktions- und Risikoprofils des Cash-Pools-Betreibers, die entsprechenden Soll- und Haben-Zinssätze so ausgestaltet sein, dass dem Cash-Pool-Betreiber der gesamte Residualgewinn, ein angemessener Gewinnanteil oder auch nur ein Routinegewinn für administrative Leistungen zusteht. Gerade im Fall von Umstrukturierungen ist demnach genau zu prüfen, ob es durch die Reorganisation möglicherweise zu einer Anpassung der jeweiligen Funktions- und Risikoprofile der Cash-Pool-Teilnehmer kommt, und daher ggf. die Zinssätze entsprechend zu adjustieren sind.

### 1.2.1.3 Mitarbeiterbezogene Aspekte

Oftmals ergeben sich durch umstrukturierungsinduzierte Veränderungen in der Arbeitnehmerschaft notwendige Anpassungen von konzerninternen Verrechnungen. Aus Verrechnungspreissicht ist hierbei zwischen mit Umstrukturierungen einhergehenden Mitarbeiterversetzungen, Personalentsendungen und durch bestimmte Mitarbeiter einer der Transaktionspartner erbrachten Dienstleistungen zu unterscheiden. Während es im Rahmen von Mitarbeiterversetzungen zu einem permanenten Übergang von Mitarbeitern auf eine andere Gruppengesellschaft kommen kann, beispielsweise durch einen Wechsel von Mitarbeitern auf Management-Ebene zu einer im Rahmen der Umstrukturierung neu gegründeten Prinzipal-Gesellschaft, werden im Rahmen einer Personalentsendung die entsprechenden Arbeitnehmer nur für eine befristete Zeit in einer anderen Konzerngesellschaft tätig, beispielsweise in der Anlaufphase nach einer Umstrukturierung. Demgegenüber bleiben Mitarbeiter, welche für eine andere Konzerngesellschaft Dienstleistungen erbringen, grundsätzlich bei ihrer Konzerngesellschaft beschäftigt und sind wenn überhaupt nur kurzfristig im Rahmen ihrer Dienstleistungserbringung bei dem dienstleistungsempfangenen Unternehmen tätig.

Mit Hinblick auf Mitarbeiterversetzungen und damit einhergehenden Veränderungen der Mitarbeiterschaft, beispielsweise in dem Fall, in dem ein Strategieträger zu einer Routinegesellschaft abgeschmolzen wird und sich damit das Funktions- und Risikoprofil der jeweiligen Gesellschaften ändert, kann es ggf. zu notwendigen Anpassungen in der Vergütungsstruktur der Mitarbeiter – sowohl des Strategieträgers als auch der Routinegesellschaft – kommen. So stellt sich beispielsweise die Frage, ob eine umsatzabhängige Vergütung z. B. des Vorstandes der Gesellschaft angesichts des geänderten Funktions- und Risikoprofils der Gesellschaft noch angemessen und praktikabel ist. Unter Umständen erfordert ein angepasstes Verrechnungspreissystem die Anpassung des Vergütungssystems ausgehend von inneren Kontrollgrößen oder einer zusätzlichen Berechnung basierend auf internen Kontrollgrößen. Allerdings ist in diesem Zusammenhang zu beachten, dass in Bezug auf die Vergütungsstruktur von Mitarbeitern ggf. auch auf Faktoren abzustellen ist, die unabhängig vom Funktions- und Risikoprofil der Gesellschaft sind. So sollte die Vergütungsstruktur beispielsweise dazu dienen, Anreize zu setzen und die Identifikation der Mitarbeiter mit dem Unternehmen zu stärken, sodass eine Erfolgskomponente in Abhängigkeit von der Konzernprofitabilität auch bei einem geänderten Funktions- und Risikoprofil der Gesellschaft noch sinnvoll sein kann.

Werden Mitarbeiter in Folge einer Umstrukturierung für eine befristete Zeit in eine andere Konzerngesellschaft entsendet, so sind aus Verrechnungspreissicht in diesem Zusammenhang die Kosten sachgerecht aufzuteilen. Basierend auf dem BMF-Schreiben vom 09.11.2001 zur Arbeitnehmerentsendung ist hier zunächst zu fragen, welche der beteiligten Unternehmen dem Grunde nach ein Interesse an der Entsendung haben – das aufnehmende oder das entsendende Unternehmen. Im zweiten Schritt ist zu analysieren, welcher Betrag als Ausgleichszahlung der Höhe nach angemessen ist. Beispiele für einem aufwandsbasierten Ansatz sind u. a. das Grundgehalt, Auslandszulagen, Umzugs- und Reisebeihilfen aber auch übernommene Steuern und Zuführungen zu Pensionsrückstellungen (vgl. Tz. 2.3 BMF-Schreiben vom 09.11.2001). Gewinnaufschläge auf die Kosten im Fall von Personalentsendungen sind nicht zulässig (Tz. 2.3 BMF-Schreiben vom 09.11.2001). Im Kontext der Mitarbeiterentsendung ergeben sich neben den oben genannten Verrechnungspreisimplikationen ferner unmittelbar lohnsteuerliche Themen und Aspekte der Sozialversicherung, die Beachtung finden müssen.

Im Rahmen von Umstrukturierungen kommt es regelmäßig zu einer zusätzlichen Dienstleistungserbringung im Konzern, beispielsweise wenn ein zu einer Routinegesellschaft abgeschmolzenes Unternehmen aufgrund seiner Expertise in verschiedenen Bereichen dem Prinzipal entsprechende Services zur Verfügung stellt. Ebenso kann es infolge von Umstrukturierungen zu Änderungen im Hinblick auf bereits erbrachte konzerninterne Dienstleistungen kommen. In diesen Fällen können ebenfalls Anpassungen der Vergütungsstruktur und der zugrunde liegenden konzerninternen Verträge notwendig werden. Zu beachten ist hier, dass im Falle von konzerninternen Dienstleistungen – im Gegensatz zu der Verrechnung von Personalentsendungen – regelmäßig ein fremdüblicher Gewinnaufschlag festzulegen ist. Des Weiteren ist aus Verrechnungspreissicht sicherzustellen, dass alle relevanten Kosten im Rahmen der Dienstleistungsgebühr entsprechend berücksichtigt sind. Da die Steuerbehörden regelmäßig hinterfragen, ob konzerninterne Dienstleistungen zu einem tatsächlichen Nutzen beim empfangenden Unternehmen führen, empfiehlt es sich, entsprechende Belege vorzuhalten, dass die Dienstleistungen tatsächlich und zum Vorteil des empfangenden Unternehmens erbracht wurden.

### 1.2.1.4 Neukonzeption oder Anpassung des Verrechnungspreissystems

Umstrukturierungen beeinflussen die konzerninternen Liefer- und Leistungsbeziehungen und mithin die Ausgestaltung des Verrechnungspreissystems. Infolge von Umstrukturierungen sind daher zunächst die neuen Funktions- und Risikoprofile sowie die Aufteilung der wesentlichen materiellen und immateriellen Wirtschaftsgüter bezüglich der einzelnen konzerninternen Transaktionen zu analysieren. Regelmäßig ist nach einer

Umstrukturierung, ausgehend von einer solchen Analyse, eine Anpassung oder auch Neukonzeption der bestehenden Verrechnungspreisrichtlinien gefordert.

Des Weiteren sollte vor dem Hintergrund der aktuellen Diskussion auf OECD-Ebene zum Thema „Gewinnverschiebung" unter dem Stichwort „BEPS" (vgl. Kap. 5) sichergestellt werden, dass das operative Geschäft die neue Struktur, so wie sie in den zugrunde liegenden schuldrechtlichen Verträgen zwischen den Konzerngesellschaften vereinbart wurde, auch tatsächlich umsetzt. Dies sollte durch geeignete Unterlagen und Nachweise, wie E-Mails, Präsentationen, Entscheidungsvorlagen etc., zumindest auf Nachfrage belegt werden können (vgl. Kap. 14).

### 1.2.1.5 Implementierungsfragen

Ausgehend von einer ggf. notwendigen Anpassung oder Neukonzeptionierung des Verrechnungspreissystems nach einer Umstrukturierung ergibt sich nachgelagert die Frage der operativen Implementierung sowie der Überprüfung des neuen Verrechnungspreissystems. Dabei lässt sich der Prozess ausgehend von einer Konzeptionierung der Richtlinie über die entsprechende Implementierung hin zu einer Überprüfung des entsprechenden Verrechnungspreissystems in vier Phasen unterteilen:

- Prozessgestaltung
- Prozessimplementierung
- Dokumentation
- Review und Prüfung

Nach einer in Folge einer Umstrukturierung notwendigen Anpassung bzw. Neukonzeptionierung des Verrechnungspreissystems sind im Rahmen der Prozessgestaltung die für die Operationalisierung des Verrechnungspreissystems entscheidenden Prozesse festzulegen, beispielsweise mit Hinblick auf Workflows und Datenerfassung, dem eigentlichen Preissetzungsprozess sowie letztlich den Review- und Prüfungsprozessen in Bezug auf das neue Verrechnungspreissystem. Notwendige Änderungen des ERP-Systems sind ebenfalls entsprechend zu spezifizieren.

Der Prozessgestaltung nachgelagert ist es dann notwendig, im Rahmen der eigentlichen Prozessimplementierung das in Folge der Umstrukturierung geänderte oder neu aufgesetzte Verrechnungspreissystem zu operationalisieren. Mitarbeiterbezogen können Schulungen mit Hinblick auf die neu aufzusetzenden Prozesse notwendig werden. Prozess- bzw. systemseitig müssen dann die neu aufgesetzten konzerninternen Transaktionen implementiert und gesteuert sowie die entsprechenden IT-Systeme aufgesetzt und getestet werden. Damit ein fortlaufender Buchungsprozess gewährleistet werden kann, sollte dies im Einklang mit der Umstrukturierung erfolgen. Nach der Implementierung der dem neuen Verrechnungspreissystem zugrunde liegenden Prozessen ist die Erstellung der Verrechnungspreis- bzw. Prozess-Richtlinie sowie das Anpassen bzw. Aufsetzen konzerninterner Verträge angezeigt. In diesem Kontext ist zu überprüfen, ob zivilrechtliche Ausgleichsansprüche entstehen (vgl. Kap. 9 zu Ausgleichsansprüchen aus Vertriebsverträgen).

Um nach einer Umstrukturierung ein sauber implementiertes und prüffähiges Verrechnungspreissystem sicherzustellen, ist schließlich die Auswertung und Prüfung der neu implementierten Verrechnungspreis-Prozesse entscheidend. So sollte die neue Verrechnungspreisstruktur beispielsweise durch eine Gegenüberstellung der tatsächlich erzielten Finanzergebnisse der jeweiligen Transaktionspartner und den im Rahmen der neu aufgesetzten Verrechnungspreispolitik festgelegten Margen erfolgen und, sofern notwendig und im Rahmen der konzerninternen Verträgen verankert, Jahresendanpassungen festgelegt werden.

### 1.2.1.6 Dokumentationspflichten

Letztlich ergibt sich durch die Umstrukturierung die Notwendigkeit laufende Verrechnungspreisdokumentationen anzupassen, sodass insbesondere das neue Funktions- und Risikoprofil sowie ggf. geänderte Liefer- und Leistungsflüsse und die entsprechenden ökonomischen Analysen berücksichtigt werden. Des Weiteren gilt es, Aufzeichnungen der Umstrukturierung selbst zu erstellen: Da Umstrukturierungen regelmäßig einen außergewöhnlichen Geschäftsvorfall i. S. v. § 3 Abs. 2 Gewinnabgrenzungsaufzeichnungsverordnung (GAufzV) darstellen, sind diese zeitnah zu dokumentieren. Die Dokumentation ist der Betriebsprüfung auf Anfrage innerhalb von 30 Tagen vorzulegen. Gemäß § 3 Abs. 1 GAufzV gelten Aufzeichnungen als zeitnah erstellt, wenn sie im engen zeitlichen Zusammenhang mit dem Geschäftsvorfall, d. h. innerhalb von 6 Monaten nach Ablauf des Wirtschaftsjahres, in dem sich der Geschäftsvorfall ereignet hat, gefertigt werden (s. Kap. 14 zur Dokumentation von Umstrukturierungen insbesondere beim Vorliegen einer Funktionsverlagerung sowie § 90 Abs. 3 S. 9 AO).

## 1.2.2 Ergänzende allgemeine steuerliche Themen

Neben originär verrechnungspreisspezifischen Themen beeinflussen Umstrukturierungen eine Vielzahl weiterer allgemeiner steuerlicher Themen, wie die Abb. 1.4 illustriert. Die Abbildung illustriert die Themenbereiche, die in der Praxis bei Umstrukturierungen immer wieder relevant sind. Gleichwohl kommt ihr nur exemplarischer Charakter zu. Aus systematischen Gründen orientiert sich die Übersicht an der beschränkten und unbeschränkten Steuerpflicht für ertragssteuerliche Zwecke an sonstigen Steuerarten sowie an indirekten Steuern.

Die folgende kursorische Übersicht kann nur einige Merkposten liefern, für Details sei auf die einzelnen Kapitel dieses Buches verwiesen. Weitere Ausführungen finden sich insbesondere in Handbüchern und Kommentaren zum internationalen Steuerrecht, beispielhaft in Jacobs (2016).

### 1.2.2.1 Ertragssteuer: Unbeschränkte Steuerpflicht

Durch Umstrukturierungen können sich unbeschränkte Steuerpflichten von Körperschaften nach § 1 KStG ergeben, so eine Körperschaft ihren Sitz oder ihren Ort der Geschäfts-

# 1 Verrechnungspreise bei Umstrukturierungen

**Abb. 1.4** Steuerliche Themen bei Umstrukturierungen. (Quelle: Eigene Darstellung)

leitung in Deutschland begründet. Gleichermaßen kann eine unbeschränkte Steuerpflicht zur Gänze entfallen, so weder Sitz noch Ort der Geschäftsleitung nach der Umstrukturierung im Inland belegen sind. Die Folge einer unbeschränkten Steuerpflicht ist zunächst, vorbehaltlich einer Beschränkung durch Doppelbesteuerungsabkommen (§ 2 AO), eine Besteuerung des Welteinkommens. Eine beschränkte Steuerpflicht nach § 2 Nr. 1 KStG ergibt sich, so eine Körperschaft weder Sitz noch Ort der Geschäftsleitung hat, sie aber inländische Einkünfte erzielt i. S. d. § 49 EStG. Vor allem dürfte dies für Betriebsstätten relevant sein. Verbunden mit der Begründung einer unbeschränkten oder auch beschränkten Steuerpflicht im Inland ergeben sich steuerliche Pflichten, insbesondere die Pflicht zur Abgabe einer Steuererklärung (§ 149 Abs. 1 Satz 1 AO i. V. m. § 31 KStG) sowie die Pflicht zur Entrichtung der Steuer – sofern keine Quellenbesteuerung und somit Abgeltungswirkung eintritt (siehe unter „Beschränkte Steuerpflicht").

Durch Umstrukturierungen ergibt sich die Möglichkeit Steuersatzgefälle zu nutzen. Die Abb. 1.5 zeigt eine Übersicht des BMF (2014) zur Unternehmensbesteuerung in 2013. Zugrunde gelegt ist die tarifliche Belastung des Gewinns von Kapitalgesellschaften in Prozent unter Berücksichtigung von Körperschaftssteuern, Gewerbesteuern und vergleichbaren anderen Steuern. Die Übersicht zeigt, dass ausgehend von Umstrukturierungen z. T. erhebliche Steuereffekte eintreten können. Neben den üblichen Steuerregimen sind steuerbegünstigte Zonen zu berücksichtigen, wie die steuerbegünstigte Zone

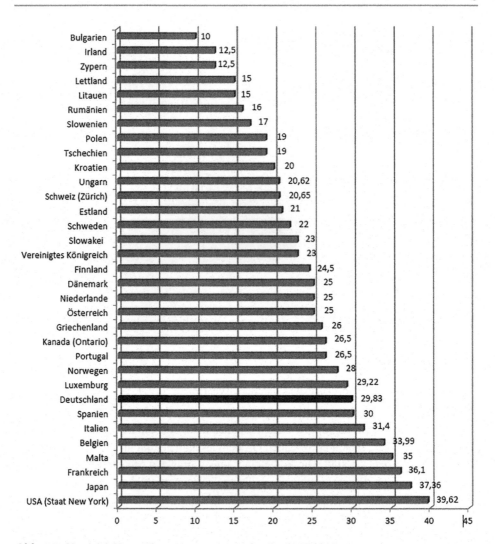

**Abb. 1.5** Vergleich Unternehmensbesteuerung. (Quelle: BMF 2014)

am Eingang des Panama-Kanals (Aguilar, 2008), Steuervorteile in Uruguay insbesondere für Dienstleister wie Callcenter (OECD & ECLAC, 2014) oder auch Steuerbefreiungen (sog. Offshore Tax Exemptions) in Hongkong, die ausländischen Unternehmen unter bestimmten Voraussetzungen gewährt werden können (s. Hongkong, 2010).

Die Grenze der Nutzung von Steuervorteilen ist in Kap. 13 dargestellt und eine mögliche Umkehrung der Effekte ist in Kap. 2 am Xerox-Beispiel erläutert. In Kap. 13 werden ferner die Problemkreise der „Hinzurechnungsbesteuerung", der Untergang von Verlustvorträgen i. S. d. § 8cKStG sowie die künstliche Gestaltung nach § 42 AO erläutert. Das UmwStG verfolgt darüber hinaus das Ziel, ausgehend vom UmwG bei Verschmelzungen, Abspaltung, Formwechseln oder Einbringungen, eine Aufdeckung stiller Reserven zu vermeiden und Gesamtrechtsnachfolgen zu ermöglichen. Kap. 3 macht hierzu Ausführungen aus gesellschaftsrechtlicher Sicht. Für dezidiert steuerrechtliche Fragestellung sei auf das Lehrbuch von Brähler (2014) verwiesen.

### 1.2.2.2 Ertragssteuer: Beschränkte Steuerpflicht

Umstrukturierungen können dazu führen, dass Betriebsstätten entstehen und somit eine beschränkte Steuerpflicht mit den inländischen Einkünften begründet wird („Territorialprinzip"): Entweder in Deutschland für eine ausländische Gesellschaft oder für eine deutsche Gesellschaft im Ausland (vgl. § 2 Nr. 1 KStG i. V. m. § 49 EStG). Die Frage, ob im konkreten Fall eine Betriebsstätte vorliegt, ist in Abhängigkeit von den jeweiligen Doppelbesteuerungsabkommen (§ 2 AO) sowie den lokalen Normen (für Deutschland § 12 AO) zu beurteilen. Verwiesen sei ferner auf die aktuelle BEPS-Diskussion auf Ebene der OECD zu einem multilateralen Abkommen, was die Betriebsstättenbegründung einheitlich definieren soll (vgl. Kap. 11). Doppelbesteuerungsabkommen regeln ausgehend von der sachlichen und persönlichen Anwendbarkeit des Doppelbesteuerungsabkommens sowie der Zuordnung der Ansässigkeit, welches Land ein Besteuerungsrecht an dem steuerlichen Gewinn der Betriebsstätte hat („Verteilungsnorm").

Denkbar ist eine Verteilungsnorm, die beiden Staaten ein Besteuerungsrecht einräumt. Dies kann zu einer Doppelbesteuerung führen: Sofern dasselbe Steuerobjekt in mehreren Staaten im selben Zeitraum für die gleiche Steuerart zur Steuerzahlung verpflichtet ist und ferner dasselbe Steuersubjekt vorliegt, spricht man von Doppelbesteuerung (vgl. Krause, 2003). Mit Blick auf das Steuersubjekt ist zwischen juristischer und wirtschaftlicher Doppelbesteuerung zu unterscheiden. Bei der juristischen Doppelbesteuerung liegt Steuersubjektidentität mit Blick auf die juristische Person vor. Bei der wirtschaftlichen Doppelbesteuerung liegt keine juristische Identität des Steuersubjekts vor, wohl aber eine wirtschaftliche Verbindung – etwa weil beide Transaktionspartner zum selben Konzern gehören. Denkbar sind typische Verrechnungspreisfälle in denen zwei verbundene Unternehmen in zwei Staaten Einkünfte erzielen und im Leistungsaustausch miteinander stehen. Wenn die jeweiligen Staaten die Leistung unterschiedlich beurteilen, kann es auch hier zu einer Doppelbesteuerung kommen. Wenn z. B. ein Unternehmen in Land A Waren an ein verbundenes Unternehmen in Land B verkauft und Land A einen Verrechnungspreis von 100 für angemessen hält, Land B hingegen nur 80 akzeptiert, steht einem Ertrag von 100 in Land A ein Betriebsausgabenabzug von 80 in Land B gegenüber. Der Betrag von 20 wird mithin einmal besteuert und einmal nicht zum Steuerabzug zugelassen, sodass auch hier faktisch eine Besteuerung entsteht.

Doppelbesteuerungsabkommen bieten häufig die Möglichkeit, eine eintretende Doppelbesteuerung im Wege von Verständigungsverfahren bilateral zu lösen (vgl. Artikel 25 des OECD-Musterabkommens). Bei einem Verständigungsverfahren einigen sich die Staaten ohne Beisitz des Steuerpflichtigen auf einen angemessenen Preis bzw. ersuchen eine Einigung (vgl. Lühn & Siemers, 2009 für einen Überblick der Rechtsgrundlagen eines Verständigungs- oder Schiedsverfahrens). Unilaterale Maßnahmen eines Staates sind hingegen die Freistellung der Besteuerung in einem Staat, die Anrechnung der in dem anderen Staat gezahlten Steuer auf die Steuer in dem betrachteten Staat und der Abzug, wonach die im anderen Staat entrichtete Steuer die Bemessungsgrundlage im Inland verringert (vgl. § 26 KStG i. V. m. § 34c EStG) (vgl. Krause, 2003). Im Rahmen der Vermeidungsnormen geben Doppelbesteuerungsabkommen vor, wie im nationalen Recht – also unilateral – eine Doppelbesteuerung zu vermeiden ist.

Bei beschränkter Steuerpflicht folgt entweder die Veranlagungspflicht verbunden mit der Pflicht zur Abgabe einer Steuererklärung und der Entrichtung der Steuer oder aber eine Quellenbesteuerung durch den Leistungsempfänger, der die Steuer auf das Leistungsentgelt (an der Quelle) einbehalten und für den Leistungserbringer abführen muss. Quellensteuern entfalten regelmäßig eine abgeltende Wirkung, d. h., es erfolgt keine darüber hinausgehende Veranlagung. Zu beachten ist, dass eine die Quellensteuer auslösende beschränkte Steuerpflicht nicht nur bei Betriebsstätten entstehen kann, sondern auch bei schlichter Leistungserbringungen, abgerechnet über Lizenzen, Dividenden und Zinszahlungen, aber auch Gebühren für Managementdienstleistungen. Die Anpassung des Verrechnungspreissystems z. B. auf Lizenzmodelle kann somit Quellenbesteuerung auslösen.

▶ Im Rahmen von Umstrukturierungen ist es ratsam zu prüfen, ob ein Doppelbesteuerungsabkommen besteht und welche Regelungen es vor allem im Hinblick auf die Bereiche Verständigungsverfahren, Quellenbesteuerung und Betriebsstättenabgrenzung enthält. Das Vorliegen eines Doppelbesteuerungsabkommens kann die Rechtssicherheit auf dem Gebiet der Besteuerung erhöhen. Eine Übersicht der bestehenden Doppelbesteuerungsabkommen von Deutschland bietet das BMF (2015).

### 1.2.2.3 Indirekte Steuern

Bei der Neuordnung der Leistungsströme im Rahmen einer Umstrukturierung sind Umsatzsteuer- und Zollaspekte zu beachten. Im Bereich der Umsatzsteuer stellen sich die Fragen, ob die Lieferungen und sonstigen Leistungen weiterhin im Inland steuerbar bzw. nicht steuerbar sind und ob Steuerbefreiungen vorliegen sowie anschließend, wie die Bemessungsgrundlage und der Steuersatz zu ermitteln ist, wann die Steuer entsteht, wer Steuerschuldner ist sowie ob ein Vorsteuerabzug gewährt werden kann. Zudem ergeben sich organisatorische Aspekte, wie notwendige Umsatzsteuervoranmeldungen und Registrierungen in den jeweiligen Ländern (§ 149 Abs. 1 S. 1 AO, § 150 Abs. 1 S. 3 AO, § 167 Abs. 1 S. 1 AO i. V. m. § 18 Abs. 1 und UStG). Kap. 15 stellt wesentliche umsatzsteuerliche Themen bei Umstrukturierungen dar. Aus Zollperspektive sind regelmäßige Anmeldungen zu berücksichtigen, Unterschiede in Zolltarifen und -sätzen als auch die damit verbundene Anwendbarkeit von bestehenden Zollpräferenzabkommen zu beurteilen. Für weitere zollrechtliche Ausführungen sei auf Thoma et al. (2015) verwiesen.

### 1.2.2.4 Sonstige Steuerarten

Neben der Ertragssteuer und den indirekten Steuern sind Interdependenzen mit weiteren Steuerarten wie z. B. der Gewerbesteuer als Objektsteuer (§ 2 Abs.1 GewStG) oder der

Lohnsteuer (als Ertragssteuer) bei der Einstellung von Mitarbeitern oder der Entsendung (siehe Abschnitt 1.2.3.1) zu berücksichtigen. Verbunden mit der Übertragung von Mitarbeitern stellt sich die Frage, wie mit Pensionsansprüchen und Optionspaketen lohnsteuerlich umzugehen ist. Mit Blick auf die Gewerbesteuer ist die Gewerbesteuerpflicht nach § 2 Abs. 1 GewStG zu prüfen und die sich daraus ergebende Steuererklärungspflicht (§ 14a GewStG i. V. m § 149 Abs. 1 S. 1 AO) zu berücksichtigen. Abhängig von Ansässigkeit des stehenden Gewerbebetriebes ergeben sich unterschiedliche gewerbesteuerliche Belastungen, da sich die letztliche Gewerbesteuerschuld durch den in der jeweiligen Gemeinde vorfindlichen Gewerbesteuerhebesatz unterscheidet. Laut dem DIHK lag der bundesweite Durchschnitt 2014 bei 430 %. Das gesetzliche Minimum liegt bei 200 %. (Vgl. für eine aktuelle Übersicht der Hebesätze veröffentlicht zum 4.8.2014 für alle Gemeinden mit mehr als 20.000 Einwohnern: (IHK, 2015)). Für einen Gewerbeertrag von 100 ergibt sich damit eine Gewerbesteuerschuld von $100 \times$ Gewerbesteuermesszahl von $3{,}5\,\% \times 200\,\% = 7\,\%$ im Minimum oder $100\,\% \times 3{,}5\,\% \times 430\,\% = 15{,}05\,\%$ im Durchschnitt (vgl. § 11, § 16 Abs. 1 GewStG).

## 1.3 Zusammenfassung: Praxistipp

▶ **Umstrukturierungen managen** Umstrukturierungen betreffen Themen im Bereich Verrechnungspreise auf einer gesetzlichen und einer prozessualen Ebene. Beide Ebenen sollten bei Umstrukturierungen verzahnt berücksichtigt werden.

Neben Bewertungsfragen im Zusammenhang mit dem Stichwort „Funktionsverlagerung" sowie von Einzelwirtschaftsgüter ist u. a. zu prüfen, ob die Verrechnungspreise für bestehende Transaktionen dem Grunde und der Höhe nach durch die Umstrukturierung anzupassen sind; gleichermaßen ist es regelmäßig notwendig, Verrechnungspreise für neue Liefer- und Leistungsströme im Einklang mit dem Fremdvergleichsgrundsatz zu bestimmen. Darüber hinaus ergibt sich Anpassungsbedarf für laufende Verrechnungspreisdokumentationen und konzerninterne Verträge. Neben diesen am Gesetz orientierten Erfordernissen ergeben sich auf der prozessualen Ebene Themen, die zu berücksichtigen sind, wie beispielsweise die Anpassung des ERP-Systems oder die Schulung von Mitarbeitern ausgehend von organisatorischen Veränderungen. Ergänzende steuerliche Themen sind zu beachten.

Die Vielfalt dieser Themen wird in Unternehmen durch verschiedene Mitarbeiter abgedeckt, wie beispielsweise IT-Experten, Mitarbeiter aus dem Controlling, Ansprechpartner in der Steuerabteilung und Fachmitarbeitern aus der Personalabteilung.

Es ist daher für den zuständigen Verrechnungspreis-Experten ratsam, bei einer Umstrukturierung frühzeitig die entsprechenden Ansprechpartner in den Fachabteilungen zu identifizieren und gemeinsam die notwendigen Themen zu besprechen und zu managen. Ein Merkposten ist z. B. ein schädlicher Beteiligungserwerb nach § 8 C KStG.

## Literatur

Aguilar, 2008. Panama. In: Campell, ed. *International Taxation of Low-Tax Transactions 2009*. Salzburg: Yorkhill Law Publishing.

Bittner & Heidecke, 2013. Konzerninterne Verrechnungspreise. *WiSt*, S. 118–125.

BMF, 2014. *Die wichtigsten Steuern im internationalen Vergleich 2013, Ausgabe 2014*. [Online] Letzter Abruf: http://www.steuerlichesinfocenter.de/DE/AufgabenDesBZSt/SteuernImIntern-Vergleich/DownloadAngebote/downloadangebote_node.html.

BMF, 2015. *Doppelbesteuerungsabkommen und andere Abkommen im Steuerbereich*. [Online] Letzter Abruf: http://www.bundesfinanzministerium.de/Web/DE/Themen/Steuern/Internationales_Steuerrecht/Staatenbezogene_Informationen/staatenbezogene_info.html.

Brähler, 2014. *Umwandlungssteuerrecht, Grundlagen für Studium und Steuerberaterprüfung*. 9. Aufl. Wiesbaden: Springer.

Dawid & Dorner, 2013. *Verrechnungspreise*. Wiesbaden: Springer Gabler.

Dunning & Lundan, 2008. *Multinational Enterprises and the Global Econoomcy*. Cheltenham: Northhampton.

Heidecke, Christen & Schmitt, 2015a. Fallstudie: Konzerninterne Verrechnungspreise; Aufgabenstellungen. *WiSt*, S. 598–656.

Heidecke, Christen & Schmitt, 2015b. Fallstudie: Konzerninterne Verrechnungspreise; Lösungsskizze. *WiSt*, S. 657.

Hongkong, I. R. D., 2010. *Departmental Interpretation and Practice Notes. No. 43 (revised), Profits tax exemptions for offshore funds*. [Online] Letzter Abruf: http://www.ird.gov.hk/eng/pdf/e_dipn43.pdf [Zugriff am März 2015].

IHK, 2015. *Realsteuer-Hebesätze*. [Online] Letzter Abruf: http://www.dihk.de/themenfelder/recht-steuern/steuern/finanz-und-haushaltspolitik/realsteuer-hebesaetze.

Jacobs, 2016. *Internationale Unternehmensbesteuerung*. München: C. H. Beck.

Krause, 2003. Internationale Doppelbesteuerung Ursachen und Lösungen. *IfSt*, Volume Nr. 405.

Kroppen, 2016. *Handbuch Internationale Verrechnungspreise*. Köln: Otto Schmidt.

Lühn & Siemers, 2009. Internationale Verständigungsverfahren – Vorsicht bei Steuervergehen. *IWW*, S. 161–164.

OECD & ECLAC, 2014. Multi-dimensional Review of Uruguay, Vol. 1 Initial Assessment. *OECD Publishing*.

Renz & Wilmanns, 2013. *Internationale Verrechnungspreise*. Weinheim: Wiley.

Thoma, Böhm & Kirchhainer, 2015. *Zoll und Umsatzsteuer. Die rechtliche Beurteilung und praktische Abwicklung von Warenlieferungen mit Drittlandsbezug*. 3. Aufl. Wiesbaden: Springer.

Vögele, Borstell & Engler, 2015. *Verrechnungspreise. Betriebswirtschaft. Steuerrecht*. 4. Aufl. München: C. H. Beck.

Wassermeyer & Baumhoff, 2014. *Verrechnungspreise international verbundener Unternehmen*. Köln: Otto Schmidt.

## Über die Autoren

**Dr. Björn Heidecke** (Hrsg.) ist seit 2011 Verrechnungspreisexperte bei der Deloitte GmbH am Standort Hamburg. In 2013 war er mehrere Monate im Verrechnungspreisteam am Standort Johannesburg/Südafrika tätig. Seine Interessen liegen in den Bereichen: Umstrukturierungen und Verrechnungspreise, Funktionsverlagerungsbewertungen, Bewertung von immateriellen Vermögensgegenständen, Verrechnungspreissysteme in Afrika, Verrechnungspreise bei Start-ups und Themen an der Schnittstelle von Steuern und Ethik.

Er studierte von 2004 bis 2008 Diplom-Volkswirtschaftslehre und Diplom-Handelslehramt an der Christian-Albrechts-Universität zu Kiel und promovierte von 2008 bis 2011 an der TU Chemnitz sowie der Wirtschaftsuniversität Breslau.

Er ist Mitglied der Deutschen Gesellschaft für ökonomische Bildung und Alumni des Nachwuchsförderungsprogrammes der Hanns Martin Schleyer-Stiftung. Er publiziert regelmäßig auf dem Gebiet der Verrechnungspreise.

**Dr. Heike Schenkelberg** ist seit Anfang 2012 bei der Deloitte GmbH im Verrechnungspreisteam am Standort München tätig. Ihre Interessen liegen in den Bereichen: Umstrukturierungen und Verrechnungspreise, Funktionsverlagerungsbewertungen, IP-Bewertung, Business Model Optimization sowie Verrechnungspreissysteme in der pharmazeutischen Industrie. Sie promovierte zuvor an der Ludwig-Maximilians-Universität München im Bereich Volkswirtschaftslehre.

Sie studierte von 2003 bis 2006 International Economic Studies an der Universität Maastricht in den Niederlanden sowie an der Université Paris I (Sorbonne) in Frankreich, und erlangte 2008 ihren Master of Science im Bereich Financial Economics.

# Betriebswirtschaftliche Grundlagen zu Umstrukturierungen

Björn Heidecke, Andreas Süß und Christine Hoefer

**Leitfragen dieses Kapitels:**

- Wie ist eine Umstrukturierungen zu definieren?
- Welche Strukturen werden durch eine Umstrukturierung angepasst?
- Was sind mögliche Ursachen von Umstrukturierungen?
- Welche Probleme können sich bei Umstrukturierungen ergeben?
- Welche Implikationen ergeben sich aus der betriebswirtschaftlichen Perspektive für die steuerliche Würdigung im Rahmen der Funktionsverlagerung?
- Wie kann ein Praxisbeispiel zur Umsetzung einer Umstrukturierung aussehen?

## 2.1 Betriebswirtschaftliche Realitäten

Der European Restructuring Monitor[1] berichtet seit 2002 regelmäßig über große Umstrukturierungen in den 27 EU-Mitgliedsstaaten sowie in Norwegen. Er greift Umstrukturierungen auf, die einen wesentlichen Einfluss auf die Arbeitsplätze durch

---

[1](EMCC (o.J), kein Datum).

B. Heidecke (✉)
Hamburg, Deutschland
E-Mail: bheidecke@deloitte.de

A. Süß
Hamburg, Deutschland
E-Mail: asuess@deloitte.de

C. Hoefer
Hamburg, Deutschland
E-Mail: choefer@deloitte.de

Stellenabbau oder -aufbau haben. Seit 2002 wurden so mehr als 16.000 Umstrukturierungen dokumentiert. Dies entspricht einer Zahl von mehr als 1.000 im jährlichen Durchschnitt. Diese Zahlen zeigen: Umstrukturierungen sind nicht nur Teil der betriebswirtschaftlichen Realität vieler Unternehmen, sondern durch ihre Häufigkeit gleichermaßen prägend für Volkswirtschaften.

Wenn man noch weitere Anpassungen des Geschäftsmodells wie z. B. Umstellungen der Lieferwege, Verschmelzung verschiedener Unternehmen oder Neuordnung von Unternehmensdivisionen berücksichtigt, die oftmals keinen wesentlichen Einfluss auf die Arbeitsplätze haben und mithin durch diese Zahlen gar nicht abgedeckt werden, wird das Ausmaß noch gravierender. Es ist zahlenmäßig nicht zu fassen.

Die Relevanz und die damit oft verbundene Emotionalität, die mit Umstrukturierungen verbunden ist, wird auch durch die regelmäßige Medienberichterstattung dokumentiert. Karstadt, Nokia, Opel, aber auch Philipp Holzmann sind sicher prominente Beispiele dafür. Gleichwohl zeigt sowohl ein Blick in die gelisteten Umstrukturierungen des European Restructuring Monitors als auch auf die prominenten Beispiele, dass die Umstrukturierungen sich unterscheiden: Verlagerung der Geschäftsaktivität ins Ausland, Zusammenschluss mit Wettbewerbern in Folge einer Akquisition, Einstellung der Geschäftsaktivitäten oder aber Etablierung eines neuen Service-Centers sind nur einige Möglichkeiten. Bei all der Unterschiedlichkeit eint die Umstrukturierungen doch, dass sie in den allermeisten Fällen vorgenommen werden, um die Wettbewerbsfähigkeit der Konzerne zu verbessern oder zu stärken.[2]

Dieses Kapitel definiert zunächst den Begriff „Umstrukturierung" (Abschn. 2.2). Anschließend wird aufbauend auf der Definition ein Struktur-Prozess-Modell der Umstrukturierung von Unternehmen entwickelt (Abschn. 2.3). Maßgeblich für das Modell sind die Struktur des Unternehmens, die Ziele der Umstrukturierung und der Prozess der Umstrukturierung selbst. Struktur, Ziele und Prozess werden mithin erläutert (Abschn. 2.3.1 bis 2.3.3). Dieses theoretische Modell ist Grundlage für die Praxisanwendung „Funktionsverlagerung", auf die in Abschn. 2.4 eingegangen wird. Ein mögliches Praxisbeispiel zur Prozessdimension wird abschließend in Abschn. 2.5 dargestellt.

## 2.2 Umstrukturierung – Umwandlung – Sanierung – Restrukturierung?

In der Presse und im allgemeinen Sprachgebrauch werden die Begriffe Umstrukturierung, Umwandlung, Restrukturierung und auch Sanierung oftmals synonym verwendet. Dies mag angezeigt sein, weil doch alle Begriffe mit der Verbesserung oder Sicherung der Ertragslage in Verbindung stehen. Nicht nur um sprachlichen Verwirrungen und Missverständnissen vorzubeugen, sondern vor allem, um in komplexen

---

[2]Vgl. Wilmanns, 2013, S. 335.

## 2 Betriebswirtschaftliche Grundlagen zu Umstrukturierungen

Umstrukturierungen den Überblick zu behalten, erscheint es dennoch angebracht, die Begrifflichkeiten auch mit Blick auf die weitere Verwendung in diesem Praxishandbuch kurz zu definieren. Hierzu sei zunächst ein Blick in die Etymologie und die lexikalische Bedeutung angestellt.

▶ **Umstrukturierung** Der Begriff „strukturieren" ist definiert als etwas mit einer bestimmten Struktur bzw. Gliederung versehen.[3] Umstrukturierung stellt auf das „anders" oder „neu" strukturieren ab. Eine „neue" oder „andere" Strukturierung kann in allen Lebensbereichen vorkommen, wie z. B. in Unternehmen, in Institutionen oder anderen Organisationseinheiten.[4]

▶ **Restrukturierung** Auch der Begriff „Restrukturierung" stellt auf den Begriff „strukturieren" ab. Der Begriff wird mit dem lateinischen „re" ergänzt und meint damit etwas „wieder" oder auch „zurück" zu strukturieren.[5] Wie auch der Begriff „Umstrukturierung", wird die Restrukturierung als etwas neu gestalten oder neu strukturieren beschrieben.

▶ **Umwandlung** Die Umwandlung ist ein deutlich engerer Begriff, der rechtlich geprägt ist. Er kann aus § 1(1) UmwG abgeleitet werden und ist demnach ein Oberbegriff für die rechtlichen Figuren: Verschmelzung, Spaltung, Formwechsel und Vermögensübertragung (vgl. Kap. 3 für weitere Ausführungen zu diesen vier Figuren).

▶ **Sanierung** Sanieren ist dem lateinischen „sanare" entlehnt, was so viel bedeutet wie „heilen, gesund machen".[6]

Die Gegenüberstellung zeigt, dass die Begriffe „Umstrukturierung" und „Restrukturierung" synonyme Bedeutung haben. Sie setzen bei der Struktur an, die bereits besteht, und geben dieser bewusst ein neues Gesicht. Es werden somit nur intendierte Strukturanpassungen abgebildet. Für eine Umstrukturierung muss also bereits eine Struktur vorliegen, um diese zu verändern: Ohne bestehende Struktur keine neue Struktur, lässt sich sagen. Die Begriffe „Umstrukturierung" und „Restrukturierung" markieren mithin Begriffe mit identischer Bedeutung. Der Begriff „Umwandlung" hingegen ist juristisch geprägt und damit deutlich enger gefasst. Er beschreibt die Veränderung der rechtlichen Figur. Sanierungsmaßnahmen sind auf die Genesung eines Unternehmens ausgerichtet. Sie verfolgen damit die spezifische Zielkomponente, die wirtschaftliche Schräglage eines Unternehmens zu beheben.

---

[3]Vgl. Dudenredaktion, 2011, S. 3789.
[4]Vgl. Dudenredaktion, 2011, S. 4075.
[5]Vgl. Dudenredaktion, 2013, S. 3185.
[6]Vgl. DWDS, kein Datum.

**Abb. 2.1** Definition Umstrukturierung. (Quelle: Eigene Darstellung)

Umstrukturierung wird somit zusammenfassend als zielgerichteter Prozess definiert, der bestehende Strukturen in neue Strukturen überführt. Eine Umstrukturierung definiert sich somit über eine Strukturdimension (Welche Strukturen sollen angepasst werden?), eine Prozessdimension (Wie erfolgt die Anpassung der Strukturen?) und eine Zieldimension (Mit welchem Ziel erfolgt die Umstrukturierung?). Abb. 2.1 veranschaulicht dies.

Wenn von Umstrukturierungen von Unternehmen gesprochen wird, ist mithin zu fragen, welche Elemente die Struktur eines Unternehmens beschreiben (Strukturdimension). Diese Struktur ist es dann, die auf ein definiertes Ziel hin (Zieldimension) zum Teil oder vollständig angepasst wird (Prozessdimension). Der folgende Abschnitt entwickelt mit Rückgriff auf die betriebswirtschaftliche Literatur ein Struktur-Prozess-Modell der Umstrukturierung von Unternehmen.

## 2.3 Theoretischer Rahmen: Ein Struktur-Prozess-Modell der Umstrukturierung

Wie dargestellt, muss ein Modell, das die Umstrukturierung von Unternehmen beschreibt, drei Dimensionen berücksichtigen: Die **Strukturdimension,** die **Zieldimension** und die **Prozessdimension.** Dieser Abschnitt leitet ein Struktur-Prozess-Modell mit Rückgriff auf die Literatur her und beschreibt mithin die Struktur-, Ziel- und Prozessdimension. Abb. 2.2 veranschaulicht das Struktur-Prozess-Modell der Umstrukturierung von Unternehmen: **Bestehende Strukturen werden zielgerichtet angepasst,** sodass neue Strukturen entstehen. Die Abb. 2.2 zeigt bereits im Vorgriff auf Abschn. 2.3.1, dass die unternehmerische Organisation, die unternehmerischen Funktionen sowie der rechtliche Rahmen die Struktur eines Unternehmens beschreiben.

### 2.3.1 Strukturdimension

Um von einer Umstrukturierung eines Unternehmens oder auch im Folgenden Synonym eines Konzerns zu sprechen, ist zu fragen, welche Struktur das Unternehmen beschreibt, die dann verändert – nämlich „um-strukturiert" wird.

Die Struktur eines Unternehmens wird für die Zwecke dieses Buches über drei Blickwinkeln definiert. Für weitere Ausführungen sei z. B. auf Picot et al. (2005) oder Kosiol (1962) verwiesen.

**Abb. 2.2** Struktur-Prozess-Modell der Umstrukturierung von Unternehmen. (Quelle: Eigene Darstellung)

1. Die **Organisation** beschreibt die Gesamtheit der Regeln eines Unternehmens zur effizienten Aufgabenerfüllung.[7] Kosiol hat schon früh betont, dass die Organisation durch die Ziele und Inhaltes des Unternehmens geleitet ist.[8] Für die Zwecke dieses Buches soll die Organisation mithin als **interner Regelungsrahmen** definiert werden.
2. Zweites prägendes Moment für die Struktur des Unternehmens sind die **Aufgaben (bzw. abstrakt Sachinhalte)**, die sich organisatorisch entweder als Funktionen, Prozesse oder Projekte darstellen.[9]
3. Drittens ist die Struktur des Unternehmens durch **rechtliche Aspekte definiert**. Dies betrifft z. B. die Rechtsform des Unternehmens und die Eignerstruktur, aber auch steuerliche Ausgestaltungen, wie etwa das Verrechnungspreissystem oder das Vorliegen einer Organschaft. Die rechtlichen Aspekte berücksichtigen den **externen Regelungsrahmen** durch Gesetze und Verordnungen.

Die einleitenden Ausführungen zeigen, dass interner und externer Regelungsrahmen sowie die Aufgaben in Interdependenz stehen: Etwa ist die Einführung einer F&E-Abteilung nicht ohne Beachtung des rechtlichen Rahmens denkbar und bedarf gleichermaßen eine Integration in die internen Abläufe. Im Folgenden werden die einzelnen Strukturelemente genauer dargestellt.

---

[7]vgl. Picot et al., 2005, S. 26 f., S. 225.
[8]vgl. Kosiol, 1962, S. 54.
[9]vgl. Picot et al., 2005, S. 279 ff.

### 2.3.1.1 Organisation

Aufgrund der unterschiedlichen Historie der Unternehmen, der Entscheidungsträger und vor allem der Unternehmensziele kann es keine Organisationsstruktur geben, die unter allen denkbaren Bedingungen allen anderen überlegen ist.[10] Mithin sind in der Praxis verschiedene Organisationsformen zu beobachten und bei der Beschreibung der Struktur zu berücksichtigen.

Es ist zwischen einer Makro- und einer Mikroorganisation zu unterscheiden: Die Makroorganisation beschreibt den groben organisatorischen Rahmen der unternehmerischen Abläufe, während die Mikroorganisation den konkreten Ablauf der Produktion von Produkten oder der Erbringung von Dienstleistungen zum Gegenstand hat.

Kern der Makroorganisation ist die Gliederung der Aufgaben entweder eher in Funktionen oder Prozessen. Beiden gemein ist, dass zunächst die Gesamtaufgabe des Unternehmens, wie z. B. die Produktion von Stühlen, analysiert und in Teilaufgaben zerlegt wird, z. B. Einkauf Vorprodukte, Einkauf Hilfs- und Betriebsstoffe, Einkauf Produktionsmaschinen, wobei diese möglichst wenige Interdependenzen aufweisen sollten. Anschließend werden die Teilaufgaben in der Aufgabensynthese zu sinnvollen organisatorischen Einheiten zusammengefasst.[11]

Eine **funktionale Organisation** orientiert sich bei der Aufgabensynthese an Stellen bzw. Abteilungen, wie z. B. Einkauf, F&E, Qualitätskontrolle und Vertrieb. Der Funktionsbegriff beschreibt hierbei „ein grob umrissenes Spektrum von Tätigkeiten, die als gleichartig erachtet werden"[12] in einem organisatorischen Rahmen. Dies entspricht auch der Darstellung in § 1 Abs. 1 Funktionsverlagerungsverordnung (FVerlV) sowie in dem Erlass (BMF-Schreiben v. 13.10.2010, Rn. 14), wo eine Funktion eine Geschäftstätigkeit ist, „die aus einer Zusammenfassung gleichartiger betrieblicher Aufgaben besteht, die von bestimmten Stellen oder Abteilungen eines Unternehmens erledigt werden. Sie ist ein organischer Teil des Unternehmens, ohne das ein Teilbetrieb vorliegen muss."[13] Die gemachten Beispiele (vgl. Rn. 15) unterstreichen den Funktionsgedanken, der den Normen innewohnt, wie z. B. F&E, Materialbeschaffung, Lagerhaltung, Produktion usw.

Ein **Prozess** bzw. eine prozessuale Organisation hingegen gruppiert die Aufgaben in Tätigkeitsketten, die direkt an internen oder externen Kunden ausgerichtet ist (vgl. Picot, et al., 2005, S. 285, Gaitanides, 2007, Gaitanides, 1996, S. 1684). Es werden mithin keine gleichartigen Tätigkeiten sondern vielmehr Tätigkeiten, die dasselbe Ziel verfolgen, zusammengefasst. Ein Beispiel für einen Prozess ist die Belieferung eines Kunden durch einen Online-Versandhändler. Der Prozess definiert hier die einzelnen Schritte, z. B. Einkauf, Warenmanagement, Bestellbearbeitung, Versand, Abrechnung und Mahnwesen sowie Retoure. Die dem zugrunde liegende Prozessgestaltung beginnt mit der Prozessde-

---

[10]vgl. Picot et al., 2005, S. 225.

[11]vgl. Becker et al., 2002, S. 245.

[12]Kreisel, 1995, S. 94. Dort findet sich auch eine kritische Analyse des Funktionsbegriffs, verbunden mit einem Hinweis auf die unterschiedliche Nutzung des Begriffs in der Literatur.

[13]Die Begriffe „Aufgaben" und „Tätigkeiten" sollen synonym verwendet werden.

finition, es folgt das Prozessdesign, wobei verschiedene Prozesse zusammengefasst werden, bevor die Prozesse in Hinblick auf ihre Effizienz bewertet und ggf. im Rahmen der Prozessentwicklung verbessert werden.[14] Die Abb. 2.3 veranschaulicht den Zusammenhang von Funktionen- und Prozessen. Sie illustriert, dass letztlich dieselben Aufgaben aus zwei Perspektiven betrachtet werden (entweder als Funktionen oder jeweils entlang eines Prozesses).

Ein Prozess, z. B. die Abwicklung einer Bestellung, lässt sich über drei Prozessebenen beschreiben: Neben den Primärprozessen (auch Haupt- oder Kernprozesse), z. B. der Auftragsabwicklung einer Onlinebestellung, die unmittelbar nach außen gerichtet sind, unterstützen sekundäre (auch unterstützende) Prozesse, z. B. Wartung der Versandstraße, diesen. Der Steuerungs- oder Managementprozess regelt den übergeordneten Ablauf, wie z. B. die Mittelverwendung, die Personalführung und die Erfolgsmessung. Abb. 2.4 illustriert dies.

Der Vorteil einer Funktionsorganisation ist eine hohe Spezialisierung auf einen Bereich, verbunden mit Kostenvorteilen durch Skalenerträge. Dies führt allerdings auch zu einem oft langwierigen Abstimmungsprozess zwischen den Abteilungen, Doppelarbeiten und Schnittstellenproblemen, z. B. zwischen F&E und der Produktion, was zu hohen Transaktionskosten führt und Flexibilitätsnachteile mit sich bringt. Insbesondere

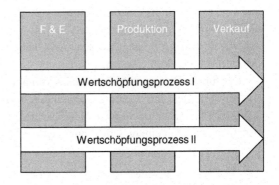

**Abb. 2.3** Zusammenhang Funktions- und Prozessorganisation. (Nach Picot et al. 2005)

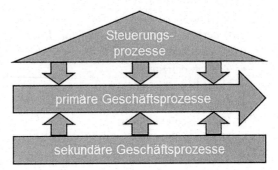

**Abb. 2.4** Prozesstypen. (Nach Picot et al. 2005)

---

[14]vgl. Gaitanides, 2007, S. 149 ff.

**Abb. 2.5** Verhältnis Funktions- und Prozessorganisation. (Nach Picot et al. 2005)

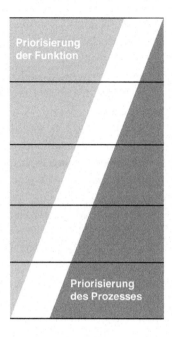

bei Unternehmen, die einer großen Marktdynamik unterliegen und mithin ein hohes Maß an Abstimmung erfordern, hat eine Prozessorganisation den Vorteil, dass genau definiert ist, wie der Output erzeugt werden soll. Überdies wird die Verantwortlichkeit klarer, was Morale-Hazard-Probleme verringern kann.

Um für ein Unternehmen ein ideales Verhältnis aus Funktions- und Prozessorganisation zu gewährleisten und mithin die jeweiligen Vorteile auszunutzen, sind in der Praxis verschiedene Organisationsformen zu beobachten. Die Abb. 2.5 illustriert das Kontinuum der Ausprägungen mit einem Schwerpunkt entweder auf die Funktionen oder die Prozesse.

> **Exkurs**
> Projektorganisation
> Ergänzend zu funktionalen sowie prozessorientierten Organisationsformen kennt die Literatur die Projektorganisation. Ein Projekt kennzeichnet sich idealtypisch durch folgende Merkmale aus:[15]
> - Zeitlich befristet
> - Hohe Komplexität
> - Einmaligkeit
> - Hoher Neuigkeitswert
> - Hohes Risiko

---

[15] vgl. Führer & Züger, 2010, S. 9 f.

Wie bei der Prozessorganisation, kennt die Projektorganisation keine Zusammenfassung von gleichartigen Tätigkeiten. Vielmehr werden Tätigkeiten zielgerichtet zusammengefasst. Auf Grund ihres Charakters lassen sich Projekte nicht oder nur schwierig über eine gegebene Organisation abbilden.[16] Vielmehr bedarf es einer projektspezifischen Aufgaben- und Verantwortungszuweisung. Mithin ist sowohl bei der laufenden Verrechnungspreisanalyse nebst der Funktions- und Risikoanalyse als auch bei der Übertragung von Projekten im Kontext von Umstrukturierungen eine eigenständige Analyse angezeigt.

Fraglich ist gleichwohl, ob ein Projektgeschäft, z. B. der Bau von Sportstätten, Spezialanlagen oder Infrastruktur, bei genauer Betrachtung den oben dargestellten Kriterien folgt, oder ob es sich zwar um den Verkauf von Projekten handelt, sie aber letztlich in ihren Strukturelementen vergleichbar sind d.h., dass es ein Prozess mit vielen Projekten ist. Für Verrechnungspreiszwecke wäre dann zu überprüfen, ob eine projektorientierte Betrachtung sachgerecht ist, oder ob nicht vielmehr doch Funktionen als Zusammenfassungen von gleichartigen betrieblichen Tätigkeiten vorliegen.

Neben der Mikro- und der Makroorganisation sind für die Verrechnungspreisanalyse Weisungssysteme zu betrachten, da sie Informationen über Entscheidungsfunktionen geben können. Weisungssysteme geben vor, wie die Informationen zur reibungslosen Abstimmung zwischen den einzelnen Organisationseinheiten (z. B. Abteilungen) weitergegeben und wie mithin die Anweisungslinien verlaufen. Eine Klassifikation von Weisungssystemen unterscheidet nach Ein- oder Mehrliniensystemen[17], wobei damit beschreiben wird, wie viele Anweisungslinien auf die jeweils unterstellte Ebene verlaufen (siehe Abb. 2.6 und Abb. 2.7).

Als weiteres Klassifikationskriterium ist zwischen einer funktionalen und einer divisionalen bzw. Sparten-Struktur auf zweiter Ebene zu unterscheiden. Beide Strukturen orientieren sich an einem Organisationsverständnis nach Funktionen im engeren Sinne, wobei ähnliche Tätigkeiten jeweils zusammengefasst werden. Divisionen sind z. B.

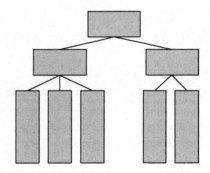

**Abb. 2.6** Einliniensytem – Beispiel. (Quelle: Fiedler 2014)

---

[16]vgl. Picot, et al., 2005, S. 297.
[17]vgl. Fiedler, 2014, S. 33.

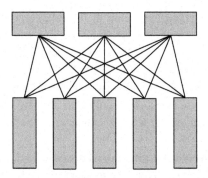

**Abb. 2.7** Mehrliniensystem – Beispiel. (Quelle: Fiedler 2014)

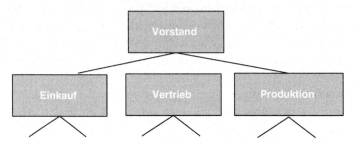

**Abb. 2.8** Funktionale Organisation – Beispiel. (Quelle: Eigene Darstellung)

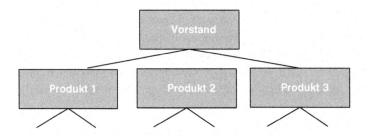

**Abb. 2.9** Divisionale Organisation – Beispiel. (Quelle: Eigene Darstellung)

Regionen oder Produkte. Abb. 2.8 und Abb. 2.9 illustrieren einen funktionalen und einen divisionalen Aufbau in einem Einliniensystem.

Eine Matrixorganisation kombiniert verschiedene Dimensionen, z. B. einen objektorientierten mit einem funktionsorientierten Ansatz. Die Entscheidungen in den Unterabteilungen unterliegen beispielsweise sowohl den Produktverantwortlichen als auch den Funktionsverantwortlichen. Die Abb. 2.10 gibt ein Beispiel. Da verschiedene Vorinstanzen Weisungen an die Unterinstanzen z. B. die Unterabteilung geben können, liegt regelmäßig ein Mehrliniensystem vor (siehe Abb. 2.10).

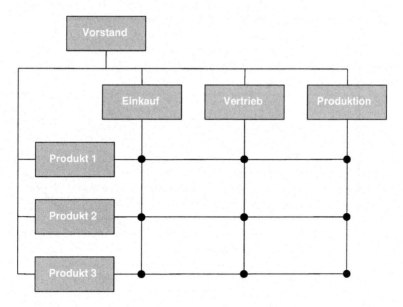

**Abb. 2.10** Matrixorganisation – Beispiel. (Quelle: Eigene Darstellung)

### 2.3.1.2 Aufgaben (Sachinhalte)

Prägend für die Struktur des Unternehmens sind die Sachinhalte im Sinne der Aufgaben bzw. synonym Tätigkeiten. Abhängig von der Organisation des Unternehmens treten die Inhalte eher als Funktionen, als Prozesse oder gar als Projekt zu Tage.[18] Um die Aufgaben zu greifen, sollten je nach Organisationsstruktur entweder die Funktionen, die Prozesse oder die Projekte beschrieben werden, die in dem jeweiligen Unternehmen vorliegen. Dadurch wird sichergestellt, dass die jeweils relevanten Inhalte berücksichtigt werden.

Eine Hilfe zur Benennung der Aufgaben bieten Wertschöpfungskettenmodelle. Abb. 2.11 veranschaulicht ein beispielhaftes Wertschöpfungskettenmodell (nach Porter, 1999, S. 66),[19] das an einem funktionalen Aufbau orientiert ist. (Porter, 1999, S. 70 ff.) unterscheidet zwischen primären und unterstützenden Aktivitäten.

---

[18]vgl. Picot et al., 2005, S. 279 ff.
[19]Auch wenn der Ansatz nach Porter als sehr innovativ beschrieben wurde, merkt Brockhoff, 2014, S. 36 f. an, dass der Ansatz von Nicklisch zur Beschreibung von Wertschöpfungsketten bereits aus den 1920er-Jahren viele Aspekte von Porter berücksichtigte und bei einigen Aspekten sogar über Porter mit Blick auf den Detailgrad hinausging. Gleichwohl soll hier auf Grund der Prominenz des porterschen Ansatzes dieser exemplarisch dargestellt werden.

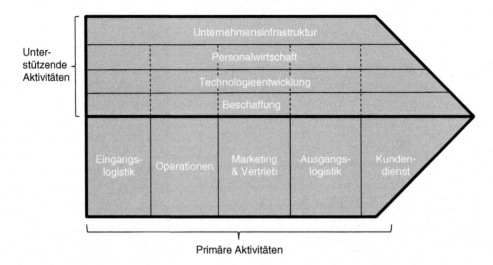

**Abb. 2.11** Wertschöpfungsketten – funktional in Anlehnung an Porter. (1999, S. 66)

**Primäre Aktivitäten**

Primäre Aktivitäten tragen direkt zur Wertschöpfung bei. Je nach Branche sind diese primären Aktivitäten von unterschiedlicher Bedeutung für den Wettbewerbsvorteil. Für ein Handelsunternehmen spielt beispielsweise die Logistik eine entscheidende Rolle, wohingegen diese bei Dienstleistungsunternehmen nur nachrangig oder gar unwichtig ist. Vor dem Hintergrund der Digitalisierung kommt es zu Anpassungen der einzelnen primären Aktivitäten, die je nach Industrie in unterschiedlich starkem Maße auftreten.[20] Die Darstellung unterliegt mithin einer Veränderung und ist nicht statisch. Beispiele von primären Aktivitäten sind:

- Eingangslogistik: Bezeichnet alle Aktivitäten im Zusammenhang mit dem Wareneingang, der Lagerung und der unternehmensinternen Weiterleitung von Vorleistungen für das Produkt.
- Operationen: Tätigkeiten im Zusammenhang mit der Verarbeitung von Vorleistungen zum fertigen Endprodukt wie z. B. auch F&E-Aktivitäten.
- Marketing & Vertrieb: Bereitstellung und Festlegung von Mitteln und Strategien zur Platzierung des Produktes auf dem Markt, Wahl und Pflege der Vertriebswege, Preisstrategien, Produktstrategien usw.
- Ausgangslogistik: Aktivitäten wie Sammlung von Endprodukten sowie Zusammenführung von Lagerung und Lieferung von Endprodukten zum Kunden.
- Kundendienst: Alle Zusatzdienstleistungen, die den Wert des Endproduktes erhalten oder verbessern.

---

[20]vgl. auch (Wilmanns, 2016) für eine Analyse der Digitalisierung und damit verbunden der Industrie 4.0 auf die Wertschöpfungsketten.

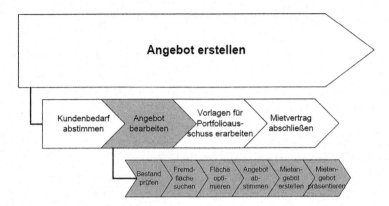

**Abb. 2.12** Beispielhafte Wertschöpfungskette – prozessuale Darstellung. (Quelle: In Anlehnung an Becker, Kugeler & Rosemann (2000), S. 348.)

**Unterstützende Aktivitäten** Unterstützende Aktivitäten tragen nicht direkt zur Wertschöpfung bei, sind jedoch erforderlich, damit die primären Aktivitäten durchgeführt werden können. Beispiele sind:

- Unternehmensinfrastruktur: Als Unternehmensinfrastruktur wird ein Zusammenwirken von mehreren Aktivitäten bezeichnet, wie etwa Geschäftsführung, Rechnungswesen, Controlling oder Qualitätskontrolle, die an verschiedenen Stellen der Wertkette ansetzen.[21]
- Personalwirtschaft: Das Management der menschlichen Ressourcen fordert sowohl primäre und unterstützende Aktivitäten für jeden Einzelnen (wie z. B. Einstellung, Schulung und Freisetzung) als auch Aktivitäten auf Ebene der gesamten Wertkette (z. B. Tarifverhandlungen, Personalcontrolling).
- Technologieentwicklung: Technologieentwicklung findet in vielen Teilen eines Unternehmens statt und besteht aus einer Reihe von Aktivitäten, die sich in Bemühungen um Produkt- und um Verfahrensverbesserungen unterteilen lassen. Abzugrenzen hiervon ist die Entwicklung von Technologie im Sinne des zu verkaufenden Produktes. Diese Entwicklung, die im Rahmen der Digitalisierung der Wirtschaft immer bedeutender wird, ist Teil der primären Aktivität „Operations".
- Beschaffung: Beschaffung beschreibt den Rahmen des Einkaufs, wie z. B. die Verhandlung von Lieferkonditionen.

Eine beispielhafte prozessorientierte Wertschöpfungskette findet sich bei Becker et al., 2000, S. 348, siehe Abb. 2.12.

Weitere industriespezifische Wertschöpfungsketten finden sich in Kap. 16.

---

[21] vgl. Oehlrich, 2010, S. 141.

### 2.3.1.3 Zivilrechtliche und steuerrechtliche Elemente

Die Struktur eines Unternehmens ist drittens durch zivilrechtliche und steuerrechtliche Elemente beschrieben. Die Ausgestaltung der rechtlichen Elemente ergibt sich durch gesetzliche Vorgaben als externen Regelungsrahmen und den damit verbundenen Möglichkeiten. Beispiele sollen einen Eindruck der Vielfalt von möglichen rechtlichen Themen geben, die angepasst werden können:

- Rechtsform einer Gesellschaft
- Gründung und Verschmelzung von Gesellschaften
- Wechsel der Anteilseignerstruktur

Weitere Ausführungen zu den zivilrechtlichen Themen finden sich in Kap. 3. Aber auch steuerliche Themen wie das Verrechnungspreissystem und das Begründen einer Organschaft beschreiben die Struktur eines Unternehmens.

▶ **Strukturdimension** Zusammenfassend ist die Struktur eines Unternehmens durch erstens seine Organisation als interner Reglungsrahmen, durch zweitens die Aufgaben bzw. Sachinhalte und durch drittens rechtliche Elemente definiert.
  Bei einer Umstrukturierung werden entweder alle drei oder aber nur einzelne Strukturelemente angepasst.
  Für eine steuerliche Würdigung ist es hilfreich zu verstehen, wie die Strukturelemente vor und nach der Umstrukturierung ausgestaltet sind.
  Die Veränderung der Strukturelemente kann – wie Kap. 1 einleitend ausgeführt hat – verschiedene verrechnungspreisspezifische Folgen nach sich ziehen.

### 2.3.2 Zieldimension

Ziele lassen sich mit Unterzielen, Zwischenzielen und Oberzielen[22] in ein hierarchisches Verhältnis setzen, wobei das Oberziel immer weiter in kleinere Ziele heruntergebrochen wird. Ein Beispiel illustriert dies: Wenn der Gewinn eines Unternehmens steigen soll (Oberziel), ließe sich dies über Umsatzsteigerungen oder Kostensenkungen (Zwischenziele) verwirklichen. Um die Zwischenziele zu erreichen, könnten Unterziele definiert werden, wie die Steigerung der Mitarbeiterzufriedenheit, der Abbau von Wartezeiten, die Expansion auf neue Märkte usw. (Unterziele). Beispielhafte Ziele können sein:

- Hoher Marktanteil
- Hohe Skaleneffekte
- Geringe Konzernsteuerquote
- Geringe Bestandsmengen und mithin Kapitalbindung

---

[22]vgl. Heine, 1976.

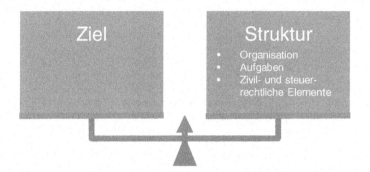

**Abb. 2.13** Ziel-Struktur-Gleichgewicht. (Quelle: Eigene Darstellung)

- Gutes Betriebsklima
- Schnelle Lieferzeit
- Hohe Produktqualität und Einheitlichkeit von Standards

Umstrukturierungen verfolgen das Ziel, die Ober-, Zwischen- und Unterziele besser zu erreichen. Letztlich soll die effizienteste Struktur, zur Erreichung der Ziele identifiziert werden. Es gibt nicht „die" effiziente Struktur vielmehr ist situativ der passgenaue Ansatz zu wählen[23], um mit der Struktur die Ziele bestmöglich zu erfüllen. Dies veranschaulicht auch die Abb. 2.13.

Interne und externe Ursachen können dazu führen, dass die bestehende Struktur nicht mehr die Struktur ist, die zur höchsten Zielerreichung führt („Optimum der Unternehmensstruktur"). Beispiele für Ursachen, die ein Ungleichgewicht auslösen können und somit eine Anpassung der Struktur erforderlich machen, können sein:

**Externe Ursachen**

- Makroökonomische Veränderungen
- Politische Veränderungen und geopolitische Entwicklungen
- Neuer Wettbewerber
- Technischer Fortschritt und Digitalisierung
- Steigendes Umweltbewusstsein
- Schwindender Talentpool
- Sich ändernde Regularien und Compliance-Anforderungen z. B. in Folge der BEPS-Diskussionen (vgl. Kap. 5 für weitere Details zu BEPS)
- Unsichere Lieferantenbasis
- Anforderungen durch Großkunden verbunden mit räumlicher Nähe
- Neue Organisationsansätze und -theorien

---

[23]vgl. Picot et al., 2005, S. 383.

**Interne Ursachen**

- Höhere Risikoaversion
- Wunsch nach mehr oder weniger Kontrolle
- Neues Management verbunden mit neuem Führungsstil
- Unzufriedenheit von Mitarbeitern und Verbesserungsvorschläge
- Ressourcenknappheit

### 2.3.3 Prozessdimension

Die Prozessdimension beschreibt den Prozess der Umstrukturierung von der bestehenden zur neuen Struktur. In diesem Kapitel kann nicht für jedes Strukturelement, wie z. B. für die verschiedenen Funktionen, ausgeführt werden, wie eine Umstrukturierung zu erfolgen hat und wie der Prozess der Umstrukturierung mithin verläuft. Es sollen vielmehr zwei immer wieder auftretende Schwierigkeiten im Prozess der Umstrukturierung erläutert werden: Umstrukturierungskosten und Widerstände bei Umstrukturierungen.

- **Umstrukturierungskosten**
  Nach Picot et al., 2005, S. 393, entstehen bei Umstrukturierungen erstens Planungs- und Durchführungskosten, wie z. B. Beratung, Schulung und Anpassung, z. B. des ERP-Systems, sowie zweitens Kosten in Folge von Reibungsverlusten zwischen den Akteuren, z. B. für Koordination und Motivation.
  Das in dem Zusammenhang hilfreiche Modell des Rent Seeking[24] geht davon aus, dass es zu einem wohlfahrtsmindernden Verteilungskampf kommt und jeder Akteur versucht nach der Umstrukturierung besser darzustehen als vorher. Dies könnte z. B. dadurch verfolgt werden, dass die Aufgabenzuweisung beeinflusst werden soll und in Folge der Umstrukturierung das persönliche Aufgabengebiet und mithin die Macht und Vergütung eines Mitarbeiters höher ist. Nach Milgrom und Roberts versuchen die Akteure z. B. durch Lob, Schmeicheleien, Drohung, Sabotage, Erpressung oder bewusste Fehlinformationen andere Akteure während der Umstrukturierung zu beeinflussen. Die Kosten, die sich dadurch ergeben können, sind z. B. Kosten durch Ressourcennutzung zur Beeinflussung, Beraterkosten zum Stärken der eigenen Position, Kosten durch „falsche" Aufgabenzuteilung oder fundamentaler nicht effizienter Durchführung von Umstrukturierungen sowie das gänzliche Unterlassen von Umstrukturierungen sowie Kosten zum Vermeiden des Rent Seeking. Typische Taktiken zum Beeinflussen gerade bei Umstrukturierungen sind nach Picot et al., 1999, S. 68, Zupacken, Informieren, Koalitionen bilden, Tauschhandel, Drohungen und das Nutzen von Emotionen.

---

[24]Vgl. Murphy, et al., 1993, Rowley, et al., 1988.

- **Widerstände bei Umstrukturierungen**
Im Jahr 2000 stellten Beer und Nohria fest, dass rund 70 % aller Versuche einer Umstrukturierung fehlschlagen würden. Auch Homburg & Hocke, 1996, kommen zu einer Misserfolgsquote von mehr als 50 %.[25] Den wichtigsten Grund für hohe Misserfolgsquoten sieht Bungard schon 1996 in „der fehlenden Akzeptanz und dem Widerstand innerhalb der Organisation".[26] Es stellt sich hierbei die Frage nach Gründen für dieses Verhalten. Diese lassen sich in rationale bzw. sachliche und emotionale bzw. persönliche unterscheiden. Der Unterschied zwischen rationalen und emotionalen Ursachen von Widerständen spiegelt sich in der logischen Erklärbarkeit wider. Rationale Ursachen für Widerstände sind logisch nachvollziehbar und lassen sich mit fakten- und logikbasierter Argumentation beseitigen. Sie lassen sich in ökonomische (eine andere Lösung ist günstiger, effizienter oder besser finanzierbar), rechtliche (bei einer anderen Lösung werden weniger rechtliche Probleme erwartet) und technische (eine andere technische Lösung wird für besser befunden (z. B. bessere Materialdaten)) Aspekte gliedern. Emotionale Widerstände hingegen betreffen die Angst vor der Veränderung für ein Individuum, wie z. B. Entlassung oder Statusverlust, und lassen sich nicht durch bloße Darlegung von Fakten entschärfen. Dass die Veränderung auch positive Nebeneffekte für das Unternehmen hat (z. B. bessere Rentabilität, niedrigere Kosten etc.), bleibt hier unbedeutend. Beachtet man, dass mit rund 80 % der zwischen 2002 und 2011 gemeldeten internen Umstrukturierungsfälle Personalreduzierungsmaßnahmen einhergingen[27], lassen sich diese Ängste verdeutlichen und erklären.

Das Eisbergmodell[28] (siehe Abb. 2.14) illustriert die Bedeutung der emotionalen Aspekte für den sichtbaren Erfolg von Umstrukturierung, z. B. im Sinne von höherer Profitabilität. An den Reaktionen der von einer Umstrukturierung betroffenen Mitarbeiter, die letztendlich zum Widerstand führen, lässt sich besonders die Bedeutung dieser emotionalen Aspekte erkennen:

Oftmals ist eine der ersten Reaktionen auf die Ankündigung solcher Maßnahmen (Existenz-)Angst und Verunsicherung. Weitere Reaktionen sind z. B. Unruhe, Enttäuschung, Sabotage, Kritik am Top-Management oder Vergangenheitsbezug.[29] Werden im Rahmen einer Umstrukturierung die emotionalen Aspekte außer Acht gelassen, kann Widerstand innerhalb der Organisation resultieren, wodurch es zu einem Scheitern kommen kann.

Brians beschreibt die Kommunikation innerhalb von Umstrukturierungsprozessen als „kritischer Faktor Nr. 1" und vergleicht sie „mit dem Blut im Organismus Unternehmen".[30] Betrachtet man hierzu die Studie von IBM Global Business Services, 2007,

---

[25]Vgl. Brians, 2007, S. 5 f.
[26]Bungard, 1996.
[27]Vgl. Köper & Richter, 2012.
[28]Brians, 2007, S. 108 ff.
[29]vgl. Brians, 2007, S. 196 ff.
[30]Brians, 2007, S. 231.

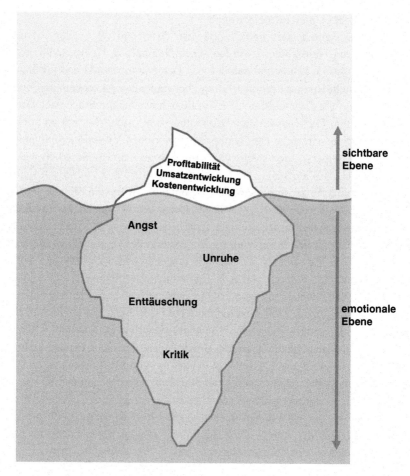

**Abb. 2.14** Eisbergmodell. (Quelle: Eigene Darstellung)

kann diese Aussage bestätigt werden. Hiernach steht die „ehrliche und rechtzeitige Kommunikation [...] mit 73 % – nach dem Engagement der führenden Manager (83 %) – an zweiter Stelle der erfolgskritischen Faktoren". Auch die folgenden Themen, wie Motivation oder Einbindung der Mitarbeiter, basieren auf einer erfolgreichen Kommunikation. Nach Beer & Nohria, 2000, bietet die Kombination der Beachtung von emotionalen und rationalen Aspekten die Grundlage für eine erfolgreiche Umstrukturierungsmaßnahme und einen nachhaltigen Wettbewerbsvorteil.[12]

## 2.4 Praktische Anwendung: Implikationen für Bewertungen von Funktionsverlagerung

Umstrukturierungen als Anpassung der Struktur von Unternehmen im Sinne der organisatorischen, inhaltlichen und/oder der zivil- bzw. steuerrechtlichen Ebene haben vielfältige Ausprägungen. Gleichwohl lösen sie als unbestimmter Rechtsbegriff nicht *per se* Rechtsfolgen mit Blick auf die Analyse von Funktionsverlagerungen aus. Vielmehr ist jede Umstrukturierung sowohl mit Blick auf die alte als auch die neue Struktur, die zugrunde liegenden Ursachen und beabsichtigten Ziele sowie den Umstrukturierungsprozess individuell zu würdigen. Aufbauend auf dem theoretischen Struktur-Prozess-Modell lassen sich dennoch folgenden Aspekte für die Praxis der Funktionsverlagerungsanalyse ableiten:

- **Abgrenzung Funktions-, Prozess- und Projektverlagerung**
  § 1 Abs 1 FVerlV als auch § 1 Abs. 3 Satz 9 AStG rekurrieren, wie dargestellt, auf den Funktionsbegriff und legen mithin ein bestimmtes Verständnis der unternehmerischen Organisationsstruktur für das Vorliegen der Funktionsverlagerung zugrunde: Nämlich einen funktionalen Aufbau, in dem die gleichartigen Tätigkeiten organisch strukturiert sind. Eine Verlagerung von Prozessen, die eben nicht gleichartige betriebliche Aufgaben, sondern gleichgerichtete betriebliche Aufgaben beschreiben, ist dadurch nicht abgedeckt. Gleichermaßen ist die Verlagerung von Projekten nicht durch das Institut der Funktionsverlagerung abgedeckt. Ein Projekt kennzeichnet sich durch einmaligen Charakter, wie dargestellt, sowie durch eine Organisation der Aufgaben ausgerichtet am Ziel vergleichbar der Prozessorganisation, aber eben nicht durch die Zusammenfassung von gleichartigen Aufgaben.
  Auch wenn weder eine Prozessverlagerung noch eine Projektverlagerung durch die Tatbestandsmäßigkeit der Funktionsverlagerung abgedeckt sind, stellt sich die Frage, ob ein fremder Dritter dennoch einen Ausgleichsanspruch für eine Verlagerung fordern würde. Denkbar ist ein Ausgleichsanspruch bei einem Projekt in Folge der Geschäftschancenlehre (vgl. Kap. 4), wonach die hinreichend konkrete Geschäftschance zu einem immateriellen Wirtschaftsgut erstarkt[31] und die Übertragung zu vergüten wäre. Wenn ein Projekt z. B. der Bau eines Stadions oder einer Ölpipeline ist, wäre somit zu subsumieren, ob eine hinreichend konkrete Geschäftschance vorliegt. Die Übertragung eines gesamten Prozesses scheint denklogisch schwieriger. Wahrscheinlicher scheint die Übertragung einzelner Aufgaben des Prozesses. Die einzelnen Aufgaben klassifizieren sich nicht als Funktion, weil eben kein Zusammenschluss von gleichartigen Aufgaben in einem organischen Rahmen vorliegt. Dennoch ist zu fragen, ob immaterielle Wirtschaftsgüter übergehen, für die ein fremder Dritter losgelöst von der Tatbestandsmäßigkeit der Funktionsverlagerung einen Ausgleichsanspruch fordern würde.

---

[31] vgl. etwa Ditz, 2006.

- **Nicht jede Umstrukturierung führt zu einer Funktionsverlagerung**
  Wie dargestellt, können Umstrukturierungen von Unternehmen die organisatorische, inhaltliche und rechtliche Ebene betreffen. Jede Umstrukturierung hat somit ihren eigenen Charakter, der zu beschreiben ist, bevor die steuerliche Würdigung erfolgen kann. Eine Funktion ist die Zusammenfassung von gleichartigen inhaltlichen Tätigkeiten (Aufgaben) in einem funktionalen organisatorischen Rahmen. Dies entspricht auch der Darstellung in § 1 Abs. 1 FVerlV. Sofern bei einer Umstrukturierung eine derartige Funktion entweder nicht vorliegt (siehe Abgrenzung Funktions-, Prozess- und Projektverlagerung) oder aber keine Funktion verlagert wird, kann auch keine Funktionsverlagerung vorliegen. Sowohl das Grundansinnen der Organisationslehre, Strukturen zu schaffen, als auch der Hinweis in der FVerlV auf den „organischen Teil" betonen, dass nicht bloß eine Ansammlung von gleichartigen Aufgaben hinreichend für ein Funktionsverständnis ist, sondern, dass ein gewisser organisatorischer Rahmen nötig ist. Dies betont auch die Literatur so, z. B. Blumers, 2010, S. 20. Demnach würde eine Verneinung des organischen Rahmens und mithin eine Atomisierung des steuerlichen Funktionsbegriffes nicht in Übereinstimmung mit § 1 FVerlV stehen und man kann ergänzen: Auch nicht mit der Sichtweise der Organisationstheorie. Die bloße Übertragung von einzelnen Inhalten (Aufgaben) ohne den organisatorischen Rahmen der Funktion klassifiziert diese demnach nicht als Funktionsverlagerung.
- **Nicht jede Veränderung des Gewinnpotenzials ist auf die Funktion zurückzuführen**
  Sofern dem Grunde nach eine Funktionsverlagerung vorliegt, ist bei der Bewertung abzugrenzen, welchen Strukturelementveränderungen etwaige Gewinnpotenziale vor und nach der Verlagerung zuzusprechen sind. Das Gewinnpotenzial, das der Funktion vor und nach der Verlagerung zusteht, ist mithin zu berücksichtigen. Weiteres zusätzliches Gewinnpotenzial in Folge der Umstrukturierung, z. B. zusätzliches Gewinnpotenzial aus einer Steigerung der organisatorischen Effizienz nach der Verlagerung durch z. B. kürzere Weisungswege oder einer besseren Kontrolle von Prozessen, ergibt sich nicht durch die Funktionsverlagerung, sondern durch andere organisatorische Maßnahmen.[32]

---

[32] Auch wenn ein Gewinnpotenzial nicht bereits mit einer Funktion, sondern erst durch Änderungen auf der organisatorischen Ebene durch den Übernehmer der Funktion realisiert wird, fordert der Gesetzgeber die Berücksichtigung der umstrukturierungsinduzierten Gewinnpotenziale in der Berechnung des Transferpaketwertes (vgl. § 3 Abs. 2 S. 1 FVerlV), da dies letztlich mögliche Handlungsoptionen sind. Der Gesetzgeber stellt mithin auf den Erwartungswert ab, der dem Verkäufer auf Grund der unterstellten Informationstransparenz bekannt ist (vgl. § 1 Abs. 1 S. 2. AStG). Damit wird der betriebswirtschaftlichen Abgrenzung des Gewinnpotenzials in Gewinnpotenzial, das durch die Funktion bereits realisiert wird, und solches, das erst durch andere Umstrukturierungsmaßnahmen entsteht, nicht gefolgt. Nur wenn die Annahme der Informationstransparenz durch ein Doppelbesteuerungsabkommen nicht gefordert ist und sie daher durch die Schrankenwirkung des Doppelbesteuerungsabkommens national nicht zu berücksichtigen ist (vgl. auch Kap. 6.), kann der betriebswirtschaftlich stringenten Trennung in Ursachen von Gewinnpotenzialen und damit der (Nicht-)Berücksichtigung in der Bewertung auch steuerlich gefolgt werden.

Zusammenfassend zeigt die Betrachtung der drei Ebenen, dass **nicht jede Umstrukturierung zu einer Funktionsverlagerung** führt. Vielmehr ist bei jeder Umstrukturierung zu prüfen erstens, ob Funktionen verlagert werden, und wenn ja, zweitens, welches Gewinnpotenzial der Funktion zuzusprechen ist und welches Gewinnpotenzial durch umstrukturierungsinduzierte Anpassungen der organisatorischen oder rechtlichen Ebene entsteht.

- **Umstrukturierungen sind mit Kosten verbunden**
  Die Kosten der Umstrukturierung sind im Rahmen der Bewertung einer Funktionsverlagerung der Höhe nach sachgerecht zu berücksichtigen. Nicht nur unmittelbare Kosten wie Beratungs- und Implementierungskosten, sondern auch Koordinations- und Motivationskosten sowie Ineffizienzen, etwa in Folge des Rent Seeking, sind aufzunehmen. Bei einer Umstrukturierung sind somit für die Analyse der steuerlichen Gewinnpotenziale sachgerechte Beurteilungen etwaiger Kosten der Umstrukturierung zu berücksichtigen. Dies entspricht auch der innerdeutschen Betrachtung bei Betriebsveräußerung oder Betriebsaufgaben, wo regelmäßig von dem Veräußerungs- bzw. Aufgabegewinn die Veräußerungs- bzw. Aufgabekosten abzuziehen sind (vgl. § 15 Abs. 2 EStG) und die zu versteuernden aufgedeckten stillen Reserven verringern sind.
- **Unsicherheiten in den Erfolg von Umstrukturierungen**
  Umstrukturierungen führen nicht immer zu dem gewünschten Erfolg. Eine Vernachlässigung von emotionalen Aspekten und die dadurch ausgelösten Widerstände sind Gründe für das Scheitern einer Umstrukturierung. Für die Verrechnungspreisanalyse der Höhe nach ist mit Blick auf die Planzahlen zu beurteilen, inwiefern derartige Aspekte berücksichtigt wurden. Qualitative Argumente, die bereits bei der Bewertung Indiz für ein mögliches Scheitern geben könnten, sollten berücksichtigt werden. Dies vermeidet zu optimistische Planzahlen und mithin unrealistische Gewinnerwartungen.

## 2.5 Praxisbeispiel Prozessebene: Deloitte-Value-Pyramide

Während die ersten Abschnitte dieses Kapitels eine theoretische Herleitung eines Struktur-Prozess-Modells bieten und die praktischen Implikationen für die Funktionsverlagerungsbewertung darstellt, stellt dieser Abschnitt exemplarisch einen Praktikeransatz für die Prozessebene der Umstrukturierung vor: Die Deloitte-Value-Pyramide (siehe Abb. 2.15). Der Ansatz bietet einen Rahmen für eine Zentralisierung von Funktionen wie z. B. dem Einkauf oder der Produktion. Die Abb. 2.15 illustriert die verschiedenen Stufen der Pyramide. Fundament des Ansatzes ist erstens die Möglichkeit, wesentliche Funktionen zu zentralisieren, zweitens die Identifikation und Quantifizierung von wesentlichen Werttreibern und damit verbundenen immateriellen Vermögenswerten und drittens die Verzahnung von Geschäftsmodelloptimierung und Steuerplanung (Foundation). Darauf aufbauend werden methodisch mit dem 4-R-Ansatz die verschiedenen Bereiche des Unternehmens, wie IT, Personal, Legal, Finance und Tax, angepasst. Hier-

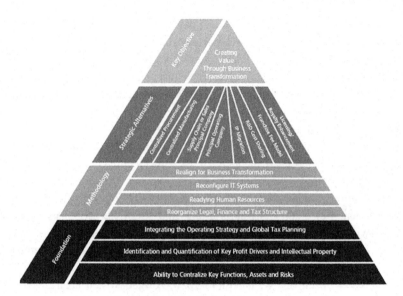

**Abb. 2.15** Deloitte-Value-Pyramide. (Quelle: Eigene Darstellung)

bei werden für die vier verschiedenen „R's" verschiedene Phasen ausgehend von der Chancenanalyse bis zur Implementierung durchlaufen (Methodology). Im Rahmen der Anpassung sind verschiedene strategische Alternativen zu berücksichtigen und abzuwägen (Strategic Alternatives). Ziel der Anpassung des Geschäftsmodells ist die Steigerung der Profitabilität z. B. gemessen als Cashflow (Key Objective). Details zu der Methodologie, die der Prozess-Ebene des Struktur-Prozess-Modells entspricht, und den strategischen Alternativen, die auf der Struktur-Ebene ansetzen, sind im Folgenden dargestellt.

### 2.5.1 Strategische Alternativen

Die Ebene der strategischen Alternativen zeigt, dass Umstrukturierungen unterschiedliche Reichweiten haben können. So kann ein Umstrukturierungsprojekt eine Veränderung einer einzelnen Funktion (z. B. Centralized Procurement) umfassen, am anderen Ende der Skala aber auch eine Zentralisierung über mehrere Funktionen hinweg bis hin zum Aufbau eines zentralen Prinzipal. In der Abb. 2.16 ist eine idealisierte Wertschöpfungskette eines produzierenden Unternehmens mit den unterstützenden Funktionen HR, IT und Finance dargestellt. Spezifische Wertschöpfungsketten für einzelne Industrien finden sich in Kap. 16.

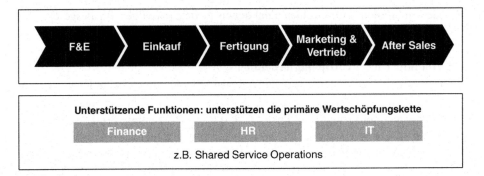

**Abb. 2.16** Beispielhafte Wertschöpfungskette. (Quelle: Eigene Darstellung)

Auf Ebene der einzelnen Funktionen ergeben sich folgende beispielhafte Möglichkeiten, die an einzelnen Beispielen dargestellt werden.

- **Gründung einer zentralen IP-Gesellschaft**
  Eine Einheit hält alle IP-Rechte, entwickelt neues IP (wenn notwendig mit Hilfe von Vertragspartnern) und lizenziert diese IP für Lizenz-Produzenten. Ziel der Gründung einer IP-Gesellschaft kann die Bündelung von Kompetenzen und ein besserer Überblick über das IP-Portfolio sein.
- **Gründung einer zentralen Einkaufsgesellschaft**
  Eine Einheit ist für den zentralen Einkauf verantwortlich und verkauft die Ware an die Produzenten (bzw. agiert als Einkaufsagent für den Produzenten). Diese Lösung hat den Vorteil, dass die Produzenten keinen eigenen Einkauf vorhalten müssen und Skaleneffekte gehoben werden können.
- **Gründung einer zentralen Produktionsgesellschaft**
  Die Produktionsaktivitäten aus verschiedenen Gesellschaften werden bei einer Gesellschaft gebündelt. Ziel ist die Nutzung von Skalenerträgen in der Produktion z. B. durch Lerneffekte, aber auch durch Fixkostendegressionseffekte. Ferner können Lohnvorteile genutzt werden.
- **Einführung eines Vertriebs-Hubs**
  Ein Vertriebs-Hub bezieht von den verschiedenen Produzenten die Produkte und liefert diese an die Vertriebsgesellschaften. Dieser Aufbau stellt sicher, dass jede juristische Einheit nur einen direkten Counterpart hat. Ansonsten würden alle Produzenten an alle Vertriebsstätten verkaufen. Das Ziel, das der Gründung eines Vertriebs-Hubs zugrunde liegt, kann der Abbau von Bestandsmengen, eine bessere Kontrolle oder die Verkürzung von Lieferwegen sein.
- **Gründung einer zentralen Service-Gesellschaft**
  Eine Gesellschaft im Konzern wird z. B. mit der Abwicklung von Buchhaltung und Personalschulungen oder für Callcenter Aktivitäten beauftragt bzw. gegründet. Infol-

gedessen werden die einzelnen Funktionen in den jeweiligen Landesgesellschaften eingestellt bzw. stark abgebaut. Ziel einer Servicegesellschaft ist die Vereinheitlichung von Standards und die Nutzung von Kostenvorteilen.
- **Gründung eines Prinzipalunternehmens**
  Ein zentrales Prinzipalunternehmen zeichnet sich aus durch zentralisierte Entscheidungsfindung und Strategieentwicklung. Dies ermöglicht besser abgestimmte Entscheidungen und vereinfachte Prozesse. I. d R. ist das zentrale Prinzipalunternehmen darüber hinaus Eigentümer der wesentlichen immateriellen Vermögensgegenstände mit dem genannten Vorteil der besseren Übersichtlichkeit des IP-Portfolios.

### 2.5.2 Methodik

Methodisch wird die Deloitte-Value-Pyramide durch den 4-R-Ansatz umgesetzt: Realigning for Business Transformation, Reconfiguring IT Systems, Readying Human Resources und Reorganizing Legal, Finance and Tax Structures. Ausgehend von dem Konzept des neuen Geschäftsmodells werden IT, HR, Legal, Finance und Steuern umstrukturiert. Auf der zeitlichen Ebene durchlaufen die 4 R's vollständig oder in Teilen verschiedene Phasen. Die einzelnen R's sowie die Phasen sind im Folgenden beschrieben. Die Abb. 2.17 veranschaulicht den Ansatz.

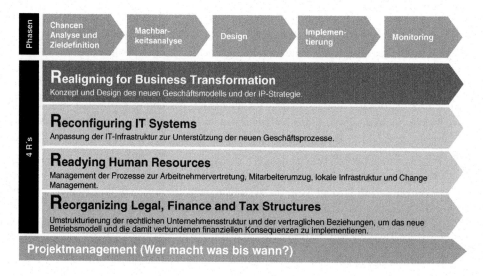

**Abb. 2.17** 4-R-Ansatz. (Quelle: Eigene Darstellung)

## 2 Betriebswirtschaftliche Grundlagen zu Umstrukturierungen

**Umstrukturierung und die Konzernsteuerquote**

Das folgende in den Medien diskutierte Beispiel[33] zeigt eine mögliche negative Wechselwirkung aus einer isolierten Betrachtung der Konzernsteuerquote. Xerox ist ein 1906 gegründetes Technologie- und Dienstleistungsunternehmen im Bereich der Dokumentenverwaltung. 1949 wird der erste Fotokopierer der Welt – *Model A* – vorgestellt. Die Dominanz auf dem Markt für Fotokopierer verbunden mit einem enormen technischen Know-how führt in den 1970er-Jahren zu einem Marktanteil von nahezu 100 %. Ein verlorener Antitrust Case verbunden mit der Auflage zur Lizenzierung der Technologie an Dritte Mitte der 1970er-Jahre und die zunehmende Bedeutung von Inkjet-Druckern lässt den Marktanteil von Xerox unter 15 % fallen. Ausgelöst durch externe Faktoren ist Xerox mithin getrieben, dass Unternehmen umzustrukturieren, um Marktanteile zurückzugewinnen und seine Position zu stärken. Eine Reihe von CEOs führen seit Beginn der 1980er-Jahre verschiedene Umstrukturierungen durch. Gleichwohl entwickelt sich der Wert der Xerox-Aktie im Vergleich zum Dow-Jones zunehmend schlechter, wie auch Abb. 2.18 zeigt. Im Jahr 1999 kommt es zu einem massiven Einbruch des Börsenkurses von Xerox um 90 % unter der Ägide des neuen CEOs Rick Thoman. Der Nettogewinn ist im Vergleich zum Vorjahr um 68 % gesunken. Was ist passiert?

Xerox hatte Ende der 1990er-Jahre das Projekt „Global" gestartet, infolgedessen viele Unternehmenseinheiten wie z. B. Callcenter, die Europazentrale sowie immaterielle Vermögensgegenstände verbunden mit F&E-Aktivitäten aus Kostenüberlegungen und Steuergründen nach Irland verlegt wurden. Durch die Verlagerung ins steuerbegünstigte Irland, so die Hoffnung, könne man die effektive Steuerbelastung der Gruppe reduzieren, auch wenn zunächst Kosten in dreistelliger Millionenhöhe mit der Umstrukturierung verbunden waren.

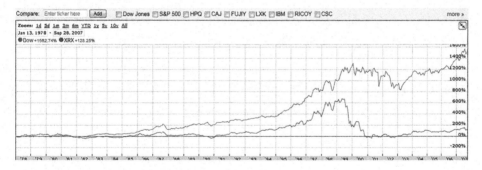

**Abb. 2.18** Xerox Aktie. (Quelle: Eigene Darstellung)

---

[33]Vgl. http://www.wsj.com/articles/SB987452923187277301.

Gleichzeitig kam es aber in Folge der Wirtschaftskrise zu einem Umsatzrückgang: Die Gesellschaft in Irland erzielte einen Verlust wohingegen weitere Gesellschaften in Europa, z. B. als Routineunternehmen, einen kleinen Gewinn erzielten. Was war die Folge? Die effektive Steuerrate der Gruppe stieg von 31 % in 1999 auf 38 % in 2000. Der geplante Steuervorteil wurde zu einem Steuernachteil, weil es zu einer Verlustsituation kam. Die steigende Steuerbelastung belastete das Gruppenergebnis neben der ohnehin schwierigen Position bedingt durch die Wirtschaftslage und die hohen Kosten der Umstrukturierung zusätzlich.

Das Beispiel zeigt, dass eine eindimensionale Betrachtung der Steuerrate fehlschlagen kann. Es ist daher wichtig, dass Experten aus der Steuerabteilung frühzeitig in Umstrukturierungsprojekte einbezogen werden: Um Risiken zu erkennen, aber auch Szenarien zu beurteilen und Chancen zu entwickeln. Gleichzeitig zeigt das Beispiel, wie ein Unternehmen durch externe Entwicklungen und möglicherweise fehlende Initiativen zur richtigen Zeit in eine weniger profitable Situation gelangen kann. Letztlich illustriert es, wie langwierig Umstrukturierungsprozesse verlaufen können. Für Mitarbeiter aus der Steuerabteilung bedeutet dies, dass sie regelmäßig bei konzerninternen Umstrukturierungen eingebunden werden, um sich regelmäßig abzustimmen und die Prozesse zu begleiten.

### 2.5.2.1 Die 4 R's und das Projektmanagement

**Realigning for Business Transformation**
Operative Veränderungen sind notwendig, um das Geschäftsmodell und den Steuerplan aufeinander abzustimmen. Die Definition eines neuen Geschäftsmodells mit dem Ziel der Verbesserung der operativen Margen und der Steigerung der Erlöse unter Berücksichtigung steuerlicher Aspekte kann zu erhöhten Gewinnen nach Abzug der Steuern und zu einem verbesserten Cashflow führen. Hierbei müssen die gesamten Veränderungen des existierenden Geschäftsmodells sowie die Anpassungen kleinerer Parameter beginnend beim Einkauf von Rohwaren bis zum Verkauf der Fertigware (und alle dazwischen liegenden Prozesse) sowie die zugrunde liegenden unterstützenden Prozesse im Detail analysiert werden.

**Reconfiguring IT Systems**
Sobald Führungsstrukturen, Lieferketten und weitere Teile eines Unternehmens neu ausgerichtet werden, müssen sich auch die Informationssysteme, die diese Funktionen unterstützen, weiterentwickeln. Im Ergebnis sollte die IT so angepasst werden, dass sie auch das neue Geschäftsmodell optimal unterstützt. Zusätzlich ist die IT-Einheit selbst eine Quelle möglicher Einsparungen, die durch Zentralisierung, Shared-Service-Centers und Skaleneffekte gehoben werden können. Im Rahmen der Anpassung der IT müssen Unternehmen ihre Infrastruktur sowie die zugehörigen IT-Systeme analysieren, neu konzipieren und schlussendlich implementieren, um das neue Geschäftsmodell optimal unterstützen zu können.

## Readying Human Resources

Eine Umstrukturierung hat Auswirkungen auf das gesamte Humankapital eines Unternehmens sogar über Geschäftseinheitsgrenzen hinweg. Alle Beteiligten müssen sich bewusst sein, dass die Verlagerung von Funktionen und Risiken immer eine Verlagerung von Mitarbeitern mit sich bringt. Dies kann zu erheblichen Herausforderungen für Führungskräfte sowie zu Störungen im Geschäftsablauf und nicht zuletzt zum Verlust von Mitarbeitern führen. Diese Herausforderungen, die natürlich auch neue Chancen mit sich bringen, können mithilfe eines gut strukturierten Projektmanagements, eines stringenten Kommunikationsplans sowie eines flexiblen Managements der Veränderungsprozesse bewältigt werden. Der Schlüssel zur Nachhaltigkeit einer jeden Umstrukturierung sind die richtigen Menschen. Das Unternehmen muss daher großen Wert auf die Organisation eines geordneten Übergangs legen. Hierbei ist auch die mögliche Anpassung der Key Performance Indicators zu beachten.

## Reorganizing Legal, Finance and Tax Structures

Umstrukturierungen gehen über die Grenzen rein administrativer steuerlicher Fragen hinaus, wobei die Beantwortung dieser Detailfragen im Rahmen des gesamten Projektes beachtet werden muss. Neue rechtliche Strukturen sowie neue Arbeitsvorgänge sind häufig Folgen einer Umstrukturierung. Finanzielle Aspekte, Cashflows sowie Zollverpflichtungen und weitere allgemeine Auswirkungen auf die indirekten Steuern müssen insbesondere bezüglich neuer Managementstrukturen und des Berichtswesens beachtet werden.

Unternehmen müssen sich bewusst sein, dass mit Umstrukturierungen häufig umfassende Veränderungen der juristischen Einheiten sowie der Steuerstruktur einhergehen. Hierbei müssen die Vor- und Nachteile verschiedener Optionen analysiert werden. Es sind sowohl die Auswirkungen auf die Einkommensteuer und Verrechnungspreisgestaltung zu beachten als auch mögliche Veränderungen im Bereich der indirekten Steuern im Allgemeinen.

## Projektmanagement

Umstrukturierungen sind ein iterativer und arbeitsintensiver Prozess. Die Einheit, die umstrukturiert wird, muss unabhängig von möglicher Unterstützung von außen den Veränderungsprozess vorantreiben. Daher werden typische Umstrukturierungen von internen Projektmanagement-Gruppen gesteuert, die von leitenden Angestellten geführt werden sollten.

Hierbei ist eine etablierte und erfahrene Struktur notwendig, die ein zeitnahes Überwachen und eine Kontrolle der Veränderung ermöglicht ohne das eigentliche Projektteam unnötig zu belasten. Die wichtigsten Ziele dieser zusätzlichen Organisationseinheit sind die Aufrechterhaltung einer offenen Kommunikation der Risiken und Chancen, das Management der abzuliefernden Leistungen sowie die Kontrolle über die effiziente Durchführung des Projektes. Dies beinhaltet den zeitlichen Ablauf einschließlich von Meilensteinen, die Verzahnung der einzelnen Strukturebenen, klare Zuständigkeiten, aber auch das Monitoring der Kosten. Es ist daher ratsam, frühzeitig die involvierten Mitarbeiter zusammen zu bringen, Bedenken abzustimmen und gemeinsame Lösungen zu definieren.

Typische Positionen, die je nach Ausprägung der Umstrukturierung berücksichtigt werden sollten, sind:

- Geschäftsleitung (CEO, COO, CFO)
- Kaufmännische/r Leiter/in
- Leiter/in Steuern
- Personalabteilung
- IT-Abteilung
- Rechtsabteilung
- Mitarbeiter/innen der betroffenen Funktion
- Leiter/in und Mitarbeiter/innen Einkauf
- Leiter/in und Mitarbeiter/innen Vertrieb
- Leiter/in und Mitarbeiter/innen Supply Chain
- Leiter/in und Mitarbeiter/innen F&E
- Leiter/in und Mitarbeiter/innen Marketing

Es ist ratsam, die Mitarbeiter und damit verbundene Bedenken frühzeitig zu berücksichtigen, so sind z. B. im Falle der Gründung einer Einkaufsgesellschaft viele Mitarbeiter des Einkaufs sowie im Besonderen der/die Einkaufsleiter/in betroffen. Für diese betroffenen Mitarbeiter werden sich nicht nur die täglichen Abläufe ändern, sondern möglicherweise auch ihr Einsatzort. Die Bundesanstalt warnt sogar, dass „Mitarbeiter in umstrukturierten Organisationen vielfältige und zeitgleiche Veränderungen ihrer Arbeitssituation erleben im Hinblick auf Prozesse und Produkte, Personal und Organisation sowie den Aufgaben und Arbeitsanforderungen. Diese Veränderungen können neben den Chancen zur Prosperität der Organisation und besser organisierten Abläufen auch mit erhöhtem Stress und Arbeitsverdichtung einhergehen und längerfristig zu gesundheitlichen Beeinträchtigungen bei den Beschäftigten führen."[34]

### 2.5.2.2 Phasen
Die einzelnen Phasen, die entlang der 4 R's durchlaufen werden, sind im Folgenden dargestellt.

**Chancenanalyse und Zieldefinition**
Ausgehend von der bestehenden Struktur sind mögliche Chancen zu identifizieren dargestellt als Ergebnis eines Strategie-Reviews oder als Ergebnis einer Mitarbeiter- oder Kundenbefragung. Die möglichen Chancen und damit verbundene Risiken sind in einem ersten Schritt indikativ zu beurteilen und Ziele zu benennen. Bei der Entscheidung für die eine oder andere Variante einer Umstrukturierung spielt die Auswirkung auf die effektive Steuerquote des Unternehmens eine ausschlaggebende Rolle. Diese steuerli-

---
[34]Köper & Richter, 2012.

chen Auswirkungen können sowohl im Bereich der direkten als auch der indirekten Steuern liegen.

**Machbarkeitsstudie**
In der zweiten Phase werden auf Basis der Ziele Kosten-Nutzen-Analysen für mögliche zukünftige Strukturen erarbeitet. Es ist wichtig, zu beachten, dass in dieser Phase nur ein kleiner Kreis an Mitarbeitern einbezogen wird, damit nicht bereits vor einer endgültigen Entscheidung die Unruhe unter der Belegschaft wächst.

**Designphase**
In der nun folgenden Designphase wird das endgültige operative Modell entwickelt. Zudem müssen für die betroffenen Ebenen nötige Schritte zur Veränderung der Struktur bestimmt werden (Prozessdimension). Das Ergebnis der Designphase ist der sog. Blueprint.

**Implementierungsphase**
In der Implementierungsphase werden die neuen Strukturen auf Basis des erarbeiteten Blueprints eingeführt. In der Praxis sind Design- und Implementierungsphase nicht immer strikt zu trennen. Es bietet sich mitunter an, neue Strukturen in einigen Bereichen bereits während der laufenden Designphase zu implementieren, um die Auswirkungen auf andere Bereiche besser erkennen zu können.

**Monitoring**
In der abschließenden Monitoringphase werden die implementierten Lösungen in Bezug auf grundsätzliche Arbeitsanweisungen oder die Einhaltung von übergeordneten Strategieplänen kritisch untersucht und für einen längeren Zeitraum beobachtet. Hierbei sollte beachtet werden, dass das nun implementierte Geschäftsmodell nicht statisch ist, sondern ständig auf seine Vorteilhaftigkeit überprüft werden sollte.

---

**Beispiel Anpassung IT-System**

Zur Illustration sind im Folgenden die typischen Aspekte dargestellt, die aus IT-Sicht bei einer Änderung des Geschäftsmodells am Beispiel der Gründung eines zentralen Prinzipals zu berücksichtigen sind:
- Organisationsstruktur:
  Rechtliche Einheiten können neu hinzukommen, wegfallen bzw. umgewidmet werden. Des Weiteren kann sich die Zuordnung bestimmter Elemente ändern. Beispiel: der Besitz des Umlaufvermögens.
- Geschäftsprozesse:
  Änderungen in den täglich stattfindenden Transaktionen: Informationen müssen anders bzw. zusätzlich erfasst werden. Es kann neue Arbeitsschritte geben, um den konzerninternen Abläufen zwischen den Gesellschaften Rechnung zu tragen. Dies

stellt Anforderungen an die bestehende IT-Ausprägung der Prozesse sowie deren derzeitige Automation.
- Stammdaten und Datenmigration:
  Je nach Datenobjekt (z. B. Kunde, Material) müssen zusätzliche Informationen erfasst werden, um die geänderten Abläufe zu unterstützen. Dies bedeutet erheblichen Aufwand für die reibungslose Migration aller Daten in die bestehende IT-Landschaft.
- Berechtigungen und Anwenderprofile:
  Häufig ergibt sich ein verringerter Zugriff auf bestimmte Informationen, da sich die Rollen der Mitarbeiter verändern.
- Zusätzliche Prozesskontrollen: Es muss sichergestellt werden, dass die Abbildung der Geschäftsvorgänge in den IT-Applikationen den rechtlichen Anforderungen an das geänderte Geschäftsmodell folgt.
- Erstellung externer Dokumente und Formulare:
  Die Änderung von Unternehmensnamen, VAT-Registrierungen etc. muss auf den nach außen sichtbaren Dokumenten geändert werden. Daher werden meist alle Bestell- und Rechnungsformulare überarbeitet.
- Interne/externe Berichte:
  Die neue Organisations-Struktur muss in allen bestehenden Berichten reflektiert werden. Zusätzlich kommen auch hier Restriktionen hinsichtlich der Sichtbarkeit von Informationen zum Tragen.
- Schnittstellen mit Dritten sowie firmenintern:
  Jede Schnittstelle muss überprüft werden, ob die übertragenen Informationen den geänderten Abläufen entsprechen. Schlechte Programmierung („Hard-coding") oder mangelnde Dokumentation werden hier häufig zum Aufwandstreiber, d. h., die IT-Versäumnisse der Vergangenheit werden offensichtlich.

Als geeignete Vorgehensweise hat sich bewährt, zu allererst die möglichen Veränderungen der finanziellen Werteflüsse und der logistischen Warenbewegungen auf die Kernprozesse zu betrachten. Diese ganzheitliche, prozessorientierte Betrachtung erlaubt dann die Auswirkungen auf die obigen IT-Dimensionen für die konkrete Situation im Unternehmen abzuleiten. Konkrete Arbeitspakete können wie folgt aussehen:
- Während der Machbarkeitsanalyse:
  – Organisation eines IT-Workshops, um grundsätzlich die größeren Veränderungen auf die IT-Dimensionen durch das Principal Operating Model zu diskutieren.
  – Vorbereitung einer möglichen Principal Operating Model Roadmap unter Berücksichtigung laufender bzw. geplanter IT-Projekte.

- Während der Implementierungs- und Designphase:
  - Analyse aller Geschäftsprozesse. Dabei sollten auch Verbesserungsmöglichkeiten außerhalb des Principal Operating Model einfließen, um zusätzliche Nutzenpotenziale zu heben.
  - Einrichtung des Projektes und Entwicklung des Blueprints.
  - Analyse des Istzustands:
    Definition des allgemeinen Templates.
    Analyse der Abweichungen in den einzelnen Ländern.
    Design der Systemspezifikationen.
    Detailliertes Abbilden und Abgleichen der Geschäftsprozesse sowie Design & Erstellung des Systems.
  - Vorbereitung der Abnahme.
  - Durchführung von Tests.
  - Generalprobe.

  Auf der Basis erfolgreicher Projekte ergeben sich folgende Empfehlungen:

- Der Aufwand für die Anpassung der Berechtigungen pro Anwender und die Sichtbarkeit von Daten sollte nicht unterschätzt werden.
- Das Training der Endanwender in den konkreten Arbeitsabläufen ist sehr wichtig, um die Konformität mit den rechtlichen Anforderungen sicherzustellen und zu verhindern, dass Mitarbeiter in Verhaltensweisen des alten Geschäftsmodells zurückfallen.
- Der Erfolg der Umstellung hängt maßgeblich von der notwendigen, hohen Qualität der Stammdaten ab. Daher sind Aufgaben der Datenbereinigung, -harmonisierung, -migration und -pflege ein Kernelement des IT-Arbeitsstrangs.

## 2.6 Zusammenfassung

In dem theoretischen Rahmen definiert dieses Kapitel, was unter Umstrukturierungen von Unternehmen zu verstehen ist. Demnach liegt eine Umstrukturierung vor, wenn die bestehende Struktur von Unternehmen zielgerichtet angepasst wird. Es stellt sich daher die Frage, wie die Struktur von Unternehmen definiert werden kann. Mit Rückgriff auf die betriebswirtschaftliche Literatur wurden die drei Strukturebenen: Organisation, Aufgaben als Sachinhalte und zivil- sowie steuerrechtliche Aspekte identifiziert. Die Makroorganisation ist funktional, prozessual oder projektbezogen denkbar. Es wurden Gründe dargestellt, die zu einer Umstrukturierung führen. Bei aller Unterschiedlichkeit ist es doch immer das Ansinnen, die beste Übereinstimmung zwischen unternehmerischen Zielen und unternehmerischer Struktur zu erzielen („Optimum der Unternehmensstruktur"). Ausgelöst durch interne oder externe Faktoren kommt es dazu, dass die Struktur nicht mehr zur Zielerreichung als optimal erachtet wird, was zu einer Umstrukturierung führt. Der Prozess der Umstrukturierung selbst kann mit Schwierigkeiten sowie dadurch induzierten Kosten verbunden sein. Beispiele sind persönliches Gewinnstreben, aber auch emotionale Widerstände.

Für die steuerliche Würdigung insb. im Rahmen der Funktionsverlagerung ist es nötig, die Umstrukturierung zunächst aus betriebswirtschaftlicher Sicht vollständig abzubilden, wie der praktische Teil des Kapitels ausführt. Es sind die organisatorische, die sachinhaltliche (Aufgaben) und die rechtliche Ebene zu betrachten. Eine trennscharfe Analyse ist Ausgangspunkt der Beurteilung dem Grunde nach, ob eine Funktionsverlagerung vorliegt, und der Höhe nach, wie sie zu bewerten ist. Maßgeblich hierbei ist das zugrunde liegende Funktionsverständnis. Eine Funktion ist demnach die organisatorische Zusammenfassung von gleichartigen Aufgaben. Die Verlagerung dieser organisatorischen Zusammenfassung ist es, die nach § 1 Abs. 3 Satz 9 AStG als auch § 1 Abs. 1 FVerlV ggf. zu einer Exit-Besteuerung führt. Ohne verlagerte Funktion liegt keine Funktionsverlagerung vor. Es sollte aus betriebswirtschaftlicher Sicht nur das Gewinnpotenzial in die Exit-Besteuerung eingehen, dass auf die Verlagerung der Funktion zurückzuführen ist, nicht aber jedes Gewinnpotenzial, das durch eine Umstrukturierung, etwa durch organisatorische Veränderungen, erst gehoben wird. Umstrukturierungskosten sowie ein etwaiges Scheitern, z. B. durch Widerstände, sind einzupreisen.

Ein Praktikeransatz – die Deloitte-Value-Pyramide –, wie eine Umstrukturierung prozessual gestaltet werden kann, wurde abschließend vorgestellt.

## Literatur

Becker, Kugeler & Rosemann, 2002. *Prozessmanagement: Ein Leitfaden zur prozessorientierten Organisationsgestaltung.* 2. Aufl. Berlin: Springer.
Becker, Kugler & Rosemann, 2000. *Ein Leitfaden zur prozessorientieren Organisationsgestaltung.* 2. Aufl. Wiesbaden: Springer.
Beer & Nohria, 2000. *Breaking the Code of Change.* Boston: Harvard Business School Press.
Blumers, 2010. *Funktionsverlagerung und ihre Grenzen,* DStR, S. 17–21.
Brians, 2007. *Kritische Faktoren bei Restrukturierungen in Unternehmen; Theoretische Betrachtung – Empirische Studie – Ausblick,* Mannheim: Inauguraldissertation.
Brockhoff, 2014. *Betriebswirtschaftslehre in Wissenschaft und Geschichte.* 4. Aufl. Berlin: Springer Gabler.
Bungard, 1996. Zur Implementierungsproblematik bei Business-Reengineering. In: Perlitz, Offinger, Reinhardt & Schug, Hrsg. *Reengineering zwischen Anspruch und Wirklichkeit.* Wiesbaden: Gabler, S. 253–276.
Ditz, 2006. Übertragung von Geschäftschancen bei Funktionsverlagerungen ins Ausland. *DStR,* S. 1625.
Dudenredaktion, 2011. *Duden: Richtiges und gutes Deutsch: Das Wörterbuch der sprachlichen Zweifelsfälle: Band 9.* Berlin: Dudenredaktion.
Dudenredaktion, 2013. *Das Herkunftswörterbuch: Etymologie der deutschen Sprache Band 7.* Berlin: Dudenredaktion.
DWDS, kein Datum *sanieren.* [Online] Letzter Abruf: http://www.dwds.de/hilfe/panel/etymwb/ [Zugriff am März 2016].
EMCC (o.J), E., kein Datum *Fact Sheets.* [Online] Letzter Abruf: http://www.eurofound.europa.eu/emcc/erm/index.php?template=searchfactsheets [Zugriff am September 2014].

Fiedler, 2014. *Organisation kompakt.* München: Oldenbourg.
Führer & Züger, 2010. *Projektmanagement – Management-Basiskompetenz Theoretische Grundlagen und Methoden mit Beispielen, Repetitionsfragen und Antworten.* 3. Aufl. Zürich: Compendia Bildungsmedien.
Gaitanides, 1996. *Prozessorganisation.* 1. Aufl. München: Vahlen.
Gaitanides, 2007. *Prozessorganisation.* 2. Aufl. München: Vahlen.
Heine, 1976. *Grundlagen betriebswirtschaftlicher Entscheidungen: Das Zielsystem der Unternehmung (Die Betriebswirtschaft in Forschung und Praxis).* 3. Aufl. Wiesbaden: Gabler Verlag.
Homburg & Hocke, 1996. *Change Management durch Reengineering.* Mannheim: Universität Mannheim Institut f. Marktorientierte Unternehmensführung.
IBM Global Business Services, 2007. *Making Change Work.* [Online] Letzter Abruf: http://www-935.ibm.com/services/de/bcs/pdf/2007/making_change_work.pdf [Zugriff am 13 05 2016].
Köper & Richter, 2012. *Restrukturierung in Organisationen und mögliche Auswirkungen auf die Mitarbeiter.* Dortmund: Bundesanstalt für Arbeitsschutz und Arbeitsmedizin.
Köper & Richter, 2012. Reststrukturierung in Organisationen und mögliche Auswirkungen auf die Mitarbeiter. *baua,* S. 4.
Kosiol, 1962. *Organisation der Unternehmung.* s. l.: Gabler.
Kreisel, 1995. *Zentralbereiche. Formen, Effizienz und Integration.* Wiesbaden: Gabler.
Murphy, Shleifer & Vishny, 1993. Why is Rent Seeking So Costly to Growth? *American Economic Review,* S. 409–414.
Oehlrich, 2010. *Betriebswirtschaftslehre, Eine Einführung am Businessplan-Prozess.* 2. Aufl. München: Vahlen.
Picot, Dietl & Franck, 2005. *Organisation: Eine ökonomische Perspektive.* 4. Aufl. Stuttgart: Schäffer Poeschl.
Picot, Freudenberg & Gaßner, 1999. *Management von Reorganisationen: Maßschneidern als Konzept für den Wandel.* Wiesbaden: Gabler.
Porter, 1999. *Nationale Wettbewerbsvorteile. Erfolgreich konkurrieren auf dem Weltmarkt.* Berlin: Ueberreuter Wirt., F.
Rowley, Tollison & Tullock, 1988. *The Political Economy of Rent Seeking.* New York: Springer.
Wilmanns, 2013. Internationale Verrechnungspreise. In: *Internationale Verrechnungspreise.* Weinheim: Wiley.
Wilmanns, 2016. Der Einfluss der digitalen Entwicklung auf konzerninterne Verrechnungspreissysteme. *im Erscheinen.*

## Über die Autoren

**Dr. Björn Heidecke** (Hrsg.) ist seit 2011 Verrechnungspreisexperte bei der Deloitte GmbH am Standort Hamburg. In 2013 war er mehrere Monate im Verrechnungspreisteam am Standort Johannesburg/Südafrika tätig. Seine Interessen liegen in den Bereichen: Umstrukturierungen und Verrechnungspreise, Funktionsverlagerungsbewertungen, Bewertung von immateriellen Vermögensgegenständen, Verrechnungspreissysteme in Afrika, Verrechnungspreise bei Start-ups und Themen an der Schnittstelle von Steuern und Ethik.

Er studierte von 2004 bis 2008 Diplom-Volkswirtschaftslehre und Diplom-Handelslehramt an der Christian-Albrechts-Universität zu Kiel und promovierte von 2008 bis 2011 an der TU Chemnitz sowie der Wirtschaftsuniversität Breslau.

Er ist Mitglied der Deutschen Gesellschaft für ökonomische Bildung und Alumni des Nachwuchsförderungsprogrammes der Hanns Martin Schleyer-Stiftung. Er publiziert regelmäßig auf dem Gebiet der Verrechnungspreise.

**Andreas Süß** Partner bei Deloitte verfügt über 27 Jahre Erfahrung im Management-Consulting-Bereich und arbeitet seit 1998 bei Deloitte. Eines seiner Schwerpunktthemen ist die Optimierung und Veränderungen von Geschäftsmodellen. Seit 2006 verantwortete er vier internationale Transformationsprojekte von der Machbarkeitsstudie bis hin zur Konzeption und Implementierung. Zusätzlich ist er als europäischer Co-Leader für BMO (Business Model Optimization) an dem Ausbau der Practice unter Einbeziehung aktueller Themen (z. B. BEPS) befasst.

Er absolvierte von 1983 bis 1987 ein Studium der Wirtschaftsinformatik an der Fachhochschule Wedel.

**Christine Hoefer** ist seit 1999 als Managerin bei Deloitte Consulting tätig.

Schwerpunkte ihrer Tätigkeit bei Deloitte lagen zunächst in der Beratung von Kunden der Konsumgüterindustrie im logistischen Bereich (Supply-Chain-Optimierung, Einführung Warenwirtschaftssysteme, Dienstleister-Auswahl, etc.). In den letzten beiden Jahren kümmerte sie sich intensiv um die Unterstützung der funktionsübergreifenden europäischen Business-Modell-Optimization-Initiative. Business Model Optimization (BMO) kombiniert die Strukturierung des Geschäftsmodells von multinationalen Unternehmen und die globale steuerliche Planung einschließlich der rechtlichen Fragestellungen, IT-Strukturen und sonstiger betriebswirtschaftlicher Aspekte. Vor ihrer Zeit bei Deloitte Consulting war sie Trainee im Controlling bei Unilever.

Sie studierte Volkswirtschaftslehre an der Friedrich-Wilhelm-Universität Bonn sowie am Kalamazoo College, Michigan. Zudem ist sie Alumni der Fulbright Kommission.

# 3. Gesellschaftsrechtliche Grundlagen einer Umstrukturierung

Felix Felleisen und Maximilian Backhaus

**Leitfragen dieses Kapitels**

- Wie ist der Begriff Umstrukturierung rechtlich und im Kontext von Funktionsverlagerungen einzuordnen?
- Welche grundsätzlichen rechtlichen Fragen sind im Zusammenhang mit Umstrukturierungen zu beachten?
- Welche Umstrukturierungsmöglichkeiten auf gesellschaftsrechtlicher Ebene sieht das Gesetz vor?
- Welche dieser Umstrukturierungsmöglichkeiten stehen auch in grenzüberschreitenden Konstellationen bzw. Konstellationen mit Auslandsbezug zur Verfügung?
- Welchen Einfluss haben der europäische Gesetzgeber und die Rechtsprechung des Europäischen Gerichtshofs auf die zur Verfügung stehenden Umstrukturierungsoptionen und welche zusätzlichen Möglichkeiten sind hierdurch gegeben?
- Wie reagieren die Rechtsordnungen anderer EU-Mitgliedsstaaten auf die neuen europäischen Entwicklungen?
- Welche zusätzlichen Umstrukturierungsmöglichkeiten auf schuldrechtlicher Ebene bestehen?
- Welche besonderen Ausgleichs- und Entschädigungsansprüche sind bei Umstrukturierungen auf schuldrechtlicher Ebene zu berücksichtigen?

---

F. Felleisen (✉) · M. Backhaus
Düsseldorf, Deutschland
E-Mail: ffelleisen@deloitte.de

M. Backhaus
E-Mail: mbackhaus@deloitte.de

© Springer Fachmedien Wiesbaden GmbH 2017
B. Heidecke et al. (Hrsg.), *Funktionsverlagerung und Verrechnungspreise*,
DOI 10.1007/978-3-658-09026-5_3

- Welche potenziellen Haftungsrisiken sind für Gesellschafter und Unternehmensleitung bei Umstrukturierungen zu berücksichtigen?
- Welche arbeitsrechtlichen Konsequenzen können aus Umstrukturierungen resultieren?
- Welche Themenkomplexe aus anderen Rechtsgebieten sind bei Umstrukturierungen zu beachten?

## 3.1 Einführung

Für den Begriff „Umstrukturierung" gibt es keine gesetzlich verankerte oder allgemein anerkannte Definition[1]. Die Erscheinungsformen von Umstrukturierungsvorgängen sind vielfältig: Denkbar sind Umstrukturierungen auf gesellschaftsrechtlicher bzw. umwandlungsrechtlicher Grundlage, bei denen im Wesentlichen die Gesellschafterebene betroffen ist. Ebenso gibt es Umstrukturierungsvorgänge, die sich außerhalb des Gesellschaftsrechts vollziehen und sich im Wesentlichen in der Änderung bestimmter vertraglicher Grundlagen innerhalb einer Unternehmensgruppe oder zu Dritten erschöpfen. Schließlich sind auch Umstrukturierungen denkbar, welche ausschließlich die arbeitsrechtliche Ebene betreffen, beispielsweise bei einer bloßen Betriebsänderung i. S. der §§ 111 ff. BetrVG. In der Praxis am häufigsten dürften Mischformen sein, bei denen gesellschaftsrechtliche Änderungen oder Änderungen an bestehenden Vertragswerken zum Anlass genommen werden, gleichzeitig eine Betriebsänderung im arbeitsrechtlichen Sinne vorzunehmen. In Anlehnung an die OECD-Verrechnungspreisleitlinien[2] soll für diesen Beitrag unter dem Begriff Umstrukturierung der Geschäftstätigkeit eine interne Umverteilung von Funktionen, Wirtschaftsgütern und Risiken innerhalb eines multinationalen Unternehmens, die eine meist grenzüberschreitende Verlagerung von Funktionen, Wirtschaftsgütern und/oder Risiken mit sich bringt, zu verstehen sein.

Eine umfassende Darstellung der Erscheinungsformen von Umstrukturierungsvorgängen aus rechtlicher Sicht ist im Rahmen dieses Beitrags nicht möglich. Er beschränkt sich deshalb darauf, bestimmte Grundzüge von Umstrukturierungsvorgängen aus rechtlicher Sicht darzustellen und einige häufig wiederkehrende Fragestellungen zu beleuchten. Neben Umstrukturierungsvorgängen auf vertraglicher Grundlage ist auf gesellschaftsrechtlicher Ebene zwischen den nachfolgenden Umstrukturierungsvorgängen zu differenzieren (Tab. 3.1):

Umstrukturierungsmaßnahmen sind gesetzlich nur rudimentär erfasst. Eine Art Umstrukturierungsgesetz als einheitliche Regelung, die alle oder zumindest die Mehrzahl möglicher Umstrukturierungsmaßnahmen erfasst, existiert weder auf nationaler, europäischer noch internationaler Ebene. Viele Fragen multinationaler Vernetzungsmöglichkeiten

---

[1] Vgl. etwa Bauer, 2009 „Unter „Umstrukturierung" ist jede juristisch relevante Veränderung am und im Unternehmen zu verstehen".

[2] OECD Transfer Pricing Guidelines for Multinational Enterprises and Tax Administrations 2010/ Principes de l'OCDE applicables en matière de prix de transfert à l'intention des entreprises multinationales et des administrations fiscales 2010.

**Tab. 3.1** Umstrukturierungsvorgänge. (Quelle: Eigene Darstellung)

| Umstrukturierungsvorgang | Ausprägungen | Dargestellt in Kapitel |
|---|---|---|
| Umwandlungen nach dem Umwandlungsgesetz (UmwG) | • Verschmelzung<br>• Spaltung<br>• Vermögensübertragung<br>• Formwechsel | 3.2.1 |
| Grenzüberschreitende Umwandlungen innerhalb der EUR/ des EWR | • Grenzüberschreitende Verschmelzungen<br>• Grenzüberschreitende Spaltungen<br>• Umwandlungsvorgänge unter Beteiligung von Unternehmen aus Drittstaaten | 3.2.1.2.1<br>3.2.1.2.2<br>3.2.1.3 |
| Grenzüberschreitende Sitzverlegung | • Grenzüberschreitende Satzungssitzverlegung mit gleichzeitigem Formwechsel<br>• Grenzüberschreitende Verlegung des Verwaltungssitzes | 3.2.1<br>3.2.2 |
| Sonstige gesellschaftsrechtlich geprägte Umstrukturierungen | • Einbringung und Asset Deal<br>• Anwachsung bei Personengesellschaften<br>• Die SE als Sondermöglichkeit zur Umstrukturierung im EWR | 3.3.1<br>3.3.2<br>3.3.3 |

lässt der Gesetzgeber so unbeantwortet. Dies ist vor dem Hintergrund einer globalisierten Wirtschaft zu bedauern. Die entstehende rechtliche Unsicherheit erschwert die Durchführung von Umstrukturierungen im Einzelfall. Durch die weiter zunehmende internationale Vernetzung – auch im Zuge der Digitalisierung – und Entwicklungen der Rechtsprechung könnte diese Thematik wieder stärker in den Fokus des nationalen und europäischen Gesetzgebers rücken, was wünschenswert wäre.

Aus steuerlicher Perspektive sind die gesellschaftsrechtlichen Grundlagen u. a. maßgeblich für die Beantwortung der Frage, ob eine Umstrukturierung (Verschmelzung, Spaltung, Formwechsel, Sitzverlegung, aber auch Einbringung) zum gemeinen Wert oder zum Buchwert zu erfolgen hat. Der hierfür einschlägige Regelungsrahmen findet sich im UmwStG sowie in vereinzelten Normen des EStG. Detaillierte Erläuterungen zu den steuerlichen Folgen von Umstrukturierungen können im Rahmen des vorliegenden Werks nicht gegeben werden; insoweit sei auf die Darstellungen in der steuerlichen Literatur verwiesen. Im Zusammenhang mit Funktionsverlagerungen kann es zu Berührungspunkten mit den einschlägigen gesellschaftsrechtlichen Regelungen kommen, wenn z. B. die bislang von der Gesellschaft A aus Deutschland wahrgenommene Prinzipal-Funktion auf die im Ausland ansässige Gesellschaft B und damit in das Ausland verlagert wird und die Gesellschaft A in Deutschland zukünftig nur mehr als Auftragsproduzent, Agent und Auftragsentwickler tätig ist. So ist denkbar, dass nach der Verlagerung der Prinzipalfunktion die deutsche Gesellschaft A in mehrere neue Gesellschaften aufgespalten wird und die aus der Aufspaltung hervorgehende Gesellschaft A1 übernehmender Rechtsträger forthin als Auftragsproduzent tätig ist, die Gesellschaft A2 als Agent und die Gesellschaft A3 als Auftragsentwickler. In Abhängigkeit von der gesellschaftsrechtlichen Ausgestaltung der zugrunde liegenden Maßnahmen und der steuerrechtlichen Würdigung derselben kann es hier aus steuerlicher Sicht sowohl bei der Verlagerung der Prinzipalfunktion als auch bei der sich anschließenden Aufspaltung zur Anwendung der Regelungen zur Funktionsverlagerung als Auslegung des Fremdvergleichsgrundsatzes kommen. In der Konsequenz bedeutet dies eine steuerliche Ausgleichszahlung und somit die Aufdeckung der stillen Reserven.

## 3.2 Umstrukturierungsvorgänge auf gesellschaftsrechtlicher Grundlage

Ein großer Teil der Umstrukturierungen betreffenden gesellschaftsrechtlichen Bestimmungen ist im Umwandlungsgesetz geregelt. Daneben sind jedoch auch die Vorgaben und Möglichkeiten nach allgemeinem Gesellschaftsrecht[3] zu beachten. Insbesondere auf europäischem Feld liefert darüber hinaus die Rechtsprechung des EuGH wesentliche Grundsätze für die Bewertung der Zulässigkeit und die Umsetzung grenzüberschreitender Umstrukturierungsvorgänge.

### 3.2.1 Die gesellschaftsrechtlichen Umwandlungsmöglichkeiten

#### 3.2.1.1 Die Umwandlungsformen des Umwandlungsgesetzes (UmwG)

Für innerdeutsche Sachverhalte erfasst das UmwG abschließend[4] vier Umwandlungsformen: Verschmelzung, Spaltung, Vermögensübertragung[5] und Formwechsel. Die Optionen des UmwG dienen der erleichterten Übertragung von Vermögen oder Vermögensteilen und zwar entweder in der Form der Vereinigung von bisher getrennten Vermögen oder der Trennung von Teilen eines bisher gemeinsamen Vermögens.

---

[3]Beispielsweise Regelungen zur Anwachsung oder Einbringung.

[4]Die Schaffung weiterer gesetzlich nicht vorgesehener Umwandlungsvorgänge ist aufgrund des numerus clausus des § 1 Abs. 2 UmwG grds. unzulässig, wobei jedoch „Umwandlungen" auf der Grundlage ausdrücklicher Regelungen in (anderen) Bundes- oder Landesgesetzen möglich sind; Beispiele sind gesetzliche Regelungen zu Teilung und Zusammenschluss von landwirtschaftlichen Produktionsgenossenschaften sowie deren Formwechsel nach dem LwAnpG sowie landesgesetzliche Sondervorschriften zur Reorganisation von Sparkassen und Landesbanken sowie bestimmter kommunalrechtlicher Körperschaften. Auf diese soll hier nicht eingegangen werden.

[5]Die Vermögensübertragung ist für diesen Beitrag nicht von Relevanz, da ihr Anwendungsbereich auf Gebietskörperschaften und Versicherungsunternehmen beschränkt ist, § 175 UmwG.

Für jede dieser Umwandlungsarten enthält das Umwandlungsgesetz ein eigenes Buch mit den jeweils maßgeblichen Vorschriften. Allgemeine Gültigkeit für alle Umwandlungsarten haben lediglich einige in eigenen Büchern des Umwandlungsgesetzes zusammengefasste Vorschriften.[6]

Das Umwandlungsrecht ist gemäß § 1 Abs. 1 UmwG seinem Wortlaut nach grundsätzlich[7] nur auf Umwandlungsvorgänge anzuwenden, an denen ausschließlich deutsche Rechtsträger beteiligt sind. Abzustellen ist dabei auf den satzungsmäßigen oder Registersitz, nicht auf den tatsächlichen Sitz oder den Verwaltungssitz.[8]

Die Verschmelzung (§§ 2 ff. UmwG) hat zum Ziel, dass das Vermögen von einem oder mehreren Rechtsträgern auf einen anderen bestehenden Rechtsträger (§ 2 Nr. 1 UmwG) oder das Vermögen von zwei oder mehreren Rechtsträgern auf einen neu gegründeten Rechtsträger (§ 2 Nr. 2 UmwG) zu übertragen. Der übertragende Rechtsträger geht unter. Dessen Anteilseigner werden am aufnehmenden Rechtsträger beteiligt. Der aufnehmende Rechtsträger tritt im Wege der Gesamtrechtsnachfolge in die Rechtsstellung des übertragenden Rechtsträgers ein. Gesetzestechnisch hat die Verschmelzung eine Art Vorbildfunktion: Bei Regelungen für andere Umwandlungsvorgänge wird vielfach auf die für die Verschmelzung geltenden Vorschriften verwiesen oder sind die maßgeblichen Vorschriften in Anlehnung an die entsprechenden Vorschriften zur Verschmelzung formuliert.

Die Spaltung (§§ 123 ff. UmwG) gleicht der Verschmelzung mit dem Unterschied, dass das Vermögen eines bestehenden Rechtsträgers aufgeteilt wird. Man unterscheidet Aufspaltung (§ 123 Abs. 1 UmwG), Abspaltung (§ 123 Abs. 2 UmwG) und Ausgliederung (§ 123 Abs. 3 UmwG). Die Aufspaltung ist das Spiegelbild der Verschmelzung.[9] Ein bestehender Rechtsträger wird auf zwei oder mehrere Rechtsträger aufgeteilt. Bei der Abspaltung wird nur ein Teil des Vermögens eines Rechtsträgers übertragen; im Übrigen bleibt der Rechtsträger bestehen. Im Falle der Auf- und Abspaltung erhalten die Anteilseigner des übertragenden Rechtsträgers eine Beteiligung am übernehmenden Rechtsträger, vgl. § 123 Abs. 1 a. E., Abs. 2 a. E. UmwG. Bei der Ausgliederung werden die als Gegenleistung gewährten Anteile am übernehmenden Rechtsträger hingegen dem übertragenden Rechtsträger selbst gewährt, § 123 Abs. 3 a. E. UmwG. Ansonsten entspricht die Ausgliederung der Abspaltung. Die Ausgliederung bietet sich an, wenn man einen Teil des Unternehmens in ein Tochterunternehmen auslagern will. Durch eine Abspaltung entstehen regelmäßig Schwesterunternehmen.

Gemeinsames Charakteristikum der vorstehenden Umstrukturierungsvorgänge ist die (partielle) Gesamtrechtsnachfolge. Deren Vorteil liegt darin, dass der übernehmende Rechtsträger grundsätzlich automatisch in die Rechte und Pflichten des übertragenden

---

[6] Insbesondere die arbeitsrechtlich geprägten Vorschriften der §§ 317 bis 325 UmwG.
[7] Die einzige Ausnahme von dem gesetzlichen Postulat, dass nur Rechtsträger mit Sitz im Inland umwandlungsfähig sind, bilden die §§ 122 a ff. UmwG.
[8] Henssler, et al., 2011, § 1 UmwG Rn 10; Widmann & Mayer, 2007, § 1 UmwG Rn 105.
[9] Henssler, et al., 2011, § 1 UmwG Rn 18; Semler, et al., 2012, UmwG § 1 Rn 48.

Rechtsträgers eintritt und eine Übertragung von Einzelgegenständen nicht erforderlich ist.[10] Dies kann insbesondere von großem Vorteil sein, wenn im Zuge der Umstrukturierung eine Vielzahl von Verträgen übergehen soll. Bei einer Einzelrechtsnachfolge würde eine solche Übertragung die Zustimmung eines jeden Vertragspartners voraussetzen. Dies ist bei der (partiellen) Gesamtrechtsnachfolge gerade nicht der Fall.[11]

Der Formwechsel (§§ 190 ff. UmwG) führt hingegen zu keiner Vermögensübertragung. Vielmehr verändert der bestehende Rechtsträger die rechtliche Form, beispielsweise von einer GmbH in eine AG. Die Vermögensverhältnisse bleiben im Innen- wie Außenverhältnis gemäß § 202 Abs. 1 UmwG bestehen, eine Rechtsnachfolge findet nicht statt.[12]

Bei den hier dargestellten Umwandlungsvorgängen handelt es sich um rein innerdeutsche Sachverhalte, sodass der Tatbestand einer Geschäftsbeziehung zum Ausland nach § 1 Abs. 1 AStG nicht vorliegt. Insofern finden auch die Regelungen des § 1 AStG und somit die Regelungen zur Funktionsverlagerung keine Anwendung.

#### 3.2.1.2 Grenzüberschreitende Umwandlungsvorgänge innerhalb der EU/des EWR

Das europäische Recht verdrängt im Widerspruchsfall das deutsche Recht. Auch wenn der europäische Gesetzgeber viele Richtlinien zum Umwandlungs- und Gesellschaftsrecht erlassen hat, beziehen sich nur wenige Regelungen explizit auf grenzüberschreitende Vorgänge.[13] Für Umstrukturierungen ist nach derzeitigem Stand allein die Verschmelzungsrichtlinie[14] von Belang.

##### 3.2.1.2.1 Grenzüberschreitende Verschmelzungen

Gesetzlich geregelt sind bislang nur grenzüberschreitende Verschmelzungen unter ausschließlicher Beteiligung von Kapitalgesellschaften aus Mitgliedsstaaten der EU/des EWR;

---

[10]Besonderer Aufmerksamkeit bedürfen allerdings Vermögensgegenstände, die im Ausland belegen sind und auf die aufgrund des Belegenheitsprinzips ausländisches Sachrecht Anwendung findet, wie z. B. Grundstücke, oder Vermögensgegenstände, die von vornherein fremdem Sachrecht unterliegen, wie z. B. Anteile an ausländischen Gesellschaften. Hier ist – jedenfalls außerhalb der EU – nicht immer sichergestellt, dass die jeweilige Rechtsordnung die Gesamtrechtsnachfolge anerkennt und die entsprechenden Vermögensgegenstände dementsprechend infolge des Umstrukturierungsvorgangs übergehen. Selbst innerhalb der EU können – insbesondere bei Spaltungsvorgängen – (vorsorgliche) Einzelübertragungen geboten sein.

[11]Vorsicht ist gleichwohl geboten: Zumindest in einigen Teilbereichen wird versucht, dem freien Übergang von Verträgen im Wege der Gesamtrechtsnachfolge durch entsprechende Vertragsgestaltung Einhalt zu gebieten. Dies erfolgt zum einen über Klauseln, nach denen Umwandlungsvorgänge Anzeige- und/oder Zustimmungspflichten unterliegen, zum anderen über Kündigungsklauseln, die an die Nichteinhaltung der Anzeigepflichten oder einen Wechsel in der Person des Gesellschafters anknüpfen.

[12]Henssler, et al., 2011, § 1 UmwG Rn 20; Semler, et al., 2012, § 1 Rn 55 f.

[13]Einen guten Überblick bietet: Kindler, 2010, Rn 32 ff.

[14]Richtlinie 2005/56/EG des Europäischen Parlaments und des Rates vom 26. Oktober 2005 über die Verschmelzung von Kapitalgesellschaften aus verschiedenen Mitgliedsstaaten.

in Deutschland in der Form der §§ 122a ff. UmwG, die im Zuge der Umsetzung der Verschmelzungsrichtlinie in das UmwG eingefügt wurden. Andere Formen grenzüberschreitender Umwandlungsvorgänge, insbesondere grenzüberschreitende Verschmelzungen unter Beteiligung von (nach deutschem Verständnis teilrechtsfähigen) Personenhandelsgesellschaften wie der GmbH & Co. KG und der OHG sind bislang nicht geregelt.

Ob nach derzeitigem Rechtsstand auch schon über die §§ 122a ff. UmwG hinaus grenzüberschreitende Verschmelzungen möglich sind, ist umstritten.[15] Nach Teilen der Literatur soll sich die Möglichkeit zur grenzüberschreitenden *Hinein*-Verschmelzung von Nicht-Kapitalgesellschaften aus der Niederlassungsfreiheit und der *SEVIC*-Entscheidung des EuGH ergeben.[16] Allerdings muss bei einer geplanten Hinein-Verschmelzung einer Nicht-Kapitalgesellschaft, etwa einer Personenhandelsgesellschaft, sorgfältig geprüft werden, ob das an ihrem Sitz anwendbare Recht eine solche Gesellschaft überhaupt als umwandlungsfähigen Rechtsträger ansieht.[17]

Ob eine Möglichkeit zur *Heraus*-Verschmelzung (von Deutschland ins Ausland) außerhalb der §§ 122a ff. UmwG besteht, ist ebenso streitig.[18] Hier wird die These vertreten, man dürfe die Heraus-Verschmelzung nicht anders beurteilen als die Hinein-Verschmelzung (vom Ausland nach Deutschland), da die Unzulässigkeit der Heraus-Verschmelzung ansonsten gleichzeitig die Unzulässigkeit der Hinein-Verschmelzung in den anderen Mitgliedsstaat nach sich zöge.[19] Daher müsse diese grundsätzlich möglich sein, es dürften jedoch keine schützenswerten Interessen Dritter verletzt werden.[20] Insbesondere die Arbeitnehmermitbestimmung kann bei einer Heraus-Verschmelzung in einen Mitgliedsstaat ohne ein dem deutschen Mitbestimmungsrecht entsprechendem Mitbestimmungsniveau ein schutzwürdiges Interesse darstellen. Verfahrensseitig kann für die grenzüberschreitende Verschmelzung von Nicht-Kapitalgesellschaften auf die für Kapitalgesellschaften geltenden Grundsätze der §§ 122a ff. UmwG zurückgegriffen werden, soweit sie passen. Bei grenzüberschreitenden Verschmelzungen werden originär weder Funktionen noch Wirtschaftsgüter oder sonstige Vorteile übertragen, sodass die Bedingungen zur Funktionsverlagerung grundsätzlich nicht erfüllt werden. Die Praxis zeigt jedoch, dass in der Folge einer

---

[15] Schmitt, et al., 2013, § 1 UmwG Rn 48 m. w. N.; ablehnend: Widmann & Mayer, 2007, § 1 Rn 206 ff.

[16] Henssler, et al., 2011, § 1 UmwG Rn 13; Lutter & Drygala, 2014, § 1 Rn 12; Schmitt, et al., 2013, § 1 UmwG Rn 50.

[17] Dies ist nicht überall der Fall. So ist etwa eine niederländische Commanditaire Vennootschap, also eine Kommanditgesellschaft nach niederländischem Recht – da keine Rechtsperson – kein umwandlungsfähiger Rechtsträger, vgl. Art. 2:308 Niederländisches BW. Entsprechende Reformvorhaben, die eine Umwandlungsfähigkeit dieser Gesellschaftsform zum Gegenstand hatten, sind gescheitert.

[18] vgl. zum Streitstand: Lutter & Drygala, 2014, § 1 Rn 15.

[19] Henssler, et al., 2011, § 1 UmwG Rn 13; Lutter & Drygala, 2014, § 1 Rn 15.

[20] Dazu zählen insbesondere der Schutz der Gläubiger, Minderheitsgesellschafter und Arbeitnehmer. Schützenswerte Interessen sind aus deutscher Sicht nur bei der Heraus-Verschmelzung von Belang; vgl. Lutter & Drygala, 2014, § 1 Rn 20.

grenzüberschreitenden Verschmelzung sehr wohl konzerninterne Reorganisationsmaßnahmen erfolgen, die gegebenenfalls zu einer Funktionsverlagerung führen können. Ein solches Beispiel wäre die Zusammenlegung von Headquarterfunktionen.

Des Weiteren ist zu beachten, dass bei grenzüberschreitenden Verschmelzungen in demjenigen Land, in dem die Rechtsform aufgegeben wird, eine Betriebsstätte begründet werden kann. Die Betriebsstätte unterliegt in der Folge der Anwendung des sog. Authorized OECD Approach (kurz: AOA), der in Deutschland in § 1 Abs. 5 AStG im Rahmen des Jahressteuergesetzes 2013 kodifiziert worden ist.

### 3.2.1.2.2 Grenzüberschreitende Spaltungen

Grenzüberschreitende Umwandlungsvorgänge in Form einer Spaltung sind bislang weder für Kapital- noch für Personengesellschaften gesetzlich geregelt. Die mögliche Schaffung eines rechtlichen Rahmens für die bislang nicht geregelten grenzüberschreitenden Umstrukturierungsvorgänge ist Gegenstand eines von der europäischen Kommission initiierten und derzeit laufenden Konsultationsverfahrens zu grenzüberschreitenden Verschmelzungen und Spaltungen.[21] Mit diesem möchte die Europäische Kommission Informationen zur Bewertung der Funktionstüchtigkeit des bestehenden EU-Rechtsrahmens für grenzüberschreitende Unternehmenstätigkeiten und möglichen Änderungsbedarfe an den bestehenden Regelungen einholen. Die Konsultation folgt dem Aktionsplan zum Gesellschaftsrecht und zur Corporate Governance 2012.

In der deutschen Literatur werden grenzüberschreitende Spaltungen innerhalb des EU-/EWR-Raums überwiegend als zulässig angesehen.[22] Die Spaltung sei als spiegelbildliches Gegenstück zur Verschmelzung gleich zu behandeln.[23] Ihre Zulässigkeit folge aus der Niederlassungsfreiheit, den Wertungen der §§ 122a ff. UmwG und der Rechtsprechung des EuGH zur grenzüberschreitenden Mobilität, begrenzt durch etwaige schutzwürdige Interessen.[24] Einen vergleichbaren Stand haben die Diskussionen auch in anderen europäischen Rechtsordnungen erreicht, wobei allerdings derzeit noch einiges im Fluss ist.[25]

Fraglich ist, welches Recht auf eine grenzüberschreitende Spaltung anzuwenden ist. Aufgrund des durch § 1 Abs. 1 UmwG auf nationale Rechtsträger begrenzten Anwendungsbereichs des UmwG, der durch die §§ 122a ff. UmwG nur für Verschmelzungen mit Rechtsträgern aus EU-/EWR-Staaten erweitert wird, geht ein Teil der Literatur[26] davon aus, dass das UmwG nicht anwendbar sei. Die überwiegende Ansicht[27] nimmt

---

[21] http://ec.europa.eu/internal_market/consultations/2014/cross-border-mergers-divisions/index_de.htm.

[22] Lutter & Drygala, 2014, § 1 Rn 20 m. w. N; Widmann & Mayer, 2007, § 1 Rn 261.1.

[23] Henssler, et al., 2011, § 1 UmwG Rn 13; Lutter & Drygala, 2014, § 1 Rn 20.

[24] vgl. Lutter & Drygala, 2014, § 1 Rn 20.

[25] Hier sei erneut auf das Beispiel der Niederlande hingewiesen; zum Stand der Diskussion in den Niederlanden vgl. Roelofs, 2014 und Veen, et al., 2013.

[26] Prinz & Gsell, 2013, Rn 2.2.

[27] Henssler, et al., 2011, § 1 UmwG Rn 10; Schmitt, et al., 2013, § 1 UmwG Rn 24; Semler, et al., 2012, Einleitung C Rn 33; Triebel & Hase, 2003.

## 3 Gesellschaftsrechtliche Grundlagen einer Umstrukturierung

hingegen richtigerweise die Anwendbarkeit des UmwG an, wobei das UmwG nur für die beteiligten deutschen Rechtsträger Geltung beanspruchen soll. § 1 Abs. 1 UmwG schließe grenzüberschreitende Umwandlungsvorgänge außerhalb der §§ 122a ff. UmwG nicht aus, sondern führt lediglich dazu, dass das UmwG nicht für die an der grenzüberschreitenden Umwandlung beteiligten ausländischen Rechtsträger gelten könne. Es komme daher zu einer parallelen Anwendung zweier Rechtsordnungen.[28] Dies entspricht dem Vorgehen, wie es auf grenzüberschreitende Verschmelzungsvorgänge vor Erlass der Verschmelzungsrichtlinie und der deutschen Umsetzungsbestimmungen üblich war. Die parallele Anwendung von Rechtsvorschriften zweier Mitgliedsstaaten wird für den Fall der grenzüberschreitenden Satzungssitzverlegung auch in der *Vale*-Entscheidung des EuGH bestätigt, in der der EuGH die sukzessive Anwendung der Rechtsordnungen der beteiligten Staaten unter Beachtung der Niederlassungsfreiheit anordnet.[29] Bezogen auf grenzüberschreitende Spaltungen innerhalb der EU/des EWR könnte man entsprechend eine analoge Anwendung der nationalen Vorschriften zur Spaltung (§§ 123 ff. UmwG) annehmen. Es bietet sich auch eine analoge Anwendung der §§ 122a ff. UmwG an, die auf Sachverhalte der grenzüberschreitenden Verschmelzung ausgerichtet sind und deren Vorteil die einheitliche Geltung in allen Mitgliedsstaaten ist. Es bedürfte keiner Harmonisierung nationaler Verfahrensvorschriften. Die analoge Anwendung der §§ 122a ff. UmwG ist der einfachere Weg. Für sie spricht, dass die Spaltung das spiegelbildliche Gegenstück zur Verschmelzung ist.[30]

Aus Sicht der Praxis ist bei einem Rückgriff auf die Figur einer grenzüberschreitenden Spaltung freilich nach wie vor Vorsicht geboten. Beispielsfälle aus der deutschen Praxis sind nicht ersichtlich. Zwar verfolgt der EuGH eine recht weitreichende Auslegung der Niederlassungsfreiheit und es dürfte aus der *SEVIC*-Entscheidung zu folgern sein, dass diese auch grenzüberschreitende Spaltungen umfassen soll, jedoch fehlen gesetzliche Regelungen und damit Rechtssicherheit im Hinblick auf die Umsetzung. Vor dem Hintergrund der Diskussionen über die Zulässigkeit grenzüberschreitender Spaltungsvorgänge auch in anderen europäischen Rechtsordnungen ist überdies mit Unwägbarkeiten „auf beiden Seiten der Grenze" zu rechnen.[31] Ferner ist nicht auszuschließen, dass der praktischen Umsetzung einer grenzüberschreitenden Spaltung insbesondere seitens der Registergerichte eine gewisse Ablehnung entgegengebracht wird. Vor diesem Hintergrund kann die Möglichkeit einer grenzüberschreitenden Spaltung durchaus in Betracht gezogen werden, wenn diese aufgrund des jeweiligen Sachverhalts mit wesentlichen Vorteilen verbunden ist, dies bedarf aber der sorgfältigen Prüfung und der Abstimmung mit den zuständigen Registergerichten oder sonstigen öffentlichen Stellen in den beteiligten Mitgliedsstaaten.

---

[28] Widmann & Mayer, 2007, § 1 Rn 273.
[29] EuGH, Urteil v. 12.07.2012 – Rs. C-378/10 (noch nicht in Slg. veröffentlicht), NZG 2012, 871 – „*Vale*".
[30] Lutter & Drygala, 2014, § 1 Rn 36.
[31] Hier sei erneut auf das Beispiel der Niederlande hingewiesen; zum Stand der Diskussion in den Niederlanden vgl. Roelofs, 2014 und Veen, et al., 2013.

Bei einer grenzüberschreitenden Spaltung ist aus dem Blickwinkel des Fremdvergleichsgrundsatzes zu untersuchen, ob sich materiell rechtliche Veränderungen in der Funktions- und Risikozuordnung ergeben. Kernpunkt der Analyse wird die Risikoallokation vor und nach der Spaltung sein. Hiermit verbunden ist die Frage nach den Auswirkungen auf das Gewinnpotenzial der betreffenden Einheiten in den jeweiligen Ländern zu stellen.

### 3.2.1.3 Umwandlungsvorgänge unter Beteiligung von Unternehmen aus Drittstaaten

Sind an der Umwandlung Rechtsträger aus Staaten außerhalb der EU/des EWR beteiligt, ist die Zulässigkeit und praktische Umsetzung aufgrund der unklaren Rechtslage schwieriger zu beurteilen. Eine ausschließliche Geltung des deutschen Umwandlungsrechts scheitert daran, dass ausländische Rechtsträger nicht i. S. d. § 1 UmwG umwandlungsfähig sind, womit das UmwG keine Anwendung findet.[32]

Ein international einheitlicher Rechtsrahmen existiert nicht. Maßgeblich sind allenfalls bilaterale Abkommen zwischen den beteiligten Staaten, die Umstrukturierungen betreffen können.[33] Zwischen Deutschland und den USA besteht beispielsweise ein solches Abkommen[34], in dessen Art. XXV Abs. 5 S. 2 die wechselseitige Anerkennung wirksam gegründeter Gesellschaften kodifiziert ist. Daraus folgern Rechtsprechung[35] und Literatur[36], dass US-Gesellschaften in Deutschland mit ihrer Rechtsform als rechtsfähig gelten. Gegenbeispiel ist die Schweiz, mit der kein solches Abkommen besteht.[37]

Denkbar wäre auch hier eine parallele Anwendung nationaler Vorschriften entsprechend der Lösung im europäischen Kontext. Das deutsche Umwandlungsrecht hätte lediglich für den ausländischen Rechtsträger keine Geltung.[38] Auf ihn wäre das nationale Recht seines Gründungs- oder Sitzstaates anzuwenden, auf deutsche Rechtsträger hingegen deutsches Umwandlungsrecht.

Dies stellt jedoch eine Umgehung des Wortlauts des § 1 Abs. 2 UmwG dar, der eine analoge Anwendung des UmwG gerade ausschließen soll. Schlösse § 1 Abs. 2 UmwG lediglich die Anwendung des deutschen Umwandlungsrechts auf die ausländischen

---

[32]Eine Überlagerung durch §§ 122a ff. UmwG oder europarechtliche Grundsätze findet im internationalen Kontext grundsätzlich nicht statt.

[33]Einen ersten Überblick über bestehende bilaterale Verträge mit Bezug zur grenzüberschreitenden Mobilität und deren Inhalt gibt: Eidenmüller & Rehm, 2004.

[34]Freundschafts-, Handels- und Schifffahrtsvertrag zwischen der Bundesrepublik Deutschland und den Vereinigten Staaten von Amerkia, 1956.

[35]BGH, Urteil v. 23. 4. 2002 – XI ZR 136/01, NJW-RR 2002, 1359, 1360; BGH, Urteil v. 29. 1. 2003 – VIII ZR 155/02, BGHZ 153, 353, 355 ff.; BGH, Urteil v. 5. 7. 2004 – II ZR 389/02, NJW-RR 2004, 1618, 1618; BGH, Urteil v. 13.10.2004 – I ZR 245/01, DNotZ 2005, 141, 141 ff.

[36]vgl. nur: Gottschalk, 2009; Kindler, 2010, Rn 333 ff.; Prinz & Gsell, 2013, Rn 2.17.

[37]Europarechtliche Grundsätze finden keine Anwendung. Es bestehen zwar Abkommen zwischen der Schweiz und der EU, diese beziehen sich aber nicht auf die Übernahme gesellschaftsrechtlicher Grundsätze.

[38]Henssler, et al., 2011, § 1 UmwG Rn 10.

Rechtsträger aus, hätte er keinen inhaltlichen Wert, da deutsches Recht außerhalb einer internationalprivatrechtlichen Zuweisung auf ausländische Rechtsträger schon grundsätzlich nicht anwendbar ist.[39] Ebenso sprechen praktische Erwägungen gegen eine Zulässigkeit von Umwandlungen unter Einbeziehung von Rechtsträgern aus Drittstaaten. Kaum ein deutsches Registergericht wird sich auf eine Eintragung eines solchen Umwandlungsvorganges einlassen.

Im deutschen Recht existiert somit keine sichere Grundlage für grenzüberschreitende Umwandlungsvorgänge mit Beteiligung von Unternehmen aus Drittstaaten, sodass Umwandlungen nur schwerlich umsetzbar sind. Unmittelbare Abhilfe können momentan allein bilaterale Abkommen schaffen.[40]

Die Umwandlung ist jedoch unter Umständen auf einem Umweg möglich: Sind von einem geplanten Umstrukturierungsvorhaben Gesellschaften aus Drittstaaten betroffen, etwa der Schweiz, kann es sich anbieten, die teilweise liberaleren Bestimmungen anderer EU-Mitgliedstaaten zu nutzen und die aus dem Drittstaat stammende Gesellschaft zunächst in eine Gesellschaft innerhalb der EU/des EWR umzuwandeln, um sodann innerhalb des europäischen Rechtsrahmens weitere Umwandlungsmaßnahmen durchzuführen. Aus der Praxis sind insbesondere Fallgestaltungen bekannt, in denen schweizerische Kapitalgesellschaften grenzüberschreitend auf eine österreichische Kapitalgesellschaft und im unmittelbaren Anschluss auf eine deutsche Kapitalgesellschaft verschmolzen wurden.[41] Weitere Gestaltungsmöglichkeiten eröffnen sich gegebenenfalls durch die Grundsätze der *Vale*-Entscheidung und die mit ihr einhergehende Zulässigkeit von grenzüberschreitenden Satzungssitzverlegungen.

Kann ein solcher Weg im Einzelfall nicht bestritten werden, ist eine gesellschaftsrechtlich intendierte Umwandlung nicht zwingend undurchführbar. Als Ersatz für eine fehlende Umwandlungsmöglichkeit bietet sich die Einbringung an (vgl. unter 3.2.3.1). Im Übrigen ist anzumerken, dass es sich bei Umwandlungsvorgängen unter Beteiligung von Unternehmen aus Drittstaaten um rein gesellschaftsrechtliche Vorgänge handelt, ohne dass Funktionen, Wirtschaftsgüter oder sonstige Vorteile grenzüberschreitend übertragen werden. Insofern findet der Fremdvergleichsgrundsatz hier keine Anwendung.

---

[39]Kronke, 1994; zustimmend Kallmeyer, 1994.
[40]Schmitt, et al., 2013, § 1 UmwG Rn 53 u. 56.
[41]Die in Österreich für Verschmelzungen maßgeblichen Bestimmungen treffen keine dem deutschen UmwG entsprechende Beschränkung auf inländische Verschmelzungen; auch das schweizerische IPRG lässt grenzüberschreitende Fusionen, auch in der Form der Emigrationsfusion zu, sodass auf Basis der Vereinigungstheorie eine Verschmelzung aus der Schweiz nach Österreich möglich ist. Vgl. auch Pollak, 2010.

## 3.2.2 Grenzüberschreitende Sitzverlegung

### 3.2.2.1 Grenzüberschreitende Satzungssitzverlegung mit gleichzeitigem Formwechsel

Auf Ebene des Gesellschaftsrechts bestehen nationale Regelungen zur Sitzverlegung – verstanden als Verlegung des satzungsgemäßen Sitzes – über die Grenze nur hinsichtlich der SE *(Societas Europaea)*. Für die nationalen Gesellschaftsformen beispielsweise die GmbH oder die AG liegen dagegen bisher grundsätzliche Regelungen des deutschen Sachrechts nicht vor. Ein Referentenentwurf zum Internationalen Privatrecht der Gesellschaften, Vereine und juristischen Personen, der u. a. auch international-privatrechtliche Regelungen zur grenzüberschreitenden Sitzverlegung enthielt, wurde nicht umgesetzt (s. hierzu Franz & Laeger, 2008).

Weiter fehlen derzeit Vorschriften des europarechtlichen Sekundärrechts bezüglich grenzüberschreitender Sitzverlegungen. Es existierte zwar ein Vorentwurf einer Richtlinie zur innergemeinschaftlichen Sitzverlegung (14. gesellschaftsrechtliche Richtlinie) vom 20.4.1997, deren Ziel es war, ein Verfahren zu einer statusändernden, aber identitätswahrenden Verlegung des Satzungssitzes oder tatsächlichen Verwaltungssitzes in einen anderen Mitgliedstaat zur Verfügung zu stellen.[42] Die Kommission hat jedoch das Gesetzgebungsverfahren diesbezüglich trotz zahlreicher Proteste Ende 2007 gestoppt.[43] Mit einer speziellen europäischen Rechtsgrundlage für grenzüberschreitende Sitzverlegungen ist daher in nächster Zeit nicht zu rechnen.

Die europäischen Vorgaben zur grenzüberschreitenden Mobilität entstammen größtenteils der auf die Niederlassungsfreiheit nach Art. 49, 54 AEUV gestützten Rechtsprechung der europäischen Gerichte.[44] Zu diesen gehören die EuGH-Entscheidungen in den Rechtssachen *Daily Mail*[45], *Centros*[46], *Überseering*[47], *Inspire Art*[48], *Cartesio*[49] und *Vale*[50], auf die an dieser Stelle hingewiesen wird.

Nach überwiegender Auffassung in der deutschen Literatur ist insbesondere mit der *Vale*-Entscheidung ein Durchbruch erzielt worden. Danach ist eine Satzungssitzverlegung bei gleichzeitigem Formwechsel innerhalb der EU/des EWR vom Zuzugsstaat zuzulassen, sofern der Zuzugsstaat nationalen Rechtsträgern die Umwandlung ermöglicht und kein Fall eines Missbrauchs vorliegt. Da der deutsche Gesetzgeber die Möglichkeit von

---

[42]s. hierzu Franz & Laeger, 2008.
[43]Bayer & Schmidt, 2008; Leible & Hoffmann, 2009.
[44]Vertiefend: Kindler, 2010, Rn 111 ff.
[45]EuGH, Urteil v. 27.09.1988 – Rs. C-81/87, Slg. 1988, 5505 – „Daily Mail".
[46]EuGH, Urteil v. 09.03.1999 – Rs. C-212/97, Slg. 1999, I-1459 – „Centros".
[47]EuGH, Urteil v. 05.11.2002 – Rs. C-208/00, Slg. 2002, I-9919 – „Überseering".
[48]EuGH, Urteil v. 30.09.2003 – Rs. C-167/01, Slg. 2003, I-10155 – „Inspire Art".
[49]EuGH, Urteil v. 16.12.2008 – Rs. C-210/08, Slg. 2008, I-9641 – „Cartesio".
[50]EuGH, Urteil v. 12.07.2012 – Rs. C-378/10 (noch nicht in Slg. veröffentlicht), NZG 2012, 871 – „Vale".

Formwechselmaßnahmen im UmwG ausdrücklich vorsieht, haben die deutschen Gerichte jedenfalls eine Hineinverlegung (vom Ausland nach Deutschland) des Satzungssitzes von Kapitalgesellschaften aus der EU/dem EWR unter gleichzeitigem Formwechsel anzuerkennen. Derlei Satzungssitzverlegungen sind schon verschiedentlich durchgeführt worden, mehrheitlich mit niederländischen BVs oder luxemburgischen SARLs als „Ausgangsrechtsträger". Damit wird die grenzüberschreitende Sitzverlagerung in der EU/im EWR bei gleichzeitigem Formwechsel ermöglicht.

Fraglich ist auch hier, welches Recht auf den Vorgang anzuwenden ist. Jedenfalls aus deutscher Sicht wird dabei davon ausgegangen, dass es zu einer parallelen bzw. nacheinander geschalteten Anwendung der beteiligten Rechtsordnungen kommen muss.[51] Im Falle eines grenzüberschreitenden Formwechsels innerhalb der EU/des EWR sind auf den deutschen Rechtsträger die nationalen Vorschriften zum Formwechsel (§§ 190 ff. UmwG) unter Verdrängung des § 1 Abs. 2 UmwG analog anzuwenden.[52] Ob daneben auch die Bestimmungen zur Verlegung des satzungsmäßigen Sitzes einer SE herangezogen werden sollen oder müssen, ist umstritten. Nach Maßgabe einer von Registerrichtern am Amtsgericht Charlottenburg erstellten Checkliste[53] soll dies der Fall sein und der deutsche Registerrichter eine Bescheinigung analog Art. 8 Abs. 8 der SE-Verordnung fordern. Dies entspricht auch den in den Niederlanden geplanten Regelungen, bei denen zwar nicht ausdrücklich auf die Bestimmungen der SE-Verordnung eingegangen wird, aber eine inhaltsgleiche Bescheinigung vorgesehen ist.[54] Deutsche Gerichte haben aber auch schon anders entschieden. So hat das KG für einen Hinein-Formwechsel nach Deutschland entschieden, dass gemäß § 197 Abs. 1 UmwG die deutschen Gründungsvorschriften der jeweiligen Rechtsform gelten und nicht die SE-VO.[55] Das KG hat jedoch mit dem Einzelfall argumentiert, sodass eine Verallgemeinerung des Ansatzes für alle denkbaren Fälle nicht automatisch zwingend ist.[56] Das KG befindet sich insoweit auf einer Linie mit einem Beschluss des OLG Nürnberg, in dem ebenfalls die Geltung des

---

[51] Vereinigungstheorie, vgl. Schmitt, et al., 2013, § 1 Rn. 46, 59 und 60.

[52] Lutter & Drygala, 2014, § 1 Rn. 37.

[53] Checkliste der Richterinnen und Richter des Amtsgerichts Charlottenburg – Handelsregister – betreffend die anzuwendenden Rechtsnormen bei grenzüberschreitenden Sitzverlegungen, Stand August 2014, GmbHR 2014, R 311.

[54] Der niederländische Gesetzgeber hat den Vorentwurf eines Gesetzes zur grenzüberschreitenden rechtsformwechselnden Umwandlung veröffentlicht (voorontwerp grensoverschrijdende omzetting van kapitaalvennootschappen). http://www.rijksoverheid.nl/documenten-en-publicaties/kamerstukken/2012/01/12/wetsvoorstel-grensoverschrijdende-omzetting-van-kapitaalvennootschappen.html. Niederländische Juristen und Praktiker sind eingeladen, sich zu dem Vorentwurf zu äußern. Die eingehenden Stellungnahmen sollen sodann im Gesetzgebungsverfahren berücksichtigt werden. Neben der Schaffung verlässlicher gesetzlicher Rahmenbedingungen für die grenzüberschreitende Sitzverlegung verfolgt das Gesetz insbesondere das Ziel, die Interessen der Gläubiger, der Minderheitsgesellschafter und der Arbeitnehmer der beteiligten Rechtsträger zu schützen.

[55] KG, Beschluss vom 21.03.2016 – 22 W 64/15.

[56] siehe dazu auch: Richter/Backhaus, DB 2016, 1625, 1625 ff.

nationalen Umwandlungsrechts angenommen wird und nicht der SE-VO. In manchen europäischen Staaten ist die Rechtslage derzeit noch ungeklärt[57], in anderen sind bereits gesetzliche Regelungen zur grenzüberschreitenden Sitzverlegung bei gleichzeitigem Formwechsel ergangen.[58]

Ob auf der Grundlage der *Vale*-Entscheidung ohne weiteres auch von der Zulässigkeit des Wegzugs einer deutschen Kapitalgesellschaft ausgegangen werden kann, ist zumindest fraglich. Die Richterinnen und Richter des Amtsgerichts Charlottenburg scheinen die Zulässigkeit eines solchen Vorhabens ohne weiteres zu bejahen. Dies deckt sich jedoch nicht mit der bisherigen Auffassung in der deutschen Literatur und Rechtsprechung, die einen Beschluss über die Verlegung des Satzungssitzes einer deutschen Kapitalgesellschaft ins Ausland regelmäßig als Auflösungsbeschluss wertete oder von der Nichtigkeit eines solchen Beschlusses ausging.[59] Auch in der jüngeren Literatur wird postuliert, dass Wegzugsbeschränkungen der Mitgliedstaaten hinsichtlich der Verlegung des Satzungs- und/oder Verwaltungssitzes in einen anderen Mitgliedstaat weiterhin mit EU-Recht vereinbar sind.[60]

In jedem Fall sei eine grenzüberschreitende Verlegung des Satzungssitzes unter Beibehaltung der Rechtsform auch unter Berufung auf die Niederlassungsfreiheit nicht möglich, wenn der Wegzugsstaat eine solche Möglichkeit nicht vorsehe.[61] Es ist somit im jeweiligen Einzelfall zu prüfen, ob solche Beschränkungen nach dem jeweils maßgeblichen nationalen Recht bestehen. Vor diesem Hintergrund dürfte von der Verlegung des satzungsmäßigen Sitzes einer *deutschen* Kapitalgesellschaft ins Ausland jedenfalls bis auf weiteres abzuraten sein; hier müssen weitere Rechtsentwicklungen abgewartet werden. Da es sich beim satzungsmäßigen Sitz lediglich um eine formrechtliche Eintragung bzw. Registrierung handelt, löst deren Verlegung nicht die Anwendung des Fremdvergleichsgrundsatzes aus.

---

[57]So z. B. in Belgien, Frankreich und Italien, wo – soweit ersichtlich – seit der *Vale*-Entscheidung keine nationalen Entscheidungen ergangen sind, die die grenzüberschreitende Umwandlung von Gesellschaften zum Gegenstand gehabt hätten.

[58]Spanien, Zypern und die Tschechische Republik sowie Malta haben in ihrem jeweiligen Recht inzwischen gesetzliche Rahmenbedingungen für eine grenzüberschreitende Umwandlung geschaffen. Das spanische Recht (Ley 3/2009, de 3 de abril, sobre modificaciones estructurales de las sociedades mercantiles) sieht hierbei als Besonderheit vor, dass selbst Gesellschaften aus Drittstaaten in eine spanische Gesellschaft (oder umgekehrt eine spanische Gesellschaft in einen Rechtsträger nach dem Recht des Drittstaates) grenzüberschreitend umgewandelt werden können, falls das nationale Recht des Drittstaates eine grenzüberschreitende Umwandlung vorsieht und die entsprechenden Bestimmungen im Recht des Drittstaates eingehalten werden.

[59]zum Meinungsstand s. Spahlinger & Wegen, 2005, S. 124; Kindler, 2010, Rn. 532.

[60]Friedl, 2013, 1. Teil: Rechtsgrundlagen und Abgrenzung zur Sitzverlegung, Rn. 148.

[61]Widmann & Mayer, 2007, § 1 UmwG Rn 192 m. w. N.

## 3.2.2.2 Grenzüberschreitende Verlegung des Verwaltungssitzes

Eine Verlegung des Verwaltungssitzes – also im Sinne der steuerlichen Vorschriften der Sitz der Geschäftsführung (vgl. § 10 AO) – in einen anderen EU-/EWR-Staat ist mit dem EuGH[62] als von der Niederlassungsfreiheit umfasst anzusehen, sofern der Wegzugsstaat die reine Verlegung des Verwaltungssitzes ermöglicht. Der Zuzugsstaat darf sie unterbinden, wenn zwingende Gründe des Allgemeinwohls dagegen sprechen. Im Grundsatz gilt im europäischen Kontext die Gründungstheorie.[63]

Mit Änderung der §§ 4a GmbHG, 5 AktG ist es nunmehr deutschen Kapitalgesellschaften aus national-rechtlicher Sicht möglich, ihren Verwaltungssitz unter Beibehaltung des deutschen Satzungssitzes ins Ausland zu verlegen. Demnach muss jedenfalls ein der EU/dem EWR angehöriger Zuzugsstaat die Verlegung des Verwaltungssitzes einer deutschen Kapitalgesellschaft anerkennen. Gleiches gilt bei entsprechender Möglichkeit im Umkehrschluss.

Bei Verlegung des Verwaltungssitzes einer Gesellschaft aus einem Drittstaat nach Deutschland ist zu beachten, dass der BGH zur Bestimmung der Anwendbarkeit des deutschen Sachrechts die Sitztheorie anwendet (sog. Wechselbalgtheorie).[64] Gesellschaften, die ihren tatsächlichen Sitz nach Deutschland verlegen, unterliegen danach ab Verlegung deutschem Sachrecht, sodass sie nur als Gesellschaft anerkannt werden, wenn sie die Gründungsvoraussetzungen einer deutschen Rechtsform erfüllen. Um als Kapitalgesellschaft anerkannt zu werden, müssen sie beispielsweise die Gründungsvorschriften einhalten und ins Handelsregister eingetragen sein, woran die Anerkennung in den meisten Fällen scheitern wird.[65] Ausländische Gesellschaften können im Ergebnis in Deutschland nur als GbR Rechtsfähigkeit erlangen.[66] Ausnahmen können sich aus bilateralen Verträgen ergeben.

Bei Verlegung des Verwaltungssitzes in einen Drittstaat hängt die Zulässigkeit davon ab, ob der Zuzugsstaat der Sitztheorie oder der Gründungstheorie folgt.

Für Personengesellschaften hat der deutsche Gesetzgeber keine vergleichbare Regelung geschaffen, sodass ihnen die Verlegung des Satzungssitzes ins Ausland verwehrt bleibt. Ebenso können sie sich diesbezüglich auch nicht auf die Niederlassungsfreiheit berufen.

Aus dem Blickwinkel des Fremdvergleichsgrundsatzes ist die wirtschaftliche Bedeutung des Verwalters im Rahmen der Wertschöpfungsbeitragsanalyse zu untersuchen.

---

[62]Eine umfassende Übersicht zur relevanten Rechtsprechung des EuGH bietet Kindler, 2010, Rn 110 ff.
[63]Gottschalk, 2009.
[64]Goette & Wulf, 2008; Weller, 2011; vgl. mit Bezug auf schweizerische Gesellschaften BGH, Urteil v. 27.10.2008 – II ZR 158/06, NJW 2009, 289 – „Trabrennbahn".
[65]vgl. dazu: Lutter & Drygala, 2014, § 1 Rn. 28.
[66]Darin kann man eine unbillige Folge der Sitztheorie und ein Argument für die Gründungstheorie sehen (vgl. Lutter & Drygala, 2014, § 1 Rn 29 ff.). Die Gründungstheorie ist aktuell weder mit deutschem Sach- noch internationalem Privatrecht vereinbar (vgl. i. E. Henssler, et al., 2011, § 1 UmwG Rn 15) und widerspricht der Rechtsprechung des BGH.

Anders als der Satzungssitz ist der Verwaltungssitz der Gesellschaft nicht bloß formaler Natur. Vielmehr sind mit dem Verwaltungssitz Funktionen der tatsächlichen Leitung und Führung der Gesellschaft verbunden. Am Verwaltungssitz werden die wesentlichen Entscheidungen für den Unternehmenserfolg getroffen und Risiken gemanagt bzw. übernommen. Daher ist die Übertragung des Verwaltungssitzes sehr wohl auch unter dem Aspekt der Anwendung des Fremdvergleichsgrundsatzes bzw. der Funktionsverlagerung zu prüfen.

### 3.2.3 Sonstige gesellschaftsrechtlich geprägte Umstrukturierungsmöglichkeiten

#### 3.2.3.1 Einbringung und Asset Deal

Bei einer Einbringung wird der auszugliedernde Unternehmensteil eines deutschen Rechtsträgers gegen Gewährung von Anteilen als Sacheinlage in einen anderen (ausländischen) Rechtsträger eingebracht.[67] Bei einem Asset Deal wird der Unternehmensteil an einen anderen Rechtsträger veräußert, beispielsweise an eine ausländische Tochtergesellschaft im Konzern.

Einbringung und Asset Deal sind Alternativen zur Spaltung nach dem UmwG, da sie aus Verfahrenssicht schneller und einfacher sind. Allerdings kommt es anders als bei Vorgängen nach dem UmwG nicht zur Gesamtrechtsnachfolge. Es müssen vielmehr alle Assets (und gegebenenfalls Verbindlichkeiten) einzeln übertragen werden. Das bedeutet, dass besondere Zustimmung- oder Übertragungserfordernisse im Hinblick auf jeden einzelnen Vermögensgegenstand geprüft und beachtet werden müssen.[68] Eine automatische Nachfolge von Gesetzes wegen findet nicht statt. Dies bedeutet beispielsweise im Hinblick auf die Übertragung von Verträgen, dass eine Auswechslung des Übertragers als Partei eines Vertrages nur möglich ist, wenn die andere Vertragspartei einer solchen Auswechslung zustimmt. Häufig knüpfen andere Vertragsparteien ihre Zustimmung an bestimmte Voraussetzungen, z. B. den Nachweis und/oder die Sicherstellung der Bonität des Übernehmers oder aber vorteilhaftere Konditionen. Der Vorgang ist damit umständlicher, führt jedoch zivilrechtlich zum gleichen Ergebnis. Bei der Einbringung und dem Asset-Deal, d. h., der einzelnen Übertragung von Assets und Verbindlichkeiten, ist der Fremdvergleichsmaßstab als ergänzender Maßstab heranzuziehen, wenn es sich um eine grenzüberschreitende schuldrechtliche Beziehung handelt. Des Weiteren ist zu beachten, dass, sofern den Assets Funktionseinheiten folgen, der Tatbestand der Funktionsverlagerung erfüllt sein kann.

---

[67]vgl. Kallmeyer, 1994; Lutter & Drygala, 2014, § 1 Rn. 48.
[68]Auf Sondervorschriften, wie diese für einzelne Rechtsgebiete bestehen (vgl. z. B. § 14 VAG), soll hier nicht eingegangen werden.

### 3.2.3.2 Anwachsung bei Personengesellschaften

Eine weitere gesellschaftsrechtliche Form der Umstrukturierung ist die Anwachsung (§ 738 BGB).[69] Eine Anwachsung ist bei Anteilen an einer Personengesellschaft (GbR, OHG, KG, PartG) möglich.[70] Die Anwachsung führt nach deutschem Zivilrecht zur Gesamtrechtsnachfolge. Als begünstigter Anteilsinhaber kommt jede natürliche oder juristische Person in Betracht. Eine Anwachsung auf einen ausländischen Anteilseigner ist grundsätzlich möglich. Da die Anwachsung nur national geregelt ist und ein europäischer oder internationaler Rechtsrahmen, der die sich aus ihr ergebenden Folgen zwingend festlegt, fehlt, ist im Falle einer Anwachsung auf einen ausländischen Rechtsträger sorgsam zu prüfen, ob die betroffenen Rechtsordnungen die sich nach deutschem Verständnis an die Anwachsung anschließende Gesamtrechtsnachfolge anerkennen.

### 3.2.3.3 Die SE als Sondermöglichkeit zur Umstrukturierung in der EU/ im EWR

Mit der SE-VO[71] der EU wurde im Jahre 2001 die Rechtsform der SE eingeführt. Der deutsche Gesetzgeber hat 2004 mit dem SEAG[72] ein Ausführungsgesetz zur SE-VO geschaffen. Voraussetzungen und Verfahren zur Gründung einer SE mit Sitz in Deutschland richten sich primär nach Art. 2, 3, 15 ff. SE-VO und §§ 5 SEAG. Ergänzend finden die entsprechenden nationalen Vorschriften über die Gründung einer AG Anwendung (insb. AktG und UmwG).

Art. 2 Abs. 2–4 und Art. 3 Abs. 2 der SE-VO sehen fünf Gründungsformen vor: Eine SE kann durch i) Verschmelzung von Aktiengesellschaften mit Sitz in verschiedenen Mitgliedstaaten, ii) Gründung einer Holding-SE durch AGs oder GmbHs im Sinne der SE-VO mit Sitz in verschiedenen Mitgliedstaaten, iii) Gründung einer gemeinsamen Tochtergesellschaft durch zwei oder mehrere Unternehmen, die entweder selbst oder über Tochtergesellschaften dem Recht verschiedener Mitgliedsstaaten unterliegen, iv) formwechselnde Umwandlung einer AG mit einer Tochtergesellschaft in einem anderen Mitgliedstaat in eine SE oder v) Ausgliederung einer Tochter-SE aus einer Mutter-SE gegründet werden.[73]

---

[69]Eine sog. Anwachsung tritt bei Personenhandelsgesellschaften wie der GmbH & Co. KG oder der OHG ein, wenn nur noch ein Gesellschafter übrig bleibt, etwa weil der vorletzte Gesellschafter aus der Gesellschaft austritt oder mehrere Gesellschafter ihre Beteiligungen an der Gesellschaft auf nur einen verbleibenden Gesellschafter übertragen. Nach deutschem Recht geht bei der Anwachsung einher, dass das Handelsgeschäft eher Personenhandelsgesellschaften mit allen Aktiva und Passiva im Wege der Gesamtrechtsnachfolge auf den letzten verbleibenden Gesellschafter übergeht.

[70]Kindler, 2010, *Schäfer*, § 738 BGB Rn 10.

[71]Verordnung (EG) Nr. 2157/2001 des Rates über das Statut der Europäischen Gesellschaft (SE) – SE-VO v. 08. Oktober 2001, ABl. EG Nr. L 294, S. 1.

[72]Gesetz zur Ausführung der Verordnung (EG) Nr. 2157/2001 des Rates v. 08. Oktober 2001 über das Statut der Europäischen Gesellschaft (SE) (SE-Ausführungsgesetz – SEAG) v. 22. Dezember 2004, BGBl. I, S. 3675.

[73]Auch wenn diese Vorgänge über die §§ 122a ff. UmwG und die Niederlassungsfreiheit ohne Gründung einer SE möglich sind, bietet die SE-VO durch die gesetzliche Kodifizierung mehr Rechtssicherheit.

Ein Vorteil der SE liegt in den Gestaltungsmöglichkeiten zur Binnenstruktur.[74] So kann bei Gründung zwischen einem monistischen und dualistischen System gewählt werden, vgl. Art. 39–45 SE-VO und §§ 15–49 SEAG. Das dualistische System entspricht der Binnenverfassung der AG. Neben der Hauptversammlung gibt es ein Leitungs- und ein Aufsichtsorgan. Im monistischen System gibt es hingegen nur die Hauptversammlung sowie den Verwaltungsrat als Leitungsorgan, mithin kein Aufsichtsorgan.

Daneben bietet die explizite Regelung der identitätswahrenden Verlegung von Satzungs- und Verwaltungssitz in einen anderen Mitgliedsstaat in Art. 8 SE-VO im Vergleich zu den anderen Gesellschaftsformen mehr Rechtssicherheit.

### 3.3 Umstrukturierungsvorgänge auf vertraglicher Grundlage

#### 3.3.1 Einleitung

Wie eingangs dargestellt, gibt es Umstrukturierungsvorgänge, die sich außerhalb des Gesellschaftsrechts vollziehen und sich im Wesentlichen in der Änderung, Aufhebung oder dem Neuabschluss von Verträgen innerhalb einer Unternehmensgruppe oder zu Dritten erschöpfen. Solche Umstrukturierungsvorgänge sind auch im internationalen Kontext ohne weiteres zulässig.

Wesentlich ist in diesem Zusammenhang zunächst die Bestimmung des jeweils anzuwendenden Rechts. Enthält der Vertrag keine Rechtswahlklausel, ist das anzuwendende Recht auf Grundlage des Internationalen Privatrechts zu bestimmen.[75]

Unter Geltung des deutschen Rechts kann eine ausländische Gesellschaft Vertragspartner sein. Spätestens seit der *Trabrennbahn*-[76] und der *Überseering*-Entscheidung[77] des BGHs besteht an der grundsätzlichen Rechtsfähigkeit ausländischer Gesellschaften kein Zweifel mehr. Darüber hinaus sind in der EU/im EWR gegründete Gesellschaften in Deutschland als voll rechtsfähig anzusehen.[78]

---

[74]Oechsler, 2007, Vorbemerkung zu Artikel 1, Rn 9 f.
[75]Bei Kaufverträgen kann insbesondere das UN-Kaufrechts-Übereinkommen („CISG") vom 11. April 1980 anwendbar sein. Es findet auf Kaufverträge Anwendung, die zwischen Parteien mit Niederlassungen in unterschiedlichen Staaten geschlossen werden, sofern die Staaten Vertragsstaaten des CISG sind oder ihr IPR auf das Recht eines Vertragsstaates verweist, Art. 1 Abs. 1 CISG. Die Geltung des CISG kann gemäß Art. 6 CISG ausgeschlossen werden. Die praktische Bedeutung des CISG ist daher gering.
[76]BGH, Urteil v. 27.10.2008 – II ZR 158/06, NJW 2009, 289.
[77]BGH, Urteil v. 13.03.2003 – VII ZR 370/98, NZG 2003, 431.
[78]BGH, Urteil v. 14.3.2005 – II ZR 5/03, EuZW 2006, 61.

## 3.3.2 Grundlagen zur Gestaltung einer vertraglichen Umstrukturierung

Das allgemeine Zivilrecht sieht keine besonderen Vorschriften für Umstrukturierungen vor. Das ist allerdings auch nicht erforderlich, da die bestehenden Vertragsformen und Gestaltungsmöglichkeiten ein ausreichendes Handwerkszeug bieten.

So werden bei Umstrukturierungen Rechte und Pflichten übertragen.[79] Umfang und Modalitäten der Übertragung sind vertraglich festzuhalten, wobei die Parteien in der Ausgestaltung in zivilrechtlicher Hinsicht grundsätzlich frei sind.[80]

Insbesondere auf dem Gebiet des Vertriebsrechts gibt es mannigfaltige Gestaltungsmöglichkeiten.

Der vertreibende Rechtsträger kann Eigenhändler, Handelsvertreter oder Kommissionär sein. Als Eigenhändler erwirbt er Produkte und veräußert sie im eigenen Namen und auf eigene Rechnung weiter. Er trägt das Veräußerungsrisiko, behält aber den Veräußerungsgewinn ein. Handelsvertreter ist gemäß § 84 Abs. 1 S. 1 HGB, wer als selbstständiger Gewerbetreibender ständig damit betraut ist, für einen anderen Unternehmer Geschäfte zu vermitteln oder in dessen Namen abzuschließen. Der Handelsvertreter tritt nicht im eigenen Namen auf, sondern als Vermittler bzw. Vertreter. Er erhält für seine Tätigkeit eine Provision, vgl. § 87 Abs. 1 HGB. Kommissionär ist, wer es gewerbsmäßig übernimmt, Waren oder Wertpapiere für Rechnung eines Anderen in eigenem Namen zu kaufen oder zu verkaufen, vgl. § 383 Abs. 1 HGB. Der Kommissionär steht gewissermaßen zwischen Eigenhändler und Handelsvertreter. Er tritt im eigenen Namen auf, das Erlangte hat er aber an den Kommittenten auszukehren, er handelt somit, wenn auch rechtlich selbstständig, auf Rechnung des Kommittenten.

Eine Umstrukturierung impliziert regelmäßig, dass Verträge mit Dritten, die die Funktion bis zur Umstrukturierung erfüllt haben, beendet werden müssen. Im Konzernverbund ist dies der Regelfall. Die Konzernmutter verteilt die auf Konzernunternehmen übertragenen Funktionen neu.

Die gesetzlichen Möglichkeiten der Vertragsbeendigung sind im deutschen Recht begrenzt und im Falle einer Umstrukturierung selten einschlägig. So setzt beispielsweise der Rücktritt eine Pflichtverletzung des Vertragspartners voraus, eine außerordentliche Kündigung einen wichtigen Grund. Maßgeblich ist daher, ob vertragliche Beendigungsregelungen existieren oder ein Aufhebungsvertrag möglich ist. Im Konzernverbund mag es relativ gewiss sein, dass sich ein (Tochter-)Unternehmen auf einen Aufhebungsvertrag einlässt, jedoch hat der Aufhebungsvertrag steuerlich grundsätzlich einem Fremdvergleich standzuhalten. Will man spätere Umstrukturierungen nicht unnötig erschweren

---

[79]Eine Partei kann sich beispielsweise verpflichten, die Produktion oder den Vertrieb gegen Entgelt zu übernehmen.

[80]Die rechtlichen Grenzen hängen vom jeweiligen Vertragsinhalt im Einzelfall ab und können hier nicht umfassend dargestellt werden. Insbesondere ist auch das Erfordernis behördlicher Genehmigungen und Erlaubnisse im Einzelfall zu prüfen.

und einen entsprechenden rechtlichen Rahmen schaffen, empfiehlt es sich, auch in konzerninternen Vertragswerken ausreichende Regelungen zur Vertragslaufzeit, Kündigung oder Aufhebung zu implementieren, wie diese in Verträgen mit fremden Dritten üblich wären. Dies wird in der Praxis häufig nicht ausreichend beachtet und Verträge zwischen Konzerngesellschaften häufig als bloße Preisvereinbarungen angesehen. Unabhängig von der gewählten vertraglichen Gestaltung sind in jeden Fall der Fremdvergleichsmaßstab und insbesondere die Grundsätze zur Funktionsverlagerung als steuerliche Beurteilungsnorm heranzuziehen, sofern Veränderungen von Funktions- und Risikoprofilen bei den Vertragsparteien bewirkt werden und (immaterielle) Wirtschaftsgüter übertragen werden.

### 3.3.3 Entschädigung, Ausgleich und Schadensersatz bei vertraglichen Umstrukturierungen

Die umstrukturierungsbedingte Beendigung von zur Funktionserfüllung geschlossenen Verträgen kann diverse vertragliche oder gesetzliche Entschädigungs- und Ausgleichsansprüche nach sich ziehen.

#### 3.3.3.1 Vertragliche Ansprüche

Zunächst kann der jeweilige Vertrag selbst explizit Entschädigungs- und Ausgleichsansprüche vorsehen.[81] Auch explizite Vertragsstrafenregelungen wegen Nichterfüllung seitens einer Vertragspartei sind denkbar.

Darüber hinaus kommen im Zusammenhang mit Beendigungssachverhalten Schadensersatzansprüche aus §§ 280 ff. BGB wegen schuldhafter Verletzung der einer Partei obliegenden vertraglichen Pflichten in Betracht. Ein Schadensersatzanspruch kann beispielsweise entstehen, wenn ein Unternehmen einen neuen Lohnfertiger beauftragt und seine vertraglichen Verpflichtungen[82] gegenüber dem bisherigen Lohnfertiger nicht mehr erfüllt. Wird der entsprechende Vertrag nicht beendet, bestehen diese vertraglichen Verpflichtungen gegenüber dem bisherigen Lohnfertiger trotz Umstrukturierung weiter. Die Nichterfüllung des Vertrags kann eine Verletzung der vertraglichen Primärpflichten des Unternehmens gegenüber dem bisherigen Lohnfertiger darstellen. Bei schuldhaftem Handeln des Auftragsgebers kann der Lohnfertiger Schadensersatz wegen Nichterfüllung des Vertrags nach §§ 280, 281 BGB verlangen.

Aus isoliert zivilrechtlicher Sicht sind die Parteien natürlich frei, Verträge ungeachtet bestehender Kündigungsregelungen einvernehmlich aufzuheben und in diesem Zusammenhang auch auf Schadensersatzansprüche und sonstige Ansprüche zu verzichten.

---

[81] Ein Recht zur vorzeitigen Vertragsbeendigung seitens des übertragenden Unternehmens ist i. d. R. mit einem solchen Anspruch zugunsten des erfüllenden Unternehmens verbunden. Sie sind jedoch auch generell für den Fall der Vertragskündigung möglich.

[82] Beispielsweise Pflicht zur Abnahme der gefertigten Waren, Zahlung oder Lieferung von Rohmaterialien.

Jedoch wird solchen Maßnahmen regelmäßig die steuerliche Anerkennung versagt bleiben, wenn sie nicht dem Fremdvergleich standhalten, was bei den vorstehend beschriebenen Vorgängen nahezu immer der Fall sein dürfte. Zugleich geht die Bindung der Vertragsparteien nicht über das vertraglich Postulierte hinaus: Ebenso wie es einer Vertragspartei eines unter fremden Dritten abgeschlossenen Vertrages nicht verwehrt ist, diesen zu beenden, kann dies auch Vertragsparteien, die dem gleichen Konzern angehören, nicht verwehrt werden. Soweit also von vertraglich eingeräumten oder von Gesetzes wegen bestehenden Rechten zur Beendigung oder Umgestaltung von Vertragsverhältnissen Gebrauch gemacht wird und die Modalitäten dem entsprechen, was auch unter Drittparteien vereinbart würde, sollte die steuerliche Anerkennung nicht versagt werden.

### 3.3.3.2 Ausgleichsanspruch nach § 89b HGB

Daneben kommt regelmäßig ein Ausgleichsanspruch aus § 89b HGB in Betracht. Aus Sicht des Fremdvergleichsgrundsatzes sind die rechtlichen Ausgleichsansprüche mit jenen etwaigen Ansprüchen abzuwägen, die unabhängige Dritte unter vergleichbaren Umständen geltend machen würden. Konkret bedeutet dies, dass, wenn bei Anwendung des hypothetischen Fremdvergleichs der Anspruch höher ist als nach § 89b HGB, der höhere Wert als steuerlicher Ausgleichsanspruch anzusetzen ist.

In Bezug auf die Einzelheiten wird auf Kapitel 8 verwiesen.

## 3.4 Haftungsrisiken für Gesellschafter und Unternehmensleitung bei Umstrukturierungen

Umstrukturierungen können eine Haftung der Unternehmensleitung des bisher die Funktion erfüllenden Rechtsträgers sowie bei Konzernsachverhalten eine Haftung der Obergesellschaft begründen.

Die Obergesellschaft hält oftmals sämtliche oder wenigstens die Mehrheit der Anteile an der Tochtergesellschaft. Ihr ist es daher möglich, eine Umstrukturierung in einer konzerngünstigen Weise zu lenken, indem sie beispielsweise auf die Tochtergesellschaft und deren Geschäftsführer einwirkt, sich auf wirtschaftlich nachteilige Vertragsbedingungen einzulassen oder auf Entschädigungszahlungen zu verzichten.

Da die Tochtergesellschaft durch die für den Konzern vorteilhafte Gestaltung benachteiligt und geschädigt wird, sind Schadensersatzansprüche gegen Unternehmensleitung der Tochtergesellschaft und die Obergesellschaft denkbar.

Mögliche Schadensersatzansprüche gegen die Unternehmensleitung können sich ergeben aus einer Verletzung der Pflicht, die Sorgfalt eines ordentlichen Geschäftsmannes anzuwenden, vgl. § 43 Abs. 1 GmbHG bzw. § 93 Abs. 1 S. 1 AktG. Die Schadensersatzpflicht ist jeweils in Abs. 2 der betreffenden Vorschriften geregelt.

Verträge sind zu marktüblichen Bedingungen zum Wohle der Gesellschaft abzuschließen. Eine konzerngünstige Beendigung beispielsweise unter Entschädigungsverzicht oder ein konzerngünstiger Abschluss eines Vertrags zu ungünstigen Konditionen können diesem Grundsatz widersprechen. Sonderkonditionen zugunsten der Obergesellschaft sind nicht zulässig. Die Unternehmensleitung der Tochtergesellschaft darf „sich nicht von Konzerninteressen leiten" lassen.[83]

In extremen Fällen ist im Konzern auch eine Haftung der Obergesellschaft gegenüber der Tochtergesellschaft nach den Grundsätzen der Existenzvernichtungshaftung über § 826 BGB denkbar. Unabhängig von den übrigen Voraussetzungen muss der Eingriff der Obergesellschaft so gravierend sein, dass die Tochtergesellschaft in die Insolvenz gelangt.[84] Dafür reichen von der Obergesellschaft forcierte Vertragsabschlüsse zum Nachteil der Tochtergesellschaft noch nicht aus. Erst wenn die Tochtergesellschaft ihrer wirtschaftlichen Existenz beraubt wird, ist ein Anspruch denkbar.

Beide Ansprüche spielen in der Praxis bislang eher selten eine Rolle; nur wenn Minderheitsgesellschafter existieren oder die Tochtergesellschaft in die Insolvenz gelangt, besteht eine Gefahr, dass sich dieser Anspruch gegen die Unternehmensleitung der Tochtergesellschaft realisiert.

## 3.5 Arbeitsrechtliche Konsequenzen von Umstrukturierungen

Eine Umstrukturierung kann in dreierlei Hinsicht arbeitsrechtliche Konsequenzen entwickeln: Abbau, Verlagerung oder Konzentrierung von Arbeitsplätzen.[85]

Werden im Wege der Umstrukturierung Arbeitsplätze in Deutschland *abgebaut*, ist regelmäßig das Kündigungsschutzgesetz zu beachten (vgl. § 23 KSchG). Die Kündigung muss sozial gerechtfertigt sein, vgl. § 1 Abs. 1 KSchG. Im Falle einer Umstrukturierung kommt allenfalls eine betriebsbedingte Kündigung in Frage. Dafür muss ein dringendes betriebliches Interesse vorliegen, das einer Weiterbeschäftigung des Arbeitnehmers entgegensteht.[86] Für Umstrukturierungsbelange relevant ist das berechtigte Interesse der Betriebsstilllegung.[87] Wichtig ist in diesem Zusammenhang die Abgrenzung zum Betriebsübergang nach § 613a BGB, der kein berechtigtes Interesse darstellt.[88] Des Weiteren darf keine Möglichkeit einer Weiterbeschäftigung bestehen.[89] Neben dieser einseitigen Beendigungsmöglichkeit steht es den Arbeitsvertragsparteien frei, den Arbeitsvertrag einvernehmlich aufzuheben, wobei in diesem Fall die besondere Schutzwürdigkeit des Arbeitnehmers zu beachten ist.

---

[83]Vögele, et al., 2015, Q 171 mit Bezug auf die GmbH.
[84]Servatius, 2015, Rn 491; Liebscher, 2015, Rn 542.
[85]Anschauliche Beispiele sind die Verlagerung der Produktion ins Ausland unter Anwerbung einer neuen und Entlassung der alten Belegschaft oder die Konzentrierung bestimmter Tätigkeiten an einem Standort, möglicherweise unter Rationalisierung der Arbeitsplätze, beispielsweise die Einrichtung einer zentralen Vertriebssteuerung.
[86]Oetker, 2016 Rn 211.
[87]Oetker, 2016 Rn 277 ff.
[88]Oetker, 2016 Rn 281.
[89]Oetker, 2016 Rn 245 ff.

Werden die abgebauten Arbeitsplätze an einen anderen Standort *verlagert*, kann es sich um einen Betriebsübergang nach § 613a BGB handeln. Der Arbeitnehmer hätte damit grundsätzlich einen Anspruch auf Weiterbeschäftigung am neuen Standort. Ob und welchen Voraussetzungen eine Umstrukturierung als Betriebsübergang zu werten ist, lässt sich nicht pauschal beantworten. Der Betrieb muss in seiner wirtschaftlichen Einheit übergehen.[90] Dies bestimmt sich anhand eines 7-Punkte-Katalogs des EuGH: Art des betreffenden Unternehmens oder Betriebes, Übergang der materiellen Betriebsmittel wie Gebäude und bewegliche Güter, Wert der immateriellen Aktiva zum Zeitpunkt des Übergangs, Übernahme der Hauptbelegschaft durch den neuen Inhaber, Übergang der Kundschaft sowie Grad der Ähnlichkeit zwischen den vor und nach dem Übergang verrichteten Tätigkeiten und Dauer einer eventuellen Unterbrechung dieser Tätigkeiten.[91] Die Kriterien sind in eine Gesamtabwägung einzustellen und je nach Art des Betriebs unterschiedlich zu gewichten.[92] Im Produktionsbereich kommt es vorrangig auf die Übertragung der materiellen Betriebsmittel an, im Dienstleistungsbereich auf immaterielle Güter und die Belegschaft.

▶ **Praxistipp** Die Würdigung der Umstrukturierung aus arbeitsrechtlicher Sicht kann auch Indizwirkung für die Beurteilung aus der Verrechnungspreisperspektive entfalten. Dies birgt das Risiko, dass eine nicht abgestimmte Betrachtung zu Widersprüchen führen kann. Wenn z. B. aus arbeitsrechtlicher Sicht ein Betriebsübergang angenommen wird, in der steuerlichen Darstellung eine Funktionsverlagerung dagegen abgelehnt wird, kann ein Widerspruch bestehen. Auch wenn insoweit unterschiedliche Tatbestandsmerkmale zu prüfen sind, so sind doch Aspekte wie der Wert von immateriellen Werten und der Übergang der Kundschaft sowohl im Rahmen der steuerlichen als auch der arbeitsrechtlichen Würdigung zu berücksichtigen.

Werden beispielsweise Produktionsaufgaben reorganisiert und ist damit die Übereignung der für die Produktion erforderlichen Maschinen und deren Nutzung am neuen Standort, die Übertragung von Know-how, Patenten und Ähnlichem sowie die Übernahme der Belegschaft verbunden, spricht vieles für einen Betriebsübergang. Wird hingegen am neuen Standort eine komplett neue Produktionsanlage mit neuer Belegschaft errichtet, wird man nicht von einem Betriebsübergang sprechen können. Dazwischen sind Abstufungen in vielen Nuancen denkbar, die nur auf Grundlage der konkreten Umstände des Einzelfalls abschließend bewertet werden können.

---

[90] Preis, 2016 Rn 5 ff.
[91] EuGH, Urteil v. 24. 1. 2002 – Rs. C-51/00 Temco Service Industries SA/Samir Imzilyen, Mimoune Belfarh, Abdesselam Afia-Aroussi, Khalil Lakhdar, Rn 24.
[92] Preis, 2016 Rn 10 u. 13.

Die *Verlagerung* von Arbeitsplätzen ins Ausland führt nicht automatisch zur Unanwendbarkeit des § 613a BGB, da dieser immer eingreift, wenn die betroffenen Arbeitsverhältnisse deutschem Recht unterliegen.[93] Entsprechendes hat das BAG im Jahr 2011 bezüglich eines Teilbetriebsübergangs in die Schweiz entschieden.[94] Der grenzüberschreitende Charakter des Vorgangs ändere nichts an der grundsätzlichen Anwendbarkeit des deutschen Rechts auf deutsche Arbeitsverträge.[95] Von Bedeutung für die Anwendbarkeit des § 613a BGB kann hingegen die Entfernung sein. Das BAG weist in der Entscheidung in Bestätigung seiner Rechtsprechung darauf hin, dass eine erhebliche räumliche Entfernung die für den Betriebsübergang erforderliche Wahrung der Identität zweifelhaft erscheinen lassen kann.[96] Eine Entfernung von mehreren hundert Kilometern reicht wohl aus.[97] Insgesamt ist hier sehr viel vom Einzelfall abhängig. Bedingt durch immer bessere Transportmöglichkeiten ist wohl davon auszugehen, dass die Entfernung zwischen alter und neuer Betriebsstätte eine gewisse Bedeutung erreichen muss, um § 613a BGB unanwendbar werden zu lassen.

Ist kein Betriebsübergang gegeben, bleibt alternativ der allgemeine Kündigungsschutz. Dieser greift nur unternehmens- und nicht konzernbezogen, vgl. § 1 Abs. 2 S. 2 Nr. 1b KSchG. Folglich kann sich der Arbeitnehmer nicht darauf berufen, dass ein mit seinem bisherigen Arbeitsplatz vergleichbarer und geeigneter Arbeitsplatz am neuen Standort zur Verfügung steht.[98]

Werden im Wege der Umstrukturierung Arbeitsplätze an einem Standort *konzentriert*[99], sind mitbestimmungs- und betriebsverfassungsrechtliche Belange zu beachten. So können derlei Maßnahmen in Deutschland zum Eingreifen der Mitbestimmungsregelungen und damit zur Verpflichtung zur Einführung eines Aufsichtsrates mit Arbeitnehmervertretern führen (vgl. §§ 1, 4 DrittelbG und §§ 1, 7 MitbestG).

Darüber hinaus besteht u. U. die Pflicht zur Bildung eines Betriebsrats nach dem Betriebsverfassungsgesetz oder die Notwendigkeit, die Belegschaft in Entscheidungsprozesse zu involvieren (so beispielsweise bei Betriebsänderungen nach §§ 111 ff. BetrVG). Vor Verlagerung von Funktionen und der damit einhergehenden Verlagerung oder Neuschaffung von Arbeitsplätzen ist somit zu prüfen, welche mitbestimmungs- und betriebsverfassungsrechtlichen Folgen sich ergeben.

---

[93] Willemsen, et al., 2011, G 89 m. w. N.
[94] BAG, Urteil v. 26.5.2011 – 8 AZR 37/10 = BB 2012, 577.
[95] Von besonderem Interesse ist in diesem Zusammenhang, dass es sich nicht bloß um einen Fall auf EU-Ebene handelt, sondern um einen Fall mit Drittstaatenbezug (Schweiz).
[96] In der Entscheidung ging es um eine Entfernung von 60 km, die laut BAG nicht ausreichend war.
[97] BAG, Urteil v. 25.05.2000 – 8 AZR 335/99.
[98] Vgl. Oetker, 2016, Rn 246 mwN aus der Rspr.; Willemsen, et al., 2011, G 93 mit Hinweisen auf einschlägige Rspr.
[99] Beispielsweise Bündelung der Vertriebstätigkeit für den gesamten europäischen Markt in Deutschland.

## 3.6 Sonstige rechtliche Themen im Zusammenhang mit Umstrukturierungsvorgängen

Neben den hier Genannten sind im Zuge von grenzüberschreitenden Umstrukturierungsvorgängen natürlich eine Vielzahl von weiteren Themen aus anderen Rechtsgebieten zu beleuchten. Auf diese kann im Rahmen dieses Beitrags nur kursorisch eingegangen werden.

Zu nennen wären in diesem Zusammenhang zunächst Fragen der Fusionskontrolle, die allerdings vornehmlich dann eine Rolle spielen, wenn Umstrukturierungsvorgänge zugleich die Einbeziehung neuer Gesellschafter und/oder die Verlagerung der Kontrolle über bestimmte Geschäftsbereiche oder Unternehmen auf Personen außerhalb der Unternehmensgruppe zum Gegenstand haben. Auch kartell- und wettbewerbsrechtliche Aspekte können eine Rolle spielen, und zwar auch über die hier genannten Aspekte im Zusammenhang mit Vertriebsverträgen hinaus. Wenn und soweit Umstrukturierungsvorgänge Auswirkungen auf den Wettbewerb zur Folge haben, sind diese nach den einschlägigen Rechtsordnungen auch auf ihre wettbewerbsrechtliche Zulässigkeit zu prüfen. Dies gilt insbesondere, aber nicht ausschließlich, für Wettbewerbsverbote, und zwar vorbehaltlich der Ausnahmeregelungen auch für Wettbewerbsverbote innerhalb von Unternehmensverbindungen.

Konzernrechtliche Vorgaben sind einzuhalten und ihre Auswirkungen zu beachten. Dies gilt zum einen für den Bereich von Vertragskonzernen, zum anderen für den faktischen Konzern und die diesbezüglich entwickelten Grundsätze des deutschen Rechts, sei es in Form der einschlägigen aktenrechtlichen Bestimmungen, sei es in Form des hierauf basierenden GmbH-Konzernrechts, sei es in Form der richterrechtlich geschaffenen Konzepte und Rechtsfiguren.

Schließlich kann es erforderlich sein, auch Rechtsgebiete in die Betrachtung einzubeziehen, die nicht unbedingt „ins Auge springen". Beispielhaft seien hier die Bestimmungen des europäischen Beihilferechts genannt. So hat die europäische Kommission im Hinblick auf verbindliche Auskünfte bzw. sog. tax rulings, die von nationalen Steuerbehörden anlässlich von und im Zusammenhang mit Umstrukturierungsvorgängen erteilt wurden, Beihilfeverfahren eingeleitet, mit denen die Vereinbarkeit dieser Verwaltungsakte den Vorgaben des europäischen Beihilferechts geprüft werden soll.[100] Auch die Rechtmäßigkeit von seitens des deutschen Gesetzgebers eingeräumten steuerlichen Erleichterungen, etwa auf dem Gebiet der Grunderwerbsteuer, hier § 6a GrErwStG, steht gegenwärtig

---

[100]In der Sache geht es um die Frage, ob Entscheide der Steuerbehörden in Irland, den Niederlanden und Luxemburg über die von den Unternehmen Apple, Starbucks und Fiat Finance and Trade zu entrichtende Körperschaftsteuer mit den EU-Vorschriften für staatliche Beihilfen in Einklang stehen. Vgl. Europäische Kommission Pressemitteilung v. 11.06.2014, s. hierzu im übrigen Deloitte Tax News v. 16.12.2014 und weiter Deloitte Tax News v. 13.03.2015, außerdem Linn, 2015.

auf dem Prüfstand.[101] Im Hinblick auf die Vereinbarkeit der Sanierungsklausel des § 8c KStG mit europäischem Beihilferecht sind noch Verfahren beim EuGH anhängig.[102] Da das europäische Beihilfenrecht eine Verpflichtung der nationalen Stellen vorsieht, rechtswidrig gewährte Beihilfen zurückzufordern und sich Empfänger von Beihilfen, die ohne vorherige Anmeldung bei der Kommission gewährt wurden, gegenüber den Rückforderungsverlangen regelmäßig nicht auf Vertrauensschutz berufen können, sind sie zur Vermeidung von Rückforderungsansprüchen im Ergebnis gehalten, selbst zu prüfen, ob etwaige Entscheider von Steuerbehörden mit den beihilferechtlichen Bestimmungen im Einklang stehen.

## Literatur

Bauer, 2009. Arbeitsrechtliche Chancen und Risiken bei Umstrukturierungen aus anwaltlicher Sicht. *NZA-Beil,* Band 5.

Bayer & Schmidt, 2008. Aktuelle Entwicklungen im Europäischen Gesellschaftsrecht (2004–2007). *BB,* S. 454.

Eidenmüller & Rehm, 2004. *Ausländische Kapitalgesellschaften im deutschen Recht.* München: C. H. Beck.

Franz & Laeger, 2008. Die Mobilität deutscher Kapitalgesellschaften nach Umsetzung des MoMiG unter Einbeziehung des Referentenentwurfs zum internationalen Gesellschaftsrecht. *BB,* S. 678.

*Freundschafts-, Handels- und Schifffahrtsvertrag zwischen der Bundesrepublik Deutschland und den Vereinigten Staaten von Amerika* (1956) Bundesgesetzblatt Teil II Nr. 12.

Friedl, 2013. *Beck'sches Handbuch Umwandlungen International.* 1. Aufl. München: C. H. Beck.

Goette & Wulf, 2008. Die aktuelle höchstrichterliche Rechtssprechung zum Gesellschaftsrecht in der Diskussion 2007. *Schriftenreihe der Gesellschaftsrechtlichen Vereinigung.*

Gottschalk, 2009. Beschränkungen für Aktiengesellschaften mit Sitz in Deutschland gelten fort. *ZIP,* S. 948; 949.

Henssler, Strohn & Decker, 2011. *Gesellschaftsrecht.* 1. Aufl. München: C. H. Beck.

Kallmeyer, 1994. Das neue Umwandlungsgesetz. *ZIP,* Issue 1746, 1752.

Kindler, 2010. *Münchener Kommentar zum BGB, Internationales Handels- und Gesellschaftsrecht.* 5. Aufl. München: C. H. Beck.

Kronke, 1994. Deutsches Gesellschaftsrecht und grenzüberschreitende Strukturänderungen. *ZGR,* S. 35 f.

---

[101] Vgl. hierzu die Hinweise des BFH in seinen Aufforderungsbeitrittsbeschlüssen (BFH II R 63/14, BStBl II 16, 170; II R 62/14, BStBl II 16, 167; II R 50/13, BFH/NV 16, 236; II R 36/14, BFH/NV 16, 239). Die Begründung der Beitrittsaufforderungsbeschlüsse des BFH zu § 6a GrEStG endet mit dem Hinweis, dass in unionsrechtlicher Hinsicht zu prüfen sei, ob es sich bei § 6a GrEStG um eine neu eingeführte Beihilfe iSv Art. AEUV Artikel 107 Abs. AEUV Artikel 107 Absatz 1 AEUV handelte. Der BFH bittet das BMF um Mitteilung, ob ein beihilferechtliches Genehmigungsverfahren durchgeführt wurde und welches Ergebnis dieses ggf. hatte; anderenfalls solle das BMF zu der Frage des Vorliegens einer Beihilfe Stellung nehmen.

[102] „Zum gegenwärtigen Stand vgl. statt aller: Brandis, in Blümich, KStG, 132. Auflage 2016, § 8c KStG, Rn. 5".

Leible & Hoffmann, 2009. Cartesio – fortgeltende Sitztheorie, grenzüberschreitender Formwechsel und Verbot materiellrechtlicher Wegzugsbeschränkungen. *BB*, S. 58.

Liebscher, 2015. *Münchener Kommentar GmbHG, Anhang Die GmbH als Konzernbaustein (GmbH – Konzernrecht)*. 2 Aufl. München: C. H. Beck.

Linn, 2015. Die Beihilfeverfahren in Sachen Amazon, Apple, Fiat und Starbucks – Eine neue Dimension der Selektivität. *IStR*, S. 114–120.

Lutter & Drygala, 2014. *Umwandlungsgesetz*. 5. Aufl. Köln: Otto Schmidt.

Oechsler, 2007. *Münchner Kommentar Aktiengesetz, Europäisches Aktienrecht*. 7. Aufl. München: C. H. Beck.

Oetker, 2016. *Erfurter Kommentar zum Arbeitsrecht, KSchG § 1 Sozial ungerechtfertigte Kündigungen*. 16. Aufl. München: C. H. Beck.

Pollak, 2010. *Grenzüberschreitende Verschmelzungen zwischen österreichischen und schweizerischen Gesellschaften*, Wien: Universität Wien, Rechtswissenschaftliche Fakultät.

Preis, 2016. *Erfurter Kommentar zum Arbeitsrecht, BGB § 613a Unübertragbarkeit*. 16. Aufl. München: C. H. Beck.

Prinz & Gsell, 2013. *Umwandlungen im Internationalen Steuerrecht*. Köln: Otto Schmidt.

Roelofs, 2014. *Grensoverschrijdende juridische splitsing van kapitaalvennootschappen*. 1. Aufl. Alphen aan den Rijn: Wolters Kluwer.

Schmitt, Hörtnagel, Stratz & Hörtnagel, 2013. *Umwandlungsgesetz, Umwandlungssteuergesetz*. 6. Aufl. München: C. H. Beck.

Semler, Stengel & Drinhausen, 2012. *Umwandlungsgesetz*. 3. Aufl. München: C. H. Beck.

Semler, Stengel & Semler, 2012. *Umwandlungsgesetz*. 3. Aufl. München: C. H. Beck.

Servatius, 2015. *Beck'scher Online-Kommentar GmbHG, Konzernrecht*. 15.08.2015 Hrsg. München: C. H. Beck.

Spahlinger & Wegen, 2005. *Internationales Steuerrecht in der Praxis*. München: C. H. Beck.

Triebel & Hase, 2003. Wegzug und grenzüberschreitende Umwandlungen deutscher Gesellschaften nach "Überseering" und "Inspire Art". *BB*, S. 2415.

Veen, Bijl, Bellingwout & Pötgens, 2013. *Grensoverschrijdende omzetting, -fusie en -splitsing*. Alphen aan den Rijn: Wolter Kluwer.

Vögele, Borstell & Engler, 2015. *Verrechnungspreise*. 4. Aufl. München: C. H. Beck.

Weller, 2011. Die "Wechselbalgtheorie". *Festschrift für Wulf Goette zum 65. Geburtstag*, S. 583 ff.

Widmann & Mayer, 2007. *Umwandlungsrecht*. Bonn: STOTAX.

Willemsen, Hohenstatt, Schweibert & Seibt, 2011. *Umstrukturierung und Übertragung von Unternehmen*. 4. Aufl. München: C. H. Beck.

## Über die Autoren

**Felix Felleisen** ist seit 1999 als Rechtsanwalt bei Deloitte Legal in Düsseldorf tätig; seit 2006 als Partner. Er verfügt über mehr als 15 Jahre Erfahrung in der Beratung deutscher und internationaler Mandanten im Gesellschaftsrecht, bei Umstrukturierungen, vielfach mit grenzüberschreitenden Bezügen, und M&A-Transaktionen, häufig als Mitglied multidisziplinärer internationaler Teams.

Er leitet den Dutch Desk von Deloitte Legal in Deutschland; neben seiner Muttersprache Deutsch spricht er fließend Niederländisch, Englisch und Spanisch. In den letzten 6 Ausgaben des JUVE-Handbuchs wird er als häufig empfohlener Anwalt für Gesellschaftsrecht und M&A geführt.

**Maximilian Backhaus** ist bei Deloitte Legal in Düsseldorf als wissenschaftlicher Mitarbeiter im Bereich Gesellschaftsrecht und M&A tätig.

Er absolvierte sein juristisches Studium an der Heinrich-Heine-Universität Düsseldorf und promoviert derzeit im Bereich des Kartellrechts.

# Steuerrechtliche Rahmenbedingungen von Funktionsverlagerungen

Michael Puls und Christina Storm

**Leitfragen dieses Kapitels**

- Welche Tatbestände begründen eine Funktionsverlagerung?
- Wie kann eine Funktionsverlagerung identifiziert werden?
- Welche wirtschaftlichen Sachverhalte sind nicht als Funktionsverlagerung zu klassifizieren?
- Welche Methodik ist zur Bewertung einer Funktionsverlagerung anzuwenden?
- Welchen Bewertungsspielraum ermöglichen „Escapeklauseln"?
- Welche Möglichkeiten bieten Preisanpassungsklauseln?
- Welche Gestaltungsmöglichkeiten ergeben sich durch Lizenzmodelle?
- Wie sind innerdeutsche (d. h. nicht grenzüberschreitende) Sachverhalte zu beurteilen?

## 4.1 Einleitung

Umstrukturierungen haben oft zur Folge, dass konzernintern einzelne Wirtschaftsgüter, aber auch ganze Funktionen grenzüberschreitend übertragen werden. Fraglich ist, welche steuerlichen Folgen die Übertragung von einzelnen Wirtschaftsgütern und Funktionen auslöst. Zunächst ist festzustellen, dass auch für derartige Übertragungsvorgänge prinzipiell der Fremdvergleichsgrundsatz i. S. d. § 1 Abs. 1 AStG anzuwenden ist. Demnach werden

M. Puls (✉)
Düsseldorf, Deutschland
E-Mail: mpuls@deloitte.de

C. Storm
Düsseldorf, Deutschland
E-Mail: cstorm@deloitte.de

die vereinbarten Geschäftsbedingungen mit denen verglichen, die voneinander unabhängige Dritte unter gleichen oder gleichartigen Verhältnissen vereinbart hätten. Liegen der Übertragung keine fremdvergleichskonformen Bedingungen zugrunde, sind die Einkünfte des Steuerpflichtigen aus der Geschäftsbeziehung so zu korrigieren, dass sie Einkünften entsprechen, die unter Zuhilfenahme des Fremdvergleichs aus vergleichbaren Geschäftsbeziehungen entstanden wären. Rechtsfolge des § 1 AStG ist mithin eine Erhöhung der Einkünfte infolge eines Austauschs der unangemessenen (d. h. fremdvergleichsinkonformen) „Bedingungen" gegen entsprechend angemessene Bedingungen.[1] I. d. R. ist die „unangemessene Bedingung" in einem unangemessenen niedrigen bzw. hohen Entgelt zu sehen.

Während die Anwendung des Fremdvergleichs bei der grenzüberschreitenden Übertragung von einzelnen Wirtschaftsgütern an verbundene Personen bereits seit langem gesetzlich vorgesehen war, unterlag bis 2008 die konzerninterne grenzüberschreitende Übertragung von sog. Funktionen keiner besonderen Schlussbesteuerung. Von Seiten der Finanzverwaltung ist darin ein Besteuerungsdefizit gesehen worden. U. a. ist angeführt worden, dass der „Wert" der übertragenen Funktion häufig nicht vollumfänglich durch die Einzelbewertung der jeweiligen Wirtschaftsgüter abgedeckt werden konnte.

Insbesondere in folgenden Fällen sah der Gesetzgeber Regelungsbedarf zur Sicherstellung einer möglichst umfassenden Entstrickungsbesteuerung:

- Vorhandensein selbst geschaffener immaterieller Wirtschaftsgüter
- Erfassung eines mit einer Unternehmenstätigkeit verbundenen Geschäfts- oder Firmenwerts
- Vorhandensein von sonstigen Vorteilen wie z. B. Prozess-Know-how
- Zuwachs an Erträgen durch das Nutzen von Standortvorteilen und Synergieeffekten bei der Übertragung von Unternehmenstätigkeiten

Um eine grenzüberschreitende Entstrickungsbesteuerung sicherzustellen, soll durch die sogenannte Funktionsverlagerungsbesteuerung seit 2008 die Besteuerung der Übertragung bzw. Überlassung von immateriellen Wirtschaftsgütern im Rahmen der Verlagerung von Unternehmensfunktionen und damit die vollumfängliche ertragsteuerliche Erfassung von betrieblichem Wertschöpfungspotenzial sichergestellt werden. Der Gesetzgeber hat mit § 1 Abs. 3 Satz 9 ff. AStG und der Funktionsverlagerungsverordnung (FVerlV) v. 12.8.2008 hierzu den gesetzlichen Rahmen geschaffen. Die Verwaltungsgrundsätze „Funktionsverlagerung" v. 13.10.2010 geben weitere Handlungsempfehlungen für den Steuerpflichtigen; sie sind für diesen allerdings nicht bindend, sondern konkretisieren lediglich die Sichtweise der Finanzverwaltung im Hinblick auf die Funktionsverlagerungsbesteuerung nach § 1 Abs. 3 S. 9 ff. AStG.

Begleitet wurde diese Diskussion durch die Einfügung des „Kapitels IX" in die OECD-Verrechnungspreisgrundsätze, wonach Leitlinien zur steuerlichen Behandlung sog. „Business

---

[1]Wassermeyer, 2014, Rz. 2.147.

Restructurings" aus Verrechnungspreissicht erarbeitet worden sind.[2] Neben den grundsätzlichen Regelungen für Verrechnungspreise nach Art. 7 und 9 OECD-MA gab es für die steuerliche Behandlung auf dem Gebiet der Funktionsverlagerung bis zum Jahr 2010 keine internationalen Standards. Die deutsche Finanzverwaltung hat daher (mit den durch das UntStRefG geschaffenen Gesetzesnovellierungen und der Funktionsverlagerungsverordnung) zunächst einen „Alleingang" gestartet. Zu berücksichtigen ist hierbei allerdings, dass die OECD bereits seit 2005 mit ihren Arbeiten an spezifischen Regelungen zur steuerlichen Behandlung von Funktionsverlagerungen befasst gewesen ist (sogenannten „Business Restructurings"). Nach gegenwärtiger Ansicht der OECD ist unter dem Begriff „Restrukturierung" die „(…) grenzüberschreitende Neuordnung von Funktionen, Wirtschaftsgütern und/oder Risiken innerhalb einer Unternehmensgruppe" zu verstehen[3]. Die Erarbeitung internationaler Regelungen für die Funktionsverlagerungsbesteuerung ist mit der Einführung des Kapitels IX „Business Restructuring"[4] in den OECD-Transfer Pricing Guidelines 2010 am 22.7.2010 zunächst abgeschlossen. Zielsetzung der OECD war hierbei die Schaffung eines internationalen Konsenses zur Vermeidung von Doppelbesteuerungen bei der „exit taxation" von betrieblichen Aktivitäten.[5] Weitere Ausführungen zu Kapitel IX der OECD-Verrechnungspreisgrundsätze finden sich in Kap. 5.

Im Folgenden wird nunmehr erläutert, welche Tatbestandsmerkmale eine sog. Funktionsverlagerung begründen. Ferner wird beleuchtet, welche Bewertungsmethoden anzuwenden sind, um eine fremdvergleichskonforme Vergütung für eine Verlagerung von Funktionen nach den Vorgaben der gesetzlichen Regelungen sicherzustellen. Die Untersuchung von Entstrickungstatbeständen im Zusammenhang mit Betriebsstättensachverhalten (vgl. §§ 4 Abs.1 S. 3, 4g EStG bzw. § 12 Abs. 1 KStG) ist nicht Gegenstand dieser Ausführungen. Weiterhin ist nach aktueller Gesetzeslage zu beachten, dass die in den § 1 Abs. 3 S. 9 ff. AStG festgelegten Regelungen für die Funktionsverlagerungen auch für Transaktionen zwischen Stammhaus und Betriebsstätte anzuwenden sind (vgl. § 1 Abs. 5 AStG idF d. AmtshilfeRLUmsG)[6]. Diesbezüglich sei auf Kap. 11 verwiesen.

## 4.2 Tatbestandsmerkmale einer Funktionsverlagerung

### 4.2.1 Überblick

Gemäß § 1 Abs. 3 S. AStG i. V. m. § 1 Abs. 2 FVerlV liegt eine Funktionsverlagerung vor, wenn der Steuerpflichtige eine „Funktion" (einschließlich der dazugehörigen Chancen

---

[2]Vgl. Baumhoff & Puls, 2009.
[3]Jacobs, et al., 2011, S. 844.
[4]Vgl. Luckhaupt, 2010.
[5]Vgl. Schreiber, 2012, Anm. 31.1, Rn. 31.
[6]Vgl. Gesetz zur Umsetzung der Amtshilferichtlinie sowie zur Änderung steuerlicher Vorschriften – Amtshilferichtlinie Umsetzungsgesetz – AmtshilfeRLUmsG)1 Vom 26. Juni 2013 (BGBl. I S. 1809).

und Risiken und (kumulativ) der übertragenen oder überlassenen Wirtschaftsgüter und sonstigen Vorteile) verlagert. Mithin muss *erstens* eine Funktion vorliegen, die *zweitens* grenzüberschreitend an ein verbundenes Unternehmen verlagert wird; *drittens* müssen damit einhergehend Wirtschaftsgüter oder sonstige Vorteile an das ausländische verbundene Unternehmen mit übergehen.

In diesem Zusammenhang bestehen grundsätzlich die folgenden vier Ausprägungsformen einer Funktionsverlagerung:

- Funktionsausgliederung (teilweise oder vollständige Übertragung einer Funktion an eine nahestehende ausländische Person)
- Funktionsabschmelzung (d. h. Reduzierung des Funktions- und Risikoprofils durch Übertragung eines Teils einer Funktion an eine nahestehende ausländische Person)
- Funktionsabspaltung (Übertragung eines Teils einer Funktion unter Zurückhalten der dazugehörigen Chancen und Risiken bei dem funktionsabspaltenden inländischen Unternehmen)
- Funktionsverdoppelung bzw. Funktionsvervielfachung (d. h. „Spiegelung" einer bereits im Inland ausgeübten Funktion bei einer nahestehenden ausländischen Person).

### 4.2.2 Begriff der Funktion

Nach dem Begriffsverständnis der Finanzverwaltung (vgl. Verwaltungsgrundsätze Funktionsverlagerung, 2010, Rz. 2.1.1)[7] wird die Funktion als Geschäftstätigkeit verstanden, die aus einer Zusammenfassung gleichartiger betrieblicher Aufgaben besteht und als organischer Teil eines Unternehmens fungiert. Trotz dieses Definitionsversuchs wird die Funktion als unbestimmter Rechtsbegriff verstanden. Diese Begriffsdefinition wird häufig durch betriebswirtschaftliche Auslegungsansätze ergänzt. Grundsätzlich kritisch anzumerken ist, dass der Begriff der Funktion aus Sicht der Finanzverwaltung keine inhaltliche Wesentlichkeitsgrenze beinhaltet, sodass auch beliebig „kleine" Geschäftseinheiten bzw. Organisationseinheiten (z. B. auch solche, die sich ausschließlich auf die Herstellung eines spezifischen Produkts beziehen) prinzipiell eine Funktion verkörpern können. In diesem Zusammenhang wird auch auf die Ausführungen in Kap. 2 verwiesen.

Der Teil des Unternehmens, der in der FVerlV als organischer Teil des Unternehmens dargestellt wird, muss eine Organisationseinheit darstellen, die über eine so hohe Eigenständigkeit verfügt, dass ihr Erträge und Aufwendungen zugeordnet werden können.

Mehrere Literaturauffassungen[8] verweisen bei der Definition auch auf eine Anlehnung an den steuerlichen Teilbetrieb, obwohl dieser in § 1 Abs. 1 S. 2 2.TS FVerlV

---

[7]Vgl. Grundsätze für die Prüfung der Einkunftsabgrenzung zwischen nahestehenden Personen in Fällen von grenzüberschreitenden Funktionsverlagerungen (Verwaltungsgrundsätze Funktionsverlagerung); BMF, Schreiben v. 13.10.2010 – IV B 5 – S 1341/08/10003, BStBl 2010 I S. 774.
[8]Vgl. Wolter & Pitzal, 2008 oder auch Pohl & Blümich, 2015, zu AStG § 1 Rn. 134 ff.

ausdrücklich nicht als zwingende Voraussetzung genannt wird. Es ist zwar möglich, dass eine übertragene Funktion auch einen Teilbetrieb im steuerlichen Sinne darstellt, jedoch kann für das Vorliegen einer Funktion nicht auf die Definitionskriterien des Teilbetriebs allein zurückgegriffen werden. Die für den steuerlichen Teilbetrieb i. S. d. § 16 Abs. 1 S. 1 Nr. 1 EStG einschlägigen Tatbestandsvoraussetzungen[9], wie beispielsweise die organische Selbstständigkeit und Lebensfähigkeit der Sachgesamtheit, sowie die Voraussetzung, dass aus diesem Unternehmensteil generierte Einkünfte originäre gewerbliche Tätigkeiten darstellen, ist für das Vorliegen einer Funktion nicht ausschlaggebend. Der steuerliche Teilbetrieb kann insoweit nicht als Abgrenzungskriterium für das Vorliegen einer Funktion nach dem AStG herangezogen werden. Weiterhin wird als Abgrenzungshilfe auch häufig auf die aus den IFRS stammende Definition der „Cash Generating Unit" (CGU) verwiesen.

### Beispiel

(*angelehnt an*, Wolter & Pitzal, 2008)

Unternehmen V und Unternehmen T sind im Wettbewerb stehende Finanzunternehmen. Beide Unternehmen verfügen über eine Kundenabteilung, die für die Akquise und die Betreuung wohlhabender Kunden zuständig ist. Die Betreuung der Kunden in ganz Europa wird in beiden Unternehmen durch die Abteilung „Wealth Management" in Deutschland vorgenommen. Unternehmen V hat seine Kundenbeziehungen in dieser Abteilung länderweise gegliedert. Unternehmen T hat seine Kundenbeziehungen jedoch nach Bedeutung des jeweiligen Kunden geordnet (Umsatzgröße). Beide Unternehmen fassen den Entschluss, aufgrund von Marktveränderungen, ihre in UK ansässigen Kunden demnächst durch eine englische Tochtergesellschaft betreuen zu lassen.

Dafür überträgt Unternehmen V die Abteilung „Wealth Management UK" in ihrer Gesamtheit auf die englische Tochtergesellschaft. Unternehmen T dagegen überträgt lediglich die Kundenbeziehungen für die englischen Kunden von der deutschen Abteilung „Wealth Management" auf die englische Tochter, weitere betriebliche Strukturen bleiben unberührt.

Liegt bei Unternehmen V und T eine tatbestandliche Funktionsverlagerung vor?

Für das Vorhandensein einer Funktionsverlagerung muss bereits vor dem Verlagerungsvorgang eine Funktion bestehen, die sodann auf ein anderes Unternehmen übertragen wird und dadurch nicht mehr im übertragenden Unternehmen besteht oder zumindest dort eingeschränkt wird (vgl. Verwaltungsgrundsätze Funktionsverlagerung, 2010, Rz. 22)[10].

Für das Vorliegen einer Funktionsverlagerung sind zunächst die wesensnotwendigen Tatbestandsmerkmale zu prüfen, d. h. insbesondere, ob in diesem Beispiel überhaupt eine Funktion i. S. d. entsprechenden Regelungen vorliegt.

---

[9]Vgl. Wacker, 2015, zu EStG § 16 Rn. 143 ff.

[10]Vgl. Grundsätze für die Prüfung der Einkunftsabgrenzung zwischen nahestehenden Personen in Fällen von grenzüberschreitenden Funktionsverlagerungen (Verwaltungsgrundsätze Funktionsverlagerung); BMF, Schreiben v. 13.10.2010 – IV B 5 – S 1341/08/10003, BStBl 2010 I S. 774.

Auf das o. g. Fallbeispiel bezogen stellen die Bestandteile des Aufgabenbündels, d. h., die Kundenbeziehungen zu den englischen Kunden, die Kundenbetreuer, die verwendete Software und die sonstige Büroausstattung, eine Organisationseinheit dar. Diese stehen in einer Verbindung zueinander, denn sie dienen alle gemeinsam der Erfüllung einer bestimmten Tätigkeit (Kundenbetreuung). So benötigt der Kundenbetreuer z. B. eine spezielle Software zum Nachhalten von Kundenkontakten und für die Speicherung der Kundendaten, die wiederum gemeinsam mit der entsprechenden Hardware genutzt wird.

Die weiteren Merkmale für das Vorliegen einer Funktion lassen sich in zwei Hauptbereiche untergliedern. Dabei beziehen sich im ersten Hauptbereich die Merkmale für das Vorliegen einer Funktion auf die Tätigkeit als solche. Für diese sind die folgenden Merkmale ausschlaggebend:

- Die Tätigkeit innerhalb der Funktion muss gleichartig sein. Bezogen auf den Beispielfall würde dies bedeuten, dass alle verlagerten Bestandteile als Aufgabe haben, die Betreuung der englischen Kunden sicherzustellen. Dies ist sowohl bei Unternehmen T als auch bei Unternehmen V der Fall.
- Die Tätigkeit innerhalb der Funktion muss auf Wiederholung ausgelegt sein, was auf das o. g. Beispiel bezogen bedeuten würde, dass die Betreuung der englischen Kunden regelmäßig und nicht nur einmalig stattfinden muss. Auch dies ist hier bei beiden Unternehmen der Fall.
- Weiterhin muss die Tätigkeit charakterisierend für die Funktion sein („Kundenbetreuung englischer Kunden"); auch dies wäre vorliegend zu bejahen.
- Die Tätigkeit muss außerdem ein Wertschöpfungspotenzial für die Funktion und das Unternehmen entstehen lassen. In diesem Fall wird durch die Betreuung der Kunden eine engere Kundenbindung zu den englischen Kunden bewirkt und damit auch die Kundenneugewinnung und -bindung verbessert.

Der zweite Hauptbereich für Definitionsmerkmale ist auf die Organisationsstruktur bezogen und ermöglicht eine Abgrenzung durch die folgenden Kriterien:

- Die Funktion muss eigenständig und lebensfähig sein. Dies bedeutet, dass es dem Unternehmensteil möglich sein muss, eine erwerbswirtschaftliche Betätigung durch eben diese Tätigkeitsausübung auf dem Markt zu generieren. Es reicht allerdings nach einhelliger Meinung auch aus, dass dem Aufgabenbündel eine feste Leistungs- und Ertragsgröße subjektiv zugeordnet werden kann (vgl. Verwaltungsgrundsätze Funktionsverlagerung, 2010, Rz. 2.1.1.2)[11]

---

[11]Vgl. Grundsätze für die Prüfung der Einkunftsabgrenzung zwischen nahestehenden Personen in Fällen von grenzüberschreitenden Funktionsverlagerungen (Verwaltungsgrundsätze Funktionsverlagerung); BMF, Schreiben v. 13.10.2010 – IV B 5 – S 1341/08/10003, BStBl 2010 I S. 774.

- Eine weitere Abgrenzungsmöglichkeit stellt der sog. „Management Approach" dar[12], bei dem auf die Merkmale für eine selbstständige Organisationsstruktur (d. h. Möglichkeit einer räumlichen und organisatorischen Trennung des Aufgabenbündels vom restlichen Unternehmen) abzustellen sind. Hierbei sind folgende Merkmale relevant: Getrennte Buchführung, eigenes Personal, unabhängige Cashflows i. S. d. IAS 36, eigenes (separates) Anlagevermögen.

**Ergebnis**

Auf Basis der oben erläuterten Abgrenzungskriterien wäre eine Funktion im Sinne der einschlägigen Regelungen im Beispielfall für Unternehmen V anzunehmen, da sowohl die tätigkeitsbezogenen als auch die organisationsbezogenen Merkmale der Funktion erfüllt sind. Dahingehend ist zumindest bei Unternehmen T davon auszugehen, dass die übertragenen Kundenbeziehungen nicht die wesentlichen Kriterien für eine Funktion erfüllen, da sie für sich allein nicht lebensfähig sind und ihnen dementsprechend auch keine eigenständige Leistungs- und Ertragsressource zugeordnet werden kann. Folglich ist für diese Sachverhaltskonstellation bei Unternehmen T anzunehmen, dass der Tatbestand der Funktionsverlagerung nicht erfüllt sein kann. Dies bedeutet allerdings nicht, dass den Kundenbeziehungen kein eigenständiger Wert beizumessen wäre, der gegenüber dem abgebenden Unternehmen nicht angemessen zu entschädigen wäre. Folglich wäre zu prüfen, ob die Transferierung der Kundenbeziehungen durch Unternehmen T ggf. zu einer steuerlichen Entstrickung des immateriellen Wirtschaftsguts „Kundenstamm" bzw. einer Übertragung von Geschäftschancen nach § 4 Abs. 1 S. 3 EStG bzw. § 12 Abs. 1 KStG führt. Dafür ist ausschlaggebend, ob vor der Umstrukturierung die funktionale und wirtschaftliche Zugehörigkeit des Kundenstamms bei der übertragenden Gesellschaft bejaht werden konnte. Dies ist regelmäßig auf Basis der ausgeübten Funktionen und getragenen Risiken sowie der tatsächlichen Verfügungsmacht über das immaterielle Wirtschaftsgut zu beurteilen. Näheres hierzu wird in Abschn. 4.2.5.2. behandelt.

**Kritik**

Im Falle von Funktionsverlagerungen ist darauf abzustellen, auf welcher Ebene die Definitionsmerkmale einer Funktion letztlich „greifen" (Aggregationsebene). Dabei kann die Abgrenzung verschiedener Funktionen auf Ebene der Tätigkeit (wie beispielsweise die Produktionstätigkeit unterschiedlicher Güter) vorgenommen werden, oder aber bereits eine Unterscheidung von Funktionen im Sinne der o. g. Regelungen auf Ebene verschiedener Produkte vorgenommen werden. Die Finanzverwaltung definiert den Funktionsbegriff tätigkeits- und objektbezogen und zerlegt die Anwendung des Funktionsbegriffs (z. B. anhand von Produktgruppen) damit in ihre kleinsten Bestandteile (sog. „Atomisierung der Funktion"). Dies kann in Ausnahmefällen bereits dazu führen, dass beispielsweise im Fall

---

[12]Borstell & Schäperclaus, 2008.

einer kapazitätsbedingten, länderübergreifenden Produktionsverschiebung für unterschiedliche Produkte eine Funktionsverlagerung anzunehmen ist, wenn auch die anderen Tatbestandsmerkmale zutreffen (z. B. die Übertragung von Wirtschaftsgütern und sonstigen Vorteilen) und weiterhin keine Ausnahmetatbestände für die Funktionsverlagerung greifen (weitere Erläuterungen hierzu in Abschn. 4.2.4).

### 4.2.3 Ausprägungsformen einer Funktionsverlagerung

Wenn eine Funktion vorliegt, ist zu fragen, ob diese Gegenstand einer Verlagerung ist. Verschiedene Ausprägungsformen sind denkbar, die unterschiedlich zu beurteilen sind.

#### 4.2.3.1 Funktionsausgliederung (vollständige Übertragung einer Funktion)

Der Begriff „Verlagerung" wird sowohl in § 1 Abs. 3 S. 9 AStG als auch in § 1 Abs. 2 S. 1 FVerlV erwähnt. Danach liegt eine Funktionsverlagerung vor, wenn ein Unternehmen einem anderen verbundenen Unternehmen eine Funktion mit den dazugehörigen Chancen und Risiken zur Nutzung (zeitlich begrenzt) überlässt oder endgültig überträgt. Weiterhin muss durch die Überlassung oder die Übertragung der Funktion eine Einschränkung der Funktionsausübung beim übertragenden bzw. nutzungsüberlassenden Unternehmen ausgelöst werden. Der Verlagerungsvorgang bedingt demnach ein „Wegnehmen" der Funktion beim übertragenden Unternehmen und ein „Zuführen" der Funktion beim aufnehmenden Unternehmen.

Um die Funktionsverlagerungsbesteuerung auslösen zu können, müssen ferner die der Funktion zugehörigen Chancen und Risiken sowie die Wirtschaftsgüter und sonstigen Vorteile übertragen werden, die der Funktion zugeordnet werden können. Dazugehörige Chancen und Risiken, die mit den verlagerten Wirtschaftsgütern zusammenhängen, werden wie folgt definiert: Eine Chance besteht aus der konkreten Möglichkeit, aus einer betrieblichen Funktion künftig einen bewertbaren Vermögensvorteil erreichen zu können. Die geschäftlichen Risiken stellen dagegen den Gegensatz zu den vorgenannten Chancen dar. Demnach interpretiert man diese als konkrete Gefahr, dass aus einer betrieblichen Funktion künftig ein bewertbarer Vermögensnachteil entstehen könnte.

Mit den sog. sonstigen Vorteilen (FVerlV § 1 Abs. 2 S. 1[13]) sind solche Vorteile mit wirtschaftsgutähnlichem Charakter gemeint, die so konkret sind, dass sich ein ordentlicher und gewissenhafter Geschäftsleiter diese normalerweise vergüten lassen würde, wie beispielsweise Überlassung von Personal, günstige Rahmenverträge oder Branchenkenntnisse. Der BFH hat jüngst klarstellend ausgeführt, dass sonstige Vorteile „konkrete Möglichkeiten und Vorteile für den Betrieb [sind], deren Erlangung der Kaufmann sich

---

[13]Vgl. Funktionsverlagerungsverordnung – Verordnung zur Anwendung des Fremdvergleichsgrundsatzes nach § 1 Abs. 1 des Außensteuergesetzes in Fällen grenzüberschreitender Funktionsverlagerungen vom 12. August 2008.

etwas kosten lässt und die nach der Verkehrsauffassung einer besonderen Bewertung zugänglich sind."[14]

### 4.2.3.2 Funktionsabschmelzung (Übertragung eines Teils einer Funktion bei gleichzeitiger bzw. später erfolgender Reduktion des Funktions- und Risikoprofils)

Unter einer sog. Funktionsabschmelzung wird die Verlagerung von Teilen einer Funktion auf eine nahestehende ausländische Person verstanden. Demzufolge verfügt das verlagernde inländische Unternehmen nach dem Abschmelzungsvorgang über ein reduziertes Funktions- und Risikoprofil. Ob eine Funktionsabschmelzung die Tatbestandsvoraussetzungen einer Funktionsverlagerung erfüllt, hängt davon ab, ob dazugehörige Chancen, Risiken und entsprechende Wirtschaftsgüter übertragen werden. Verbleibt die Hauptfunktion mit den verbundenen Chancen, Risiken sowie den entsprechenden Wirtschaftsgütern im Inland, wird eine tatbestandliche Funktionsverlagerung in der Regel nicht vorliegen.

Hauptanwendungsfälle einer Funktionsabschmelzung ist die Transformation eines im Inland belegenen Produktionsunternehmens von einem Eigenproduzenten zu einem sog. Lohnfertigungs- bzw. Auftragsfertigungsunternehmen. Im Vertriebsbereich kann eine Funktionsabschmelzung darin erblickt werden, wenn ein „funktionsstarker" und risikoexponierter Eigenhändler zu einem sog. Limited Risk Distributor umgewandelt wird, der zwar weiterhin im eigenen Namen und auf eigene Rechnung Produkte vertreibt, jedoch von maßgeblichen Absatz-, Preis-, Gewährleistungs- und Lagerrisiken durch seinen Prinzipal (in der Regel die Konzernmuttergesellschaft) freigestellt wird. Da Funktionsabschmelzungen in der Regel dazu führen, dass den abgeschmolzenen Unternehmen – aufgrund ihres dann limitierten Funktions- und Risikoprofils – ein geringerer Gewinn zugestanden wird, versucht die deutsche Finanzverwaltung Funktionsabschmelzungen als tatbestandliche Funktionsverlagerungen zu qualifizieren. Dies ist insbesondere dann der Fall, wenn durch die Funktionsabschmelzung auch eine Umstellung des Verrechnungspreissystems (z. B. von Transactional-Net-Margin-Methode (TNMM) auf Cost-Plus-Methode) verbunden ist. Dies ist allerdings – wie bereits oben ausgeführt – nur dann zulässig, wenn mit der Reduzierung der Funktionstiefe und des Risikoprofils u. a. auch funktionszugehörige Wirtschaftsgüter übertragen werden. Ist dies nicht der Fall, so scheidet eine Funktionsverlagerungsbesteuerung aus. Desgleichen ist der reine Transfer von betrieblichen Risiken (z. B. produktions-, absatz- oder preisbezogene Risiken) als solcher nicht geeignet, eine Funktionsverlagerungsbesteuerung auszulösen.

### 4.2.3.3 Funktionsabspaltung (Übertragung eines Teils einer Funktion)

Eine weitere Erscheinungsform im Bereich der Funktionsverlagerungsbesteuerung ist die sog. Funktionsabspaltung. Hierbei wird regelmäßig ein Teil (bzw. Teile) einer

---

[14]Vgl. BFH, Urteil v. 26.11.2014 – X R 20/12; veröffentlicht am 11.2.2015.

selbstständigen, betrieblichen Funktion (ggf. unter Beibehalten der dazugehörigen Chancen und Risiken beim inländischen Unternehmen) auf eine nahestehende, ausländische Person (Tochter- oder Schwestergesellschaft) transferiert.

Als Beispiel lässt sich das „Outsourcen" von bestimmten Fertigungstätigkeiten oder das Übertragen von bestimmten Dienstleistungen nennen. Da bei einer Funktionsabspaltung das Wertschöpfungspotenzial weiterhin beim abspaltenden Unternehmen vorhanden bleibt, kommt eine Funktionsverlagerungsbesteuerung i. d. R. nicht in Betracht, da kein sog. Gewinnpotenzial (§ 1 Abs. 4 FVerlV) ins Ausland übertragen wird und dementsprechend keine Funktionsverlagerung im Sinne der einschlägigen Regelungen vorliegt. Sollte allerdings in diesem Falle eine Funktionsverlagerung im rechtlichen Sinne überhaupt vorliegen, käme unter bestimmten Voraussetzungen weiterhin die Escapeklausel des § 2 (2) FVerlV in Betracht. Für weitere Ausführungen hierzu wird auf Abschn. 4.2.4.1 verwiesen.

### 4.2.3.4 Funktionsverdoppelung (Spiegelung einer inländischen Funktion auf Ebene eines ausländischen verbundenen Unternehmens)

Funktionsverdoppelungen sollen Fallgestaltungen umfassen, bei denen bereits im Inland ausgeübte Funktionen auf Ebene einer nahestehenden Person im Ausland ebenfalls auf- bzw. ausgebaut werden. Ein derartiger Vorgang wird dann „funktionsverlagerungsrelevant" i. S. d. § 1 Abs. 3 S. 9 AStG, wenn die im Inland ausgeübte Funktion durch die Doppelung bzw. Vervielfältigung im Ausland eingeschränkt wird. Liegt eine derartige Funktionseinschränkung nicht vor, so kommt eine tatbestandliche Funktionsverlagerung nicht in Betracht. § 1 Abs. 6 FVerlV präzisiert den Fall der Funktionsverdoppelung als Unterfall einer tatbestandlichen Funktionsverlagerung dahin gehend, dass es innerhalb eines Zeitraums von 5 Jahren nach Aufnahme der Funktion bei einer ausländischen nahestehenden Person zu eine Einschränkung der Ausübung der inländischen Funktion kommen muss. Anhand dieser Präzisierung wird deutlich, dass die Fallkonstellation der Funktionsverdoppelung als Missbrauchsverhinderungsregelung konzipiert worden ist. „Keine Einschränkung der Ausübung einer inländischen Funktion" liegt nach Ansicht der Finanzverwaltung dann vor, wenn keine Veränderung bzw. wesentliche Einschränkung der inländischen Funktion eintritt (vgl. Verwaltungsgrundsätze Funktionsverlagerung, 2010, Rz. 2.1.6.2)[15]. Erfolgt eine Einschränkung der inländischen Funktion und kann der Steuerpflichtige glaubhaft machen, dass die Einschränkung nicht in einem unmittelbaren wirtschaftlichen Zusammenhang mit der Funktionsverdoppelung steht (z. B. bei einem Markteinbruch), so soll nach § 1 Abs. 5 S. 2 FVerlV desgleichen kein Raum für die Annahme einer Funktionsverlagerung bestehen (vgl. Verwaltungsgrundsätze Funktionsverlagerung, 2010,

---

[15]Vgl. Grundsätze für die Prüfung der Einkunftsabgrenzung zwischen nahestehenden Personen in Fällen von grenzüberschreitenden Funktionsverlagerungen (Verwaltungsgrundsätze Funktionsverlagerung); BMF, Schreiben v. 13.10.2010 – IV B 5 – S 1341/08/10003, BStBl 2010 I S. 774.

Rz. 2.1.6.2.4).[16] Ein derartiger unmittelbarer wirtschaftlicher Zusammenhang wird von der Finanzverwaltung dann angenommen, wenn die (spätere) Einschränkung der in Rede stehenden Funktion durch dasselbe Ereignis, d. h. durch die ursprüngliche Funktionsverdoppelung, verursacht worden ist. Maßgebliche Bezugsgrößen sollen hier die wegfallenden Umsätze des verlagernden (inländischen) Unternehmens sein. Eine (umsatzmäßige) Einschränkung ist dann erheblich, wenn der Umsatz, der aus der ursprünglich im Inland ausgeübten Funktion im letzten vollen Wirtschaftsjahr vor der Funktionsverdoppelung erzielt worden ist, innerhalb eines 5-Jahreszeitraums in einem Wirtschaftsjahr um mehr als 1.000.000 EUR absinkt (vgl. Verwaltungsgrundsätze Funktionsverlagerung, 2010, Rz. 2.1.6.2.4).[17]

Abschließend gilt es, eine Funktionsverdoppelung bzw. -vervielfältigung stets von einer kompletten Neuaufnahme einer Funktion zu unterscheiden (s. § 1 Abs. 7 FVerlV), die in keinerlei wirtschaftlichem Zusammenhang zu bereits im Inland bestehenden und ausgeübten Funktionen stehen. Die Neuaufnahme einer Funktion kann nicht Gegenstand einer Funktionsverlagerungsbesteuerung sein.

## 4.2.4 Negativabgrenzung

Neben den o. g. Grunderscheinungsformen von funktionsverlagerungsrelevanten Vorgängen existieren darüber hinaus folgende Sachverhalte, die im Regelfall nicht zu einer Funktionsverlagerungsbesteuerung führen:

### 4.2.4.1 Verlagerung einer Funktion auf ein sog. Routineunternehmen

Gem. § 2 Abs. 2 FVerlV kann dann von der Transferpaketbetrachtung abgesehen werden, wenn die übergehende Funktion vom übernehmenden Unternehmen (ausländische nahestehende Person) ausschließlich gegenüber dem verlagernden (inländischen) Unternehmen ausgeübt wird und die Vergütung für diese Leistungserbringung auf Grundlage der Kostenaufschlagsmethode (oder einer anderen Routinevergütung, z. B. der TNMM[18]) vergütet wird. In diesem Fall sieht die FVerlV die Anwendung der Escapeklausel des § 1 Abs. 3 S. 10 AStG vor (s. auch Ausführungen zu Abschn. 4.3.2). Klassischer Anwendungsfall dieser Regelung ist das „Outsourcen" von sog. Routinefunktionen auf eine ausländische nahestehende Person und mithin die o. g. Funktionsabspaltung[19]. Häufig läuft die Escapeklausel

---

[16]Vgl. Grundsätze für die Prüfung der Einkunftsabgrenzung zwischen nahestehenden Personen in Fällen von grenzüberschreitenden Funktionsverlagerungen (Verwaltungsgrundsätze Funktionsverlagerung); BMF, Schreiben v. 13.10.2010 – IV B 5 – S 1341/08/10003, BStBl 2010 I S. 774.

[17]Vgl. Grundsätze für die Prüfung der Einkunftsabgrenzung zwischen nahestehenden Personen in Fällen von grenzüberschreitenden Funktionsverlagerungen (Verwaltungsgrundsätze Funktionsverlagerung); BMF, Schreiben v. 13.10.2010 – IV B 5 – S 1341/08/10003, BStBl 2010 I S. 774.

[18]Vgl. Jacobs, et al., 2015, S. 835.

[19]Vgl. Ditz & Greinert, 2014, Rz. 7.63.

des § 2 (2) FVerl allerdings leer, da bei einer Übertragung von Routinefunktionen argumentiert werden kann, dass keine Verlagerung von Gewinnpotenzial erfolgt und dementsprechend keine Transferpaketbetrachtung gerechtfertigt ist (§ 1 (4) FVerlV).

Sollte allerdings eine derartige Argumentation in einer derartigen Sachverhaltskonstellation nicht zweifelsfrei durchzuführen sein, geht die FVerlV davon aus, dass keine wesentlichen immateriellen Wirtschaftsgüter oder sonstigen Vorteile auf das ausländische verbundene Unternehmen verlagert werden. Infolgedessen kann nach § 1 Abs. 3 S. 10 1. HS AStG ein sog. Einzelbewertungsansatz erfolgen, d. h., durch die Verlagerung übergehende Wirtschaftsgüter und Dienstleistungen werden nicht aggregiert auf Grundlage der Transferpaketbetrachtung (u. U. mit Einbezug eines Geschäfts- und Firmenwertes) bewertet, sondern auf Basis des Grundprinzips der Einzelbewertung für die Entstrickungsbesteuerung erfasst. Dies bewirkt in der Praxis regelmäßig eine niedrigere steuerliche Bemessungsgrundlage (zumindest in solchen Fällen, in denen eine ertragsorientierte Bewertung der Wirtschaftsgüter unterbleiben kann) und führt daher letztlich zu einer geringeren steuerlichen Belastung des funktionsverlagernden Unternehmens. Des Weiteren ist die Einzelbewertung der übergehenden Wirtschaftsgüter im Regelfall mit einem geringeren administrativen Aufwand für den Steuerpflichtigen verbunden (geringerer Dokumentationsaufwand etc.).

Als sog. Routinefunktionen werden solche Funktionen qualifiziert, die durch geringe Risiken und durch geringfügigen Einsatz von Wirtschaftsgütern gekennzeichnet sind. Diese Wirtschaftsgüter werden ggf. vom verlagernden Unternehmen beigestellt und dürfen vom Routinefunktionserbringer ohne gesondertes Entgelt für die Leistungserbringung genutzt werden. Ein sog. Routineunternehmen nimmt daher i. d. R. keine eigenen Marktchancen wahr und trägt nur in einem sehr eingeschränkten Maß (wirtschaftliche) Risiken.[20]

Allerdings kann die Ausnahmeregelung des § 2 Abs. 2 FVerlV auch steuerliche Risiken bergen. Erbringt das Routineunternehmen, welches die Funktionsausübung übernommen hat und diese Funktionen bisher nur gegenüber dem übertragenden Unternehmen wahrgenommen hat, in Zukunft auch dieselbe Funktion als eigenständiger Vertragspartner (ganz oder teilweise) gegenüber anderen Unternehmen, so kann nach § 2 Abs. 2 S. 2 FVerlV die Funktionsverlagerungsbesteuerung auf Basis des Transferpaketansatzes dem Grunde nach wieder einschlägig sein. Denn in derartigen Sachverhaltskonstellationen besteht nach Ansicht der Finanzverwaltung das Risiko, dass der Routinefunktionserbringer die ihm vom verlagerten Unternehmen beigestellten Wirtschaftsgüter eigenständig nutzt und das hiermit verbundene Gewinnpotenzial für sich vereinnahmen kann. Dieses Risiko ist insbesondere dann gegeben, wenn das (ursprüngliche) Routineunternehmen mit der eigenständigen Tätigkeitsausübung eine höhere Gewinnmarge erzielt als im Rahmen der Routinefunktionserbringung gegenüber dem verbundenen (verlagernden) Unternehmen (z. B. bei Auftragsfertigung in Kombination mit Eigenfertigung).

---

[20]Siehe Puls, 2014, Rz. 4.63 f.

### 4.2.4.2 Funktionsverdoppelung (bei fehlender Einschränkung einer inländischen Funktion innerhalb eines bestimmten Zeitraums)

Wie bereits oben ausgeführt, unterliegen sog. Funktionsverdoppelungen nur dann der Funktionsverlagerungsbesteuerung, wenn die Aufnahme einer gleichen Funktion im Ausland auf Ebene einer nahestehenden Person zu einer „Einschränkung" der Inlandsfunktion führt. Auf die o. g. Ausführungen wird in diesem Zusammenhang verwiesen. Weiterhin wird in solchen Fällen häufig vonseiten der Finanzverwaltung geprüft werden, ob weitere immaterielle Wirtschaftsgüter zur Nutzung überlassen wurden und dementsprechend eine Vergütung in Form von Lizenzzahlungen zu gewähren ist.

### 4.2.4.3 Übertragung/Überlassung von Einzelwirtschaftsgütern (Asset Deal)

Werden lediglich einzelne Wirtschaftsgüter (dauerhaft) übertragen oder (zeitweilig) zur Nutzung an eine ausländische nahestehende Person überlassen oder werden gar nur Dienstleistungen als solche erbracht, so liegt nach § 1 Abs. 7 S. 1 FVerlV keine Funktionsverlagerung vor. Einschränkend gilt dies nur dann, wenn die (materiellen/immateriellen) Wirtschaftsgüter selbst Bestandteil einer Funktionsverlagerung sind. In der Praxis werden reine Übertragungen bzw. Nutzungsüberlassungen von Wirtschaftsgütern gleichwohl von der Finanzverwaltung mit „Argusaugen" untersucht, da stets vermutet wird, es seien nicht nur Wirtschaftsgüter, sondern auch dazugehörige Aktivitäten übertragen worden.

Ferner ist hierbei stets gesondert zu prüfen, ob in solchen Fällen steuerlich von einer Nutzungsüberlassung oder von einer Eigentumsübertragung (z. B. aufgrund nicht vorhandener oder nicht klar definierter Nutzungsvereinbarungen bzw. Lizenzverträgen) zwischen den nahestehenden Unternehmen auszugehen ist. Hierbei unterscheidet sich die Lizenzvergabe durch die zeitliche Begrenzung des Nutzungsrechts von der endgültigen Übertragung des Eigentums, bei der wiederum die einschlägigen Regelungen der Funktionsverlagerung bzw. zumindest die steuerlichen Entstrickungstatbestände der § 12 KStG, § 4 (1) S. 4 EStG zu prüfen sind. Eine Abgrenzung für steuerliche Zwecke zwischen Nutzungsüberlassung oder Eigentumsübertragung ist häufig schwierig. Ausschlaggebend für die Zuordnung des Gegenstands zum überlassenden oder nutzungsberechtigten Unternehmen ist beispielsweise, welchem Unternehmen die Nutzungsbefugnis oder das Weiterveräußerungsrecht zuzurechnen sind. Sollte in solchen Fällen steuerlich lediglich von einer Nutzungsüberlassung auszugehen sein, wird die Finanzverwaltung auch hier prüfen, ob ein Nutzungsentgelt zu entrichten ist und dementsprechend ein Lizenzsystem im Konzern aufzusetzen oder anzupassen ist.

### 4.2.4.4 Entsendung von Personal (Secondments)

Bloße Personalentsendungen im grenzüberschreitenden Konzern sind aus Perspektive der Funktionsverlagerungsbesteuerung im Grundsatz nicht relevant (s. § 1 Abs. 7 S. 2 FVerlV). Nach Auffassung der Finanzverwaltung werden bei bloßen Entsendevorgängen i. d. R. keine immateriellen Wirtschaftsgüter und sonstigen Vorteile übertragen, sodass kein Erfordernis einer spezifischen „exit taxation" besteht. Diese Grundaussage wird von der Finanzverwaltung jedoch eingeschränkt: Danach kann auch bei einer Personalentsendung eine

Funktionsverlagerung u. U. dann vorliegen, wenn das entsandte Personal „seinen bisherigen Zuständigkeitsbereich" aus dem entsendenden Unternehmen mitnimmt und nach der Entsendung im aufnehmenden Unternehmen die gleiche Tätigkeit ausübt und infolgedessen Wirtschaftsgüter und Vorteile übertragen bzw. zur Nutzung überlassen werden. Diese Ausnahme (von der Ausnahme) ist im Grunde entbehrlich, da bei Personalentsendungen ebenfalls zu prüfen ist, ob überhaupt eine „Funktion" vorliegt, die im Rahmen der Entsendung übertragen werden kann.[21]

#### 4.2.4.5 Allg. Escape-Regelung (keine Behandlung eines Vorgangs als „Funktionsverlagerung" zwischen fremden Dritten (§ 1 Abs. 7 S. 2 FVerlV))

Schließlich kann eine Funktionsverlagerung – und infolgedessen eine entsprechende „exit taxation" – dann nicht in Betracht kommen, wenn der Verlagerungsvorgang zwischen voneinander unabhängigen Dritten nicht als „Veräußerung oder Erwerb einer Funktion" qualifiziert werden würde. Diese Ausnahmeregelung ist sachgerecht, da die Funktionsverlagerungsbesteuerung letztlich auf dem Gedanken des sog. hypothetischen Fremdvergleichs beruht. Sehen demgemäß fremde Dritte einen Verlagerungsvorgang nicht als „vergütungspflichtig" an, so besteht desgleichen kein Raum für eine Funktionsverlagerungsbesteuerung. Typische Anwendungsfälle dieser Escape-Regelung sind beispielsweise die fristgerechte Kündigung von Verträgen oder das Auslaufen von befristeten Vertragsverhältnissen. Darüber soll sich die Escape-Regelung des § 1 Abs. 7 S. 2 FVerlV auf sämtliche Fallkonstellationen beziehen, die lediglich irrelevante Gewinnverlagerungen in sich bergen können.[22] In der Praxis sind hierunter vornehmlich geringfügige oder zeitlich begrenzte Verlagerungen (z. B. Bagatellfälle mit Umsatzeinbußen von weniger als 1.000.000 EUR) oder die Übertragung eines einzelnen Auftrags zu verstehen.[23] Gleichwohl ist – auch wenn keine Funktionsverlagerungsbesteuerung in Betracht kommt – darauf zu achten, dass bei der Übertragung von Einzelaufträgen keine steuerlich relevante Entstrickung von sog. Geschäftschancen erfolgt.

### 4.2.5 Beispielhafte Fallgestaltungen einer Funktionsverlagerung

Der folgende Abschnitt gibt einige typische Praxisbeispiele einer möglichen Funktionsverlagerung.

---

[21] Siehe Frotscher, 2008, S. 56; vgl. hierzu auch BMF, Schreiben v. 09.11.2001, BStBl. I 2001, S. 796, Tz. 2.1 (2. Abs.).
[22] Vgl. BR-Drs. 352/08, S. 15.
[23] BMF, Schreiben v. 13.10.2010, a. a. O., Tz. 58.

### 4.2.5.1 Verlagerung von Produktionsfunktionen

Im Bereich der Verlagerung von Produktionsfunktionen sind insbesondere Fallgestaltungen relevant, in denen Funktionen nicht vollständig, sondern u. U. nur teilweise an ausländische nahestehende Personen transferiert werden und die verbleibende inländische Produktion nur noch risikolimitiert ausgeübt wird. Klassische Anwendungsfälle sind in diesem Zusammenhang das „down stripping" von Eigenproduzenten zu sog. Auftrags- bzw. Lohnfertigern.

Trägt der Auftrags- bzw. Lohnfertiger keine Produktionsrisiken, ist er zudem nicht für die Produktentwicklung und damit verbundene Risiken verantwortlich, übernimmt er keine Vermarktungsfunktionen, verfügt er schlussendlich auch nicht über die wesentlichen immateriellen Wirtschaftsgüter, die für die Produktion erforderlich sind, und erhält er lediglich für die Produktionstätigkeit eine Routinevergütung, so greift hier regelmäßig die Ausnahmeregelung des § 2 Abs. 2 FVerlV (siehe oben, Abschnitt Verlagerung einer Funktion auf ein sog. Routineunternehmen). Da keine wesentlichen immateriellen Wirtschaftsgüter auf den Auftrags- bzw. Lohnfertiger übergehen, besteht kein Risiko der Entstrickung von erheblichem Gewinnpotenzial.

### 4.2.5.2 Verlagerung von Vertriebsfunktionen

Vertreibt ein inländisches Unternehmen im Ausland Waren und Produkte und wird diese Vertriebstätigkeit durch die Gründung einer lokalen Vertriebseinheit quasi „ersetzt", so ist fraglich, ob eine Funktionsverlagerung vorliegt. Die Finanzverwaltung geht in derartigen Fällen regelmäßig davon aus, dass die durch das inländische Unternehmen ausgeübte Vertriebsfunktion durch die Aufnahme der Vertriebsfunktion durch eine ausländische nahestehende Person quasi übertragen wird.[24] Diese Auffassung ist in dieser Pauschalität kritisch zu hinterfragen, da vor Gründung der ausländischen (verbundenen) Vertriebsgesellschaft diese kein organisatorischer Teil des verlagernden Unternehmens war, das für den Vertrieb in diesem Auslandsmarkt verantwortlich gewesen ist. In der Praxis ist beispielsweise bei einer Investition in neue Absatzmärkte und einem dementsprechenden Neuaufbau von Vertriebsstrukturen in diesen Märkten regelmäßig nicht davon auszugehen, dass eine Übertragung von organisatorischen Teilen der inländischen Gesellschaft und damit eine Reduzierung der inländischen Vertriebsfunktion vorliegt, auch wenn ggf. in diesem Zusammenhang einzelne Wirtschaftsgüter übertragen werden können. Demzufolge wäre bereits das Tatbestandsmerkmal der hier in Rede stehenden „Funktion" nicht erfüllt. Darüber hinaus ist zu bedenken, dass – je nach dem zugrunde liegenden Sachverhalt – z. B. durch die Eröffnung eines separaten Vertriebskanals durch die Gründung einer lokalen Vertriebsgesellschaft das Absatzpotenzial des deutschen Produzenten gesteigert werden kann und demzufolge kein Transfer von Gewinnpotenzial gegeben sein kann.

Ferner sind Fallgestaltungen relevant, in denen Vertriebsfunktionen – vor allem diejenigen eines Eigenhändlers – auf Kommissionärsbasis bzw. auf Basis eines sog. Limited Risk Distributors „abgeschmolzen" werden („function stripping"). Bei derartigen Fragestellungen ist

---

[24]Vgl. BMF, Schreiben v. 13.10.2010, a. a. O., Tz. 14 f., 211.

stets zu analysieren, ob im Rahmen der Funktionsabschmelzung immaterielle Wirtschaftsgüter und sonstige Vorteile übertragen werden. Bei der Umstellung auf ein Kommissionärsmodell verbleibt der Kundenstamm i. d. R. beim Kommissionär (als vormaligen Eigenhändler), da der Kommissionär im eigenen Namen (allerdings auf Rechnung des Kommittenten) handelt (vgl. § 383 HGB). Für die Annahme einer Funktionsverlagerung ist daher kein Raum. Auch Ausgleichsansprüche nach § 89b HGB (analog) bestehen i. d. R. nicht, da nach deutschem Recht fristgerechte Kündigungen von Vertriebsverträgen nicht ausgleichspflichtig sind. Darüber hinaus ist der Vertragshändler – bei Umstellung auf einen Kommissionär – auch nicht dazu zivilrechtlich verpflichtet, Kundendaten an den Kommittenten zu übertragen, da diese Kundenverhältnisse vom Kommissionär für seine Vertriebstätigkeit weitergenutzt werden. Derartige Fallgestaltungen bedürfen allerdings stets einer Einzelfallprüfung.

### 4.2.5.3 Verlagerung von Einkaufsfunktionen

In der Praxis kommt es im Zuge von Zentralisierungen im Konzern häufig zu Abspaltungen und der Zusammenfassung von strategischen und operativen Einkaufsfunktionen, um Organisationsstrukturen zu vereinfachen und Synergieeffekte zu nutzen. Fraglich ist, ob in solchen Fällen eine Funktionsverlagerung im Sinne der § 1 Abs. 3 S. 9 ff. AStG vorliegen kann. Sollten derartige Umstrukturierungen lediglich zu einer Neuaufnahme einer Einkaufsfunktion durch ein ausländisches verbundenes Unternehmen führen, während die inländische Einkaufsfunktion nicht eingeschränkt wird, kann eine Funktionsverlagerung nicht vorliegen.

Die Finanzverwaltung vertritt die Ansicht, dass bei der Übertragung einer Einkaufsfunktion auf einen Einkäufer, der als Eigenhändler („Buy-Sell-Struktur") agiert, dann eine Funktionsverlagerung gegeben sein kann, wenn an den Einkäufer wesentliche immaterielle Wirtschaftsgüter und Vorteile (beispielsweise in Gestalt von Lieferantenkontakten und Marktkenntnissen) übertragen bzw. zur Nutzung überlassen werden. Nach Auffassung der Finanzverwaltung kann dies der Fall sein, wenn das für den Einkauf zuständige Personal in die ausländische Einkaufsgesellschaft wechselt.[25] Diese Ansicht ist kritisch zu beurteilen, da das bloße Wechseln von Personal noch nicht mit dem Transfer von Wirtschaftsgütern und sonstigen Vorteilen verbunden sein muss. Werden zudem Einkaufsfunktionen auf eine funktions- und risikolimitierte Einkaufsgesellschaft übertragen und wird diese auf Basis einer Routinevergütung entlohnt, so scheidet aufgrund von § 2 Abs. 2 FVerlV eine Funktionsverlagerungsbesteuerung auf Basis des Transferpaketansatzes aus.

### 4.2.5.4 Verlagerung von Dienstleistungsfunktionen

Werden Dienstleistungen aus dem Inland auf eine ausländische Konzerngesellschaft „outgesourct", so ergeben sich i. d. R. keine Besonderheiten bei der Fragestellung nach dem Vorliegen einer Funktionsverlagerung. Es gelten vielmehr die allgemeinen Regeln, wonach zu prüfen ist, ob mit der Tätigkeit entsprechende (materielle bzw. immaterielle) Wirtschaftsgüter und sonstige Vorteile an eine ausländische nahestehende Person übergehen. Insbesondere beim „Outsourcing" von Routinefunktionen (z. B. Buchhaltung, allgemeine

---

[25]BMF, Schreiben v. 13.10.2010, a. a. O., Tz. 222.

Administration, ggf. auch einfache Marketing-Tätigkeiten etc.), die auf Basis einer Routinevergütung entlohnt werden, greift i. d. R. die Ausnahmeregelung des § 2 Abs. 2 FVerlV, wonach mit dem übergehenden Transferpaket keine wesentlichen immateriellen Wirtschaftsgüter und Vorteile übertragen werden. Infolgedessen ist nach § 1 Abs. 3 S. 10 1. Alt. AStG die sog. Öffnungsklausel anwendbar und es kann eine Einzelbewertung etwaiger übergehender immaterieller Wirtschaftsgüter (sofern relevant) erfolgen.

## 4.3 Transferpaket und Bewertungsansatz

### 4.3.1 Tatsächlicher Fremdvergleich

Liegt eine tatbestandliche Funktionsverlagerung vor, so sind alle übergehenden Aktivitäten, materielle wie immaterielle Wirtschaftsgüter sowie die sog. sonstigen Vorteile aggregiert auf Basis eines sog. Transferpakets zu bewerten und einer „exit taxation" zugrunde zu legen, sofern keine Ausnahmeregel einschlägig ist (vgl. Abschn. 4.3.2).

Im Rahmen der Transferpaketbetrachtung weicht der Gesetzgeber vom Prinzip der Einzelbewertung ab. Hintergrund dessen ist, dass bei der Funktionsverlagerung davon ausgegangen wird, dass nicht nur stille Reserven beim Verlagerungsvorgang übertragen werden, sondern auch Teile des Geschäftswertes und des in den Unternehmensaktivitäten ruhenden unternehmerischen Gewinnpotenzials. Dieser Mehrwert ist nach Ansicht des Gesetzgebers bei einer Einzelbewertung der verlagerten Wirtschaftsgüter nicht miteinzubeziehen und würde daher auch nicht in die steuerliche Bemessungsgrundlage miteinfließen.

Bei der Bewertung des Transferpreispaketes ist zunächst auf den tatsächlichen Fremdvergleich abzustellen. Dies bedeutet, dass für die Bewertung des Transferpakets zunächst auf uneingeschränkt oder eingeschränkt vergleichbare Werte („Marktpreise") Rückgriff zu halten ist.[26] Ein Transferpaket beinhaltet mit der übertragenen Funktion, den dazugehörigen (immateriellen) Wirtschaftsgütern und sonstigen Vorteilen im Regelfall eine sehr individuelle Zusammensetzung; i. d. R. sind insbesondere die im Transferpaket enthaltenen immateriellen Wirtschaftsgüter „einzigartig". Daher sind „vergleichbare Transferpakete" regelmäßig nicht vorzufinden, sodass in der Praxis die Bewertung des Transferpakets auf Basis des hypothetischen Fremdvergleichs vorgenommen wird, sofern keine sogenannte Escapeklausel zur Einzelbewertung anwendbar ist.

### 4.3.2 Einzelbewertung als Ausnahme

**Vorbemerkung**
Für den Fall, dass der tatsächliche Fremdvergleich versagt, sind unter bestimmten Voraussetzungen anstatt der Transferpaketbewertung über den hypothetischen Fremdvergleich

---
[26]Vgl. BR-Drucksache 352/08 (2008): S. 15.

Einzelbewertungen möglich. Bei immateriellen Wirtschaftsgütern kommen daher im Regelfall im Rahmen des hypothetischen Fremdvergleiches kapitalwertorientierte Verfahren wie beispielsweise die indirekte Methode die Grundsätze für Unternehmensbewertungen („IDW S1") und für die direkte Methode die Grundsätze für die Bewertung immaterieller Wirtschaftsgüter („IDW S5") zur Anwendung (vgl. Verwaltungsgrundsätze Funktionsverlagerung Tz. 2.2.1.2. Rn. 63). Dementsprechend ist für steuerliche Zwecke (u. a. auch aufgrund des Maßgeblichkeitsgrundsatzes der Handelsbilanz für die Steuerbilanz) für die Einzelbewertung immaterieller Wirtschaftsgüter der IDW S 5 heranzuziehen, welcher – nach dem Vorbild des IFRS 3 – handelsrechtliche Methoden für die Bewertung von immateriellen Vermögenswerten vorsieht.

**Keine Verlagerung von „wesentlichen immateriellen Wirtschaftsgütern oder Vorteilen" (Escapeklausel 1)**
Eine Einzelbewertung ist u. a. dann statthaft, wenn keine „wesentlichen immateriellen Wirtschaftsgüter" Gegenstand der Verlagerung sind (§ 1 Abs. 3 S. 10 HS. 1 Alt. 1 AStG). Hierbei gilt nach herrschender Auffassung im Schrifttum der Begriff „Wirtschaftsgut", so wie er durch die Rechtsprechung geprägt worden ist (d. h., es werden alle unkörperlichen Vermögenswerte für den Betrieb, insbesondere Rechte und tatsächliche Positionen, deren Erlangung der Kaufmann sich etwas kosten lässt, die einer gesonderten Bewertung zugänglich sind, i. d. R. eine mehrjährige „Nutzbarkeit" haben und zumindest mit dem Betrieb übertragen erfasst werden können).[27] Sog. Vorteile können in der Praxis bestimmte Lieferantenbeziehungen, bestimmtes Markt-Know-how oder beispielsweise eine „eingespielte" Vertriebsmannschaft sein.

Darüber hinaus ist die Voraussetzung für eine Einzelbewertung, dass die betreffenden Wirtschaftsgüter bzw. Vorteile „nicht wesentlich" sind. Nach § 1 Abs. 5 FVerlV soll dies der Fall sein, wenn i) die entsprechenden Wirtschaftsgüter bzw. Vorteile für die Funktion nicht erforderlich sind oder ii) ihr Fremdvergleichspreis 25 % oder weniger als die Summe der Einzelverrechnungspreise aller Wirtschaftsgüter und Vorteile des Transferpakets beträgt. Erforderlich ist demzufolge eine qualitative sowie quantitative Analyse, ob eine Erforderlichkeit im o. g. Sinne besteht bzw. ob die Wertgrenze von 25 % unterschritten wird. Dies bedeutet einen erheblichen Verwaltungsmehraufwand für den Steuerpflichtigen, da im Grunde zwei Bewertungen vorgenommen werden müssen, zum einen die Einzelbewertung der übergehenden Wirtschaftsgüter bzw. Vorteile, zum anderen – als Vergleichsmaßstab – eine Gesamtbewertung auf Basis des Transferpaketansatzes (sog. Schatten-Transferpaket). Die Finanzverwaltung gestattet in diesem Zusammenhang allerdings eine eher „pauschale" Bewertung des Schatten-Transferpakets.[28] Wie diese in der Praxis tatsächlich auszusehen hat, ist noch unklar und Bedarf zunächst Erfahrungswerten.

---

[27] Siehe Weber-Grellet, 2015, EStG, § 5 Rz. 171 ff.
[28] BMF v. 13.10.2010, a. a. O., Rz. 71.

Zu erwähnen ist in diesem Zusammenhang auch die Thematik der Funktionsverlagerung auf ein sog. Routineunternehmen. Wie bereits in diesem Kapitel ausgeführt, kann bei der Verlagerung von Funktionen, bei denen das damit verbundene Gewinnpotenzial dem verlagernden Unternehmen in Deutschland verbleibt (da keine wesentlichen immateriellen Wirtschaftsgüter und Vorteile übertragen werden und die Funktionsausübung mit einer Routinevergütung entlohnt wird), i. d. R. argumentiert werden, dass eine Transferpaketbewertung im Sinne der einschlägigen Regelungen nicht erforderlich ist. Abgesehen davon könnte im Zweifelsfall auch unter den Voraussetzungen des § 2 (2) FVerlV eine Einzelbewertung etwaiger übergehender immaterieller Wirtschaftsgüter und Vorteile anstelle eines Transferpaketansatzes erfolgen.

**Summe der Einzelverrechnungspreise entspricht dem Fremdvergleichsgrundsatz (Escapeklausel 2)**
Eine Einzelbewertung ist darüber hinaus zulässig, wenn die Summe der angesetzten Einzelverrechnungspreise – gemessen an der Bewertung des Transferpakets in Gänze – dem Fremdvergleichsgrundsatz entspricht (§ 1 Abs. 3 S. 10 HS. 1 Alt. 2 AStG). Hierfür ist allerdings Voraussetzung, dass eine präzise Wertermittlung des Transferpakets (einschließlich eines Einigungsbereichs für Einzelverrechnungspreise) durch den Steuerpflichtigen erfolgt (vgl. § 2 Abs. 3 FVerlV). Die Summe der Einzelverrechnungspreise darf nur dann angesetzt werden, wenn sie im Einigungsbereich liegt und glaubhaft gemacht werden kann, dass die Einzelverrechnungspreise dem Fremdvergleichsgrundsatz entsprechen. Schließlich hat der Steuerpflichtige darzulegen, warum (ggf.) eine Differenz zwischen der Summe der Einzelverrechnungspreise und dem Wert des Transferpakets besteht und aus welchen Gründen die Einzelpreise gleichwohl dem Fremdvergleichsgrundsatz entsprechen.[29]

**Verlagerung von zumindest einem wesentlichen immateriellen Wirtschaftsgut (Escapeklausel 3)**
Ist zumindest ein wesentliches immaterielles Wirtschaftsgut Gegenstand der Funktionsverlagerung, so dürfen ebenfalls für die Bestandteile des Transferpakets Einzelverrechnungspreise angesetzt werden (§ 1 Abs. 3 S. 10 HS. 2 AStG). Auch hier hat der Steuerpflichtige glaubhaft zu machen, dass zumindest ein „wesentliches immaterielles Wirtschaftsgut" Gegenstand der Verlagerung ist.[30] Ein funktionsbezogener Geschäftswert, welcher in der Differenz zwischen dem Wert des Transferpakets und den Einzelwerten der übertragenen Wirtschaftsgüter liegen könnte, darf hierbei nicht berücksichtigt werden und ist nicht in die steuerliche Bemessungsgrundlage einzubeziehen.[31]

---

[29]BMF, Schreiben v. 13.10.2010, a. a. O., Rz. 73.
[30]BMF, Schreiben v. 13.10.2010, a. a. O., Rz. 78.
[31]Vgl. Baumhoff, et al., 2010; Oestreicher & Wilcke, 2010; Kaminski, 2010.

**Kritische Würdigung**
Problematisch an den Ausnahmeregelungen ist insgesamt, dass sie faktisch zu einer Beweislastumkehr zulasten des Steuerpflichtigen führen, denn zunächst steht der „Transferpaketansatz" als grundsätzliches Bewertungsprinzip nach den gesetzlichen Vorgaben fest. Der Steuerpflichtige hat demzufolge glaubhaft zu machen, dass die in den nachstehend beschriebenen Ausnahmefällen der Ansatz von Einzelverrechnungspreise zulässig ist. Da der Transferpaketansatz i. d. R. zu wesentlich höheren Bewertungsergebnissen (und damit zu einer höheren Bemessungsgrundlage bei der Funktionsverlagerungsbesteuerung) als der Ansatz von Einzelverrechnungspreisen für übergehende Wirtschaftsgüter führt, steht die Finanzverwaltung in der Praxis den Ausnahmeregelungen eher skeptisch gegenüber.

### 4.3.3 Hypothetischer Fremdvergleich

Im Rahmen des hypothetischen Fremdvergleichs wird ermittelt, welche Preise unabhängige Dritte miteinander vereinbart hätten, wenn diese ein identisches Geschäft (in Gestalt des Verlagerungsvorgangs) miteinander abgeschlossen hätten. Die Ermittlung eines Verrechnungspreises auf Basis des hypothetischen Fremdvergleichs beruht demnach auf der Fiktion einer vergleichbaren Geschäftsbeziehung zwischen fremden Dritten. Bei der fiktiven Verhandlungsvorstellung zwischen zwei unabhängigen Dritten geht man zunächst davon aus, dass jede Vertragspartei eine bestimmte Preisvorstellung hat.[32] Beim Verkäufer (Übertragender der Funktion) ist dies der Mindestpreis, den er erhalten möchte; beim Käufer (Empfänger der Funktion) ist dies hingegen der Maximalpreis, den er höchstens bereit wäre, für den „Erhalt" der Funktion zu zahlen. Diese jeweiligen Grenzpreise markieren einen sog. Einigungsbereich, in dem der fiktive Verrechnungspreis liegen kann. Innerhalb des Einigungsbereiches ist gem. § 1 Abs. 3 S. 7 AStG der Verrechnungspreis zu wählen, der dem Fremdvergleichsgrundsatz „mit der höchsten Wahrscheinlichkeit" am nächsten kommt. Da eine derartige Wahrscheinlichkeit in der Praxis ebenfalls kaum feststellbar ist, fingiert das Gesetz, dass der Mittelwert im Rahmen der o. g. Preisbandbreite zu wählen ist.

Gewinnpotenziale stellen die Zukunftserfolge dar,[33] die durch die Ausübung dieser Funktion unter Berücksichtigung der Chancen und Risiken erzielt werden können. Bei der Bewertung der Gewinnpotenziale orientiert sich die FVerlV (s. dort § 1 Abs. 4 FVerlV) an dem zu erwartenden Reingewinn nach Steuern für diese Funktion.[34]

Im Folgenden sei ein kurzer Abriss zur Bewertung gegeben. Ausführlichere Erläuterungen hierzu finden sich in Kap. 6.

---

[32]Vgl. Jacobs, et al., 2011, S. 604.
[33]Vgl. Zimmermann, 2013, S. 43.
[34]Vgl. Schilling, 2011, Punkt IV.

## Bestimmung der Gewinnpotenziale im Lichte der Transferpaketbetrachtung

Abzustellen ist zunächst auf die Perspektive des funktionsübertragenden wie diejenige des funktionsübernehmenden Unternehmens zum Zeitpunkt der Verlagerung (s. § 3 FVerlV). Entscheidend ist hierbei die Sichtweise des sog. ordentlich und gewissenhaft handelnden Geschäftsleiters beider Unternehmen (§ 1 Abs. 4 FVerlV).

Im Rahmen der Bestimmung der auf das Transferpaket entfallenden Gewinne ist zwischen der sog. direkten und der sog. indirekten Methode zu unterscheiden. Falls die genaue Ermittlung des Reingewinns nach Fremdkapitalkosten und Steuern für die verlagerte Funktion möglich ist, sollen die entsprechenden Nettoeinnahmen im Wege der direkten Methode von den für die Zukunft geplanten Jahresergebnissen abgeleitet werden. Falls allerdings eine direkte Bewertung nicht möglich ist, soll der Wert der Funktion „indirekt" durch eine Gesamtbewertung der beteiligten Unternehmen vorgenommen werden.

Weiterhin steht dem Unternehmer für die Ermittlung des Reingewinns nach Steuern als solche ein Wahlrecht zu, dass er als Ausgangspunkt für die Berechnung die Unterlagen verwenden darf, aus denen sich die betriebswirtschaftlichen Gründe für die Funktionsverlagerung ergeben haben.[35] Daraus folgt, dass je nachdem, welche Methode für die Ermittlung des Reingewinns nach Steuern im Unternehmen üblich ist (nach EStG, HGB, IFRS oder sogar US-GAAP), diese auch für die Berechnung des Funktionsgewinns verwendet werden kann.

Für die Ermittlung des Gewinnpotenzials ist der so ermittelte Reingewinn nach Steuern gem. § 3 Abs. 2 FVerlV auf den Zeitpunkt der Funktionsverlagerung abzuzinsen.[36] Für die Abzinsung sind ein angemessener Kapitalisierungszinssatz und ein angemessener Kapitalisierungszeitraum anzusetzen, die den tatsächlichen Gegebenheiten nahe kommen (siehe dazu im Folgenden).

Fraglich ist in der Praxis, was allerdings genau unter dem Begriff der „Reingewinne nach Steuern" zu verstehen ist. Auch nach dem IDW S1 (i. d. F. 2008) ist der Unternehmenswert auf Grundlage der finanzielle Ziele durch den Barwert der mit dem Eigentum an dem Unternehmen verbundenen Nettozuflüsse an die Unternehmenseigner zu ermitteln. In diesem Zusammenhang wird nicht auf die Nettogewinne, sondern auf die Nettozuflüsse abgestellt.[37]

Ferner ist fraglich, welche Steuern vom Reingewinn abzuziehen sind. Nach dem IDW S1 sind die Nettozuflüsse unter Berücksichtigung der inländischen und ausländischen Ertragsteuern des Unternehmens und der der persönlichen Steuern der jeweiligen Gesellschafter als Unternehmenseigner zu ermitteln. Die Finanzverwaltung folgt letztlich dieser Ansicht, da zugunsten des Steuerpflichtigen ein Wahlrecht eingeräumt wird, auch die persönlichen Ertragsteuern der Anteilseigner in die Berechnung miteinfließen zu lassen.[38]

---

[35] Vgl. BR-Drucks. 352/08: S. 12.
[36] Vgl. Pohl, 2011.
[37] Roeder, 2008.
[38] BMF, Schreiben v. 13.10.2010, a. a. O., Rz. 34. Abweichendes gilt bei Personengesellschaften; hier sind die persönlichen Ertragsteuern stets zu berücksichtigen (vgl. Rz. 35).

Im Hinblick auf die Bestimmung eines sachgerechten Kapitalisierungszeitraums geht die Finanzverwaltung grundsätzlich von einem unbegrenzten Zeitraum aus.[39] Diese Auffassung ist in der Praxis nicht haltbar, da Produktlebenszyklen bei verlagerten Funktionen sowie z. B. Schutzrechtslaufzeiten bei Patenten zu berücksichtigen sind, die regelmäßig nicht „ins Unendliche" laufen. Im Regelfall ist von einem begrenzten (endlichen) Kapitalisierungszeitraum auszugehen, wenn die Funktion nur auf begrenzte Zeit ausgeübt wird oder beispielsweise aufgrund eines Produktlebenszyklus davon auszugehen ist, dass eine begrenzte Nutzungsdauer der Funktion vorliegt. Im Praxisfall ist ein endlicher Kapitalisierungszeitraum jedoch unter Berücksichtigung aller Umstände des Einzelfalls und zugrunde liegender betriebswirtschaftlicher Sachverhaltsmerkmale zu ermitteln. Im Falle einer etwaigen Betriebsprüfung und eines Aufgriffs des Zeitraumes durch die Finanzverwaltung hat der Steuerpflichtige den Kapitalisierungszeitraum sowie die zugrunde liegenden Berechnungen und betriebswirtschaftlichen Umstände dezidert nachzuweisen. In der Praxis lässt sich jedoch häufig beobachten, dass Kapitalisierungszeiträume zwischen 3 und 5 Jahren durchaus realistisch sein können und auch von der Finanzverwaltung – natürlich in Abhängigkeit des zugrunde liegenden Sachverhalts – anerkannt werden.

Begrüßenswert ist, dass nach § 6 FVerlV der Steuerpflichtige die Möglichkeit hat, im Einzelfall einen begrenzten Kapitalisierungszeitraum glaubhaft zu machen. Hierzu muss der Steuerpflichtige vortragen, aus welchen Gründen ein begrenzter Kapitalisierungszeitraum wahrscheinlicher ist als ein unbegrenzter. Ein unbegrenzter Kapitalisierungszeitraum soll ferner nach den Verwaltungsgrundätzen-Funktionsverlagerung nur in denjenigen Fällen in Betracht kommen, in denen es sich beim Verlagerungsgegenstand um einen Betrieb, Teilbetrieb oder wenigstens um eine Einheit handelt, die wirtschaftlich eigenständig lebensfähig ist und weitgehend einem Teilbetrieb entspricht.[40] Dies bedeutet im Umkehrschluss, dass je weiter eine Funktion von der Teilbetriebs- oder Betriebseigenschaft entfernt ist, desto eher ist die Annahme eines begrenzten Kapitalisierungszeitraums gerechtfertigt.

Da die aus dem Transferpaket erwarteten Gewinne zu diskontieren sind, ist ferner ein angemessener Kapitalisierungszinssatz zu bestimmen. Nach § 5 FVerlV ist zur Bestimmung des Kapitalisierungszinssatzes von demjenigen Zinssatz auszugehen, der für eine risikolose Investition anzusetzen wäre. Hierauf ist ein Risikozuschlag zu addieren. Demzufolge wird die Bestimmung eines angemessenen Kapitalisierungszinssatzes nach den in der Unternehmensbewertung bekannten Grundsätzen und methodischen Ansätzen vorgenommen. I. d. R. wird der Kapitalisierungszinssatz in einen Basiszinssatz und einen Risikozuschlag unterteilt. Ausgangspunkt ist hier vielfach der Zins für öffentliche Anleihen mit langer Restlaufzeit. Der Risikozuschlag kann hierbei aus dem am Kapitalmarkt empirisch ableitbaren Aktienrenditen auf Grundlage von sachgerechten Preisbildungsmodellen erfolgen.[41]

---

[39]Siehe § 6 FVerlV.
[40]BMF, Schreiben v. 13.10.2010. a. a. O., Rz. 109.
[41]Vgl. IDW S1 (i. d. F. 2008), Rz. 117, 118 sowie BMF, Schreiben v. 13.10.2010, a. a. O., Rz. 104 f.

## 4 Steuerrechtliche Rahmenbedingungen von Funktionsverlagerungen

**Einbeziehung von sog. Standortvorteilen, Synergieeffekten und unternehmerischen Handlungsalternativen**

§ 3 Abs. 2 FVerlV sieht vor, dass die mit einem Transferpaket verbundenen Gewinnpotenziale unter Berücksichtigung aller Umstände des Einzelfalls und tatsächlich bestehender Handlungsmöglichkeiten zu ermitteln sind; hierzu gehören auch Standortvorteile sowie Synergieeffekte.[42] Beispiele für Standortvorteile sind z. B. Unterschiede bei Lohn- und Materialkosten, bessere Finanzierungskonditionen, Infrastrukturfaktoren, Qualifikation des Personals etc. Nach Ansicht der Finanzverwaltung sollen auch Steuerbelastungsunterschiede und lokale Investitionshilfen als Standortvorteile zu qualifizieren sein.[43]

**Berücksichtigung von einmaligen Besteuerungseffekten**

Nach Ansicht der Finanzverwaltung ist für die Bestimmung des Mindestpreises des Transferpakets aus Perspektive des übertragenden Unternehmens auch dessen Steuerbelastung auf den Ertrag aus der „Veräußerung" von Bestandteilen des Transferpakets der verlagerten Funktion einzubeziehen.[44]

Für die Bestimmung des Höchstpreises des funktionsübernehmenden Unternehmens sollen auch die steuerlichen Auswirkungen der Aufwendungen für den Erwerb von Bestandteilen des Transferpakets der verlagerten Funktion zu berücksichtigen sein.[45] Die Finanzverwaltung vertritt mithin die Ansicht, dass die mit der Funktionsverlagerung einhergehenden einmaligen Besteuerungseffekte bei der Ermittlung des Einigungsbereichs miteinfließen müssten. Daraus würde folgen, dass der Mindestpreis des übertragenden Unternehmens um die Steuerbelastung des Veräußerungsgewinns und der Höchstpreis auf Ebene des übernehmenden Unternehmens um das entstehende Abschreibungspotenzial der übergehenden Wirtschaftsgüter zu erhöhen wäre. Die Konsequenz wäre eine deutliche Anhebung des entsprechenden Verrechnungspreises für das Transferpaket (und damit letztlich eine höhere Besteuerung des Verlagerungsvorgangs).

Die von der Finanzverwaltung vertretene Auffassung ist abzulehnen, denn einmalige Besteuerungseffekte verkörpern grundsätzlich keinen Gewinn des übertragenen Unternehmens. Auch ist fraglich, wie die Einbeziehung von derartigen Besteuerungseffekten in Einklang mit hergebrachten Bewertungsgrundsätzen zu bringen ist. Korrespondierend hierzu ist dann allerdings auch auf der Seite des empfangenden Unternehmens eine Erhöhung des Wertes der erhaltenen Wirtschaftsgüter um die „exit tax" und ein daraus folgendes höheres steuerliches Abschreibungspotenzial („Tax Amortisation Benefit" – TAB) nicht zu berücksichtigen.

---

[42]BMF, Schreiben v. 13.10.2010, a. a. O., Rz. 93 f.
[43]Kritisch Blumers, 2007; Frotscher, 2008, S. 53.
[44]BMF, Schreiben v. 13.10.2010, a. a. O., Rz. 118.
[45]BMF, Schreiben v. 13.10.2010, a. a. O., Rz. 125.

## 4.4 Weitere praktische Überlegungen

Ergänzend zu den Ausführungen zur Identifikation einer Funktionsverlagerung dem Grunde- und der Höhe nach werden im Folgenden einige ergänzende Ausführungen für die Praxis angestellt.

### 4.4.1 Zivilrechtliche Schadenersatz- bzw. Ausgleichsansprüche als Transferpaketersatz (§ 8 FVerlV)

Stellt sich im Rahmen einer Funktionsverlagerung die Frage nach zivilrechtlichen Schadenersatz-, Entschädigungs- oder Ausgleichsansprüchen, so ist fraglich, ob die Funktionsverlagerung auf Basis der Transferpaketbewertung zu betrachten ist oder ob ggf. eine Einzelbewertung auf Grundlage o. g. Ersatzansprüche durchgeführt werden kann. Nach § 8 S. 1 FVerlV können gesetzliche oder vertragliche Schadenersatz-, Entschädigungs- oder Ausgleichsansprüche sowie Ansprüche, die zwischen fremden Dritten Bestand hätten, der Funktionsverlagerungsbesteuerung zugrunde gelegt werden, wenn – so wörtlich – der Steuerpflichtige „glaubhaft macht", dass Dritte solche Ansprüche unter ähnlichen Umständen ebenfalls geltend machen würden. Praktisches Anwendungsbeispiel hierfür ist der Ausgleich für einen übergehenden Kundenstamm als immaterielles Wirtschaftsgut. Nach § 8 FVerlV obliegt dem Steuerpflichtigen allerdings ungeachtet dessen die Darlegungslast, dass Schadenersatz-, Entschädigungs- oder Ausgleichsansprüche auch in einer Fremdvergleichssituation dem Grunde wie der Höhe nach zur Anwendung gekommen wären. Darüber hinaus ist der Steuerpflichtige bei Inanspruchnahme des § 8 FVerlV verpflichtet, zusätzlich glaubhaft zu machen, dass keine wesentlichen immateriellen Wirtschaftsgüter und Vorteile übertragen werden, es sei denn, deren Übergang ist zwingende Folge von den o. g. Schadenersatz-, Entschädigungs- bzw. Ausgleichsansprüchen.[46] Weitere Ausführungen zur Problematik und möglicher Interdependenzen zu zivilrechtlichen Schadenersatz- und Ausgleichsansprüchen finden sich in den Kap. 3 und 9.

### 4.4.2 Preisanpassungsregelung

Um die Wertentwicklung eines übergehenden Transferpakets auch in den Folgejahren einer steuerlichen Überprüfbarkeit zugänglich zu machen, ermöglicht die Regelung in § 1 Abs. 3 S. 11 und 12 AStG der Finanzverwaltung unter gewissen Voraussetzungen eine nachträgliche Verrechnungspreisanpassung. Eine nachträgliche Anpassung kann allerdings nur dann stattfinden, wenn das Transferpaket auf Basis des sog. hypothetischen Fremdvergleichs bestimmt worden ist. Sind im Rahmen der Funktionsverlagerung

---

[46]Vgl. hierzu Puls, 2010.

wesentliche immaterielle Wirtschaftsgüter und Vorteile übertragen worden und weicht die tatsächliche Gewinnentwicklung in Folgejahren erheblich von der Gewinnentwicklung ab, welche der Verrechnungspreisbestimmung im Transferzeitpunkt zugrunde lag, so fingiert das Gesetz, dass fremde Dritte im Hinblick auf die Preisvereinbarung eine sachgerechte Anpassungsregelung vereinbart hätten. Ist zwischen dem funktionsverlagernden Unternehmen und dem funktionsaufnehmenden Unternehmen eine derartige Preisanpassungsvereinbarung nicht getroffen worden und tritt innerhalb der ersten 10 Jahre nach der erfolgten Funktionsverlagerung eine erhebliche Gewinnabweichung ein, so ist einmalig ein „angemessener Anpassungsbetrag" auf den ursprünglichen Verrechnungspreis der Besteuerung desjenigen Wirtschaftsjahrs zugrunde zu legen, das demjenigen Jahr folgt, in dem die Abweichung eingetreten ist. Wann von einer vorgenannten „erheblichen Abweichung" der späteren Gewinnentwicklung von der ursprünglich der Transferpaketbewertung zugrunde gelegten Bewertung gesprochen werden kann, ist fraglich. Nach § 10 S. 1 FVerlV liegt eine „erhebliche Abweichung" dann vor, wenn der unter Zugrundelegung der tatsächlichen Gewinnermittlung zutreffende Verrechnungspreis außerhalb des ursprünglichen Einigungsbereichs (Mindestpreis aus Sicht des verlagernden Unternehmens und Höchstpreis aus Sicht des aufnehmenden Unternehmens) liegt. Der „neue" Einigungsbereich (der die tatsächliche Gewinnentwicklung berücksichtigt) wird durch den ursprünglichen Mindestpreis des übertragenden Unternehmens und dem neu ermittelten Höchstpreis des funktionsübernehmenden Unternehmens ermittelt. Darüber hinaus kann eine „erhebliche Abweichung" vorliegen, wenn der Einigungsbereich durch die spätere tatsächliche Gewinnentwicklung vollends verlassen ist, d. h. wenn der neu ermittelte Höchstpreis niedriger ist als der ursprüngliche Mindestpreis des funktionsübertragenden Unternehmens und somit kein Einigungsbereich mehr vorliegt.

### 4.4.3 Gestaltungsoption: Lizenzierung des Transferpakets

Wird ein Transferpaket nicht übertragen, sondern lediglich zeitlich begrenzt zur Nutzung überlassen, so kann statt einer einmaligen „exit taxation" auf Basis der Funktionsverlagerungsbesteuerung eine fremdvergleichskonforme Lizenzierung des Transferpakets an das funktionsaufnehmende Unternehmen erfolgen. Nach § 4 Abs. 2 FVerlV ist bei Zweifeln, ob eine Übertragung oder lediglich eine Nutzungsüberlassung vorliegt, auf Antrag des Steuerpflichtigen von einer Nutzungsüberlassung auszugehen. Demzufolge besteht zugunsten des Steuerpflichtigen faktisch ein Wahlrecht zwischen einer Einmalbesteuerung des Transferpakets zum Funktionsverlagerungszeitpunkt und einer (liquiditätsschonenden) Lizenzierung des Transferpakets. Allerdings ist auch bei einer Transferpaketlizenzierung eine Bewertung des übergehenden Gewinnpotenzials auf Basis der Transferpaketbewertung vorzunehmen.

## 4.4.4 Funktionsverlagerung innerhalb Deutschlands – Anwendbarkeit der Geschäftschancenlehre

### 4.4.4.1 Besteuerung dem Grunde nach

Sofern lediglich ein innerdeutscher Sachverhalt verwirklicht wurde (d. h. z. B. Verlagerung einer Produktionsfunktion von einer in Hamburg ansässigen Konzerngesellschaft an eine in Düsseldorf ansässige Konzerngesellschaft), ist gleichwohl der Fremdvergleichsgrundsatz anzuwenden, um eine verdeckte Gewinnausschüttung bzw. verdeckte Einlage zu vermeiden: Auch hier gilt, dass die Preissetzung nicht durch das Gesellschaftsverhältnis beeinflusst sein darf. Dies bedeutet, dass der o. g. Fremdvergleichsgrundsatz zu berücksichtigen und der ordentliche und gewissenhafte Geschäftsleiter als Betrachtungsmaßstab anzulegen ist (vgl. R 36 KStR bzw. R 40 KStR).

Während dies bei dem bloßen Verkauf von materiellen und immateriellen Wirtschaftsgütern unstrittig ist, stellt sich die Frage, ob auch die Übertragung von zusätzlichem Gewinnpotenzial, dass im grenzüberschreitenden Kontext bei der Funktionsverlagerung auf Basis der Transferpaketsichtweise der Besteuerung unterworfen wird, zu vergüten ist.

Zunächst ist festzuhalten, dass die Rechtsfigur der Funktionsverlagerung bei rein innerdeutschen Übertragungssachverhalten nicht einschlägig ist, da sich die Regelungen des AStG ausdrücklich nur auf grenzüberschreitende Sachverhalte beziehen (vgl. § 1 Abs. 1 Satz 1 AStG). Gleichwohl hat sich in der Rechtsprechung die Position gefestigt, dass die Übertragung einer sog. Geschäftschance einen Vergütungsanspruch auslösen kann. Demnach liegt eine singuläre Geschäftschance vor, wenn – erstens – die konkretisierte Aussicht besteht aus – zweitens – einem Geschäft Gewinne zu erzielen, die sich – drittens – nicht aus anderen Wirtschaftsgütern ergeben (vgl. FG Saarland Urteil vom 31.05.2001 – 1 K 152/99, Ditz, 2006). Ein Beispiel ist ein bereits abgeschlossener Liefervertrag, der mit einer hohen Wahrscheinlichkeit einen Gewinn erwarten lässt. In diesem Fall erstarkt die Geschäftschance zu einem eigenständigen immateriellen Wirtschaftsgut, z. B. einem Auftragsbestand (vgl. Serg, 2005) und ist mithin zu bewerten.

Inwiefern eine sog. unternehmerische Geschäftschance (wie die Ausübung einer spezifischen Funktion) im Gegensatz zu der skizzierten singulären Geschäftschance bereits einen Ausgleichsanspruch einfordert, ist umstritten. Aus den dargestellten Tatbestandsmerkmalen einer Geschäftschance lässt sich ableiten, dass auch eine unternehmerische Geschäftschance hinreichend konkretisiert sein muss, um ebenfalls einen Ausgleichsanspruch auslösen zu können.[47]

### 4.4.4.2 Angemessenheit der Vergütung der Höhe nach

Zur Bewertung der Übertragung der im immateriellen Wirtschaftsgut erstarkten Geschäftschance ist nach der Geschäftschancenlehre des BFH desgleichen der o. g. Fremdvergleichsgrundsatz anzuwenden. Demnach ist zu fragen, was zwei ordentliche

---

[47]Greil, 2009.

und gewissenhafte Geschäftsleiter in vergleichbarer Situation für die Übertragung der Geschäftschance vereinbart hätten.

Vorrangig ist der tatsächliche Fremdvergleich anzuwenden.[48] Da regelmäßig keine Vergleichstransaktion zwischen fremden Dritten beobachtet werden können, gelangt i. d. R. der hypothetische Fremdvergleich zur Anwendung; hierbei ist die konkrete Verhandlungssituation der Parteien zu simulieren. Es sind mithin tatsächliche wie auch hypothetische Faktoren zu berücksichtigen[49]. Zur Ermittlung eines entsprechenden Werts ist die Figur des doppelten ordentlichen Geschäftsleiters zugrunde zu legen[50] und sowohl die Position des die Geschäftschance aufnehmenden als auch die des abgebenden Unternehmens zu berücksichtigen. Zur Ermittlung dieser Bandbreite, in der eine „Verhandlungslösung" liegen kann, sind Minimum- und Maximalpreis zu ermitteln. Der Minimumpreis ergibt sich i. d. R. aus der Mindestforderung des Unternehmens, dass die Geschäftschance „abgibt". Die maximale Zahlungsbereitschaft des übernehmenden Unternehmens markiert hingegen den Maximalpreis. Hierbei sind realistisch verfügbare Alternativen sowie erwartete Gewinnpotenziale zu berücksichtigen. Es ist in diesem Zusammenhang eine Abzinsung der künftig erwarteten Überschüsse durchzuführen (vgl. BFH v. 28.1.2004, HFR 2004, S. 552, BFH v. 17.5.1995, I R 147/93, BStBl II 1996, 204[51]).

## Literatur

Baumhoff, Greinert & Ditz, 2010. Die Besteuerung von Funktionsverlagerungen nach den Änderungen des § 1 Abs. 3 AStG durch das EU-Umsetzungsgesetz. *DStR,* S. 1309.

Baumhoff & Liebchen, 2015. AStG. In: Flick, Wassermeyer & Baumhoff, Hrsg. *Außensteuerrecht.* München: C. H. Beck.

Baumhoff & Puls, 2009. Der OECD-Diskussionsentwurf zu Verrechnungspreisaspekten von "Business Restructurings" – Analyse und erster Vergleich mit den deutschen Funktionsverlagerungsregeln nach § 1 Abs. 3 AStG. *IStR,* S. 73.

Blumers, 2007. Funktionsverlagerung per Trasnsferpaket. *BB,* S. 1757.

Borstell & Schäperclaus, 2008. Was ist eigentlich eine Funktion? *IStR,* S. 275.

Ditz, 2006. Übertragung von Geschäftschancen bei Funktionsverlagerung ins Ausland – Darstellung an ausgewählten Beispielen. *DStR,* S. 1625.

Ditz & Greinert, 2014. In: Wassermeyer & Baumhoff, Hrsg. *Verrechnungspreise international verbundener Unternehmen.* Köln: Otto Schmidt.

Frotscher, 2008. Grundlagen der Funktionsverlagerung. *Finanz-Rundschau,* S. 49–57.

Gosch, 2015. Ermittlung des Einkommens. In: Gosch, Hrsg. *Körperschaftsteuergesetz.* München: C. H. Beck

Greil, 2009. Das Gewinnpotenzial als manifestierte Geschäftschance. *IStR,* S. 202.

Jacobs, Endres & Spengel, 2011. *Internationale Unternehmensbesteuerung.* München: C. H. Beck.

---

[48]Ditz, 2006.

[49]Vgl. Gosch, 2015, zu KStG § 8, Rz. 313.

[50]Z. B. Baumhoff & Liebchen, 2015, zu § 1 AStG Rz. 324.

[51]Vgl. Jacobs, et al., 2016, S. 590.

Jacobs, Endres & Spengel, 2015. Fünfter Teil Erfolgs- und Vermögensabgrenzung. In: Jacobs, Hrsg. *Internationale Unternehmensbesteuerung.* München: C. H. Beck, S. 835.

Jacobs, Endres & Spengel, 2016. *Internationale Unternehmensbesteuerung.* 8. Aufl. München: C. H. Beck.

Kaminski, 2010. Aktuelle steuerliche Überlegungen zur Finanzierung von mittelständischen Unternehmen. *Die Steuerberatung (StBg),* S. 433–441.

Luckhaupt, 2010. OECD Business Restructuring im Vergleich zu Funktionsverlagerung. *DB,* S. 2016.

Oestreicher & Wilcke, 2010. Die Einzelbewertung des Firmenwerts- Verrechnungspreise in Fällen einer Funktionsverlagerung nach dem Gesetz zur Umsetzung steuerlicher EU-Vorgaben sowie zur Änderung steuerlicher Vorschriften. *Ubg,* S. 225.

Pohl, 2011. Erster Teil: Internationale Verflechtungen § 1 Berichtigung von Einkünften. In: Mössner & Fuhrmann, Hrsg. *Außensteuergesetz Kommentar.* Herne: NWB.

Pohl & Blümich, 2015. AStG. In: Blümich, Hrsg. *EStG, KStG, GewStG.* München: C. H. Beck.

Puls, 2010. Funktionsverlagerung: Schadensersatz-, Entschädigungs- und Ausgleichsansprüche als "Transferpacket"-Ersatz nach § 8 FVerlV. *IStR,* S. 89.

Puls, 2014. In: Wassermeyer & Baumhoff, Hrsg. *Verrechnungspreise international verbundener Unternehmen.* Köln: Otto Schmidt.

Roeder, 2008. Ökonomische Aspekte des hypothetischen Fremdvergleichs. *Die Unternehmensbesteuerung,* S. 202–208.

Schilling, 2011. Bewertung von Transferpaketen – Ausgewählte Bewertungsfragen unter besonderer Berücksichtigung des BMF-Schreibens vom 13.10.2010. *DB,* S. 1533–1539.

Schreiber, 2012. Allgemeine Vorbemerkungen. In: Kroppen, Schreiber & Roeder, Hrsg. *Funktionsverlagerung.* Köln: Otto Schmidt.

Serg, 2005. Die Behandlung von Geschäftschancen bei grenzüberschreitenden Funktionsverlagerungen. *DStR,* S. 1916.

Wacker, 2015. EStG. In: Schmidt, Hrsg. *EStG Kommentar.* München: C. H. Beck.

Wassermeyer, 2014. In: *Verrechnungspreise international verbundener Unternehmen.* Köln: Otto Schmidt.

Weber-Grellet, 2015. EStG. In: Schmidt, Hrsg. *EStG Kommentar.* München: C. H. Beck.

Wolter & Pitzal, 2008. Der Begriff der „Funktion" in den neuen Regelungen zur Funktionsverlagerung in § 1 Abs. 3 AStG. *IStR,* S. 793.

Zimmermann, 2013. *Die Entscheidung zur Funktionsverlagerung im Konzern.* Wiesbaden: Springer Gabler.

## Über die Autoren

**Dr. Michael Puls** ist am Standort Düsseldorf als Partner tätig und leitet den dortigen Verrechnungspreisbereich. Er hat mehr als 13 Jahre einschlägige Berufserfahrung im Bereich der Verrechnungspreise und des internationalen Steuerrechts. Er hat sich auf die Beratung von multinational tätigen Unternehmen in allen Verrechnungspreisbereichen spezialisiert. Er verfügt über tief gehende Beratungserfahrungen im Bereich globaler Dokumentationsprojekte, Funktionsverlagerungen, der Begleitung von Betriebsprüfungen, dem Führen von Verständigungs- und Schiedsverfahren sowie im Bereich steuerlicher Planungsprojekte einschließlich APAs.

Er verfügt darüber hinaus über weitreichende Beratungserfahrung im Bereich der Betriebsstättenbesteuerung sowie der Strukturierung von Verrechnungspreismodellen unter Einbeziehung von immateriellen Wirtschaftsgütern. U. a. wurde er von der OECD als externer Sachverständiger für das Projekt „Transfer Pricing and Intangibles" geladen.

Er publiziert regelmäßig auf dem Gebiet der Verrechnungspreise und des Internationalen Steuerrechts und ist häufig als Dozent bei Fachseminaren tätig. Er ist Mitautor des Handbuchs „Wassermeyer/Baumhoff, Verrechnungspreise international verbundener Unternehmen".

**Christina Storm** ist Mitarbeiterin im Verrechnungspreisteam bei der Deloitte GmbH am Standort Düsseldorf. In der Verrechnungspreisberatung interessiert sie sich insbesondere für die Bereiche: Betriebsprüfungsbetreuung, Betriebsstätten-Sachverhalte, Funktionsverlagerungen, Verrechnungspreissysteme im Automotive-Bereich sowie Umstrukturierungen im Zusammenhang mit Verrechnungspreisen.

Sie absolvierte von 2008 bis 2010 bereits eine Ausbildung zur Bankkauffrau und studierte im Nachgang von 2011 bis 2014 Steuern und Wirtschaftsprüfung an der Hochschule Niederrhein (Mönchengladbach). Seit 2014 studiert sie berufsbegleitend an der Mannheim Business School (Master of Accounting & Taxation).

# Business Restructurings aus Perspektive der OECD und aktuelle BEPS-Entwicklungen

Silke Lappé, Paul Chao und Michèle Weynandt

**Leitfragen dieses Kapitels:**

- Wie ist die Funktionsverlagerung im Lichte der OECD-Vorgaben zu beurteilen?
- Was regelt Kap. 9 der OECD-Verrechnungspreisrichtlinien?
- Welche Aspekte beinhaltet der BEPS-Aktionsplan?

## 5.1 Einführung

Die Verrechnungspreisrichtlinien der OECD („Organisation for Economic Co-operation and Development") beinhalten Empfehlungen für ein fremdvergleichskonformes Handeln, die sich an international agierende Unternehmen richten. Auch wenn sich die Regierungen der 34 Staaten, die der OECD angehören (sowie die Regierungen von weiteren Staaten, die nicht der OECD angehören), verpflichtet haben, diesen Empfehlungen zu folgen, so kommt diesen Empfehlungen dennoch kein bindender Rechtscharakter zu. Dies bedeutet, dass zur Beurteilung von verrechnungspreisrelevanten Fragestellungen in erster Linie das vor Ort

---

S. Lappé (✉)
München, Deutschland
E-Mail: slappe@deloitte.de

P. Chao
Düsseldorf, Deutschland
E-Mail: nopaulchao@gmail.com

M. Weynandt
Mannheim, Deutschland
E-Mail: mweynandt@deloitte.de

© Springer Fachmedien Wiesbaden GmbH 2017
B. Heidecke et al. (Hrsg.), *Funktionsverlagerung und Verrechnungspreise*,
DOI 10.1007/978-3-658-09026-5_5

geltende Recht zur Anwendung kommt. Die OECD-Verrechnungspreisrichtlinien wurden im Jahr 1995 erstmalig veröffentlicht und im Jahr 2010 erstmals wesentlich geändert.

Im Jahr 2012 hat die OECD den Grundstein für das BEPS-Projekt gelegt. BEPS („Base Erosion and Profit Shifting") bezeichnet hierbei die rechtlich zulässige Aushöhlung der steuerlichen Bemessungsgrundlagen von Unternehmen, insbesondere durch die Verlagerung von Gewinnen in Niedrigsteuerländer. Die 15 Maßnahmen des BEPS-Aktionsplans adressieren ein breites Spektrum an steuerpolitischen Herausforderungen im internationalen Kontext. Der Aktionsplan ist ein holistisch und multilateral ausgerichteter Ansatz zur Bekämpfung von Steuervermeidung und Gewinnverlagerungen. Die BEPS-Initiative der OECD wird weitreichende Auswirkungen auf das internationale Steuerrecht vieler Staaten haben.

Aufgrund vielfältiger Interdependenzen kann die Beurteilung nationaler Rechtsentwicklung nicht losgelöst von diesen Entwicklungen auf internationaler Ebene erfolgen, die im Folgenden näher erläutert werden.

## 5.2 Business Restructurings im Sinne der OECD

Am 22. Juli 2010 hat die OECD die Verrechnungspreisrichtlinien um das Kap. 9 „Business Restructurings"[1] (nachfolgend „Umstrukturierungen") ergänzt. Dieses Kap. 9 enthält Ausführungen zur i) Risikoaufteilung zwischen verbundenen Unternehmen, ii) fremdvergleichskonformen Vergütung der Umstrukturierung an sich, iii) Vergütung der konzerninternen Geschäftsvorfälle nach erfolgter Umstrukturierung und iv) Anerkennung der tatsächlich getätigten Geschäftsvorfälle.

Die deutsche Finanzverwaltung war an der Erstellung dieser OECD-Veröffentlichung beteiligt, sodass die Vermutung nahe liegt, dass die Verwaltungsgrundsätze Funktionsverlagerung[2], die am 13. Oktober 2010 veröffentlicht wurden, in wesentlichen Aspekten mit den OECD-Grundsätzen zu Umstrukturierungen übereinstimmen sollten.

Vor diesem Hintergrund befassen sich die folgenden Abschnitte mit der Frage, ob und inwieweit derartige Übereinstimmungen im Hinblick auf die Systematik der Bestimmungen und ihrer Anwendungsbereiche tatsächlich bestehen bzw. in welchen Aspekten die beiden betrachteten Regelwerke voneinander abweichen. Der Schwerpunkt dieser Analyse liegt hierbei auf dem Themengebiet II „Fremdvergleichskonforme Vergütung für die Umstrukturierung der Geschäftstätigkeit als solcher".

---

[1] „Report on the transfer pricing aspects of business restructurings Chapter IX of the transfer pricing guidelines", nachfolgend „Kap. 9 OECD-Verrechnungspreisrichtlinien 2010", veröffentlicht durch die OECD am 22. Juli 2010; abrufbar unter http://www.oecd.org/tax/transfer-pricing/45690216.pdf.

[2] Grundsätze für die Prüfung der Einkunftsabgrenzung zwischen nahestehenden Personen in Fällen von grenzüberschreitenden Funktionsverlagerungen (Verwaltungsgrundsätze Funktionsverlagerung) vom 13.10.2010, IV B 5 – S 1341/08/10003; BStBl. 2010 I S. 774.

## 5.2.1 Definition der Funktionsverlagerung bzw. Umstrukturierung

Die OECD vermeidet eine abschließende Definition des Begriffs „Umstrukturierung" und versteht darunter allgemein eine grenzüberschreitende Verlagerung von Funktionen, Wirtschaftsgütern und/oder Risiken. Nach Auffassung der OECD kann dies eine grenzüberschreitende konzerninterne Umverteilung von etwas Werthaltigem beinhalten, auch wenn sie gleichzeitig einräumt, dass dies nicht zwingend der Fall sein muss. So sollen auch die Kündigung oder wesentliche Neuverhandlung von bestehenden Vereinbarungen unter den Begriff „Umstrukturierung" zu subsumieren sein.[3] Grundsätzlich unterscheidet die OECD im Hinblick auf den Gegenstand der Umstrukturierung wie folgt:

- Materielle Wirtschaftsgüter (Tz. 9.75 ff.)
- Immaterielle Wirtschaftsgüter (Tz. 9.80 ff.)
- Geschäftstätigkeit („ongoing concern") (Tz. 9.93 ff.)
- Auslagerungen („Outsourcing") (Tz. 9.99).

Im Gegensatz zu Kap. 9 enthält § 1 Abs. 3 S. 9 AStG in Verbindung mit § 1 Abs. 2 Funktionsverlagerungsverordnung (nachfolgend FVerlV)[4] eine abschließende Definition der Funktionsverlagerung. Danach geht die deutsche Definition der Funktionsverlagerung insoweit über die Begriffsbestimmung der OECD hinaus, als nach den deutschen Vorschriften auch die Übertragung von sonstigen Vorteilen ein Tatbestandsmerkmal darstellt. Mit Blick auf die von der OECD bezeichnete Umverteilung von etwas Werthaltigem, sollte dieser Unterschied in der definitorischen Auslegung jedoch nicht von großer Bedeutung sein.

## 5.2.2 Die Anwendung des Fremdvergleichsmaßstabs

Beide hier betrachteten Regelwerke stellen auf den Fremdvergleichsgrundsatz als Beurteilungsmaßstab für Fälle der Funktionsverlagerung bzw. Umstrukturierung ab. Nach den Verwaltungsgrundsätzen-Funktionsverlagerung erfordert die Anwendung des Fremdvergleichsgrundsatzes auf Funktionsverlagerungen, die dafür wirtschaftlich wesentlichen Gründe zu verstehen, die Geschäftsbeziehungen auf Ebene aller daran beteiligten Unternehmen zu überprüfen sowie nachzuvollziehen, aus welchen Gründen eine grenzüberschreitende Funktionsverlagerung aus Konzernsicht wirtschaftlich sinnvoll ist. Diese Ausführungen stehen im Einklang mit Kap. 9 OECD-Verrechnungspreisrichtlinien, auf

---

[3]Vgl. OECD-Verrechnungspreisrichtlinien 2010, Tz. 9.1 sowie Tz. 9.48.
[4]Verordnung zur Anwendung des Fremdvergleichsgrundsatzes nach § 1 Abs. 1 des Außensteuergesetzes in Fällen grenzüberschreitender Funktionsverlagerungen (Funktionsverlagerungsverordnung – FVerlV) vom 12.8.2008, BGBl.I. 2008, S. 1680.

das in den Verwaltungsgrundsätzen-Funktionsverlagerung explizit Bezug genommen wird (vgl. Verwaltungsgrundsätze Funktionsverlagerung; Tz. 11 ff.). Gemäß § 1 Abs. 3 S. 5 AStG ist bei der Ermittlung einer fremdüblichen Vergütung für das Transferpaket auf den hypothetischen Fremdvergleich abzustellen, sofern keine eingeschränkt vergleichbaren Fremdvergleichswerte für das Transferpaket ermittelt werden können.

Kap. 9 der OECD-Verrechnungspreisrichtlinien schließt das Konstrukt des hypothetischen Fremdvergleichs nicht grundsätzlich aus, wenn auch dieser Begriff nicht explizit genannt wird und darüber hinaus die deutsche Besonderheit der unterstellten Informationssymmetrie zwischen den beteiligten Parteien in dem OECD-Papier nicht enthalten ist (vgl. § 1 Abs. 1 S. 3 AStG; Verwaltungsgrundsätze Funktionsverlagerung; Tz. 30). Zumindest kann es nach Auffassung der OECD jedoch für den Fall, dass keine Geschäftsvorfälle zwischen unabhängigen Dritten ermittelt werden können, sinnvoll sein, zu prüfen, ob von unabhängigen Dritten zu erwarten wäre, dass sie unter vergleichbaren Verhältnissen vergleichbare Bedingungen abgeschlossen hätten, wobei im Rahmen dieser Prüfung auch die Handlungsalternativen der Beteiligten zu berücksichtigen wären (vgl. OECD-Verrechnungspreisrichtlinien 2010, Tz. 9.52). Mit Bezug auf die Bewertung immaterieller Wirtschaftsgüter konkretisiert die OECD diesen allgemeinen Grundsatz, indem explizit auf eine notwendige beidseitige Betrachtung der Preisfindung aus Sicht des abgebenden und des erwerbenden Unternehmens eingegangen wird (vgl. OECD-Verrechnungspreisrichtlinien 2010, Tz. 9.81). Vergleichbare Öffnungsklauseln für die Anwendung einer zweiseitigen Betrachtungsweise finden sich auch mit Bezug auf die Kündigung bzw. wesentliche Neuverhandlung von Verträgen, beides Fälle, für die die OECD auf eine notwendige beidseitige Betrachtung der ausgehandelten Bedingungen aus Sicht des abgebenden und des erwerbenden Unternehmens abstellt (vgl. OECD-Verrechnungspreisrichtlinien 2010, Tz. 9.116). Auch im Hinblick auf die Frage, inwieweit die Risikoaufteilung zwischen den beteiligten Parteien dem Fremdvergleichsgrundsatz entspricht, postuliert die OECD bei Fehlen von vergleichbaren Geschäftsvorfällen eine Prüfung danach, ob fremde Dritte unter vergleichbaren Umständen ebenfalls eine entsprechende Risikoaufteilung vorgenommen hätten (vgl. OECD-Verrechnungspreisrichtlinien 2010, Tz. 9.19).

Für jeden der oben beschriebenen Fälle gilt jedoch, dass Kap. 9 keine Ausführungen darüber enthält, ob in diesen Fällen eine hypothetische Betrachtungsweise die einzig anwendbare Methode sein soll bzw. ob die Anwendung dieser Betrachtungsweise an sonstige Voraussetzungen (z. B. kein Vorhandensein zumindest eingeschränkt vergleichbarer Werte) geknüpft ist. Somit lässt sich aus Kap. 9 der OECD-Verrechnungspreisrichtlinien keine festgeschriebene Systematik für die (zwingende) Anwendung des hypothetischen Fremdvergleichs ableiten.

## 5.2.3 Die Systematik zur Bestimmung einer fremdüblichen Vergütung

### 5.2.3.1 Ausgangsbasis

Die OECD führt aus, dass die Fremdüblichkeit der Bedingungen, die zwei verbundene Unternehmen für die zwischen ihnen erfolgte Umstrukturierung vereinbart haben, auf Grundlage einer Analyse der folgenden Aspekte zu bestimmen ist: i) die von den Vertragsparteien ausgeübten Funktionen und übernommenen Risiken, ii) die eingesetzten Wirtschaftsgüter, iii) die Vertragsbedingungen sowie möglicherweise vertraglich vereinbarte oder zivilrechtlich bestehende Ausgleichsansprüche, die im Zusammenhang mit einer Kündigung oder wesentlichen Neuverhandlung bestehender Verträge zur Geltung kommen können, iv) die wirtschaftlichen Verhältnisse sowie die verfolgten Geschäftsstrategien. Sofern Fremdvergleichsdaten vorhanden sind, ist eine Vergleichbarkeitsanalyse (ggf. unter Vornahme von Anpassungen) im Hinblick auf die Anwendbarkeit dieser Fremdvergleichsdaten erforderlich (vgl. OECD-Verrechnungspreisrichtlinien 2010, Tz. 9.52; 9.100 ff.).

Insbesondere wenn keine vergleichbaren Geschäftsvorfälle zwischen unabhängigen Unternehmen identifiziert werden können, konkretisiert die OECD die notwendigen Bestandteile dieser Analyse wie folgt (vgl. OECD-Verrechnungspreisrichtlinien 2010, Tz. 9.52):

- Die Geschäftsvorfälle, die die Umstrukturierung ausmachen,
- die Funktionen, Risiken und Wirtschaftsgüter vor und nach der Umstrukturierung,
- die geschäftlichen Gründe für die Umstrukturierung der Geschäftstätigkeit,
- die durch die Umstrukturierung erwarteten Vorteile einschließlich etwaiger Synergieeffekte,
- die Handlungsalternativen der Beteiligten.

Es ist den Ausführungen zu den oben aufgezeigten Analysepunkten gemein, dass die OECD keine formelhaften oder schematischen Vorgaben im Hinblick auf einzelne vorzunehmende Prüfungsschritte macht. Vielmehr lassen die Ausführungen in Teil II des Kap. 9 OECD-Verrechnungspreisrichtlinien den Rückschluss zu, dass die OECD bei der Bestimmung der fremdüblichen Vergütung auf eine Einzelfallbetrachtung abstellt, bei der die oben genannten Aspekte, je nach Ausgestaltung des Einzelfalls, in unterschiedlichem Ausmaß zu würdigen sind. Diese Würdigung des jeweiligen Sachverhalts mit all seinen unterschiedlichen Facetten kann man als die logische Konsequenz aus der nicht abschließenden Definition des Begriffs „Umstrukturierung" verstehen.

Auch wenn die zu analysierenden Aspekte dem Grunde nach vergleichbar sind mit den Aspekten, die auf Grundlage der deutschen Regelungen zur Funktionsverlagerung zu betrachten sind, so liegt doch ein essenzieller Unterschied darin, dass die Tatbestandsmerkmale einer Funktionsverlagerung durch die deutschen Regelungen klar definiert sind (auch wenn im Hinblick auf die materielle Auslegung dieser Tatbestandsmerkmale

Unklarheiten bestehen mögen). Die Beurteilung, ob die Voraussetzungen einer Funktionsverlagerung erfüllt sind, kann somit anhand eines aus dem Gesetz abgeleiteten und durch die Verwaltungsgrundsätze Funktionsverlagerung konkretisierten Prüfschemas vorgenommen werden.

### 5.2.3.2 Definition Gewinnpotenzial

Die OECD vertritt die Auffassung, dass ein Unternehmen nicht in jedem Fall, in dem eine Umstrukturierung eine Verringerung seines Gewinnpotenzials nach sich zieht, eine Entschädigungszahlung erwarten kann. Gewinnpotenzial definiert die OECD hierbei als „erwartete künftige Gewinne" bzw. „Verluste" (vgl. OECD-Verrechnungspreisrichtlinien 2010, Tz. 9.65; 9.66) und erwähnt explizit, dass es bei der Analyse einer wesentlichen Veränderung im wirtschaftlichen bzw. geschäftlichen Umfeld nicht ausreichend ist, diese Analyse ausschließlich auf der Grundlage von Vergangenheitsdaten durchzuführen (vgl. OECD-Verrechnungspreisrichtlinien 2010, Tz. 9.73). Sie stellt jedoch klar heraus, dass „Gewinnpotenzial" auch nicht als die Gewinne und Verluste angenommen werden sollten, die einem Unternehmen bei Fortführung der vor der Umstrukturierung bestehenden Vereinbarungen über eine unbestimmte Zeit hinweg, entstehen würden (vgl. OECD-Verrechnungspreisrichtlinien 2010, Tz. 9.67).

Ein Entschädigungsanspruch für die Übertragung eines Gewinnpotenzials kann nach Auffassung der OECD jedoch dann entstehen, wenn die Übertragung des Gewinnpotenzials mit der Übertragung von materiellen oder immateriellen Wirtschaftsgütern, Vertragskündigungen bzw. Neuverhandlungen verbunden ist, und fremde Dritte unter vergleichbaren Bedingungen ebenfalls eine Entschädigungszahlung vereinbaren würden (vgl. OECD-Verrechnungspreisrichtlinien 2010, Tz. 9.65). Die Prüfung eines potenziellen Entschädigungsanspruchs soll anhand der oben beschriebenen Prüfungsfelder vorgenommen werden (vgl. OECD-Verrechnungspreisrichtlinien 2010, Tz. 9.68).

Die deutschen Regelungen scheinen zumindest im Hinblick auf die steuerliche Beurteilung von Gewinnpotenzialen den Ausführungen der OECD zu folgen. Denn unter Verweis auf die entsprechenden Ausführungen in Kap. 9 OECD-Verrechnungspreisrichtlinien, stellen die deutschen Vorschriften klar, dass lediglich insoweit ein Entschädigungsanspruch für ein Gewinnpotenzial dem Grunde nach entstehen kann, als dieses mit einer verlagerten Funktion verbunden ist (vgl. Verwaltungsgrundsätze Funktionsverlagerung; Tz. 30). Gleichzeitig unterstellen die deutschen Regelungen jedoch (im Gegensatz zur OECD), dass bei einer Funktionsabschmelzung im Inland, durch die die Gewinne der betrachteten Gesellschaft geschmälert werden, eine entschädigungspflichtige Funktionsverlagerung verwirklicht wurde (vgl. Verwaltungsgrundsätze Funktionsverlagerung; Tz. 203 ff.).

---

**Beispiel**

M1 ist als selbstständiger Eigenproduzent tätig. In Zukunft wird M1 als Auftragsfertiger für M2 tätig. Die Vergütung der zukünftigen Leistungen als Auftragsfertiger erfolgt auf Basis der Kostenaufschlagsmethode. M1 legt M2 die der Produktion zuzuordnenden immateriellen Wirtschaftsgüter offen, ohne dass eine Übertragung dieser immateriellen Wirtschaftsgüter gesondert vereinbart oder vergütet würde.

Nach Auffassung der OECD sollte im Rahmen einer Betrachtung des Einzelfalls analysiert werden, ob nach dem Fremdvergleichsgrundsatz M1 für die Abschmelzung der Produktion und der damit verbundenen Aufgabe eines risikobehafteten Gewinnpotenzials (im Austausch gegen ein ggf. niedrigeres aber dafür weitgehend risikoloses zukünftiges Gewinnpotenzials) überhaupt ein Entschädigungsanspruch gegenüber M2 zusteht, vgl. Tz. 9.95 OECD-Verrechnungspreisrichtlinien.

Nach Auffassung der deutschen Finanzverwaltung soll eine Funktionsverlagerung vorliegen, da die wesentlichen immateriellen Wirtschaftsgüter von M1 auf M2 übertragen wurden und die Funktion von M1 eingeschränkt wurde (M1 ist nicht mehr als Eigenproduzent tätig), vgl. Tz. 204 Verwaltungsgrundsätze-Funktionsverlagerung.

Die deutschen Vorschriften weichen zudem im Hinblick auf die wertmäßige Bestimmung eines Gewinnpotenzials von den OECD-Richtlinien insoweit ab, als sie unterstellen, dass das Gewinnpotenzial dem Barwert der aus der verlagerten Funktion zu erwartenden Reingewinne des abgebenden und aufnehmenden Unternehmens nach Steuern entspricht (vgl. Verwaltungsgrundsätze Funktionsverlagerung; Tz. 30). Darüber hinaus unterstellen die deutschen Vorschriften, dass die Anwendung eines unbegrenzten Kapitalisierungszeitraums umso sachgerechter sein soll, je stärker die verlagerte Funktion einer wirtschaftlich eigenständig lebensfähigen Einheit bzw. einem Teilbetrieb entspricht. Die Beweislast für die Anwendung eines kürzeren Kapitalisierungszeitraums weist die Finanzverwaltung dem Steuerpflichtigen zu (vgl. Verwaltungsgrundsätze Funktionsverlagerung; Tz. 109 ff.). Mit dieser grundsätzlichen Annahme der Existenz eines Gewinnpotenzials über einen unbegrenzten Betrachtungszeitraum hinweg, geht die deutsche Finanzverwaltung deutlich über den Regelungsgehalt der OECD-Richtlinien hinaus.

### 5.2.3.3 Einzelbewertung versus Transferpaketbewertung

Mit Bezug auf die Ermittlung einer fremdvergleichskonformen Vergütung für eine Umstrukturierung geht Kap. 9 OECD-Verrechnungspreisrichtlinien grundsätzlich von einer Betrachtung des Einzelfalls, d. h. von einer Analyse einzelner Transaktionen aus. Dies ist eine logische Konsequenz der grundsätzlichen Ausführungen in Kap. 3 „Vergleichbarkeitsanalyse" der OECD-Verrechnungspreisrichtlinien, wonach bestenfalls jeder einzelne Geschäftsvorfall gesondert analysiert werden sollte, sofern nicht einzelne Geschäftsvorfälle wirtschaftlich so eng miteinander verbunden sind, sodass eine Einzelbetrachtung nicht sachgerecht wäre (vgl. OECD-Verrechnungspreisrichtlinien 2010, Tz. 3.9 ff.). Dies kann z. B. im Falle der Übertragung einer Geschäftstätigkeit („ongoing concern") der Fall sein, wobei der Begriff „Geschäftstätigkeit" als wirtschaftlich integrierter Unternehmensbereich zu verstehen ist (vgl. OECD-Verrechnungspreisrichtlinien 2010, Tz. 9.93.). Für diese Fälle legt die OECD nahe, dass eine Einzelbewertung der übertragenen Elemente nicht zwingend zu einer fremdvergleichskonformen Vergütung führen muss. Vielmehr kann nach Auffassung der OECD in diesen Fällen eine

Bewertung auf einer zusammengefassten Bewertungsgrundlage erforderlich sein, ohne dass sie jedoch auf diese Bewertungsgrundlage bzw. Bewertungsmethode näher eingeht oder den Begriff des „Transferpakets" nennen würde (vgl. OECD-Verrechnungspreisrichtlinien 2010, Tz. 9.94). Der Vollständigkeit halber sei an dieser Stelle erwähnt, dass die OECD vergleichbar mit den deutschen Regelungen im Zusammenhang mit der Übertragung einer verlustträchtigen Geschäftstätigkeit anerkennt, dass es Situationen geben kann, in denen das abgebende Unternehmen bereit wäre, dem aufnehmenden Unternehmen für die Übernahme der verlustträchtigen Funktion eine Ausgleichszahlung zu leisten (vgl. OECD-Verrechnungspreisrichtlinien 2010, Tz. 9.97; Verwaltungsgrundsätze Funktionsverlagerung; Tz. 122 ff.).

> **Beispiel**
> 
> M1 verlagert seine Produktionstätigkeit auf M2, ein anderes Unternehmen des betrachteten Konzerns. M1 überträgt Maschinen, Anlagen, Lagerbestände, Patente, Produktionsabläufe, Know-how sowie wichtige Verträge mit Zulieferern und Kunden. Darüber hinaus werden Mitarbeiter von M1 zu M2 versetzt.
> 
> Nach Auffassung der OECD sollte die Ermittlung einer fremdvergleichskonformen Vergütung für diese Übertragung der Geschäftstätigkeit auf Grundlage einer vergleichbaren Übertragung einer Geschäftstätigkeit zwischen fremden Dritten anstatt mit einer Übertragung einzelner Wirtschaftsgüter vorgenommen werden (vgl. Tz. 9.95 OECD-Verrechnungspreisrichtlinien).

Im Gegensatz hierzu stellen die deutschen Vorschriften grundsätzlich das Transferpaket als Ganzes, d. h. die Funktion und die mit dieser Funktion zusammenhängenden Chancen, Risiken, Wirtschaftsgüter und sonstigen Vorteile in den Mittelpunkt der Analyse. Sofern für dieses Transferpaket als Ganzes keine zumindest eingeschränkt vergleichbaren Fremdvergleichswerte vorliegen, ist grundsätzlich eine Bewertung des Transferpaktes unter Anwendung des hypothetischen Fremdvergleichs vorzunehmen (vgl. § 1 Abs. 3 S. 9 AStG). Nach Auffassung der Finanzverwaltung sollte dies wohl regelmäßig der Fall sein, andernfalls würden die in § 1 Abs. 3 S. 10 AStG kodifizierten Öffnungsklauseln, die unter bestimmten Voraussetzungen eine Einzelbewertung der Bestandteile des Transferpaktes ermöglichen, ihrem Sinn und Zweck nach ins Leere laufen.

### 5.2.3.4 Die Berücksichtigung von Standortvorteilen und Synergieeffekten

Das Kap. 9 OECD-Verrechnungspreisrichtlinien beleuchtet die Behandlung von Standortvorteilen und Synergieeffekten unter Teil III „Vergütung für konzerninterne Geschäftsvorfälle nach einer Umstrukturierung der Geschäftstätigkeit". Danach soll die Verteilung derartiger Vorteile und Effekte im Wesentlichen von der Verteilung der Funktionen und Risiken zwischen den betrachteten Unternehmen sowie von der individuellen Verhandlungsstärke der beteiligten Unternehmen abhängen (vgl. OECD-Verrechnungspreisrichtlinien 2010, Tz. 9.148 ff.). In Teil II „Fremdvergleichskonforme Vergütung für die Umstrukturierung der Geschäftstätigkeit als solche" wird nur insoweit auf Standortvorteile und Synergieeffekte Bezug genommen, als anerkannt wird, dass derartige Effekte ursächlich für eine Umstrukturierung sein können und dem Steuerpflichtigen empfohlen wird, zum Zeitpunkt der Entscheidung über die Umstrukturierung diese Effekte dem Grunde nach zu dokumentieren und die Annahmen festzuhalten, auf deren Grundlage mit diesen Effekten gerechnet wird (vgl. OECD-Verrechnungspreisrichtlinien 2010, Tz. 9.57).

Die deutschen Vorschriften stellen hingegen klar, dass die Ertragswerte, die im Rahmen der Bewertung des Transferpakets ermittelt werden, sämtliche Standortvorteile und -nachteile sowie die Synergieeffekte der beteiligten Unternehmen umfassen. Nach Auffassung der Finanzverwaltung soll es lediglich von indizieller Bedeutung sein, welches der beteiligten Unternehmen diese Vorteile und Nachteile erschaffen hat. Es soll vielmehr darauf ankommen, welches Unternehmen diese Vor- und Nachteile in fiktiven Preisverhandlungen in Anspruch nehmen könnte bzw. zu tragen hätte (vgl. Verwaltungsgrundsätze Funktionsverlagerung; Tz. 93). Im Hinblick darauf, nach welchen Kriterien eine Allokation der Standortvorteile und Synergieeffekte auf das abgebende und das aufnehmende Unternehmen erfolgen kann, verweisen die Verwaltungsgrundsätze Funktionsverlagerung auf die entsprechenden Ausführungen in den OECD-Richtlinien.

### 5.2.3.5 Die Analyse gesetzlicher und vertraglicher Entschädigungsansprüche

Die Frage, ob eine Kündigung oder wesentliche Neuverhandlung bestehender Vertragsbeziehungen zwingend die Entstehung eines Entschädigungsanspruchs nach sich zieht, verneint die OECD. Vielmehr ist auch in diesen Fällen auf eine Betrachtung des Einzelfalls abzustellen (vgl. OECD-Verrechnungspreisrichtlinien 2010, Tz. 9.103 ff.). Die OECD unterscheidet hierbei die folgenden Fallkonstellationen:

- Liegt eine schriftliche Vereinbarung vor, die gekündigt, nicht verlängert oder neu verhandelt wird und enthält diese schriftliche Vereinbarung eine Entschädigungsklausel.
- Sind die Vertragsbedingungen (einschließlich der enthaltenen oder fehlenden Entschädigungsklausel) fremdvergleichskonform.
- Bestehen handelsrechtliche Entschädigungsansprüche oder Entschädigungsansprüche aufgrund von Rechtsprechung.
- Wäre die eine Vertragspartei unter fremdüblichen Bedingungen bereit, der anderen Vertragspartei, die durch die Kündigung, fehlende Verlängerung oder Neuverhandlung der Vereinbarung einen Nachteil erleidet, eine Entschädigung zu zahlen.

Als Entschädigung definiert die OECD in diesem Zusammenhang jede Art von Vergütung für solche Nachteile, die dem umstrukturierten Unternehmen aus der Umstrukturierung entstehen (vgl. OECD-Verrechnungspreisrichtlinien 2010, Tz. 9.102).

Die deutschen Regelungen zur Funktionsverlagerung greifen die grundsätzlichen Ausführungen der OECD auf, gehen jedoch darüber hinaus und konkretisieren die potenziellen

Entschädigungsansprüche. Hieraus ergibt sich für den Steuerpflichtigen, dass, sofern dem Grunde nach für einen betrachteten Sachverhalt die Voraussetzungen für eine Funktionsverlagerung als nicht erfüllt angesehen werden, vor dem Hintergrund der deutschen Regelungen dennoch in einem nächsten Prüfungsschritt zu analysieren ist, inwieweit sonstige Schadensersatz-, Ausgleichs,- oder Entschädigungsansprüche seitens des abgebenden Unternehmens bestehen könnten (vgl. Funktionsverlagerungsverordnung, § 8). Derartige Ansprüche können umfassen (vgl. Verwaltungsgrundsätze Funktionsverlagerung; Tz. 132 ff.):

- Vertraglich vereinbarte Schadenersatzansprüche (z. B. für nicht amortisierte Investitionen),
- vertraglich vereinbarte Schadenersatzansprüche (z. B. bei vorzeitiger Vertragsauflösung),
- gesetzliche Ansprüche (z. B. § 89b HGB),
- sonstige Ansprüche (z. B. Verstoß gegen ein Wettbewerbsverbot).

Die deutsche Finanzverwaltung erkennt grundsätzlich an, das ein Entgeltanspruch des abgebenden Unternehmens auf derartige Schadensersatz-, Ausgleichs,- oder Entschädigungsansprüche begrenzt sein kann, sofern der Steuerpflichtige glaubhaft macht, dass fremde Dritte unter vergleichbaren Umständen lediglich diese Ansprüche geltend gemacht hätten und im Zusammenhang mit der Funktionsänderung keine wesentlichen immateriellen Wirtschaftsgüter und Vorteile übertragen bzw. zur Nutzung überlassen wurden (es sei denn diese Übertragung bzw. Nutzungsüberlassung ist fremdvergleichskonform) (vgl. Verwaltungsgrundsätze Funktionsverlagerung; Tz. 134 ff.).

### 5.2.3.6 Die Notwendigkeit einer Preisanpassungsklausel

Die OECD geht der Frage nach der Notwendigkeit von Preisanpassungsklauseln im Zusammenhang mit der Übertragung von immateriellen Wirtschaftsgütern zu einem Zeitpunkt, an dem dieses noch keinen feststellbaren Wert hat, nach. Im Zusammenhang mit den damit verbundenen Unsicherheiten stellt die OECD klar, dass bei der Beurteilung der Frage, ob die beteiligten Unternehmen diesen Unsicherheitsfaktor bei der Preisgestaltung berücksichtigen und ggf. eine Preisanpassungsklausel vereinbaren sollten, darauf abzustellen ist, was fremde Vertragsparteien unter vergleichbaren Bedingungen vereinbart hätten (vgl. OECD-Verrechnungspreisrichtlinien 2010, Tz. 9.87). Nach Auffassung der OECD soll es den Finanzverwaltungen nur in solchen Fällen erlaubt sein, eine Preisanpassung der ursprünglich vereinbarten Vergütung vorzunehmen, in denen die Bewertung von vornherein eine solch hohe Unsicherheit beinhaltet hat, dass fremde Dritte unter vergleichbaren Umständen einen Preisanpassungsmechanismus vereinbart hätten, oder die tatsächliche Wertentwicklung nach Abschluss des Geschäfts so wesentlich war, dass fremde Dritte unter vergleichbaren Umständen eine Neuverhandlung des Vertrags vorgenommen hätten (vgl. OECD-Verrechnungspreisrichtlinien 2010, Tz. 9.88 ff.). Die OECD-Richtlinien enthalten jedoch keine Konkretisierung dieser allgemeinen Grundsätze.

Im Gegensatz hierzu hat der deutsche Gesetzgeber explizit diejenigen Fälle geregelt, in denen wesentliche immaterielle Wirtschaftsgüter und Vorteile (einzeln oder als Bestandteil eines Transferpakets) übertragen werden, deren Wertentwicklung Unsicherheiten unterliegt und deren Vergütung auf Basis des hypothetischen Fremdvergleichs ermittelt wird. Für diese Fälle unterstellt der Gesetzgeber, dass fremde Dritte unter vergleichbaren Umständen eine Preisanpassungsklausel vereinbart hätten, um ein Szenario zu erfassen, in dem die tatsächliche Wertentwicklung innerhalb eines Zeitraums von 10 Jahren erheblich von der Wertentwicklung abweicht, die für die Ermittlung der Verrechnungspreise zugrunde gelegt wurde. Sofern eine derartige Preisanpassungsklausel nicht vereinbart wurde und innerhalb des zehnjahreszeitraum eine erhebliche Wertänderung eingetreten ist, ist es der Finanzverwaltung erlaubt, eine Preisanpassung auf die tatsächliche Wertentwicklung vorzunehmen und zwar in dem Wirtschaftsjahr, das auf das Wirtschaftsjahr folgt, in dem die Abweichung der Wertentwicklung eingetreten ist (vgl. § 1 Abs. 3 S. 11 u. 12 AStG).

### 5.2.4 Überblick über die sonstigen Themengebiete in Kap. 9 OECD-Verrechnungspreisrichtlinien

#### 5.2.4.1 Risikoallokation

In Teil I: Besondere Überlegungen im Hinblick auf Risiken des Kap. 9 OECD-Verrechnungspreisrichtlinien geht die OECD ausführlich auf die Verteilung von Risiken innerhalb der Wertschöpfungskette ein. Nach Auffassung der OECD soll diese Risikoverteilung die Grundlage für die Verrechnungspreisfestsetzung und -analyse im Zusammenhang mit Umstrukturierungen bilden.

Ausgangspunkt für die Prüfung, welche der an einer Umstrukturierung beteiligten Parteien das mit dem Geschäftsvorfall verbundene Risiko trägt, bilden die vertraglichen Vereinbarungen (vgl. OECD-Verrechnungspreisrichtlinien 2010, Tz. 9.11 ff.). Sofern jedoch die tatsächliche Risikoaufteilung zwischen den Parteien von den vertraglichen Vereinbarungen abweichen, sind die Finanzverwaltungen dazu angehalten, auf die tatsächlich verwirklichten Bedingungen des Geschäftsvorfalls abzustellen (vgl. OECD-Verrechnungspreisrichtlinien 2010, Tz. 9.13). Hierfür gibt die OECD die folgenden Prüfungsschritte vor:

- Prüfung, inwieweit das tatsächliche Verhalten der verbundenen Unternehmen der vertraglich vereinbarten Risikoaufteilung für den Geschäftsvorfall entspricht;
- Prüfung, inwieweit die Risikoaufteilung mit dem Fremdvergleichsgrundsatz im Einklang steht;
- Bestimmung der Konsequenzen aus dieser Risikoaufteilung (vgl. OECD-Verrechnungspreisrichtlinien 2010, Tz. 9.12).

Mit Bezug auf den zweiten Prüfungsschritt stellt die OECD im Wesentlichen auf die Kontrolle des Risikos sowie auf die finanzielle Fähigkeit zur Übernahme des Risikos ab.

Unter dem Begriff der Risikokontrolle versteht die OECD die Fähigkeit, Entscheidungen zu treffen über i) die Übernahme des Risikos und ii) die Verwaltung des Risikos (z. B. intern oder durch einen Leistungserbringer) (vgl. OECD-Verrechnungspreisrichtlinien 2010, Tz. 9.23). Das Substanzerfordernis ist hierbei, dass das betrachtete Unternehmen über Personal verfügt, das zur Ausübung dieser Kontrollen befugt ist und diese Befugnisse auch tatsächlich ausübt.

Bei der Prüfung der finanziellen Fähigkeit, ein Risiko zu tragen stellt die OECD darauf ab, ob ein Unternehmen zu dem Zeitpunkt, zu dem ein Risiko auf dieses Unternehmen übertragen wurde, die finanziellen Mittel besessen hat, dieses Risiko auch zu tragen (vgl. OECD-Verrechnungspreisrichtlinien 2010, Tz. 9.29). In diesem Zusammenhang soll nicht unerwähnt bleiben, dass diese Grundsätze, die bereits im Jahr 2010 in die OECD-Verrechnungspreisrichtlinien aufgenommen wurden, in den BEPS-Aktionspunkten 8 bis 10 erneut aufgegriffen und darüber hinaus konkretisiert werden.

### 5.2.4.2 Vergütung für Geschäftsvorfälle nach einer Umstrukturierung

Ein wesentlicher Kernaspekt in diesem Teil IV ist die Feststellung der OECD, dass der Fremdvergleichsgrundsatz auch der anzuwendende Beurteilungsmaßstab für Geschäftsvorfälle ist, die nach einer Umstrukturierung eingegangen werden (vgl. OECD-Verrechnungspreisrichtlinien 2010, Tz. 9.123).

Dies bedeutet, dass die Auswahl der auf diese Geschäftsvorfälle anzuwendenden Verrechnungspreismethoden auf Grundlage einer Vergleichbarkeitsanalyse, d. h. vom Vorhandensein vergleichbarer Fremdvergleichswerte abhängt. Dies setzt eine Analyse des Funktions-und Risikoprofils voraus, unter Berücksichtigung, dass sich Funktionen und Risiken sowie die Verteilung wesentlicher immaterieller Werte durch die Umstrukturierung verändert haben können (vgl. OECD-Verrechnungspreisrichtlinien 2010, Tz. 9.133).

Vergleichbar zu den deutschen Regelungen weist die OECD darauf hin, dass die Vergütung für die Umstrukturierung an sich entweder im Wege einer Einmalzahlung geleistet werden kann, oder im Laufe der Folgejahre ratierlich über angepasste Verrechnungspreise abgegolten werden kann (vgl. OECD-Verrechnungspreisrichtlinien 2010, Tz. 9.140). In diesem Zusammenhang geht die OECD auch auf die Abbildung von Standortvorteilen innerhalb der angewandten Verrechnungspreismethodik ein (vgl. OECD-Verrechnungspreisrichtlinien 2010, Tz. 9.148 ff.).

### 5.2.4.3 Anerkennung der tatsächlich getätigten Geschäftsvorfälle

In Teil IV führt die OECD schließlich die allgemeinen Grundsätze weiter aus, nach denen die Finanzverwaltungen in besonderen Situationen Geschäftsvorfälle für Zwecke der Besteuerung nicht anerkennen müssen. Dass für derartige Nichtanerkennungen außergewöhnliche Umstände vorliegen müssen, wird dadurch verdeutlicht, dass die OECD die unternehmerische Dispositionsfreiheit der Steuerpflichtigen grundsätzlich anerkennt (vgl. OECD-Verrechnungspreisrichtlinien 2010, Tz. 9.163 ff.). Derartige außergewöhnliche Umstände können jedoch vorliegen, wenn (vgl. OECD-Verrechnungspreisrichtlinien 2010, Tz. 9.168 ff.):

- Der wirtschaftliche Gehalt des Geschäftsvorfalls oder der Vereinbarung von seiner/ihrer äußeren Form abweicht.
- Fremde Dritte unter vergleichbaren Umständen eine abweichende Charakterisierung bzw. Ausgestaltung vorgenommen hätten.

Diese Grundsätze stehen im Einklang mit den deutschen Regelungen, die diese Aspekte unter Verweis auf die entsprechenden Ausführungen in den OECD-Richtlinien ebenfalls aufgreifen (vgl. Verwaltungsgrundsätze Funktionsverlagerung; Tz. 145 ff.).

#### 5.2.4.4 Zusammenfassung

Auch wenn in Grundzügen Ähnlichkeiten zwischen den deutschen Vorschriften und den Ausführungen im Kap. 9 OECD-Verrechnungspreisrichtlinien bestehen, so gehen die deutschen Vorschriften in vielen Aspekten über den Regelungsgehalt der OECD-Richtlinien hinaus. Dies gilt auch für die Anforderungen an den Steuerpflichtigen, die mit den deutschen Regelungen zur Funktionsverlagerungen in Zusammenhang stehen. Die oben dargestellten Ausführungen verdeutlichen, dass die Unterschiede in den Bewertungsmethoden die durch die OECD-Richtlinien bzw. § 1 AStG und die Verwaltungsgrundsätze Funktionsverlagerung vorgeschlagen bzw. vorgegeben werden, in ihrem Kern so stark divergieren können, dass eine bloße Sachverhaltsbeurteilung bzw. Wertermittlung auf Grundlage der OECD-Vorgaben zu einem Resultat führen kann, dass nicht im Einklang mit den deutschen Regelungen zur Funktionsverlagerung steht. In der Konsequent bedeutet dies, dass im Einzelfall sowohl die isolierte Anwendung eines der beiden Regelwerke als auch die parallele Anwendung dieser (z. B. wenn eines der betrachteten Unternehmen in einem Land ansässig ist, dass den OECD-Richtlinien folgt) zu einer Doppelbesteuerung führen kann. Ob und inwieweit diese potenzielle Doppelbesteuerung im Wege eines Verständigungsverfahrens zwischen den beteiligten Finanzverwaltungen beseitigt werden kann, hängt wiederum von den anzuwendenden zwischenstaatlichen Vereinbarungen ab.

### 5.3 Der BEPS-Aktionsplan der OECD

#### 5.3.1 Einführung

Unter der Überschrift BEPS läuft seit dem Treffen der G20[5] im mexikanischen Los Cabos im Jahre 2012 eine Diskussion über die Frage, wie im Kern eine angemessene und von möglichst vielen Staaten anerkannte Aufteilung der Besteuerungsrechte erzielt

---

[5]Die G20 (Abkürzung für Gruppe der zwanzig wichtigsten Industrie- und Schwellenländer) ist ein seit 1999 bestehender informeller Zusammenschluss aus 19 Staaten und der Europäischen Union. Sie soll als Forum für die Kooperation und Konsultation in Fragen des internationalen Finanzsystems dienen.

werden kann. „Base Erosion and Profit Shifting" (BEPS) bezeichnet hierbei die rechtlich zulässige Aushöhlung der steuerlichen Bemessungsgrundlagen von Unternehmen, insbesondere durch die Verlagerung von Gewinnen in Niedrigsteuerländer.

Initiiert wurde diese Diskussion einerseits durch die Finanzprobleme vieler Staaten im Zuge der Finanzkrise sowie andererseits durch das öffentliche Bekanntwerden der Steuergestaltung einiger amerikanischer Weltkonzerne wie Amazon, Apple, Google oder Starbucks. Es zeigt sich, dass insbesondere multinationale Unternehmen es verstehen, ihre Konzernsteuerquote durch die Ausnutzung legaler Gestaltungsmöglichkeiten dramatisch abzusenken. Durch die breite öffentliche Diskussion hat BEPS für international tätige Konzerne eine weit über die Steuerquote hinausgehende Bedeutung gewonnen, da sich im Zuge der Debatte in einigen Ländern auch der Volkszorn gegen diese Unternehmen mit Demonstrationen und Boykottaufrufen gerichtet hat. Es besteht die öffentliche Meinung, dass aggressive Steuermodelle eine unfaire Lastenverteilung verursache. Gewinne seien dort zu besteuern wo sie auch erwirtschaftet werden. Ausgaben hiesiger Infrastruktur und Bildung, die zur unternehmerischen Wertschöpfung beitragen, seien durch Steuerzahlungen mitzutragen.

Die OECD wurde beauftragt einen Bericht auszuarbeiten wie BEPS verhindert werden kann. In diesem Zuge wurde ein Aktionsplan erstellt, der seit seiner im Juni 2013 bekannt gewordenen Fassung 15 Maßnahmen vorsieht, die seitens der Staaten zur Verhinderung von BEPS durchgeführt werden sollen. In der Tab. 5.1 sind die einzelnen Maßnahmen zusammenfassend dargestellt.

In den folgenden Abschnitten werden zunächst die Hintergründe des BEPS-Projekts sowie die einzelnen Maßnahmen des BEPS-Aktionsplans dargestellt, gefolgt von einem Ausblick auf die weitere Entwicklung/Umsetzung des Projekts.

### 5.3.2 Hintergründe zum BEPS-Aktionsplan

Die OECD veröffentlichte am 19. Juli 2013 den angekündigten Aktionsplan zur Bekämpfung der Erosion der Steuerbemessungsgrundlage und der Gewinnverlagerung (Action Plan on Base Erosion and Profit Shifting)[6]. Der BEPS-Aktionsplan adressiert ein breites Spektrum an steuerpolitischen Herausforderungen und entwickelt Lösungen auf internationaler Ebene gegen steuerschädliche Gewinnverkürzung und Gewinnverlagerung.

Eine wesentliche Mitursache für die Verlagerung von Gewinnen und das Schwinden von nationalem Steuersubstrat ist die unkoordinierte Wechselwirkung nationaler Steuervorschriften. Die Steuergesetzgebung ist grundsätzlich eine nationale Hoheitskompetenz.

---

[6]OECD (2013), Action Plan on Base Erosion and Profit Shifting, OECD Publishing. Das BMF stellt eine deutsche Arbeitsübersetzung zur Verfügung: „Aktionsplan zur Bekämpfung der Erosion der Bemessungsgrundlage und der Gewinnverlagerung (Deutsche Arbeitsübersetzung)". Nachfolgende Übersetzungen einzelner Schlüsselbegriffe und Titel wurden aus der deutschen Arbeitsübersetzung übernommen.

**Tab. 5.1** Zusammenfassung der 15 Maßnahmen des BEPS-Aktionsplans. (Quelle: Eigene Darstellung)

| **Maßnahme 1:** Lösung der mit der digitalen Wirtschaft verbundenen Besteuerungsprobleme | | |
|---|---|---|
| Internationale Abstimmung der Besteuerung von Unternehmenseinkünften | Wiederherstellung der vollständigen Effekte und Vorteile internationaler Standards | Gewährleistung von Transparenz bei gleichzeitiger Förderung von erhöhter Planungssicherheit und Berechenbarkeit |
| **Maßnahme 2:** Neutralisierung der Effekte von Qualifikationskonflikten | | |
| **Maßnahme 3:** Stärkung der Vorschriften zur Hinzurechnungsbesteuerung | | |
| **Maßnahme 4:** Begrenzung der Erosion der Besteuerungsgrundlage durch Abzug von Zins- oder sonstigen finanziellen Aufwendungen | | |
| **Maßnahme 5:** Wirksamere Bekämpfung steuerschädlicher Praktiken unter Berücksichtigung von Transparenz und Substanz | | |
| **Maßnahme 6:** Verhinderung von Abkommensmissbrauch | | |
| **Maßnahme 7:** Verhinderung der künstlichen Umgehung des Status als Betriebsstätte | | |
| **Maßnahmen 8–10:** Gewährleistung der Übereinstimmung zwischen Verrechnungspreisergebnissen und Wertschöpfung | | |
| **Maßnahme 8:** Immaterielle Wirtschaftsgüter | **Maßnahme 9:** Risiken und Kapital | **Maßnahme 10:** Sonstige risikoreiche Transaktionen |
| **Maßnahme 11:** Entwicklung von Methoden zur Erfassung und Analyse von BEPS-Daten und Gegenmaßnahmen | | |

(Fortsetzung)

**Tab. 5.1** (Fortsetzung)

**Maßnahme 12:**
Verpflichtung von Steuerpflichtigen zur Offenlegung ihrer aggressiven Steuerplanungsmodelle

**Maßnahme 13:**
Überprüfung der Verrechnungspreisdokumentation

**Maßnahme 14:**
Verbesserung der Effizienz von Streitbeilegungsmechanismen

**Maßnahme 15:** Entwicklung eines multilateralen Instruments

Staaten gestalten und entwerfen ihre Steuergesetze i. d. R. unabhängig voneinander. Dies führte in der Vergangenheit dazu, dass die Interaktion nationaler Steuersysteme Regelungskonflikte und -lücken schaffte. Beispielsweise gehören Doppelbesteuerungsrisiken zu solchen Konflikten. Immer häufiger und stärker sind jedoch im Zuge der Globalisierung Fälle zutage getreten, in denen das „Nebeneinander" nationaler Steuervorschriften multinationalen Unternehmen zum Teil nicht vorgesehene Steuervergünstigungen rechtlich ermöglichten, welche die effektive Steuerlast dieser Unternehmen erheblich reduzierte. Es kommt zum Versagen des Zusammenwirkens nationaler Steuersysteme. Teilweise ist aber auch davon auszugehen, dass solche Gestaltungsmöglichkeiten von einzelnen Staaten aus Wettbewerbserwägungen geschaffen oder nicht beseitigt werden. Dies zwingt die Staatengemeinschaft der OECD, auf internationaler Ebene gemeinsam zu agieren und Maßnahmen zu entwerfen, um die Besteuerung von Unternehmensgewinnen aufeinander abzustimmen und die zwar steuerrechtlich erlaubten, jedoch steuerpolitisch nicht gewünschten, Gestaltungsmöglichkeiten grenzüberschreitend tätiger Konzerne zu unterbinden. Die OECD begründet hierzu auch, dass in Anbetracht der BEPS-Problematik ein tatenloses Zuschauen zu sinkendem Steueraufkommen, zu unfairem internationalen Steuerwettbewerb und in der Tendenz zum Rückgriff auf unilaterale Maßnahmen führt.

Eine Kernherausforderung, zu der im Rahmen der BEPS-Initiative Lösungen gefunden werden sollten, besteht also darin, dass das unkoordinierte Zusammenwirken innerstaatlicher Steuersysteme global agierenden Unternehmen eine doppelte Nichtbesteuerung oder eine unangemessene Niedrigbesteuerung ihrer Gewinne ermöglicht. Die aus globaler fiskalischer Sicht ungewollten Regelungslücken erlauben multinationalen Konzernen somit, unter der Beachtung geltenden Rechts, teilweise enorme Steuervorteile zu erzielen. Der BEPS-Aktionsplan legt hierbei ein Hauptaugenmerk u. a. auf die Gewinnverlagerung in Fällen, in denen Gewinne von den Tätigkeiten getrennt werden, durch die diese Gewinne erwirtschaftet wurden. Verrechnungspreiskonzepte sind somit ein wesentlicher Bestandteil des Aktionsplans.

Die zur Nicht- bzw. Niedrigbesteuerung führende Steueroptimierung seitens des Steuerpflichtigen spiegelt obgleich nur eine Ursache der BEPS-Problematik wider. Eine weitere maßgebliche Ursache liegt im gewollten und beabsichtigten Steuerwettbewerb zwischen den Staaten. Die BEPS-Initiative der OECD soll somit nicht nur den Handlungsspielraum des Steuerpflichtigen einschränken, sondern gleichzeitig das steuerpolitische Verhalten der Staaten problematisieren und beeinflussen. Nachfolgend werden Aufbau und Inhalt des Aktionsplans vorgestellt.

### 5.3.3 Aufbau und Inhalt der einzelnen Maßnahmen

Der Aktionsplan umfasst 15 dedizierte Maßnahmen. Die erste Maßnahme behandelt die Herausforderungen der Digitalen Wirtschaft (Action 1: Addressing the tax challenges of the digital economy). Aufgrund der Bedeutung dieses Themas wird sich Abschn. 5.4

eingehend mit den Besteuerungsproblemen der Digitalen Wirtschaft befassen. Die letzte Maßnahme des Aktionsplans hebt abschließend hervor, dass für eine erfolgreiche Umsetzung der BEPS-Initiative ein multilateraler Ansatz unabdingbar ist; im Rahmen von Maßnahme 15 werden hierzu Konzepte und Instrumente (u. a. ein multilaterales Abkommen, welches als Vertrag zwischen den teilnehmenden Staaten abgeschlossen werden soll) erarbeitet (Action 15: Developing a multilateral instrument to modify bilateral tax treaties). Die weiteren 13 Maßnahmen lassen sich in drei Kategorien aufteilen:

- Internationale Abstimmung der Besteuerung von Unternehmenseinkünften (Maßnahmen 2 bis 5)
- Wiederherstellung der vollständigen Effekte und Vorteile internationaler Standards (Maßnahmen 6 bis 10)
- Gewährleistung von Transparenz bei gleichzeitiger Förderung von erhöhter Planungssicherheit und Berechenbarkeit (Maßnahmen 11 bis 14)

### 5.3.3.1 Internationale Abstimmung der Besteuerung von Unternehmenseinkünften (Maßnahmen 2 bis 5)

Den Herausforderungen, die durch die Maßnahmen 2 bis 5 adressiert werden sollen, ist gemein, dass die Aushöhlung von Steuersubstrat durch das unkoordinierte Nebeneinander innerstaatlicher Steuervorschriften verursacht wird. Da nationale Steuergesetzgeber sich bei der Gesetzgebung i. d. R. nicht abstimmen, können Schlupflöcher bzw. Lücken entstehen, die global agierenden Unternehmen ermöglichen, ihre Einkünfte einer Niedrig- bzw. Nichtbesteuerung zu unterwerfen. Diese erste Gruppe an Maßnahmen verfolgt somit das Ziel, eine stärkere internationale Kohärenz bei bestimmten unternehmenssteuerrechtlichen Vorschriften zu schaffen.

Maßnahme 2 adressiert sog. Qualifikationskonflikte (Action 2: Neutralising the effects of hybrid mismatch arrangements). Eine solche Konstellation liegt beispielsweise vor, wenn ein Finanzinstrument auf Basis nationaler Rechtsvorschriften in verschiedenen Ländern unterschiedlich qualifiziert wird und dies zu einer nicht vorgesehenen Steuervergünstigung führt.

> **Beispiel**
>
> Unternehmen A in Land A reicht finanzielle Mittel an Unternehmen B in Land B aus. In Land B wird das Finanzinstrument als Darlehen qualifiziert. Unternehmen B kann die Zinsausgaben Gewinn mindernd geltend machen. In Land A wird das Finanzinstrument als Eigenkapital gewertet. Die Dividendenerträge sind nach geltendem Recht in Land A von der Besteuerung befreit.

Das vorstehende Beispiel zeigt vereinfachend, dass das unkoordinierte Nebeneinander der nationalen Steuervorschriften in dem einen Land einen Ausgabenabzug ermöglicht, während in dem anderen Land keine entsprechende Besteuerung der Einnahmen erfolgt.

Diese Konstellation ist in der Gesamtschau für die Fisken beider Länder unvorteilhaft. Maßnahme 2 sollte Lösungen für solche und ähnlich gelagerte Probleme im Rahmen von Qualifikationskonflikten entwickeln. Teil I des Abschlussberichtes zur Maßnahme 2, welche diese Art der Steuervergünstigung verhindern sollen, liefert Empfehlungen zur Umsetzung ins inländische Recht, während Teil II Änderungsempfehlungen für das OECD-Musterabkommen darstellt.

Maßnahme 3 sieht eine Intensivierung von Vorschriften zur Hinzurechnungsbesteuerung vor (Action 3: Strenghtening CFC (Controlled Foreign Company) Rules). Die Hinzurechnungsbesteuerung wird in Abschn. 13.3.9 eingehend erläutert. Maßnahme 4 behandelt die Erosion der Besteuerungsgrundlage durch überhöhte Abzüge von Zinsaufwendungen und anderen finanziellen Aufwendungen (Action 4: Limiting base erosion via interest deductions and other financial payments). Da Deutschland vor einigen Jahren die sog. Zinsschranke eingeführt hat, und der finale Bericht der Maßnahme 4 sich um die Konzeption der Zinsschranke (oder vergleichbaren Regelungen) kümmert, bleibt abzuwarten, ob sich Änderungen für den deutschen Steuerpflichtigen ergeben. Aufgrund der inhaltlichen Schnittmengen mit Maßnahmen 2 und 3 wurden diese drei Maßnahmen aufeinander abgestimmt.

Maßnahme 5 befasst sich mit steuerlichen Präferenzsystemen und schädlichem Steuerwettbewerb (Action 5: Countering harmful tax practices more effectively, taking into account transparency and substance). Schädlicher Steuerwettbewerb bezeichnet den Wettbewerb unter Staaten, steuerliche Maßnahmen einzusetzen, um die Standortattraktivität durch Steuervergünstigung und -vorteile zu erhöhen. Solche Maßnahmen zielen im Wesentlichen auf die Reduzierung der Unternehmenssteuerlast ab. Maßnahme 5 wurde in Koordination mit dem Forum über schädliche Steuerpraktiken (Forum on Harmful Tax Practices, FHTP) erarbeitet. Das Forum wurde im Jahr 1998 von der OECD geschaffen und befasst sich im Kern mit schädlichen Steuerpraktiken in OECD-Mitgliedsstaaten. Das Forum misst der Steueroasenproblematik ebenfalls eine große Bedeutung zu. Nicht-OECD-Länder sollen bei dieser Maßnahme miteingebunden werden, da insbesondere Entwicklungsländer durch aggressive Steueranreizsysteme versuchen, Investitionen aus dem Ausland anzuziehen.

> **Exkurs**
>
> **Apple, Starbucks, Fiat Finance and Trade, Amazon: Staatliche Beihilfe in der EU**
>
> Die Europäische Kommission veröffentliche am 11. Juni 2014 eine Pressemitteilung über die Einleitung von Untersuchungen wegen staatlicher Beihilfe bei drei multinationalen Konzernen.[7] Gegenstand der Untersuchung sind Steuerbescheide und die daraus resultierende Unternehmenssteuerlast von Apple in Irland, Starbucks in den

---

[7]Siehe Pressemitteilung der Europäischen Kommission vom 11. Juni 2014 „Staatliche Beihilfe: Kommission prüft Verrechnungspreisvereinbarungen im Rahmen der Besteuerung von Apple (Irland), Starbucks (Niederlande), und Fiat Finance and Trade (Luxemburg)".

Niederlanden sowie Fiat Finance and Trade in Luxemburg. Am 7. Oktober 2014 hat die Europäische Kommission eine weitere Pressemitteilung veröffentlicht über die Untersuchung zur staatlichen Beihilfe der luxemburgischen Steuerbehörde mit Amazon in Luxemburg.[8] Die Kommission äußerte hierdurch ihre Bedenken hinsichtlich der Bestimmung von Verrechnungspreisen dieser vier Unternehmen mit verbundenen Gesellschaften im Ausland. Die Verrechnungspreise seien nicht marktüblich, so die Kommission, führten zu einem zu geringen Gewinn und so zu einer zu geringen Steuerlast. Die Kommission untersucht mit der Prüfung insofern nicht den Steuersatz, sondern die Steuerbemessungsgrundlage (vgl. auch: Deloitte, 2015a).

Staatliche Beihilfe im unionsrechtlichen Sinne liegt vor, wenn durch staatliche Unterstützung bestimmte Unternehmen oder Unternehmensgruppen begünstigt werden und so Wettbewerbsverzerrungen entstehen (Art. 107 Abs. 1 AEUV):

*Soweit in den Verträgen nicht etwas anderes bestimmt ist, sind staatliche oder aus staatlichen Mitteln gewährte Beihilfen gleich welcher Art, die durch die Begünstigung bestimmter Unternehmen oder Produktionszweige den Wettbewerb verfälschen oder zu verfälschen drohen, mit dem Binnenmarkt unvereinbar, soweit sie den Handel zwischen Mitgliedsstaaten beeinträchtigen.*

Eine marktunübliche oder nicht fremdübliche Verrechnungspreissetzung der vorstehend genannten Gesellschaften sowie eine gleichzeitige Nichtbeanstandung dieser Verrechnungspreise im entsprechenden Steuerbescheid durch die jeweilgen nationalen Behörden kann eine Steuervergünstigung darstellen und möglicherweise staatliche Beihilfe implizieren. Grundsätzlich beanstandet die Kommission nicht die innerstaatlichen Verrechnungspreisvorschriften. Vielmehr äußert die Kommission ihre Bedenken dahin gehend, dass die Finanzverwaltungen die vermeintlich konzernsteuermindernden Verrechnungspreise gebilligt haben und die daraus resultierende Vergünstigung selektiv nur bestimmten Unternehmen bzw. Unternehmensgruppen eingeräumt wurde. Die Europäische Kommission dokumentiert so ihren Willen, auf europäischer Ebene und auf Basis der EU-Beihilfevorschriften sowohl schädlichen Steuerpraktiken grenzüberschreitend tätiger Unternehmen als auch gezielten Steuerwettbewerb einiger Länder entgegenzuwirken. Am 21. Oktober 2015 veröffentlichte die Europäische Kommission in einer Pressemitteilung ihre Entscheidung, dass sowohl für Starbucks in Holland als auch für Fiat Finance and Trade in Luxemburg eine staatliche Beihilfe geleistet wurde, welche zurückgezahlt werden muss.

---

[8]Siehe Pressemitteilung der Europäischen Kommission vom 7. Oktober 2014 „Staatliche Beihilfe: Kommission prüft Verrechnungspreisvereinbarungen im Rahmen der Besteuerung von Amazon in Luxemburg".

## 5.3.3.2 Wiederherstellung der vollständigen Effekte und Vorteile internationaler Standards (Maßnahmen 6 bis 10)

Maßnahmen 6 bis 10 zielen auf die Wiederherstellung der ursprünglich vorgesehenen Wirksamkeit und Vorteile internationaler Steuervorschriften ab. Maßnahme 6 befasst sich mit dem Missbrauch von Doppelbesteuerungsabkommen (Action 6: Preventing treaty abuse). Durch sog. Treaty- bzw. Directive-Shopping können Konzerne beispielsweise eine doppelte Nichtbesteuerung bzw. eine Niedrigbesteuerung herbeiführen, obwohl das Doppelbesteuerungsabkommen bzw. die EU-Richtlinie eine solche Steuerentlastung nicht vorsehen. Um Abkommensmissbrauch wirksam zu bekämpfen, beinhaltet Maßnahme 6 Vorschläge für Änderungen des OECD-Musterabkommens. Dieses bildet die Basis für die vielen Doppelbesteuerungsabkommen, welche – soweit möglich – durch ein Multilaterales Instrument ersetzt werden soll (vgl. Maßnahme 15).

Maßnahme 7 entwickelt Lösungen zur künstlichen Umgehung des Status einer Betriebsstätte (Action 7: Preventing the artificial avoidance of PE status). Die gegenwärtige und vorherrschende Definition einer Betriebsstätte nach dem OECD-Musterabkommen erlaubt Unternehmen, durch gezielte Gestaltungen ihre Auslandstätigkeiten nicht der ausländischen Unternehmensbesteuerung im Quellenstaat zu unterwerfen, obwohl diese Geschäftsaktivitäten die Merkmale einer Betriebsstätte erfüllen. Ein häufig anzutreffendes Modell zur künstlichen Vermeidung des Status einer Betriebsstätte im Rahmen von Vertriebstätigkeiten sind beispielsweise Kommissionärsmodelle. Die Änderungen des Art. 5 OECD-MA des finalen Berichtes dämmen das Vorgehen der legalen Vertragsgestaltungen ein und erfüllen somit das Ziel der Umgehung einer Betriebsstätte. Der abkommensrechtliche Tatbestand der Betriebsstätte wurde ausgeweitet und Ausnahme- und Sondertatbestände wurden ergänzt (vgl. hierzu Kap. 10).

Maßnahmen 8, 9 und 10 beschäftigen sich mit einem weiteren Kernthema der BEPS-Problematik (Action 8, 9, and 10: Aligning transfer pricing outcomes with value creation). Bei der Bestimmung von Verrechnungspreisen unterliegen multinationale Unternehmen grundsätzlich dem Fremdvergleichsgrundsatz. Fremdübliche Verrechnungspreise führen i. d. R. dazu, dass Gewinne dort anfallen, wo die wirtschaftlichen Tätigkeiten, durch die die Gewinne erzielt werden, stattfinden. Bei einer Trennung der Einkünfte von den zugrunde liegenden wirtschaftlichen Tätigkeiten kommt es zu einer Verzerrung hinsichtlich der Allokation des Steuersubstrats zwischen den beteiligten Ländern. Als Grundsatz gilt, dass Einkünfte stets dem Steuergebiet zuzuordnen sind, wo sie wirtschaftlich generiert wurden. Eine solche Gewinnallokation wäre „wertschöpfungsorientiert" bzw. „wertschöpfungsadequat". Werden Einkünfte jedoch von der tatsächlichen Wertschöpfung bzw. von den zugrunde liegenden wirtschaftlichen Aktivitäten getrennt und in ein Niedrigsteuerland verlagert, kommt es zur Aushöhlung (Erosion) der Steuerbemessungsgrundlage in dem Land, aus dem der Gewinn verlagert wurde. Durch die Verlagerung können multinationale Unternehmen i. d. R. ihre effektive Konzernsteuerquote absenken. Im Zuge dessen wird spiegelbildlich aus Sicht der beteiligten Fisken in der Summe weniger Steueraufkommen erzielt.

Maßnahme 8 (Action 8: Intangibles) befasst sich mit der Umschichtung immaterieller Wirtschaftsgüter innerhalb verbundener Unternehmen. Immaterielle Wirtschaftsgüter sind im Wertschöpfungsprozess wesentliche Werttreiber. Eine Allokation dieser Güter zwischen Konzerngesellschaften hat grundsätzlich eine unmittelbare Auswirkung auf die Verteilung der Gewinne und konsequenterweise auf die Aufteilung der steuerlichen Bemessungsgrundlagen zwischen den beteiligten Staatsgebieten. Das neue Kapitel IV der OECD-Verrechnungspreisrichtlinien befasst sich mit den immateriellen Wirtschaftsgütern (IWG) und definiert sie in Tz. 6.6 wie folgt: ein IWG liegt vor, i) wenn etwas Werthaltiges existiert, ii) das kein materielles oder rein finanzielles Wirtschaftsgut ist, iii) für kommerzielle Zwecke als Eigentum betrachtet und kontrolliert werden kann, iv) und fremde Dritte unter vergleichbaren Umständen bereit wären, für die Übertragung oder Nutzung des Gutes eine Vergütung zu entrichten. Des Weiteren beschäftigt sich Maßnahme 8 mit der Gewährleistung einer wertschöpfungsgerechten Gewinnaufteilung im Zusammenhang mit der Übertragung und Nutzung immaterieller Wirtschaftsgüter.

Maßnahme 9 (Action 9: Risks and Capital) adressiert BEPS im Zuge excessiver Risikoübernahme. Bei der Bestimmung von Verrechnungspreisen sind Risiken im Rahmen einer Funktions- und Risikoanalyse maßgebliche Determinanten. Übernimmt beispielsweise ein verbundenes Unternehmen eines Konzerns innerhalb der Wertschöpfungskette mehr Risiken als zuvor, ist diese zusätzliche Risikoübernahme i. d. R. zugunsten dieses Unternehmens zu vergüten. Dies erfolgt gewöhnlich in Form einer Adjustierung der Verrechnungspreise. Konzerngesellschaften in Niedrigsteuerländer können angesichts dessen auf vertraglicher Basis Risiken übernehmen und hierfür über Verrechnungspreise vergütet werden. Werden diese Risiken jedoch nur vertraglich und nicht wirtschaftlich getragen, würden jene Verrechnungspreise die Risikoallokation nicht adäquat widerspiegeln. Dies würde zu einer Verzerrung hinsichtlich der Verteilung steuerpflichtigen Gewinns führen. Ebenso können Konzerngesellschaften mit übermäßig viel Kapital ausgestattet sein („Überkapitalisierung") oder andere verbundene Gesellschaften über konzerninterne Darlehen in einem überhöhten Umfang Fremdkapital ausreichen. In beiden Fällen würde sich das finanzielle Risiko dieser Gesellschaft erheblich erhöhen. In der Theorie sollte bei der Ermittlung von Verrechnungspreisen diese Risikoübernahme sachgerecht berücksichtigt werden. Dies kann jedoch – wie eingangs bereits erläutert – zu einer unangemessenen Gewinnaufteilung führen, wenn solche Risiken nur vertraglich und nicht wirtschaftlich getragen werden. Der finale Bericht zur Maßnahme 9 enthält Änderungen von Kapitel I der OECD-Richtlinien zur Anwendung des Fremdvergleichsprinzips und legt den inhaltlichen Fokus auf die Aufteilung des Risikos. Wer entscheidet über das Risiko, trägt das Risiko, und kann das Risiko auch finanziell tragen? All dies sind neue wichtige Punkte, auf die in der Funktions- und Risikoanalyse zukünftig eingegangen werden soll.

Maßnahme 10 befasst sich mit sonstigen risikoreichen Geschäftstransaktionen, die unter fremden Dritten gewöhnlich nicht stattfinden würden, und beinhaltet u. a. Regelungen zur Verrechnung von Verwaltungsdienstleistungen sowie zu Konzernumlagen (Action 10: Other high-risk transactions).

Eine erfolgreiche Umsetzung des BEPS-Aktionsplans der OECD setzt eine bessere Datenverfügbarkeit seitens der Finanzverwaltungen voraus. Transparenz kann in diesem Rahmen nur gestärkt werden, wenn der Informationsaustausch zwischen den Staaten intensiviert wird. Dieses Ziel soll im Wege der Maßnahmen 11 bis 14 verwirklicht werden.

### 5.3.3.3 Gewährleistung von Transparenz bei gleichzeitiger Förderung von erhöhter Planungssicherheit und Berechenbarkeit (Maßnahmen 11 bis 14)

Maßnahme 11 beinhaltet analytische Methoden, welche die Auswirkungen der BEPS-Problematik sowie die Wirksamkeit der zu erarbeitenden Gegenmaßnahmen messen sollen (Action 11: Measuring and monitoring BEPS). Hierzu wurden 6 Indikatoren entwickelt, welche die Effekte von BEPS statistisch erfassen sollen. Überdies wurden Instrumente erarbeitet, welche die einzusetzenden Gegenmaßnahmen überwachen und auswerten sollen. Bei der ökonomischen Analyse wurde festgestellt, dass die weltweiten Steuermindereinnahmen sich auf 4–10 % des Körperschaftssteueraufkommens belaufen können. Maßnahme 12 zeigt mögliche Lösungen gegen aggressive Transaktionen und Steuerplanungsmodelle auf (Action 12: Mandatory disclosure rules). Es wird beispielsweise über Offenlegungsregelungen diskutiert, nach denen Unternehmen angehalten sind, die Steuerverwaltung über gewisse, als missbräuchlich zu klassifizierende, Maßnahmen zu informieren. Dies soll auch im Zusammenhang mit einer eingehenden Analyse internationaler Steuermodelle stattfinden, ob und inwieweit die nationalen Steuerbehörden diese Lösungen umsetzen, bleibt derzeit offen. Maßnahme 13 sieht Regelungen zur Verrechnungspreisdokumentation vor, die es den Finanzverwaltungen ermöglichen sollen, die Wertschöpfungsketten multinationaler Konzerne vollumfänglicher zu verstehen (Action 13: Transfer pricing documentation and country-by-country reporting). Dieses Verständnis ist seitens der Behörden notwendig, um die Verrechnungspreise des Steuerpflichtigen auf den Fremdvergleichsgrundsatz überprüfen zu können. Im Zuge dessen wurde diskutiert, ob weltweit agierende Unternehmen Informationen hinsichtlich der Verteilung der Gewinne, der wirtschaftlichen Aktivitäten und der zu entrichtenden Steuern allen maßgeblichen Steuerverwaltungen im Rahmen eines sog. „Country-by-Country-Reporting" offenzulegen haben. Mit Maßnahme 14 soll die Wirksamkeit von abkommensbezogenen Streitbeilegungsinstrumenten verbessert werden (Action 14: Making dispute resolution mechanisms more effective). Maßnahme 14 hat einen Mindeststandard im Hinblick auf die Streitbeteiligung festgelegt, welche die Streitbeteiligungsinstrumente wirksamer und effizienter gestalten soll.

Der Aktionsplan betont an vielen Stellen, dass die durch die Maßnahmen zusätzlich anfallenden Verwaltungskosten für sowohl Steuerpflichtige als auch für die Steuerverwaltungen zu berücksichtigen sind.

**Tab. 5.2** Zusammenfassung der Fristen der OECD zur Verabschiedung finaler Ergebnisse. (Quelle: Eigene Darstellung)

| | Maßnahme | Beschreibung | Veröffentlichungsformat/Bearbeitungsstufe[a] | |
|---|---|---|---|---|
| 1 | Digitale Wirtschaft | Digitale Betriebsstätte, Reduktion der BS-Ausnahmen, Quellenbesteuerung für digitale Leistungen | 22. November 2013 | AB |
| | | | 13. Januar 2014 | Kom. |
| | | | 24. März 2014 | DE |
| | | | 16. April 2014 | Kom. |
| | | | 23. April 2014 | Ber. |
| | | | 16. September 2014 | Empf. |
| | | | 18. Dezember 2014 | DE |
| | | | 25. Februar 2015 | Kom. |
| | | | 5. Oktober 2015 | FB |
| 2 | Hybrid Mismatch | Neutralisierung der Effekte von Hybrid Mismatch Arrangements (unterschiedliche Behandlung hybrider Gestaltungen) | 19. März 2014 | DE |
| | | | 7. Mai 2014 | Kom. |
| | | | 16. September 2014 | Empf. |
| | | | 5. Oktober 2015 | FB |
| 3 | CFC Rules | Gründung ausl. Tochtergesellschaften und Schleusung inländ. Einkünfte durch ausl. Tochtergesellschaften | 3. April 2015 | DE |
| | | | 5. Mai 2015 | Kom. |
| | | | 5. Oktober 2015 | FB |
| 4 | Zinsabzug | Begrenzung der Erosion von Besteuerungsgrundlagen durch Abzug von Zins- oder sonstigen finanziellen Aufwendungen | 18. Dezember 2014 | DE |
| | | | 11. Februar 2015 | Kom. |
| | | | 5. Oktober 2015 | FB |
| 5 | Verbesserung von Transparenz und Substanz | Wirksamere Bekämpfung steuerschädlicher Praktiken unter Berücksichtigung von Transparenz und Substanz | 16. September 2014 | Empf. |
| | | | 6. Februar 2015 | Ver. |
| | | | 5. Oktober 2015 | FB |
| 6 | Abkommensmissbrauch | Bestimmungen für das OECD-MA und Empfehlungen für nationale Vorschriften zur Verhinderung der Gewährung von Abkommensvorteilen in unangemessenen Fällen | 14. März 2014 | DE |
| | | | 11. April 2014 | Kom. |
| | | | 16. September 2014 | Empf. |
| | | | 21. November 2014 | DE |
| | | | 12. Januar 2015 | Kom. |
| | | | 22. Mai 2015 | DE |
| | | | 18. Juni 2015 | Kom. |
| | | | 5. Oktober 2015 | FB |

(Fortsetzung)

**Tab. 5.2** (Fortsetzung)

| Maßnahme | | Beschreibung | Veröffentlichungsformat/Bearbeitungsstufe[a] | |
|---|---|---|---|---|
| 7 | Betriebsstättendefinition | Vermeidung der künstlichen Umgehung des Status als Betriebsstätte z. B. durch Kommissionäre | 31. Oktober 2014 | DE |
| | | | 12. Januar 2015 | Kom. |
| | | | 15. Mai 2015 | DE |
| | | | 15. Juni 2015 | Kom. |
| | | | 5. Oktober 2015 | FB |
| 8 | Immaterielle Wirtschaftsgüter | Maßnahme 8–10 | 1. Dezember 2014 | DE |
| | | | 10. Februar 2015 | Kom. |
| | | | 5. Oktober 2015 | FB |
| | | Immaterielle Wirtschaftsgüter | 30. Juli 2013 | DE |
| | | | 22. Oktober 2013 | Kom. |
| | | | 16. September 2014 | Empf. |
| | | Umlagevereinbarungen | 29. April 2015 | DE |
| | | | 1. Juni 2015 | Kom. |
| | | Schwer bewertbare immaterielle Wirtschaftsgüter | 4. Juni 2015 | DE |
| | | | 19. Juni 2015 | Kom. |
| 9 | Risiken und Kapital | Begrenzung von Transaktionen, die nicht dem Fremdvergleich entsprechen | 1. Dezember 2014 | DE |
| | | | 10. Februar 2015 | Kom. |
| | | | 5. Oktober 2015 | FB |
| 10 | Sonstige (risikoreiche) Transaktionen | Intercompany-Dienstleistungen mit einem geringen Wertschöpfungsbeitrag | 3. November 2014 | DE |
| | | | 20. Januar 2015 | Kom. |
| | | Grenzüberschreitende Warentransaktionen | 16. Dezember 2014 | DE |
| | | | 10. Februar 2015 | Kom. |
| | | Geschäftsvorfallbezogene Gewinnaufteilungsmethode | 16. Dezember 2014 | DE |
| | | | 10. Februar 2015 | Kom. |
| 11 | Erfassung und Analyse von BEPS-Daten und Gegenmaßnahmen | Untersuchung der Wirkungsweise von BEPS | 4. August 2014 | AB |
| | | | 7. Oktober 2014 | Kom. |
| | | | 16. April 2015 | DE |
| | | | 13. Mai 2015 | Kom. |
| | | | 5. Oktober 2015 | FB |

(Fortsetzung)

**Tab. 5.2** (Fortsetzung)

| | Maßnahme | Beschreibung | Veröffentlichungsformat/Bearbeitungsstufe[a] | |
|---|---|---|---|---|
| 12 | Offenlegung aggressiver Steuerplanungsmodelle | Verpflichtende Regelung zur Offenlegung und Methoden zum Austausch zwischen den Jurisdiktionen | 31. März 2015 | DE |
| | | | 4. Mai 2015 | Kom. |
| | | | 5. Oktober 2015 | FB |
| 13 | TP-Dokumentation | County-by-Country-Reporting u. a. | 3. Oktober 2013 | Mem. |
| | | | 30. Januar 2014 | DE |
| | | | 3. März 2014 | Kom. |
| | | | 16. September 2014 | Empf. |
| | | | 6. Februar 2015 | Richt. |
| | | | 8. Juni 2015 | Imp. |
| | | | 5. Oktober 2015 | FB |
| 14 | Streitbeilegungsmechanismen | Verbesserung der Effizienz von Verständigungsverfahren | 18. Dezember 2014 | DE |
| | | | 19. Januar 2015 | Kom. |
| | | | 5. Oktober 2015 | FB |
| 15 | Entwicklung eines multilateralen Instruments | Effiziente und schnelle Umsetzung einer OECD-Entscheidung zur Änderung bilateraler Abkommen mittels eines multilateralen Instruments | 16. September 2014 | Empf. |
| | | | 6. Februar 2015 | Mand. |
| | | | 5. Oktober 2015 | FB |

[a]AB = Aufforderung zu Beiträgen, Kom. = Kommentierung, DE = Diskussionsentwurf, Ber. = Beratung, Empf. = Empfehlung, FB = finaler Bericht, Ver. = Vereinbarung, Mem. = Memorandum, Richt. = Richtlinien, Imp. = Implementierungspaket, Mand. = Mandat

### 5.3.4 Ausblick/Umsetzung in nationales Recht

Am 5. Oktober 2015 hat die OECD die finalen Berichte des BEPS-Aktionsplans veröffentlicht. Die Konkretisierung und Ausarbeitung bestimmter Maßnahmen des BEPS-Aktionsplans wurde auf Ende 2016/Anfang 2017 verschoben (z. B. Gewinnaufteilungsmethode, multilaterales Abkommen). Beim multilateralen Abkommen fanden ab November 2015 bis voraussichtlich Ende Dezember 2016 Verhandlungen über die Ausrichtung des multilateralen Abkommens statt. Zusätzlich müsste in Deutschland dieses durch ein ordentliches Gesetzgebungsverfahren in deutsches Recht transformiert werden (vgl. hierzu: Benz & Böhmer, 2015). Die Tab. 5.2 zeigt den Ablauf des BEPS-Aktionsplans der OECD zur Verabschiedung der finalen Ergebnisse zu den einzelnen Elementen des Aktionsplans (vgl. Deloitte, 2015b):

Die Entwicklung von Lösungsansätzen erfolgte bei einigen Maßnahmen in mehreren Phasen. Die OECD veröffentlichte Diskussionsentwürfe zu den Maßnahmen und veranstaltete öffentliche Konferenzen, da Kritik und Anmerkungen unterschiedlicher Interessengruppen erwünscht waren und so hinreichend Berücksichtigung finden sollten.

Am 5. Oktober 2015 wurden die finalen Ergebnisse zu allen Maßnahmen von der OECD veröffentlicht.[9] Einige dieser Berichte sollen die derzeitigen Kapitel der OECD-Verrechnungspreisrichtlinien ersetzen, beispielsweise der finale Bericht zur Maßnahme 8 bildet das neue Kapitel IV, während Maßnahme 9 das neue Kapitel I darstellt. Andere finale Berichte, wie beispielsweise Maßnahme 12, legen mögliche Lösungsansätze dar, welche von den nationalen Behörden umgesetzt werden können. Das übergeordnete Ziel des von der G20 an die OECD im November 2012 erteilten Mandats war die Erarbeitung von Maßnahmen gegen die sog. Aushöhlung der Steuerbasis bzw. Gewinnverkürzungen und die Gewinnverlagerungen multinational tätiger Unternehmen. Inwieweit die Maßnahmen erfolgreich greifen und wie die Umsetzung der Maßnahmen von den lokalen Steuerbehörden aussehen, bleibt abzuwarten. Weitere Einblicke, wie erfolgreich die Maßnahmen wirklich sind, werden die Ergebnisse der Maßnahme 11 (measuring and monitoring BEPS) zeigen.

Alle Staaten, welche an BEPS teilgenommen haben, haben sich dazu verpflichtet, Maßnahmen 5 (Verbesserung von Transparenz und Substanz), 6 (Abkommensmissbrauch), 13 (TP-Dokumentation) und 14 (Streitbeilegungsmechanismen) verbindlich umzusetzen (vgl. hierzu: Benz & Böhmer, 2015). Während Maßnahmen 2 (Hybrid Mismatch), 4 (Zinsabzug), 7 (Betriebsstätten) sowie 8–10 (Übereinstimmung zw. Verrechnungspreisergebnissen und Wertschöpfung) als Programmansätze zu verstehen sind, welche umgesetzt werden sollen (vgl. hierzu: Benz & Böhmer, 2015). Hier konnte auf Ebene der OECD keine Einigung zur verbindlichen Umsetzung gefunden werden. Maßnahmen 3 (CFC Rules) und 12 (Offenlegung aggressiver Steuerplanungsmodelle) hingegen sind unverbindliche Empfehlungen, sog. Best-Practice-Ansätze (vgl. hierzu: Benz & Böhmer, 2015).

Das Bundesfinanzministerium unterstützt grundsätzlich die BEPS-Initiative und beteiligt sich aktiv an der öffentlichen Diskussion.[10] Deutschland vertritt ebenfalls die Auffassung, dass die doppelte Nichtbesteuerung und die unangemessene Niedrigbesteuerung von Unternehmenseinkünften vermieden werden sollen.

In Reaktion auf die ersten BEPS-Ergebnisse sowie auf die Änderung der EU Amtshilferichtlinie (Richtlinie (EU) 2016/881 des Rates vom 25. Mai 2016 zur Änderung der

---

[9]Die Berichte können auf der Website der OECD heruntergeladen werden (siehe http://www.oecd.org/tax/aggressive/beps-2015-final-reports.htm).

[10]Das BMF lud zu diesem Zwecke Vertreter der Wirtschaft sowie der steuerberatenden Berufe zum 3. Symposium zur Internationalen Steuerpolitik „Base Erosion and Profit Shifting – Erste Ergebnisse und Ausblick" am 11. September 2014 in Berlin ein.

Richtlinie 2011/16/EU bezüglich der Verpflichtung zum automatischen Austausch von Informationen im Bereich der Besteuerung)[11] hat das BMF den ersten Referentenentwurf des „Gesetzes zur Umsetzung der Änderungen der EU-Amtshilferichtlinie und von weiteren Maßnahmen gegen Gewinnkürzungen und -verlagerungen" am 01.06.2016[12] veröffentlicht. Der Referentenentwurf adressiert dabei folgende Themen:[13]

- Umsetzung der neuen OECD Leitlinien bzgl. der dreistufigen Verrechnungspreisdokumentationen in einem entsprechend neu gefassten § 90 (Abs. 3) AO-E und die Verpflichtung zur Erstellung von länderbezogenen Berichten (d. h. eines Country-by-Country Reportings, im Folgenden „CbCR") in § 138a AO-E (neu)
- Umsetzung von Regelungen zum internationalen Informationsaustausch durch eine Anpassung des EU-Amtshilfegesetzes an die Änderungen in der EU-Amtshilferichtlinie
- Überschreibung der höchstrichterlichen Rechtsprechung hinsichtlich zum Umfang des abkommensrechtlichen Fremdvergleichsgrundsatzes in § 1 AStG
- sowie weitere steuerliche Anpassungen (beispielsweise Hinzurechnungsbesteuerung oder § 50d EStG)

Im Folgenden werden die Kernpunkte des Referentenentwurfs zu § 90 Abs. 3 AO-E sowie § 138a AO-E in Tab. 5.3 dargestellt und näher erläutert.[14]

**Localfile**

In Bezug auf den Inhalt der länderspezifischen Dokumentation (Localfile), d. h. die Verrechnungspreisdokumentation im engeren Sinne, ändert sich vordergründig nicht viel. Bei genauerer Durchsicht des Referentenentwurfs wird jedoch deutlich, dass dieser in einzelnen Aspekten über die bisherigen Anforderungen der Gewinnabgrenzungsaufzeichnungsverordnung (GAufzV)[15] hinausgeht. Die bereits bestehenden Aufzeichnungspflichten für Steuerpflichtige mit grenzüberschreitenden Transaktionen werden weiterhin fortbestehen

---

[11] ABl. L 146 vom 03.06.2016.
[12] Referentenentwurf des Bundesministeriums der Finanzen, Entwurf eines Gesetzes zur Umsetzung der Änderungen der EU-Amtshilferichtlinie und von weiteren Maßnahmen gegen Gewinnkürzungen und -verlagerungen, 01.06.2016.
[13] Siehe hierzu auch (Schreiber 2016), (Rasch und Tomson 2016), (Ditz, Bärsch und Engelen 2016), (Sommer und Retzer 2016) und (Schmidtke; Puls; Busch; Handte 2016).
[14] In Anlehnung an (Rasch und Tomson 2016), eine ausführliche Darstellung findet sich auch in (Schreiber 2016), mit einer ausführlicheren Darstellung der Tatbestandsmerkmale dem Grunde nach sowie der Höhe nach.
[15] Verordnung zu Art, Inhalt und Umfang von Aufzeichnungen im Sinne des § 90 Abs. 3 der Abgabenordnung (Gewinnabgrenzungsaufzeichnungsverordnung – GAufzV).

**Tab. 5.3** Änderungen durch §§ 90 Abs. 3 AO-E und 138a AO-E

| Norm | Rechtsinhalt | Tatbestand und Anwendungszeitpunkt | Anmerkungen |
|---|---|---|---|
| § 90 (3) S. 1–2 AO-E | • Verpflichtung zur Erstellung sowie Inhalt eines Localfiles (länderspezifische Dokumentation) | • Grenzüberschreitende Geschäftsbeziehungen i. S. d. § 1 (4) AStG, falls diese erbrachten oder bezogenen Geschäftsbeziehungen mit Nahestehenden mehr als 5 MEUR (Warentransaktionen) oder mehr als 0,5 MEUR (sonstige Leistungen) betragen | • Der neu vorgeschlagene Wortlaut unterscheidet zwischen Sachverhaltsdokumentation und Angemessenheitsdokumentation. Neu ist dabei die Verpflichtung zur Nennung des Zeitpunkts der Verrechnungspreisbestimmung. Damit wird in § 90 Absatz 3 Satz 2 AO-E explizit ein Fokus auf den sogenannten „Price Setting Approach" (Preisfestsetzung) gelegt |
| § 90 (3) S. 3 AO-E | • Verpflichtung zur Erstellung des Masterfile (Stammdokumentation) | • Diese Pflicht betrifft Unternehmen, die Teil einer Unternehmensgruppe sind, und im vorangegangenen Wirtschaftsjahr mindestens einen Umsatz von 100 MEUR erzielt haben<br>• Abgabe 60 Tage nach Anforderung durch die Betriebsprüfung (bzw. 30 Tage bei außergewöhnlichen Geschäftsvorfällen) (§ 90 (3) S. 5 AO-E) | • Inhaltlich soll das Masterfile einen Überblick über die Art der weltweiten Geschäftstätigkeit der Unternehmensgruppe sowie über die angewandte Systematik der Verrechnungspreisbestimmung geben. Die Begründung des Gesetzentwurfs macht deutlich, dass die sogenannte Stammdokumentation im Wesentlichen dem Informationskatalog des Anhangs I der OECD-Berichts zu BEPS Maßnahme 13 gleichen soll |

(Fortsetzung)

**Tab. 5.3** (Fortsetzung)

| Norm | Rechtsinhalt | Tatbestand und Anwendungszeitpunkt | Anmerkungen |
|---|---|---|---|
| § 138a (1)–(4) AO-E | Verpflichtung zur Erstellung des Country-by-Country Reporting (länderbezogene Berichterstattung) | • Unternehmen, deren Konzernabschluss mindestens ein ausländisches Unternehmen oder eine ausländische Betriebsstätte umfasst und deren im Konzernabschluss ausgewiesene, konsolidierte Umsatzerlöse mindestens 750 MEUR im vorangegangenen Wirtschaftsjahr betragen<br>• Spätestens ein Jahr nach Ablauf des Wirtschaftsjahres an das BZSt zu übermitteln<br>• Erstmalig soll ein CbCR für Wirtschaftsjahre erstellt werden, die nach dem 31.12.2015 beginnen | • Die Sanktion bei nicht vollständiger oder nicht rechtzeitiger Erstellung ergibt sich aus der Ergänzung der Nr. 1c im § 379 (2) AO-E und soll eine Ordnungswidrigkeit darstellen, die bei Vorsatz mit einer Geldbuße bis zu 5000 EUR und bei Leichtfertigkeit mit höchstens 2500 EUR geahndet werden soll |

und ergänzt.[16] Der neu vorgeschlagene Gesetzeswortlaut unterscheidet – nicht mehr nur wie bisher in § 1 GAufzV – zwischen Sachverhaltsdokumentation (Darstellung der Geschäftsvorfälle) und Angemessenheitsdokumentation.[17] Die Angemessenheitsdokumentation umfasst neben wirtschaftlichen und rechtlichen Grundlagen für eine den Fremdvergleichsgrundsatz beachtende Vereinbarung von Bedingungen, insbesondere auch Preise (Verrechnungspreise), sowie darüber hinausgehend auch Informationen zum Zeitpunkt der Verrechnungspreisbestimmung und zur verwendeten Verrechnungspreismethode. Neu aufgenommen ist die Verpflichtung zur Darstellung des *Zeitpunkts der Verrechnungspreisbestimmung*. Damit wird in § 90 Abs. 3 Satz 2 AO-E explizit ein besonderer Fokus auf den sogenannten „Price Setting Approach" (Preisfestsetzung) gelegt, womit erreicht werden soll, dass der Steuerpflichtige sich schon zum Zeitpunkt des Geschäftsabschlusses Gedanken über den Fremdvergleichsgrundsatz macht. Im Gegensatz dazu sollte dem sogenannten „Outcome-Testing Approach" (Überprüfung der Fremdüblichkeit der Verrechnungspreise im Nachhinein auch im Rahmen von Betriebsprüfungen) künftig vermutlich eine geringere Bedeutung zukommen.

**Masterfile**
§ 90 (Abs. 3) S. 3 AO-E soll die Pflicht zur Erstellung einer Stammdokumentation (Masterfile) regeln, die für diejenigen Unternehmen zu erstellen ist, die:

- Teil einer multinationalen Unternehmensgruppe sind;
- Gemäß § 1 Abs. 1 GAufzV zur Erstellung einer Verrechnungspreisdokumentation verpflichtet sind; und
- im vorangegangenen Wirtschaftsjahr mindestens einen Umsatz von 100 MEUR erzielt haben.[18]

Der aktuelle Wortlaut lässt vermuten, dass diese Wertegrenze jeweils pro Gesellschaft zu prüfen ist, was zumindest etwas überraschend erscheint.[19]

Inhaltlich soll das Masterfile gemäß Wortlaut des aktuellen Referentenentwurfs einen Überblick über die Art der weltweiten Geschäftstätigkeit der Unternehmensgruppe sowie über die angewandte Systematik der Verrechnungspreisbestimmung geben.[20] Der Inhalt

---

[16] Siehe auch (Sommer und Retzer 2016).
[17] Siehe auch (Schreiber 2016).
[18] Siehe hierzu auch (Schreiber 2016). Nach der Gesetzesbegründung sind die (nicht-konsolidierten) Umsätze des Unternehmens eines Stpfl. „mit fremden Dritten als auch mit nahestehenden Personen" ausschlaggeben. (Vgl. Regierungsentwurf des Anti-BEPS-Umsetzungsgesetztes v. 13.7.2016, S. 38 sowie (Ditz, Bärsch und Engelen 2016)).
[19] Vgl. (Schmidtke; Puls; Busch; Handte 2016).
[20] Vgl. (Ditz, Bärsch und Engelen 2016).

und Umfang der neuen Dokumentationsvorschriften sollen durch eine Rechtsverordnung konkretisiert werden.[21]

Schließlich ist hervorzuheben, dass Aufzeichnungen nach § 90 (Abs. 3) AO-E auch weiterhin lediglich auf Anfrage der Finanzverwaltung vorzulegen sind (§ 90 (Abs. 3) S. 5 AO-E), wobei auch die 60-Tage Frist (bzw. 30 Tage bei außergewöhnlichen Geschäftsvorfällen) weiterhin Anwendung finden soll. In dieser Hinsicht würden die deutschen Vorschriften nicht der Empfehlung der OECD folgen, nach der das Localfile bis zum Tag der Abgabe der Steuererklärung der entsprechenden Gesellschaft bzw. das Masterfile bis zum Tag der Abgabe der Steuererklärung der Konzernobergesellschaft erstellt werden sollten.

**Country-by-Country Reporting**
Die Verpflichtung zur Erstellung eines länderbezogenen Berichtes (Country-by-Country Reporting „CbCR") als dritte Komponente des von der OECD vorgeschlagenen Dokumentationskonzepts soll durch die Einführung eines neuen § 138a AO-E in deutsches Recht implementiert werden. Das CbCR soll der Finanzverwaltung eine risikoorientierte Vorprüfung der Verrechnungspreise ermöglichen.[22]

Im Einklang mit der OECD (BEPS Aktionspunkt 13) und der EU (siehe oben zu den Ausführungen zur Änderung der Amtshilferichtlinie) sollen nur solche Unternehmen zur Erstellung eines CbCR verpflichtet werden, deren Konzernabschluss mindestens ein ausländisches Unternehmen oder eine ausländische Betriebsstätte umfasst und deren im Konzernabschluss ausgewiesene, konsolidierte Umsatzerlöse mindestens 750 MEUR im vorangegangenen Wirtschaftsjahr betragen (§ 138a (Abs. 1) S. 1 AO-E).[23]

§ 138a (Abs. 4) AO-E soll den Fall regeln, in dem das BZSt kein CbCR für den Konzern erhält, aber eine inländische Konzerngesellschaft (nicht Konzernobergesellschaft) existiert, die nach Absatz 1 zur Übermittlung des länderbezogenen Berichts verpflichtet wäre. Für diesen Fall sieht der Referentenentwurf vor, dass jede einbezogene inländische Konzerngesellschaft zur fristgerechten Übermittlung des länderbezogenen Berichts für diesen Konzern verpflichtet wird („sog. Secondary Mechanism").

Falls ein inländisches Unternehmen im Rahmen des Secondary Mechanism verpflichtet ist, das CbCR abzugeben, die notwendigen Informationen aber faktisch nicht beschaffen kann oder nicht über die konzerninternen Daten verfügt (durch die rechtliche Stellung im Konzern), soll das inländische Unternehmen dies dem BZSt mitteilen und einen länderspezifischen Bericht erstellen, welcher alle Informationen umfasst, über die die inländische Gesellschaft verfügt. Da die Erstellung eines solchen Rumpf-CbCR

---

[21]Vgl. Regierungsbegründung zu § 90 (Abs. 3) S. 2 AO-E, sowie (Schreiber 2016) und (Ditz, Bärsch und Engelen 2016).
[22]Dies wurde Bereits im finalen Bericht zum BEPS Aktionspunkt 13 erwähnt.
[23]Vgl. (EU) 2016/881 vom 25.05.2016, ABlEU vom 03.06.2016 L 146/8 zur Änderung der EU-Amtshilferichtlinie (2011/16/EU). Für eine weiterführenden Auflistung der Positionen, die im CbCR aufgeführt werden, siehe (Rasch und Tomson 2016) sowie (Schreiber 2016).

kein vollwertiges CbCR darstellen würde, könnte es nicht im Rahmen des automatischen Informationsaustauschs zwischen den beteiligten Finanzverwaltungen weitergeleitet werden.

Falls ein CbCR trotz bestehender Verpflichtung nicht, nicht vollständig oder nicht rechtzeitig erstellt wird, regelt eine Ergänzung von § 379 (Abs. 2) Nr. 1c AO-E[24], dass dies künftig eine Ordnungswidrigkeit darstellt, die bei Vorsatz mit einer Geldbuße bis zu 5000 EUR und bei Leichtfertigkeit mit höchstens 2500 EUR geahndet werden soll.[25]

Eine weitere Besonderheit ist, dass eine Anzeigepflicht in der Steuererklärung nach § 138a (Abs. 5) AO bestehen soll (jedoch erst für Wirtschaftsjahre, die nach dem 31.12.2016 beginnen).[26] Hierdurch soll offengelegt werden, ob und in welcher Weise durch den Steuerpflichtigen eine länderbezogene Berichterstattung übermittelt werden wird. Sollte ein inländisches Unternehmen eine einbezogene inländische Konzerngesellschaft sein, ohne selbst als „beauftragte Gesellschaft" („Surrogate Entity") zu agieren, soll in der Steuererklärung auch anzugeben sein, bei welcher ausländischen oder inländischen Finanzbehörde und von welcher Konzerneinheit das CbCR eingereicht wird.

Bis zu einer erfolgreichen Umsetzung des BEPS-Aktionsplans sind von der internationalen Gemeinschaft der OECD noch viele Hürden zu überwinden. Unzweifelhaft ist, dass die Fülle an internationalen Steuervorschriften für multinational agierende Konzerne beträchtlich zunehmen wird, und dass diese Regelungen mit einer weitreichenden Einschränkung beim steuerlichen Handlungsspielraum einhergehen werden. Insoweit ist seitens der Wirtschaft auch mit einem erheblichen Anstieg des administrativen Aufwands zur Erfüllung der steuerlichen Pflichten zu rechnen.

## 5.4 Anwendungsbereich: BEPS und die Digitale Wirtschaft

Die Steuergestaltung internationaler IT-Konzerne spielt in der BEPS-Diskussion eine zentrale Rolle, da bei diesen Unternehmen die dargestellten Schwachstellen in der Besteuerung international agierender Unternehmensgruppen am stärksten hervortreten. Das wohl bekannteste Beispiel ist der Apple-Konzern, dessen irischer Strategieträger – ohne Mitwirkung einer Steueroase – bereits aufgrund eines Zuordnungskonflikts zwischen dem irischen Recht und US-Recht einer Keinmalbesteuerung unterliegt.

Eines der Kernprobleme der Digital Economy ist das regelmäßige Fehlen von steuerlichen Anknüpfungspunkten im Marktstaat. Nach dem abkommensrechtlichen Betrieb-

---

[24]Siehe auch (Barelt, Geberth und Heggmair 2016).

[25]Nachdem sich der Rat der EU in der Überarbeitung der EU-Amtshilferichtlinie (Artikel 25a RL (EU) 2016/881 vom 25.05.2016, ABlEU vom 03.06.2016 L 146/8) dazu entschlossen hatte, von allen Mitgliedsstaaten eine nicht nur symbolische Sanktionierung zu fordern, sondern Sanktionen die wirksam, verhältnismäßig und abschreckend sein müssen, führte für das BMF hieran im nationalen Steuerrecht auch kein Weg mehr vorbei.

[26]Siehe Entwurf des § 27 S. 2 in Art. 97 des Einführungsgesetzes.

stättenprinzip oder dem kürzlich in Deutschland eingeführten Authorized OECD Approach (AOA) scheidet aufgrund des Einsatzes des Internets eine Besteuerung von Direktgeschäften eines im Ausland ansässigen Anbieters regelmäßig aus, da weder die unkörperliche Website des Anbieters noch das Endgerät des Kunden eine Betriebsstätte darstellt. Damit kommt es aus Perspektive der Marktstaaten zu einer schleichenden Verschiebung des Steueraufkommens, da die bisherigen nationalen bzw. DBA-Regelungen stets einen territorialen Anknüpfungspunkt fordern und in Ermangelung dessen ins Leere laufen.

Der Bericht zur Maßnahme 1 „Lösung der mit der digitalen Wirtschaft verbundenen Besteuerungsproblematik" beschäftigt sich intensiv mit den besonderen Besteuerungsproblemen in der digitalen bzw. digitalisierten Wirtschaft und wie diesen aus Perspektive der Marktstaaten entgegen getreten werden kann.

### 5.4.1 Hintergrund und Problemstellung

Die erste Maßnahme des BEPS-Aktionsplans adressiert steuerliche Herausforderungen der Digitalen Wirtschaft („Digital Economy"). Die zunehmende Digitalisierung der modernen Wirtschaft ist ein in neuerer Zeit auftretendes wirtschaftliches Phänomen, welches in den letzten zwei Jahrzehnten rasant an Dynamik dazugewonnen hat. Gleichwohl schafft diese Entwicklung ungeahnte steuerliche Probleme auf internationaler Ebene, welche nicht nur durch die erste Maßnahme des Aktionsplans der OECD aufgriffen werden, sondern gleichzeitig eine Reihe weiterer Maßnahmen des Aktionsplans tangieren. Die für die Digitale Wirtschaft zuständige Arbeitsgruppe ist eine Sachverständigengruppe der OECD namentlich „Committee on Fiscal Affairs" (CFA). Die Arbeitsgruppe wurde im September 2013 geschaffen und sollte bis Dezember 2015 konkrete Lösungsmaßnahmen vorschlagen. Nachfolgend werden die wesentlichen Merkmale, steuerlichen Probleme und möglichen Lösungsansätze zum gegenwärtigen Stand hinsichtlich der Digitalen Wirtschaft dargestellt und erläutert.[27]

Die Digitale Wirtschaft kennzeichnet sich durch eine Reihe unterschiedlicher Merkmale:

- Die Digitale Wirtschaft ist grundsätzlich in einem hohen Maße von der Nutzung immaterieller Wirtschaftsgüter geprägt. Diese immateriellen Wirtschaftsgüter beschränken sich jedoch nicht nur auf technisch komplexes und aufwendiges Wissen und Know-how.

---

[27]Umsatzsteuerlichen Themen wird bei der Maßnahme 1 des BEPS-Aktionsplans ebenfalls eine große Bedeutung beigemessen. Diese Themen werden jedoch nachfolgend nicht näher erörtert. Siehe hierzu insbesondere Tz. 8.1 „Collection of VAT in the digital Economy", OECD (2015), Addressing the Tax Challenges of the Digital Economy, OECD/G20 Base Erosion and Profit Shifting Project, OECD Publishing.

- Es werden enorme Datenmengen (vor allem personenbezogene Informationen) eingesetzt und verwertet.
- In der Digitalen Wirtschaft finden sich sowohl „traditionelle" als auch mehrseitige Geschäftsmodelle wieder.
- Häufige Marktformen in der Digitalen Wirtschaft sind Oligopole und Monopole.
- Es werden aus ökonomischen Gesichtspunkten Netzwerkeffekte und Externalitäten erzielt, die infolgedessen einen zusätzlichen Mehrwert bzw. eine zusätzliche Wertschöpfung generieren.

Die OECD führt im finalen Bericht zur Maßnahme 1 „Addressing the Tax Challenges of the Digital Economy" (s. OECD, 2015) (im Folgenden „OECD-Bericht") aus, dass sich die Digitale Wirtschaft nur schwer vom restlichen Wirtschaftssystem abgrenzen lässt. Ein Grund liege darin, dass die Digitale Wirtschaft kein Teil der Wirtschaft, sondern immer mehr die Wirtschaft selbst darstelle (siehe Abschn. 4.1 Tz. 115., OECD-Bericht):

> As digital technology is adopted across the economy, segmenting the digital economy is increasingly difficult. In other words, because the digital economy is increasingly becoming the economy itself, it would be difficult, if not impossible, to ring-fence the digital economy from the rest of the economy. Attempting to isolate the digital economy as a separate sector would inevitably require arbitrary lines to be drawn between what is digital and what is not.

Werttreibende Faktoren von Geschäftsmodellen in der Digitalen Wirtschaft umfassen neben dem eigentlichen Produkt bzw. der eigentlichen Dienstleistung insbesondere Marketingtätigkeiten und Markenbildung, Technologien und Wertschöpfungsprozesse, die digitale Transaktionen auf sichere und effiziente Weise ermöglichen, die Nutzung und Verwertung großer (personenbezogener) Datenmengen sowie die Schaffung von Netzwerkeffekten.

Ein zentrales steuerliches Problem der Digitalen Wirtschaft besteht darin, dass es aufgrund der Aufteilung der unterschiedlichen Wertschöpfungselemente in unterschiedliche Länder zu einer örtlichen Trennung zwischen der wertschöpfenden Tätigkeit und der Realisierung der Einkünfte kommen kann. Bei Vorliegen bestimmter Geschäftsmodelle werden Gewinne unter Umständen gar nicht besteuert oder unterliegen aufgrund steuergünstiger Gestaltungen einer äußerst niedrigen Besteuerung. Diese Besteuerungsprobleme sind aus fiskalischer Sicht keine Effekte, die ausschließlich in der Digitalen Wirtschaft vorzufinden sind; sie werden jedoch durch Eigenschaften der Digitalen Wirtschaft erheblich verstärkt.

### 5.4.2 Diskutierte Lösungsansätze

Die OECD stellt im OECD-Bericht „Addressing the Tax Challenges of the Digital Economy" unterschiedliche Lösungen zur Bewältigung der Herausforderungen der Industrie 4.0 vor. Eine Lösung besteht darin, die Definition einer Betriebsstätte im OECD-Musterabkommen dahin gehend anzupassen, dass die kennzeichnenden Funktionen und

Tätigkeiten der Digitalen Wirtschaft, die im Wesentlichen Tätigkeiten einer Betriebsstätte darstellen, jedoch durch die gegenwärtige Definition einer Betriebsstätte nach dem OECD-Musterabkommen (und insbesondere unter Zugrundelegung ihrer Ausnahmetatbestände) keine begründen, als Tatbestandsmerkmale einer Betriebsstätte erfasst werden.

Innerhalb der Maßnahme 7, welche die Vermeidung der künstlichen Umgehung des Status als Betriebsstätte behandelt, wurde der Begriff der Betriebsstätte neu definiert. Alle Ausnahmetatbestände der Betriebsstätten-Begründung sind so gefasst, dass sie die Probleme der Digitalen Wirtschaft berücksichtigen. Die Warenlager, welche beispielsweise wichtig sind für große Online-Händler, sollen somit zukünftig in allen Mitgliedsstaaten gleich behandelt werden und als Betriebsstätte gelten. Ähnliche Anpassungen wurden im Rahmen der Vertreterbetriebsstätte umgesetzt. Diese sollen beispielsweise Fälle von Online-Vertragsabschlüssen regeln, wenn die Muttergesellschaft nicht in dem Land sitzt, in dem das Produkt letztendlich konsumiert wird.

Maßnahmen 8–10, welche die Gewährleistung der Übereinstimmung von Verrechnungspreisergebnissen und Wertschöpfung behandeln, werden auch von der digitalen Wirtschaft und der Industrie 4.0 tangiert. Hier wurde klargestellt, dass der alleinige Besitz des immateriellen Wirtschaftsguts alleine nicht das (fraglich ob überhaupt ein) Recht zur Umsatz- oder Gewinnbeteiligung darstellt. Für die Zuordnung der Gewinne ist wichtig, welche Funktionen von welchen Unternehmen ausgeübt werden und somit auch an der Entstehung des immateriellen Wirtschaftsguts beteiligt waren. Hier wird in Zukunft aber auch ein starkes Augenmerk auf die Risikoannahme und/oder Risikoverteilung fallen, als auch die finanziellen Möglichkeiten Risiko zu übernehmen. Dies soll sicherstellen, dass die Verrechnungspreisergebnisse mit der Wertschöpfung übereinstimmen, und somit sollen auch die Informationsasymmetrien, die eventuell zwischen den Unternehmen in der Digitalen Wirtschaft und den Steuerbehörden entstanden sind, behoben werden.

Maßnahme 3, welche sich mit der Gründung ausländische Tochtergesellschaften und Schleusung inländischer Einkünfte durch ausländische Tochtergesellschaften beschäftigt, wurde auch durch die Erkenntnisse aus Maßnahme 1 beeinflusst. Die Änderungen der Definition der CFC-Einkünfte beinhalten Einkünfte, welche typischerweise in der Digitalen Wirtschaft bis jetzt bei der Muttergesellschaft versteuert wurden.

Die steuerlichen Probleme der Digitalen Wirtschaft stellen jedoch nicht nur Betriebsstättenthemen, immaterielle Wirtschaftsgüterprobleme oder CFC-Probleme dar. Eine Reihe weiterer Maßnahmen des BEPS-Aktionsplans thematisiert ebenfalls typische Fragestellungen i. V. m. der Digitalen Wirtschaft. Wie bereits teilweise dargestellt, gehören hierzu:

- Missbrauch von Doppelbesteuerungsabkommen (siehe Maßnahme 6);
- Besteuerungsprobleme im Zusammenhang mit der Hinzurechnungsbesteuerung (siehe Maßnahme 3);
- Hybrid-Mismatch-Konstellationen (siehe Maßnahme 2);

- Abzugsfähigkeit von Zinsaufwendungen und anderen finanziellen Aufwendungen (siehe Maßnahmen 4 und 9);
- Trennung zwischen steuerbaren Gewinnen und den wertschöpfenden Tätigkeiten, die diese Gewinne erwirtschaftet haben (siehe Maßnahmen 8 und 10),
- künstliche Umgehung einer Betriebsstätte (siehe Maßnahme 7).

Die Herausforderungen der Digitalen Wirtschaft können somit nur in Koordination mit den vorstehend genannten Maßnahmen behandelt und gelöst werden. Die Verflechtung der Elemente der Digitalen Wirtschaft im gesamten Aktionsplan stellte die OECD vor schwierige Aufgaben.

Im finalen Bericht wird nochmals erwähnt, dass es wichtig ist, die Veränderungen der digitalen Wirtschaft weiterhin im Auge zu behalten. Auch nach dem BEPS-Projekt will die OECD-Diskussionen mit den wichtigen Interessenvertretern führen, um ein detailliertes Mandat für 2016 aufzusetzen, welches der Post-BEPS-Überwachung gelten soll. Hier sollte dann möglicherweise ein Bericht über die Veränderungen der digitalen Wirtschaft und ihre Einflüsse auf BEPS bis 2020 erstellt werden.

Es bleibt abzuwarten, in welcher Form die OECD ihre ehrgeizigen Ziele hinsichtlich der Digitalen Wirtschaft verwirklichen kann und ob die OECD die nationalen Finanzministerien von ihren finalen Maßnahmen zu überzeugen vermag.

## Literatur

Barelt, Geberth, und Heggmair. 2016. „Erster Referentenentwurf zur BEPS-Umsetzung sowie zu zahlreichen Nichtanwendungsvorschriften." *Der Betrieb*, S. 1335–1337.

Benz & Böhmer, 2015. Das BEPS-Projekt der OECD/G20: Vorlage der abschließenden Berichte zu den Aktionspunkten. *Der Betrieb*, S. 2535–2543.

Deloitte, 2015a. *Europäische Kommission eröffnet Verfahren gegen Luxemburg und Belgien*, s. l.: Deloitte Transfer Pricing Newsletter.

Deloitte, 2015b. *The Global Tax Reset & BEPS (Base Erosion & Profit Shifting)*. [Online] Letzter Abruf: http://www.deloitte.com/ap/dbriefs/bepscentral [Zugriff am 1 Dezember 2015].

Ditz, Bärsch, und Engelen. 2016. „Die neuen Pflichten zur Dokumentation von Verrechnungspreisen nach dem Regierungsentwurf des Anti-BEPS-Umsetzungsgesetzes v. 13.7.2016." *IStR*, S. 789–797.

Engler, und Elbert. 2015. „Kapitel F: Verfahren." In *Verrechnungspreise*, von Vögele, Borstell und Engler (Hrsg.), München: C. H. Beck.

OECD, 2015. *Addressing the Tax Challenges of the Digital Economy,* Paris: OECD/G20 Base Erosion and Profit Shifting Project, OECD Publishing.

Rasch, und Tomson. 2016. „Die Umsetzung von BEPS in das deutsche Recht." *IWB*, S. 483–490.

Schmidtke; Puls; Busch; Handte. 2016. *Deloitte Tax News: Erstes BEPS-Umsetzungsgesetz: Vorstellung der Verrechnungspreisregelungen mit dem Schwerpunkt CbCR*. München, 06. 06.

Schreiber. 2016. „Deutsche Maßnahmen gegen Gewinnverlagerungen bzw. Gewinnkürzungen." *Der Betrieb*, S. 1456–1462.

Sommer, und Retzer. 2016. „Entwurf eines Gesetzes zur Umsetzung der Änderungen der EU-Amtshilfsrichtlinie und von weiteren Maßnahmen gegen Gewinnkürzungen und -verlagerungen: Darstellung der geplanten Neuregelungen und kritische Würdigung." *ISR*, S. 283–291.

## Über die Autoren

**Silke Lappé** ist als Steuerberaterin in der Service Line Verrechnungspreise der Deloitte GmbH am Standort München tätig. Sie hat langjährige Erfahrung in der Beratung im Bereich Verrechnungspreise und internationales Steuerrecht. Schwerpunkt ihrer Tätigkeit ist die Beratung internationaler Konzerne bei der Konzeptionierung und Strukturierung konzerninterner Transaktionen, bei der Verteidigung von Verrechnungspreisstrukturen im Rahmen von Betriebsprüfungen sowie bei Verständigungsverfahren und APAs. Sie berät Mandanten aus verschiedenen Branchen und verfügt über weitreichende Beratungserfahrung im Bereich der Lizenzierung von Marken sowie im Bereich der Betriebsstättenbesteuerung.

Silke Lappé hat in Münster Betriebswirtschaftslehre mit den Schwerpunkten Betriebswirtschaftliche Steuerlehre und Wirtschaftsprüfung studiert. Sie publiziert regelmäßig zu Verrechnungspreisthemen und trägt als Referentin auf Fachveranstaltungen vor.

**Paul Chao** hat drei Jahre Erfahrung im Bereich der Verrechnungspreise. Seine Tätigkeitsschwerpunkte umfassten neben der Dokumentation von Verrechnungspreisen und der Verteidigung bei Betriebsprüfungen die Analyse von Finanztransaktionen aus Verrechnungspreissicht sowie Umstrukturierungs- und Funktionsverlagerungsthemen. Paul Chao ist seit Oktober 2016 im Bereich Corporate Tax tätig.

Er studierte Volkswirtschaftslehre (B.Sc.) an der Rheinischen Friedrich-Wilhelms-Universität Bonn und Public Economics (M.Sc.) an der Freien Universität Berlin. Er verbrachte ein Auslandssemester am Department of Economics an der University of California, Berkeley, USA. Paul Chao absolvierte 2016 ein weiterbildendes Masterstudium in Wirtschafts- und Steuerrecht an der Ruhr-Universität Bochum (LL.M.).

**Dr. Michèle Weynandt** ist Volkswirtin und im Verrechnungspreisteam der Deloitte GmbH am Standort Mannheim tätig. Ihre Erfahrung beinhaltet die Verrechnungspreisberatung von global agierenden Unternehmen hinsichtlich der Gestaltung, Implementierung, Verteidigung und Dokumentation von konzerninternen Transaktionen. Ihr Tätigkeitsschwerpunkt umfasst die Bereiche der Restrukturierung („Intellectual Property"), der Implementierung von Verrechnungspreisthemen sowie die Interessenvertretung im Bereich „Dispute Resolution" (APA, Betriebsprüfungen).

Sie hat Business Economics an der Miami University studiert und promovierte in Volkswirtschaftslehre an der Universität Mannheim, mit Auslandsaufenthalten an der University of California, Berkeley.

# Transferpaketbewertung

Richard Schmidtke, Heike Schenkelberg und Florian Eger

**Leitfragen dieses Kapitels**

- Welche Rechtsgrundlagen existieren für die Bewertung einer Funktionsverlagerung?
- Welche Anleitungen und Hilfestellungen sind für den Steuerpflichtigen und die Finanzverwaltung verfügbar?
- Welche Bewertungsmethoden können verwendet werden?
- Welche Besonderheiten sind zu beachten?

## 6.1 Grundprinzipien bei der Transferpaketbewertung bei Funktionsverlagerungen

Sind die Tatbestandsvoraussetzungen einer Funktionsverlagerung gemäß § 1 Abs. 3 Satz 9 AStG i. V. m. § 1 Abs. 2 Funktionsverlagerungsverordnung (FVerlV) erfüllt, so ist ein Verrechnungspreis für die Funktionsverlagerung der Höhe nach zu bestimmen. Der Verrechnungspreis ist für das Transferpaket als Ganzes zu ermitteln, wenn keine der Escapeklauseln i. S. d. § 1 Abs. 3 Satz 10 erste und dritte Alternative AStG zur Anwendung

---

R. Schmidtke (✉)
München, Deutschland
E-Mail: rschmidtke@deloitte.de

F. Eger
München, Deutschland
E-Mail: fleger@deloitte.de

H. Schenkelberg
Düsseldorf, Deutschland
E-Mail: hschenkelberg@deloitte.de

© Springer Fachmedien Wiesbaden GmbH 2017
B. Heidecke et al. (Hrsg.), *Funktionsverlagerung und Verrechnungspreise*,
DOI 10.1007/978-3-658-09026-5_6

kommt. Liegen für das Transferpaket keine zumindest eingeschränkt vergleichbaren Fremdvergleichswerte vor, so ist für die Bewertung des Transferpakets der hypothetische Fremdvergleich gemäß § 1 Abs. 3 Satz 5 AStG anzuwenden, § 1 Abs. 3 Satz 9 AStG.

Der Schwerpunkt dieses Kapitels liegt auf der praktischen Umsetzung dieses hypothetischen Fremdvergleichs für ein Transferpaket. Der Steuerpflichtige hat hierzu den gesetzlichen Vorgaben des § 1 AStG und der Funktionsverlagerungsverordnung zu folgen. Darüber hinaus bietet das BMF-Schreiben FV[1] sowie allgemein anerkannte Bewertungsprinzipien und Verrechnungspreisgrundsätze Hilfestellungen für den Steuerpflichtigen.

Hierzu wird in diesem Kapitel in einem ersten Schritt das Bewertungsobjekt und der Bewertungsmaßstab bei Funktionsverlagerungen dargestellt, um anschließend die Bewertungsmethode des hypothetischen Fremdvergleichs vorzustellen. In einem zweiten Schritt werden die Vorgaben der Finanzverwaltung dargestellt, um in einem dritten Schritt die Durchführung des hypothetischen Fremdvergleichs gemäß betriebswirtschaftlichen Grundsätzen zu diskutieren.

### 6.1.1 Bewertungsobjekt und Bewertungsmaßstäbe

#### 6.1.1.1 Bewertungsobjekt

Es wird das übergehende Transferpaket als Ganzes bewertet; es wird also auf eine Bewertung der übertragenen Funktion und den mit dieser Funktion zusammenhängenden Chancen und Risiken sowie den Wirtschaftsgütern und Vorteilen, die das verlagernde Unternehmen dem übernehmenden Unternehmen zusammen mit der Funktion überträgt oder zur Nutzung überlässt, und den in diesem Zusammenhang erbrachten Dienstleistungen insgesamt abgestellt, § 1 Abs. 3 Satz 9 AStG, § 2 Abs. 1 Satz 2 FVerlV, § 1 Abs. 3 FVerlV.

Das Bewertungsobjekt Transferpaket ist ein spezifisches Bewertungsobjekt für Zwecke des Fremdvergleichsgrundsatzes gemäß § 1 AStG. Außerhalb dieser steuerlichen Norm ist der Begriff Transferpaket grundsätzlich unbekannt, da regelmäßig auf Unternehmen bzw. Teilbetriebe (vgl. IDW S1 Bewertungsstandard) oder einzelne Wirtschaftsgüter bzw. finanzielle Verpflichtungen (vgl. beispielsweise IDW S5 Bewertungsstandard) als Bewertungsobjekte abgestellt wird.

Mit der Einführung des Transferpakets als Bewertungsobjekt beabsichtigte der Gesetzgeber sicherzustellen, dass auch die nicht konkretisierten Geschäftschancen im Zusammenhang mit der Ausübung der Funktion in die Bewertung und damit in den Verrechnungspreis einbezogen werden. Würde man nur auf die einzelnen Wirtschaftsgüter,

---

[1]BMF, Schreiben v. 13.10.2010 – Verwaltungsgrundsätze Funktionsverlagerung – IV B 5 – S 1341/08/10003, BStBl 2010 I S. 774.

welche übertragen oder überlassen werden, abstellen, dann wären die nicht konkretisierten Geschäftschancen nicht durch einen Verrechnungspreis zu vergüten, da sie aufgrund ihrer Unbestimmtheit keiner Bewertung zugänglich sind und entsprechend der BFH-Rechtsprechung somit kein Wirtschaftsgut darstellen.[2] Durch die Bewertung des Transferpakets als Ganzes sollen also die mit der Funktionsverlagerung insgesamt zusammenhängenden stillen Reserven und Vorteile, einschließlich eines möglicherweise vorhandenen Geschäfts- oder Firmenwerts erfasst werden (Vögele, et al., 2015). So führt die Begründung zu der FVerlV aus, dass die in einem Transferpaket enthaltenen Vorteile im Rahmen einer Einzelpreisbestimmung für die übergehenden bzw. zur Nutzung überlassenen Wirtschaftsgüter häufig nicht erkennbar sind. Diese werden vielmehr erst durch die Betrachtung der insgesamt übergehenden Chancen und Risiken sichtbar (vgl. Begründung zur FVerlV zu § 1 Abs. 4).

### 6.1.1.2 Bewertungsmaßstab

Fraglich ist, welcher Bewertungsmaßstab im Rahmen einer Funktionsverlagerung für das Transferpaket zur Anwendung zu kommen hat. Zu den steuerlichen Bewertungsmaßstäben zählen u. a. der gemeine Wert (§ 9 BewG), der Teilwert (§ 6 Abs. 1 Nr. 1 S. 3 EStG) sowie der Fremdvergleichspreis (§ 1 Abs. 1 S. 1 AStG).

Regelmäßig wird für Zwecke von Verrechnungspreisen davon ausgegangen, dass der gemeine Wert dem Fremdvergleichspreis entspricht.[3] Falls im Rahmen einer verdeckten Einlage der Teilwert, definiert als der Betrag, den ein Erwerber des gesamten Betriebs im Rahmen des Gesamtkaufpreises ansetzen würde, niedriger sein sollte als der Fremdvergleichspreis, so würde die Differenz zwischen Teilwert und Fremdvergleichspreis durch die „Auffüllnorm" des § 1 AStG abgedeckt werden: Gemäß § 1 Abs. 1 Satz 3 AStG ist in den Fällen, in denen der Fremdvergleichsgrundsatz zu weitergehenden Berichtigungen als die anderen Vorschriften führt, diese weitergehenden Berichtigungen neben den Steuerfolgen der anderen Vorschriften durchzuführen. Damit ist in Summe auf den fremdüblichen Preis für das Transferpaket abzustellen.[4]

Der Fremdvergleichspreis ist gemäß Art. 9 OECD-Musterabkommen definiert als der Preis, den unabhängige Unternehmen miteinander vereinbaren würden. Hierbei sind vergleichbare Umstände zugrunde zu legen, d. h., die spezifischen Gegebenheiten der verbundenen Parteien sind zu berücksichtigen, vgl. Tz. 1.6 OECD-Verrechnungspreisleitlinien.

---

[2]Vgl. Serg, 2005.
[3]Vgl. BMF, Schreiben Verwaltungsgrundsätze Verfahren, Tz. 5.3.1.
[4]Vgl. BMF, Schreiben FV, Tz. 8.

In Deutschland hat der Gesetzgeber den Fremdvergleichsgrundsatz durch § 1 AStG konkretisiert. Hierbei hat er allerdings eine sehr weitreichende und im Vergleich zu Art. 9 OECD-Musterabkommen unbekannte Interpretation vorgenommen.[5] Dies betrifft bei der Bewertung von Transferpaketen mit dem hypothetischen Fremdvergleich insbesondere:

- die gesetzliche Fiktion gemäß § 1 Abs. 1 Satz 2 AStG, dass fremde Dritte alle Umstände ihrer Geschäftsbeziehung kennen würden;
- die Verpflichtung, einen bestimmten Punkt, nämlich den Punkt mit der höchsten Wahrscheinlichkeit innerhalb einer Bandbreite als fremdüblichen Preis zu verwenden; falls kein Wert glaubhaft gemacht wird, dann ist der Mittelwert zu verwenden, vgl. § 1 Abs. 3 S. 7 AStG; und
- die Notwendigkeit fremdüblicher Preisanpassungsklauseln bzw. die Anwendung einer gesetzlichen Preisanpassungsklausel gemäß § 1 Abs. 3 S. 11 f. AStG.

Im Folgenden soll auf die Bestimmung des fremdüblichen Preises gemäß § 1 AStG abgestellt werden.[6] Sollte die Geschäftsbeziehung allerdings mit einer verbundenen Partei im Ausland bestehen, für die ein Doppelbesteuerungsabkommen mit einen dem Art. 9 OECD-Musterabkommen nachgebildeten Artikel anwendbar ist, so sollte das entsprechende Doppelbesteuerungsabkommen eine Sperrwirkung entfalten, d. h. Deutschland hätte nur das Besteuerungsrecht in Höhe eines durch den Steuerpflichtigen gewählten fremdüblichen Verrechnungspreis i. S. d. Art. 9 OECD-Musterabkommens. Eine weitergehende Einkünftekorrektur basierend auf der in § 1 AStG erfolgten Konkretisierung des Fremdvergleichspreises sollte nicht zulässig sein, da Deutschland das entsprechende Besteuerungsrecht fehlt.[7] Die Finanzverwaltung ist allerdings der Auffassung, dass § 1 Abs. 1 AStG nicht vom Fremdvergleichsgrundsatz i. S. d. Art. 9 OECD-Musterabkommens abweicht.[8]

## 6.1.2 Grundsätze der Transferpaketbewertung nach § 1 Abs. 3 AStG – hypothetischer Fremdvergleich als Bewertungsmethode

### 6.1.2.1 Überblick

Die Bestimmung des Fremdvergleichspreises für das Transferpaket durch den hypothetischen Fremdvergleich erfolgt gemäß § 1 Abs. 3 Satz 9 i. V. m. Satz 5 f. AStG durch

---

[5]Vgl. Rn 21, Eigelshoven, 2015, zu Art. 9.
[6]Für einen umfassenden Vergleich zwischen dem Fremdvergleichsgrundsatz i. S. d. Art. 9 OECD-Musterabkommens und der Konkretisierung gemäß § 1 AStG vgl. Rasch & Schmidtke, 2009.
[7]Vgl. beispielsweise BFH, Urteil v. 24.6.2015, I R 29/14.
[8]Vgl. Bundesministerium der Finanzen, Nichtanwendungserlass vom 30.03.2016 gegen die BFH, Urteile v. 17.12.2014, I R 23/13 und v. 24.06.2015, I R 29/14, (Az. IV B 5 – S 1341/11/10004-07) sowie hierzu Puls, Schmidtke, Tränka (2016).

einen zweiseitigen Ansatz, d. h., es wird jeweils die Perspektive des abgebenden Unternehmens und des aufnehmenden Unternehmens betrachtet.

Hierzu kann eine direkte Bewertung oder eine indirekte Bewertung vorgenommen werden, wenn die Berechnungen im Rahmen der indirekten Bewertung betriebswirtschaftlich nachvollziehbar sind.[9]

Bei der Anwendung der direkten Bewertung werden im Rahmen des hypothetischen Fremdvergleichs aus Sicht des verlagernden und des übernehmenden Unternehmens für die Bestimmung des Mindest- und Höchstpreises die Gewinnerwartungen (Gewinnpotenziale) jeweils unmittelbar für das Transferpaket identifiziert. Entsprechend kann es notwendig sein, Plan-Bilanzen, Plan-Gewinn- und Verlustrechnungen sowie Finanzplanungen für das Transferpaket zu erstellen, vgl. Tz 31 Verwaltungsgrundsätze Funktionsverlagerung.

Liegt das Transferpaket unterhalb der Teilbetriebsschwelle, so ist in der Praxis die notwendige Erstellung der Plan-Bilanzen, Plan-Gewinn- und Verlustrechnung sowie Finanzplanung nicht oder nur mit entsprechend großem Aufwand möglich. Eine direkte Zuordnung zu dem Transferpaket ist deshalb oftmals nicht möglich. Insbesondere in diesen Fällen bietet sich die indirekte Methode an.

Für die indirekte Methode ist die Situation der beiden beteiligten Parteien jeweils vor und nach der Verlagerung zu betrachten; der hypothetische Fremdvergleich führt in diesem Fall also zu der Notwendigkeit von vier Bewertungen, um den Mindest- und Höchstpreis zu bestimmen; diese jeweiligen Preisgrenzen ergeben sich nach § 7 Abs. 1 und 4 FVerlV aus einem Vergleich des zukünftig erwarteten Gewinnpotenzials vor und nach der Verlagerung.

Der Bereich zwischen der Preisunter- und Preisobergrenze gilt als sog. Einigungsbereich, welcher die Bandbreite fremdüblicher Verrechnungspreise für das Transferpaket darstellt, § 1 Abs. 2 Satz 6 AStG. Es ist der Wert im Einigungsbereich zu verwenden, der mit der höchsten Wahrscheinlichkeit dem Fremdvergleichsgrundsatz entspricht; wird kein Wert glaubhaft gemacht, so ist der Mittelwert des Einigungsbereichs anzusetzen (vgl. § 1 Abs. 3 Satz 7 AStG).

### 6.1.2.2 Ermittlung des Mindestpreises des abgebenden Unternehmens

§ 1 Abs. 3 Satz 6 AStG legt die Bestimmung des Einigungsbereichs – und damit den Mindestpreis als Teil des Einigungsbereichs – im Rahmen des hypothetischen Fremdvergleichs wie folgt fest:

„Dazu [d. h. um den Verrechnungspreis zu bestimmen] hat er [der Steuerpflichtige] aufgrund einer Funktionsanalyse und innerbetrieblicher Planrechnungen den Mindestpreis des Leistenden und den Höchstpreis des Leistungsempfängers zu ermitteln (Einigungsbereich); der Einigungsbereich wird von den jeweiligen Gewinnerwartungen (Gewinnpotenzialen) bestimmt."

Folglich bestimmt sich der Mindestpreis durch die jeweiligen Gewinnerwartungen bzw. Gewinnpotenziale.

---

[9]Vgl. BMF, Schreiben FV, Tz. 31 f.

Gemäß § 7 Abs. 1 FVerlV ist bei der Ermittlung des Mindestpreises auf die Minderung des Gewinnpotenzials zuzüglich ggf. anfallender Schließungskosten abzustellen. So ist zunächst das erwartete Gewinnpotenzial „vor der Verlagerung" zu betrachten, d. h. das von dem abgebenden Unternehmen erwartete Gewinnpotenzial, welches in einem fiktiven Szenario, in dem es nicht zu der Funktionsverlagerung kommt, erwartungsgemäß generiert werden kann. Die Ermittlung des Mindestpreises erfolgt in einem nächsten Schritt durch einen Vergleich des Gewinnpotenzials jeweils mit und ohne die Funktionsverlagerung unter Berücksichtigung potenzieller Schließungskosten soweit diese bei dem Gewinnpotenzial nach Verlagerung nicht bereits berücksichtigt wurden.

Der so ermittelte Mindestpreis des Verkäufers reflektiert demnach, dass voneinander unabhängige Dritte einen angemessenen Ausgleich für den Wegfall des Gewinnpotenzials durch die Verlagerung vereinbart hätten.[10]

Weiterhin werden eventuell anfallende Schließungskosten berücksichtigt, da ein ordentlicher und gewissenhafter Geschäftsleiter die Verlagerung nur dann als sinnvoll erachten würde, wenn es zu einer angemessenen Ausgleichszahlung für durch die Funktionsverlagerung entstehende Einbußen kommt.[11] Gemäß § 7 Abs. 3 FVerlV sind Schließungskosten auch als Begrenzung des Mindestpreises heranzuziehen; so ist bei einer Verlagerung einer Funktion, aus der das abgebende Unternehmen dauerhaft Verluste erwartet, entweder auf die zu erwartenden Verluste oder auf die etwaigen Schließungskosten abzustellen, wobei auf die Alternative mit den niedrigeren Verlusten abzustellen ist.

### 6.1.2.3 Ermittlung des Höchstpreises des übernehmenden Unternehmens

Bei der Ermittlung des Höchstpreises des übernehmenden Unternehmens ist nach § 7 Abs. 4 FVerlV auf das zusätzliche Gewinnpotenzial des übernehmenden Unternehmens abzustellen. Der Höchstpreis lässt sich also durch einen Vergleich des Gewinnpotenzials des übernehmenden Unternehmens im Zusammenhang mit der übernommenen Funktion vor und nach der Verlagerung ermitteln. Da das übernehmende Unternehmen in einem Szenario ohne Verlagerung regelmäßig keine Aktivitäten im Zusammenhang mit der verlagerten Funktion ausübt, und dementsprechend keine entsprechenden Gewinne generiert, entspricht der Höchstpreis regelmäßig dem erwarteten Gewinnpotenzial des aufnehmenden Unternehmens nach der Verlagerung unter Berücksichtigung der Opportunitätskosten für die Übernahme der Funktion.

Gemäß § 7 Abs. 4 FVerlV sind bei der Ermittlung des Höchstpreises „tatsächlich bestehende Handlungsmöglichkeiten" zu berücksichtigen, die das aufnehmende Unternehmen in dem Fall hätte, in dem die beiden Unternehmen voneinander unabhängig wären. Die Zahlungsbereitschaft des übernehmenden Unternehmens für das Transferpaket wird somit den Wert seiner besten zur Verfügung stehenden Alternative reflektieren.

---

[10] Vgl. Vögele, et al., 2015, Rn. 443.
[11] Vgl. Vögele, et al., 2015, Rn. 444.

Falls das übernehmende Unternehmen die Möglichkeit hat, die Funktion beispielsweise kostengünstiger selbst aufzubauen, hat dies einen Einfluss auf die Zahlungsbereitschaft eines ordentlichen und gewissenhaften Geschäftsleiters für das Transferpaket und wird damit den Höchstpreis entsprechend beeinflussen.[12]

#### 6.1.2.4 Ermittlung eines Wertes im Einigungsbereich

Gemäß § 1 Abs. 3 Satz 8 AStG ist auf den Wert im Einigungsbereich abzustellen, der „dem Fremdvergleich mit höchster Wahrscheinlichkeit entspricht". In Fällen, in denen kein anderer Wert im Einigungsbereich glaubhaft gemacht werden kann, ist auf den Mittelwert des Einigungsbereichs abzustellen.[13]

## 6.2 Transferpaketbewertung gemäß den Vorgaben der Finanzverwaltung

Um ein Transferpaket mit dem hypothetischen Fremdvergleich zu bewerten, sind eine Vielzahl von Begriffen, oftmals auch unbestimmte Rechtsbegriffe, wie beispielsweise „Gewinnpotenziale", „Reingewinne nach Steuern" bzw. Parameter, wie beispielsweise Diskontierungsfaktoren, zu konkretisieren.

Die Finanzverwaltung hat hierzu Hinweise im BMF-Schreiben FV veröffentlicht. Das BMF-Schreiben FV dient als Vorschrift zur Gesetzesanwendung sowie der Interpretation des § 1 Abs. 3 AStG und der FVerlV und soll damit die Gleichmäßigkeit der Besteuerung sicherstellen. Es ist zu beachten, dass BMF-Schreiben keinen Rechtscharakter haben, sondern lediglich die Interpretation der Finanzverwaltung widerspiegeln. Somit bindet das BMF-Schreiben FV nur die Finanzverwaltung, nicht aber den Steuerpflichtigen.

---

[12] Vgl. Vögele, et al., 2015, Rn. 453.

[13] Nach Auffassung des BMF sind zur Ermittlung des wahrscheinlichsten Wertes die jeweiligen Marktpositionen, die verfügbaren Handlungsalternativen, die Entstehung von Synergieeffekten, die Standortvorteile sowie die Ertragslage von aufnehmendem und abgebendem Unternehmen zu berücksichtigen (vgl. Rz. 128 BMF, Schreiben v. 13.10.2010). Fraglich ist, ob diese Aspekte nicht bereits bei der Berechnung des Einigungsbereichs berücksichtigt wurden. So verweisen z. B. die Gewinnpotenziale bereits auf die Einbeziehung der Synergien. Im Rahmen der sogenannten kooperativen Spieltheorie wird zwischen inneren und äußeren Outside-Options unterschieden (vgl. z. B. Looks und Köhler (2009)), um die Fragestellung der Bestimmung des Einigungsbereichs von der Frage nach dem Einigungspunkt innerhalb des Einigungsbereichs zu unterscheiden. Soweit dieser Ansatz – oder andere Ansätze – die Anforderungen des Erlasses erfüllen, nämlich „[den wahrscheinlichsten Wert] anhand nachvollziehbarer und plausibler Gesichtspunkte glaubhaft darzulegen", (vgl. Rz. 128 BMF, Schreiben v. 13.10.2010) sollte dies durch die Finanzverwaltung nicht zu beanstanden sein. Die Glaubhaftmachung ist zu dokumentieren (vgl. Kap. 13 sowie Rz. 40 f. BMF, Schreiben v. 13.10.2010).

## 6.2.1 Grundlegende Elemente der Transferpaketbewertung – Übersicht

Gemäß Rn. 84 BMF-Schreiben FV sind für die Barwertberechnung der Gewinnpotenziale grundsätzlich drei Faktoren wesentlich:

- Die Bestimmung der „Reingewinne nach Steuern", also die zu diskontierte Zahlungsgröße;
- die Bestimmung des Kapitalisierungszeitraums, also die Anzahl der Perioden, für die eine Diskontierung und damit Kapitalisierung zu erfolgen hat; und
- die Bestimmung des angemessenen Diskontierungsfaktors, mit dem die Reingewinne nach Steuern über den Kapitalisierungszeitraum zu diskontieren sind.

Weiterhin sind gemäß BMF-Schreiben FV die Besteuerungswirkung der Ausgleichszahlung auf Ebene des abgebenden Unternehmens sowie Steuerersparnisse durch Abschreibung des Transferpakets beim aufnehmenden Unternehmen zu berücksichtigen.[14] Abschließend ist der Wert im so ermittelten Einigungsbereich festzulegen, der dem Fremdvergleichsgrundsatz mit höchster Wahrscheinlichkeit entspricht.[15] Im Folgenden werden diese Komponenten genauer erläutert.

## 6.2.2 Bestimmung der Gewinnpotenziale und Barwertermittlung

### 6.2.2.1 Bestimmung der zu diskontierenden Größe – Reingewinne nach Steuern

Gemäß § 1 Abs. 4 FVerlV ist für die Ermittlung der Gewinnpotenziale gemäß § 1 Abs. 3 Satz 9 AStG auf die „Reingewinne nach Steuern (Barwert)" abzustellen, „auf die ein ordentlicher und gewissenhafter Geschäftsführer […] aus Sicht des verlagernden Unternehmens nicht unentgeltlich verzichten würde und für die ein solcher Geschäftsleiter aus der Sicht des übernehmenden Unternehmens bereit wäre, ein Entgelt zu zahlen". Nach § 3 Abs. 2 Satz 1 FVerlV sind bei der Ermittlung der Gewinnpotenziale die individuellen Umstände zu berücksichtigen und die Gewinnpotenziale sind „auf Grundlage einer Funktionsanalyse vor und nach der Funktionsverlagerung" zu ermitteln, wobei insbesondere Handlungsalternativen der Beteiligten sowie Standortvorteile oder -nachteile und Synergieeffekte berücksichtigt werden müssen. Gemäß § 3 Abs. 2 Satz 2 FVerlV stellen Unterlagen, welche für die Unternehmensentscheidung der Funktionsverlagerung maßgeblich waren, den Ausgangspunkt der Analyse dar.

---

[14]Vgl. BMF, Schreiben FV, Anlage – Beispiel 1 (Fall B).
[15]Vgl. BMF, Schreiben FV, Rn. 128.

Fraglich ist, was unter „Reingewinne nach Steuern" zu verstehen ist, da dieser Begriff neu durch die FVerlV eingeführt wurde. Der Begriff „Reingewinn nach Steuern" erfährt in der FVerlV keine eigenständige, gesetzliche Definition. Er ist für sich genommen unbestimmt.[16] Im Vergleich dazu sind Begriffe wie „Jahresüberschuss" (§ 275 HGB) oder „Gewinn" (§ 4 EStG) gesetzlich definiert.

Die Konkretisierung des unbestimmten Begriffs „Reingewinn nach Steuern" ergibt sich erst aus der Ausführung in § 1 Abs. 4 FVerlV: „auf die ein ordentlicher und gewissenhafter Geschäftsführer [...] aus Sicht des verlagernden Unternehmens nicht unentgeltlich verzichten würde und für die ein solcher Geschäftsleiter aus der Sicht des übernehmenden Unternehmens bereit wäre, ein Entgelt zu zahlen".[17] Die Begründung der FVerlV führt ebenfalls aus, dass von dem „Reingewinn nach Steuern" für das Transferpaket auszugehen ist, da „voneinander unabhängige Dritte ihre Zahlungsbereitschaft für das Transferpaket von dem zu erwartenden Nettoergebnis aus der Übernahme der Funktion abhängig machen"[18] würden.

Folglich steht gemäß der FVerlV nach unserer Auffassung der Begriff „Reingewinn nach Steuern" stellvertretend für die Zahlungsgröße, auf die ein ordentlicher und gewissenhafter Geschäftsleiter abstellen würde.

Der Begriff der „Reingewinne nach Steuern" wird sowohl in Rn 31 BMF-Schreiben FV als auch in Rn 87 ff. BMF-Schreiben FV erläutert. Gemäß Rn 31 BMF-Schreiben FV sind „die finanziellen Überschüsse nach Fremdkapitalkosten und Steuern aus dem Transferpaket wertrelevant, die als Nettoeinnahmen während der erwarteten wirtschaftlichen Nutzungsdauer des Transferpakets in den Verfügungsbereich des jeweiligen ordentlichen und gewissenhaften Geschäftsleiters gelangen (direkte Methode bezogen auf die Funktion)." Weiterhin wird ausgeführt, dass diese Überschüsse aus den für die Zukunft geplanten Jahresergebnissen abgeleitet werden können, wobei das Jahresergebnis um nicht zahlungswirksame Ergebnisbeiträge zu korrigieren ist.[19]

In Rn 87 ff. BMF-Schreiben FV führt die Finanzverwaltung aus, dass die Anwendung eines betriebswirtschaftlich begründeten Discounted-Cashflow-Verfahrens zulässig ist, da sowohl das Ertragswertverfahren als auch die Discounted-Cashflow-Verfahren zu gleichen Bewertungsergebnissen führen. Weiterhin wird ausgeführt, dass das zu verwendende Bewertungsverfahren von dem Charakter und der Bedeutung der Funktionsverlagerung abhängt. Würden hauptsächlich immaterielle Wirtschaftsgüter von der Funktionsverlagerung betroffen sein, so wäre die Anwendung des IDW S 5 naheliegend. Würde hingegen ein Betrieb oder Teilbetrieb im Rahmen einer Funktionsverlagerung betroffen sein, so wäre ein Bewertungsverfahren sachgerecht, welches dem Standard IDW S1 entspricht.[20]

---

[16]Vgl. Vögele, et al., 2015, Rn. 606.
[17]§ 1 Abs. 4 FVerlV.
[18]Vgl. Begründung zur FVerlV, Besonderer Teil zu § 1 Abs. 4.
[19]Vgl. BMF, Schreiben FV, Rn. 32.
[20]Vgl. BMF, Schreiben FV, Rn. 89.

Schließlich wird im BMF-Schreiben „Glossar Verrechnungspreise" Reingewinne nach Steuern wie folgt beschrieben:

> Für die Ermittlung des Reingewinns nach Steuern sind nur die finanziellen Überschüsse nach Abzug der Fremdkapitalkosten und der Steuern aus dem Transferpaket (Funktionsverlagerung) wertrelevant, die als Nettoeinnahmen während der erwarteten wirtschaftlichen Nutzungsdauer des Transferpakets in den Verfügungsbereich des jeweiligen ordentlichen und gewissenhaften Geschäftsleiters gelangen. Die Reingewinne nach Steuern werden aus den für die Zukunft geplanten Jahresergebnissen abgeleitet. Die dabei zugrunde liegende Planungsrechnung kann je nach Üblichkeit im betreffenden Unternehmen (Konzern) nach handelsrechtlichen, steuerrechtlichen oder nach anderen Vorschriften (z. B. IFRS, US-GAAP) aufgestellt sein. Das Jahresergebnis ist um nicht zahlungswirksame Ergebnisbeiträge sachgerecht zu korrigieren.

Zusammenfassend ist festzustellen, dass die Ausführungen in dem BMF-Schreiben FV zum Begriff „Reingewinnn nach Steuern" verwirrend sind. Grundsätzlich lässt der Begriff „Gewinn" in „Reingewinn" auf das pagatorische Rechnungswesen schließen, mit Gewinne als Differenz von Erträgen und Aufwendungen. Gemäß BMF-Schreiben FV sind aber die finanziellen Überschüsse, die als Nettoeinnahmen in den Verfügungsbereich des ordentlichen und gewissenhaften Geschäftsleiters gelangen, gemeint. Entsprechend sollte dann allerdings nicht auf Erträge und Aufwendungen sondern auf Einnahmen und Ausgaben abgestellt werden.

Fraglich ist darüber hinaus, was unter Nettoeinnahmen zu verstehen ist. Gemäß Tz. 4 IDW S1 sind Nettoeinnahmen als Saldo von Ausschüttungen bzw. Entnahmen, Kapitalrückzahlungen und Einlagen definiert.[21] Sinn und Zweck ist es, die Nettozuflüsse an die Unternehmenseigner zu ermitteln, aus denen sich der Wert des Eigenkapitals bestimmt.[22] Allerdings wäre es gemäß BMF-Schreiben FV bei Funktionsverlagerungen unerheblich, ob die finanziellen Überschüsse ausgeschüttet werden können.[23] Gleichwohl erläutert das BMF-Schreiben FV, dass das Ertragswertverfahren zur Anwendung kommen kann[24], welches allerdings gerade den Wert durch Diskontierung der den Unternehmenseignern künftig zufließenden finanziellen Überschüssen, also unter Berücksichtigung der Ausschüttungsfähigkeit, ermittelt.[25] Zusammenfassend muss festgehalten werden, dass die Ausführungen zu „Reingewinn nach Steuern" in den einschlägigen BMF-Schreiben auf jeden Fall verwirrend, in Teilen auch widersprüchlich sind.

Da der Begriff „Reingewinn nach Steuern" in der FVerlV keine eigenständige Definition erfährt, der Begriff nicht in anderen Gesetzen definiert oder verwendet wird und es auch keine allgemein anerkannte Definition dieses Begriffs gibt, sollte der Steuerpflichtige

---

[21] Vgl. auch Kap. 7.
[22] Vgl. Tz. 4 IDW S1.
[23] Vgl. BMF, Schreiben FV Rn. 31.
[24] Vgl. BMF, Schreiben FV Rn. 88.
[25] Vgl. IDW S1 i.d. F. 2008 Rn. 102.

frei sein, den Begriff „Reingewinn nach Steuern" selbst zu definieren, solange auf die resultierende Zahlungsgröße auch ein ordentlicher und gewissenhafter Geschäftsleiter abstellen würde. Es wird in Zukunft zu klären sein, ob ein Steuerpflichtiger die Ermittlung des Reingewinns nach Steuern gemäß den BMF-Schreiben verwenden kann, auch wenn dies zu einem nicht fremdüblichen Preis führt, da die Finanzverwaltungen im Rahmen ihrer Selbstbindung an die BMF-Schreiben gebunden ist.

Bzgl. des Verständnisses von „nach Steuern" führt das BMF-Schreiben FV aus, dass die zu berücksichtigenden Steuern die „voraussichtlich festzusetzenden oder tatsächlich festgesetzten und gezahlten und um einen voraussichtlich entstehenden oder entstandenen Ermäßigungsanspruch gekürzten Steuern" darstellen. Es wird darüber hinaus klärend erwähnt, dass Steuern i. S. d. § 1 Abs. 4 FVerlV lediglich Ertragsteuern des Unternehmens sind; der Steuerpflichtige kann die persönlichen Ertragsteuern der Anteilseigner berücksichtigen. In Bezug auf die Berücksichtigung der persönlichen Steuern der Anteilseigner besteht somit ein Wahlrecht. Bezieht der Steuerpflichtige die persönliche Steuerbelastung mit ein, ist diese jedoch ebenfalls beim Kapitalisierungszinssatz zu berücksichtigen, um eine entsprechende Äquivalenz sicherzustellen.[26]

### 6.2.2.2 Ermittlung der Finanzzahlen

Für die Ermittlung der segmentierten Finanzzahlen im Zusammenhang mit der verlagerten Funktion sind gemäß § 3 Abs. 2 FVerlV die Unterlagen, die Grundlagen für die Unternehmensentscheidung der Funktionsverlagerung waren, grundsätzlich als Ausgangspunkt zu nutzen. Die Bestimmung der Finanzzahlen bei der Transferpaketbewertung wird darüber hinaus in der FVerlV nicht weiter konkretisiert.

Das BMF-Schreiben FV enthält demgegenüber weitere Hinweise zur Ermittlung der Finanzzahlen. Abschn. 2.3 des BMF-Schreiben FV führt aus, dass sowohl für das verlagernde als auch für das aufnehmende Unternehmen die Gewinnpotenziale auf Grundlage von Funktions- und Risikoanalysen bezogen auf verlagerte Funktion zu ermitteln sind. Dabei kann die Bestimmung der entsprechenden Gewinnpotenziale basierend auf einer Kostenstellenrechnung, einer Produktergebnisrechnung oder einer Kostendeckungsbeitragsrechnung erfolgen.[27]

Darüber hinaus führt Abschn. 3.4.3.2 BMF-Schreiben FV aus, dass für die Isolierung der auf die verlagerte Funktion entfallenden bzw. erwarteten Gewinne auch unternehmensinterne Unterlagen wie Sparten-/Segmentrechnungen, Profitcenterrechnungen, auch soweit sie für Zwecke von gewinn- oder umsatzorientierten Vergütungssystemen erstellt wurden, eingerichtete Buchungskreise, Kosten- und Leistungsrechnungen oder Finanzierungsunterlagen zur Vorlage bei Kreditinstituten hilfreich sein können.[28] Grundsätzlich können Unterlagen, welche auf den im Unternehmen allgemein angewandten, betriebs-

---

[26]Vgl. IDW S1 i. d. F. 2008 Rn. 33, 35 und 36.
[27]Vgl. BMF, Schreiben FV, Rn. 20.
[28]Vgl. BMF, Schreiben FV, Rn. 166.

wirtschaftlichen Bewertungsgrundlagen und -methoden beruhen, als Grundlage für die Erstellung von Planrechnungen dienen.[29] Weiterhin wird erwähnt, dass auch vergangenheitsbezogenen Finanzgrößen im Rahmen einer Schätzung nutzbar sind, welche allerdings entsprechend anzupassen sind, um zu berücksichtigen, dass bestimmte Ereignisse nur in der Vergangenheit ergebniswirksam waren oder voraussichtlich erst in Zukunft ergebniswirksam werden.[30]

Da im Rahmen des hypothetischen Fremdvergleichs sowohl der Wert des Transferpakets für das abgebende als auch für das aufnehmende Unternehmen zu bestimmen ist, müssen die entsprechenden Finanzzahlen sowohl aus der Perspektive des Verkäufers als auch des Käufers der verlagerten Funktion ermittelt werden. Falls die benötigten unternehmensinternen Unterlagen nicht für beide Seiten vorliegen, führt das BMF-Schreiben FV aus, dass die ermittelten Finanzzahlen von der abgebenden oder aufnehmenden Seite dazu genutzt werden können, um die Finanzzahlen bei der entsprechend anderen Seite zu bestimmen. Die Ausgangsgröße ist entsprechend an die besonderen, gewinnwirksamen Umstände anzupassen, beispielsweise durch die Berücksichtigung von Standortvorteilen oder Synergieeffekten.[31]

### 6.2.3 Kapitalisierungszeitraum

Gemäß § 1 Abs. 3 S. 6 AStG wird „der Einigungsbereich [...] von den jeweiligen Gewinnerwartungen (Gewinnpotenzialen) bestimmt." § 3 Abs. 2 S. 3 FVerlV führt aus, dass „ein von den Umständen der Funktionsausübung abhängiger Kapitalisierungszeitraum zugrunde zu legen" ist. In § 6 FVerlV wird dann weiter ausgeführt, dass auf einen unbegrenzten Kapitalisierungszeitraum abzustellen ist, sofern „keine Gründe für einen bestimmten, von den Umständen der Funktionsausübung abhängigen Kapitalisierungszeitraum gemacht" werden können, oder falls solche Gründe „nicht ersichtlich" sind. Nach Willen des Gesetzgebers muss der Steuerzahler demnach, sofern keine Gründe für die Anwendung eines begrenzten Kapitalisierungszeitraums ersichtlich sind, einen solchen kürzeren Zeitraum substanziieren, oder andernfalls auf einen unendlichen Bewertungszeitraum abstellen.

In Abschn. 2.6 des BMF-Schreiben FV wird hierzu ausgeführt, dass ein unbegrenzter Kapitalisierungszeitraum dann zur Anwendung kommt, „wenn es sich bei der verlagerten Funktion um einen ganzen Betrieb, einen Teilbetrieb oder wenigstens um eine Einheit

---

[29]Vgl. BMF, Schreiben FV, Rn. 86.
[30]Vgl. BMF, Schreiben FV, Rn. 167.
[31]Vgl. BMF, Schreiben FV, Rn. 168.

handelt, die (...) weitgehend einem Teilbetrieb[32] entspricht".[33] Gemäß BMF-Schreiben FV ist die Anwendung eines unbegrenzten Kapitalisierungszeitraums also regelmäßig sachgemäß, sofern die übertragene Funktion einer selbstständig lebensfähigen Einheit entspricht. Weiterhin stellt Abschn. 2.6 BMF-Schreiben FV fest, dass je weiter eine Funktion unterhalb der Schwelle eines Teilbetriebs liegt, desto eher kann ein endlicher Kapitalisierungszeitraum sachgerecht sein. Sofern ein begrenzter Kapitalisierungszeitraum, der von den Umständen der Funktionsausübung abhängt, angewandt wird, muss dieser vom Steuerpflichtigen glaubhaft gemacht werden. Maßgebliche Umstände sind hierbei z. B. ein begrenzter Zeitraum, die Dauer eines Patents oder eines Technologiezyklus.[34] Sollten bei der Ermittlung der Gewinnerwartungen des übernehmenden Unternehmens eigene Aufwendungen für den Erhalt immaterieller Wirtschaftsgüter berücksichtigt worden sein, liegt ein längerer Kapitalisierungszeitraum nahe.[35]

Sofern ein endlicher Kapitalisierungszeitraum zur Anwendung kommt, führt Abschn. 2.6.2 BMF-Schreiben FV aus, dass in Lizenzierungsfällen am Ende des angewandten Zeitraums zu prüfen ist, ob die zu bewertenden immateriellen Wirtschaftsgüter weiterverwendet werden. Falls die Geschäftstätigkeit über den Kapitalisierungszeitraum weiter fortgesetzt wird, muss festgestellt werden, ob eine weitere Funktionsverlagerung vorliegt.[36]

Abschn. 2.6.1 des BMF-Schreiben FV legt weiterhin dar, dass typisierend von einem einheitlichen Kapitalisierungszeitraum für beide Unternehmen auszugehen ist, solange keine Voraussetzungen für nicht einheitliche Kapitalisierungszeiträume nachgewiesen werden können.

### 6.2.4 Kapitalisierungszinssatz

In § 1 Abs. 3 Satz 9 AStG wird im Hinblick auf die Bestimmung des Diskontfaktors ausgeführt: „(...) hat der Steuerpflichtige den Einigungsbereich auf der Grundlage einer Verlagerung der Funktion als Ganzes (Transferpaket) unter Berücksichtigung funktions- und risikoadäquater Kapitalisierungssätze zu bestimmen." Die Verwendung der Mehrzahl „Kapitalisierungssätze" lässt darauf schließen, dass die Anwendung von verschiedenen Diskontfaktoren für das aufnehmende und das abgebende Unternehmen zulässig ist oder individuell laufzeitabhängige Basiszinssätze zu verwenden sind. Weiterhin müssen die gewählten Diskontierungsfaktoren die jeweils ausgeübten Funktionen und eingegange-

---

[32]Vgl. für eine Definition des Begriffs Teilbetrieb Rn. 15.02, BMF, Schreiben v. 11.11.2011 (BStBl I 2011, 1314) zur „Anwendung des Umwandlungssteuergesetzes i. d. F. des Gesetzes über steuerliche Begleitmaßnahmen zur Einführung der Europäischen Gesellschaft und zur Änderung weiterer steuerrechtlicher Vorschriften (SEStEG)".

[33]Vgl. BMF, Schreiben FV, Rn. 109.

[34]Vgl. BMF, Schreiben FV, Rn. 110.

[35]Vgl. BMF, Schreiben FV, Rn. 111.

[36]Vgl. BMF, Schreiben FV, Rn. 113.

nen Risiken der jeweiligen Unternehmen adäquat widerspiegeln. In § 5 FVerlV wird dazu weiter ausgeführt, dass zur Ermittlung des jeweils angemessenen Kapitalisierungszinssatzes unter Berücksichtigung der Steuerbelastung vom Zins für eine risikolose Investition auszugehen ist, welche mit einem angemessenen Risikoaufschlag versehen werden muss, der das Funktions- und Risikoprofil der Unternehmen widerspiegelt. Dabei muss der Zeitraum, in dem die Funktion ausgeübt wird, entsprechend berücksichtigt werden.

Im Rahmen des BMF-Schreibens FV wird die Berechnung des Kapitalisierungszinssatzes näher spezifiziert. In Abschn. 2.5 BMF-Schreiben FV wird zunächst ausgeführt, dass Ausgangspunkt der Bestimmung des Kapitalisierungszinssatzes ein landesüblicher und laufzeitabhängiger Zins für eine „quasi risikolose" Investition ist, jeweils für das verlagernde und das übernehmende Unternehmen (beispielsweise Zins für laufzeitadäquate öffentliche Anleihen im jeweiligen Land soweit diese eine quasi risikolose Investitionsmöglichkeit darstellen). Die Ermittlung dieses Zinssatzes erfolgt grundsätzlich ohne zusätzlichen Zuschlag eines Länderrisikos. Insoweit der inländische Zins ebenfalls für die Bewertung des aufnehmenden Unternehmens im Ausland herangezogen wird ist ggf. ein Zuschlag für das Länderrisiko vorzunehmen.[37]

Im Hinblick auf die Laufzeit des Kapitalisierungszinssatzes wird ausgeführt, dass für den Fall eines von den Umständen der Funktionsausübung abhängigen Kapitalisierungszeitraums risikolose Investitionen heranzuziehen sind, deren Laufzeit z. B. zu der voraussichtlichen Dauer der Funktionsausübung oder Nutzungsdauer der wesentlichen immateriellen Wirtschaftsgüter äquivalent ist. Sollte ein unbegrenzter Kapitalisierungszeitraum zugrunde liegen, sollte die herangezogene Vergleichsinvestition möglichst langfristig sein.[38]

Weiterhin wird dargestellt, dass funktions- und risikoadäquate Zuschläge durch marktübliche Renditen vorgenommen werden sollten; diese müssen „die zukünftigen Chancen und Risiken, die mit der verlagerten Funktion zusammenhängen im Vergleich zu denjenigen, die mit einer risikolosen Investition verbunden sind, berücksichtigen." Soweit möglich, sollen sich diese Zuschläge an den marktüblichen Renditen orientieren, die für die Ausübung vergleichbarer Funktionen erzielt werden können. Sind diese Zuschläge nicht ermittelbar, so ist der Zuschlag jeweils aus den Gewinnerwartungen des Gesamtunternehmens abzuleiten und der verlagerten Funktion ein angemessener Anteil am zu erwartenden Gesamtgewinn zuzuordnen (Wertschöpfungsanalyse).[39]

In Bezug auf die Berücksichtigung von Steuern bei der Ermittlung des Kapitalisierungszinssatzes muss der Kapitalisierungszinssatz dann um die Steuern des Gesellschafters reduziert werden, wenn die erwarteten Gewinne um die Steuern der Gesellschafter gekürzt werden (Äquivalenzprinzip). Falls die Gewinne nur um die Steuern des Unternehmens gekürzt werden, ist der Kapitalisierungszinssatz insoweit nicht anzupassen.[40]

---

[37]Vgl. BMF, Schreiben FV, Rn. 104.
[38]Vgl. BMF, Schreiben FV, Rn. 105.
[39]Vgl. BMF, Schreiben FV, Rn. 106.
[40]Vgl. BMF, Schreiben FV, Rn. 108.

## 6.2.5 Berücksichtigung von Steuereffekten

In dem BMF-Schreiben FV wurde ein zweistufiger Ansatz etabliert, um den Mindestpreis und den Höchstpreis für ein Transferpaket zu bestimmen. Hierzu werden in einem ersten Schritt („Stufe 1") die Barwerte der Gewinnpotenziale berechnet, welche sich aus dem Reingewinn nach Steuern, dem angemessenem Kapitalisierungszeitraum unter Verwendung eines adäquaten Diskontierungsfaktors ergeben, vgl. Rn. 83 ff.

Zusätzlich ist allerdings gemäß dem BMF-Schreiben FV eine zweite Stufe („Stufe 2") zu berücksichtigen. So soll für die Bestimmung des relevanten Mindest- und Höchstpreises auch die Steuerbelastung auf den Gewinn aus der Veräußerung von den Bestandteilen des Transferpakets der verlagerten Funktion zu berücksichtigen sein (vgl. Rn. 118 BMF-Schreiben FV). Analog sollen auch bei dem Höchstpreis die steuerlichen Auswirkungen der Aufwendungen für den Erwerb von Bestandteilen des Transferpakets der verlagerten Funktion, beispielsweise Abschreibungen, zu berücksichtigen sein (vgl. Rn. 125). Die Berücksichtigung dieser steuerlichen Effekte wird im Folgenden als tax gross-up bezeichnet.

Dem finalen BMF-Schreiben FV ist ein Entwurf vom 17. Juli 2009 vorausgegangen, welcher noch nicht das zweistufige Verfahren für die Ermittlung des Mindest- und Höchstpreises berücksichtigte. In der Literatur wurde bereits früh auf die Tatsache aufmerksam gemacht, dass grundsätzlich fremde Dritte bei der Ermittlung ihrer Zahlungsbereitschaft u. a. auch steuerliche Effekte berücksichtigen würden, also den tax gross-up.[41] Insofern sollte das zweistufige Verfahren grundsätzlich einem ökonomischen Kalkül entsprechen. Allerdings wurde vor der finalen Version des BMF-Schreibens FV davon ausgegangen, dass die Nichtbeachtung der steuerlichen Effekte zwar nicht unbedingt logisch zwingend ist, aber als eine für den Steuerpflichtigen günstige Lösung nicht zu beanstanden ist.[42]

Fraglich ist deshalb, ob dieses zweistufige Verfahren eine zulässige Auslegung von § 1 Abs. 3 S. 9–10 i. V. m. S. 5–6 AStG und der FVerlV ist. Das BMF-Schreiben FV ist eine norminterpretierende Verwaltungsvorschrift. Es ist rechtswidrig und somit unbeachtlich insoweit das zweistufige Verfahren eine unzulässige Auslegung des § 1 AStG und der FVerlV darstellt.

Es könnte insbesondere eine grammatische Auslegung der einschlägigen gesetzlichen Normen vorzunehmen sein, da diese grundsätzlich die Grenzen möglicher Auslegungen aufzeigt.

§ 1 Abs. 3 S. 6 AStG legt die Bestimmung des Einigungsbereichs im Rahmen des hypothetischen Fremdvergleichs wie folgt fest:

„Dazu [d. h. um den Verrechnungspreis zu bestimmen] hat er [der Steuerpflichtige] auf Grund einer Funktionsanalyse und innerbetrieblicher Planrechnungen den Mindestpreis des Leistenden und den Höchstpreis des Leistungsempfängers zu ermitteln (Einigungsbereich); der Einigungsbereich wird von den jeweiligen Gewinnerwartungen (Gewinnpotenzialen) bestimmt."

---

[41] Vgl. Oestreicher & Hundshagen, 2008, Oestreicher & Hundshagen, 2008.
[42] Vgl. Kroppen & Schreiber, 2009, Rn. 138.

Gemäß dem Gesetzeswortlaut ist der Einigungsbereich als Spanne zwischen Mindest- und Höchstpreis definiert. Hierbei wird der Einigungsbereich, also folglich auch der Mindest- und Höchstpreis, durch die Gewinnpotenziale bestimmt. Es könnte folglich argumentiert werden, dass der Gesetzeswortlaut keinen Raum lässt, die Gewinnpotenziale noch zusätzlich durch einen tax gross-up zu erhöhen, um den Mindest- und Höchstpreis zu ermitteln. Entsprechend sollte Stufe 2, also der tax gross-up, nicht durch den Gesetzeswortlaut gedeckt sein. Es könnte allerdings argumentiert werden, dass die Gewinnpotenziale bereits den tax gross-up beinhalten, insbesondere, da der Begriff Gewinnpotenzial nicht im § 1 AStG definiert wird.

Diese fehlende Definition wird in § 1 Abs. 4 FVerlV vorgenommen. Der Reingewinn nach Steuern ist demnach das Gewinnpotenzial (§ 1 Abs. 3 S. 1 FVerlV). Durch die Wortwahl „nach Steuern" wird deutlich, dass kein Vorsteuerwert, wie er sich durch die 2. Stufe aufgrund des tax gross-up ergeben würde, unter Gewinnpotenzial verstanden wird. Demnach kann vertreten werden, dass nach dem Wortlaut der FVerlV die Größe Gewinnpotenzial keinen tax gross-up beinhaltet.

Fraglich ist, ob und wie die weitere Konkretisierung des Begriffs „Reingewinn nach Steuern" durch den Zusatz, dass das Verhalten eines ordentlichen und gewissenhaften Geschäftsleiters für die Bestimmung zugrunde zu legen ist, zu berücksichtigen ist (§ 1 Abs. 3 S. 1 FVerlV). Es könnte argumentiert werden, dass diese Konkretisierung sich auf den Begriff „Reingewinn nach Steuern" bezieht und entsprechend nicht die Aussage „nach Steuern" negieren kann. Dies könnte auch durch die Gesetzesbegründung FVerlV deutlich werden. So wird im allgemeinen Teil zu § 1 Abs. 4 FVerlV festgehalten, dass von dem Reingewinn nach Steuern auszugehen ist, da auch voneinander unabhängige Dritte ihre Zahlungsbereitschaft für das Transferpaket von dem zu erwartenden Nettoergebnis aus der Übernahme der Funktion abhängig machen. Die Verwendung des Begriffs „Nettoergebnis" verdeutlicht, dass ein Nachsteuerwert zu nutzen sei, und kein Vorsteuerwert, der eher einem Bruttowert entsprechend würde.

Die FVerlV benutzt analog zum § 1 Abs. 3 AStG die Begriffe Mindestpreis und Höchstpreis, um die Untergrenze und Obergrenze des „Verhandlungsrahmens" zu beschreiben. Wiederum wird der Begriff Gewinnpotenzial in Zusammenhang mit dem Begriff Mindest- und Höchstpreis genannt.

So legt § 7 Abs. 1 FVerlV fest: „Für ein verlagerndes Unternehmen, das aus der Funktion Gewinne zu erwarten hat, ergibt sich die Untergrenze des Verhandlungsrahmens (Mindestpreis des Einigungsbereichs) i. S. d. § 1 Abs. 3 Satz 6 des Außensteuergesetzes aus dem Ausgleich für den Wegfall oder die Minderung des Gewinnpotenzials zuzüglich der ggf. anfallenden Schließungskosten."

§ 7 Abs. 4 FVerlV legt fest: „Das Gewinnpotenzial des übernehmenden Unternehmens aus der übernommenen Funktion ist regelmäßig die Obergrenze des Verhandlungsrahmens (Höchstpreis des Einigungsbereichs)."

Somit sollte grundsätzlich gemäß der FVerlV sowohl der Mindestpreis als auch der Höchstpreis identisch mit dem Gewinnpotenzial sein, wobei bei dem Mindestpreis noch eine Hinzurechnung der ggf. anschließenden Schließungskosten zu erfolgen hat.

# 6 Transferpaketbewertung

Gemäß der Rechtsprechung des BFH orientiert sich die Steuerrechtsprechung überwiegend am Wortlaut der Norm, um deren Sinn und Zweck zu erfassen. Für die Auslegung einer gesetzlichen Vorschrift ist der in ihr zum Ausdruck gekommene, objektivierte Wille des Gesetzgebers, so wie er sich aus dem Wortlaut und dem Sinnzusammenhang ergibt, maßgeblich.[43] Folglich könnte vertreten werden, dass ein tax gross-up bei dem abgebenden und aufnehmenden Unternehmen gesetzlich nicht vorgesehen ist, da der Wortlaut des Gesetzes und der Verordnung insoweit eindeutig zu sein scheint. Allerdings spricht der Sinn und Zweck i. S. d. Fremdvergleichsgrundsatzes für die Berücksichtigung des tax gross-up, soweit diesen auch fremde Dritte berücksichtigen würden.

## 6.2.6 Bestimmung eines Wertes im Einigungsbereich

Gemäß § 1 Abs. 3 S. 7 AStG ist „der Preis im Einigungsbereich der Einkünfteermittlung zugrunde zu legen, der dem Fremdvergleichsgrundsatz mit der höchsten Wahrscheinlichkeit entspricht; wird kein anderer Wert glaubhaft gemacht, ist der Mittelwert des Einigungsbereichs zugrunde zu legen."

Abschn. 2.7.6 BMF-Schreiben FV präzisiert die Grundsätze der Ermittlung des maßgeblichen Wertes im Einigungsbereich. Demzufolge hat der Steuerpflichtige glaubhaft zu machen, dass der gewählte Wert im Einigungsbereich im Einklang mit dem Fremdvergleichsgrundsatz steht; maßgeblich sind hierbei alle Umstände der Verlagerung, wie z. B. die Marktpositionen der beteiligten Unternehmen, das Interesse des abgebenden sowie des aufnehmenden Unternehmens an der Verlagerung, die Kapitalausstattung und Ertragslage der beiden Unternehmen, Synergieeffekte und Standortvorteile, Handlungsalternativen sowie ggf. ersparte Anlaufkosten des aufnehmenden Unternehmens durch die Verlagerung.[44]

## 6.2.7 Bewertung eines Transferpakets – Anwendungsbeispiel BMF-Schreiben FV

### 6.2.7.1 Anwendungsbeispiel A

Im Rahmen des im Anhang zum BMF-Schreiben FV dargestellten Anwendungsbeispiels A[45] wird unterstellt, dass ein Unternehmen (Mutterkapitalgesellschaft – MG) unstrittig ein Transferpaket auf eine neu gegründete ausländische Tochterkapitalgesellschaft (TG) überträgt.

Der nachhaltig erzielbare jährliche Reingewinn nach Steuern aus der übertragenen Funktion soll aus Sicht der verlagernden MG 600.000 EUR (Umsatz 28 MEUR) betragen. Nach den Planungen der übernehmenden TG wird mit einem aus der Funktion

---

[43]Vgl. beispielsweise BFH, Urteil v. 3.2.2000 (III R 30/98) BStBl. 2000 II S. 438 und BFH, Urteil v. 5.9.2002 (III R 37/01) BStBl. 2003 II S. 772.
[44]Vgl. BMF, Schreiben FV, Rn. 128.
[45]Vgl. BMF, Schreiben FV, Anlage, Beispiel 1 A.

**Tab. 6.1** Anwendungsbeispiel A. (Quelle: BMF, Schreiben FV Beispiel 1)

| Beispiel A: Annahmen | MG | TG |
|---|---|---|
| Umsatz (Funktion) in Euro | 28.000.000 | 34.000.000 |
| Reingewinn in Euro | 600.000 | 900.000 |
| Risikoloser Zinssatz | 4 % | 4 % |
| Risikozuschlag | 5 % | 5 % |
| Steuerbelastung | 30 % | 20 % |
| Kapitalisierungszeitraum | Unendlich | Unendlich |
| Sonstiges | Alle Wirtschaftsgüter auf null abgeschrieben | Transferpaket nicht steuerlich abschreibungsfähig |

nachhaltig erzielbaren Reingewinn nach Steuern i. H. v. 900.000 EUR (Umsatz 34 MEUR) gerechnet. Weitere Annahmen werden in Tab. 6.1 dargestellt.

Im Anwendungsbeispiel wird weiterhin der zweistufige Ansatz verfolgt. In Stufe 1 wird zunächst der jeweilige Ertragswert ausgehend von einem jährlich gleichbleibenden Reingewinn ermittelt, ohne Berücksichtigung der Steuern auf das Transferpaket. So bestimmt sich der Mindestpreis (MP) bezogen auf das oben vorgestellte Beispiel damit als Barwert der Gewinne i. H. v. 6,7 MEUR.

$$\text{MP (Stufe 1)} = \frac{0{,}6\,\text{MEUR}}{0{,}09} = 6{,}7\,\text{MEUR}$$

Analog berechnet sich der Höchstpreis (HP) als Barwert der Gewinne i. H. v. 10,0 MEUR.

$$\text{HP (Stufe 1)} = \frac{0{,}9\,\text{MEUR}}{0{,}09} = 10{,}0\,\text{MEUR}$$

Im Rahmen von Stufe 2 wird nun gemäß Abschn. 2.7.1 BMF-Schreiben FV die Steuerbelastung des verlagernden Unternehmens auf den Ertrag aus der Veräußerung von Bestandteilen des Transferpakets der verlagerten Funktion berücksichtigt.[46] Im vorliegenden Beispiel werden daher die Steuern in Bezug auf den Verkauf des Transferpakets durch das abgebende Unternehmen berücksichtigt. Da angenommen wird, dass das Transferpaket beim aufnehmenden Unternehmen nicht steuerlich abschreibungsfähig ist, kommt es bei der MG mangels Absetzung für Abnutzung („AfA") zu keinen steuerlichen Auswirkungen.

Der Mindestpreis gemäß Stufe 2 beträgt demnach 9,5 MEUR und errechnet sich wie folgt:

$$\text{MP (Stufe 2)} = \frac{\text{Ertragswert (ohne Steuern auf Transferpaket)}}{1 - \text{Steuersatz}} = \frac{6{,}7\,\text{MEUR}}{1 - 30\,\%} = 9{,}5\,\text{MEUR}$$

---

[46]Vgl. BMF, Schreiben FV, Rn. 118.

**Tab. 6.2** Anwendungsbeispiel B. (Quelle: BMF, Schreiben FV Beispiel 1)

| Beispiel B: Annahmen | MG | TG |
|---|---|---|
| Umsatz (Funktion) in Euro | 28.000.000 | 34.000.000 |
| Reingewinn in Euro | 600.000 | 900.000 |
| Risikoloser Zinssatz | 4 % | 4 % |
| Risikozuschlag | 5 % | 5 % |
| Steuerbelastung | 30 % | 20 % |
| Kapitalisierungszeitraum | 5 Jahre | 5 Jahre |
| Sonstiges | Buchwerte der Wirtschaftsgüter: 1.372.818 EUR | Transferpaket steuerlich innerhalb von 5 Jahren abschreibungsfähig |

Der Einigungsbereich in Anwendungsbeispiel A liegt also zwischen dem Mindestpreis für Stufe 2 von 9,5 MEUR und dem Höchstpreis für Stufe 2 von 10,0 MEUR. Der Mittelwert beträgt 9,8 MEUR.

### 6.2.7.2 Anwendungsbeispiel B

Im Rahmen des im Anhang zum BMF-Schreiben FV dargestellten Anwendungsbeispiels B[47] wird unterstellt, dass wiederum MG unstrittig ein Transferpaket auf die neu gegründete ausländische TG überträgt. Die Annahmen sind wie im Anwendungsbeispiel A, nur es wird diesmal angenommen, dass die Buchwerte bei MG nicht null sind und TG das übernommene Transferpaket abschreiben kann.

Der nachhaltig erzielbare jährliche Reingewinn nach Steuern aus der übertragenen Funktion soll aus Sicht der verlagernden MG wieder 600.000 EUR (Umsatz 28 MEUR) betragen. Nach den Planungen der übernehmenden TG wird mit einem aus der Funktion nachhaltig erzielbaren Reingewinn nach Steuern i. H. v. 900.000 EUR (Umsatz 34 MEUR) gerechnet.

Es wird ein begrenzter Kapitalisierungszeitraum von 5 Jahren unterstellt. Weitere Annahmen sind in Tab. 6.2 zusammengefasst.

Im Anwendungsbeispiel wird weiterhin der zweistufige Ansatz verfolgt. In Stufe 1 wird zunächst der jeweilige Ertragswert ausgehend von einem jährlich gleichbleibenden Reingewinn ermittelt, ohne Berücksichtigung der Steuern auf das Transferpaket. So bestimmt sich der Mindestpreis (Stufe 1) bezogen auf das oben vorgestellte Beispiel damit als Barwert der Gewinne i. H. v. 2,3 MEUR.

$$\text{MP (Stufe 1)} = \sum_{t=1}^{T} \frac{R(t)}{(1+r)^t} = \sum_{t=1}^{5} \frac{0{,}6\,\text{MEUR}}{(1+0{,}09)^t} = 2{,}3\,\text{MEUR}$$

---

[47]Vgl. BMF, Schreiben FV, Anlage, Beispiel 1 B).

**Tab. 6.3** Anwendungsbeispiel B Höchstpreis Stufe 2. (Quelle: BMF, Schreiben FV Beispiel 1)

| Beispiel B – Höchstpreis Stufe 2 | 1 | 2 | 3 | 4 | 5 |
|---|---|---|---|---|---|
| Abschreibungsquote (20 %) | 0,2 | 0,2 | 0,2 | 0,2 | 0,2 |
| Kapitalisierungszinssatz | 9 % | 9 % | 9 % | 9 % | 9 % |
| Barwertfaktor | 0,917 | 0,842 | 0,772 | 0,708 | 0,650 |
| Barwert AfA-Quote | 0,183 | 0,168 | 0,154 | 0,142 | 0,130 |
| Unternehmenssteuer (Ausland) | 20 % | 20 % | 20 % | 20 % | 20 % |
| Steuerersparnis Abschreibung | 0,037 | 0,034 | 0,031 | 0,028 | 0,026 |
| Steuerersparnis in Euro gesamt | **0,1556** | | | | |
| Aufschlagsfaktor | **1,1843** | | | | |

Analog berechnet sich der Höchstpreis (Stufe 1) von TG wie folgt:

$$\text{HP (Stufe 1)} = \sum_{t=1}^{T} \frac{R(t)}{(1+r)^t} = \sum_{t=1}^{5} \frac{0{,}9\,\text{MEUR}}{(1+0{,}09)^t} = 3{,}5\,\text{MEUR}$$

Im Rahmen der Bestimmung des Mindestpreises für Stufe 2 muss nun berücksichtigt werden, dass die Aufdeckung stiller Reserven – in Höhe der Differenz zwischen Mindestpreis der Stufe 1 und dem Buchwert der Wirtschaftsgüter des Transferpakets – zu einer entsprechenden Besteuerung auf Ebene des verlagernden Unternehmens führt. Der Mindestpreis für Stufe 2 lässt sich wie folgt bestimmen:

$$\text{MP (Stufe 2)} = \frac{\text{MP (Stufe 1)} - \text{Buchwert} \times \text{Steuersatz}}{1 - \text{Steuersatz}} = \frac{2{,}3\,\text{MEUR} - 30\,\% \times 1{,}4\,\text{MEUR}}{1 - 30\,\%} = 2{,}7\,\text{MEUR}$$

Durch den Term *Buchwert x Steuersatz* wird berücksichtigt, dass nur die stillen Reserven des Transferpaketes und nicht das Entgelt für das Transferpaket der Besteuerung unterworfen werden. Bei diesem Preis MP wäre das abgebende Unternehmen nun gerade indifferent zwischen Fortführung der Funktion oder Übertragung der Funktion.

Für die Berechnung des Höchstpreises für Stufe 2 muss nun gemäß Abschn. 2.7.4 die Besteuerungswirkung des Entgelts für den Erwerb des Transferpakets auf Ebene des aufnehmenden Unternehmens berücksichtigt werden, d. h. die steuerlichen Auswirkungen in Bezug auf die Abschreibungen auf erworbene Wirtschaftsgüter.[48] Die steuerlichen Auswirkungen berechnen sich wie in Tab. 6.3.

Hierbei ist die Steuerersparnis in einen Aufschlagsfaktor umzurechnen, welcher auf den Höchstpreis der Stufe 1 zur Ermittlung des Höchstpreises für Stufe 2 anzuwenden ist. Der Aufschlagsfaktor ist wie folgt zu berechnen:

---

[48]Vgl. BMF, Schreiben FV, Rn. 125.

$$\text{Aufschlagsfaktor} = \frac{1}{(1 - \text{Steuerersparnis})} = \frac{1}{(1 - 0{,}1556)} = 1{,}1843$$

Der Höchstpreis für Stufe 2 errechnet sich dann wie folgt:

$$\text{HP (Stufe 2)} = \text{HP (Stufe 1)} \times \text{Aufschlagsfaktor} = 3{,}5 \, \text{MEUR} \times 1{,}1843 = 4{,}1 \, \text{MEUR}$$

Der Einigungsbereich in Anwendungsbeispiel B liegt also zwischen dem Mindestpreis für Stufe 2 von 2,7 MEUR und dem Höchstpreis für Stufe 2 von 4,1 MEUR. Der Mittelwert beträgt 3,4 MEUR.

## 6.3 Transferpaketbewertung gemäß betriebswirtschaftlicher Grundsätze

Fokussiert man sich auf die in Rn. 84 BMF-Schreiben FV für die Barwertberechnung der Gewinnpotenziale angeführten drei wesentlichen Faktoren zu diskontierender Zahlungsgröße, Kapitalisierungszeitraum und Diskontierungsfaktor, so kann aus einer betriebswirtschaftlichen Sicht den Ausführungen des BMF-Schreiben FV zu der Bestimmung des Kapitalisierungszeitraums grundsätzlich gefolgt werden, auch wenn die Beweislastregeln fraglich erscheinen. Für die diskontierende Zahlungsgröße und den damit direkt zusammenhängenden Diskontierungsfaktor bestehen in der betriebswirtschaftlichen Bewertungslehre allerdings allgemein anerkannte Standards, die sich so nicht direkt in den Ausführungen des BMF-Schreiben FV wiederfinden.

### 6.3.1 Übersicht Barwertverfahren

In einem ersten Schritt ist zu klären, welche Bewertungsverfahren für die Ermittlung der Barwerte der Gewinnpotenziale zulässig sein sollten. Gemäß der Gesetzesbegründung zur FVerlV können zur Barwertermittlung im Rahmen der Transferpaketbewertung interne betriebswirtschaftliche Bewertungsgrundsätze und -methoden verwendet werden, wenn diese nicht zu dem Fremdvergleichsgrundsatz widersprechenden Ergebnissen führen.[49] Weiterhin wird in Abschn. 2.3.2 BMF-Schreiben FV ausgeführt, dass für die Transferpaketbewertung im Rahmen des hypothetischen Fremdvergleichs der „zukünftig zu erwartende finanzielle Nutzen aus dem Transferpaket" maßgeblich ist, der sich auf Grundlage einer betriebswirtschaftlichen Bewertung nach einem national (IDW S 1 oder IDW S 5) oder international anerkannten kapitalwertorientierten Verfahren ergibt.[50] Insbesondere wird explizit erwähnt, dass neben dem Ertragswertverfahren auch das

---

[49]Vgl. Begründung zu § 3 Abs. 2 Satz 2 FVerlV; BMF, Schreiben FV, Rn. 86.
[50]Vgl. BMF, Schreiben FV, Rn. 63, 87 und 88.

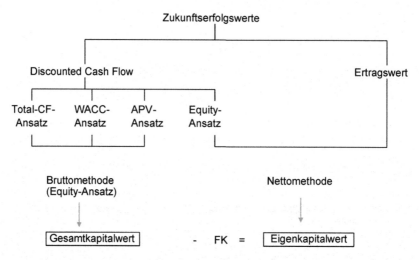

**Abb. 6.1** Übersicht über Barwertverfahren. (Quelle: Peemöller, 2012)

Discounted-Cashflow-Verfahren zulässig ist, da diese beiden Bewertungsmethoden konzeptionell vergleichbar sind und unter bestimmten Voraussetzungen zu den gleichen Bewertungsergebnissen führen.[51]

Grundsätzlich sollten somit alle anerkannten Barwertverfahren aus der Betriebswirtschaftslehre als Bewertungsverfahren im Rahmen von Funktionsverlagerungen in Betracht kommen; insbesondere sollten also sowohl Nettokapitalisierungsverfahren (Ertragswertverfahren, Equity-Verfahren), bei denen die Bewertung unmittelbar aus Sicht der Eigentümer ermittelt wird, als auch Bruttoansätze (Total-CF-Ansatz, WACC-Ansatz, Adjusted-Present-Value-Ansatz (APV-Ansatz)), im Zuge derer der Zahlungsstrom an alle Investoren, d. h. Eigen- wie auch Fremdkapitalgeber, bewertet wird, zulässig sein.[52]

Abb. 6.1 stellt eine Übersicht der oben genannten Barwertverfahren zur Ermittlung von Zukunftserfolgswerten dar.

### 6.3.1.1 Ertragswertverfahren

In der deutschen Bewertungslehre kommt das Ertragswertverfahren häufig zur Anwendung, während im angelsächsischen Raum Discounted-Cashflow-Verfahren dominieren.[53] Im Rahmen des Ertragswertverfahrens wird der Marktwert des Eigenkapitals durch Diskontierung der den Unternehmenseignern künftig zufließenden finanziellen

---

[51] Vgl. Kohl & Schulte, 2000, S. 1151; IDW S i. d. F. 2008, Rn. 101.
[52] Vgl. Vögele, et al., 2015, Rn. 529 ff.; Schilling, 2011, S. 1538.
[53] Vgl. Ballwieser & Hachmeister, 2013, S. 481.

Überschüsse, d. h. Erträge, ermittelt.[54] Die Ermittlung der Überschüsse erfolgt üblicherweise auf Grundlage der handelsrechtlichen Planungsrechnungen.[55]

Die finanziellen Überschüsse aus dem Unternehmen werden im Rahmen des Ertragswertverfahrens mit den risikoadjustierten Eigenkapitalkosten auf den Bewertungsstichtag abgezinst, um sie mit der dem Investor zur Verfügung stehenden Anlagealternative vergleichbar zu machen.[56]

### 6.3.1.2 DCF-Verfahren

Im Gegensatz zur Anwendung des Ertragswertverfahrens, bei dem die Ermittlung des Unternehmenswertes durch Diskontierung bilanzieller Größen erfolgt, stellen die DCF-Verfahren grundsätzlich auf die erwarteten Cashflows, also Zahlungsströme der betrachteten Perioden ab.

Die genaue Definition der zu diskontierenden Größe hängt vom jeweils angewandten Verfahren ab. Im Rahmen der DCF-Ansätze, die als Bruttokapitalisierungsverfahren zu klassifizieren sind (Total-CF-Ansatz, WACC-Ansatz, APV-Ansatz), ergibt sich der Marktwert des Eigenkapitals als Differenz aus dem Gesamtkapitalwert und dem Marktwert des Fremdkapitals. Im Rahmen dieser Verfahren wird zunächst der Gesamtwert des Kapitals ermittelt; durch Abzug des Fremdkapitalwertes erhält man dann den Wert des Eigenkapitals.[57] Demgegenüber werden im Rahmen des Equity-Ansatzes, welcher ein Nettoverfahren darstellt, die Cashflows zunächst um die Fremdkapitalkosten vermindert, und dann mit der Eigenkapitalrendite diskontiert; der Wert des Eigenkapitals wird so direkt ermittelt.[58] Bei konsistenten Annahmen führen diese unterschiedlichen Cashflow-Verfahren grundsätzlich zu denselben Ergebnissen.[59]

### 6.3.1.3 Fazit – Barwertmethoden zur Transferpaketbewertung

Wie bereits erwähnt, führen die oben genannten Barwertverfahren theoretisch zu denselben Ergebnissen. In der Bewertungsliteratur werden Bruttoverfahren oftmals als genauer eingestuft, da es im Rahmen dieser Verfahren zu einer separaten Bewertung des Fremdkapitals kommt.[60] So kommt es auch in der deutschen Bewertungspraxis, beispielsweise im Zuge von Unternehmensbewertungen im Rahmen von Fusionen und Übernahmen, immer häufiger zur Anwendung solcher DCF-Verfahren. Dabei wird in der Praxis regelmäßig auf den WACC-Ansatz abgestellt. Dem gegenüber steht jedoch die traditionelle Bewertungslehre, in der das Ertragswertverfahren dominiert.

---

[54]Vgl. Peemöller, 2012, S. 54.
[55]Vgl. IDW S1 i. d. F. 2008, 102.
[56]Vgl. IDW S1 i. d. F. 2008, 113.
[57]Vgl. Ballwieser & Hachmeister, 2013, S. 141.
[58]Vgl. Ballwieser & Hachmeister, 2013, S. 140.
[59]Vgl. IDW S1 i. d. F. 2008, Rn. 124.
[60]Vgl. Vögele, et al., 2015, Rn. 538.

**Tab. 6.4** GuV. (Quelle: Eigenes Beispiel)

| GuV | | 0 | 1 | 2 | 3 | 4 | 5 |
|---|---|---|---|---|---|---|---|
| Umsatz | | | 5000 | 5000 | 5000 | 5000 | 0 |
| Gewinn vor Abschreibungen, Zinsen und Steuern | | | 1052 | 1060 | 1017 | 1026 | 0 |
| Abschreibungen | | | 500 | 500 | 750 | 750 | 0 |
| Operatives Ergebnis vor Zinsen und Steuern | | | 552 | 560 | 267 | 276 | 0 |
| *in %* | | | *11 %* | *11 %* | *5 %* | *6 %* | |
| Zinsen | 8 % | | 68 | 39 | 66 | 35 | 0 |
| Gewinn vor Steuern | | | 484 | 522 | 200 | 241 | 0 |
| Steuern | 30 % | | 145 | 157 | 60 | 72 | 0 |
| Jahresüberschuss | | | 339 | 365 | 140 | 169 | 0 |
| *in %* | | | *7 %* | *7 %* | *3 %* | *3 %* | |

## 6.3.2 Anwendungsbeispiele

### 6.3.2.1 Einführung

Im Folgenden soll die Anwendung des Free-Cash-Flow-To-Equity („FCFE") (Abschn. 6.3.2.2) und des Ertragswertverfahrens (Abschn. 6.3.2.3) als Nettoverfahren sowie das Free-Cash-Flow-To-The-Firm („FCFF") (Abschn. 6.3.2.4) als Bruttoverfahren für eine Funktionsverlagerung beispielhaft dargestellt werden.

Es sei eine Funktion unterstellt, welche vier Perioden einen Umsatz von 5000 Geldeinheiten (GE) erzielt. Hierzu wurden in Periode 0 1000 GE investiert. Diese Investition wurde kapitalisiert und wird über zwei Perioden abgeschrieben. In Periode 2 ist eine Ersatzinvestition in Höhe von 1500 GE notwendig, welche ebenfalls kapitalisiert und anschließend über zwei Perioden abgeschrieben wird. Entsprechend betragen die Abschreibungen jeweils 500 GE in Periode 1 und 2 und 750 GE in Periode 3 und 4. Nach Abzug aller weiteren operativen Kosten ergibt sich eine EBIT-Rendite von ca. 11 % in den Perioden 1 und 2 und eine von ca. 5 % bis 6 % in den Perioden 3 und 4.

Nach Abzug des Zinsaufwands, welcher 8 % des aufgenommen Fremdkapitals beträgt, sind 30 % Steuern auf die Gewinne vor Steuern zu zahlen. Entsprechend ergibt sich ein Jahresüberschuss der ca. 7 % des Umsatzes in den Perioden 1 und 2 und ca. 3 % in den Perioden 3 und 4 beträgt (siehe Tab. 6.4).

Die Anfangsinvestition in Periode 0 wurde von dem Unternehmen annahmegemäß mit 149 GE als Eigenkapital und 851 GE Fremdkapital finanziert. Annahmegemäß würde der Jahresüberschuss der Perioden jeweils vollständig ausgeschüttet. Entsprechend lässt sich das Fremdkapital in Periode 1, 3 und 4 um jeweils 368 GE, 395 GE bzw. 433 GE zurückführen. In Periode 2 muss für die Finanzierung der Ersatzinvestition eine Eigenkapitalerhöhung i. H. v. 522 GE und eine Neuaufnahme von Fremdkapital i. H. v. 346 GE vorgenommen werden. Im Einzelnen stellt sich damit die Finanzplanung wie in Tab. 6.5 dar.

**Tab. 6.5** Finanzplanung. (Quelle: Eigenes Beispiel)

| Finanzplanung | 0 | 1 | 2 | 3 | 4 | 5 |
|---|---|---|---|---|---|---|
| Investitionen | 1000 | 0 | 1500 | 0 | 0 | 0 |
| Gewinnausschüttung | 0 | 339 | 365 | 140 | 169 | 0 |
| Zinsen | 0 | 68 | 39 | 66 | 35 | 0 |
| Steuern | 0 | 145 | 157 | 60 | 72 | 0 |
| = notwendige Finanzierung | 1000 | 552 | 2060 | 267 | 276 | 0 |
| Cash-Flow aus laufender Geschäftstätigkeit | 0 | 1052 | 1060 | 1017 | 1026 | 0 |
| = verfügbare Finanzierung | 0 | 1052 | 1060 | 1017 | 1026 | 0 |
| EK/FK benötigt | 1000 | −500 | 1000 | −750 | −750 | 0 |
| Erhöhung EK | 149 | 0 | 522 | 0 | 0 | −671 |
| Erhöhung FK | 851 | −368 | 346 | −395 | −433 | 0 |

**Tab. 6.6** Bilanz. (Quelle: Eigenes Beispiel)

| Bilanz | 0 | 1 | 2 | 3 | 4 | 5 |
|---|---|---|---|---|---|---|
| Anlagevermögen | 1000 | 500 | 1500 | 750 | 0 | 0 |
| Umlaufvermögen | 0 | 132 | 0 | 355 | 671 | 0 |
| = Aktiva | 1000 | 632 | 1500 | 1105 | 671 | 0 |
| Eigenkapital | 149 | 149 | 671 | 671 | 671 | 0 |
| Fremdkapital | 851 | 483 | 829 | 433 | 0 | 0 |
| = Passiva | 1000 | 632 | 1500 | 1105 | 671 | 0 |

Aus der Gewinn- und Verlustrechnung sowie der Finanzplanung ergibt sich folglich die aus Tab. 6.6 ersichtliche Bilanz für die Perioden.

Das Umlaufvermögen, welches im hier betrachteten Beispiel nur aus liquiden Mitteln i. S. d. § 266 Abs. 2 B IV HGB besteht, bestimmt sich wie in Tab. 6.7.

Für die Bestimmung des Umlaufvermögens/der liquiden Mittel ist zunächst der Kapitalzufluss aus der operativen Geschäftstätigkeit in Höhe des Gewinns vor Abschreibungen, Zinsen und Steuern zu berücksichtigen. Hierzu sind die kapitalisierten Investitionen der Periode abzuziehen, da diese zahlungswirksam sind, allerdings in der Periode zu keinem Aufwand geführt haben. Schließlich sind die gezahlten Steuern und Zinsen abzuführen. Eine Erhöhung des Fremdkapitals bedeutet einen zusätzlichen Bestand an Zahlungsmitteln, eine durchgeführte Gewinnausschüttung eine Verminderung der Zahlungsmittel und eine Eigenkapitalerhöhung eine Erhöhung der Zahlungsmittel. Entsprechend lässt sich somit die Veränderung der liquiden Mittel in der Periode bestimmen sowie der Bestand an liquiden Mitteln, welcher in unserem Beispiel gleich dem Umlaufvermögen ist.

**Tab. 6.7** Umlaufvermögen. (Quelle: Eigenes Beispiel)

| Umlaufvermögen | 0 | 1 | 2 | 3 | 4 | 5 |
|---|---|---|---|---|---|---|
| Gewinn vor Abschreibungen, Zinsen und Steuern | 0 | 1052 | 1060 | 1017 | 1026 | 0 |
| − Kapitalisierte Investitionen | 1000 | 0 | 1500 | 0 | 0 | 0 |
| − Steuern | 0 | 145 | 157 | 60 | 72 | 0 |
| − Zinsen | 0 | 68 | 39 | 66 | 35 | 0 |
| + Veränderung Fremdkapital | 851 | −368 | 346 | −395 | −433 | 0 |
| − Gewinnausschüttung | 0 | 339 | 365 | 140 | 169 | 0 |
| + Eigenkapitalerhöhung | 149 | 0 | 522 | 0 | 0 | −671 |
| = Veränderung des Umlaufvermögens | 0 | 132 | −132 | 355 | 317 | −671 |
| Umlaufvermögen | 0 | 132 | 0 | 355 | 671 | 0 |

**Tab. 6.8** FCFE. (Quelle: Eigenes Beispiel)

| FCFE | 0 | 1 | 2 | 3 | 4 | 5 |
|---|---|---|---|---|---|---|
| Gewinn vor Abschreibungen, Zinsen und Steuern | 0 | 1052 | 1060 | 1017 | 1026 | 0 |
| − Kapitalisierte Investitionen | 1000 | 0 | 1500 | 0 | 0 | 0 |
| − Steuer | | 145 | 157 | 60 | 72 | 0,00 |
| + Veränderung Fremdkapital | 851 | −368 | 346 | −395 | −433 | 0 |
| − Zinsen | 0 | 68 | 39 | 66 | 35 | 0 |
| = FCFE | −149 | 470 | −288 | 495 | 485 | 0 |

**Tab. 6.9** Barwert FCFE. (Quelle: Eigenes Beispiel)

| FCFE | | 0 | 1 | 2 | 3 | 4 | 5 |
|---|---|---|---|---|---|---|---|
| FCFE | | | 470 | −288 | 495 | 485 | 0 |
| Barwertfaktor EK | 11,985 % | | 0,89 | 0,80 | 0,71 | 0,64 | 0,57 |
| Barwert FCFE | 851 | | 420 | −230 | 352 | 309 | 0 |

**Tab. 6.10** Ertragswert aus Ausschüttungen. (Quelle: Eigenes Beispiel)

| Ertragswert aus Ausschüttungen | 0 | 1 | 2 | 3 | 4 | 5 |
|---|---|---|---|---|---|---|
| Ausschüttungen | 0 | 339 | 365 | 140 | 169 | 0 |
| − EK-Aufnahme | 149 | 0 | 522 | 0 | 0 | −671 |
| = Ertrag | −149 | 339 | −157 | 140 | 169 | 671 |

## 6.3.2.2 Free-Cash-Flow-To-The-Equity

Gemäß IDW S1 Rn. 138 werden bei dem Free-Cash-Flow-To-Equity-Ansatz die den Eigentümern zufließenden Überschüsse mit den Eigenkapitalkosten (eines verschuldeten Unternehmens) diskontiert. Die Netto-Cashflows werden folglich um die periodenspezifischen Zahlungen an die Fremdkapitalgeber gekürzt und mit dem Kapitalkostensatz abgezinst, der sowohl das operative Risiko des Unternehmens als auch das durch die Kapitalstruktur des Unternehmens entstehende Finanzierungsrisiko widerspiegelt.

Folglich sind in einem ersten Schritt die den Eigentümern zufließenden Überschüsse zu identifizieren, die sog. Free-Cash-Flow-To-Equity. In unserem Beispiel bestimmen diese sich wie in Tab. 6.8 dargestellt.

In einem zweiten Schritt sind diese mit den Kapitalkosten für das Eigenkapital abzuzinsen. In unserem Beispiel werden diese mit 11,985 % angenommen. Es ergibt sich ein Marktwert von 851 GE für das Eigenkapital zu Beginn der Periode 1, d. h. nach der Investition von 1000 GE, welche mit 149 GE aus Eigenkapital und 851 GE Fremdkapital finanziert wurde (Tab. 6.9).

## 6.3.2.3 Ertragswertverfahren

Gemäß IDW S1 ermittelt sich im Ertragswertverfahren der Unternehmenswert durch Diskontierung der den Unternehmenseignern künftig zufließenden finanziellen Überschüsse, wobei diese üblicherweise aus den für die Zukunft geplanten Jahresergebnissen abgeleitet werden. Entsprechend sind die erwarteten Ausschüttungen bzw. die vorzunehmenden Einlagen mit dem Zinssatz für das Eigenkapital zu diskontieren (Tab. 6.10).

Entsprechend ergibt sich ein Barwert i. H. v. 766 GE, welcher sich aus der Differenz zwischen Einlagen und Ausschüttungen herleitet. Auf den ersten Blick ist dieser „Marktwert des Eigenkapitals" niedriger als 851, bestimmt aus dem Free-Cash-Flow-to-Equity. Allerdings ist im Rahmen des Ertragswertverfahrens zusätzlich zu berücksichtigen, dass nicht alle freien Mittel ausgeschüttet werden konnten, da die Ausschüttung regelmäßig auf den Jahresüberschuss beschränkt ist. Entsprechend würden Barmittel im Unternehmen verbleiben, welche bei einer geeigneten Anlage vergleichbare Renditen wie die Eigenkapitalkosten generieren könnten. Entsprechend muss dies im Rahmen der Ermittlung berücksichtigt werden (Tab. 6.11).

Addiert man den Barwert des Ertrags und den Barwert der Verzinsung, so erhält man einen Marktwert des Eigenkapitals i. H. v. 851 GE, welcher identisch mit dem Marktwert bestimmt durch das Free-Cash-Flow-to-Equity ist.

## 6.3.2.4 Free-Cash-Flow-To-The-Firm

Im Rahmen des Free-Cash-Flow-To-Firm-Ansatzes („FCFF-Ansatz") wird in einem ersten Schritt der Gesamtkapitalwert, bestehend aus dem Marktwert des Eigenkapitals und des Fremdkapitals, bestimmt. Entsprechend stellt der Marktwert des Eigenkapitals dann den um den Marktwert des Fremdkapitals verminderten Gesamtkapitalwert dar.[61]

---

[61]Vgl. IDW S1 i. d. F. 2008, Rn. 125 ff.

**Tab. 6.11** Ertragswert aus Verzinsung. (Quelle: Eigenes Beispiel)

| Ertragswert aus Verzinsung | | 0 | 1 | 2 | 3 | 4 | 5 |
|---|---|---|---|---|---|---|---|
| Geldbestand | | 0 | 132 | 0 | 355 | 671 | 0 |
| Verzinsung | 11,985 % | | 0 | 16 | 0 | 42 | 80 |
| PV Faktor | 11,985 % | | 0,9 | 0,8 | 0,7 | 0,6 | 0,6 |
| PV Verzinsung | 85 | | 0,0 | 12,6 | 0,0 | 27,0 | 45,7 |
| PV Ertrag | 766 | | | | | | |
| PV Verzinsung | 85 | | | | | | |
| PV (Ertrag+Verzinsung) | **851** | | | | | | |

**Tab. 6.12** FCFF Berechnung. (Quelle: Eigenes Beispiel)

| | |
|---|---|
| | Operatives Ergebnis vor Zinsen und Steuern |
| − | Adaptierte Steuern auf das EBIT |
| = | Operatives Ergebnis vor Zinsen und nach adaptierten Steuern (NOPLAT) |
| + | Abschreibungen |
| + | Erhöhung (− Verminderung) der Rückstellungen |
| = | (operativer) Brutto-Cashflow |
| − | Investitionen in das Anlagevermögen |
| − | Erhöhung (+ Verminderung) des Umlaufvermögens |
| = | Free-Cash-Flow-to-the-Firm (FCFF) |

**Tab. 6.13** GuV FCFF. (Quelle: Eigenes Beispiel)

| GuV | | 0 | 1 | 2 | 3 | 4 | 5 |
|---|---|---|---|---|---|---|---|
| Umsatz | | | 5000 | 5000 | 5000 | 5000 | 0 |
| Gewinn vor Abschreibungen, Zinsen und Steuern | | | 1052 | 1060 | 1017 | 1026 | 0 |
| Abschreibungen | | | 500 | 500 | 750 | 750 | 0 |
| Operatives Ergebnis vor Zinsen und Steuern | | | 552 | 560 | 267 | 276 | 0 |
| *in %* | | | *11 %* | *11 %* | *5 %* | *6 %* | |
| Zinsen | 8 % | | 68 | 39 | 66 | 35 | 0 |
| Gewinn vor Steuern | | | 484 | 522 | 200 | 241 | 0 |
| Steuern | 30 % | | 145 | 157 | 60 | 72 | 0 |
| Jahresüberschuss | | | 339 | 365 | 140 | 169 | 0 |
| *in %* | | | *7 %* | *7 %* | *3 %* | *3 %* | |
| Kapitalisierte Investitionen | | | −1000 | −1500 | | | |

**Tab. 6.14** FCFF. (Quelle: Eigenes Beispiel)

| FCFF | | 0 | 1 | 2 | 3 | 4 | 5 |
|---|---|---|---|---|---|---|---|
| Operatives Ergebnis vor Zinsen und Steuern | | | 552,0 | 560,4 | 266,8 | 275,8 | 0,0 |
| Adaptierte Steuern auf das EBIT | 30 % | | 165,6 | 168,1 | 80,0 | 82,7 | 0,0 |
| NOPLAT | | | 386,4 | 392,3 | 186,7 | 193,1 | 0,0 |
| Abschreibungen | | | 500,0 | 500,0 | 750,0 | 750,0 | 0,0 |
| Operativer Brutto-Cashflow | | | 886,4 | 892,3 | 936,7 | 943,1 | 0,0 |
| Kapitalisierte Investitionen | | −1000 | 0 | −1500 | 0 | 0 | 0 |
| FCFF | | −1000 | 886,4 | −607,7 | 936,7 | 943,1 | 0,0 |

Der FCFF berechnet sich hierbei wie in Tab. 6.12 dargestellt.[62]
Gegeben unserer GuV, welche wie in Tab. 6.13 ausgestaltet ist,
ergeben sich die FCFF aus Tab. 6.14.
Die Diskontierung der FCFF erfolgt mit den sog. gewogenen Kapitalkosten (Weighted Average Cost of Capital „WACC"). Die gewogenen Kapitalkosten bestimmen sich durch die Höhe der Eigen- und der Fremdkapitalkosten sowie vom Verschuldungsgrad (gemessen als Verhältnis des Marktwerts des Fremdkapitals zum Marktwert des Eigenkapitals). Die vereinfachte Formel für die Ermittlung des WACC stellt sich wie folgt dar:

$$\text{WACC} = \frac{\text{EK}}{\text{EK} + \text{FK}} * r_{\text{EK}} + \frac{\text{FK}}{\text{EK} + \text{FK}} * (1 - t) r_{\text{FK}}$$

Mit EK als Marktwert des Eigenkapitals, FK als Marktwert des Fremdkapitals, $r_{\text{EK}}$ als Marktrendite des Eigenkapitals, $r_{\text{FK}}$ als Marktrendite des Fremdkapitals und t als Steuerquote.

Durch eine rekursive Ermittlung der zugrunde liegenden Werte ergibt sich im vorliegenden Beispiel ein WACC von 8,79 % bei einer unterstellen Marktrendite von 8 % für das Fremdkapital.

$$8,79\% = \frac{851}{851 + 851} * 11,985\% + \frac{851}{851 + 851} * (1 - 30\%) * 8,00\%$$

Entsprechend ergibt sich ein Gesamtkapitalwert i. H. v. 1.702, welcher sich im vorliegenden Zahlenbeispiel zu 50 % auf Eigenkapital und 50 % auf Fremdkapital aufteilt (Tab. 6.15).

### 6.3.2.5 Wert des Transferpakets

Nach der erfolgten Wertermittlung der „Funktion" kann aus dieser der Wert des Transferpakets ermittelt werden. Im Folgenden sei unterstellt, dass im Rahmen des Transferpakets

---

[62] Vgl. beispielsweise: Dietmar, et al., 2010, S. 32 ff.

**Tab. 6.15** Barwert FCFF. (Quelle: Eigenes Beispiel)

| FCFF | | 0 | 1 | 2 | 3 | 4 | 5 |
|---|---|---|---|---|---|---|---|
| Operatives Ergebnis vor Zinsen und Steuern | | | 552,0 | 560,4 | 266,8 | 275,8 | 0,0 |
| Adaptierte Steuern auf das EBIT | 30 % | | 165,6 | 168,1 | 80,0 | 82,7 | 0,0 |
| NOPLAT | | | 386,4 | 392,3 | 186,7 | 193,1 | 0,0 |
| Abschreibungen | | | 500,0 | 500,0 | 750,0 | 750,0 | 0,0 |
| Operativer Brutto-Cashflow | | | 886,4 | 892,3 | 936,7 | 943,1 | 0,0 |
| Kapitalisierte Investitionen | | −1000 | 0 | −1500 | 0 | 0 | 0 |
| FCFF | | −1000 | 886,4 | −607,7 | 936,7 | 943,1 | 0,0 |
| Barwertfaktor WACC | 8,79 % | 1 | 0,92 | 0,84 | 0,78 | 0,71 | 0,66 |
| Barwert FCFF | 1702,0 | | 814,7 | −513,5 | 727,5 | 673,2 | 0,0 |
| Davon Fremdkapital | 850,98 | | | | | | |
| Davon Eigenkapital | 850,98 | | | | | | |

nicht die Verbindlichkeiten übertragen werden. Für das abgebende Unternehmen bestimmt sich deshalb die Preisuntergrenze im Rahmen einer betriebswirtschaftlichen Betrachtung als der Betrag, der notwendig ist, damit nach möglichen Steuerzahlungen für die Übertragung des Transferpakets und Rückführung der Verbindlichkeiten ein Wert von 851 GE, also in Höhe des Marktwertes des Eigenkapitals, verbleibt. Da im vorliegenden Fall stille Reserven i. H. v. 702 GE existieren, bestimmt als Differenz von dem Gesamtkapitalwert i. H. v. 1702 GE und Buchwert der kapitalisierten Investitionen i. H. v. 1000 GE, ist die Belastung durch die Versteuerung dieser stillen Reserven zu berücksichtigen. Entsprechend ergibt sich eine Preisuntergrenze i. H. v. 2003 GE. Hiervon sind 1003 GE als realisierte Gewinne mit 30 % zu versteuern, d.h., sich eine Nachsteuergröße i. H. v. 1702 GE ergibt, wodurch sich nach Rückführung der Verbindlichkeiten der entsprechende Wert von 851 GE für das Eigenkapital ergibt.

## 6.4 Zusammenfassung

Die Bewertung von Transferpaketen mithilfe des hypothetischen Fremdvergleichs zeichnet sich durch vielfältige Herausforderungen aus. Sowohl das Bewertungsobjekt, nämlich das Transferpaket, als auch die Bewertungsmethode, welche auf Reingewinne nach Steuern abstellt, sind in der klassischen Bewertungstheorie unbekannt. Der Gesetzgeber hat somit neue Bewertungskonzepte und Begriffe im Rahmen des Fremdvergleichsgrundsatzes eingeführt. Sowohl der Steuerpflichtige als auch die Finanzverwaltung (und in Zukunft wahrscheinlich auch die Gerichte) sehen sich vor der Herausforderung, diese Vorgaben in der Praxis umzusetzen. Bewertungen im Rahmen des Fremdvergleichsgrundsatzes sollten sich dabei unseres Erachtens an den betriebswirtschaftlich international anerkannten Bewertungsgrundsätzen orientieren. Wie in diesem Kapitel dargestellt, führen unterschiedliche Bewertungsmethoden, soweit diese konsistent angewendet werden, zu vergleichbaren Ergebnissen. Entsprechend sollte weniger die Wahl der Methode als vielmehr deren richtige Anwendung im Vordergrund stehen. Dem Steuerpflichtigen sollte es allerdings unbenommen sein, sich an dem Wortlaut der steuerlichen Normen zu orientieren, sollte dies zu vorteilhafteren Ergebnissen für ihn führen.

## Literatur

Ballwieser & Hachmeister, 2013. *Unternehmensbewertung.* 4. Aufl. Stuttgart: Schäffer Pöschl.
Dietmar, Schneider & Thielen, 2010. *Unternehmensbewertungen erstellen und verstehen: Ein Praxisleitfaden.* 4. Aufl. Stuttgart: Vahlen.
Eigelshoven, 2015. Art. 9. In: Vogel & Lehner, Hrsg. *Doppelbesteuerungsabkommen: DBA.* München: C. H. Beck.
Kohl & Schulte, 2000. Ertragswertverfahren. *Die Wirtschaftsprüfung,* Band 53, S. 1147–1164.
Kroppen & Schreiber, 2009. Funktionsverlagerung. In: Kroppen, Hrsg. *Handbuch Internationale Verrechnungspreise.* Köln: Otto Schmidt.
Looks & Köhler, 2009. Hypothetischer Fremdvergleich und Funktionsverlagerung. Mittelwert des Einigungsbereichs und spieltheoretische Verhandlungsmodelle, StB S. 317.
Oestreicher & Hundshagen, 2008. Bewertung von Transferpaketen bei Funktionsverlagerungen (Teil 1). *DB,* S. 1637.
Oestreicher & Hundshagen, 2008. Bewertung von Transferpakten bei Funktionsverlagerungen (Teil 2). *DB,* S. 1693.
Peemöller, 2015. *Praxishandbuch der Unternehmensbewertung: Grundlagen und Methoden. Bewertungsverfahren. Besonderheiten bei der Bewertung.* 6. Aufl. Herne: NWB.
Puls, Schmidtke, Tränka (2016). Der Nichtanwendungserlass des BMF v. 30.03.2016. „Substance over form" bei der Prüfung von Verrechnungspreisen in Gefahr, IStR, S. 755–762.
Rasch & Schmidtke, 2009. OECD Discussion Draft on Transfer Pricing Aspects of Business Restructurings. *ITPJ,* S. 100.
Schilling, 2011. Bewertung von Transferpaketen. *DB,* S. 1533–1539.
Serg, 2005. Die Behandlung von Geschäftschancen bei grenzüberschreitenden Funktionsverlagerungen. *DStR,* S. 1916.
Vögele, Borstell & Engler, 2015. *Verrechnungspreise.* 4. Aufl. München: C. H. BECK.

## Über die Autoren

**Dr. Richard Schmidtke** (Hrsg.) ist Partner bei der Deloitte GmbH und leitet die Service Line Verrechnungspreise in München. Er betreut Mandanten insbesondere im Bereich der Business Model Optimization und IP-Verrechnungspreisplanung sowie Verrechnungsdokumentation, einschließlich deren Verteidigung in Betriebsprüfungen. Darüber hinaus betreut er Schlichtungsverfahren und Vorabverständigungsverfahren. Zu seinen Mandanten gehören europäische, japanische und US-amerikanische Großunternehmen in einer Vielzahl von Branchen, darunter Fertigung, Pharma, Chemie, Groß-/Einzelhandel sowie Konsumgüter und Logistik.

Er studierte Volkswirtschaftslehre und Wirtschaftsinformatik in München und Toulouse und promovierte in Wirtschaftswissenschaften an der Universität München. Er hat ferner einen Master in Rechnungswesen und Steuern der Business School Mannheim und ist CFA Charterholder des CFA Institute. Dr. Richard Schmidtke ist deutscher Steuerberater und Mitglied der Steuerberaterkammer.

Er ist Leiter der Deloitte Americas/EMEA Intellectual Property Group, einer internationalen Gruppe von Deloitte-Transfer-Pricing-Experten mit Schwerpunkt auf Verrechnungspreisen und geistigem Eigentum. Er unterrichtet Verrechnungspreise an der Business School Mannheim und Bewertung für Verrechnungspreiszwecke im „Bewertungskurs Fortgeschrittene" an der Bundesfinanzakademie.

Er hat eine Vielzahl an Artikeln in nationalen und internationalen Steuer- und Verrechnungspreiszeitschriften veröffentlicht. Er ist als einer der weltweit führenden Transfer-Pricing-Berater von Euromoney anerkannt.

**Dr. Heike Schenkelberg** ist seit Anfang 2012 bei der Deloitte GmbH im Verrechnungspreisteam am Standort München tätig. Ihre Interessen liegen in den Bereichen: Umstrukturierungen und Verrechnungspreise, Funktionsverlagerungsbewertungen, IP-Bewertung, Business Model Optimization sowie Verrechnungspreissysteme in der pharmazeutischen Industrie. Sie promovierte zuvor an der Ludwig-Maximilians-Universität München im Bereich Volkswirtschaftslehre.

Sie studierte von 2003 bis 2006 International Economic Studies an der Universität Maastricht in den Niederlanden sowie an der Université Paris I (Sorbonne) in Frankreich, und erlangte 2008 ihren Master of Science im Bereich Financial Economics.

**Florian Eger** ist seit Januar 2014 bei der Deloitte GmbH im Bereich Verrechnungspreise am Standort München tätig. Hierbei ist er besonders bei der Analyse von innerbetrieblichen, grenzüberschreitenden Umstrukturierungen wie der Berechnung steuerlicher Auswirkungen von Funktionsverlagerungen involviert. Er bearbeitet zudem verschiedene Projekte im Rahmen der Bewertung von immateriellen Wirtschaftsgütern sowie der Optimierung von Geschäftsmodellen.

Er studierte von 2008 bis 2013 an der Universität Erlangen-Nürnberg Wirtschaftswissenschaften mit den Schwerpunkten Wirtschaftspädagogik und Mathematik. In seiner Masterarbeit befasste er sich mit der Ermittlung eines Kapitalisierungszinssatzes mithilfe des Capital-Asset-Pricing-Models sowie des Operating Leverage unter der Berücksichtigung von funktionsspezifischen Eigenschaften.

# Ermittlung des Kapitalisierungszinssatzes

Björn Heidecke, Marc Hübscher und Florian Eger

**Leitfragen dieses Kapitels**

- Was ist der Zweck eines Kapitalisierungszinses?
- Welche Bedeutung hat der Kapitalisierungszinssatz innerhalb der Transferpaketbewertung?
- Wie kann der Kapitalisierungszinssatz ermittelt werden?

## 7.1 Einleitung

Der Kapitalisierungszins dient dazu, die zukünftigen finanziellen Überschüsse auf einen Bewertungsstichtag zu diskontieren. Mit diesem Vorgehen, das der gängigen Bewertungstheorie und -praxis entspricht, wird der sog. Zukunftserfolgswert des Bewertungsobjekts zum Bewertungsstichtag ermittelt. Der Zukunftserfolgswert zeigt den Gegenwert (Barwert) der Summe aller prognostizierten finanziellen Überschüsse des Bewertungsobjekts zum Bewertungsstichtag und unterstellt damit eine Situation, als ob alle zukünftigen Überschüsse am Bewertungsstichtag ausgezahlt werden würden. Der Kapitalisierungszinssatz übernimmt dabei die Funktion eine angemessene Rendite aus den Überschüssen

---

B. Heidecke (✉)
Hamburg, Deutschland
E-Mail: bheidecke@deloitte.de

M. Hübscher
Hamburg, Deutschland
E-Mail: MHuebscher@deloitte.de

F. Eger
München, Deutschland
E-Mail: fleger@deloitte.de

mittels Diskontierung zu eliminieren, da diese dem Anteilseigner in jedem Jahr, in dem der entsprechende finanzielle Überschuss erwirtschaftet wird, zusteht. Nach dem IDW repräsentiert der Kapitalisierungszinssatz die Rendite aus einer zur Investition adäquaten Alternativanlage.[1] Ein Beispiel illustriert dies:

> **Beispiel**
>
> Angenommen Mitarbeiter Meier einer Steuerabteilung gewinnt in einer Lotterie 50.000 EUR, die aber erst in 5 Jahren ausgezahlt werden. Weil er viele Jahre sehr fleißig gearbeitet hat, nimmt er diesen Gewinn zum Anlass und möchte auf große Weltreise gehen. Er will aber nicht 5 Jahre warten, sondern überlegt sich, seine Forderung gegenüber der Lottogesellschaft zu verkaufen, und dann sofort loszufahren. Sein Chef begrüßt das: Zufriedene und ausgeglichene Mitarbeiter seien ihm sehr wichtig. Einer verdienten Freistellung für eine Weltreise stünde nichts im Wege. Der Chef findet die Idee sogar so toll, dass er bereit ist, Meier die Forderung zu einem fairen Preis abzukaufen. Dabei soll weder Meier noch der Chef einen Gewinn machen. Welchen Preis würde der Chef an Meier zahlen?
>
> Das Bewertungsobjekt ist die Forderung. Der Bewertungsstichtag ist der Tag, an dem sie an den Chef verkauft werden soll. Würde der Chef 50.000 EUR für die Forderung zahlen, käme es zu einem Zinsnachteil. Der Chef könnte die 50.000 EUR nämlich besser anlegen und bekäme dafür Zinsen. Nach 5 Jahren hätte er dann mehr als 50.000 EUR. Er ist also nur bereit, den Betrag für die Forderung zu zahlen, der angelegt nach 5 Jahren genau 50.000 EUR ergibt. Meier weiß von seiner Bank, dass er jährlich 3 % Zinsen erhalten würde für die Anlage.
>
> Somit ergibt sich, dass der Chef nur $50.000/1{,}03^5 = 43.130{,}44$ EUR bereit ist zu zahlen. Wenn er die 43.130,44 EUR nämlich als Alternativanlage zu 3 % anlegen würde, hätte er in 5 Jahren einen Betrag von $43.130{,}44 \times 1{,}03^5 = 50.000$ EUR

Im Rahmen der Transferpaketbewertung ist das Bewertungsobjekt nicht eine Forderung, sondern ein Strom an erwarteten Erträgen und Aufwendungen; also mithin finanziellen Überschüssen (Gewinnpotenzialen). Fraglich ist, wie ein risikoadäquater Kapitalisierungszins abgeleitet werden kann.

## 7.2 Gesetzliche Vorgaben im Rahmen der Funktionsverlagerung

Gemäß § 1 Abs. 3 Satz 9 AStG sind bei der Ermittlung des Wertes für das Transferpaket funktions- und risikoadäquate Kapitalisierungszinssätze zu verwenden (vgl. Kap. 6). Damit sollen die beteiligten Unternehmen durch eine Funktionsverlagerung nicht schlechter gestellt werden als durch eine vergleichbare alternative Investition am

---
[1] Vgl. IDW S1 i. d. F. 2008, Tz. 114, S. 27.

**Tab. 7.1** Renditen von Staatsanleihen mit 10-jähriger Laufzeit. (Abgerufen unter: www.statista.de 09.12.2014)

| | Oktober 2013 | Mai 2014 | Oktober 2014 |
|---|---|---|---|
| Deutschland | 1,81 % | 1,40 % | 0,87 % |
| Frankreich | 2,32 % | 1,85 % | 1,26 % |
| Griechenland | 8,74 % | 6,36 % | 7,28 % |
| Niederlande | 2,17 % | 1,71 % | 1,03 % |
| Spanien | 4,21 % | 2,95 % | 2,14 % |

Kapitalmarkt.[2] Bedingt durch unterschiedliche Voraussetzungen, wie beispielsweise die gesamtwirtschaftliche Situation der von der Funktionsverlagerung betroffenen Länder, ist nicht in jedem Fall davon auszugehen, dass ein einheitlicher Zinssatz für beide Unternehmen verwendet werden kann.[3] Besonders die in 2008 beginnende Finanzkrise hat zu unterschiedlichen Bonitäten einzelner Staaten in der Europäischen Union geführt, die sich auch im Kapitalisierungszinssatz widerspiegeln. Beispielsweise betrug die Rendite deutscher Staatsanleihen im Oktober 2013 mit einer 10-jährigen Restlaufzeit 1,81 %, während eine vergleichbare Anleihe aus Spanien eine Rendite von 4,21 % aufwies. Die Tab. 7.1 stellt einige Beispiele zusammen.

Trotz dieser Unterschiede erlauben die Verwaltungsgrundsätze Funktionsverlagerung unter Berücksichtigung eines angemessenen Zuschlags die Verwendung des inländischen Zinssatzes für das ausländische Unternehmen.[4]

Im AStG selbst wird nicht erläutert, was der Gesetzgeber unter funktions- und risikoadäquaten Zinssätzen versteht und wie diese genau zu ermitteln sind. Gemäß § 5 FVerlV ist für die Ermittlung eines Kapitalisierungszinssatzes von einem Zins für eine risikolose Investition auszugehen, auf den ein funktions- und risikoadäquater Zuschlag vorzunehmen ist. Für den (quasi) risikolosen Zinssatz sind öffentliche Anleihen der jeweiligen Länder heranzuziehen.[5] Nach Rn. 106 der Verwaltungsgrundsätze Funktionsverlagerung sollen sich die Zuschläge grundsätzlich an marktüblichen Renditen orientieren, die für die Ausübung vergleichbarer Funktionen erzielt werden können. Allerdings sind einzelne Funktionen nicht börsennotiert, womit ihre Renditen auch nicht am Kapitalmarkt beobachtbar sind.[6] Nach Rn. 106 der Verwaltungsgrundsätze Funktionsverlagerung kann der funktions- und risikoadäquate Zuschlag vereinfachend aus den Gewinnerwartungen des Gesamtkonzerns abgeleitet werden, sofern keine funktionsspezifischen Zuschläge ermittelbar sind. Wie dies technisch umgesetzt werden soll, wird nicht ausgeführt. Im Folgenden werden daher Verfahren zur Ableitung angemessener Kapitalisierungszinssätze dargestellt, die der gängigen Unternehmensbewertungstheorie und

---

[2]Vgl. BR-Drucks. 352/08 vom 23.05.2008, S. 19.
[3]Vgl. Roeder, 2012, Anm. 152, S. 246.
[4]Vgl. Verwaltungsgrundsätze Funktionsverlagerung, Rn. 104.
[5]Vgl. Verwaltungsgrundsätze Funktionsverlagerung, Rn. 104.
[6]Vgl. Vögele, 2010.

-praxis entsprechen und daher für den Steuerpflichtigen in Ermangelung klarer Hinweise zur Ermittlung eines Kapitalisierungszinssatzes im Kontext der Transferpaketbewertung anwendbar sein sollten. Zu beachten ist, dass bei der Ermittlung des Zinssatzes das Funktions- und Risikoprofil der zu bewertenden Funktion zu berücksichtigen ist. Auch hier fehlt dem Steuerpflichtigen eine Vorgabe, wie die verrechnungspreisspezifischen Charakterisierungen in der Zinsberechnung umzusetzen sind. Mithin kann von ihm nur gefordert werden, dass er nachvollziehbare und der Höhe nach plausible Anpassungen vornimmt und diese dokumentiert.

## 7.3 Der Kapitalisierungszinssatz beim DCF-Verfahren (WACC-Ansatz) vs. Ertragswertverfahren

Die Wahl des Kapitalisierungszinses hängt zunächst von dem jeweilig genutzten Bewertungsverfahren ab. Im Rahmen der Zukunftserfolgswertmethode wird zwischen Ertragswert- und DCF-Verfahren (Discounted-Cash-Flow-Verfahren) verschiedener Prägung unterschieden (vgl. dazu Kap. 6).

Beim Ertragswertverfahren sind die finanziellen Überschüsse lediglich mit der Eigenkapitalrendite abzuzinsen, da in diesem Verfahren bei der Ermittlung der finanziellen Überschüsse nur auf die Nettoeinnahmen des Unternehmenseigners abgestellt wird (flow-to-equity). Mit Blick auf das DCF-Verfahren sind verschiedene Ausprägungen bekannt. Es wird im Folgenden nur auf das DCF-Verfahren nach dem WACC-Ansatz (Weighted-Average-Cost-of-Capital-Ansatz) eingegangen, weil dies die gebräuchlichste Ausprägung ist.[7] Im Vergleich zum Ertragswertverfahren werden im WACC-Ansatz die finanziellen Überschüsse durch die (freien) Cashflows bestimmt, die mit einem gewichteten Kapitalisierungszinssatz (WACC) aus Eigen- und Fremdkapital und Berücksichtigung von Steuereffekten diskontiert werden.[8] Der WACC ist damit ein zusammengesetzter Kapitalkostensatz, der sich aus den durchschnittlich prognostizierten Kosten des Fremdkapitals sowie der durchschnittlich erwarteten Rendite der Eigenkapitalgeber zusammensetzt. Der WACC ergibt sich wie folgt:[9]

$$\text{WACC} = \frac{\text{EK}_M}{\text{GK}_M} * r_{\text{EK}}^v + (1-s) * r_{\text{FK}} * \frac{\text{FK}_M}{\text{GK}_M}$$

Legende: EK = Eigenkapital, FK = Fremdkapital, GK = Gesamtkapital, r = Rendite, t, s = Steuersatz

Zusammenfassend sind somit zur Ermittlung der Diskontsätze folgende Parameter zu berücksichtigen, wie in Tab. 7.2 dargestellt. Die Ermittlung der Parameter wird im Fol-

---

[7]Einen Überblick über weitere Verfahren liefert Kap. 6.
[8]Vgl. Dörschell, et al., 2010, S. 5.
[9]Da Fremdkapitalzinsen steuerlich abzugsfähig sind, wird dies durch (1−s) berücksichtigt.

**Tab. 7.2** Parameter zur Ermittlung der Diskontsätze. (Quelle: Eigene Darstellung)

| Parameter | Ertragswertverfahren | DCF-Verfahren, WACC-Ansatz |
|---|---|---|
| Eigenkapitalrendite | Nötig | Nötig |
| Fremdkapitalrendite | Nicht nötig | Nötig |
| Gewichtung | Nicht nötig | Nötig |
| Unternehmenssteuersatz | Nicht nötig | Nötig |

genden erläutert (Abschn. 7.4 bis 7.7). Ein Anwendungsbeispiel zum WACC-Ansatz wird in Abschn. 7.8 dargestellt.

## 7.4 Eigenkapitalrendite

Zur Ermittlung der Eigenkapitalrendite kommen verschiedene Methoden infrage. Im Folgenden wird der CAPM-Ansatz ausführlich dargestellt, weil dieser in der gängigen Unternehmensbewertungstheorie und -praxis eine führende Rolle eingenommen hat.[10]

### 7.4.1 Eigenkapitalkosten nach dem CAPM-Ansatz

Nach dem Capital-Asset-Pricing-Model (CAPM) ergibt sich die Eigenkapitalrendite aus der Summe eines (quasi) risikofreien Zinssatzes (= Basiszinssatz $r_f$) und eines Risikozuschlags. Der Risikozuschlag wiederum ergibt sich aus dem Produkt eines unternehmensspezifischen Risikozuschlages, dem sog. Betafaktor, und einer Marktrisikoprämie (MRP).[11]

$$r_{EK} = r_f + \beta * MRP$$

Die Marktrisikoprämie vergütet das mit einer Investition in ein Unternehmen verbundene Risiko in dem jeweiligen Land bzw. Markt im Vergleich zu einer risikolosen Anlage-

---

[10] Der Vollständigkeithalber sei vorsorglich darauf hingewiesen, dass in der Bewertungstheorie auch andere Ansätze zur Ermittlung der Eigenkapitalrendite, wie z. B. der Build-Up-Ansatz, das Fama-French-Modell, das ICC-Modell und die Arbitrage-Preistheorie (APT) diskutiert werden, die im Rahmen der deutschen Unternehmensbewertungstheorie und -praxis keine oder eine untergeordnete Rolle spielen. Mithin sei für eine weitere Analyse mit diesen Ansätzen auf die einschlägige angelsächsische Bewertungsliteratur wie z. B. Pratt & Grabowski, 2010, oder Brealey, et al., 2013, verwiesen.

[11] Vgl. FAUB, Hinweise, S. 1, (29.06.2013).

form.[12] Der unternehmensspezifische Betafaktor zeigt das Risiko auf, das sich durch die Investition in ein bestimmtes Unternehmen ergibt.[13] Mithilfe des CAPM sollen Preisbildungen auf dem Kapitalmarkt für risikobehaftete Anlagen unter mithin restriktiven Annahmen[14] erklärt werden.[15] Grundsätzlich enthält die Rendite eines Wertpapiers eine systematische und eine unsystematische Komponente. Während die unsystematische Risikokomponente unter der Annahme von Risikodiversifikation im CAPM keine Relevanz hat,[16] wird im CAPM die Renditeerwartung für jede risikobehaftete Anlage aus der Summe der Rendite für (quasi) risikolose Anlagen (Basiszinssatz) und einer Prämie für das systematische Risiko, bestehend aus einem Marktrisiko (MRP) und einem unternehmensspezifischen Risiko (Betafaktor), ermittelt. Im Folgenden wird die Ermittlung von Basiszins, Marktrisikoprämie und Betafaktor erläutert.

**i. Der Basiszinssatz**
Der Basiszinssatz bildet die risikolose Rendite einer Kapitalanlage ab, die zum Bewertungszeitpunkt verfügbar ist.[17] Für die Ermittlung eines Basiszinssatzes ist regelmäßig von einer (quasi) risikofreien Kapitalmarktanlage am Investitionsstandort auszugehen, die zum Bewertungszeitpunkt vorhanden ist.[18] Eine risikofreie Rendite ist der Zinssatz einer Anlage, die theoretisch ohne jedes Ausfallrisiko ist und nicht mit Renditen anderer Anlagen korreliert.[19] Ausfall-, Währungs- und Terminrisiken sollen bei der risikolosen Investition nicht vorhanden sein.[20] Die langfristigen festverzinslichen Anleihen der öffentlichen Hand unterliegen nach allgemeiner Annahme keinem Ausfallrisiko.[21] Dies ist allerdings nur für stabile Volkswirtschaften als unbedenklich anzusehen.[22] Eine vollständig risikolose Anleihe im eigentlichen Sinne ist allerdings nicht zu beobachten, da selbst Anleihen mit höchster Bonität gewissen Risiken, wie beispielsweise den Auswirkungen einer Naturkatastrophe, ausgesetzt sind.[23] Im Jahr 2008 wurde das Ausfallrisiko für Staatsanleihen mit einem Rating der höchsten Bonitätsstufe AAA mit 15 Basispunkten ermittelt, wodurch ein Ausfall nicht vollständig auszuschließen ist.[24] Für Deutschland, das mit einem AAA-Rating beurteilt wird, wurde im Jahr 2011 das Ausfallrisiko

---

[12]Vgl. Ernst, et al., 2010, S. 58.
[13]Vgl. Fischer, et al., 2012, S. 365.
[14]Vgl. Perridon & Steiner, 2007; Mandl & Rabel, 1997.
[15]Vgl. dazu und im Weiteren Baetge, et al., 2009, S. 370 ff.
[16]Vgl. Perridon & Steiner, 2007.
[17]Vgl. Drukarczyk & Schüler, 2009, S. 209.
[18]Vgl. Heining, 2009, S. 149.
[19]Vgl. Ernst, et al., 2010, S. 51.
[20]Vgl. Ballwieser, 2011, S. 85.
[21]Vgl. Ernst, et al., 2010, S. 51.
[22]Vgl. Bark, 2011, S. 14.
[23]Vgl. Bark, 2011, S. 17.
[24]Vgl. Damodaran, 2013, S. 25.

auf 85 Basispunkte geschätzt.[25] Das Risiko eines Ausfalls ist demnach in einem geringen Maße vorhanden und nicht komplett auszuschließen. Trotzdem werden Staatsanleihen von Deutschland als risikolos angesehen.

> Ein Rating im Bereich des Finanz- und Bankenwesens ist eine Methode zur Einstufung von Finanzierungstiteln oder Wirtschaftssubjekten nach ihrer Bonität. Da die für das Bonitätsrisiko relevanten Kriterien in Abhängigkeit des betrachteten Emittenten unterschiedlich ausfallen, werden unterschiedliche Ratingsysteme für die Beurteilung von verschiedenen Bereichen angewandt. Die einzelnen Kategorien unterscheiden sich dabei zwischen den verschiedenen Ratingagenturen. Allgemein bekannt sind beispielsweise AAA für die höchste Bonität und D für eine sehr schlechte bzw. einen Zahlungsausfall. Die Bundesrepublik Deutschland hat trotz den mit der Finanzkrise verbundenen Turbulenzen weiterhin das Rating AAA.

Bei einem unendlichen Kapitalisierungszeitraum sollte eine möglichst lange Vergleichsinvestition gewählt werden. Insgesamt ist die Laufzeit des Basiszinssatzes nach der voraussichtlichen Funktionslebensdauer auszurichten.[26] Bei einem begrenzten Kapitalisierungszeitraum kann meist eine Laufzeitäquivalenz zwischen einer risikolosen Anlage und der zu verlagernden Funktion erreicht werden, was auch Tz. 117 des IDW S 1 für Unternehmensbewertungen im Falle einer befristeten Laufzeit empfiehlt. Der Basiszinssatz ist für das Land des übernehmenden und für das Land des verlagernden Unternehmens zu ermitteln, um die einzelnen länderspezifischen Gegebenheiten zu berücksichtigen.[27] Nachfolgend werden Möglichkeiten zur Ermittlung eines Basiszinssatzes dargestellt.

**Möglichkeiten zur Ermittlung des Basiszinssatzes**
**Rückgriff auf Zinssätze von Bundeswertpapieren**

Eine Möglichkeit zur Ermittlung des Basiszinssatzes besteht darin aktuelle Zinssätze von Bundeswertpapieren heranzuziehen. Hierbei könnte, sofern dies laufzeitbedingt möglich ist, aus den von der Bundesbank veröffentlichten Daten über die Bundeswertpapiere[28] ein zu der Funktion laufzeitäquivalenter Zinssatz verwendet werden. Dies ist allerdings kritisch zu sehen, da für eine Laufzeit von mehr als zehn Jahren nicht für jedes Jahr entsprechende Bundeswertpapiere vorhanden sind, weshalb Schätzungen unumgänglich sind. Diese Schätzungen führen nur zu Näherungslösungen, die besonders über eine längere Laufzeit zum Teil erhebliche Verzerrungen mit sich bringen können.[29]

---

[25]Vgl. Neuerer, 2013.
[26]Vgl. Heining, 2009, S. 149.
[27]Vgl. BR-Drucks. 352/08 vom 23.05.2008, S. 20.
[28]Die Renditen börsennotierter Bundeswertpapiere vom 29.05.2013 sind im Anhang 1 zu finden.
[29]Vgl. Ernst, et al., 2010, S. 51.

**Tab. 7.3** Halbjährlich veröffentlichter Basiszinssatz der deutschen Bundesbank. (Quelle: Deutsche Bundesbank)

|         | 2016    | 2015    | 2014    | 2013    | 2012   | 2011   | 2010   | 2009   | 2008   | 2007   | 2006   | 2005   | 2004   | 2003   |
|---------|---------|---------|---------|---------|--------|--------|--------|--------|--------|--------|--------|--------|--------|--------|
| 01. Jan | −0,83 % | −0,83 % | −0,63 % | −0,13 % | 0,12 % | 0,12 % | 0,12 % | 1,62 % | 3,32 % | 2,70 % | 1,37 % | 1,21 % | 1,14 % | 1,97 % |
| 01. Jul | −0,88 % | −0,83 % | −0,73 % | −0,38 % | 0,12 % | 0,37 % | 0,12 % | 0,12 % | 3,19 % | 3,19 % | 1,95 % | 1,17 % | 1,13 % | 1,22 % |

## Halbjährlich veröffentlichter Basiszinssatz der deutschen Bundesbank

Gemäß § 247 Abs. 2 BGB ist die Deutsche Bundesbank verpflichtet, den aktuellen Stand des Basiszinssatzes halbjährlich im Bundesanzeiger zu veröffentlichen, wobei als Bezugsgröße der Zinssatz der jüngsten Hauptrefinanzierungsoperation der Europäischen Zentralbank verwendet wird. Der jeweils relevante Stand des Basiszinssatzes lässt sich der Tab. 7.3 entnehmen.

Hierbei ist deutlich zu erkennen, dass vor allem aufgrund der vorhandenen Geldflut in Folge der Finanzkrise der Jahre 2008/2009 der Basiszinssatz deutlich sank. Da der veröffentlichte Basiszinssatz laufzeitabhängig ist und in der Bewertung von Unternehmen, bzw. Funktionen zunächst von unendlichen Anlagen auszugehen ist, sind die veröffentlichten Zinssätze eine erste Indikation. Diese ersetzt nicht die eigenständige Ermittlung des Basiszinssatzes unter einer unendlichen Laufzeit, für die sich in Bewertungstheorie und -praxis die Svensson-Methode durchgesetzt hat.

> **Praxishinweis**
> Eine weitere Informationsquelle hinsichtlich einzelner Zinssätze ist beispielsweise die Datenbank von Aswath Damodaran, der viele von ihm durchgeführte Studien und empirische Untersuchungen im Bereich der Equity-Bewertung unter http://pages.stern.nyu.edu/~adamodar/ veröffentlicht.

## Die Svensson-Methode

Die überwiegende Anzahl der an den Märkten gehandelten Anleihen sind Kuponanleihen (z. B. Bundesanleihen), welche durch fixe jährliche Zahlungsströme definiert sind. Aus diesen lassen sich die Spotzinsen (Spot Rates) in Abhängigkeit ihrer jeweiligen Laufzeit nur dann in einem in sich konsistenten Verfahren ermitteln, wenn für alle Laufzeiten durchgängig Anleihen gehandelt werden.[30] Da jedoch nicht für jede Laufzeit eine Kuponanleihe vorhanden ist, muss auf ein Schätzverfahren zurückgegriffen werden, um eine stetige Zinsstrukturkurve mit (quasi) sicheren Nullkuponanleihen zu ermitteln. Der funktionale Zusammenhang zwischen Laufzeit und Zinssatz ist dabei besonders bedeutsam.[31] Mithilfe der Svensson-Methode kann aus den beobachtbaren Renditen der Kuponanleihen eine stetige Zinsstrukturkurve abgeleitet und laufzeitspezifische Spot Rates ermittelt werden:[32]

$$z(t, \beta, \tau) = \beta_0 + \beta_1 \left( \frac{1 - e^{(-t/\tau_1)}}{(t/\tau_1)} \right) + \beta_2 \left( \frac{1 - e^{(-t/\tau_1)}}{(t/\tau_1)} - e^{(-t/\tau_1)} \right) + \beta_3 \left( \frac{1 - e^{(-t/\tau_2)}}{(t/\tau_2)} - e^{(-t/\tau_2)} \right)$$

---

[30] Vgl. Dörschell, et al., 2010, S. 54.
[31] Vgl. Reese & Wiese, 2006, S. 7.
[32] Vgl. Ernst, et al., 2010, S. 52 f.

Hierbei ist z(t, β, τ) der Zinssatz, welcher für die Laufzeit t als Funktion der zu schätzenden Parametervektoren ($\beta_0$, $\beta_1$, $\beta_2$, $\beta_3$, $\tau_1$, $\tau_2$) in Jahren dargestellt wird.[33] Bei einer unendlichen Laufzeit strebt die komplette Funktion gegen $\beta_0$, sodass $\beta_0$ auch als langfristige Spot Rate zu interpretieren ist, wohingegen die Funktion gegen $\beta_0 + \beta_1$ konvergiert, wenn die Laufzeit sehr kurz (nahe 0) ist.[34] Mit diesem Ansatz kann für jeden zukünftigen Zeitpunkt ein laufzeitadäquater Zinssatz ermittelt werden, wenn z. B. eine Bewertung für einen begrenzten Bewertungszeitraum von 10 Jahren durchgeführt wird. Die einzelnen Parameter ($\beta_0$, $\beta_1$, $\beta_2$, $\beta_3$, $\tau_1$, $\tau_2$) werden täglich von der deutschen Bundesbank geschätzt.[35] Für den europäischen Raum ermittelt die Europäische Zentralbank ebenfalls die Parameter für die Svensson-Methode.[36] Durch das Einsetzen der von der Bundesbank täglich ermittelten Parameter in oben dargestellter Formel kann für jede Laufzeit ein risikoloser Basiszinssatz ermittelt werden.[37] Demnach erscheint die Svensson-Methode für die Ermittlung eines Basiszinssatzes geeignet zu sein, besonders unter Berücksichtigung der Flexibilität sowie der Möglichkeit der tagesgenauen Ermittlung.

> **Praxistipp zur Ermittlung eines Basiszinssatzes für Funktionsverlagerungen**
> Folgende Vorgehensweise erscheint zur Ermittlung des Basiszinssatzes einer Funktionsbewertung sinnvoll:
>
> 1. Schätzung der Spot Rates nach der Svensson-Methode für 1–30 Jahre
> 2. Glättung der Daten durch Verwendung von 3-Monats-Durchschnittswerten
> 3. Ableitung eines barwertäquivalenten Basiszinssatzes (vgl. Anhang 13 für Details)

Die ermittelten Parameter und Marktdaten der Bundesbank für die Svensson-Methode sind vollständig auszunutzen, womit die Spot Rates für die Jahre 1–30 nach der Svensson-Methode zu ermitteln sind.[38] Bei einer längeren Kapitalisierungsdauer als der maximalen Dauer deutscher Staatsanleihen von 30 Jahren sollte als Spot Rate der Zinssatz der Staatsanleihe mit der längsten Restlaufzeit verwendet werden. Dies ist dadurch zu begründen, dass die Verzinsung für Zeitpunkte außerhalb des Laufzeitspektrums von 30 Jahren den bekannten Marktverhältnissen bestmöglich entsprechen soll, womit nur der letzte beobachtbare Zinssatz infrage kommt.[39] Darüber hinaus hat sich diese Vorgehensweise als ein guter Schätzer für die langfristige Zinsentwicklung herausgestellt und

---

[33] Vgl. Jonas, et al., 2005, S. 647.
[34] Vgl. Bark, 2011, S. 23.
[35] Vgl. Deutsche Bundesbank, 1997, S. 65.
[36] Verfügbar unter: ECB, 2013.
[37] Für eine ausführlichere und detailliertere Beschreibung zu dieser Methodik: Vgl. Deutsche Bundesbank, 1997, S. 61 ff.
[38] Vgl. Drukarczyk & Schüler, 2007, S. 251.
[39] Vgl. Wenger, 2003, S. 493 f.

kann als beste pragmatische Lösung angesehen werden.[40] Eine Glättung der Daten durch die Verwendung von 3-Monats-Durchschnittswerten sollte durchgeführt werden, sofern die Daten einen geeigneten Schätzwert liefern und keinen Sondereinflüssen unterliegen. Damit wird die Wirkung von Ausreißern minimiert. Ein barwertäquivalenter Zinssatz ist besonders bei stabilen zukünftigen Erträgen zu berücksichtigen. Der IDW rät zu einer abschließenden Rundung auf 1/4-Prozentpunkte.[41] Um die beschriebenen Sachverhalte praxisnah aufzuzeigen, wird im Folgenden ein Beispiel dargestellt, welches die Ermittlung eines Zinssatzes der XY AG[42] beschreibt.

---

**Praxisbeispiel zur Ermittlung eines Basiszinssatzes anhand der XY AG**

Die folgenden Gegebenheiten der Funktionsverlagerung sind fiktiv und nicht auf die realen Gegebenheiten der XY AG zurückzuführen. Es wird davon ausgegangen, dass die deutsche Aktiengesellschaft XY AG als Muttergesellschaft ein Transferpaket und damit eine Funktion auf eine ausländische Tochtergesellschaft in Frankreich überträgt. Das Transferpaket besteht aus drei Fertigungsanlagen für die Produktion von Schaumpolstern in der Automobilindustrie und den dazugehörigen immateriellen Vermögensgegenständen. Nach einer internen Analyse, welche mit den vorhandenen Marktdaten des Verbandes der deutschen Automobilindustrie ergänzt wurde, ist für das vor zwei Jahren in Deutschland entwickelte Schäumverfahren in zehn Jahren eine neue Technologie zu erwarten. Der Produktlebenszyklus spiegelt dies ebenso wider wie die Laufzeit der Patente, womit sich eine Kapitalisierungsdauer von zehn Jahren ergibt. Die Funktionsverlagerung erfolgt endgültig zum 29.05.2013. Persönliche Steuern werden bei der Bewertung nicht berücksichtigt. Nach Angaben der Unternehmensplanung wird für Deutschland in den kommenden zehn Jahren mit einem jährlichen Funktionsgewinn[43] von 100 TEUR nach Steuern gerechnet, in Frankreich dagegen mit jährlich 200 TEUR nach Steuern. Die Ermittlung des Kapitalisierungszinssatzes erfolgt mit dem WACC-Verfahren unter Verwendung des CAPM. Die zu verlagernde Funktion hat eine Eigenkapitalquote von 34 %, womit diese genauso hoch ist wie die Quote des Gesamtunternehmens. Für den 29.05.2013 wurden von der deutschen Bundesbank in der Tab. 7.4 dargestellten Svensson-Parameter geschätzt:[44]

Durch das Einsetzen dieser Parameter in die Svensson-Gleichung werden folgende laufzeitabhängige Spot Rates in % ermittelt (Tab. 7.5).

---

[40]Vgl. Dörschell, et al., 2009, S. 69.
[41]Vgl. Fachausschuss für Unternehmensbewertung und Betriebswirtschaft, 2008, S. 490.
[42]Die XY AG wurde zufällig gewählt, der Autor steht mit dieser in keiner Verbindung.
[43]Der Begriff Free Cashflow wird aus Vereinfachungsgründen mit dem Begriff Gewinn dargestellt.
[44]In diesem Beispiel wird die Ermittlung des Kapitalisierungszinssatzes für Deutschland gezeigt. Für Frankreich ist der Ermittlungsweg gleich und nur auf die nationalen Gegebenheiten anzupassen.

**Tab. 7.4** Svensson-Schätzparameter der Deutschen Bundesbank zum 29.05.2013. (Quelle: Eigene Darstellung auf Grundlage der Daten der Deutschen Bundesbank, Verfügbar unter: Bundesbank, 2013)

| Stichtag | $\beta_0$ | $\beta_1$ | $\beta_2$ | $\beta_3$ | $\tau_1$ | $\tau_2$ |
|---|---|---|---|---|---|---|
| 29.05.2013 | 0,37555 | −0,3104 | 30 | −24,479 | 7,10941 | 5,47707 |

**Tab. 7.5** Spot Rates auf Basis der Svensson-Methode vom 29.05.2013. (Quelle: Eigene Darstellung und Berechnung)

| Jahr | 1 | 2 | 3 | 4 | 5 | 6 | 7 | 8 | 9 | 10 |
|---|---|---|---|---|---|---|---|---|---|---|
| | 0,0027 | 0,0498 | 0,1719 | 0,3425 | 0,5418 | 0,7547 | 0,9703 | 1,1808 | 1,3808 | 1,5667 |

Hieraus ergibt sich in Tab. 7.6 ein barwertäquivalenter Durchschnittszinssatz ohne Anwendung einer Glättung von 0,9546 %, welcher auf folgendem Iterationsverfahren beruht (vgl. Anhang 13 für eine ausführliche Beschreibung):

> Der barwertäquivalente Durchschnittszinssatz bei einer (fiktiven) 20-jährigen Laufzeit beträgt 1,85 %. Bei 30-jähriger Laufzeit beträgt der barwertäquivalente Durchschnittszinssatz 2,17 %. Die Berechnungen mithilfe des iterativen Ermittlungsverfahrens sind in den Anhängen 5 und 6 dargestellt.

Bei Ermittlung unter Berücksichtigung der Glättung ergibt sich folgendes:

Zur Glättung der Daten werden die durchschnittlichen Spot Rates der vergangenen drei Monate vor dem 29.05.2013 in % ermittelt (Tab. 7.7).

Es ergibt sich ein barwertäquivalenter Durchschnittszinssatz von 0,8159 %, welcher auf folgendem Iterationsverfahren beruht (Tab. 7.8).

> Der geglättete barwertäquivalente Durchschnittszinssatz würde bei einer 20-jährigen Laufzeit 1,70 % betragen. Nach 30-jähriger Laufzeit beträgt der barwertäquivalente Durchschnittszinssatz 2,03 %. Die Berechnungen mithilfe des iterativen Ermittlungsverfahrens sind in den Anhängen 8 und 9 dargestellt.

Die Abweichung des barwertäquivalenten Durchschnittszinssatzes der vergangenen drei Monate zum barwertäquivalenten Zinssatz des 29.05.2013 beträgt rund 18 %. Da keine Sondereinflüsse in den vergangenen drei Monaten vor dem 29.05.2013 zu beobachten waren, wird der barwertäquivalente Durchschnittszinssatz von 0,8159 % als Basiszinssatz verwendet, um einzelne Marktschwankungen besser auszugleichen.

**Tab. 7.6** Ermittlung eines barwertäquivalenten Zinssatzes auf Basis des iterativen Ermittlungsverfahrens der Svensson-Parameter vom 29.05.2013. (Quelle: Eigene Darstellung)

| Jahr | 1 | 2 | 3 | 4 | 5 | 6 | 7 | 8 | 9 | 10 | | |
|---|---|---|---|---|---|---|---|---|---|---|---|---|
| Spot Rates | 0,0027 | 0,0498 | 0,1719 | 0,3425 | 0,5418 | 0,7547 | 0,9703 | 1,1808 | 1,3808 | 1,5667 | | |
| Zinssatz | BW 1 | BW 2 | BW 3 | BW 4 | BW 5 | BW 6 | BW 7 | BW 8 | BW 9 | BW 10 | Barwert | Differenz Barwerte |
| i = Spot Rates | 100,00 | 99,90 | 99,49 | 98,64 | 97,33 | 95,59 | 93,46 | 91,04 | 88,39 | 85,60 | **949,44** | |
| Schätzung 1   i = 1 | 99,01 | 98,03 | 97,06 | 96,10 | 95,15 | 94,20 | 93,27 | 92,35 | 91,43 | 90,53 | 947,13 | 2,31 |
| Schätzung 2   i = 0,90 | 99,11 | 98,22 | 97,35 | 96,48 | 95,62 | 94,77 | 93,92 | 93,08 | 92,25 | 91,43 | 952,23 | −2,79 |
| Näherung 1   i = 0,95 | 99,06 | 98,13 | 97,20 | 96,29 | 95,38 | 94,48 | 93,60 | 92,71 | 91,84 | 90,98 | 949,68 | −0,23 |
| Näherung 2   i = 0,96 | 99,05 | 98,11 | 97,17 | 96,25 | 95,34 | 94,43 | 93,53 | 92,64 | 91,76 | 90,89 | 949,17 | 0,27 |
| Näherung 3   i = 0,954 | 99,06 | 98,12 | 97,19 | 96,27 | 95,36 | 94,46 | 93,57 | 92,69 | 91,81 | 90,94 | 949,47 | −0,03 |
| Näherung 4   i = 0,9545 | 99,05 | 98,12 | 97,19 | 96,27 | 95,36 | 94,46 | 93,57 | 92,68 | 91,81 | 90,94 | 949,45 | −0,01 |
| Näherung 5   i = 0,9546 | 99,05 | 98,12 | 97,19 | 96,27 | 95,36 | 94,46 | 93,57 | 92,68 | 91,80 | 90,94 | **949,44** | **0,00** |

Anmerkung: Ausgangsbasis bilden die prognostizierten jährlichen Gewinne von 100 TEUR. Alle Barwerte sind in TEUR zu betrachten. Die einzelnen Zinssätze in der Tabelle sind in Prozent dargestellt.

**Tabelle 7.7** 3-monatige Durchschnittsrenditen auf Basis der Svensson-Methode zum 29.05.2013. (Quelle: Eigene Darstellung und Berechnungsansatz)

| Jahr | 1 | 2 | 3 | 4 | 5 | 6 | 7 | 8 | 9 | 10 |
|---|---|---|---|---|---|---|---|---|---|---|
| | −0,0064 | −0,0055 | 0,0823 | 0,2279 | 0,4092 | 0,6097 | 0,8171 | 1,0225 | 1,2197 | 1,4046 |

Die exakte Berechnung der einzelnen Werte ist im Anhang 2 zu finden.

> **Praxishinweis**
> Der ermittelte Basiszinssatz von 0,8159 % ist verglichen mit den Werten der Vergangenheit sehr niedrig. Dies scheint besonders der Finanzkrise der vergangenen Jahre und der damit verbundenen „Geldflut" sowie der begrenzten Kapitalisierungsdauer von zehn Jahren geschuldet. Der Fachausschuss Unternehmensbewertung und Betriebswirtschaft des IDW, im Folgenden FAUB genannt, hat am 19.09.2012 aufgrund der Situation an den Kapitalmärkten eine Empfehlung abgegeben.[45] Diese besagt, dass kein Marktversagen für das Niveau deutscher Staatsanleihen verantwortlich ist und die beschriebene Vorgehensweise zur Ermittlung des Basiszinssatzes weiterhin durchzuführen ist. Darüber hinaus gilt bei Unternehmensbewertungen das Stichtagsprinzip, womit subjektive Anpassungen, wie eine Erhöhung des Basiszinssatzes aufgrund niedriger Zinssätze, nicht den wirtschaftlichen Gegebenheiten des 29.05.2013 entsprechen würden.[46]

**ii. Die Marktrisikoprämie**
**Die Verwendung von Markdaten zur Ermittlung einer Marktrisikoprämie**

Neben dem ermittelten Basiszinssatz sind funktions- und risikoadäquate Zuschläge vorzunehmen, welche die mit der verlagernden Funktion verbundenen Chancen und Risiken berücksichtigen. Die einzelnen Zuschläge sollen sich nach Rn. 106 der Verwaltungsgrundsätze Funktionsverlagerung an marktüblichen Renditen orientieren, welche für vergleichbare Funktionen erzielt werden können. Voraussetzung dafür ist, dass die Renditen einer Funktion am Markt beobachtbar sind.[47] Ist dies nicht möglich, kann für die Renditebeurteilung der gesamte Konzern herangezogen werden und der verlagernden Funktion ist ein entsprechender Anteil am Gewinn zuzuordnen.[48]

> **Praxishinweis**
> In der Bewertungspraxis wird auf verschiedene Studien[49] und Empfehlungen zur Marktrisikoprämie zurückgegriffen.[50] Das FAUB empfiehlt z. B. vor dem Hintergrund

---

[45]Vgl. Fachausschuss für Unternehmensbewertung und Betriebswirtschaft, 2013, S. 1 f.
[46]Vgl. Dörschell, et al., 2009, S. 271.
[47]Vgl. Oestreicher & Hundshagen, 2008, S. 1694.
[48]Vgl. Verwaltungsgrundsätze Funktionsverlagerung, Rn. 106, S. 39.
[49]Für eine Übersicht verschiedener Studien: vgl. Drukarczyk & Schüler, 2009, S. 221 f.
[50]Vgl. Dörschell, et al., 2009, S. 91.

# 7 Ermittlung des Kapitalisierungszinssatzes

**Tab. 7.8** Näherungsverfahren zur Ermittlung des barwertäquivalenten Basiszinssatzes mit durchschnittlichen Spot Rates der Svensson-Parameter vom 28.02.2013–29.05.2013. (Quelle: Eigene Darstellung)

| Jahr | 1 | 2 | 3 | 4 | 5 | 6 | 7 | 8 | 9 | 10 | | |
|---|---|---|---|---|---|---|---|---|---|---|---|---|
| | −0,0064 | −0,0055 | 0,0823 | 0,2279 | 0,4092 | 0,6097 | 0,8171 | 1,0225 | 1,2197 | 1,4046 | | |
| Zinssatz | BW 1 | BW 2 | BW 3 | BW 4 | BW 5 | BW 6 | BW 7 | BW 8 | BW 9 | BW 10 | Barwert | Differenz Barwerte |
| i = Spot Rates | 100,01 | 100,01 | 99,75 | 99,09 | 97,98 | 96,42 | 94,46 | 92,18 | 89,66 | 86,98 | **956,55** | |
| Schätzung 1 i = 0,80 | 99,21 | 98,42 | 97,64 | 96,86 | 96,09 | 95,33 | 94,57 | 93,82 | 93,08 | 92,34 | 957,37 | −0,82 |
| Schätzung 2 i = 0,85 | 99,16 | 98,32 | 97,49 | 96,67 | 95,86 | 95,05 | 94,25 | 93,45 | 92,67 | 91,88 | 954,80 | 1,76 |
| Näherung 1 i = 0,82 | 99,19 | 98,38 | 97,58 | 96,79 | 96,00 | 95,22 | 94,44 | 93,68 | 92,91 | 92,16 | 956,34 | 0,21 |
| Näherung 2 i = 0,81 | 99,20 | 98,40 | 97,61 | 96,82 | 96,05 | 95,27 | 94,51 | 93,75 | 93,00 | 92,25 | 956,86 | −0,30 |
| Näherung 3 i = 0,815 | 99,19 | 98,39 | 97,59 | 96,81 | 96,02 | 95,25 | 94,48 | 93,71 | 92,96 | 92,20 | 956,60 | −0,04 |
| Näherung 4 i = 0,8158 | 99,19 | 98,39 | 97,59 | 96,80 | 96,02 | 95,24 | 94,47 | 93,71 | 92,95 | 92,20 | 956,56 | 0,00 |
| Näherung 5 i = 0,81585 | 99,19 | 98,39 | 97,59 | 96,80 | 96,02 | 95,24 | 94,47 | 93,71 | 92,95 | 92,20 | **956,55** | **0,00** |

Anmerkung: Ausgangsbasis bilden die prognostizierten jährlichen Gewinne von 100 TEUR. Alle Barwerte sind in TEUR zu betrachten. Die einzelnen Zinssätze in der Tabelle sind in Prozent dargestellt.

sehr niedriger Zinsen durch die Finanzmarktkrise 2008 und 2009 eine Marktrisikoprämie von 5,5 % bis 7 % vor persönlichen Steuern bzw. 5 % und 6 % nach persönlichen Steuern.[51] Allerdings kommen die Studien und Empfehlungen häufig zu unterschiedlichen Ergebnissen, was vor allem dem jeweiligen Zeitpunkt, dem verwendeten Zeitintervall, der Berechnungsmethodik und dem gewählten Marktportfolio der Untersuchung geschuldet ist.[52]

**Determinanten zur Ermittlung einer Marktrisikoprämie**
**Der Einbezug historischer Renditedaten**

Sofern nicht auf die Empfehlungen zurückgegriffen wird, erfolgt die Ableitung der zukünftigen Marktrisikoprämie durch den Einbezug historischer Daten. Diesem Ansatz liegt die Annahme zugrunde, dass sich die Marktrisikoprämie aus der Vergangenheit in die Zukunft übertragen lässt.[53] Die Risikozuschläge unterliegen einem sog. Mean-Reverting-Prozess.[54] Dies bedeutet, dass kurzfristige Ausschläge kaum aussagekräftig sind und die Renditen trotz „abnormaler" Phasen über einen längeren Zeitraum einem bestimmten Trend folgen.[55] Somit können die aus der Vergangenheit ermittelten Marktrisikoprämien besonders bei einer stabilen wirtschaftlichen Entwicklung[56] auf die Zukunft übertragen werden.[57] Darüber hinaus ist mit der Verwendung vergangenheitsbezogener Werte eine breite Datenbasis vorhanden.[58] Zu berücksichtigen ist, dass zukünftige Werte durchaus von den historischen Werten abweichen können.[59] Besondere Einflüsse, wie z. B. Kriege, können die prognostizierten Werte sehr stark verändern, da die Marktrisikoprämie sowohl bei größeren politischen und wirtschaftlichen Risiken als auch bei volatilen Märkten ansteigt.[60] Letztendlich sind die Daten aus der Vergangenheit auf die Zukunft übertragbar, wenn sich die wesentlichen Rahmenbedingungen der Kapitalmärkte nicht verändert haben bzw. verändern werden.[61]

---

[51] Vgl. Fachausschuss für Unternehmensbewertung und Betriebswirtschaft, 2013.
[52] Vgl. Ernst, et al., 2010, S. 59.
[53] Die Ermittlung von Marktrisikoprämien mithilfe von Schätzungen oder Experteninterviews haben sich bisher nicht durchgesetzt und werden daher nicht weiter vertieft.
[54] Vgl. Bark, 2011, S. 92.
[55] Vgl. Cooper, 1996, S. 159.
[56] Vgl. Fachausschuss für Unternehmensbewertung und Betriebswirtschaft, 2013, S. 1.
[57] Vgl. Creutzmann & Heuer, 2010.
[58] Vgl. Jonas, 2009, S. 544.
[59] Vgl. Ernst, et al., 2010, S. 58.
[60] Vgl. Heining, 2009, S. 152.
[61] Vgl. Zeidler, et al., 2012, S. 73.

**Das Marktportfolio**
Das Marktportfolio besteht theoretisch aus allen Wertpapieren einer Volkswirtschaft mit gleicher Währung.[62] Da dieses theoretische Konstrukt praktisch nicht vorhanden ist, wird als Annäherung auf breit diversifizierte Aktienindizes zurückgegriffen.[63] Bei einer Unternehmensbewertung wird ein Aktienindex des Landes verwendet, in dem das zu bewertende Unternehmen tätig ist.[64] Für eine Funktionsverlagerung erscheint dies ebenso eine geeignete Vorgehensweise zu sein, da eine Funktionsverlagerung in den Ländern zu bewerten ist, in denen die Verlagerung durchgeführt wird. Für Deutschland ist demnach ein deutscher Index zu verwenden. Der CDAX erscheint hierbei geeignet, da dieses segmentübergreifend die Entwicklung aller (bedeutsamen) deutschen Aktien der Frankfurter Börse abbildet.[65] Mit seinen mehr als 500 gelisteten Unternehmen repräsentiert der CDAX die gesamte Breite des deutschen Aktienmarktes und ist als kapitalmarktorientierter Indikator für die wirtschaftliche Entwicklung besonders gut verwendbar.[66] Ein weiterer Index, der die Entwicklung des gesamten Prime-Standard abdeckt, ist der Prime-All-Share-Index.[67] Dieser ist mit seinen knapp 300 gelisteten Unternehmen ebenfalls sehr umfangreich und ein geeigneter Indikator der wirtschaftlichen Entwicklung. Der DAX erscheint mit seinen 30 Werten nicht repräsentativ, besonders unter der Berücksichtigung, dass die einzelnen DAX-Werte auch in den CDAX einfließen. Es kann tendenziell davon ausgegangen werden, dass je mehr Aktien ein Index enthält, desto geeigneter dieser als Marktportfolio ist.[68]

**Der Referenzzeitraum und das Renditeintervall**
Die Länge des Referenzzeitraumes ist situationsabhängig und jeweils mit Vor- und Nachteilen verbunden. Durch einen möglichst langen Ermittlungszeitraum werden Marktschwankungen sowie mögliche Ausreißer geglättet und haben daher keinen allzu großen Einfluss auf die Renditen. Darüber hinaus wird mit einem möglichst langen Referenzzeitraum der Vorteil der breiten Masse an vorhandenen Daten genutzt.[69] Allerdings werden auch ältere Daten in die Berechnung einbezogen, die bezüglich ihrer Aussagekraft aber mit Zweifeln behaftet sein können.[70] Dieses Argument erscheint aufgrund volatiler Märkte nur bedingt stichhaltig zu sein, da Marktschwankungen heutzutage ebenso vorhanden sind wie diese auch in früheren Jahren vorhanden waren. Für die Verwendung

---

[62] Vgl. Ballwieser, 2011, S. 97.
[63] Vgl. Bark, 2011, S. 103.
[64] Vgl. Creutzmann & Heuer, 2010.
[65] Vgl. Gabler Wirtschaftslexikon, CDAX (14.06.2013).
[66] Vgl. Index-Porträt, CDAX (15.06.2013).
[67] Vgl. Börse Frankfurt, Prime All Share (24.06.2013).
[68] Vgl. Zimmermann, 1997, S. 92.
[69] Vgl. Jonas, 2009, S. 544.
[70] Vgl. Dörschell, et al., 2009, S. 91.

eines kürzeren Ermittlungszeitraumes spricht die Aktualität der vorhandenen Daten. Allerdings sind auch diese nicht frei von schwankenden Marktverläufen und kurzfristigen Einflüssen. Beispielsweise ist der DAX im Jahr 2008 um ca. 40 % gefallen,[71] was in engem Zusammenhang mit dem damaligen Beginn der Finanzmarktkrise steht. Daher ist bei der Wahl des Ermittlungszeitraums eine Abwägung zwischen der Aktualität der Daten und deren Repräsentativität vorzunehmen.[72] Bei einer Funktionsverlagerung sollte die erwartete Kapitalisierungsdauer einen Hinweis auf die Länge des Referenzzeitraumes für die Ermittlung einer Durchschnittsrendite geben. Eine Laufzeitäquivalenz zwischen dem erwarteten Kapitalisierungszeitraum und dem Referenzzeitraum der Marktrisikoprämie erscheint unter der Voraussetzung einer befristeten Kapitalisierungsdauer sinnvoll zu sein. Dies besagt auch Tz. 117 des IDW S 1 für die Bewertung von Unternehmenstransaktionen mit befristeter Kapitalisierungsdauer. Bei einer unendlichen Kapitalisierungsdauer sollte ein möglichst langer Beobachtungszeitraum herangezogen werden. Die Länge des Referenzzeitraumes sollte nicht losgelöst von dem Zeitintervall der einzelnen Renditenmessungen (= Renditeintervall) gewählt werden, da diese sich gegenseitig beeinflussen.[73] Ein kürzerer Referenzzeitraum hat beispielsweise zur Folge, dass ein kürzeres Renditeintervall für die Renditemessungen notwendig ist. Es wird zwischen einem Wochen-, Monats- und Jahresintervall für die einzelnen Messungen unterschieden.[74] Ein langes Intervall zwischen den einzelnen Messungen führt zu relativ wenigen Datenpunkten, während ein kürzeres Intervall häufig Spekulationen und Zufällen unterliegt, dafür aber mehrere Datenpunkte liefert.[75]

**Die Berechnungsmethodik**
Die Ermittlung der Durchschnittsrendite eines bestimmten Marktportfolios ist das letztendliche Ziel bei der Bestimmung der Marktrisikoprämie. Diese soll einen guten Schätzwert für erwarteten Renditen des Marktportfolios liefern.[76] Allerdings ist die Berechnung der Durchschnittsrendite unter Berücksichtigung des arithmetischen oder geometrischen Mittels diskutabel.[77] Sind die einzelnen Renditen voneinander unabhängig, d. h., hat die Rendite eines bestimmten Zeitpunktes keinen Einfluss auf die Rendite des darauffolgenden Zeitpunktes, ist die Verwendung des arithmetischen Mittels die geeignetste und am

---

[71]Vgl. Deutsches Aktieninstitut, Kurshistorien (16.06.2013).
[72]Vgl. Dörschell, et al., 2009, S. 106.
[73]Vgl. Creutzmann & Heuer, 2010, S. 1303.
[74]Vgl. Watrin & Stöver, 2012, S. 123.
[75]Vgl. Creutzmann & Heuer, 2010, S. 1303.
[76]Vgl. Dörschell, et al., 2009, S. 91.
[77]Vgl. Ballwieser, 2011, S. 101.

wenigsten verfälschende Berechnungsmethodik.[78] Allerdings zeigen empirische Studien, dass Renditen „eher" negativ korreliert sind, was bedeutet, dass auf eine positive Jahresrendite „eher" eine negative folgt als umgekehrt.[79] Damit würde das arithmetische Mittel die tatsächlichen Renditen als zu hoch darstellen, da der Korrelationseffekt nicht berücksichtigt wird, was das geometrische Mittel hingegen berücksichtigt. Welche dieser beiden Annahmen realitätsnäher ist, kann nicht abschließend geklärt werden. In der amerikanischen Literatur wird inzwischen von einem Wert ausgegangen, der zwischen dem arithmetischen und dem geometrischen Mittel liegt.[80] Eine Untersuchung historischer Marktrisikoprämien ergab, dass die realisierten Marktrisikoprämien nicht mit gängigen ökonomischen Modellen und Berechnungen zu erklären sind, da eigentlich wesentlich niedrigere Werte zu erwarten gewesen wären.[81] Dieses Phänomen wird als „Equity Risk Premium Puzzle" bezeichnet. Es impliziert allerdings nicht, dass eine bestimmte Mittelwertbildung zu bevorzugen ist.[82]

**Empirische Risikoprämien in der Praxis**
Zur Ermittlung der Marktrisikoprämie wurden in Anlehnung an die zuvor beschriebenen theoretischen Aspekte (historische Daten zu Renditen, Marktportfolio, Referenzzeitraum und Methodik) verschiedene empirische Studien und Beobachtungen durchgeführt. Eine in der Literatur häufig erwähnte und vom IDW empfohlene Studie ist die Stehle-Studie aus dem Jahr 2004.[83] Darin ermittelte Stehle die Entwicklung der Renditen eines marktgewichteten Portfolios aus allen im amtlichen Handel der Frankfurter Börse notierten Aktien der Jahre 1955 bis 1987 und führte dies ab 1988 mit dem CDAX weiter. Die Berechnungen, auf Basis der Studie von 2004, führte Stehle bis ins Jahr 2012 fort und veröffentlichte diese auf seiner Homepage.[84] Alle Steuer- und Einmaleffekte wurden eliminiert, um die einzelnen Renditen vergleichbar zu machen. Da grundlegende Änderungen, z. B. im Steuersystem, große Auswirkungen auf die einzelnen Renditen haben, ist dies für die Vergleichbarkeit eminent wichtig.[85] Die Daten von Stehle bilden eine gute Ausgangsbasis für die Festlegung der Marktrisikoprämie.[86] Es gibt weitere Studien, die die langfristige Entwicklung von Kapitalmärkten näher analysieren. Ein Großteil dieser Studien ermittelt eine Marktrisikoprämie für Deutschland von ca. 6 % und für die USA von ca. 7 %.[87]

---

[78]Vgl. Koller, et al., 2010, S. 244.
[79]Vgl. Damodaran, 2013, S. 26, (12.06.2013).
[80]Vgl. Koller, et al., 2010, S. 245.
[81]Vgl. Vargas, 2012.
[82]Vgl. Vargas, 2012.
[83]Vgl. Stehle, 2004.
[84]Verfügbar unter: Stehle & Hartmond, 2013.
[85]Vgl. Bark, 2011, S. 102.
[86]Vgl. Dörschell, et al., 2009, S. 325.
[87]Vgl. Drukarczyk & Schüler, 2009, S. 221 f.

**Die Ermittlung einer Marktrisikoprämie am Beispiel der XY AG**

Die Ermittlung der Marktrisikoprämie der XY AG wird zu den Gegebenheiten in Deutschland durchgeführt. Als Grundlage für die Ermittlung der Marktrisikoprämie werden vergangenheitsbezogene Kapitalmarktdaten verwendet, welche von Stehle veröffentlicht sind.[88, 89] Die Tabelle in Anhang 14 stellt eine Übersicht der Entwicklung der jährlichen durchschnittlichen nominalen Rendite aller in Frankfurt amtlich notierten deutschen Aktien für verschiedene Kapitalisierungszeiträume dar. Die einzelnen Werte in Tab. 7.9 sind z. B. für das Jahr 2002 folgendermaßen zu interpretieren: Ab dem Jahr 2002 ergab sich für die nächsten zehn Jahre eine jährliche, durchschnittliche nominale Rendite aller in Frankfurt notierten Aktien von 2,24 %.

**Tab. 7.9** 10-jährige Durchschnittsrenditen auf Basis der Stehle-Daten (in Prozent). (Quelle: Eigene Darstellung, Berechnung in Anlehnung an Stehle, Verfügbar unter: Stehle & Hartmond, 2013)

| Anlagehorizont: 10 Jahre | | | | | |
|---|---|---|---|---|---|
| Jahr | 10-Jahresrendite | Jahr | 10-Jahresrendite | Jahr | 10-Jahresrendite |
| 1955 | 15,17 | 1972 | 5,30 | 1989 | 13,65 |
| 1956 | 12,13 | 1973 | 5,59 | 1990 | 13,15 |
| 1957 | 11,11 | 1974 | 11,25 | 1991 | 13,68 |
| 1958 | 14,65 | 1975 | 12,46 | 1992 | 10,88 |
| 1959 | 10,85 | 1976 | 15,45 | 1993 | 5,90 |
| 1960 | 6,28 | 1977 | 16,85 | 1994 | 5,26 |
| 1961 | 0,43 | 1978 | 10,83 | 1995 | 6,68 |
| 1962 | 2,19 | 1979 | 12,81 | 1996 | 8,76 |
| 1963 | 6,33 | 1980 | 17,30 | 1997 | 8,84 |
| 1964 | 2,97 | 1981 | 15,00 | 1998 | 7,08 |
| 1965 | 2,45 | 1982 | 15,18 | 1999 | −0,21 |
| 1966 | 7,08 | 1983 | 12,56 | 2000 | −0,76 |
| 1967 | 8,18 | 1984 | 13,07 | 2001 | 1,94 |
| 1968 | 5,21 | 1985 | 11,08 | 2002 | 2,24 |
| 1969 | 4,84 | 1986 | 5,47 | 2003 | 10,38 |
| 1970 | 2,55 | 1987 | 6,87 | 2004 | 9,48 |
| 1971 | 5,80 | 1988 | 15,23 | | |

---

[88]Verfügbar unter: Stehle & Hartmond, 2013.

[89]Da die letzte Aktualisierung der Daten von Stehle auf den 15.02.2012 basiert, wurde die nachfolgende Tabelle mit der Performance des CDAX für die Geschäftsjahre 2012 und 2013 erweitert und um die jeweiligen neuesten Zeiträume mit der gleichen Berechnungsweise fortgeführt.

# 7 Ermittlung des Kapitalisierungszinssatzes

Die Kapitalisierungsdauer der Funktionsverlagerung im gewählten Beispiel beträgt zehn Jahre, womit die durchschnittliche 10-Jahres-Rendite für die Ermittlung der Marktrisikoprämie am besten geeignet erscheint (Tab. 7.9).

Die Durchschnittsrenditen der 10-Jahresintervalle wurden mit den jährlichen Renditen[90] unter Verwendung des geometrischen Mittels gebildet. Der Wert 2,24 % für das Zeitintervall von 2002 bis 2011 ergibt sich z. B. folgendermaßen:

$$\sqrt[10]{(1-0{,}3994) * 1{,}3758 * 1{,}0847 * 1{,}282 * 1{,}2409 * 1{,}2042 * (1-0{,}4258) * 1{,}254 * 1{,}1846 * (1-0{,}1482)} = 2{,}24\%$$

Im Jahr 2012 betrug die Rendite des CDAX 29,26 %. Die 10-jährige Rendite für das Jahr 2003 beträgt 10,38 % und ergibt sich aus den Jahresrenditen der Jahre 2003–2012:

$$\sqrt[10]{1{,}3758 * 1{,}0847 * 1{,}282 * 1{,}2409 * 1{,}2042 * (1-0{,}4258) * 1{,}254 * 1{,}1846 * (1-0{,}1482) * 1{,}2926} \approx 10{,}38\%$$

Stehle hat einen Mittelwert von 7,16 % für die durchschnittliche 10-jährige Rendite von fünf unabhängigen Zeiträumen mit jährlichem Messintervall aller in Frankfurt amtlich notierten deutschen Aktien ermittelt. Hierbei wurde das arithmetische Mittel der ermittelten Zinssätze von 2,24 % (2002–2011), 10,88 % (1992–2001), 15,18 % (1982–1991), 5,30 % (1972–1981) und 2,19 % (1962–1971) gebildet. Auf Grundlage dieser Vorgehensweise wird das arithmetische Mittel der Zinssätze der unabhängigen Zeiträume von 10,38 % (2003–2012), 5,90 % (1993–2002), 12,56 % (1983–1992), 5,59 % (1973–1982) und 6,33 % (1963–1972) gebildet. Es ergibt sich eine 10-jährige Durchschnittsrendite unter Verwendung eines jährlichen Messintervalls und den fünf voneinander unabhängigen Zeiträumen von 8,15 %. Abschläge, welche von manchen Autoren gefordert werden, werden nicht vorgenommen, da eine tiefer gehende Begründung dafür nicht vorhanden ist.[91] Nach Abzug des ermittelten Basiszinssatzes von 0,8159 %[92] ergibt sich eine Marktrisikoprämie i. H. v. 7,33 % vor Steuern.[93] Dies erscheint im Hinblick auf die Empfehlung des IDW eine hohe, aber durchaus angemessene Marktrisikoprämie zu sein. Die dargestellte Vorgehensweise zur Ermittlung der Marktrisikoprämie wurde gewählt, da die vorliegenden Daten von Stehle ein Marktportfolio für Deutschland beschreiben, welches kaum ausführlicher sein kann. Die breite Datenbasis unter Verwendung des CDAX ab 1988 ist für eine möglichst objektive Marktbeschreibung geeignet. Da die Bewertung einer Funktionsverlagerung die Grundsätze der Unternehmensbewertung des IDW berücksichtigen sollte, erscheint die Nutzung der Daten von Stehle in jedem Fall angemessen, da diese

---

[90]Diese sind im Anhang 10 zu finden.

[91]Vgl. Drukarczyk & Schüler, 2009, S. 224.

[92]Dieser Schritt stellt eine Vereinfachung dar, da korrekterweise der Basiszinssatz der jeweiligen Zeitperiode vor der Mittelwertbildung zu subtrahieren wäre. Aufgrund eines beträchtlichen Informationsdefizites, wurde sich für die beschriebene Vorgehensweise entschieden.

[93]Die Berechnung kann für jeden beliebigen Kapitalisierungszeitraum mithilfe der aktualisierten Tabelle auf Basis der Daten von Stehle sowie der entsprechenden Berechnung des Basiszinssatzes angewandt werden.

selbst vom IDW empfohlen sind.[94] Für den spezifischen Fall der Funktionsverlagerung und dem in diesem Beispiel verbundenen begrenzten Zeitraum wird mit der vorgestellten Methodik ein möglichst intersubjektiver Renditedurchschnitt ermittelt, da eine Laufzeitäquivalenz erreicht wird. Darüber hinaus wird bei dieser Vorgehensweise sowohl das geometrische Mittel als auch das arithmetische Mittel für die Bildung der Durchschnittsrenditen verwendet. Durch die Verwendung des Durchschnittes der fünf voneinander unabhängigen Zeitperioden werden die Daten geglättet und sind nicht nur von einer Zeitperiode abhängig. Der Vorwurf, dass ältere Daten einen großen Einfluss auf den Durchschnittswert haben, ist nicht komplett von der Hand zu weisen. Allerdings erscheint dieser aufgrund der volatilen Märkte vernachlässigbar.[95] Eine Möglichkeit, jüngere Durchschnittsrenditen mehr zu berücksichtigen, wäre eine Gewichtung einzelner Durchschnitte. Ob dies zu einem realitätsnäheren oder mehr verzerrenden Bild führen würde, ist nicht erwiesen.

### iii. Betafaktor als unternehmensspezifischer Faktor im CAPM

Der Betafaktor zeigt die Beziehung zwischen der Kursentwicklung einer Aktie und einem Index auf sowie die Sensitivität des Aktienkurses im Hinblick auf die Veränderung des Indexstands. Der Betafaktor kann anhand historischer Daten ermittelt werden.[96] Hierbei werden die Renditen eines gewählten Marktportfolios mit den Renditen des Wertpapiers verglichen, wobei dieser folgendermaßen ermittelt wird.

$$\beta = \frac{\mathrm{Cov}(r_i, r_M)}{\mathrm{Var}(r_M)}$$

Für die Ermittlung des Betafaktors sind ein geeigneter Referenzindex als Marktportfolio, der Untersuchungszeitraum und das Intervall der Renditemessung notwendig.[97]

**Der Referenzindex**

Die Wahl des Referenzindex ist für die Höhe des Betafaktors von großer Bedeutung, da dieser für die Rendite des Marktportfolios ausschlaggebend ist. Letztendlich sind bei der Wahl des Referenzindex für die Bestimmung des Betafaktors vergleichbare Kriterien heranzuziehen wie bei der Wahl des Marktportfolios für die Ermittlung der Marktrisikoprämie. Wurde bei der Ermittlung der Marktrisikoprämie der CDAX als Marktportfolio gewählt, sollte dieser auch für die Berechnung des Betafaktors herangezogen werden. Eine Verwendung unterschiedlicher Indizes würde zu verzerrenden Ergebnissen führen. Gleichwohl wären unterschiedliche Indizes zu berücksichtigen, wenn die Gruppe vergleichbarer Unternehmen (Peergroup) in unterschiedlichen Ländern notiert ist. Auch käme bei einer

---

[94]Vgl. Dörschell, et al., 2009, S. 113.
[95]Man betrachte hierbei beispielsweise die relativ große Differenz der ermittelten Durchschnittsrenditen von 2002–2011 und 2003–2012.
[96]Vgl. Bark, 2011, S. 121.
[97]Vgl. Dörschell, et al., 2009, S. 144.

marktheterogenen Gruppe vergleichbarer Unternehmen die Wahl eines möglichst breiten Index in Betracht. Hier könnte sich dann der MSCI World anbieten. In Deutschland aber erscheint die Verwendung des CDAX bei einer in Deutschland notierten Gruppe vergleichbarer Unternehmen aufgrund der Breite dieses Index ein passendes Marktportfolio darzustellen, da dieser als sog. Total-Return-Index die ausgeschütteten Dividenden und die Kurssteigerungen beinhaltet.[98] Aus Konsistenzgründen sollte sich aber in jedem Fall an der Wahl des Marktportfolios der Marktrisikoprämie orientiert werden.[99]

**Der Beobachtungszeitraum und das Renditeintervall**[100]
Der Beobachtungszeitraum ist eine weitere bedeutende Einflussgröße bei der Ermittlung des Betafaktors. Grundsätzlich ist die Verwendung von möglichst vielen Datenpunkten zu bevorzugen, da ein erhöhter Stichprobenumfang eine höhere Wahrscheinlichkeit bietet, genauere Ergebnisse zu liefern.[101] Dies ist besonders auf die Glättung einzelner Ausreißer zurückzuführen. Falls allerdings Sondereinflüsse und Strukturbrüche vorhanden sind, besteht die Gefahr einer geringen Aussagekraft für die zukünftige Entwicklung der Aktienrendite.[102] Es ist daher schwierig, eine allgemeine Aussage über einen geeigneten Beobachtungszeitraum zu treffen. In der Unternehmensbewertungspraxis wird meist ein Zeitraum von zwei bis fünf Jahren gewählt.[103] Da das Renditeintervall und der Beobachtungszeitraum gemeinsam den Stichprobenumfang der Messpunkte bestimmen, sind diese nicht unabhängig voneinander.[104] Das Renditeintervall gibt an, wie häufig die Renditen innerhalb des Beobachtungszeitraumes ermittelt werden. Hierbei ist zwischen einem täglichen, wöchentlichen oder monatlichen Intervall zu unterscheiden.[105] Eine Veränderung des zugrunde gelegten Intervalls hat eine deutliche Auswirkung auf die Höhe des Betafaktors.[106] Dieser Zusammenhang wird als Intervalling-Effekt bezeichnet.[107] Dieser ist durch eine verzögerte Reaktion eines Aktienkurses auf Veränderungen des Marktes und der damit verbundenen Markteffizienz begründet.[108] Um eine angemessene statistische Überprüfung durchführen zu können, ist es bedeutsam, eine ausreichende Anzahl von einzelnen Datenpunkten zu ermitteln.[109] Es sollten mindestens 50

---

[98]Vgl. Bark, 2011, S. 124.
[99]Vgl. Kemper, et al., 2012, S. 647.
[100]Das Renditeintervall gibt die Häufigkeit der Ermittlung der Renditen innerhalb des Beobachtungszeitraumes an.
[101]Vgl. Zimmermann, 1997, S. 341.
[102]Vgl. Dörschell, et al., 2009, S. 156.
[103]Vgl. Bark, 2011, S. 124.
[104]Vgl. Dörschell, et al., 2009, S. 152.
[105]Vgl. Bark, 2011, S. 125.
[106]Vgl. Kern & Mölls, 2010, S. 444.
[107]Vgl. Dörschell, et al., 2009, S. 152.
[108]Vgl. Zimmermann, 1997, S. 119 f.
[109]Vgl. Bark, 2011, S. 125.

Renditekombinationen von der Rendite des Marktportfolios und der Rendite des zu bewertenden Wertpapiers vorhanden sein.[110] Da der Beobachtungszeitraum meist zwischen zwei und fünf Jahren liegt, ergibt sich bei einem monatlichen Messintervall eine maximale Anzahl von 60 Datenpunkten. Daher ist das monatliche Intervall bei einem Beobachtungszeitraum von weniger als fünf Jahren eher abzulehnen. Die Verwendung eines täglichen Renditeintervalls geht ebenfalls mit einigen Problemen einher. Besonders die Illiquidität bestimmter Aktien und eine verzögerte Anpassung an neue Informationen sprechen gegen die Verwendung eines täglichen Renditeintervalls.[111] Eine Regressionsanalyse benötigt liquide Aktien, die entsprechend gehandelt werden und Umsätze generieren.[112] Ist dies nicht der Fall, ist der ermittelte Betafaktor dementsprechend wenig aussagekräftig und für die Bewertung ungeeignet. Allerdings sind der große Stichprobenumfang und die damit verbundene geringere Anfälligkeit gegenüber Ausreißern ein Vorteil des täglichen Intervalls.[113] Nichtsdestotrotz ist das tägliche Messintervall aufgrund der kurzfristigen Verzerrungen eher abzulehnen.[114] In der Unternehmenspraxis wird meist ein wöchentliches Renditeintervall für die Ermittlung des Betafaktors herangezogen.[115] Dabei werden die Nachteile der täglichen und monatlichen Intervallbildung am besten aufgefangen. Die wöchentlichen Renditen sind im Zeitablauf stabiler und im Hinblick auf Ausreißer weniger anfällig.[116] Stellbrink und Brückner untersuchten die Bewertungsgutachten von je 30 Unternehmen aus dem DAX und dem TecDAX hinsichtlich der Verwendung von Betafaktoren für den Bewertungsstichtag des 30.06.2008.[117] Die Untersuchungen ergaben, dass bei einem 5-jährigen Beobachtungszeitraum zumeist monatliche oder wöchentliche Renditeintervalle gewählt wurden. Bei einem 2-jährigen Beobachtungszeitraum wurde das wöchentliche Intervall am häufigsten gewählt. Außerdem stellten die Autoren fest, dass ein Schätzzeitraum von fünf Jahren mit einem monatlichen Renditeintervall sowie ein Schätzzeitraum von 2 Jahren mit einem wöchentlichen Renditeintervall die geringste Anfälligkeit gegenüber den getroffenen Regressionsvoraussetzungen mit sich bringen.[118] Insgesamt erscheint die Verwendung von wöchentlichen Zeitintervallen für den gewählten Zeitraum tendenziell am geeignetsten zu sein, wobei die Bedingungen des Einzelfalls in jedem Fall zu berücksichtigen sind.

---

[110]Vgl. Pankoke & Petersmeier, 2009, S. 123.
[111]Vgl. Stellbrink & Brückner, 2011, S. 5.
[112]Vgl. Ernst, et al., 2010, S. 64.
[113]Vgl. Dörschell, et al., 2009, S. 327.
[114]Vgl. Pankoke & Petersmeier, 2009, S. 123.
[115]Vgl. Heining, 2009, S. 153.
[116]Vgl. Dörschell, et al., 2010, S. 61.
[117]Vgl. Stellbrink & Brückner, 2011, S. 5 ff.
[118]Vgl. Stellbrink & Brückner, 2011, S. 8.

**Betafaktoren für nicht börsennotierte Unternehmen**

Da die meisten Unternehmen in Deutschland nicht börsennotiert sind, können von diesen keine Daten auf dem Kapitalmarkt abgeleitet werden.[119] In diesen Fällen ist eine sog. Peergroup-Analyse heranzuziehen, in welcher die Marktdaten von potenziell vergleichbaren Unternehmen verwendet werden. Unter der Voraussetzung, dass potenziell vergleichbare Unternehmen vorhanden sind, stellt deren durchschnittlicher Betafaktor einen Indikator für das Risiko des zu bewertenden Unternehmens dar.[120] Vergleichbare Unternehmen der Peergroup können börsennotierte Unternehmen sein, die einen vergleichbaren Geschäftsbereich, eine vergleichbare Unternehmensgröße und eine vergleichbare Chancen- und Risikostruktur wie das zu bewertende Unternehmen aufweisen. Die Risikostruktur berücksichtigt sowohl das operative Risiko als auch das Finanzierungsrisiko. Das Finanzierungsrisiko spiegelt i. d. R. die Kapitalstruktur wider, also das Verhältnis von Eigenkapital zu Fremdkapital. Bei der Berechnung des Betafaktors muss demnach beachtet werden, dass die herangezogenen Unternehmen der Peergroup im Vergleich zu dem zu bewertenden Unternehmen das gleiche Verhältnis des Marktwertes von Eigen- und Fremdkapital aufweisen.[121] Ist die Kapitalstruktur der Peergroup und die des Unternehmens gleich, kann der Betafaktor übernommen werden. I. d. R. wird die Kapitalstruktur jedoch nicht identisch sein, sodass der Betafaktor der Peergroup an die Kapitalstruktur des zu bewertenden Unternehmens angepasst werden muss (Levering). Zunächst wird der Betafaktor auf Kapitalbasis ohne Fremdkapital berechnet. Das Eigenkapital-Beta wird somit um das Fremdkapital bereinigt, sodass sich ein Betafaktor eines unverschuldeten börsennotierten Unternehmens ergibt. Diese Vorgehensweise wird als „unlevern" bezeichnet. Bei ihr werden die einzelnen empirisch ermittelten Betafaktoren der verschuldeten Unternehmen ($= \beta_V$) in ein fiktiv unverschuldetes Unternehmen umgerechnet. Diese beruht auf den Arbeiten von Modigliani und Miller:[122]

$$\beta_U = \beta_V * \frac{1}{1 + (1-s) * \frac{FK}{EK}}$$

Hierbei ist es wichtig, dass die Bilanzen auf Grundlage des gleichen Bilanzrechts ausgestellt sind. Ansonsten können die unterschiedlichen Bilanzierungsregeln zu einem anderem Eigen- und Fremdkapital führen und die Kennziffern sind wenig plausibel und ergeben unzuverlässige Resultate. Im Anschluss daran ist ein Durchschnittswert (Arithmetisches Mittel, Median oder marktgewichtet) von den gewonnenen „unlevered" Betafaktoren zu bilden. Ist der durchschnittliche Betafaktor ermittelt, wird dieser auf die Kapitalstruktur des zu bewertenden Unternehmens angepasst, wodurch das spezifische

---

[119] Vgl. Ernst, et al., 2010, S. 65.
[120] Vgl. Dörschell, et al., 2009, S. 122.
[121] Vgl. Oestreicher & Hundeshagen, 2009, S. 834.
[122] Vgl. Modigliani & Miller, 1958.

Finanzierungsrisiko des zu bewertenden Unternehmens berücksichtigt wird. Dies geschieht mit dem „relevern":[123]

$$\beta_V = \beta_U(1 + (1-s) * \frac{FK}{EK})$$

▶ **Praxistipp** Die eigene Berechnung von Betafaktoren ist aufwendig und wird in der Unternehmenspraxis kaum durchgeführt. Für fast alle an den Börsen notierten Aktien werden Betafaktoren regelmäßig von verschiedenen Finanzdienstleistern berechnet und sind in Zeitungen wie dem Handelsblatt oder in Zeitschriften wie der Börsen-Zeitung abgebildet. Viele Unternehmen erhalten ihre Informationen aus dem Kapitalinformationssystem Bloomberg. Dies bietet die Möglichkeit, Betafaktoren für frei wählbare Zeitintervalle und für verschiedenste Marktportfolios berechnen zu lassen. Dadurch kann ein Betafaktor bestimmt werden, der die einzelnen Gegebenheiten des zu bewertenden Unternehmens bestmöglich berücksichtigt.

**Industriespezifische Betafaktoren**
Eine Alternative ist die Verwendung eines industriespezifischen Betafaktors, der sich aus mehreren Betafaktoren der gleichen Branche zusammensetzt. Dieser kann durchaus „verlässlicher" sein, besonders wenn die Standardabweichung des Betafaktors eines einzelnen Unternehmens relativ groß ist.[124] Diese Abweichung ist auf einzelne, große Schwankungen zurückzuführen, womit die Aussagekraft dieses Betafaktors zweifelhaft sein kann. Bei der Verwendung industriespezifischer Betafaktoren, werden die einzelnen Betafaktoren von Unternehmen der gleichen Branche und mit ähnlichem Risikoprofil (z. B. Automobilzulieferer) ermittelt und darauf aufbauend ein Mittelwert dieser Betafaktoren gebildet. Eine gute Hilfsmöglichkeit bietet hierbei der Global-Industry-Classification-Standard, der die einzelnen Unternehmen nach Sektoren, Industriegruppen, Industriezweigen und Branchen aufteilt. Allerdings haben die industriespezifischen Betafaktoren den Nachteil, dass diese nicht die unternehmensspezifischen Besonderheiten berücksichtigen.[125] In der Zeitschrift BewertungsPraktiker werden regelmäßig beispielhafte Industrie-Betafaktoren dargestellt.

**Die Ermittlung eines Betafaktors am Beispiel der XY AG**
Für die Ermittlung des Betafaktors der XY AG wurde eine Abfrage im Kapitalinformationssystem Bloomberg durchgeführt und darüber hinaus der Betafaktor manuell

---

[123]Vgl. Ernst, et al., 2010, S. 67.
[124]Vgl. Brealey, et al., 2013, S. 226.
[125]Vgl. Ernst, et al., 2010, S. 65.

errechnet.[126] Da der CDAX bei der Ermittlung der Marktrisikoprämie verwendet wurde, ist dieser aus Konsistenzgründen auch hier anzuwenden. Für die Wahl des Beobachtungszeitraumes erscheinen fünf Jahre aufgrund der großen Marktschwankungen der Jahre 2008 und 2009, bedingt durch die weltweite Finanzmarktkrise, angemessen. Ein monatliches Zeitintervall kommt nicht in frage, da dies i. V. m. dem 2-jährigen Beobachtungszeitraum nur 24 Datenpunkte für die durchzuführende Regressionsanalyse liefert. Aus diesem Grund wurde ein wöchentliches Renditeintervall gewählt, welches über den Beobachtungszeitraum insgesamt 104 Datenpunkte ermittelt, was eine ausreichende Anzahl für die Regressionsgerade darstellt. Bloomberg[127] ermittelte für die XY AG einen Raw Betafaktor von 1,199 und einen Adjusted Betafaktor von 1,133.[128] Demnach reagiert die XY AG überproportional auf die Marktschwankungen des CDAX. Um den ermittelten Betafaktor auf Verlässlichkeit zu prüfen, wurden mehrere Industrieübersichten zur Verprobung herangezogen. In der Zeitschrift BewertungsPraktiker wurde für 2013 ein Betafaktor für die Automobilindustrie (2-jähriger Beobachtungszeitraum, tägliches Intervall, Referenzindex ist der Prime-All-Share-Index) von 1,27 ermittelt.[129] Für Juni 2013 wurde in der Zeitschrift Corporate Finance für die Automobilbranche in Deutschland ein Betafaktor von 1,24 ermittelt (1-jähriger Beobachtungszeitraum, tägliches Intervall, Referenzindex ist der Prime-All-Share-Index).[130] Auf der Internetseite www.finexpert.info wurden ebenfalls Branchenbetas für 2013 berechnet. Dabei wurde für die Automobilbranche (2-jähriger Beobachtungszeitraum, tägliches Intervall, Referenzindex ist der Prime-All-Share-Index) ein Betafaktor von 1,26 ermittelt.[131] Aufgrund der geringen Abweichung zwischen dem unternehmensspezifischen Raw Betafaktor und den industriespezifischen Betafaktoren, wird der Raw Betafaktor von 1,199 als letztendlicher Betafaktor verwendet. Damit werden die unternehmensspezifischen Gegebenheiten bestmöglich berücksichtigt.

---

[126] Die mathematische Ermittlung des Betafaktors der XY AG ist im Anhang 11 zu finden.
[127] Das Ergebnis der Abfrage in Bloomberg ist im Anhang 12 zu finden.
[128] Der „adjusted" Betafaktor berücksichtigt das Marktportfoliobeta von 1 zu einem Drittel und die historischen Aktienrenditen zu zwei Drittel. Mit dieser Anpassung nähert sich jeder ermittelte Betafaktor dem Betafaktor des Marktportfolios von 1 an. Dies ist darauf zurückzuführen, dass sich theoretisch der Betafaktor eines Unternehmens langfristig dem Markt angleichen sollte, da beide dem gleichen systematischen Risiko unterliegen.
[129] Vgl. Schwetzler, 2013, S. 74.
[130] Vgl. Hammer, et al., 2013, S. 229.
[131] Verfügbar unter: http://www.finexpert.info/fileadmin/user_upload/capital_market_data/Betas-cost_of_capital/Zweijahresbeta.pdf (04.07.2013).

## 7.5 Fremdkapitalrendite

Da viele Unternehmen einen großen Anteil an Fremdkapital im Verhältnis zum Eigenkapital haben, ist die Berechnung der Fremdkapitalkosten nicht zu vernachlässigen.[132] Für die Bestimmung der Fremdkapitalkosten bzw. des Fremdkapitalzinssatzes ist die Höhe des Zinses, welcher aufgrund der aktuellen Marktbedingungen für die Aufnahme von Fremdkapital zu zahlen wäre, von besonderer Bedeutung.[133] Hierbei spielen Ratings eine bedeutende Rolle, welche die Höhe der Fremdkapitalkosten durch eine Analyse[134] der Anleihen von Unternehmen ermitteln.[135] In der Praxis wird aus Vereinfachungsgründen und eines meist fehlenden Ratings häufig auf den aus der Vergangenheit bekannten durchschnittlich zu zahlenden Zinssatz zurückgegriffen.[136] Oft sind diese bereits aus dem Konzernabschluss ermittelbar, wobei die Laufzeit eine bedeutende Rolle für die Höhe des Fremdkapitalzinssatzes spielt. Gleichwohl sollte in der Bewertung insbesondere von Funktionen berücksichtigt werden, dass die tatsächlichen Fremdkapitalkosten, etwa durch Gesellschafterdarlehen, von Fremdkapitalkosten im Drittvergleich mit Kreditinstituten abweichen können bzw. die spezifische Fremdfinanzierung der Funktion von der Konzernfinanzierung zu unterscheiden ist. Es ist daher immer zu empfehlen, die tatsächlichen Fremdkapitalkosten des Bewertungsobjekts zu plausibilisieren. Ein Plausibilisierungsschritt wäre der Vergleich der Fremdkapitalkosten des Bewertungsobjekts mit den Fremdkapitalkosten der Gruppe vergleichbarer Unternehmen. Des Weiteren ist es üblich, die Fremdkapitalkosten über die Ratings des Bewertungsobjekts und der Gruppe vergleichbarer Unternehmen abzuleiten. Über marktübliche, zum Bewertungsstichtag aktuelle Zinsen für Fremdfinanzierung entsprechend der ermittelten bzw. beobachtbaren Ratings wird dabei die Differenz zum laufzeitspezifischen Basiszinssatz ermittelt. Dieser sogenannte credit spread wird dann auf den Basiszinssatz für eine unendlich Anlage addiert.

## 7.6 Eigenkapital- und Fremdkapitalquote

Ein weiterer Einflussfaktor auf die Höhe des letztendlichen WACCs ist der jeweilige Anteil an Eigen- und Fremdkapital des Bewertungsobjektes. Gerade Unternehmen mit einem relativ hohen Fremdkapitalanteil haben in Zeiten einer „Niedrigzinspolitik" potenziell geringere gebundene Kapitalkosten, da ein relativ niedriger Zinssatz für die Aufnahme von Fremdkapital i. V. m. einer hohen Fremdkapitalquote einen erheblichen Einflussfaktor auf den letztendlich zu verwendeten Kapitalisierungszinssatz darstellt. Die jeweilige Branche des Bewertungsobjektes ist hierbei zu berücksichtigen. Banken weisen beispielsweise

---

[132]Vgl. Ernst, et al., 2010, S. 74.
[133]Vgl. Pankoke & Petersmeier, 2009, S. 129.
[134]Für vertiefende Informationen hierzu: Vgl. Pankoke & Petersmeier, 2009, S. 129 ff.
[135]Vgl. Dörschell, et al., 2010, S. 55.
[136]Vgl. Ernst, et al., 2010, S. 75.

häufig sehr viel geringe Eigenkapitalquoten aus, womit die Höhe der durchschnittlich gebundenen Kapitalkosten in hohem Maße vom durchschnittlichen Fremdkapitalzinssatz abhängt. Daher ist es bei einer Peergroup-Analyse sehr bedeutsam, den jeweiligen Anteil des Eigen- und Fremdkapitals der Vergleichsunternehmen zu berücksichtigen, um die Gegebenheiten des zu bewertenden Objektes bestmöglich zu approximieren.

Aufgrund häufig mangelnder Informationen und der damit verbundenen Unmöglichkeit der Ermittlung einer Eigen- und Fremdkapitalquote einer zu verlagernden Funktion, wird aus Vereinfachungsgründen sowie als beste Approximation die Eigen- und Fremdkapitalquote des gesamten Unternehmens für die Bewertung einer Funktionsverlagerung verwendet.

**Exkurs – periodenspezifische Berechnung des WACC**
Aufgrund einer sich über die Laufzeit der Detailplanungsperiode verändernden Kapitalstruktur, welche einerseits abhängig vom jeweiligen Thesaurierungsverhalten des Unternehmens, aber auch von der Veränderung des Fremdkapitalzinssatzes bzw. der einzelnen Inputvariablen der Eigenkapitalkosten ist, verändert sich der WACC über jede einzelne Planungsperiode, was in der Bewertung zu berücksichtigen ist.[137] Hierbei herrscht allerdings ein Zirkularitätsproblem,[138] da für die Ermittlung des Marktwertes des jeweiligen Eigenkapitals der WACC vorhanden sein muss, wobei andererseits für die Ermittlung des WACC der Eigenkapitalwert bekannt sein muss.[139] Demnach ist ein Wert jeweils vom anderen Wert abhängig und die Berechnung nicht über den „Standardweg" zu lösen. Zur Lösung dieser Problematik gibt es zum einen den Weg über eine iterative Ermittlung des WACC durch wiederholtes Probieren oder über eine rekursive Berechnung, in welcher der Unternehmenswert zum Bewertungsstichtag über den Unternehmenswert in der ewigen Rente Periode für Periode zurückgerechnet wird.

Bei der Durchführung eines **iterativen Verfahrens** zur Ermittlung eines periodenspezifischen WACC wird der Marktwert des Eigenkapitals zu Beginn geschätzt und diese Schätzung als Basis der Berechnung der durchschnittlichen Kapitalkosten herangezogen. Damit wird ein vorläufiger Unternehmenswert ermittelt, welcher zur Berechnung der Kapitalkosten verwendet wird, der dann wiederum mit den geschätzten Kapitalkosten verglichen wird. Dieses Vorgehen wird anschließend so lange wiederholt, bis sich die beiden Größen angeglichen haben und weitere Iterationsschritte keine Auswirkung mehr auf den Unternehmenswert und die Kapitalkosten haben.[140]

---

[137]In der Unternehmenspraxis wird aus Vereinfachungsgründen häufig ein konstanter WACC unter der Annahme einer konstanten Kapitalstruktur angesetzt.
[138]Vgl. Kuhner & Maltry, 2006, S. 254 ff.
[139]Vgl. Enzinger & Kofler, 2011, S. 3.
[140]Vgl. Hölscher & Helms, 2013, S. 27.

> Eine weitere Möglichkeit zur Ermittlung eines periodenspezifischen und auf die Kapitalstruktur angepassten WACC ist eine **rekursive Berechnung**[141] unter Einbezug eines Zweiphasenmodels, welches aus einer Detailplanungsperiode und einer ewigen Rente besteht.[142] Als Ausgangspunkt dient hierbei die ewige Rente, welche jeweils über einen rollierenden Mechanismus an die einzelnen Gegebenheiten innerhalb der Detailplanungsperiode angepasst und zurückgerechnet wird. In der Praxis wird häufig auf eine perioden-spezifische Ermittlung aus Gründen der Vereinfachung verzichtet.

## 7.7 Steuersatz

Im Rahmen der Unternehmensbewertung sind unterschiedliche Sonderaspekte im Rahmen der Besteuerung der finanziellen Überschüsse zu berücksichtigen.[143] Der IDW S 1 unterscheidet mit der mittelbaren und unmittelbaren Typisierung zwischen einer Bewertung auf Gesellschafts- und auf Gesellschafterebene. Erst im Fall einer Bewertung auf Gesellschafterebene werden neben den Unternehmenssteuern auch einkommensteuerliche Aspekte relevant. Da die Funktionsverlagerung eine Bewertung auf Gesellschafts- bzw. Funktionsebene erfordert, sind im Weiteren lediglich die Unternehmenssteuern relevant sofern eine Kapitalgesellschaft betrachtet wird.[144]

Während beim Ertragswertverfahren die Unternehmenssteuern lediglich in der zu kapitalisierenden Größe angemessen zu berücksichtigen sind, wird die Unternehmenssteuer im DCF-Ansatz auch im Kapitalisierungszinssatz relevant. Aufgrund der grundsätzlichen Abzugsfähigkeit von Fremdkapitalzinsen vom steuerbaren Ertrag, muss aus Gründen der Äquivalenz auch der im Kapitalisierungszinssatz verwendete Fremdkapitalkostensatz eine Nachsteuergröße sein. Folglich sind von den abgeleiteten Fremdkapitalkosten die Unternehmenssteuern zu subtrahieren.

In Deutschland umfassen die Unternehmenssteuern Körperschaftsteuer inklusive Solidaritätszuschlag sowie Gewerbesteuer. Die Ermittlung der Gewerbesteuer ist abhängig von dem Sitz der Gesellschaft als Steuersubjekt. Von den hebesatzbedingten Unterschieden der Gewerbesteuer (vgl. § 14 GewStG) abstrahierend lässt sich sagen, dass ein durchschnittlicher Unternehmenssteuersatz in Deutschland derzeit bei rund 30 % liegt.

---

[141]In der Unternehmenspraxis wird dies auch als Roll-Back-Verfahren bezeichnet.
[142]Vgl. Schacht & Fackler, 2005, S. 219.
[143]Vgl. Kunowski & Popp, 2009.
[144]BMF, Schreiben v. 13.10.2010 Tz. 35 grenzt dies für Personalgesellschaften ein. Ferner steht es dem Bewerter frei die Steuern auf Ebene des Gesellschafters zu berücksichtigen sowohl im Zins als auch Gewinn (vgl. ebenda Tz. 34 + 108).

Im Rahmen der Funktionsbewertung sind die unternehmenssteuerlichen Verhältnisse der beiden relevanten Länder zu berücksichtigen. Das bedeutet, dass zunächst in den Vergleichsbewertungen die jeweils relevanten Unternehmenssteuersätze der beiden Länder zu berücksichtigen sind. Sofern die Unterschiede in den Bewertungen alleine aus steuerlichen Verhältnissen resultieren, sollte die Bewertung durch die Anwendung einer durchschnittlichen internationalen Unternehmenssteuer plausibilisiert werden.

## 7.8 Abschlussbeispiel: Ermittlung des WACC unter Einbezug des CAPM

In Fortführung des Beispiels zur Ermittlung der Eigenkapitalrendite nach dem CAPM ergibt sich folgender WACC. Aus den geschilderten Ermittlungen ergibt sich ein Risikozuschlag (= MRP * β) von 7,33 % * 1,199 = 8,79 %. Durch Addition des Basiszinssatzes von 0,8159 % ergibt sich ein rEK i. H. v. 9,60 %.[145] Der im Jahresabschluss 2012 der XY AG angegebene Steueranteil beträgt 29,06 % und zum 31.12.2012 ist die Eigenkapitalquote 34 %. In den Jahren 2009–2011 lag die Eigenkapitalquote zwischen 31 % und 34 %, sodass eine gewisse Konstanz zu erkennen ist. Demnach wird die aktuellste Eigenkapitalquote von 34 % verwendet. Es ergibt sich eine Fremdkapitalquote von 66 %. Diese Quoten werden als konstant angesehen.[146] Aus der GuV 2012 der XY AG sind folgende Daten bekannt (Tab. 7.10). Der Fremdkapitalzinssatz beträgt 4,87 % und wurde folgendermaßen ermittelt.

**Tab. 7.10** Zinsaufwendungen Fremdkapital. (Quelle: Eigenes Beispiel)

| GuV-Position | In TEUR |
|---|---|
| Finanzaufwendungen | 12,583 |
| Sonstiges Finanzergebnis | 718 |
| **Zinsaufwendungen Fremdkapital** | 13,301 |

---

[145]Dieser Wert erscheint angemessen, Drukarczyk und Schüler ermittelten einen durchschnittlichen Wert der Eigenkapitalkosten für deutsche Unternehmen von 9,33 %: Vgl. Drukarczyk & Schüler, 2009, S. 232.

[146]Marktwerte des Eigen- und Fremdkapitals sind aufgrund des Zirkularitätsproblems nicht vorhanden.

**Tab. 7.11** Zinstragendes Fremdkapital. (Quelle: Eignen Beispiel)

| Bilanz-Position | In TEUR |
|---|---|
| Langfristige Schulden | 180,855 |
| Kurzfristige Finanzschulden | 72,822 |
| Sonstige, kurzfristige finanzielle Verbindlichkeiten | 12,012 |
| Zinstragender Teil der sonstigen originären Verbindlichkeiten | 7,153 |
| **Zinstragendes Fremdkapital** | 272,842 |

Das zinstragende Fremdkapital ergibt sich folgendermaßen aus der Bilanz (Tab. 7.11): Somit ergibt sich ein Fremdkapitalkostenzinssatz von 13.301/272.842 = **4,87 %**

Es wurde angenommen, dass alle langfristigen Schulden als zinstragendes Fremdkapital anzusehen sind. Die Pensionsrückstellungen sind in den langfristigen Schulden enthalten, da deren Zinsanteil als Zinsaufwand im Finanzergebnis berücksichtigt wurde. Bei dem kurzfristigen Fremdkapital wurde nur das kurzfristig zinstragende Fremdkapital in der Berechnung berücksichtigt.

Der WACC der XY AG ergibt sich unter Verwendung der ermittelten Ergebnisse in den vorderen Kapiteln folgendermaßen:

$$\text{WACC} = \frac{34}{100} * 9{,}60\,\% + (1 - 0{,}2906) * 4{,}87\,\% * \frac{66}{100} = 5{,}54\,\%$$

## Anhang

### Anhang 1: Kurse/Renditen börsennotierter Bundeswertpapiere vom 29.05.2013 als Grundlage für die Ermittlung des Basiszinssatzes

| ISIN[a] | Bezeichnung[b,e] | Fälligkeit | Restlaufzeit J/M | Emissions-volumen Mrd. EUR | Kurs[e] vom 29.05.2013 | Rendite in % | Netto-Rendite[d] in % | Kurs plus Stückzinsen[f] |
|---|---|---|---|---|---|---|---|---|
| DE000 1137347 | 1,750 BSA 11 | 14.06.2013 | 0 J 0 M | 17,0 | 100,071 | −0,10 | −0,07 | 101,754 |
| DE000 1135234 | 3,750 Bund 03 | 04.07.2013 | 0 J 1 M | 22,0 | 100,351 | −0,02 | −0,01 | 103,752 |
| DE000 1137354 | 0,750 BSA 11 | 13.09.2013 | 0 J 3 M | 17,0 | 100,220 | −0,01 | −0,01 | 100,754 |
| DE000 1141539 | 4,000 BO S 153 | 11.10.2013 | 0 J 4 M | 16,0 | 101,459 | 0,00 | 0 | 104,001 |
| DE000 1137362 | 0,250 BSA 11 | 13.12.2013 | 0 J 6 M | 15,0 | 100,134 | 0,00 | 0 | 100,250 |
| DE000 1135242 | 4,250 Bund 03 | 04.01.2014 | 0 J 7 M | 24,0 | 102,547 | −0,01 | −0,01 | 104,259 |
| DE000 1137370 | 0,250 BSA 12 | 14.03.2014 | 0 J 9 M | 15,0 | 100,186 | 0,01 | 0,01 | 100,239 |

# 7 Ermittlung des Kapitalisierungszinssatzes

| | | | | | | | | |
|---|---|---|---|---|---|---|---|---|
| DE000 1141547 | 2,250 BO S 154 | 11.04.2014 | 0 J 10 M | 19,0 | 101,930 | 0,01 | 0,01 | 102,238 |
| DE000 1137388 | 0,000 BSA 12 | 13.06.2014 | 1 J 0 M | 15,0 | 99,982 | 0,02 | 0,01 | 99,982 |
| DE000 1135259 | 4,250 Bund 04 | 04.07.2014 | 1 J 1 M | 25,0 | 104,622 | 0,02 | 0,02 | 108,476 |
| DE000 1137396 | 0,000 BSA 12 | 12.09.2014 | 1 J 3 M | 15,0 | 99,956 | 0,03 | 0,03 | 99,956 |
| DE000 1141554 | 2,500 BO S 155 | 10.10.2014 | 1 J 4 M | 17,0 | 103,362 | 0,03 | 0,02 | 104,958 |
| DE000 1137404 | 0,000 BSA 12 | 12.12.2014 | 1 J 6 M | 14,0 | 99,924 | 0,05 | 0,04 | 99,924 |
| DE000 1135267 | 3,750 Bund 04 | 04.01.2015 | 1 J 7 M | 23,0 | 105,921 | 0,04 | 0,03 | 107,431 |
| DE000 1141562 | 2,500 BO S 156 | 27.02.2015 | 1 J 8 M | 17,0 | 104,280 | 0,05 | 0,03 | 104,917 |
| DE000 1137412 | 0,250 BSA 13 | 13.03.2015 | 1 J 9 M | 15,0 | 100,349 | 0,05 | 0,04 | 100,421 |
| DE000 1141570 | 2,250 BO S 157 | 10.04.2015 | 1 J 10 M | 19,0 | 104,092 | 0,05 | 0,04 | 104,406 |
| DE000 1137420 | 0,000 BSA 13 | 12.06.2015 | 2 J 0 M | 5,0 | 99,890 | 0,05 | 0,04 | 99,890 |
| DE000 1135283 | 3,250 Bund 05 | 04.07.2015 | 2 J 1 M | 21,0 | 106,680 | 0,06 | 0,04 | 109,627 |
| DE000 1141588 | 1,750 BO S 158 | 09.10.2015 | 2 J 4 M | 16,0 | 103,945 | 0,08 | 0,06 | 105,067 |
| DE000 1135291 | 3,500 Bund 05 | 04.01.2016 | 2 J 7 M | 23,0 | 108,800 | 0,11 | 0,08 | 110,210 |
| DE000 1141596 | 2,000 BO S 159 | 26.02.2016 | 2 J 8 M | 16,0 | 105,140 | 0,12 | 0,09 | 105,655 |
| DE000 1141604 | 2,750 BO S 160 | 08.04.2016 | 2 J 10 M | 18,0 | 107,455 | 0,13 | 0,10 | 107,854 |
| DE000 1030500 | 1,500 Bund 06 index. | 15.04.2016 | 2 J 10 M | 15,0 | 106,700 | −0,80 | – | 123,854 |
| DE000 1134468 | 6,000 Bund 86 II | 20.06.2016 | 3 J 0 M | 3,8 | 117,670 | 0,19 | 0,14 | 123,341 |
| DE000 1135309 | 4,000 Bund 06 | 04.07.2016 | 3 J 1 M | 23,0 | 111,770 | 0,18 | 0,13 | 115,397 |
| DE000 1134492 | 5,625 Bund 86 | 20.09.2016 | 3 J 3 M | 0,8 | 117,670 | 0,25 | 0,18 | 121,569 |
| DE000 1141612 | 1,250 BO S 161 | 14.10.2016 | 3 J 4 M | 16,0 | 103,500 | 0,21 | 0,15 | 104,284 |
| DE000 1135317 | 3,750 Bund 06 | 04.01.2017 | 3 J 7 M | 20,0 | 112,540 | 0,24 | 0,18 | 114,050 |
| DE000 1141620 | 0,750 BO S 162 | 24.02.2017 | 3 J 8 M | 16,0 | 101,750 | 0,28 | 0,20 | 101,947 |
| DE000 1141638 | 0,500 BO S 163 | 07.04.2017 | 3 J 10 M | 18,0 | 100,725 | 0,31 | 0,23 | 100,799 |
| DE000 1135333 | 4,250 Bund 07 II | 04.07.2017 | 4 J 1 M | 19,0 | 115,865 | 0,34 | 0,25 | 119,719 |

| | | | | | | | | |
|---|---|---|---|---|---|---|---|---|
| DE000 1141646 | 0,500 BO S 164 | 13.10.2017 | 4 J 4 M | 16,0 | 100,425 | 0,40 | 0,30 | 100,780 |
| DE000 1135341 | 4,000 Bund 07 | 04.01.2018 | 4 J 7 M | 20,0 | 116,200 | 0,43 | 0,31 | 117,811 |
| DE000 1141653 | 0,500 BO S 165 | 23.02.2018 | 4 J 8 M | 17,0 | 100,075 | 0,48 | 0,36 | 100,267 |
| DE000 1141661 | 0,250 BO S 166 | 13.04.2018 | 4 J 10 M | 5,0 | 98,735 | 0,51 | 0,38 | 98,768 |
| DE000 1030534 | 0,750 BO 11 index. | 15.04.2018 | 4 J 10 M | 9,0 | 107,520 | −0,76 | − | 114,024 |
| DE000 1135358 | 4,250 Bund 08 | 04.07.2018 | 5 J 1 M | 21,0 | 118,665 | 0,53 | 0,38 | 122,519 |
| DE000 1135374 | 3,750 Bund 08 | 04.01.2019 | 5 J 7 M | 24,0 | 117,115 | 0,63 | 0,45 | 118,625 |
| DE000 1135382 | 3,500 Bund 09 | 04.07.2019 | 6 J 1 M | 24,0 | 116,550 | 0,71 | 0,52 | 119,724 |
| DE000 1135390 | 3,250 Bund 09 | 04.01.2020 | 6 J 7 M | 22,0 | 115,660 | 0,80 | 0,58 | 116,969 |
| DE000 1030526 | 1,750 Bund 09 index. | 15.04.2020 | 6 J 10 M | 15,0 | 116,670 | −0,62 | − | 127,670 |
| DE000 1135408 | 3,000 Bund 10 | 04.07.2020 | 7 J 1 M | 22,0 | 114,380 | 0,90 | 0,65 | 117,101 |
| DE000 1135416 | 2,250 Bund 10 | 04.09.2020 | 7 J 3 M | 16,0 | 109,120 | 0,94 | 0,69 | 110,778 |
| DE000 1135424 | 2,500 Bund 10 | 04.01.2021 | 7 J 7 M | 19,0 | 110,760 | 1,02 | 0,74 | 111,767 |
| DE000 1135440 | 3,250 Bund 11 | 04.07.2021 | 8 J 1 M | 19,0 | 116,290 | 1,13 | 0,82 | 119,237 |
| DE000 1135457 | 2,250 Bund 11 | 04.09.2021 | 8 J 3 M | 16,0 | 108,420 | 1,17 | 0,86 | 110,078 |
| DE000 1135465 | 2,000 Bund 11 | 04.01.2022 | 8 J 7 M | 20,0 | 106,000 | 1,26 | 0,92 | 106,805 |
| DE000 1135473 | 1,750 Bund 12 | 04.07.2022 | 9 J 1 M | 24,0 | 103,270 | 1,36 | 1,00 | 105,249 |
| DE000 1135499 | 1,500 Bund 12 | 04.09.2022 | 9 J 3 M | 18,0 | 100,800 | 1,41 | 1,04 | 101,905 |
| DE000 1102309 | 1,500 Bund 01/13 | 15.02.2023 | 9 J 8 M | 18,0 | 100,170 | 1,48 | 1,09 | 100,716 |
| DE000 1030542 | 0,100 Bund 12 index. | 15.04.2023 | 9 J 10 M | 10,0 | 103,650 | −0,26 | − | 107,013 |
| DE000 1102317 | 1,500 Bund 02/13 | 15.05.2023 | 9 J 11 M | 5,0 | 99,830 | 1,52 | − | 99,896 |
| DE000 1134922 | 6,250 Bund 94 | 04.01.2024 | 10 J 7 M | 10,3 | 145,960 | 1,52 | 1,08 | 148,477 |
| DE000 1135044 | 6,500 Bund 97 | 04.07.2027 | 14 J 1 M | 11,3 | 156,610 | 1,89 | 1,33 | 162,505 |
| DE000 1135069 | 5,625 Bund 98 | 04.01.2028 | 14 J 7 M | 14,5 | 145,870 | 1,98 | 1,40 | 148,135 |
| DE000 1135085 | 4,750 Bund 98 II | 04.07.2028 | 15 J 1 M | 11,3 | 135,220 | 2,02 | 1,44 | 139,528 |

| | | | | | | | | |
|---|---|---|---|---|---|---|---|---|
| DE000 1135143 | 6,250 Bund 00 | 04.01.2030 | 16 J 7 M | 9,3 | 157,470 | 2,11 | 1,48 | 159,987 |
| DE000 1135176 | 5,500 Bund 00 | 04.01.2031 | 17 J 7 M | 17,0 | 148,260 | 2,17 | 1,53 | 150,475 |
| DE000 1135226 | 4,750 Bund 03 | 04.07.2034 | 21 J 1 M | 20,0 | 141,360 | 2,26 | 1,61 | 145,668 |
| DE000 1135275 | 4,000 Bund 05 | 04.01.2037 | 23 J 7 M | 23,0 | 130,330 | 2,32 | 1,66 | 131,941 |
| DE000 1135325 | 4,250 Bund 07 I | 04.07.2039 | 26 J 1 M | 14,0 | 137,390 | 2,32 | 1,66 | 141,244 |
| DE000 1135366 | 4,750 Bund 08 | 04.07.2040 | 27 J 1 M | 16,0 | 148,270 | 2,33 | 1,65 | 152,578 |
| DE000 1135432 | 3,250 Bund 10 | 04.07.2042 | 29 J 1 M | 15,0 | 119,000 | 2,34 | 1,69 | 121,947 |
| DE000 1135481 | 2,500 Bund 12 | 04.07.2044 | 31 J 1 M | 12,0 | 102,710 | 2,38 | 1,74 | 105,442 |

[a]Der hier fett gedruckte sechsstellige Teil der ISIN entspricht der bisherigen Wertpapier-Kenn-Nr.
[b]BSA = Bundesschatzanweisung, BO = Bundesobligation (Bobl), Bund = Bundesanleihe.
[c]Bundesbank-Referenzpreis an der Frankfurter Wertpapierbörse.
[d]Netto-Rendite nach Abzug der Abgeltungsteuer zuzüglich Solidaritätszuschlag (insg. 26,375 %); Abzüge für Kirchensteuer sind hier nicht berücksichtigt.
[e]Bei inflationsindexierten Bundeswertpapieren: Ausweis der realen Rendite ohne Berücksichtigung der Inflationsanpassung.
[f]Bei inflationsindexierten Bundeswertpapieren: Kurs (unter Berücksichtigung der Index-Verhältniszahl) plus Stückzinsen.

## Anhang 2: Beschreibung eines iterativen Näherungsverfahrens zur Ermittlung eines barwertäquivalenten Kapitalisierungszinssatzes

Ist die Kapitalisierungsdauer endlich, ist keine direkte formelle Lösung für die Ermittlung eines barwertäquivalenten Zinssatzes möglich, sodass ein iteratives Näherungsverfahren genutzt werden muss. Diese Herangehensweise wird in der Mathematik als numerisches Verfahren bezeichnet, in welchem durch „systematisches Ausprobieren" ein immer genauer werdender Zinssatz ermittelt wird. Hierbei werden zu Beginn zwei verschiedene Zinssätze durch eine Analyse der ermittelten Spot Rates geschätzt, mit denen jeweils die Barwerte der prognostizierten Gewinne ermittelt werden. Diese werden im Anschluss mit dem Barwert verglichen, der aus den laufzeitabhängigen Zinssätzen und den prognostizierten Gewinnen gebildet wird. Derjenige Barwert, welcher näher an dem Barwert der laufzeitabhängigen Spot Rates liegt, verwendet einen genaueren Zinssatz. Aufgrund dieser Information kann unter Verwendung des genauer geschätzten Zinssatzes im nächsten Schritt eine erste Näherung erfolgen. Durch Abgleich des Abstandes zwischen dem ermittelten Barwert aus der Schätzung und des tatsächlichen Barwerts aus den laufzeitabhängigen Zinssätzen, kann sich den gesuchten Zinssatz weiter angenähert werden.

*Ermittlung eines barwertäquivalenten Zinssatzes ohne Glättung*

| Jahr | 1 | 2 | 3 | 4 | 5 | 6 | 7 | 8 | 9 | 10 | | |
|---|---|---|---|---|---|---|---|---|---|---|---|---|
| Spot Rates | 0,0027 | 0,0498 | 0,1719 | 0,3425 | 0,5418 | 0,7547 | 0,9703 | 1,1808 | 1,3808 | 1,5667 | | |
| | Zinssatz | BW 1 | BW 2 | BW 3 | BW 4 | BW 5 | BW 6 | BW 7 | BW 8 | BW 9 | BW 10 | Barwert | Differenz Barwerte |
| | i = Spot Rates | 100,00 | 99,90 | 99,49 | 98,64 | 97,33 | 95,59 | 93,46 | 91,04 | 88,39 | 85,60 | **949,44** | |
| Schätzung 1 | i = 1 | 99,01 | 98,03 | 97,06 | 96,10 | 95,15 | 94,20 | 93,27 | 92,35 | 91,43 | 90,53 | 947,13 | 2,31 |
| Schätzung 2 | i = 0,90 | 99,11 | 98,22 | 97,35 | 96,48 | 95,62 | 94,77 | 93,92 | 93,08 | 92,25 | 91,43 | 952,23 | −2,79 |
| Näherung 1 | i = 0,95 | 99,06 | 98,13 | 97,20 | 96,29 | 95,38 | 94,48 | 93,60 | 92,71 | 91,84 | 90,98 | 949,68 | −0,23 |
| Näherung 2 | i = 0,96 | 99,05 | 98,11 | 97,17 | 96,25 | 95,34 | 94,43 | 93,53 | 92,64 | 91,76 | 90,89 | 949,17 | 0,27 |
| Näherung 3 | i = 0,954 | 99,06 | 98,12 | 97,19 | 96,27 | 95,36 | 94,46 | 93,57 | 92,69 | 91,81 | 90,94 | 949,47 | −0,03 |
| Näherung 4 | i = 0,9545 | 99,05 | 98,12 | 97,19 | 96,27 | 95,36 | 94,46 | 93,57 | 92,68 | 91,81 | 90,94 | 949,45 | −0,01 |
| Näherung 5 | i = 0,9546 | 99,05 | 98,12 | 97,19 | 96,27 | 95,36 | 94,46 | 93,57 | 92,68 | 91,80 | 90,94 | **949,44** | **0,00** |

## 7 Ermittlung des Kapitalisierungszinssatzes

Dieses Verfahren wird fortgeführt bis man den Zinssatz auf einige Nachkommastellen ermittelt hat und die Barwerte letztendlich identisch sind.

Aufbauend auf der beschriebenen theoretischen Methodik folgt nun eine praxisnahe Beschreibung der Ermittlung eines barwertäquivalenten Zinssatzes:

Die ermittelten Spot Rates für die einzelnen Jahre sind in der oberen Tabelle dargestellt und entwickeln sich von 0,0027 % im ersten Jahr bis zu 1,5667 % im zehnten Jahr. In Abhängigkeit der ermittelten Spot Rates wird der Barwert der einzelnen Jahre berechnet. Hierbei wird der erwartete Gewinn von 100 TEUR mit den jeweiligen laufzeitabhängigen Spot Rates diskontiert. Für das erste Jahr ergibt sich der Barwert, indem der erwartete Gewinn von 100 TEUR durch $1,000027^1$ dividiert wird. Dies wird bis zum Ende der Kapitalisierungsdauer für jedes weitere Jahr durchgeführt. Im zehnten Jahr ergibt sich die Berechnung [100 TEUR/$(1,015667^{10})$] und damit ein Barwert von 85,60 TEUR. Die einzeln ermittelten Barwerte werden anschließend zu einer Summe addiert, welche im beschriebenen Beispiel 949,44 TEUR ergibt. Weiterhin ist ein Zinssatz zu schätzen, welcher einen Mittelwert der beschriebenen Spot Rates darstellen könnte. Es bietet sich 1 % als Mittelwert an, da dieser ungefähr in der Mitte der Spannweite der Spot Rates liegt. Die Barwerte mit einem Kapitalisierungszinssatz von einem Prozent ergeben eine Summe von 947,13 TEUR. Daraus ergibt sich eine Differenz von 2,31 TEUR gegenüber dem ermittelten Barwert aus den errechneten Spot Rates. Der geschätzte Kapitalisierungszinssatz von einem Prozent ist damit zu hoch, da der geschätzte Barwert bereits niedriger ist als der benötigte Barwert von 949,44 TEUR. Demnach ist ein weiterer Zinssatz zu schätzen, welcher niedriger als 1 % ist. Hierbei wird 0,90 % verwendet, da die beiden beschriebenen Barwerte nicht weit auseinanderliegen (2,31 TEUR). Der Barwert für einen Kapitalisierungszinssatz von 0,90 % beträgt 952,23 TEUR, woraus sich eine Differenz von 2,79 TEUR zum benötigten Barwert ergibt. Somit kann im nächsten Schritt eine weitere Näherung folgen, da bereits zwei geschätzte Barwerte vorhanden sind. Es bietet sich ein Kapitalisierungszinssatz von 0,95 % an, weil die beiden geschätzten Barwerte in etwa den gleichen Abstand zum gesuchten Barwert besitzen. Hierbei ergibt sich ein Barwert von 949,68 TEUR, welcher nur noch einen minimalen Abstand zum benötigten Barwert von 949,44 TEUR hat. Da 949,68 TEUR minimal größer ist als 949,44 TEUR war der Kapitalisierungszinssatz von 0,95 % ein wenig zu niedrig gewählt. Damit kann ein zweiter Näherungsschritt erfolgen, in welchem 0,96 % verwendet wird. Daraus ergibt sich ein Barwert von 949,17 TEUR, was einen Abstand von 0,27 TEUR zu dem benötigten Barwert von 949,44 TEUR bedeutet. Somit wird im nächsten Schritt ein Kapitalisierungszinssatz von 0,954 % verwendet, da der Abstand bei einem Kapitalisierungszinssatz von 0,95 % gegenüber einem Kapitalisierungszinssatz von 0,96 % ein wenig geringer war. Hierbei wird ein Barwert von 949,47 TEUR ermittelt. Diese beschriebene Vorgehensweise wird nun weiter durchgeführt bis der geschätzte Barwert mit dem aus den Spot Rates ermitteltem Barwert übereinstimmt (bzw. die Abweichung nur noch marginal ist). Dies ist in diesem Beispiel bei einem Kapitalisierungszinssatz von 0,9546 % der Fall.

**Anhang 3: Durchschnittliche Spot Rates vom 28.02.2013–29.05.2013 in Abhängigkeit von t**

*Durchschnittliche Spot Rates in % vom 28.02.2013–29.05.2013 mit t = 1*

| Datum | $\beta_0$ | $\beta_1$ | $\beta_2$ | $\beta_3$ | $\tau_1$ | $\tau_2$ | t | Spot Rate |
|---|---|---|---|---|---|---|---|---|
| 28.02.2013 | 0,30802 | −0,20893 | 29,99989 | −25,04581 | 6,94503 | 5,31097 | 1 | −0,00514 |
| 01.03.2013 | 0,30215 | −0,19353 | 30 | −25,14431 | 6,93541 | 5,28033 | 1 | −0,01299 |
| 04.03.2013 | 0,26804 | −0,17955 | 29,99233 | −25,1077 | 6,95036 | 5,3088 | 1 | −0,02552 |
| 05.03.2013 | 0,31093 | −0,21755 | 30 | −25,06671 | 6,94787 | 5,30663 | 1 | −0,01421 |
| 06.03.2013 | 0,32959 | −0,22198 | 30 | −25,08519 | 6,90658 | 5,26426 | 1 | −0,00522 |
| 07.03.2013 | 0,32502 | −0,22185 | 30 | −25,08715 | 6,90355 | 5,25871 | 1 | −0,01098 |
| 08.03.2013 | 0,33831 | −0,24175 | 30 | −24,96383 | 6,93872 | 5,31652 | 1 | 0,00493 |
| 11.03.2013 | 0,34363 | −0,23578 | 30 | −25,01159 | 6,91177 | 5,28582 | 1 | 0,00827 |
| 12.03.2013 | 0,36592 | −0,2517 | 30 | −25,02865 | 6,99912 | 5,34112 | 1 | 0,01079 |
| 13.03.2013 | 0,39303 | −0,25222 | 30 | −25,26892 | 6,88412 | 5,25411 | 1 | 0,01698 |
| 14.03.2013 | 0,37005 | −0,24541 | 30 | −25,11478 | 6,91146 | 5,26425 | 1 | 0,00967 |
| 15.03.2013 | 0,36769 | −0,24389 | 30 | −25,09886 | 6,97566 | 5,30418 | 1 | 0,00735 |
| 18.03.2013 | 0,29646 | −0,15541 | 30 | −25,2945 | 6,95628 | 5,26594 | 1 | −0,00615 |
| 19.03.2013 | 0,25919 | −0,11706 | 30 | −25,33314 | 6,93256 | 5,25204 | 1 | −0,00975 |
| 20.03.2013 | 0,2292 | −0,09502 | 30 | −25,3315 | 6,90493 | 5,24836 | 1 | −0,01324 |
| 21.03.2013 | 0,26132 | −0,13063 | 30 | −25,27975 | 6,94339 | 5,27661 | 1 | −0,00992 |
| 22.03.2013 | 0,19229 | −0,06568 | 29,99973 | −25,32784 | 6,9333 | 5,29347 | 1 | −0,01399 |
| 25.03.2013 | 0,27218 | −0,14482 | 30 | −25,24367 | 6,9675 | 5,29378 | 1 | −0,00944 |
| 26.03.2013 | 0,25043 | −0,11943 | 30 | −25,29166 | 7,04296 | 5,34934 | 1 | −0,01143 |
| 27.03.2013 | 0,20597 | −0,0676 | 30 | −25,43999 | 7,01754 | 5,30488 | 1 | −0,02888 |
| 28.03.2013 | 0,18726 | −0,04564 | 30 | −25,50578 | 7,0546 | 5,32676 | 1 | −0,03423 |
| 02.04.2013 | 0,22571 | −0,07558 | 29,99975 | −25,36491 | 7,17664 | 5,44693 | 1 | −0,00121 |
| 03.04.2013 | 0,25338 | −0,10566 | −25,36528 | 29,99986 | 5,44118 | 7,17743 | 1 | −0,00164 |
| 04.04.2013 | 0,25465 | −0,10841 | −25,37925 | 30 | 5,49973 | 7,26049 | 1 | −0,00456 |
| 05.04.2013 | 0,17897 | −0,02386 | −25,40794 | 30 | 5,50165 | 7,23194 | 1 | 0,00215 |
| 08.04.2013 | 0,14182 | −0,00113 | −25,56536 | 30 | 5,49016 | 7,10702 | 1 | −0,00051 |
| 09.04.2013 | 0,14812 | −0,02037 | −25,254 | 30 | 5,57047 | 7,24343 | 1 | 0,00633 |
| 10.04.2013 | 0,16873 | −0,03997 | 29,99996 | −25,23582 | 7,2194 | 5,5482 | 1 | 0,00830 |
| 11.04.2013 | 0,21782 | −0,09681 | 30 | −25,16496 | 7,27384 | 5,58774 | 1 | 0,00960 |
| 12.04.2013 | 0,17504 | −0,04283 | 29,9999 | −25,29749 | 7,24846 | 5,5394 | 1 | −0,00275 |
| 15.04.2013 | 0,20705 | −0,08129 | 30 | −25,23792 | 7,33371 | 5,60042 | 1 | −0,00248 |
| 16.04.2013 | 0,17671 | −0,04037 | 30 | −25,29343 | 7,28418 | 5,56945 | 1 | 0,00276 |
| 17.04.2013 | 0,21218 | −0,07839 | 29,99982 | −25,23941 | 7,28709 | 5,56717 | 1 | 0,00558 |

# 7 Ermittlung des Kapitalisierungszinssatzes

| Datum | $\beta_0$ | $\beta_1$ | $\beta_2$ | $\beta_3$ | $\tau_1$ | $\tau_2$ | t | Spot Rate |
|---|---|---|---|---|---|---|---|---|
| 18.04.2013 | 0,19414 | −0,07501 | 30 | −25,23544 | 7,41936 | 5,67162 | 1 | −0,00682 |
| 19.04.2013 | 0,18515 | −0,05419 | 29,99987 | −25,26776 | 7,37174 | 5,6329 | 1 | −0,00001 |
| 22.04.2013 | 0,19839 | −0,07288 | 30 | −25,2438 | 7,35347 | 5,6172 | 1 | −0,00305 |
| 23.04.2013 | 0,13123 | −0,00067 | 30 | −25,33094 | 7,38612 | 5,65678 | 1 | −0,00470 |
| 24.04.2013 | 0,16978 | −0,00037 | 30 | −25,41598 | 7,14433 | 5,44748 | 1 | 0,01694 |
| 25.04.2013 | 0,14518 | −0,00002 | 30 | −25,36122 | 7,2199 | 5,52419 | 1 | 0,00414 |
| 26.04.2013 | 0,12748 | 0 | 30 | −25,30101 | 7,29978 | 5,59912 | 1 | −0,00358 |
| 29.04.2013 | 0,10734 | 0,0046 | 30 | −25,27423 | 7,32554 | 5,6309 | 1 | −0,01330 |
| 30.04.2013 | 0,09775 | 0,00522 | 29,98352 | −25,24601 | 7,34347 | 5,6791 | 1 | −0,01030 |
| 02.05.2013 | 0,08977 | 0,01411 | 30 | −25,2049 | 7,35699 | 5,68502 | 1 | −0,00703 |
| 03.05.2013 | 0,11172 | 0,00426 | 30 | −25,34615 | 7,32972 | 5,62336 | 1 | −0,01826 |
| 06.05.2013 | 0,1696 | −0,06278 | 30 | −25,19 | 7,36095 | 5,6512 | 1 | −0,00927 |
| 07.05.2013 | 0,18962 | −0,08359 | 30 | −25,16318 | 7,28713 | 5,58791 | 1 | −0,00918 |
| 08.05.2013 | 0,20031 | −0,10338 | 30 | −25,09027 | 7,3288 | 5,64153 | 1 | −0,00420 |
| 09.05.2013 | 0,1725 | −0,0674 | 29,99936 | −25,21447 | 7,31277 | 5,60855 | 1 | −0,01479 |
| 10.05.2013 | 0,24688 | −0,14566 | 30 | −25,09961 | 7,23331 | 5,54667 | 1 | −0,00517 |
| 13.05.2013 | 0,27216 | −0,17362 | 29,99901 | −25,07661 | 7,18875 | 5,50637 | 1 | −0,00644 |
| 14.05.2013 | 0,2796 | −0,18044 | 30 | −25,07296 | 7,19841 | 5,51172 | 1 | −0,00561 |
| 15.05.2013 | 0,27959 | −0,16904 | 30 | −25,1238 | 7,13751 | 5,45486 | 1 | −0,00280 |
| 16.05.2013 | 0,30232 | −0,20501 | 30 | −25,10082 | 7,11373 | 5,43224 | 1 | −0,01337 |
| 17.05.2013 | 0,23466 | −0,11943 | 30 | −25,29258 | 7,10093 | 5,40039 | 1 | −0,02435 |
| 20.05.2013 | 0,29142 | −0,18614 | 30 | −25,20451 | 7,03604 | 5,34363 | 1 | −0,02564 |
| 21.05.2013 | 0,30906 | −0,21256 | 30 | −25,13517 | 7,08815 | 5,39017 | 1 | −0,02418 |
| 22.05.2013 | 0,30905 | −0,21714 | 27,64624 | −22,72702 | 7,18636 | 5,35021 | 1 | −0,01655 |
| 23.05.2013 | 0,31296 | −0,21456 | 30 | −25,14743 | 7,08593 | 5,38855 | 1 | −0,02314 |
| 24.05.2013 | 0,35049 | −0,26227 | 30 | −25,05557 | 7,01666 | 5,3832 | 1 | −0,00695 |
| 27.05.2013 | 0,31478 | −0,23443 | 30 | −24,99768 | 7,07793 | 5,42174 | 1 | −0,01453 |
| 28.05.2013 | 0,38636 | −0,31125 | 29,96949 | −25,05006 | 7,02429 | 5,40181 | 1 | −0,01396 |
| 29.05.2013 | 0,37555 | −0,31036 | 30 | −24,78728 | 7,10941 | 5,47707 | 1 | 0,00275 |
| **Mittelwert** | | | | | | | | **−0,00637** |

*Durchschnittliche Spot Rates in % vom 28.02.2013–29.05.2013 mit* $t = 2$

| Datum | $\beta_0$ | $\beta_1$ | $\beta_2$ | $\beta_3$ | $\tau_1$ | $\tau_2$ | t | Spot Rate |
|---|---|---|---|---|---|---|---|---|
| 28.02.2013 | 0,30802 | −0,20893 | 29,99989 | −25,04581 | 6,94503 | 5,31097 | 2 | 0,01631 |
| 01.03.2013 | 0,30215 | −0,19353 | 30 | −25,14431 | 6,93541 | 5,28033 | 2 | −0,00282 |
| 04.03.2013 | 0,26804 | −0,17955 | 29,99233 | −25,1077 | 6,95036 | 5,3088 | 2 | −0,01154 |

| Datum | $\beta_0$ | $\beta_1$ | $\beta_2$ | $\beta_3$ | $\tau_1$ | $\tau_2$ | t | Spot Rate |
|---|---|---|---|---|---|---|---|---|
| 05.03.2013 | 0,31093 | −0,21755 | 30 | −25,06671 | 6,94787 | 5,30663 | 2 | 0,00519 |
| 06.03.2013 | 0,32959 | −0,22198 | 30 | −25,08519 | 6,90658 | 5,26426 | 2 | 0,01233 |
| 07.03.2013 | 0,32502 | −0,22185 | 30 | −25,08715 | 6,90355 | 5,25871 | 2 | 0,00592 |
| 08.03.2013 | 0,33831 | −0,24175 | 30 | −24,96383 | 6,93872 | 5,31652 | 2 | 0,03572 |
| 11.03.2013 | 0,34363 | −0,23578 | 30 | −25,01159 | 6,91177 | 5,28582 | 2 | 0,03450 |
| 12.03.2013 | 0,36592 | −0,2517 | 30 | −25,02865 | 6,99912 | 5,34112 | 2 | 0,03262 |
| 13.03.2013 | 0,39303 | −0,25222 | 30 | −25,26892 | 6,88412 | 5,25411 | 2 | 0,02646 |
| 14.03.2013 | 0,37005 | −0,24541 | 30 | −25,11478 | 6,91146 | 5,26425 | 2 | 0,02599 |
| 15.03.2013 | 0,36769 | −0,24389 | 30 | −25,09886 | 6,97566 | 5,30418 | 2 | 0,02134 |
| 18.03.2013 | 0,29646 | −0,15541 | 30 | −25,2945 | 6,95628 | 5,26594 | 2 | −0,01407 |
| 19.03.2013 | 0,25919 | −0,11706 | 30 | −25,33314 | 6,93256 | 5,25204 | 2 | −0,02125 |
| 20.03.2013 | 0,2292 | −0,09502 | 30 | −25,3315 | 6,90493 | 5,24836 | 2 | −0,02217 |
| 21.03.2013 | 0,26132 | −0,13063 | 30 | −25,27975 | 6,94339 | 5,27661 | 2 | −0,01436 |
| 22.03.2013 | 0,19229 | −0,06568 | 29,99973 | −25,32784 | 6,9333 | 5,29347 | 2 | −0,02084 |
| 25.03.2013 | 0,27218 | −0,14482 | 30 | −25,24367 | 6,9675 | 5,29378 | 2 | −0,01146 |
| 26.03.2013 | 0,25043 | −0,11943 | 30 | −25,29166 | 7,04296 | 5,34934 | 2 | −0,02012 |
| 27.03.2013 | 0,20597 | −0,0676 | 30 | −25,43999 | 7,01754 | 5,30488 | 2 | −0,05431 |
| 28.03.2013 | 0,18726 | −0,04564 | 30 | −25,50578 | 7,0546 | 5,32676 | 2 | −0,06712 |
| 02.04.2013 | 0,22571 | −0,07558 | 29,99975 | −25,36491 | 7,17664 | 5,44693 | 2 | −0,02075 |
| 03.04.2013 | 0,25338 | −0,10566 | −25,36528 | 29,99986 | 5,44118 | 7,17743 | 2 | −0,01884 |
| 04.04.2013 | 0,25465 | −0,10841 | −25,37925 | 30 | 5,49973 | 7,26049 | 2 | −0,02485 |
| 05.04.2013 | 0,17897 | −0,02386 | −25,40794 | 30 | 5,50165 | 7,23194 | 2 | −0,02163 |
| 08.04.2013 | 0,14182 | −0,00113 | −25,56536 | 30 | 5,49016 | 7,10702 | 2 | −0,01846 |
| 09.04.2013 | 0,14812 | −0,02037 | −25,254 | 30 | 5,57047 | 7,24343 | 2 | 0,00225 |
| 10.04.2013 | 0,16873 | −0,03997 | 29,99996 | −25,23582 | 7,2194 | 5,5482 | 2 | 0,00603 |
| 11.04.2013 | 0,21782 | −0,09681 | 30 | −25,16496 | 7,27384 | 5,58774 | 2 | 0,01368 |
| 12.04.2013 | 0,17504 | −0,04283 | 29,9999 | −25,29749 | 7,24846 | 5,5394 | 2 | −0,01472 |
| 15.04.2013 | 0,20705 | −0,08129 | 30 | −25,23792 | 7,33371 | 5,60042 | 2 | −0,01080 |
| 16.04.2013 | 0,17671 | −0,04037 | 30 | −25,29343 | 7,28418 | 5,56945 | 2 | −0,00931 |
| 17.04.2013 | 0,21218 | −0,07839 | 29,99982 | −25,23941 | 7,28709 | 5,56717 | 2 | −0,00170 |
| 18.04.2013 | 0,19414 | −0,07501 | 30 | −25,23544 | 7,41936 | 5,67162 | 2 | −0,01596 |
| 19.04.2013 | 0,18515 | −0,05419 | 29,99987 | −25,26776 | 7,37174 | 5,6329 | 2 | −0,01191 |
| 22.04.2013 | 0,19839 | −0,07288 | 30 | −25,2438 | 7,35347 | 5,6172 | 2 | −0,01232 |
| 23.04.2013 | 0,13123 | −0,00067 | 30 | −25,33094 | 7,38612 | 5,65678 | 2 | −0,02169 |
| 24.04.2013 | 0,16978 | −0,00037 | 30 | −25,41598 | 7,14433 | 5,44748 | 2 | −0,00523 |
| 25.04.2013 | 0,14518 | −0,00002 | 30 | −25,36122 | 7,2199 | 5,52419 | 2 | −0,01267 |

# 7 Ermittlung des Kapitalisierungszinssatzes

| Datum | $\beta_0$ | $\beta_1$ | $\beta_2$ | $\beta_3$ | $\tau_1$ | $\tau_2$ | t | Spot Rate |
|---|---|---|---|---|---|---|---|---|
| 26.04.2013 | 0,12748 | 0 | 30 | −25,30101 | 7,29978 | 5,59912 | 2 | −0,01572 |
| 29.04.2013 | 0,10734 | 0,0046 | 30 | −25,27423 | 7,32554 | 5,6309 | 2 | −0,02245 |
| 30.04.2013 | 0,09775 | 0,00522 | 29,98352 | −25,24601 | 7,34347 | 5,6791 | 2 | −0,01301 |
| 02.05.2013 | 0,08977 | 0,01411 | 30 | −25,2049 | 7,35699 | 5,68502 | 2 | −0,00791 |
| 03.05.2013 | 0,11172 | 0,00426 | 30 | −25,34615 | 7,32972 | 5,62336 | 2 | −0,03377 |
| 06.05.2013 | 0,1696 | −0,06278 | 30 | −25,19 | 7,36095 | 5,6512 | 2 | −0,01107 |
| 07.05.2013 | 0,18962 | −0,08359 | 30 | −25,16318 | 7,28713 | 5,58791 | 2 | −0,00780 |
| 08.05.2013 | 0,20031 | −0,10338 | 30 | −25,09027 | 7,3288 | 5,64153 | 2 | 0,00577 |
| 09.05.2013 | 0,1725 | −0,0674 | 29,99936 | −25,21447 | 7,31277 | 5,60855 | 2 | −0,01792 |
| 10.05.2013 | 0,24688 | −0,14566 | 30 | −25,09961 | 7,23331 | 5,54667 | 2 | 0,00500 |
| 13.05.2013 | 0,27216 | −0,17362 | 29,99901 | −25,07661 | 7,18875 | 5,50637 | 2 | 0,00670 |
| 14.05.2013 | 0,2796 | −0,18044 | 30 | −25,07296 | 7,19841 | 5,51172 | 2 | 0,00764 |
| 15.05.2013 | 0,27959 | −0,16904 | 30 | −25,1238 | 7,13751 | 5,45486 | 2 | 0,00611 |
| 16.05.2013 | 0,30232 | −0,20501 | 30 | −25,10082 | 7,11373 | 5,43224 | 2 | −0,00108 |
| 17.05.2013 | 0,23466 | −0,11943 | 30 | −25,29258 | 7,10093 | 5,40039 | 2 | −0,03309 |
| 20.05.2013 | 0,29142 | −0,18614 | 30 | −25,20451 | 7,03604 | 5,34363 | 2 | −0,02459 |
| 21.05.2013 | 0,30906 | −0,21256 | 30 | −25,13517 | 7,08815 | 5,39017 | 2 | −0,01705 |
| 22.05.2013 | 0,30905 | −0,21714 | 27,64624 | −22,72702 | 7,18636 | 5,35021 | 2 | −0,00189 |
| 23.05.2013 | 0,31296 | −0,21456 | 30 | −25,14743 | 7,08593 | 5,38855 | 2 | −0,01660 |
| 24.05.2013 | 0,35049 | −0,26227 | 30 | −25,05557 | 7,01666 | 5,3832 | 2 | 0,01855 |
| 27.05.2013 | 0,31478 | −0,23443 | 30 | −24,99768 | 7,07793 | 5,42174 | 2 | 0,00992 |
| 28.05.2013 | 0,38636 | −0,31125 | 29,96949 | −25,05006 | 7,02429 | 5,40181 | 2 | 0,01538 |
| 29.05.2013 | 0,37555 | −0,31036 | 30 | −24,78728 | 7,10941 | 5,47707 | 2 | 0,04981 |
| **Mittelwert** | | | | | | | | **−0,00551** |

*Durchschnittliche Spot Rates in % vom 28.02.2013–29.05.2013 mit t = 3*

| Datum | $\beta_0$ | $\beta_1$ | $\beta_2$ | $\beta_3$ | $\tau_1$ | $\tau_2$ | t | Spot Rate |
|---|---|---|---|---|---|---|---|---|
| 28.02.2013 | 0,30802 | −0,20893 | 29,99989 | −25,04581 | 6,94503 | 5,31097 | 3 | 0,12389 |
| 01.03.2013 | 0,30215 | −0,19353 | 30 | −25,14431 | 6,93541 | 5,28033 | 3 | 0,09795 |
| 04.03.2013 | 0,26804 | −0,17955 | 29,99233 | −25,1077 | 6,95036 | 5,3088 | 3 | 0,09042 |
| 05.03.2013 | 0,31093 | −0,21755 | 30 | −25,06671 | 6,94787 | 5,30663 | 3 | 0,11170 |
| 06.03.2013 | 0,32959 | −0,22198 | 30 | −25,08519 | 6,90658 | 5,26426 | 3 | 0,11917 |
| 07.03.2013 | 0,32502 | −0,22185 | 30 | −25,08715 | 6,90355 | 5,25871 | 3 | 0,11256 |
| 08.03.2013 | 0,33831 | −0,24175 | 30 | −24,96383 | 6,93872 | 5,31652 | 3 | 0,15010 |
| 11.03.2013 | 0,34363 | −0,23578 | 30 | −25,01159 | 6,91177 | 5,28582 | 3 | 0,14665 |
| 12.03.2013 | 0,36592 | −0,2517 | 30 | −25,02865 | 6,99912 | 5,34112 | 3 | 0,14055 |

| Datum | $\beta_0$ | $\beta_1$ | $\beta_2$ | $\beta_3$ | $\tau_1$ | $\tau_2$ | t | Spot Rate |
|---|---|---|---|---|---|---|---|---|
| 13.03.2013 | 0,39303 | −0,25222 | 30 | −25,26892 | 6,88412 | 5,25411 | 3 | 0,12748 |
| 14.03.2013 | 0,37005 | −0,24541 | 30 | −25,11478 | 6,91146 | 5,26425 | 3 | 0,13227 |
| 15.03.2013 | 0,36769 | −0,24389 | 30 | −25,09886 | 6,97566 | 5,30418 | 3 | 0,12509 |
| 18.03.2013 | 0,29646 | −0,15541 | 30 | −25,2945 | 6,95628 | 5,26594 | 3 | 0,07437 |
| 19.03.2013 | 0,25919 | −0,11706 | 30 | −25,33314 | 6,93256 | 5,25204 | 3 | 0,06436 |
| 20.03.2013 | 0,2292 | −0,09502 | 30 | −25,3315 | 6,90493 | 5,24836 | 3 | 0,06453 |
| 21.03.2013 | 0,26132 | −0,13063 | 30 | −25,27975 | 6,94339 | 5,27661 | 3 | 0,07528 |
| 22.03.2013 | 0,19229 | −0,06568 | 29,99973 | −25,32784 | 6,9333 | 5,29347 | 3 | 0,06479 |
| 25.03.2013 | 0,27218 | −0,14482 | 30 | −25,24367 | 6,9675 | 5,29378 | 3 | 0,07969 |
| 26.03.2013 | 0,25043 | −0,11943 | 30 | −25,29166 | 7,04296 | 5,34934 | 3 | 0,06419 |
| 27.03.2013 | 0,20597 | −0,0676 | 30 | −25,43999 | 7,01754 | 5,30488 | 3 | 0,01916 |
| 28.03.2013 | 0,18726 | −0,04564 | 30 | −25,50578 | 7,0546 | 5,32676 | 3 | 0,00008 |
| 02.04.2013 | 0,22571 | −0,07558 | 29,99975 | −25,36491 | 7,17664 | 5,44693 | 3 | 0,05229 |
| 03.04.2013 | 0,25338 | −0,10566 | −25,36528 | 29,99986 | 5,44118 | 7,17743 | 3 | 0,05672 |
| 04.04.2013 | 0,25465 | −0,10841 | −25,37925 | 30 | 5,49973 | 7,26049 | 3 | 0,04692 |
| 05.04.2013 | 0,17897 | −0,02386 | −25,40794 | 30 | 5,50165 | 7,23194 | 3 | 0,04571 |
| 08.04.2013 | 0,14182 | −0,00113 | −25,56536 | 30 | 5,49016 | 7,10702 | 3 | 0,05010 |
| 09.04.2013 | 0,14812 | −0,02037 | −25,254 | 30 | 5,57047 | 7,24343 | 3 | 0,08060 |
| 10.04.2013 | 0,16873 | −0,03997 | 29,99996 | −25,23582 | 7,2194 | 5,5482 | 3 | 0,08664 |
| 11.04.2013 | 0,21782 | −0,09681 | 30 | −25,16496 | 7,27384 | 5,58774 | 3 | 0,09876 |
| 12.04.2013 | 0,17504 | −0,04283 | 29,9999 | −25,29749 | 7,24846 | 5,5394 | 3 | 0,05987 |
| 15.04.2013 | 0,20705 | −0,08129 | 30 | −25,23792 | 7,33371 | 5,60042 | 3 | 0,06554 |
| 16.04.2013 | 0,17671 | −0,04037 | 30 | −25,29343 | 7,28418 | 5,56945 | 3 | 0,06432 |
| 17.04.2013 | 0,21218 | −0,07839 | 29,99982 | −25,23941 | 7,28709 | 5,56717 | 3 | 0,07616 |
| 18.04.2013 | 0,19414 | −0,07501 | 30 | −25,23544 | 7,41936 | 5,67162 | 3 | 0,05772 |
| 19.04.2013 | 0,18515 | −0,05419 | 29,99987 | −25,26776 | 7,37174 | 5,6329 | 3 | 0,06050 |
| 22.04.2013 | 0,19839 | −0,07288 | 30 | −25,2438 | 7,35347 | 5,6172 | 3 | 0,06274 |
| 23.04.2013 | 0,13123 | −0,00067 | 30 | −25,33094 | 7,38612 | 5,65678 | 3 | 0,04529 |
| 24.04.2013 | 0,16978 | −0,00037 | 30 | −25,41598 | 7,14433 | 5,44748 | 3 | 0,06411 |
| 25.04.2013 | 0,14518 | −0,00002 | 30 | −25,36122 | 7,2199 | 5,52419 | 3 | 0,05798 |
| 26.04.2013 | 0,12748 | 0 | 30 | −25,30101 | 7,29978 | 5,59912 | 3 | 0,05608 |
| 29.04.2013 | 0,10734 | 0,0046 | 30 | −25,27423 | 7,32554 | 5,6309 | 3 | 0,05039 |
| 30.04.2013 | 0,09775 | 0,00522 | 29,98352 | −25,24601 | 7,34347 | 5,6791 | 3 | 0,06236 |
| 02.05.2013 | 0,08977 | 0,01411 | 30 | −25,2049 | 7,35699 | 5,68502 | 3 | 0,06886 |
| 03.05.2013 | 0,11172 | 0,00426 | 30 | −25,34615 | 7,32972 | 5,62336 | 3 | 0,03476 |
| 06.05.2013 | 0,1696 | −0,06278 | 30 | −25,19 | 7,36095 | 5,6512 | 3 | 0,06779 |

| Datum | $\beta_0$ | $\beta_1$ | $\beta_2$ | $\beta_3$ | $\tau_1$ | $\tau_2$ | t | Spot Rate |
|---|---|---|---|---|---|---|---|---|
| 07.05.2013 | 0,18962 | −0,08359 | 30 | −25,16318 | 7,28713 | 5,58791 | 3 | 0,07548 |
| 08.05.2013 | 0,20031 | −0,10338 | 30 | −25,09027 | 7,3288 | 5,64153 | 3 | 0,09374 |
| 09.05.2013 | 0,1725 | −0,0674 | 29,99936 | −25,21447 | 7,31277 | 5,60855 | 3 | 0,06120 |
| 10.05.2013 | 0,24688 | −0,14566 | 30 | −25,09961 | 7,23331 | 5,54667 | 3 | 0,09661 |
| 13.05.2013 | 0,27216 | −0,17362 | 29,99901 | −25,07661 | 7,18875 | 5,50637 | 3 | 0,10207 |
| 14.05.2013 | 0,2796 | −0,18044 | 30 | −25,07296 | 7,19841 | 5,51172 | 3 | 0,10311 |
| 15.05.2013 | 0,27959 | −0,16904 | 30 | −25,1238 | 7,13751 | 5,45486 | 3 | 0,10002 |
| 16.05.2013 | 0,30232 | −0,20501 | 30 | −25,10082 | 7,11373 | 5,43224 | 3 | 0,09653 |
| 17.05.2013 | 0,23466 | −0,11943 | 30 | −25,29258 | 7,10093 | 5,40039 | 3 | 0,04945 |
| 20.05.2013 | 0,29142 | −0,18614 | 30 | −25,20451 | 7,03604 | 5,34363 | 3 | 0,06793 |
| 21.05.2013 | 0,30906 | −0,21256 | 30 | −25,13517 | 7,08815 | 5,39017 | 3 | 0,07875 |
| 22.05.2013 | 0,30905 | −0,21714 | 27,64624 | −22,72702 | 7,18636 | 5,35021 | 3 | 0,09797 |
| 23.05.2013 | 0,31296 | −0,21456 | 30 | −25,14743 | 7,08593 | 5,38855 | 3 | 0,07881 |
| 24.05.2013 | 0,35049 | −0,26227 | 30 | −25,05557 | 7,01666 | 5,3832 | 3 | 0,12702 |
| 27.05.2013 | 0,31478 | −0,23443 | 30 | −24,99768 | 7,07793 | 5,42174 | 3 | 0,11667 |
| 28.05.2013 | 0,38636 | −0,31125 | 29,96949 | −25,05006 | 7,02429 | 5,40181 | 3 | 0,12613 |
| 29.05.2013 | 0,37555 | −0,31036 | 30 | −24,78728 | 7,10941 | 5,47707 | 3 | 0,17188 |
| **Mittelwert** | | | | | | | | **0,08226** |

*Durchschnittliche Spot Rates in % vom 28.02.2013–29.05.2013 mit t = 4*

| Datum | $\beta_0$ | $\beta_1$ | $\beta_2$ | $\beta_3$ | $\tau_1$ | $\tau_2$ | t | Spot Rate |
|---|---|---|---|---|---|---|---|---|
| 28.02.2013 | 0,30802 | −0,20893 | 29,99989 | −25,04581 | 6,94503 | 5,31097 | 4 | 0,28750 |
| 01.03.2013 | 0,30215 | −0,19353 | 30 | −25,14431 | 6,93541 | 5,28033 | 4 | 0,25795 |
| 04.03.2013 | 0,26804 | −0,17955 | 29,99233 | −25,1077 | 6,95036 | 5,3088 | 4 | 0,24984 |
| 05.03.2013 | 0,31093 | −0,21755 | 30 | −25,06671 | 6,94787 | 5,30663 | 4 | 0,27496 |
| 06.03.2013 | 0,32959 | −0,22198 | 30 | −25,08519 | 6,90658 | 5,26426 | 4 | 0,28403 |
| 07.03.2013 | 0,32502 | −0,22185 | 30 | −25,08715 | 6,90355 | 5,25871 | 4 | 0,27753 |
| 08.03.2013 | 0,33831 | −0,24175 | 30 | −24,96383 | 6,93872 | 5,31652 | 4 | 0,31854 |
| 11.03.2013 | 0,34363 | −0,23578 | 30 | −25,01159 | 6,91177 | 5,28582 | 4 | 0,31440 |
| 12.03.2013 | 0,36592 | −0,2517 | 30 | −25,02865 | 6,99912 | 5,34112 | 4 | 0,30468 |
| 13.03.2013 | 0,39303 | −0,25222 | 30 | −25,26892 | 6,88412 | 5,25411 | 4 | 0,28824 |
| 14.03.2013 | 0,37005 | −0,24541 | 30 | −25,11478 | 6,91146 | 5,26425 | 4 | 0,29711 |
| 15.03.2013 | 0,36769 | −0,24389 | 30 | −25,09886 | 6,97566 | 5,30418 | 4 | 0,28757 |
| 18.03.2013 | 0,29646 | −0,15541 | 30 | −25,2945 | 6,95628 | 5,26594 | 4 | 0,22643 |
| 19.03.2013 | 0,25919 | −0,11706 | 30 | −25,33314 | 6,93256 | 5,25204 | 4 | 0,21409 |

| Datum | $\beta_0$ | $\beta_1$ | $\beta_2$ | $\beta_3$ | $\tau_1$ | $\tau_2$ | t | Spot Rate |
|---|---|---|---|---|---|---|---|---|
| 20.03.2013 | 0,2292 | −0,09502 | 30 | −25,3315 | 6,90493 | 5,24836 | 4 | 0,21420 |
| 21.03.2013 | 0,26132 | −0,13063 | 30 | −25,27975 | 6,94339 | 5,27661 | 4 | 0,22689 |
| 22.03.2013 | 0,19229 | −0,06568 | 29,99973 | −25,32784 | 6,9333 | 5,29347 | 4 | 0,21143 |
| 25.03.2013 | 0,27218 | −0,14482 | 30 | −25,24367 | 6,9675 | 5,29378 | 4 | 0,23225 |
| 26.03.2013 | 0,25043 | −0,11943 | 30 | −25,29166 | 7,04296 | 5,34934 | 4 | 0,21031 |
| 27.03.2013 | 0,20597 | −0,0676 | 30 | −25,43999 | 7,01754 | 5,30488 | 4 | 0,15870 |
| 28.03.2013 | 0,18726 | −0,04564 | 30 | −25,50578 | 7,0546 | 5,32676 | 4 | 0,13450 |
| 02.04.2013 | 0,22571 | −0,07558 | 29,99975 | −25,36491 | 7,17664 | 5,44693 | 4 | 0,18769 |
| 03.04.2013 | 0,25338 | −0,10566 | −25,36528 | 29,99986 | 5,44118 | 7,17743 | 4 | 0,19469 |
| 04.04.2013 | 0,25465 | −0,10841 | −25,37925 | 30 | 5,49973 | 7,26049 | 4 | 0,18103 |
| 05.04.2013 | 0,17897 | −0,02386 | −25,40794 | 30 | 5,50165 | 7,23194 | 4 | 0,17479 |
| 08.04.2013 | 0,14182 | −0,00113 | −25,56536 | 30 | 5,49016 | 7,10702 | 4 | 0,17689 |
| 09.04.2013 | 0,14812 | −0,02037 | −25,254 | 30 | 5,57047 | 7,24343 | 4 | 0,21441 |
| 10.04.2013 | 0,16873 | −0,03997 | 29,99996 | −25,23582 | 7,2194 | 5,5482 | 4 | 0,22287 |
| 11.04.2013 | 0,21782 | −0,09681 | 30 | −25,16496 | 7,27384 | 5,58774 | 4 | 0,23825 |
| 12.04.2013 | 0,17504 | −0,04283 | 29,9999 | −25,29749 | 7,24846 | 5,5394 | 4 | 0,19290 |
| 15.04.2013 | 0,20705 | −0,08129 | 30 | −25,23792 | 7,33371 | 5,60042 | 4 | 0,19923 |
| 16.04.2013 | 0,17671 | −0,04037 | 30 | −25,29343 | 7,28418 | 5,56945 | 4 | 0,19593 |
| 17.04.2013 | 0,21218 | −0,07839 | 29,99982 | −25,23941 | 7,28709 | 5,56717 | 4 | 0,21152 |
| 18.04.2013 | 0,19414 | −0,07501 | 30 | −25,23544 | 7,41936 | 5,67162 | 4 | 0,18783 |
| 19.04.2013 | 0,18515 | −0,05419 | 29,99987 | −25,26776 | 7,37174 | 5,6329 | 4 | 0,19025 |
| 22.04.2013 | 0,19839 | −0,07288 | 30 | −25,2438 | 7,35347 | 5,6172 | 4 | 0,19502 |
| 23.04.2013 | 0,13123 | −0,00067 | 30 | −25,33094 | 7,38612 | 5,65678 | 4 | 0,16956 |
| 24.04.2013 | 0,16978 | −0,00037 | 30 | −25,41598 | 7,14433 | 5,44748 | 4 | 0,19508 |
| 25.04.2013 | 0,14518 | −0,00002 | 30 | −25,36122 | 7,2199 | 5,52419 | 4 | 0,18770 |
| 26.04.2013 | 0,12748 | 0 | 30 | −25,30101 | 7,29978 | 5,59912 | 4 | 0,18477 |
| 29.04.2013 | 0,10734 | 0,0046 | 30 | −25,27423 | 7,32554 | 5,6309 | 4 | 0,17882 |
| 30.04.2013 | 0,09775 | 0,00522 | 29,98352 | −25,24601 | 7,34347 | 5,6791 | 4 | 0,19059 |
| 02.05.2013 | 0,08977 | 0,01411 | 30 | −25,2049 | 7,35699 | 5,68502 | 4 | 0,19819 |
| 03.05.2013 | 0,11172 | 0,00426 | 30 | −25,34615 | 7,32972 | 5,62336 | 4 | 0,16043 |
| 06.05.2013 | 0,1696 | −0,06278 | 30 | −25,19 | 7,36095 | 5,6512 | 4 | 0,20124 |
| 07.05.2013 | 0,18962 | −0,08359 | 30 | −25,16318 | 7,28713 | 5,58791 | 4 | 0,21383 |
| 08.05.2013 | 0,20031 | −0,10338 | 30 | −25,09027 | 7,3288 | 5,64153 | 4 | 0,23409 |
| 09.05.2013 | 0,1725 | −0,0674 | 29,99936 | −25,21447 | 7,31277 | 5,60855 | 4 | 0,19585 |
| 10.05.2013 | 0,24688 | −0,14566 | 30 | −25,09961 | 7,23331 | 5,54667 | 4 | 0,24255 |
| 13.05.2013 | 0,27216 | −0,17362 | 29,99901 | −25,07661 | 7,18875 | 5,50637 | 4 | 0,25208 |

# 7 Ermittlung des Kapitalisierungszinssatzes

| Datum | $\beta_0$ | $\beta_1$ | $\beta_2$ | $\beta_3$ | $\tau_1$ | $\tau_2$ | t | Spot Rate |
|---|---|---|---|---|---|---|---|---|
| 14.05.2013 | 0,2796 | −0,18044 | 30 | −25,07296 | 7,19841 | 5,51172 | 4 | 0,25324 |
| 15.05.2013 | 0,27959 | −0,16904 | 30 | −25,1238 | 7,13751 | 5,45486 | 4 | 0,25034 |
| 16.05.2013 | 0,30232 | −0,20501 | 30 | −25,10082 | 7,11373 | 5,43224 | 4 | 0,25056 |
| 17.05.2013 | 0,23466 | −0,11943 | 30 | −25,29258 | 7,10093 | 5,40039 | 4 | 0,19291 |
| 20.05.2013 | 0,29142 | −0,18614 | 30 | −25,20451 | 7,03604 | 5,34363 | 4 | 0,22094 |
| 21.05.2013 | 0,30906 | −0,21256 | 30 | −25,13517 | 7,08815 | 5,39017 | 4 | 0,23322 |
| 22.05.2013 | 0,30905 | −0,21714 | 27,64624 | −22,72702 | 7,18636 | 5,35021 | 4 | 0,25400 |
| 23.05.2013 | 0,31296 | −0,21456 | 30 | −25,14743 | 7,08593 | 5,38855 | 4 | 0,23303 |
| 24.05.2013 | 0,35049 | −0,26227 | 30 | −25,05557 | 7,01666 | 5,3832 | 4 | 0,28966 |
| 27.05.2013 | 0,31478 | −0,23443 | 30 | −24,99768 | 7,07793 | 5,42174 | 4 | 0,27737 |
| 28.05.2013 | 0,38636 | −0,31125 | 29,96949 | −25,05006 | 7,02429 | 5,40181 | 4 | 0,28998 |
| 29.05.2013 | 0,37555 | −0,31036 | 30 | −24,78728 | 7,10941 | 5,47707 | 4 | 0,34253 |
| **Mittelwert** | | | | | | | | **0,22786** |

*Durchschnittliche Spot Rates in % vom 28.02.2013–29.05.2013 mit t = 5*

| Datum | $\beta_0$ | $\beta_1$ | $\beta_2$ | $\beta_3$ | $\tau_1$ | $\tau_2$ | t | Spot Rate |
|---|---|---|---|---|---|---|---|---|
| 28.02.2013 | 0,30802 | −0,20893 | 29,99989 | −25,04581 | 6,94503 | 5,31097 | 5 | 0,48446 |
| 01.03.2013 | 0,30215 | −0,19353 | 30 | −25,14431 | 6,93541 | 5,28033 | 5 | 0,45355 |
| 04.03.2013 | 0,26804 | −0,17955 | 29,99233 | −25,1077 | 6,95036 | 5,3088 | 5 | 0,44375 |
| 05.03.2013 | 0,31093 | −0,21755 | 30 | −25,06671 | 6,94787 | 5,30663 | 5 | 0,47208 |
| 06.03.2013 | 0,32959 | −0,22198 | 30 | −25,08519 | 6,90658 | 5,26426 | 5 | 0,48343 |
| 07.03.2013 | 0,32502 | −0,22185 | 30 | −25,08715 | 6,90355 | 5,25871 | 5 | 0,47722 |
| 08.03.2013 | 0,33831 | −0,24175 | 30 | −24,96383 | 6,93872 | 5,31652 | 5 | 0,51881 |
| 11.03.2013 | 0,34363 | −0,23578 | 30 | −25,01159 | 6,91177 | 5,28582 | 5 | 0,51497 |
| 12.03.2013 | 0,36592 | −0,2517 | 30 | −25,02865 | 6,99912 | 5,3s4112 | 5 | 0,50245 |
| 13.03.2013 | 0,39303 | −0,25222 | 30 | −25,26892 | 6,88412 | 5,25411 | 5 | 0,48483 |
| 14.03.2013 | 0,37005 | −0,24541 | 30 | −25,11478 | 6,91146 | 5,26425 | 5 | 0,49688 |
| 15.03.2013 | 0,36769 | −0,24389 | 30 | −25,09886 | 6,97566 | 5,30418 | 5 | 0,48538 |
| 18.03.2013 | 0,29646 | −0,15541 | 30 | −25,2945 | 6,95628 | 5,26594 | 5 | 0,41739 |
| 19.03.2013 | 0,25919 | −0,11706 | 30 | −25,33314 | 6,93256 | 5,25204 | 5 | 0,40304 |
| 20.03.2013 | 0,2292 | −0,09502 | 30 | −25,3315 | 6,90493 | 5,24836 | 5 | 0,40223 |
| 21.03.2013 | 0,26132 | −0,13063 | 30 | −25,27975 | 6,94339 | 5,27661 | 5 | 0,41628 |
| 22.03.2013 | 0,19229 | −0,06568 | 29,99973 | −25,32784 | 6,9333 | 5,29347 | 5 | 0,39530 |
| 25.03.2013 | 0,27218 | −0,14482 | 30 | −25,24367 | 6,9675 | 5,29378 | 5 | 0,42224 |
| 26.03.2013 | 0,25043 | −0,11943 | 30 | −25,29166 | 7,04296 | 5,34934 | 5 | 0,39460 |
| 27.03.2013 | 0,20597 | −0,0676 | 30 | −25,43999 | 7,01754 | 5,30488 | 5 | 0,33942 |

| Datum | $\beta_0$ | $\beta_1$ | $\beta_2$ | $\beta_3$ | $\tau_1$ | $\tau_2$ | t | Spot Rate |
|---|---|---|---|---|---|---|---|---|
| 28.03.2013 | 0,18726 | −0,04564 | 30 | −25,50578 | 7,0546 | 5,32676 | 5 | 0,31118 |
| 02.04.2013 | 0,22571 | −0,07558 | 29,99975 | −25,36491 | 7,17664 | 5,44693 | 5 | 0,36242 |
| 03.04.2013 | 0,25338 | −0,10566 | −25,36528 | 29,99986 | 5,44118 | 7,17743 | 5 | 0,37194 |
| 04.04.2013 | 0,25465 | −0,10841 | −25,37925 | 30 | 5,49973 | 7,26049 | 5 | 0,35475 |
| 05.04.2013 | 0,17897 | −0,02386 | −25,40794 | 30 | 5,50165 | 7,23194 | 5 | 0,34313 |
| 08.04.2013 | 0,14182 | −0,00113 | −25,56536 | 30 | 5,49016 | 7,10702 | 5 | 0,34033 |
| 09.04.2013 | 0,14812 | −0,02037 | −25,254 | 30 | 5,57047 | 7,24343 | 5 | 0,38305 |
| 10.04.2013 | 0,16873 | −0,03997 | 29,99996 | −25,23582 | 7,2194 | 5,5482 | 5 | 0,39389 |
| 11.04.2013 | 0,21782 | −0,09681 | 30 | −25,16496 | 7,27384 | 5,58774 | 5 | 0,41175 |
| 12.04.2013 | 0,17504 | −0,04283 | 29,9999 | −25,29749 | 7,24846 | 5,5394 | 5 | 0,36286 |
| 15.04.2013 | 0,20705 | −0,08129 | 30 | −25,23792 | 7,33371 | 5,60042 | 5 | 0,36931 |
| 16.04.2013 | 0,17671 | −0,04037 | 30 | −25,29343 | 7,28418 | 5,56945 | 5 | 0,36430 |
| 17.04.2013 | 0,21218 | −0,07839 | 29,99982 | −25,23941 | 7,28709 | 5,56717 | 5 | 0,38318 |
| 18.04.2013 | 0,19414 | −0,07501 | 30 | −25,23544 | 7,41936 | 5,67162 | 5 | 0,35404 |
| 19.04.2013 | 0,18515 | −0,05419 | 29,99987 | −25,26776 | 7,37174 | 5,6329 | 5 | 0,35662 |
| 22.04.2013 | 0,19839 | −0,07288 | 30 | −25,2438 | 7,35347 | 5,6172 | 5 | 0,36369 |
| 23.04.2013 | 0,13123 | −0,00067 | 30 | −25,33094 | 7,38612 | 5,65678 | 5 | 0,33062 |
| 24.04.2013 | 0,16978 | −0,00037 | 30 | −25,41598 | 7,14433 | 5,44748 | 5 | 0,36491 |
| 25.04.2013 | 0,14518 | −0,00002 | 30 | −25,36122 | 7,2199 | 5,52419 | 5 | 0,35479 |
| 26.04.2013 | 0,12748 | 0 | 30 | −25,30101 | 7,29978 | 5,59912 | 5 | 0,34957 |
| 29.04.2013 | 0,10734 | 0,0046 | 30 | −25,27423 | 7,32554 | 5,6309 | 5 | 0,34255 |
| 30.04.2013 | 0,09775 | 0,00522 | 29,98352 | −25,24601 | 7,34347 | 5,6791 | 5 | 0,35231 |
| 02.05.2013 | 0,08977 | 0,01411 | 30 | −25,2049 | 7,35699 | 5,68502 | 5 | 0,36077 |
| 03.05.2013 | 0,11172 | 0,00426 | 30 | −25,34615 | 7,32972 | 5,62336 | 5 | 0,32259 |
| 06.05.2013 | 0,1696 | −0,06278 | 30 | −25,19 | 7,36095 | 5,6512 | 5 | 0,36927 |
| 07.05.2013 | 0,18962 | −0,08359 | 30 | −25,16318 | 7,28713 | 5,58791 | 5 | 0,38674 |
| 08.05.2013 | 0,20031 | −0,10338 | 30 | −25,09027 | 7,3288 | 5,64153 | 5 | 0,40720 |
| 09.05.2013 | 0,1725 | −0,0674 | 29,99936 | −25,21447 | 7,31277 | 5,60855 | 5 | 0,36556 |
| 10.05.2013 | 0,24688 | −0,14566 | 30 | −25,09961 | 7,23331 | 5,54667 | 5 | 0,42217 |
| 13.05.2013 | 0,27216 | −0,17362 | 29,99901 | −25,07661 | 7,18875 | 5,50637 | 5 | 0,43570 |
| 14.05.2013 | 0,2796 | −0,18044 | 30 | −25,07296 | 7,19841 | 5,51172 | 5 | 0,43702 |
| 15.05.2013 | 0,27959 | −0,16904 | 30 | −25,1238 | 7,13751 | 5,45486 | 5 | 0,43533 |
| 16.05.2013 | 0,30232 | −0,20501 | 30 | −25,10082 | 7,11373 | 5,43224 | 5 | 0,43909 |
| 17.05.2013 | 0,23466 | −0,11943 | 30 | −25,29258 | 7,10093 | 5,40039 | 5 | 0,37421 |
| 20.05.2013 | 0,29142 | −0,18614 | 30 | −25,20451 | 7,03604 | 5,34363 | 5 | 0,41098 |
| 21.05.2013 | 0,30906 | −0,21256 | 30 | −25,13517 | 7,08815 | 5,39017 | 5 | 0,42361 |

| Datum | $\beta_0$ | $\beta_1$ | $\beta_2$ | $\beta_3$ | $\tau_1$ | $\tau_2$ | t | Spot Rate |
|---|---|---|---|---|---|---|---|---|
| 22.05.2013 | 0,30905 | −0,21714 | 27,64624 | −22,72702 | 7,18636 | 5,35021 | 5 | 0,44419 |
| 23.05.2013 | 0,31296 | −0,21456 | 30 | −25,14743 | 7,08593 | 5,38855 | 5 | 0,42329 |
| 24.05.2013 | 0,35049 | −0,26227 | 30 | −25,05557 | 7,01666 | 5,3832 | 5 | 0,48472 |
| 27.05.2013 | 0,31478 | −0,23443 | 30 | −24,99768 | 7,07793 | 5,42174 | 5 | 0,47054 |
| 28.05.2013 | 0,38636 | −0,31125 | 29,96949 | −25,05006 | 7,02429 | 5,40181 | 5 | 0,48555 |
| 29.05.2013 | 0,37555 | −0,31036 | 30 | −24,78728 | 7,10941 | 5,47707 | 5 | 0,54177 |
| **Mittelwert** | | | | | | | | **0,40919** |

*Durchschnittliche Spot Rates in % vom 28.02.2013–29.05.2013 mit t = 6*

| Datum | $\beta_0$ | $\beta_1$ | $\beta_2$ | $\beta_3$ | $\tau_1$ | $\tau_2$ | t | Spot Rate |
|---|---|---|---|---|---|---|---|---|
| 28.02.2013 | 0,30802 | −0,20893 | 29,99989 | −25,04581 | 6,94503 | 5,31097 | 6 | 0,69793 |
| 01.03.2013 | 0,30215 | −0,19353 | 30 | −25,14431 | 6,93541 | 5,28033 | 6 | 0,66720 |
| 04.03.2013 | 0,26804 | −0,17955 | 29,99233 | −25,1077 | 6,95036 | 5,3088 | 6 | 0,65504 |
| 05.03.2013 | 0,31093 | −0,21755 | 30 | −25,06671 | 6,94787 | 5,30663 | 6 | 0,68605 |
| 06.03.2013 | 0,32959 | −0,22198 | 30 | −25,08519 | 6,90658 | 5,26426 | 6 | 0,69993 |
| 07.03.2013 | 0,32502 | −0,22185 | 30 | −25,08715 | 6,90355 | 5,25871 | 6 | 0,69413 |
| 08.03.2013 | 0,33831 | −0,24175 | 30 | −24,96383 | 6,93872 | 5,31652 | 6 | 0,73444 |
| 11.03.2013 | 0,34363 | −0,23578 | 30 | −25,01159 | 6,91177 | 5,28582 | 6 | 0,73147 |
| 12.03.2013 | 0,36592 | −0,2517 | 30 | −25,02865 | 6,99912 | 5,34112 | 6 | 0,71707 |
| 13.03.2013 | 0,39303 | −0,25222 | 30 | −25,26892 | 6,88412 | 5,25411 | 6 | 0,69952 |
| 14.03.2013 | 0,37005 | −0,24541 | 30 | −25,11478 | 6,91146 | 5,26425 | 6 | 0,71404 |
| 15.03.2013 | 0,36769 | −0,24389 | 30 | −25,09886 | 6,97566 | 5,30418 | 6 | 0,70111 |
| 18.03.2013 | 0,29646 | −0,15541 | 30 | −25,2945 | 6,95628 | 5,26594 | 6 | 0,62884 |
| 19.03.2013 | 0,25919 | −0,11706 | 30 | −25,33314 | 6,93256 | 5,25204 | 6 | 0,61269 |
| 20.03.2013 | 0,2292 | −0,09502 | 30 | −25,3315 | 6,90493 | 5,24836 | 6 | 0,61032 |
| 21.03.2013 | 0,26132 | −0,13063 | 30 | −25,27975 | 6,94339 | 5,27661 | 6 | 0,62541 |
| 22.03.2013 | 0,19229 | −0,06568 | 29,99973 | −25,32784 | 6,9333 | 5,29347 | 6 | 0,59872 |
| 25.03.2013 | 0,27218 | −0,14482 | 30 | −25,24367 | 6,9675 | 5,29378 | 6 | 0,63179 |
| 26.03.2013 | 0,25043 | −0,11943 | 30 | −25,29166 | 7,04296 | 5,34934 | 6 | 0,59938 |
| 27.03.2013 | 0,20597 | −0,0676 | 30 | −25,43999 | 7,01754 | 5,30488 | 6 | 0,54270 |
| 28.03.2013 | 0,18726 | −0,04564 | 30 | −25,50578 | 7,0546 | 5,32676 | 6 | 0,51141 |
| 02.04.2013 | 0,22571 | −0,07558 | 29,99975 | −25,36491 | 7,17664 | 5,44693 | 6 | 0,55911 |
| 03.04.2013 | 0,25338 | −0,10566 | −25,36528 | 29,99986 | 5,44118 | 7,17743 | 6 | 0,57105 |
| 04.04.2013 | 0,25465 | −0,10841 | −25,37925 | 30 | 5,49973 | 7,26049 | 6 | 0,55091 |
| 05.04.2013 | 0,17897 | −0,02386 | −25,40794 | 30 | 5,50165 | 7,23194 | 6 | 0,53372 |
| 08.04.2013 | 0,14182 | −0,00113 | −25,56536 | 30 | 5,49016 | 7,10702 | 6 | 0,52416 |

| Datum | $\beta_0$ | $\beta_1$ | $\beta_2$ | $\beta_3$ | $\tau_1$ | $\tau_2$ | t | Spot Rate |
|---|---|---|---|---|---|---|---|---|
| 09.04.2013 | 0,14812 | −0,02037 | −25,254 | 30 | 5,57047 | 7,24343 | 6 | 0,57092 |
| 10.04.2013 | 0,16873 | −0,03997 | 29,99996 | −25,23582 | 7,2194 | 5,5482 | 6 | 0,58400 |
| 11.04.2013 | 0,21782 | −0,09681 | 30 | −25,16496 | 7,27384 | 5,58774 | 6 | 0,60386 |
| 12.04.2013 | 0,17504 | −0,04283 | 29,9999 | −25,29749 | 7,24846 | 5,5394 | 6 | 0,55345 |
| 15.04.2013 | 0,20705 | −0,08129 | 30 | −25,23792 | 7,33371 | 5,60042 | 6 | 0,55989 |
| 16.04.2013 | 0,17671 | −0,04037 | 30 | −25,29343 | 7,28418 | 5,56945 | 6 | 0,55333 |
| 17.04.2013 | 0,21218 | −0,07839 | 29,99982 | −25,23941 | 7,28709 | 5,56717 | 6 | 0,57511 |
| 18.04.2013 | 0,19414 | −0,07501 | 30 | −25,23544 | 7,41936 | 5,67162 | 6 | 0,54087 |
| 19.04.2013 | 0,18515 | −0,05419 | 29,99987 | −25,26776 | 7,37174 | 5,6329 | 6 | 0,54383 |
| 22.04.2013 | 0,19839 | −0,07288 | 30 | −25,2438 | 7,35347 | 5,6172 | 6 | 0,55295 |
| 23.04.2013 | 0,13123 | −0,00067 | 30 | −25,33094 | 7,38612 | 5,65678 | 6 | 0,51285 |
| 24.04.2013 | 0,16978 | −0,00037 | 30 | −25,41598 | 7,14433 | 5,44748 | 6 | 0,55643 |
| 25.04.2013 | 0,14518 | −0,00002 | 30 | −25,36122 | 7,2199 | 5,52419 | 6 | 0,54285 |
| 26.04.2013 | 0,12748 | 0 | 30 | −25,30101 | 7,29978 | 5,59912 | 6 | 0,53475 |
| 29.04.2013 | 0,10734 | 0,0046 | 30 | −25,27423 | 7,32554 | 5,6309 | 6 | 0,52618 |
| 30.04.2013 | 0,09775 | 0,00522 | 29,98352 | −25,24601 | 7,34347 | 5,6791 | 6 | 0,53280 |
| 02.05.2013 | 0,08977 | 0,01411 | 30 | −25,2049 | 7,35699 | 5,68502 | 6 | 0,54194 |
| 03.05.2013 | 0,11172 | 0,00426 | 30 | −25,34615 | 7,32972 | 5,62336 | 6 | 0,50555 |
| 06.05.2013 | 0,1696 | −0,06278 | 30 | −25,19 | 7,36095 | 5,6512 | 6 | 0,55666 |
| 07.05.2013 | 0,18962 | −0,08359 | 30 | −25,16318 | 7,28713 | 5,58791 | 6 | 0,57867 |
| 08.05.2013 | 0,20031 | −0,10338 | 30 | −25,09027 | 7,3288 | 5,64153 | 6 | 0,59818 |
| 09.05.2013 | 0,1725 | −0,0674 | 29,99936 | −25,21447 | 7,31277 | 5,60855 | 6 | 0,55481 |
| 10.05.2013 | 0,24688 | −0,14566 | 30 | −25,09961 | 7,23331 | 5,54667 | 6 | 0,61987 |
| 13.05.2013 | 0,27216 | −0,17362 | 29,99901 | −25,07661 | 7,18875 | 5,50637 | 6 | 0,63714 |
| 14.05.2013 | 0,2796 | −0,18044 | 30 | −25,07296 | 7,19841 | 5,51172 | 6 | 0,63865 |
| 15.05.2013 | 0,27959 | −0,16904 | 30 | −25,1238 | 7,13751 | 5,45486 | 6 | 0,63866 |
| 16.05.2013 | 0,30232 | −0,20501 | 30 | −25,10082 | 7,11373 | 5,43224 | 6 | 0,64567 |
| 17.05.2013 | 0,23466 | −0,11943 | 30 | −25,29258 | 7,10093 | 5,40039 | 6 | 0,57606 |
| 20.05.2013 | 0,29142 | −0,18614 | 30 | −25,20451 | 7,03604 | 5,34363 | 6 | 0,62054 |
| 21.05.2013 | 0,30906 | −0,21256 | 30 | −25,13517 | 7,08815 | 5,39017 | 6 | 0,63290 |
| 22.05.2013 | 0,30905 | −0,21714 | 27,64624 | −22,72702 | 7,18636 | 5,35021 | 6 | 0,65209 |
| 23.05.2013 | 0,31296 | −0,21456 | 30 | −25,14743 | 7,08593 | 5,38855 | 6 | 0,63251 |
| 24.05.2013 | 0,35049 | −0,26227 | 30 | −25,05557 | 7,01666 | 5,3832 | 6 | 0,69596 |
| 27.05.2013 | 0,31478 | −0,23443 | 30 | −24,99768 | 7,07793 | 5,42174 | 6 | 0,68013 |
| 28.05.2013 | 0,38636 | −0,31125 | 29,96949 | −25,05006 | 7,02429 | 5,40181 | 6 | 0,69687 |

# 7 Ermittlung des Kapitalisierungszinssatzes

| Datum | $\beta_0$ | $\beta_1$ | $\beta_2$ | $\beta_3$ | $\tau_1$ | $\tau_2$ | t | Spot Rate |
|---|---|---|---|---|---|---|---|---|
| 29.05.2013 | 0,37555 | −0,31036 | 30 | −24,78728 | 7,10941 | 5,47707 | 6 | 0,75468 |
| **Mittelwert** | | | | | | | | **0,60967** |

*Durchschnittliche Spot Rates in % vom 28.02.2013–29.05.2013 mit t = 7*

| Datum | $\beta_0$ | $\beta_1$ | $\beta_2$ | $\beta_3$ | $\tau_1$ | $\tau_2$ | t | Spot Rate |
|---|---|---|---|---|---|---|---|---|
| 28.02.2013 | 0,30802 | −0,20893 | 29,99989 | −25,04581 | 6,94503 | 5,31097 | 7 | 0,91560 |
| 01.03.2013 | 0,30215 | −0,19353 | 30 | −25,14431 | 6,93541 | 5,28033 | 7 | 0,88609 |
| 04.03.2013 | 0,26804 | −0,17955 | 29,99233 | −25,1077 | 6,95036 | 5,3088 | 7 | 0,87124 |
| 05.03.2013 | 0,31093 | −0,21755 | 30 | −25,06671 | 6,94787 | 5,30663 | 7 | 0,90448 |
| 06.03.2013 | 0,32959 | −0,22198 | 30 | −25,08519 | 6,90658 | 5,26426 | 7 | 0,92085 |
| 07.03.2013 | 0,32502 | −0,22185 | 30 | −25,08715 | 6,90355 | 5,25871 | 7 | 0,91550 |
| 08.03.2013 | 0,33831 | −0,24175 | 30 | −24,96383 | 6,93872 | 5,31652 | 7 | 0,95341 |
| 11.03.2013 | 0,34363 | −0,23578 | 30 | −25,01159 | 6,91177 | 5,28582 | 7 | 0,95160 |
| 12.03.2013 | 0,36592 | −0,2517 | 30 | −25,02865 | 6,99912 | 5,34112 | 7 | 0,93624 |
| 13.03.2013 | 0,39303 | −0,25222 | 30 | −25,26892 | 6,88412 | 5,25411 | 7 | 0,91939 |
| 14.03.2013 | 0,37005 | −0,24541 | 30 | −25,11478 | 6,91146 | 5,26425 | 7 | 0,93583 |
| 15.03.2013 | 0,36769 | −0,24389 | 30 | −25,09886 | 6,97566 | 5,30418 | 7 | 0,92203 |
| 18.03.2013 | 0,29646 | −0,15541 | 30 | −25,2945 | 6,95628 | 5,26594 | 7 | 0,84732 |
| 19.03.2013 | 0,25919 | −0,11706 | 30 | −25,33314 | 6,93256 | 5,25204 | 7 | 0,82949 |
| 20.03.2013 | 0,2292 | −0,09502 | 30 | −25,3315 | 6,90493 | 5,24836 | 7 | 0,82511 |
| 21.03.2013 | 0,26132 | −0,13063 | 30 | −25,27975 | 6,94339 | 5,27661 | 7 | 0,84109 |
| 22.03.2013 | 0,19229 | −0,06568 | 29,99973 | −25,32784 | 6,9333 | 5,29347 | 7 | 0,80871 |
| 25.03.2013 | 0,27218 | −0,14482 | 30 | −25,24367 | 6,9675 | 5,29378 | 7 | 0,84782 |
| 26.03.2013 | 0,25043 | −0,11943 | 30 | −25,29166 | 7,04296 | 5,34934 | 7 | 0,81161 |
| 27.03.2013 | 0,20597 | −0,0676 | 30 | −25,43999 | 7,01754 | 5,30488 | 7 | 0,75483 |
| 28.03.2013 | 0,18726 | −0,04564 | 30 | −25,50578 | 7,0546 | 5,32676 | 7 | 0,72137 |
| 02.04.2013 | 0,22571 | −0,07558 | 29,99975 | −25,36491 | 7,17664 | 5,44693 | 7 | 0,76486 |
| 03.04.2013 | 0,25338 | −0,10566 | −25,36528 | 29,99986 | 5,44118 | 7,17743 | 7 | 0,77908 |
| 04.04.2013 | 0,25465 | −0,10841 | −25,37925 | 30 | 5,49973 | 7,26049 | 7 | 0,75667 |
| 05.04.2013 | 0,17897 | −0,02386 | −25,40794 | 30 | 5,50165 | 7,23194 | 7 | 0,73391 |
| 08.04.2013 | 0,14182 | −0,00113 | −25,56536 | 30 | 5,49016 | 7,10702 | 7 | 0,71631 |
| 09.04.2013 | 0,14812 | −0,02037 | −25,254 | 30 | 5,57047 | 7,24343 | 7 | 0,76641 |
| 10.04.2013 | 0,16873 | −0,03997 | 29,99996 | −25,23582 | 7,2194 | 5,5482 | 7 | 0,78150 |
| 11.04.2013 | 0,21782 | −0,09681 | 30 | −25,16496 | 7,27384 | 5,58774 | 7 | 0,80311 |
| 12.04.2013 | 0,17504 | −0,04283 | 29,9999 | −25,29749 | 7,24846 | 5,5394 | 7 | 0,75257 |
| 15.04.2013 | 0,20705 | −0,08129 | 30 | −25,23792 | 7,33371 | 5,60042 | 7 | 0,75909 |

| Datum | $\beta_0$ | $\beta_1$ | $\beta_2$ | $\beta_3$ | $\tau_1$ | $\tau_2$ | t | Spot Rate |
|---|---|---|---|---|---|---|---|---|
| 16.04.2013 | 0,17671 | −0,04037 | 30 | −25,29343 | 7,28418 | 5,56945 | 7 | 0,75104 |
| 17.04.2013 | 0,21218 | −0,07839 | 29,99982 | −25,23941 | 7,28709 | 5,56717 | 7 | 0,77536 |
| 18.04.2013 | 0,19414 | −0,07501 | 30 | −25,23544 | 7,41936 | 5,67162 | 7 | 0,73671 |
| 19.04.2013 | 0,18515 | −0,05419 | 29,99987 | −25,26776 | 7,37174 | 5,6329 | 7 | 0,74010 |
| 22.04.2013 | 0,19839 | −0,07288 | 30 | −25,2438 | 7,35347 | 5,6172 | 7 | 0,75098 |
| 23.04.2013 | 0,13123 | −0,00067 | 30 | −25,33094 | 7,38612 | 5,65678 | 7 | 0,70453 |
| 24.04.2013 | 0,16978 | −0,00037 | 30 | −25,41598 | 7,14433 | 5,44748 | 7 | 0,75693 |
| 25.04.2013 | 0,14518 | −0,00002 | 30 | −25,36122 | 7,2199 | 5,52419 | 7 | 0,73967 |
| 26.04.2013 | 0,12748 | 0 | 30 | −25,30101 | 7,29978 | 5,59912 | 7 | 0,72855 |
| 29.04.2013 | 0,10734 | 0,0046 | 30 | −25,27423 | 7,32554 | 5,6309 | 7 | 0,71820 |
| 30.04.2013 | 0,09775 | 0,00522 | 29,98352 | −25,24601 | 7,34347 | 5,6791 | 7 | 0,72105 |
| 02.05.2013 | 0,08977 | 0,01411 | 30 | −25,2049 | 7,35699 | 5,68502 | 7 | 0,73074 |
| 03.05.2013 | 0,11172 | 0,00426 | 30 | −25,34615 | 7,32972 | 5,62336 | 7 | 0,69756 |
| 06.05.2013 | 0,1696 | −0,06278 | 30 | −25,19 | 7,36095 | 5,6512 | 7 | 0,75203 |
| 07.05.2013 | 0,18962 | −0,08359 | 30 | −25,16318 | 7,28713 | 5,58791 | 7 | 0,77804 |
| 08.05.2013 | 0,20031 | −0,10338 | 30 | −25,09027 | 7,3288 | 5,64153 | 7 | 0,79594 |
| 09.05.2013 | 0,1725 | −0,0674 | 29,99936 | −25,21447 | 7,31277 | 5,60855 | 7 | 0,75201 |
| 10.05.2013 | 0,24688 | −0,14566 | 30 | −25,09961 | 7,23331 | 5,54667 | 7 | 0,82407 |
| 13.05.2013 | 0,27216 | −0,17362 | 29,99901 | −25,07661 | 7,18875 | 5,50637 | 7 | 0,84467 |
| 14.05.2013 | 0,2796 | −0,18044 | 30 | −25,07296 | 7,19841 | 5,51172 | 7 | 0,84644 |
| 15.05.2013 | 0,27959 | −0,16904 | 30 | −25,1238 | 7,13751 | 5,45486 | 7 | 0,84828 |
| 16.05.2013 | 0,30232 | −0,20501 | 30 | −25,10082 | 7,11373 | 5,43224 | 7 | 0,85819 |
| 17.05.2013 | 0,23466 | −0,11943 | 30 | −25,29258 | 7,10093 | 5,40039 | 7 | 0,78565 |
| 20.05.2013 | 0,29142 | −0,18614 | 30 | −25,20451 | 7,03604 | 5,34363 | 7 | 0,83673 |
| 21.05.2013 | 0,30906 | −0,21256 | 30 | −25,13517 | 7,08815 | 5,39017 | 7 | 0,84854 |
| 22.05.2013 | 0,30905 | −0,21714 | 27,64624 | −22,72702 | 7,18636 | 5,35021 | 7 | 0,86560 |
| 23.05.2013 | 0,31296 | −0,21456 | 30 | −25,14743 | 7,08593 | 5,38855 | 7 | 0,84815 |
| 24.05.2013 | 0,35049 | −0,26227 | 30 | −25,05557 | 7,01666 | 5,3832 | 7 | 0,91150 |
| 27.05.2013 | 0,31478 | −0,23443 | 30 | −24,99768 | 7,07793 | 5,42174 | 7 | 0,89437 |
| 28.05.2013 | 0,38636 | −0,31125 | 29,96949 | −25,05006 | 7,02429 | 5,40181 | 7 | 0,91226 |
| 29.05.2013 | 0,37555 | −0,31036 | 30 | −24,78728 | 7,10941 | 5,47707 | 7 | 0,97032 |
| **Mittelwert** | | | | | | | | **0,81705** |

# 7 Ermittlung des Kapitalisierungszinssatzes

*Durchschnittliche Spot Rates in % vom 28.02.2013–29.05.2013 mit t = 8*

| Datum | $\beta_0$ | $\beta_1$ | $\beta_2$ | $\beta_3$ | $\tau_1$ | $\tau_2$ | t | Spot Rate |
|---|---|---|---|---|---|---|---|---|
| 28.02.2013 | 0,30802 | −0,20893 | 29,99989 | −25,04581 | 6,94503 | 5,31097 | 8 | 1,12875 |
| 01.03.2013 | 0,30215 | −0,19353 | 30 | −25,14431 | 6,93541 | 5,28033 | 8 | 1,10107 |
| 04.03.2013 | 0,26804 | −0,17955 | 29,99233 | −25,1077 | 6,95036 | 5,3088 | 8 | 1,08343 |
| 05.03.2013 | 0,31093 | −0,21755 | 30 | −25,06671 | 6,94787 | 5,30663 | 8 | 1,11852 |
| 06.03.2013 | 0,32959 | −0,22198 | 30 | −25,08519 | 6,90658 | 5,26426 | 8 | 1,13719 |
| 07.03.2013 | 0,32502 | −0,22185 | 30 | −25,08715 | 6,90355 | 5,25871 | 8 | 1,13229 |
| 08.03.2013 | 0,33831 | −0,24175 | 30 | −24,96383 | 6,93872 | 5,31652 | 8 | 1,16719 |
| 11.03.2013 | 0,34363 | −0,23578 | 30 | −25,01159 | 6,91177 | 5,28582 | 8 | 1,16666 |
| 12.03.2013 | 0,36592 | −0,2517 | 30 | −25,02865 | 6,99912 | 5,34112 | 8 | 1,15120 |
| 13.03.2013 | 0,39303 | −0,25222 | 30 | −25,26892 | 6,88412 | 5,25411 | 8 | 1,13523 |
| 14.03.2013 | 0,37005 | −0,24541 | 30 | −25,11478 | 6,91146 | 5,26425 | 8 | 1,15317 |
| 15.03.2013 | 0,36769 | −0,24389 | 30 | −25,09886 | 6,97566 | 5,30418 | 8 | 1,13906 |
| 18.03.2013 | 0,29646 | −0,15541 | 30 | −25,2945 | 6,95628 | 5,26594 | 8 | 1,06316 |
| 19.03.2013 | 0,25919 | −0,11706 | 30 | −25,33314 | 6,93256 | 5,25204 | 8 | 1,04375 |
| 20.03.2013 | 0,2292 | −0,09502 | 30 | −25,3315 | 6,90493 | 5,24836 | 8 | 1,03705 |
| 21.03.2013 | 0,26132 | −0,13063 | 30 | −25,27975 | 6,94339 | 5,27661 | 8 | 1,05390 |
| 22.03.2013 | 0,19229 | −0,06568 | 29,99973 | −25,32784 | 6,9333 | 5,29347 | 8 | 1,01601 |
| 25.03.2013 | 0,27218 | −0,14482 | 30 | −25,24367 | 6,9675 | 5,29378 | 8 | 1,06096 |
| 26.03.2013 | 0,25043 | −0,11943 | 30 | −25,29166 | 7,04296 | 5,34934 | 8 | 1,02193 |
| 27.03.2013 | 0,20597 | −0,0676 | 30 | −25,43999 | 7,01754 | 5,30488 | 8 | 0,96593 |
| 28.03.2013 | 0,18726 | −0,04564 | 30 | −25,50578 | 7,0546 | 5,32676 | 8 | 0,93104 |
| 02.04.2013 | 0,22571 | −0,07558 | 29,99975 | −25,36491 | 7,16664 | 5,44693 | 8 | 0,97030 |
| 03.04.2013 | 0,25338 | −0,10566 | −25,36528 | 29,99986 | 5,44118 | 7,17743 | 8 | 0,98663 |
| 04.04.2013 | 0,25465 | −0,10841 | −25,37925 | 30 | 5,49973 | 7,26049 | 8 | 0,96269 |
| 05.04.2013 | 0,17897 | −0,02386 | −25,40794 | 30 | 5,50165 | 7,23194 | 8 | 0,93443 |
| 08.04.2013 | 0,14182 | −0,00113 | −25,56536 | 30 | 5,49016 | 7,10702 | 8 | 0,90800 |
| 09.04.2013 | 0,14812 | −0,02037 | −25,254 | 30 | 5,57047 | 7,24343 | 8 | 0,96105 |
| 10.04.2013 | 0,16873 | −0,03997 | 29,99996 | −25,23582 | 7,2194 | 5,5482 | 8 | 0,97789 |
| 11.04.2013 | 0,21782 | −0,09681 | 30 | −25,16496 | 7,27384 | 5,58774 | 8 | 1,00114 |
| 12.04.2013 | 0,17504 | −0,04283 | 29,9999 | −25,29749 | 7,24846 | 5,5394 | 8 | 0,95135 |
| 15.04.2013 | 0,20705 | −0,08129 | 30 | −25,23792 | 7,33371 | 5,60042 | 8 | 0,95819 |
| 16.04.2013 | 0,17671 | −0,04037 | 30 | −25,29343 | 7,28418 | 5,56945 | 8 | 0,94863 |
| 17.04.2013 | 0,21218 | −0,07839 | 29,99982 | −25,23941 | 7,28709 | 5,56717 | 8 | 0,97517 |
| 18.04.2013 | 0,19414 | −0,07501 | 30 | −25,23544 | 7,41936 | 5,67162 | 8 | 0,93299 |
| 19.04.2013 | 0,18515 | −0,05419 | 29,99987 | −25,26776 | 7,37174 | 5,6329 | 8 | 0,93672 |

| Datum | $\beta_0$ | $\beta_1$ | $\beta_2$ | $\beta_3$ | $\tau_1$ | $\tau_2$ | t | Spot Rate |
|---|---|---|---|---|---|---|---|---|
| 22.04.2013 | 0,19839 | −0,07288 | 30 | −25,2438 | 7,35347 | 5,6172 | 8 | 0,94908 |
| 23.04.2013 | 0,13123 | −0,00067 | 30 | −25,33094 | 7,38612 | 5,65678 | 8 | 0,89701 |
| 24.04.2013 | 0,16978 | −0,00037 | 30 | −25,41598 | 7,14433 | 5,44748 | 8 | 0,95714 |
| 25.04.2013 | 0,14518 | −0,00002 | 30 | −25,36122 | 7,2199 | 5,52419 | 8 | 0,93634 |
| 26.04.2013 | 0,12748 | 0 | 30 | −25,30101 | 7,29978 | 5,59912 | 8 | 0,92234 |
| 29.04.2013 | 0,10734 | 0,0046 | 30 | −25,27423 | 7,32554 | 5,6309 | 8 | 0,91017 |
| 30.04.2013 | 0,09775 | 0,00522 | 29,98352 | −25,24601 | 7,34347 | 5,6791 | 8 | 0,90897 |
| 02.05.2013 | 0,08977 | 0,01411 | 30 | −25,2049 | 7,35699 | 5,68502 | 8 | 0,91910 |
| 03.05.2013 | 0,11172 | 0,00426 | 30 | −25,34615 | 7,32972 | 5,62336 | 8 | 0,89000 |
| 06.05.2013 | 0,1696 | −0,06278 | 30 | −25,19 | 7,36095 | 5,6512 | 8 | 0,94704 |
| 07.05.2013 | 0,18962 | −0,08359 | 30 | −25,16318 | 7,28713 | 5,58791 | 8 | 0,97640 |
| 08.05.2013 | 0,20031 | −0,10338 | 30 | −25,09027 | 7,3288 | 5,64153 | 8 | 0,99237 |
| 09.05.2013 | 0,1725 | −0,0674 | 29,99936 | −25,21447 | 7,31277 | 5,60855 | 8 | 0,94867 |
| 10.05.2013 | 0,24688 | −0,14566 | 30 | −25,09961 | 7,23331 | 5,54667 | 8 | 1,02638 |
| 13.05.2013 | 0,27216 | −0,17362 | 29,99901 | −25,07661 | 7,18875 | 5,50637 | 8 | 1,04984 |
| 14.05.2013 | 0,2796 | −0,18044 | 30 | −25,07296 | 7,19841 | 5,51172 | 8 | 1,05190 |
| 15.05.2013 | 0,27959 | −0,16904 | 30 | −25,1238 | 7,13751 | 5,45486 | 8 | 1,05548 |
| 16.05.2013 | 0,30232 | −0,20501 | 30 | −25,10082 | 7,11373 | 5,43224 | 8 | 1,06792 |
| 17.05.2013 | 0,23466 | −0,11943 | 30 | −25,29258 | 7,10093 | 5,40039 | 8 | 0,99375 |
| 20.05.2013 | 0,29142 | −0,18614 | 30 | −25,20451 | 7,03604 | 5,34363 | 8 | 1,05030 |
| 21.05.2013 | 0,30906 | −0,21256 | 30 | −25,13517 | 7,08815 | 5,39017 | 8 | 1,06151 |
| 22.05.2013 | 0,30905 | −0,21714 | 27,64624 | −22,72702 | 7,18636 | 5,35021 | 8 | 1,07601 |
| 23.05.2013 | 0,31296 | −0,21456 | 30 | −25,14743 | 7,08593 | 5,38855 | 8 | 1,06115 |
| 24.05.2013 | 0,35049 | −0,26227 | 30 | −25,05557 | 7,01666 | 5,3832 | 8 | 1,12285 |
| 27.05.2013 | 0,31478 | −0,23443 | 30 | −24,99768 | 7,07793 | 5,42174 | 8 | 1,10478 |
| 28.05.2013 | 0,38636 | −0,31125 | 29,96949 | −25,05006 | 7,02429 | 5,40181 | 8 | 1,12337 |
| 29.05.2013 | 0,37555 | −0,31036 | 30 | −24,78728 | 7,10941 | 5,47707 | 8 | 1,18083 |
| **Mittelwert** | | | | | | | | **1,02247** |

*Durchschnittliche Spot Rates in % vom 28.02.2013–29.05.2013 mit t = 9*

| Datum | $\beta_0$ | $\beta_1$ | $\beta_2$ | $\beta_3$ | $\tau_1$ | $\tau_2$ | t | Spot Rate |
|---|---|---|---|---|---|---|---|---|
| 28.02.2013 | 0,30802 | −0,20893 | 29,99989 | −25,04581 | 6,94503 | 5,31097 | 9 | 1,33134 |
| 01.03.2013 | 0,30215 | −0,19353 | 30 | −25,14431 | 6,93541 | 5,28033 | 9 | 1,30584 |
| 04.03.2013 | 0,26804 | −0,17955 | 29,99233 | −25,1077 | 6,95036 | 5,3088 | 9 | 1,28548 |
| 05.03.2013 | 0,31093 | −0,21755 | 30 | −25,06671 | 6,94787 | 5,30663 | 9 | 1,32209 |
| 06.03.2013 | 0,32959 | −0,22198 | 30 | −25,08519 | 6,90658 | 5,26426 | 9 | 1,34275 |

## 7 Ermittlung des Kapitalisierungszinssatzes

| Datum | $\beta_0$ | $\beta_1$ | $\beta_2$ | $\beta_3$ | $\tau_1$ | $\tau_2$ | t | Spot Rate |
|---|---|---|---|---|---|---|---|---|
| 07.03.2013 | 0,32502 | −0,22185 | 30 | −25,08715 | 6,90355 | 5,25871 | 9 | 1,33829 |
| 08.03.2013 | 0,33831 | −0,24175 | 30 | −24,96383 | 6,93872 | 5,31652 | 9 | 1,36996 |
| 11.03.2013 | 0,34363 | −0,23578 | 30 | −25,01159 | 6,91177 | 5,28582 | 9 | 1,37066 |
| 12.03.2013 | 0,36592 | −0,2517 | 30 | −25,02865 | 6,99912 | 5,34112 | 9 | 1,35589 |
| 13.03.2013 | 0,39303 | −0,25222 | 30 | −25,26892 | 6,88412 | 5,25411 | 9 | 1,34071 |
| 14.03.2013 | 0,37005 | −0,24541 | 30 | −25,11478 | 6,91146 | 5,26425 | 9 | 1,35983 |
| 15.03.2013 | 0,36769 | −0,24389 | 30 | −25,09886 | 6,97566 | 5,30418 | 9 | 1,34591 |
| 18.03.2013 | 0,29646 | −0,15541 | 30 | −25,2945 | 6,95628 | 5,26594 | 9 | 1,26968 |
| 19.03.2013 | 0,25919 | −0,11706 | 30 | −25,33314 | 6,93256 | 5,25204 | 9 | 1,24873 |
| 20.03.2013 | 0,2292 | −0,09502 | 30 | −25,3315 | 6,90493 | 5,24836 | 9 | 1,23954 |
| 21.03.2013 | 0,26132 | −0,13063 | 30 | −25,27975 | 6,94339 | 5,27661 | 9 | 1,25728 |
| 22.03.2013 | 0,19229 | −0,06568 | 29,99973 | −25,32784 | 6,9333 | 5,29347 | 9 | 1,21419 |
| 25.03.2013 | 0,27218 | −0,14482 | 30 | −25,24367 | 6,9675 | 5,29378 | 9 | 1,26471 |
| 26.03.2013 | 0,25043 | −0,11943 | 30 | −25,29166 | 7,04296 | 5,34934 | 9 | 1,22377 |
| 27.03.2013 | 0,20597 | −0,0676 | 30 | −25,43999 | 7,01754 | 5,30488 | 9 | 1,16907 |
| 28.03.2013 | 0,18726 | −0,04564 | 30 | −25,50578 | 7,0546 | 5,32676 | 9 | 1,13340 |
| 02.04.2013 | 0,22571 | −0,07558 | 29,99975 | −25,36491 | 7,17664 | 5,44693 | 9 | 1,16878 |
| 03.04.2013 | 0,25338 | −0,10566 | −25,36528 | 29,99986 | 5,44118 | 7,17743 | 9 | 1,18704 |
| 04.04.2013 | 0,25465 | −0,10841 | −25,37925 | 30 | 5,49973 | 7,26049 | 9 | 1,16227 |
| 05.04.2013 | 0,17897 | −0,02386 | −25,40794 | 30 | 5,50165 | 7,23194 | 9 | 1,12870 |
| 08.04.2013 | 0,14182 | −0,00113 | −25,56536 | 30 | 5,49016 | 7,10702 | 9 | 1,09303 |
| 09.04.2013 | 0,14812 | −0,02037 | −25,254 | 30 | 5,57047 | 7,24343 | 9 | 1,14882 |
| 10.04.2013 | 0,16873 | −0,03997 | 29,99996 | −25,23582 | 7,2194 | 5,5482 | 9 | 1,16713 |
| 11.04.2013 | 0,21782 | −0,09681 | 30 | −25,16496 | 7,27384 | 5,58774 | 9 | 1,19199 |
| 12.04.2013 | 0,17504 | −0,04283 | 29,9999 | −25,29749 | 7,24846 | 5,5394 | 9 | 1,14350 |
| 15.04.2013 | 0,20705 | −0,08129 | 30 | −25,23792 | 7,33371 | 5,60042 | 9 | 1,15095 |
| 16.04.2013 | 0,17671 | −0,04037 | 30 | −25,29343 | 7,28418 | 5,56945 | 9 | 1,13984 |
| 17.04.2013 | 0,21218 | −0,07839 | 29,99982 | −25,23941 | 7,28709 | 5,56717 | 9 | 1,16832 |
| 18.04.2013 | 0,19414 | −0,07501 | 30 | −25,23544 | 7,41936 | 5,67162 | 9 | 1,12354 |
| 19.04.2013 | 0,18515 | −0,05419 | 29,99987 | −25,26776 | 7,37174 | 5,6329 | 9 | 1,12747 |
| 22.04.2013 | 0,19839 | −0,07288 | 30 | −25,2438 | 7,35347 | 5,6172 | 9 | 1,14104 |
| 23.04.2013 | 0,13123 | −0,00067 | 30 | −25,33094 | 7,38612 | 5,65678 | 9 | 1,08407 |
| 24.04.2013 | 0,16978 | −0,00037 | 30 | −25,41598 | 7,14433 | 5,44748 | 9 | 1,15050 |
| 25.04.2013 | 0,14518 | −0,00002 | 30 | −25,36122 | 7,2199 | 5,52419 | 9 | 1,12651 |
| 26.04.2013 | 0,12748 | 0 | 30 | −25,30101 | 7,29978 | 5,59912 | 9 | 1,10995 |
| 29.04.2013 | 0,10734 | 0,0046 | 30 | −25,27423 | 7,32554 | 5,6309 | 9 | 1,09603 |

| Datum | $\beta_0$ | $\beta_1$ | $\beta_2$ | $\beta_3$ | $\tau_1$ | $\tau_2$ | t | Spot Rate |
|---|---|---|---|---|---|---|---|---|
| 30.04.2013 | 0,09775 | 0,00522 | 29,98352 | −25,24601 | 7,34347 | 5,6791 | 9 | 1,09075 |
| 02.05.2013 | 0,08977 | 0,01411 | 30 | −25,2049 | 7,35699 | 5,68502 | 9 | 1,10125 |
| 03.05.2013 | 0,11172 | 0,00426 | 30 | −25,34615 | 7,32972 | 5,62336 | 9 | 1,07666 |
| 06.05.2013 | 0,1696 | −0,06278 | 30 | −25,19 | 7,36095 | 5,6512 | 9 | 1,13570 |
| 07.05.2013 | 0,18962 | −0,08359 | 30 | −25,16318 | 7,28713 | 5,58791 | 9 | 1,16773 |
| 08.05.2013 | 0,20031 | −0,10338 | 30 | −25,09027 | 7,3288 | 5,64153 | 9 | 1,18167 |
| 09.05.2013 | 0,1725 | −0,0674 | 29,99936 | −25,21447 | 7,31277 | 5,60855 | 9 | 1,13874 |
| 10.05.2013 | 0,24688 | −0,14566 | 30 | −25,09961 | 7,23331 | 5,54667 | 9 | 1,22083 |
| 13.05.2013 | 0,27216 | −0,17362 | 29,99901 | −25,07661 | 7,18875 | 5,50637 | 9 | 1,24665 |
| 14.05.2013 | 0,2796 | −0,18044 | 30 | −25,07296 | 7,19841 | 5,51172 | 9 | 1,24906 |
| 15.05.2013 | 0,27959 | −0,16904 | 30 | −25,1238 | 7,13751 | 5,45486 | 9 | 1,25415 |
| 16.05.2013 | 0,30232 | −0,20501 | 30 | −25,10082 | 7,11373 | 5,43224 | 9 | 1,26873 |
| 17.05.2013 | 0,23466 | −0,11943 | 30 | −25,29258 | 7,10093 | 5,40039 | 9 | 1,19385 |
| 20.05.2013 | 0,29142 | −0,18614 | 30 | −25,20451 | 7,03604 | 5,34363 | 9 | 1,25479 |
| 21.05.2013 | 0,30906 | −0,21256 | 30 | −25,13517 | 7,08815 | 5,39017 | 9 | 1,26550 |
| 22.05.2013 | 0,30905 | −0,21714 | 27,64624 | −22,72702 | 7,18636 | 5,35021 | 9 | 1,27723 |
| 23.05.2013 | 0,31296 | −0,21456 | 30 | −25,14743 | 7,08593 | 5,38855 | 9 | 1,26518 |
| 24.05.2013 | 0,35049 | −0,26227 | 30 | −25,05557 | 7,01666 | 5,3832 | 9 | 1,32412 |
| 27.05.2013 | 0,31478 | −0,23443 | 30 | −24,99768 | 7,07793 | 5,42174 | 9 | 1,30547 |
| 28.05.2013 | 0,38636 | −0,31125 | 29,96949 | −25,05006 | 7,02429 | 5,40181 | 9 | 1,32438 |
| 29.05.2013 | 0,37555 | −0,31036 | 30 | −24,78728 | 7,10941 | 5,47707 | 9 | 1,38081 |
| **Mittelwert** | | | | | | | | **1,21971** |

*Durchschnittliche Spot Rates in % vom 28.02.2013–29.05.2013 mit t = 10*

| Datum | β0 | β1 | β2 | β3 | τ1 | τ2 | t | Spot Rate |
|---|---|---|---|---|---|---|---|---|
| 28.02.2013 | 0,30802 | −0,20893 | 29,99989 | −25,04581 | 6,94503 | 5,31097 | 10 | 1,51944 |
| 01.03.2013 | 0,30215 | −0,19353 | 30 | −25,14431 | 6,93541 | 5,28033 | 10 | 1,49627 |
| 04.03.2013 | 0,26804 | −0,17955 | 29,99233 | −25,1077 | 6,95036 | 5,3088 | 10 | 1,47333 |
| 05.03.2013 | 0,31093 | −0,21755 | 30 | −25,06671 | 6,94787 | 5,30663 | 10 | 1,51121 |
| 06.03.2013 | 0,32959 | −0,22198 | 30 | −25,08519 | 6,90658 | 5,26426 | 10 | 1,53350 |
| 07.03.2013 | 0,32502 | −0,22185 | 30 | −25,08715 | 6,90355 | 5,25871 | 10 | 1,52944 |
| 08.03.2013 | 0,33831 | −0,24175 | 30 | −24,96383 | 6,93872 | 5,31652 | 10 | 1,55789 |
| 11.03.2013 | 0,34363 | −0,23578 | 30 | −25,01159 | 6,91177 | 5,28582 | 10 | 1,55971 |
| 12.03.2013 | 0,36592 | −0,2517 | 30 | −25,02865 | 6,99912 | 5,34112 | 10 | 1,54630 |

# 7 Ermittlung des Kapitalisierungszinssatzes

| Datum | β0 | β1 | β2 | β3 | τ1 | τ2 | t | Spot Rate |
|---|---|---|---|---|---|---|---|---|
| 13.03.2013 | 0,39303 | −0,25222 | 30 | −25,26892 | 6,88412 | 5,25411 | 10 | 1,53171 |
| 14.03.2013 | 0,37005 | −0,24541 | 30 | −25,11478 | 6,91146 | 5,26425 | 10 | 1,55172 |
| 15.03.2013 | 0,36769 | −0,24389 | 30 | −25,09886 | 6,97566 | 5,30418 | 10 | 1,53844 |
| 18.03.2013 | 0,29646 | −0,15541 | 30 | −25,2945 | 6,95628 | 5,26594 | 10 | 1,46244 |
| 19.03.2013 | 0,25919 | −0,11706 | 30 | −25,33314 | 6,93256 | 5,25204 | 10 | 1,43999 |
| 20.03.2013 | 0,2292 | −0,09502 | 30 | −25,3315 | 6,90493 | 5,24836 | 10 | 1,42821 |
| 21.03.2013 | 0,26132 | −0,13063 | 30 | −25,27975 | 6,94339 | 5,27661 | 10 | 1,44691 |
| 22.03.2013 | 0,19229 | −0,06568 | 29,99973 | −25,32784 | 6,9333 | 5,29347 | 10 | 1,39897 |
| 25.03.2013 | 0,27218 | −0,14482 | 30 | −25,24367 | 6,9675 | 5,29378 | 10 | 1,45476 |
| 26.03.2013 | 0,25043 | −0,11943 | 30 | −25,29166 | 7,04296 | 5,34934 | 10 | 1,41273 |
| 27.03.2013 | 0,20597 | −0,0676 | 30 | −25,43999 | 7,01754 | 5,30488 | 10 | 1,35959 |
| 28.03.2013 | 0,18726 | −0,04564 | 30 | −25,50578 | 7,0546 | 5,32676 | 10 | 1,32368 |
| 02.04.2013 | 0,22571 | −0,07558 | 29,99975 | −25,36491 | 7,17664 | 5,44693 | 10 | 1,35576 |
| 03.04.2013 | 0,25338 | −0,10566 | −25,36528 | 29,99986 | 5,44118 | 7,17743 | 10 | 1,37576 |
| 04.04.2013 | 0,25465 | −0,10841 | −25,37925 | 30 | 5,49973 | 7,26049 | 10 | 1,35083 |
| 05.04.2013 | 0,17897 | −0,02386 | −25,40794 | 30 | 5,50165 | 7,23194 | 10 | 1,31218 |
| 08.04.2013 | 0,14182 | −0,00113 | −25,56536 | 30 | 5,49016 | 7,10702 | 10 | 1,26715 |
| 09.04.2013 | 0,14812 | −0,02037 | −25,254 | 30 | 5,57047 | 7,24343 | 10 | 1,32558 |
| 10.04.2013 | 0,16873 | −0,03997 | 29,99996 | −25,23582 | 7,2194 | 5,5482 | 10 | 1,34510 |
| 11.04.2013 | 0,21782 | −0,09681 | 30 | −25,16496 | 7,27384 | 5,58774 | 10 | 1,37159 |
| 12.04.2013 | 0,17504 | −0,04283 | 29,9999 | −25,29749 | 7,24846 | 5,5394 | 10 | 1,32468 |
| 15.04.2013 | 0,20705 | −0,08129 | 30 | −25,23792 | 7,33371 | 5,60042 | 10 | 1,33309 |
| 16.04.2013 | 0,17671 | −0,04037 | 30 | −25,29343 | 7,28418 | 5,56945 | 10 | 1,32034 |
| 17.04.2013 | 0,21218 | −0,07839 | 29,99982 | −25,23941 | 7,28709 | 5,56717 | 10 | 1,35051 |
| 18.04.2013 | 0,19414 | −0,07501 | 30 | −25,23544 | 7,41936 | 5,67162 | 10 | 1,30409 |
| 19.04.2013 | 0,18515 | −0,05419 | 29,99987 | −25,26776 | 7,37174 | 5,6329 | 10 | 1,30803 |
| 22.04.2013 | 0,19839 | −0,07288 | 30 | −25,2438 | 7,35347 | 5,6172 | 10 | 1,32255 |
| 23.04.2013 | 0,13123 | −0,00067 | 30 | −25,33094 | 7,38612 | 5,65678 | 10 | 1,26140 |
| 24.04.2013 | 0,16978 | −0,00037 | 30 | −25,41598 | 7,14433 | 5,44748 | 10 | 1,33256 |
| 25.04.2013 | 0,14518 | −0,00002 | 30 | −25,36122 | 7,2199 | 5,52419 | 10 | 1,30583 |
| 26.04.2013 | 0,12748 | 0 | 30 | −25,30101 | 7,29978 | 5,59912 | 10 | 1,28715 |
| 29.04.2013 | 0,10734 | 0,0046 | 30 | −25,27423 | 7,32554 | 5,6309 | 10 | 1,27161 |
| 30.04.2013 | 0,09775 | 0,00522 | 29,98352 | −25,24601 | 7,34347 | 5,6791 | 10 | 1,26241 |
| 02.05.2013 | 0,08977 | 0,01411 | 30 | −25,2049 | 7,35699 | 5,68502 | 10 | 1,27319 |

| Datum | β0 | β1 | β2 | β3 | τ1 | τ2 | t | Spot Rate |
|---|---|---|---|---|---|---|---|---|
| 03.05.2013 | 0,11172 | 0,00426 | 30 | −25,34615 | 7,32972 | 5,62336 | 10 | 1,25327 |
| 06.05.2013 | 0,1696 | −0,06278 | 30 | −25,19 | 7,36095 | 5,6512 | 10 | 1,31388 |
| 07.05.2013 | 0,18962 | −0,08359 | 30 | −25,16318 | 7,28713 | 5,58791 | 10 | 1,34792 |
| 08.05.2013 | 0,20031 | −0,10338 | 30 | −25,09027 | 7,3288 | 5,64153 | 10 | 1,35990 |
| 09.05.2013 | 0,1725 | −0,0674 | 29,99936 | −25,21447 | 7,31277 | 5,60855 | 10 | 1,31804 |
| 10.05.2013 | 0,24688 | −0,14566 | 30 | −25,09961 | 7,23331 | 5,54667 | 10 | 1,40340 |
| 13.05.2013 | 0,27216 | −0,17362 | 29,99901 | −25,07661 | 7,18875 | 5,50637 | 10 | 1,43110 |
| 14.05.2013 | 0,2796 | −0,18044 | 30 | −25,07296 | 7,19841 | 5,51172 | 10 | 1,43387 |
| 15.05.2013 | 0,27959 | −0,16904 | 30 | −25,1238 | 7,13751 | 5,45486 | 10 | 1,44017 |
| 16.05.2013 | 0,30232 | −0,20501 | 30 | −25,10082 | 7,11373 | 5,43224 | 10 | 1,45653 |
| 17.05.2013 | 0,23466 | −0,11943 | 30 | −25,29258 | 7,10093 | 5,40039 | 10 | 1,38156 |
| 20.05.2013 | 0,29142 | −0,18614 | 30 | −25,20451 | 7,03604 | 5,34363 | 10 | 1,44591 |
| 21.05.2013 | 0,30906 | −0,21256 | 30 | −25,13517 | 7,08815 | 5,39017 | 10 | 1,45627 |
| 22.05.2013 | 0,30905 | −0,21714 | 27,64624 | −22,72702 | 7,18636 | 5,35021 | 10 | 1,46523 |
| 23.05.2013 | 0,31296 | −0,21456 | 30 | −25,14743 | 7,08593 | 5,38855 | 10 | 1,45602 |
| 24.05.2013 | 0,35049 | −0,26227 | 30 | −25,05557 | 7,01666 | 5,3832 | 10 | 1,51143 |
| 27.05.2013 | 0,31478 | −0,23443 | 30 | −24,99768 | 7,07793 | 5,42174 | 10 | 1,49256 |
| 28.05.2013 | 0,38636 | −0,31125 | 29,96949 | −25,05006 | 7,02429 | 5,40181 | 10 | 1,51149 |
| 29.05.2013 | 0,37555 | −0,31036 | 30 | −24,78728 | 7,10941 | 5,47707 | 10 | 1,56668 |

# 7 Ermittlung des Kapitalisierungszinssatzes

## Anhang 4: Spot Rates auf Basis der Svensson-Methode für eine maximale Laufzeit von 30 Jahren

| Jahr | 1 | 2 | 3 | 4 | 5 | 6 | 7 | 8 | 9 | 10 | ... | 20 | ... | 30 |
|---|---|---|---|---|---|---|---|---|---|---|---|---|---|---|
| | 0,0027 | 0,0498 | 0,1719 | 0,3425 | 0,5418 | 0,7547 | 0,9703 | 1,1808 | 1,3808 | 1,5667 | ... | 2,5268 | ... | 2,4640 |

## Anhang 5: Näherungsverfahren zur Ermittlung des barwertäquivalenten Basiszinssatzes bei einer Laufzeit von 20 Jahren mit durchschnittlichen Spot Rates der Svensson-Parameter

| Jahr | 1 | 2 | 3 | 4 | 5 | 6 | 7 | 8 | 9 | 10 | ... | 20 | | |
|---|---|---|---|---|---|---|---|---|---|---|---|---|---|---|
| Spot Rates | 0,0027 | 0,0498 | 0,1719 | 0,3425 | 0,5418 | 0,7547 | 0,9703 | 1,1808 | 1,3808 | 1,5667 | ... | 2,2405 | ... | 2,5268 |
| Zinssatz | BW 1 | BW 2 | BW 3 | BW 4 | BW 5 | BW 6 | BW 7 | BW 8 | BW 9 | BW 10 | | BW 15 | BW 20 | Barwert | Differenz Barwerte |
| i = Spot Rates | 100,00 | 99,90 | 99,49 | 98,64 | 97,33 | 95,59 | 93,46 | 91,04 | 88,39 | 85,60 | | 71,72 | 60,71 | **1659,34** | |
| Schätzung 1 i = 1,00 | 99,01 | 98,03 | 97,06 | 96,10 | 95,15 | 94,20 | 93,27 | 92,35 | 91,43 | 90,53 | | 86,13 | 81,95 | 1804,56 | -145,22 |
| Schätzung 2 i = 2,00 | 98,04 | 96,12 | 94,23 | 92,38 | 90,57 | 88,80 | 87,06 | 85,35 | 83,68 | 82,03 | | 74,30 | 67,30 | 1635,14 | 24,19 |
| Näherung 1 i = 1,80 | 98,23 | 96,49 | 94,79 | 93,11 | 91,47 | 89,85 | 88,26 | 86,70 | 85,17 | 83,66 | | 76,52 | 69,99 | 1667,15 | -7,81 |
| Näherung 2 i = 1,85 | 98,18 | 96,40 | 94,65 | 92,93 | 91,24 | 89,58 | 87,96 | 86,36 | 84,79 | 83,25 | | 75,96 | 69,31 | 1659,06 | 0,27 |
| Näherung 3 i = 1,845 | 98,19 | 96,41 | 94,66 | 92,95 | 91,26 | 89,61 | 87,99 | 86,39 | 84,83 | 83,29 | | 76,02 | 69,38 | 1659,87 | -0,53 |
| Näherung 4 i = 1,8485 | 98,19 | 96,40 | 94,65 | 92,94 | 91,25 | 89,59 | 87,97 | 86,37 | 84,80 | 83,26 | | 75,98 | 69,33 | 1659,30 | 0,03 |
| Näherung 5 i = 1,848299 | 98,19 | 96,40 | 94,65 | 92,94 | 91,25 | 89,59 | 87,97 | 86,37 | 84,80 | 83,26 | | 75,98 | 69,33 | **1659,34** | **0,00002** |

## Anhang 6: Näherungsverfahren zur Ermittlung des barwertäquivalenten Basiszinssatzes bei einer Laufzeit von 30 Jahren mit durchschnittlichen Spot Rates der Svensson-Parameter

| Jahr | 1 | 2 | 3 | 4 | 5 | 6 | 7 | 8 | 9 | 10 | ... | 20 | ... | 30 | | |
|---|---|---|---|---|---|---|---|---|---|---|---|---|---|---|---|---|
| Spot Rates | 0,0027 | 0,0498 | 0,1719 | 0,3425 | 0,5418 | 0,7547 | 0,9703 | 1,1808 | 1,3808 | 1,5667 | ... | 2,5268 | ... | 2,4640 | | |
| Zinssatz | BW 1 | BW 2 | BW 3 | BW 4 | BW 5 | BW 6 | BW 7 | BW 8 | BW 9 | BW 10 | | BW 20 | | BW 30 | Barwert | Differenz Barwerte |
| i = Spot Rates | 100,00 | 99,90 | 99,49 | 98,64 | 97,33 | 95,59 | 93,46 | 91,04 | 88,39 | 85,60 | | 60,71 | | 48,18 | **2188,92** | |
| Schätzung 1 i = 2,00 | 98,04 | 96,12 | 94,23 | 92,38 | 90,57 | 88,80 | 87,06 | 85,35 | 83,68 | 82,03 | | 67,30 | | 55,21 | 2239,65 | –50,72 |
| Schätzung 2 i = 2,50 | 97,56 | 95,18 | 92,86 | 90,60 | 88,39 | 86,23 | 84,13 | 82,07 | 80,07 | 78,12 | | 61,03 | | 47,67 | 2093,03 | 95,90 |
| Näherung 1 i = 2,20 | 97,85 | 95,74 | 93,68 | 91,66 | 89,69 | 87,76 | 85,87 | 84,02 | 82,21 | 80,44 | | 64,71 | | 52,06 | 2179,26 | 9,66 |
| Näherung 2 i = 2,15 | 97,90 | 95,83 | 93,82 | 91,84 | 89,91 | 88,02 | 86,17 | 84,35 | 82,58 | 80,84 | | 65,35 | | 52,83 | 2194,13 | –5,21 |
| Näherung 3 i = 2,175 | 97,87 | 95,79 | 93,75 | 91,75 | 89,80 | 87,89 | 86,02 | 84,19 | 82,39 | 80,64 | | 65,03 | | 52,44 | 2186,68 | 2,25 |
| Näherung 4 i = 2,1655 | 97,88 | 95,81 | 93,78 | 91,79 | 89,84 | 87,94 | 86,07 | 84,25 | 82,46 | 80,72 | | 65,15 | | 52,59 | 2189,51 | –0,58 |
| Näherung 5 i = 2,167455 | 97,88 | 95,80 | 93,77 | 91,78 | 89,83 | 87,93 | 86,06 | 84,24 | 82,45 | 80,70 | | 65,13 | | 52,56 | **2188,92** | **0,00** |

## Anhang 7: 3-monatige Durchschnittsrenditen auf Basis der Svensson-Methode zum 29.05.2013 auf Basis einer 30-jährigen Kapitalisierungsdauer

| Jahr | 1 | 2 | 3 | 4 | 5 | 6 | 7 | 8 | 9 | 10 | ... | 20 | ... | 30 |
|---|---|---|---|---|---|---|---|---|---|---|---|---|---|---|
| | –0,0064 | –0,0055 | 0,0823 | 0,2279 | 0,4092 | 0,6097 | 0,8171 | 1,0225 | 1,2197 | 1,4046 | ... | 2,3837 | ... | 2,3345 |

# 7 Ermittlung des Kapitalisierungszinssatzes

## Anhang 8: Näherungsverfahren zur Ermittlung des barwertäquivalenten Basiszinssatzes bei einer Laufzeit von 20 Jahren (geglättet)

| Jahr | | 1 | 2 | 3 | 4 | 5 | 6 | 7 | 8 | 9 | 10 | ... | 15 | ... | 20 | | | |
|---|---|---|---|---|---|---|---|---|---|---|---|---|---|---|---|---|---|---|
| | Zinssatz | −0,0064 | −0,0055 | 0,0823 | 0,2279 | 0,4092 | 0,6097 | 0,8171 | 1,0225 | 1,2197 | 1,4046 | ... | 2,0858 | ... | 2,3837 | | | |
| | | BW 1 | BW 2 | BW 3 | BW 4 | BW 5 | BW 6 | BW 7 | BW 8 | BW 9 | BW 10 | | BW 15 | | BW 20 | Barwert | Differenz Barwerte |
| | i = Spot Rates | 100,01 | 100,01 | 99,75 | 99,09 | 97,98 | 96,42 | 94,46 | 92,18 | 89,66 | 86,98 | | 73,37 | | 62,43 | 1.682,77 | |
| Schätzung 1 | i = 1,00 | 99,01 | 98,03 | 97,06 | 96,10 | 95,15 | 94,20 | 93,27 | 92,35 | 91,43 | 90,53 | | 86,13 | | 81,95 | 1.804,56 | −121,78 |
| Schätzung 2 | i = 2,00 | 98,04 | 96,12 | 94,23 | 92,38 | 90,57 | 88,80 | 87,06 | 85,35 | 83,68 | 82,03 | | 74,30 | | 67,30 | 1.635,14 | 47,63 |
| Näherung 1 | i = 1,70 | 98,33 | 96,68 | 95,07 | 93,48 | 91,92 | 90,38 | 88,87 | 87,38 | 85,92 | 84,49 | | 77,66 | | 71,38 | 1.683,49 | −0,71 |
| Näherung 2 | i = 1,75 | 98,28 | 96,59 | 94,93 | 93,30 | 91,69 | 90,11 | 88,56 | 87,04 | 85,54 | 84,07 | | 77,09 | | 70,68 | 1.675,29 | 7,48 |
| Näherung 3 | i = 1,705 | 98,32 | 96,68 | 95,05 | 93,46 | 91,89 | 90,35 | 88,84 | 87,35 | 85,89 | 84,45 | | 77,60 | | 71,31 | 1.682,66 | 0,11 |
| Näherung 4 | i = 1,7045 | 98,32 | 96,68 | 95,06 | 93,46 | 91,90 | 90,36 | 88,84 | 87,35 | 85,89 | 84,45 | | 77,61 | | 71,32 | 1.682,75 | 0,03 |
| Näherung 5 | i = 1,704342 | 98,32 | 96,68 | 95,06 | 93,46 | 91,90 | 90,36 | 88,84 | 87,35 | 85,89 | 84,45 | | 77,61 | | 71,32 | 1.682,77 | 0,000009 |

**Anhang 9: Näherungsverfahren zur Ermittlung des barwertäquivalenten Basiszinssatzes bei einer Laufzeit von 30 Jahren (geglättet)**

| | Jahr | 1 | 2 | 3 | 4 | 5 | 6 | 7 | 8 | 9 | 10 | ... | 20 | ... | 30 | | Barwert | Differenz Barwerte |
|---|---|---|---|---|---|---|---|---|---|---|---|---|---|---|---|---|---|---|
| | Zinssatz | −0,0064 | −0,0055 | 0,0823 | 0,2279 | 0,4092 | 0,6097 | 0,8171 | 1,0225 | 1,2197 | 1,4046 | ... | 2,3837 | ... | 2,3345 | | | |
| | i = Spot Rates | BW 1 | BW 2 | BW 3 | BW 4 | BW 5 | BW 6 | BW 7 | BW 8 | BW 9 | BW 10 | ... | BW 20 | ... | BW 30 | | | |
| Schätzung 1 | i = 2,00 | 98,04 | 96,12 | 94,23 | 92,38 | 90,57 | 88,80 | 87,06 | 85,35 | 83,68 | 82,03 | | 67,30 | | 55,21 | | 2239,65 | −9,40 |
| Schätzung 2 | i = 2,50 | 97,56 | 95,18 | 92,86 | 90,60 | 88,39 | 86,23 | 84,13 | 82,07 | 80,07 | 78,12 | | 61,03 | | 47,67 | | 2093,03 | 137,21 |
| Näherung 1 | i = 2,10 | 97,94 | 95,93 | 93,96 | 92,02 | 90,13 | 88,28 | 86,46 | 84,68 | 82,94 | 81,23 | | 65,99 | | 53,61 | | 2209,15 | 21,09 |
| Näherung 2 | i = 2,05 | 97,99 | 96,02 | 94,09 | 92,20 | 90,35 | 88,54 | 86,76 | 85,02 | 83,31 | 81,63 | | 66,64 | | 54,40 | | 2224,32 | 5,92 |
| Näherung 3 | i = 2,035 | 98,01 | 96,05 | 94,14 | 92,26 | 90,42 | 88,61 | 86,85 | 85,12 | 83,42 | 81,75 | | 66,84 | | 54,64 | | 2228,90 | 1,34 |
| Näherung 4 | i = 2,0305 | 98,01 | 96,06 | 94,15 | 92,27 | 90,44 | 88,64 | 86,87 | 85,15 | 83,45 | 81,79 | | 66,90 | | 54,71 | | 2230,28 | −0,04 |
| Näherung 5 | i = 2,030628 | 98,01 | 96,06 | 94,15 | 92,27 | 90,44 | 88,64 | 86,87 | 85,14 | 83,45 | 81,79 | | 66,89 | | 54,71 | | **2230,24** | **0,00** |

## Anhang 10: Erweiterte Stehle/Harmtond-Reihe: Jährliche nominale Renditen aller in Frankfurt amtlich notierten deutschen Aktien von 1955 bis 2013 (in %)

| | Anlagehorizont (in Jahren) | | | | | | | | | |
|---|---|---|---|---|---|---|---|---|---|---|
| Jahr | 1 | 5 | 10 | 15 | 20 | 25 | 30 | 40 | 50 | 59 |
| 1955 | 14,55 % | 27,95 % | 15,17 % | 13,06 % | 8,62 % | 8,73 % | 9,89 % | 10,19 % | 9,47 % | 9,49 % |
| 1956 | −5,27 % | 32,38 % | 12,13 % | 10,11 % | 9,58 % | 8,37 % | 11,50 % | 9,96 % | 9,72 % | |
| 1957 | 9,40 % | 31,66 % | 11,11 % | 11,20 % | 9,64 % | 8,80 % | 11,99 % | 10,69 % | 10,32 % | |
| 1958 | 62,21 % | 23,13 % | 14,65 % | 11,66 % | 9,83 % | 9,19 % | 10,16 % | 11,41 % | 10,53 % | |
| 1959 | 78,05 % | 14,81 % | 10,85 % | 6,77 % | 7,80 % | 8,54 % | 9,45 % | 10,48 % | 8,26 % | |
| 1960 | 35,84 % | 3,67 % | 6,28 % | 2,85 % | 4,40 % | 6,59 % | 8,53 % | 9,67 % | 7,50 % | |
| 1961 | −7,82 % | −5,02 % | 0,43 % | 2,89 % | 3,08 % | 7,74 % | 6,91 % | 8,56 % | 7,21 % | |
| 1962 | −21,73 % | −6,23 % | 2,19 % | 3,15 % | 3,73 % | 8,42 % | 7,42 % | 8,27 % | 7,04 % | |
| 1963 | 14,31 % | 6,75 % | 6,33 % | 5,72 % | 5,96 % | 7,73 % | 8,11 % | 7,56 % | 8,12 % | |
| 1964 | 6,89 % | 7,02 % | 2,97 % | 5,56 % | 7,03 % | 8,40 % | 9,00 % | 8,06 % | 8,34 % | |
| 1965 | −12,33 % | 8,95 % | 2,45 % | 4,64 % | 7,34 % | 9,53 % | 8,57 % | 8,10 % | | |
| 1966 | −13,54 % | 6,19 % | 7,08 % | 5,93 % | 11,19 % | 9,47 % | 9,25 % | 9,13 % | | |
| 1967 | 49,65 % | 11,36 % | 8,18 % | 7,28 % | 12,43 % | 10,37 % | 10,55 % | 10,12 % | | |
| 1968 | 15,79 % | 5,91 % | 5,21 % | 5,69 % | 7,98 % | 8,39 % | 10,35 % | 9,52 % | | |
| 1969 | 16,87 % | −0,94 % | 4,84 % | 7,03 % | 8,75 % | 9,41 % | 10,36 % | 7,62 % | | |
| 1970 | −22,90 % | −3,67 % | 2,55 % | 6,81 % | 9,68 % | 8,50 % | 10,82 % | 7,81 % | | |
| 1971 | 9,70 % | 7,99 % | 5,80 % | 12,91 % | 10,31 % | 9,87 % | 11,42 % | 8,97 % | | |
| 1972 | 16,43 % | 5,09 % | 5,30 % | 12,79 % | 10,13 % | 10,38 % | 10,38 % | 8,28 % | | |
| 1973 | −17,10 % | 4,51 % | 5,59 % | 8,68 % | 9,02 % | 11,26 % | 7,97 % | 8,57 % | | |
| 1974 | 1,62 % | 10,95 % | 11,25 % | 12,19 % | 12,15 % | 12,77 % | 9,81 % | 9,73 % | | |
| 1975 | 36,49 % | 9,16 % | 12,46 % | 14,52 % | 11,77 % | 13,97 % | 10,05 % | | | |
| 1976 | −4,24 % | 3,66 % | 15,45 % | 11,09 % | 10,35 % | 12,12 % | 9,82 % | | | |
| 1977 | 13,25 % | 5,51 % | 16,85 % | 11,86 % | 11,75 % | 11,47 % | 10,77 % | | | |
| 1978 | 11,77 % | 6,67 % | 10,83 % | 10,56 % | 13,01 % | 8,67 % | 11,00 % | | | |
| 1979 | −6,30 % | 11,55 % | 12,81 % | 12,56 % | 13,23 % | 9,58 % | 8,56 % | | | |
| 1980 | 5,40 % | 15,86 % | 17,30 % | 12,65 % | 15,21 % | 10,22 % | 9,62 % | | | |
| 1981 | 4,58 % | 28,59 % | 15,00 % | 12,67 % | 14,34 % | 11,09 % | 10,05 % | | | |
| 1982 | 19,66 % | 29,41 % | 15,18 % | 13,91 % | 13,01 % | 11,85 % | 9,30 % | | | |
| 1983 | 39,77 % | 15,15 % | 12,56 % | 15,20 % | 9,18 % | 11,88 % | 9,58 % | | | |
| 1984 | 13,25 % | 14,08 % | 13,07 % | 13,79 % | 9,09 % | 7,97 % | 9,22 % | | | |
| 1985 | 77,47 % | 18,76 % | 11,08 % | 14,99 % | 8,86 % | 8,41 % | | | | |
| 1986 | 7,98 % | 2,85 % | 5,47 % | 9,95 % | 7,10 % | 6,67 % | | | | |
| 1987 | −33,27 % | 2,51 % | 6,87 % | 8,02 % | 7,85 % | 5,67 % | | | | |
| 1988 | 33,44 % | 10,03 % | 15,23 % | 7,26 % | 11,08 % | | | | | |
| 1989 | 38,43 % | 12,06 % | 13,65 % | 7,48 % | 6,49 % | | | | | |
| 1990 | −13,53 % | 3,90 % | 13,15 % | 5,75 % | 5,97 % | | | | | |

| Anlagehorizont (in Jahren) | | | | | | | | | | |
|---|---|---|---|---|---|---|---|---|---|---|
| Jahr | 1 | 5 | 10 | 15 | 20 | 25 | 30 | 40 | 50 | 59 |
| 1991 | 6,21 % | 8,16 % | 13,68 % | 8,56 % | 7,65 % | | | | | |
| 1992 | −4,94 % | 11,41 % | 10,88 % | 9,69 % | 6,47 % | | | | | |
| 1993 | 46,21 % | 20,68 % | 5,90 % | 11,43 % | 8,12 % | | | | | |
| 1994 | −5,12 % | 15,26 % | 5,26 % | 4,70 % | 7,35 % | | | | | |
| 1995 | 5,68 % | 23,22 % | 6,68 % | 6,67 % | | | | | | |
| 1996 | 23,14 % | 19,48 % | 8,76 % | 7,48 % | | | | | | |
| 1997 | 41,78 % | 10,35 % | 8,84 % | 4,87 % | | | | | | |
| 1998 | 16,20 % | −7,06 % | 7,08 % | | | | | | | |
| 1999 | 32,50 % | −3,87 % | −0,21 % | | | | | | | |
| 2000 | −9,41 % | −7,64 % | −0,76 % | | | | | | | |
| 2001 | −17,24 % | −1,00 % | 1,94 % | | | | | | | |
| 2002 | −39,94 % | 7,35 % | 2,24 % | | | | | | | |
| 2003 | 37,58 % | 23,38 % | 10,38 % | | | | | | | |
| 2004 | 8,47 % | 3,60 % | 9,48 % | | | | | | | |
| 2005 | 28,20 % | 6,64 % | | | | | | | | |
| 2006 | 24,09 % | 4,97 % | | | | | | | | |
| 2007 | 20,42 % | −2,64 % | | | | | | | | |
| 2008 | −42,58 % | | | | | | | | | |
| 2009 | 25,40 % | | | | | | | | | |
| 2010 | 18,46 % | | | | | | | | | |
| 2011 | −14,82 % | | | | | | | | | |
| 2012 | 29,26 % | | | | | | | | | |
| 2013 | 26,75 % | | | | | | | | | |
| Maximum | 78,05 % | 32,38 % | 17,30 % | 15,20 % | 15,21 % | 13,97 % | 11,99 % | 11,41 % | 10,53 % | 9,49 % |
| Minimum | −42,58 % | −7,64 % | −0,76 % | 2,85 % | 3,08 % | 5,67 % | 6,91 % | 7,56 % | 7,04 % | 9,49 % |
| Mittelwert | 12,39 % | 9,71 % | 8,75 % | 9,13 % | 9,16 % | 9,46 % | 9,68 % | 9,13 % | 8,65 % | 9,49 % |
| Median | 13,25 % | 7,99 % | 8,80 % | 8,68 % | 9,06 % | 9,19 % | 9,81 % | 9,05 % | 8,30 % | 9,49 % |

## Anhang 11: Die Berechnung des Betafaktors der XY AG

Der Betafaktor[147] wird mathematisch mit folgender Formel berechnet:

$$\beta = \frac{\mathrm{Cov}(r_i, r_M)}{\mathrm{Var}(r_M)}$$

---

[147]Für eine detailliertere Beschreibung der Ermittlung des Betafaktors und der verwendeten Formeln: Vgl. Zimmermann, (1997), S. 16 ff.

# 7 Ermittlung des Kapitalisierungszinssatzes

Auf das Beispiel angewendet steht Cov($r_i$, $r_M$) für die Kovarianz der Renditen der XY AG und des CDAX. Var($r_M$) stellt die Varianz der Renditen des CDAX dar.

Die einzelnen wöchentlichen Renditen des CDAX und der XY AG haben sich in den vergangenen zwei Jahren vor dem Stichtag vom 29.05.2013 folgendermaßen entwickelt:

| Datum | XY AG Schlusskurs | CDAX Schlusskurs | Rendite XY AG | Rendite CDAX |
|---|---|---|---|---|
| 29.05.2013 | 26,06 | 742,31 | 1,01 % | 0,40 % |
| 24.05.2013 | 25,80 | 739,33 | −2,46 % | −0,96 % |
| 17.05.2013 | 26,45 | 746,49 | 5,42 % | 1,40 % |
| 10.05.2013 | 25,09 | 736,17 | 4,72 % | 1,90 % |
| 03.05.2013 | 23,96 | 722,47 | 2,92 % | 3,63 % |
| 26.04.2013 | 23,28 | 697,14 | 7,18 % | 4,38 % |
| 19.04.2013 | 21,72 | 667,89 | −5,24 % | −3,54 % |
| 12.04.2013 | 22,92 | 692,40 | 10,99 % | 1,42 % |
| 05.04.2013 | 20,65 | 682,68 | −5,66 % | −1,88 % |
| 28.03.2013 | 21,89 | 695,76 | −1,00 % | −1,21 % |
| 22.03.2013 | 22,11 | 704,27 | −3,62 % | −1,55 % |
| 15.03.2013 | 22,94 | 715,37 | 2,87 % | 0,62 % |
| 08.03.2013 | 22,30 | 710,95 | −5,63 % | 3,15 % |
| 01.03.2013 | 23,63 | 689,26 | 5,96 % | 0,53 % |
| 22.02.2013 | 22,30 | 685,61 | 5,39 % | 0,74 % |
| 15.02.2013 | 21,16 | 680,58 | 3,52 % | −0,41 % |
| 08.02.2013 | 20,44 | 683,35 | 3,91 % | −1,89 % |
| 01.02.2013 | 19,67 | 696,53 | 2,55 % | −0,23 % |
| 25.01.2013 | 19,18 | 698,16 | 3,28 % | 2,00 % |
| 18.01.2013 | 18,57 | 684,48 | 3,74 % | 0,03 % |
| 11.01.2013 | 17,90 | 684,26 | 8,35 % | −0,52 % |
| 04.01.2013 | 16,52 | 687,81 | 3,12 % | 2,18 % |
| 28.12.2012 | 16,02 | 673,11 | −1,54 % | −0,23 % |
| 21.12.2012 | 16,27 | 674,68 | 1,94 % | 0,49 % |
| 14.12.2012 | 15,96 | 671,41 | −0,25 % | 0,99 % |
| 07.12.2012 | 16,00 | 664,84 | 2,50 % | 1,36 % |
| 30.11.2012 | 15,61 | 655,92 | 9,54 % | 1,44 % |
| 23.11.2012 | 14,25 | 646,58 | 1,79 % | 5,07 % |
| 16.11.2012 | 14,00 | 615,38 | −2,85 % | −2,97 % |
| 09.11.2012 | 14,41 | 634,22 | −3,87 % | −2,61 % |
| 02.11.2012 | 14,99 | 651,19 | 3,67 % | 1,88 % |
| 26.10.2012 | 14,46 | 639,20 | −9,57 % | −1,76 % |
| 19.10.2012 | 15,99 | 650,66 | 1,27 % | 1,92 % |

| Datum | XY AG Schlusskurs | CDAX Schlusskurs | Rendite XY AG | Rendite CDAX |
| --- | --- | --- | --- | --- |
| 12.10.2012 | 15,79 | 638,43 | −1,56 % | −2,02 % |
| 05.10.2012 | 16,04 | 651,61 | 4,29 % | 2,57 % |
| 28.09.2012 | 15,38 | 635,30 | −4,89 % | −2,93 % |
| 21.09.2012 | 16,17 | 654,46 | −0,12 % | 0,51 % |
| 14.09.2012 | 16,19 | 651,13 | 7,65 % | 2,64 % |
| 07.09.2012 | 15,04 | 634,40 | 6,67 % | 3,18 % |
| 31.08.2012 | 14,10 | 614,82 | 0,07 % | −0,03 % |
| 24.08.2012 | 14,09 | 615,00 | −7,91 % | −1,15 % |
| 17.08.2012 | 15,30 | 622,18 | 9,29 % | 1,41 % |
| 10.08.2012 | 14,00 | 613,53 | 6,54 % | 1,09 % |
| 03.08.2012 | 13,14 | 606,93 | −2,30 % | 2,39 % |
| 27.07.2012 | 13,45 | 592,77 | −6,98 % | 0,68 % |
| 20.07.2012 | 14,46 | 588,79 | 4,33 % | 1,18 % |
| 13.07.2012 | 13,86 | 581,95 | −1,63 % | 2,13 % |
| 06.07.2012 | 14,09 | 569,82 | 3,30 % | 0,17 % |
| 29.06.2012 | 13,64 | 568,84 | 1,87 % | 2,11 % |
| 22.06.2012 | 13,39 | 557,09 | 7,12 % | 0,69 % |
| 15.06.2012 | 12,50 | 553,26 | 1,63 % | 1,16 % |
| 08.06.2012 | 12,30 | 546,89 | −3,30 % | 1,38 % |
| 01.06.2012 | 12,72 | 539,42 | −9,85 % | −4,22 % |
| 25.05.2012 | 14,11 | 563,16 | 0,57 % | 1,14 % |
| 18.05.2012 | 14,03 | 556,79 | −7,15 % | −4,72 % |
| 11.05.2012 | 15,11 | 584,39 | −3,70 % | 0,14 % |
| 04.05.2012 | 15,69 | 583,59 | 0,45 % | −3,30 % |
| 27.04.2012 | 15,62 | 603,48 | −1,64 % | 1,13 % |
| 20.04.2012 | 15,88 | 596,76 | −2,46 % | 2,22 % |
| 13.04.2012 | 16,28 | 583,81 | −5,79 % | −2,45 % |
| 05.04.2012 | 17,28 | 598,48 | −0,69 % | −2,23 % |
| 30.03.2012 | 17,40 | 612,14 | 2,41 % | −0,53 % |
| 23.03.2012 | 16,99 | 615,43 | −2,30 % | −2,04 % |
| 16.03.2012 | 17,39 | 628,27 | 1,70 % | 3,70 % |
| 09.03.2012 | 17,10 | 605,84 | −4,36 % | −0,61 % |
| 02.03.2012 | 17,88 | 609,54 | 0,00 % | 0,77 % |
| 24.02.2012 | 17,88 | 604,86 | 6,11 % | 0,24 % |
| 17.02.2012 | 16,85 | 603,42 | 9,42 % | 2,17 % |

# 7 Ermittlung des Kapitalisierungszinssatzes

| Datum | XY AG Schlusskurs | CDAX Schlusskurs | Rendite XY AG | Rendite CDAX |
|---|---|---|---|---|
| 10.02.2012 | 15,40 | 590,58 | −0,65 % | −1,05 % |
| 03.02.2012 | 15,50 | 596,84 | 8,92 % | 3,95 % |
| 27.01.2012 | 14,23 | 574,16 | 3,57 % | 1,58 % |
| 20.01.2012 | 13,74 | 565,22 | 10,81 % | 4,13 % |
| 13.01.2012 | 12,40 | 542,81 | −4,62 % | 1,45 % |
| 06.01.2012 | 13,00 | 535,03 | 0,23 % | 2,75 % |
| 30.12.2011 | 12,97 | 520,73 | 2,37 % | 0,36 % |
| 23.12.2011 | 12,67 | 518,84 | 6,29 % | 3,13 % |
| 16.12.2011 | 11,92 | 503,08 | −2,93 % | −4,53 % |
| 09.12.2011 | 12,28 | 526,96 | −0,08 % | −1,66 % |
| 02.12.2011 | 12,29 | 535,83 | 6,41 % | 10,23 % |
| 25.11.2011 | 11,55 | 486,12 | −7,23 % | −5,13 % |
| 18.11.2011 | 12,45 | 512,42 | −7,23 % | −4,37 % |
| 11.11.2011 | 13,42 | 535,83 | 1,44 % | 1,32 % |
| 04.11.2011 | 13,23 | 528,86 | −1,64 % | −5,39 % |
| 28.10.2011 | 13,45 | 558,96 | −3,24 % | 5,97 % |
| 21.10.2011 | 13,90 | 527,46 | −4,66 % | 0,08 % |
| 14.10.2011 | 14,58 | 527,02 | 7,36 % | 5,20 % |
| 07.10.2011 | 13,58 | 500,97 | 6,26 % | 2,82 % |
| 30.09.2011 | 12,78 | 487,21 | 2,65 % | 5,22 % |
| 23.09.2011 | 12,45 | 463,05 | 2,47 % | −6,99 % |
| 16.09.2011 | 12,15 | 497,83 | 4,83 % | 6,69 % |
| 09.09.2011 | 11,59 | 466,61 | −14,65 % | −5,97 % |
| 02.09.2011 | 13,58 | 496,23 | 2,26 % | 0,53 % |
| 26.08.2011 | 13,28 | 493,63 | 19,64 % | 1,30 % |
| 19.08.2011 | 11,10 | 487,30 | −13,35 % | −8,58 % |
| 12.08.2011 | 12,81 | 533,03 | −1,84 % | −2,90 % |
| 05.08.2011 | 13,05 | 548,97 | −20,57 % | −12,88 % |
| 29.07.2011 | 16,43 | 630,15 | −9,23 % | −2,53 % |
| 22.07.2011 | 18,10 | 646,49 | 0,61 % | 1,28 % |
| 15.07.2011 | 17,99 | 638,34 | −0,06 % | −2,59 % |
| 08.07.2011 | 18,00 | 655,29 | −2,44 % | 0,02 % |
| 01.07.2011 | 18,45 | 655,14 | 14,45 % | 4,12 % |
| 24.06.2011 | 16,12 | 629,19 | −2,13 % | −0,44 % |
| 17.06.2011 | 16,47 | 631,95 | 0,12 % | 1,01 % |

| Datum | XY AG Schlusskurs | CDAX Schlusskurs | Rendite XY AG | Rendite CDAX |
|---|---|---|---|---|
| 10.06.2011 | 16,45 | 625,63 | −8,25 % | −0,68 % |
| 03.06.2011 | 17,93 | 629,92 | | |

**Die Varianz**

Die Varianz des CDAX ergibt sich aus der Summe der quadrierten Abweichungen der einzelnen Renditen von der Durchschnittsrendite (Mittelwert: CDAX = 0,21 %) und einer abschließenden Division durch die Anzahl der einzelnen Renditen (Anzahl = 104 Wochen).

$$\text{Var}(r_M) = [(0,21\% - 0,40\%)^2 + (0,21\% - (-0,96\%))^2 + \cdots + (0,21\% - 0,68\%)^2] * 1/104$$
$$= 0,0010313$$

**Die Kovarianz**

Die Kovarianz beschreibt den Zusammenhang zweier Zahlenreihen und ist die gemeinsame Varianz zweier Variablen. Auf das Beispiel angewendet werden die Durchschnittsrenditen des CDAX und der XY AG (Mittelwert = 0,54 %) gebildet. Von diesen Mittelwerten werden die einzelnen, wöchentlichen Renditen abgezogen. Dies wird für beide Renditen (für CDAX und XY AG) durchgeführt. Die beiden sich ergebenden Summen werden miteinander multipliziert und das Ergebnis dieser Multiplikation anschließend durch die Anzahl der einzelnen Renditen geteilt.

$$\text{Cov}(r_i, r_M) = [[(0,21\% - 0,40\%) + (0,21\% - (-0,96\%)) + \cdots + (0,21\% - 0,68\%)]$$
$$* [(0,54\% - 1,01\%) + \cdots (0,54\% - (-8,25\%))]] * 1/104$$
$$= 0,0012420$$

Für das gewählte Beispiel ergeben sich eine Varianz des CDAX von **0,0010313** und eine Kovarianz der XY AG i. V. m. dem CDAX von **0,0012420**. Durch die Division der Kovarianz mit der Varianz ergibt sich ein Betafaktor von **1,204**. Dieser Wert weicht minimal von dem Betafaktor ab, welcher von Bloomberg (**1,199**) ermittelt wurde (siehe Anhang 12). Diese Abweichung ist durch die Verwendung unterschiedlicher Daten zu erklären. Bloomberg errechnet die Daten anhand des letzten Handelstages innerhalb einer Woche, welcher z. B. aufgrund von unterschiedlichen Feiertagen in verschiedenen Ländern variieren kann. Fällt beispielsweise der 03. Oktober auf einen Freitag, wird in Deutschland der 02. Oktober und damit der Donnerstag als letzter Handelstag verwendet, während in den USA der Schlusskurs des 03. Oktober in die Bewertung einfließt. Darüber hinaus spielt die Wahl des Handelsplatzes eine Rolle, da marginale Abweichungen zwischen den einzelnen Handelsplätzen bestehen, welche dementsprechend in die Ermittlung des Betafaktors einfließen.

## Anhang 12: Screenshot einer Regressionsanalyse der XY AG aus Bloomberg

Abfrage zu einem Betafaktor der XY AG im Kapitalinformationssystem Bloomberg:

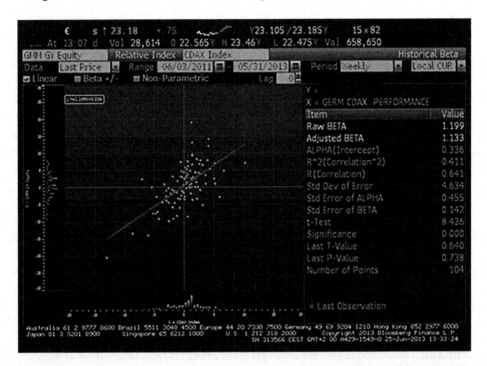

Der Zeitpunkt der Abfrage war der 25.06.2013. Als Referenzindex wurde der CDAX gewählt. Der Referenzzeitraum war der 03.06.2011–31.05.2013 unter Verwendung eines wöchentlichen Renditeintervalls.

## Anhang 13: Der barwertäquivalente Zinssatz und die Verwendung von Durchschnittsrenditen

Neben der beschriebenen Möglichkeit, welche auf der Verwendung von laufzeitabhängigen und damit jährlich verschiedenen Basiszinssätzen basiert, wird aus Gründen der einfacheren Handhabung und einer besseren Vergleichbarkeit meist ein einheitlicher Zinssatz verwendet.[148] Rn. 104 der Verwaltungsgrundsätze Funktionsverlagerung spricht ausdrücklich von einem Zinssatz. Damit ist aus den ermittelten, jährlich verschiedenen Spot Rates ein barwertäquivalenter Zinssatz zu ermitteln, welcher das Ergebnis nicht verfälscht und einen fremdvergleichskonformen Wert darstellt.[149] Folgender Ansatz zur

---
[148]Vgl. Dörschell, Franken, Schulte, J., (2009), S. 76.
[149]Vgl. Roeder, in: Kroppen, (2012), Anm. 153, S. 247.

Ermittlung eines barwertäquivalenten Zinssatzes ist bei einer unendlichen Kapitalisierungsdauer anzuwenden:

$$i_e = \frac{(1+g)}{\sum_{t=1}^{\infty} \frac{(1+g)^t}{(1+i_{0,t})^t}} + g$$

Zu beachten ist, dass zwar mit der dargestellten Formel eine Barwertidentität für den Basiszins gegeben ist, diese sich aber auf unsichere Zahlungsströme und prognostizierte Wachstumsraten bezieht.[150] Die oben dargestellte Formel lässt sich nicht derart anpassen, dass sie für einen endlichen Zeitraum angewendet werden kann. In diesem Fall ist auf ein iteratives Näherungsverfahren[151] zurückzugreifen.[152]

Darüber hinaus sollten die Durchschnittsrenditen der zum Bewertungsstichtag vorangegangen drei Monate analysiert werden und in die Bewertung mit einfließen.[153] Dies wird vom IDW empfohlen, da dadurch die einzelnen Daten geglättet werden, wodurch diese einer geringeren Abhängigkeit von täglichen Marktschwankungen sowie Ausreißern unterliegen.[154] Allerdings könnte die Verwendung der Durchschnittsrenditen der vergangenen drei Monate den aktuellen Markttrend auch in falscher Weise widerspiegeln. Gäbe es beispielsweise neue Informationen auf dem Markt, die in den vergangenen Monaten noch nicht vorhanden waren und eine kursbeeinflussende Wirkung besitzen, würde eine Glättung dem Markttrend nicht gerecht werden. Sofern keine Sondereinflüsse beobachtbar sind, erscheint es sinnig, diese trotz der damit verbundenen Verwässerung des Stichtagsprinzips mit in die Bewertung einzubeziehen.[155]

### Anhang 14: Durchschnittsrenditen aller amtlich notierten deutschen Aktien auf Basis der Stehle-Daten von 1955 bis 2013

| Anlagehorizont (in Jahren) | | | | | | | | | |
|---|---|---|---|---|---|---|---|---|---|
| Jahr | 1 | 5 | 10 | 15 | 20 | 25 | 30 | 40 | 50 | 59 |
| 1955 | 14,55 % | 27,95 % | 15,17 % | 13,06 % | 8,62 % | 8,73 % | 9,89 % | 10,19 % | 9,47 % | 9,49 % |
| 1956 | −5,27 % | 32,38 % | 12,13 % | 10,11 % | 9,58 % | 8,37 % | 11,50 % | 9,96 % | 9,72 % | |
| 1957 | 9,40 % | 31,66 % | 11,11 % | 11,20 % | 9,64 % | 8,80 % | 11,99 % | 10,69 % | 10,32 % | |
| 1958 | 62,21 % | 23,13 % | 14,65 % | 11,66 % | 9,83 % | 9,19 % | 10,16 % | 11,41 % | 10,53 % | |
| 1959 | 78,05 % | 14,81 % | 10,85 % | 6,77 % | 7,80 % | 8,54 % | 9,45 % | 10,48 % | 8,26 % | |
| 1960 | 35,84 % | 3,67 % | 6,28 % | 2,85 % | 4,40 % | 6,59 % | 8,53 % | 9,67 % | 7,50 % | |

---

[150]Vgl. Ballwieser, (2011), S. 86.
[151]Eine genaue Beschreibung dieses iterativen Näherungsverfahrens ist im Anhang 2 zu finden.
[152]Vgl. Obermaier, S. 31.
[153]Vgl. FAUB, (2008), S. 491.
[154]Vgl. IDW, (2008), S. 106.
[155]Vgl. Drukarczyk/Schüler, (2009), S. 218.

# 7 Ermittlung des Kapitalisierungszinssatzes

Anlagehorizont (in Jahren)

| Jahr | 1 | 5 | 10 | 15 | 20 | 25 | 30 | 40 | 50 | 59 |
|---|---|---|---|---|---|---|---|---|---|---|
| 1961 | −7,82 % | −5,02 % | 0,43 % | 2,89 % | 3,08 % | 7,74 % | 6,91 % | 8,56 % | 7,21 % | |
| 1962 | −21,73 % | −6,23 % | 2,19 % | 3,15 % | 3,73 % | 8,42 % | 7,42 % | 8,27 % | 7,04 % | |
| 1963 | 14,31 % | 6,75 % | 6,33 % | 5,72 % | 5,96 % | 7,73 % | 8,11 % | 7,56 % | 8,12 % | |
| 1964 | 6,89 % | 7,02 % | 2,97 % | 5,56 % | 7,03 % | 8,40 % | 9,00 % | 8,06 % | 8,34 % | |
| 1965 | −12,33 % | 8,95 % | 2,45 % | 4,64 % | 7,34 % | 9,53 % | 8,57 % | 8,10 % | | |
| 1966 | −13,54 % | 6,19 % | 7,08 % | 5,93 % | 11,19 % | 9,47 % | 9,25 % | 9,13 % | | |
| 1967 | 49,65 % | 11,36 % | 8,18 % | 7,28 % | 12,43 % | 10,37 % | 10,55 % | 10,12 % | | |
| 1968 | 15,79 % | 5,91 % | 5,21 % | 5,69 % | 7,98 % | 8,39 % | 10,35 % | 9,52 % | | |
| 1969 | 16,87 % | −0,94 % | 4,84 % | 7,03 % | 8,75 % | 9,41 % | 10,36 % | 7,62 % | | |
| 1970 | −22,90 % | −3,67 % | 2,55 % | 6,81 % | 9,68 % | 8,50 % | 10,82 % | 7,81 % | | |
| 1971 | 9,70 % | 7,99 % | 5,80 % | 12,91 % | 10,31 % | 9,87 % | 11,42 % | 8,97 % | | |
| 1972 | 16,43 % | 5,09 % | 5,30 % | 12,79 % | 10,13 % | 10,38 % | 10,38 % | 8,28 % | | |
| 1973 | −17,10 % | 4,51 % | 5,59 % | 8,68 % | 9,02 % | 11,26 % | 7,97 % | 8,57 % | | |
| 1974 | 1,62 % | 10,95 % | 11,25 % | 12,19 % | 12,15 % | 12,77 % | 9,81 % | 9,73 % | | |
| 1975 | 36,49 % | 9,16 % | 12,46 % | 14,52 % | 11,77 % | 13,97 % | 10,05 % | | | |
| 1976 | −4,24 % | 3,66 % | 15,45 % | 11,09 % | 10,35 % | 12,12 % | 9,82 % | | | |
| 1977 | 13,25 % | 5,51 % | 16,85 % | 11,86 % | 11,75 % | 11,47 % | 10,77 % | | | |
| 1978 | 11,77 % | 6,67 % | 10,83 % | 10,56 % | 13,01 % | 8,67 % | 11,00 % | | | |
| 1979 | −6,30 % | 11,55 % | 12,81 % | 12,56 % | 13,23 % | 9,58 % | 8,56 % | | | |
| 1980 | 5,40 % | 15,86 % | 17,30 % | 12,65 % | 15,21 % | 10,22 % | 9,62 % | | | |
| 1981 | 4,58 % | 28,59 % | 15,00 % | 12,67 % | 14,34 % | 11,09 % | 10,05 % | | | |
| 1982 | 19,66 % | 29,41 % | 15,18 % | 13,91 % | 13,01 % | 11,85 % | 9,30 % | | | |
| 1983 | 39,77 % | 15,15 % | 12,56 % | 15,20 % | 9,18 % | 11,88 % | 9,58 % | | | |
| 1984 | 13,25 % | 14,08 % | 13,07 % | 13,79 % | 9,09 % | 7,97 % | 9,22 % | | | |
| 1985 | 77,47 % | 18,76 % | 11,08 % | 14,99 % | 8,86 % | 8,41 % | | | | |
| 1986 | 7,98 % | 2,85 % | 5,47 % | 9,95 % | 7,10 % | 6,67 % | | | | |
| 1987 | −33,27 % | 2,51 % | 6,87 % | 8,02 % | 7,85 % | 5,67 % | | | | |
| 1988 | 33,44 % | 10,03 % | 15,23 % | 7,26 % | 11,08 % | | | | | |
| 1989 | 38,43 % | 12,06 % | 13,65 % | 7,48 % | 6,49 % | | | | | |
| 1990 | −13,53 % | 3,90 % | 13,15 % | 5,75 % | 5,97 % | | | | | |
| 1991 | 6,21 % | 8,16 % | 13,68 % | 8,56 % | 7,65 % | | | | | |
| 1992 | −4,94 % | 11,41 % | 10,88 % | 9,69 % | 6,47 % | | | | | |
| 1993 | 46,21 % | 20,68 % | 5,90 % | 11,43 % | 8,12 % | | | | | |
| 1994 | −5,12 % | 15,26 % | 5,26 % | 4,70 % | 7,35 % | | | | | |
| 1995 | 5,68 % | 23,22 % | 6,68 % | 6,67 % | | | | | | |
| 1996 | 23,14 % | 19,48 % | 8,76 % | 7,48 % | | | | | | |
| 1997 | 41,78 % | 10,35 % | 8,84 % | 4,87 % | | | | | | |
| 1998 | 16,20 % | −7,06 % | 7,08 % | | | | | | | |
| 1999 | 32,50 % | −3,87 % | −0,21 % | | | | | | | |
| 2000 | −9,41 % | −7,64 % | −0,76 % | | | | | | | |

| Anlagehorizont (in Jahren) | | | | | | | | | | |
|---|---|---|---|---|---|---|---|---|---|---|
| Jahr | 1 | 5 | 10 | 15 | 20 | 25 | 30 | 40 | 50 | 59 |
| 2001 | −17,24 % | −1,00 % | 1,94 % | | | | | | | |
| 2002 | −39,94 % | 7,35 % | 2,24 % | | | | | | | |
| 2003 | 37,58 % | 23,38 % | 10,38 % | | | | | | | |
| 2004 | 8,47 % | 3,60 % | 9,48 % | | | | | | | |
| 2005 | 28,20 % | 6,64 % | | | | | | | | |
| 2006 | 24,09 % | 4,97 % | | | | | | | | |
| 2007 | 20,42 % | −2,64 % | | | | | | | | |
| 2008 | −42,58 % | | | | | | | | | |
| 2009 | 25,40 % | | | | | | | | | |
| 2010 | 18,46 % | | | | | | | | | |
| 2011 | −14,82 % | | | | | | | | | |
| 2012 | 29,26 % | | | | | | | | | |
| 2013 | 26,75 % | | | | | | | | | |
| Maximum | 78,05 % | 32,38 % | 17,30 % | 15,20 % | 15,21 % | 13,97 % | 11,99 % | 11,41 % | 10,53 % | 9,49 % |
| Minimum | −42,58 % | −7,64 % | −0,76 % | 2,85 % | 3,08 % | 5,67 % | 6,91 % | 7,56 % | 7,04 % | 9,49 % |
| Mittelwert | 12,39 % | 9,71 % | 8,75 % | 9,13 % | 9,16 % | 9,46 % | 9,68 % | 9,13 % | 8,65 % | 9,49 % |
| Median | 13,25 % | 7,99 % | 8,80 % | 8,68 % | 9,06 % | 9,19 % | 9,81 % | 9,05 % | 8,30 % | 9,49 % |

## Literatur

Baetge, Niemeyer, Kümmel & Schulz, 2009. Darstellung der Discounted-Cashflow-Verfahren (DCF-Verfahren) mit Beispiel. In: Peemöller, Hrsg. *Praxisbuch der Unternehmensbewertung*. Herne: NWB, S. 340–477.

Ballwieser, 2011. *Unternehmensbewertung: Prozeß, Methoden und Probleme*. 3. Aufl. Stuttgart: Schäffer Poeschel.

Bark, 2011. *Der Kapitalisierungszinssatz in der Unternehmensbewertung*. 1. Aufl. Wiesbaden: Gabler.

Brealey, Myers & Allen, 2013. *Principles of Corporate Finance*. 11. Aufl. New York: McGraw-Hill.

Bundesbank, 2013. *Zeitreihen Statistiken*. [Online] Letzter Abruf: http://www.bundesbank.de/Navigation/DE/Statistiken/Zeitreihen_Datenbanken/Makrooekonomische_Zeitreihen/its_list_node.html?listId=www_s140_it03c [Zugriff am 29 05 2016].

Cooper, 1996. Arithmetical vs. geomatric mean Estimators: Setting discount rates for capital budgeting. *European Financial Management*, S. 157–167.

Creutzmann & Heuer, 2010. Der Risikozuschlag beim vereinfachten Ertragswertverfahren. *DB*, S. 1301.

Damodaran, 2013. Equity Risk Premium (ERP): Determinants, Estimation and Implications – The 2013 Edition. *Working Paper.*

Damodaran, 2013. *What is the riskfree rate? A Search for the Basic Building Block, Working Paper (2008) New York University – Stern School of Business*. [Online] Letzter Abruf: http://papers.ssrn.com/sol3/papers.cfm?abstract_id=1317436 (25.05.2013) [Zugriff am 10 05 2016].

Deutsche Bundesbank, 1997. Monatsbericht Oktober 1997.

Dörschell, Franken & Schulte, 2009. *Der Kapitalisierungszinssatz in der Unternehmensbewertung. Praxisgerechte Ableitung unter Verwendung von Kapitalmarktdaten*. Düsseldorf: IDW.

Dörschell, Franken & Schulte, 2010. *Kapitalkosten 2010 für die Unternehmensbewertung. Praxisgerechte Ableitung unter Verwendung von Kapitalmarktdaten.* Düsseldorf: IDW.

Drukarczyk & Schüler, 2007. *Unternehmensbewertung.* München: Vahlen.

Drukarczyk & Schüler, 2009. *Unternehmensbewertung.* 6. Aufl. München: Vahlen.

ECB, 2013. *Monetary aggregates.* [Online] Letzter Abruf: http://www.ecb.int/stats/money/aggregates/aggr/html/index.en.html [Zugriff am 20 05 2016].

Enzinger & Kofler, 2011. Das Roll-Back-Verfahren zur Unternehmensbewertung. *Bewertungspraktiker*, S. 1–9.

Ernst, Schneider & Thielen, 2010. *Unternehmensbewertungen erstellen und verstehen. Ein Praxisleitfaden.* 4. Aufl. München: Vahlen.

Fachausschuss für Unternehmensbewertung und Betriebswirtschaft, 2008. Ergänzende Hinweise des FAUB zur Bestimmung des Basiszinssatzes im Rahmen objektivierter Unternehmensbewertungen. *FN-IDW*, S. 490–491.

Fachausschuss für Unternehmensbewertung und Betriebswirtschaft, 2013. *Hinweise des FAUB zur Berücksichtigung der Finanzmarktkrise bei der Ermittlung des Kapitalisierungszinssatzes in der Unternehmensbewertung.* [Online] Letzter Abruf: http://www2.nwb.de/portal/content/ir/downloads/169807/FAUB_Kapitalisierungszinssatz_Unternehmensbewertung.pdf [Zugriff am 20 05 2016].

Fischer, Möller & Schultze, 2012. *Controlling.* Stuttgart: Schäffer Poeschel.

Hammer, Lahmann & Schwetzler, 2013. Multiplies und Beta-Faktoren für deutsche Branchen. *CF*, S. 226–230.

Heining, 2009. *Funktionsverlagerung ins Ausland.* Köln: Joseph Eul.

Hölscher & Helms, 2013. Entity- und Equity-Verfahren bei autonomer Finanzierungsstruktur. Band Band 17 Studium zum Finanz-, Bank- und Versicherungsmanagement, S. 1–49.

Jonas, 2009. Unternehmensbewertung in der Krise. *FB*, S. 541–546.

Jonas, Wieland-Blöse & Schiffarth, 2005. Basiszinssatz 2005: Basiszinssatz in der Unternehmensbewertung. *FB*, S. 647–653.

Kemper, Ragu & Rüthers, 2012. Eigenkapitalkosten in der Finanzkrise. *DB*, S. 645.

Kern & Mölls, 2010. Ableitung CAPM-basierter Betafaktoren aus einer Peergroup-Analyse – Eine kritische Betrachtung alternativer Verfahrensweisen. *CFB*, S. 440–448.

Koller, Goedhart & Wessels, 2010. *Valuation Measuring and Managing the Value of Companies.* 5. Aufl. New York: McKinsey.

Kuhner & Maltry, 2006. *Unternehmensbewertung.* Berlin: Springer.

Kunowski & Popp, 2009. Berücksichtigung von Steuern. In: Peemöller, Hrsg. *Praxishandbuch der Unternehmensbewertung.* Herne: NWB, S. 941.

Mandl & Rabel, 1997. *Unternehmensbewertung. Eine praxisorientierte Einführung.* Berlin: Überreuter Wirt.

Modigliani & Miller, 1958. The Cost of Capital, Corporation Finance and the Theory of Investment. *AER*, S. 261–297.

Neuerer, 2013. *„Spekulanten wetten auf den Weltuntergang".* [Online] Letzter Abruf: http://www.handelsblatt.com/politik/deutschland/deutschland-im-visier-spekulanten-wetten-auf-den-weltuntergang/4490188.html [Zugriff am 10 05 2016].

Oestreicher & Hundeshagen, 2009. Ertragswertorientierte Gesamtbewertung von Transferpaketen. *Ubg.*, S. 830–843.

Oestreicher & Hundshagen, 2008. Bewertung von Transferpakten bei Funktionsverlagerungen Teil 2. *DB*, S. 1693.

Pankoke & Petersmeier, 2009. Der Zinssatz in der Unternehmensbewertung. In: Schacht & Fackler, Hrsg. *Praxishandbuch Unternehmensbewertung, Grundlagen, Methoden, Fallbeispiele.* Wiesbaden: Springer Gabler, S. 107–138.

Perridon & Steiner, 2007. *Finanzwirtschaft der Unternehmung.* 14. Aufl. München: Vahlen.

Pratt & Grabowski, 2010. *Cost of Capital Applications and Examples.* 4. Aufl. New York: Wiley.

Reese & Wiese, 2006. Die kapitalmarktorientierte Ermittlung des Basiszinses für die Unternehmensbewertung – Operationalisierung, Schätzverfahren und Anwendungsprobleme. *Working Paper.*

Roeder, 2012. FVerlV Anm. 152. In: Kroppen, Hrsg. *Handbuch Internationale Verrechnungspreise.* Köln: Otto Schmidt.

Schacht & Fackler, 2005. *Praxishandbuch Unternehmensbewertung.* Wiesbaden: Gabler.

Schwetzler, 2013. Beta-Faktoren. *Bewertungspraktiker,* S. 74.

Stehle & Hartmond, 2013. *Stehle/ Hartmond Reihe_ Jährliche nominale Renditen aller in Frankfurt amtlich notierten deutschen Aktien 1955–2011 (in %).* [Online] Letzter Abruf: http://www.wiwi.hu-berlin.de/professuren/bwl/bb/aktien/1cdax0proznom19552011.pdf [Zugriff am 20 05 2016].

Stehle, 2004. Die Festlegung der Risikoprämie von Aktien im Rahmen der Schätzung des Wertes von börsennotierten Kapitalgesellschaften. *WPg,* S. 906–927.

Stellbrink & Brückner, 2011. Beta-Schätzung: Schätzzeitraum und Renditeintervall unter statistischen Gesichtspunkten. *Bewertungs-Praktiker,* S. 2–9.

Vargas, 2012. Bestimmung der historischen Marktrisikoprämie im Rahmen von Unternehmensbewertungen. *DB,* S. 813.

Vögele, 2010. Bewertung von Transferpaketen bei der Funktionsverlagerung Separierung des Transferpakets, Bewertungsmethoden und Zinssatz. *DStR,* S. 418–423.

Watrin & Stöver, 2012. Gibt es Alternativen zur DAX-basierten Schätzung von Marktrisikoprämie, Betafaktor und Risikozuschlag?. *CFB,* S. 119–129.

Wenger, 2003. Der unerwünscht niedrige Basiszins als Störfaktor bei der Ausbootung von Minderheiten. In: Richter, Schüler & Schwetzler, Hrsg. *Kapitalgeberansprüche, Marktwertorientierung und Unternehmenswert, FS für J. Drukarczyk.* München: s. n., S. 475–495.

Zeidler, Tschöpel & Bertram, 2012. Risikoprämie in der Krise – Überlegungen zu empirischen Kapitalmarktparametern in Unternehmensbewertungskalkülen. *CFB,* S. 70–80.

Zimmermann, 1997. *Schätzung und Prognose von Betawerten (Portfoliomanagement).* 1. Aufl. Bad Soden: Uhlenbruch.

## Über die Autoren

**Dr. Björn Heidecke** (Hrsg.) ist seit 2011 Verrechnungspreisexperte bei der Deloitte GmbH am Standort Hamburg. In 2013 war er mehrere Monate im Verrechnungspreisteam am Standort Johannesburg/Südafrika tätig. Seine Interessen liegen in den Bereichen: Umstrukturierungen und Verrechnungspreise, Funktionsverlagerungsbewertungen, Bewertung von immateriellen Vermögensgegenständen, Verrechnungspreissysteme in Afrika, Verrechnungspreise bei Start-ups und Themen an der Schnittstelle von Steuern und Ethik.

Er studierte von 2004 bis 2008 Diplom-Volkswirtschaftslehre und Diplom-Handelslehramt an der Christian-Albrechts-Universität zu Kiel und promovierte von 2008 bis 2011 an der TU Chemnitz sowie der Wirtschaftsuniversität Breslau.

Er ist Mitglied der Deutschen Gesellschaft für ökonomische Bildung und Alumni des Nachwuchsförderungsprogrammes der Hanns Martin Schleyer-Stiftung. Er publiziert regelmäßig auf dem Gebiet der Verrechnungspreise.

**Dr. Marc Hübscher** verantwortet seit 2014 bei Deloitte den Bereich Corporate Finance mit Schwerpunkt auf Unternehmensbewertungen aus verschiedenen Anlässen und Bewertungen von Vermögenswerten sowie finanzbezogenen Geschäftsmodellierungen (Valuation & Modeling Services) am Standort Hamburg.

Er ist Diplom-Handelslehrer und Diplom-Ökonom der Carl-von-Ossietzky-Universität Oldenburg und promovierte berufsbegleitend ebenda zum Dr. rer. pol. Er ist zudem u.a. Mitglied des Ausschusses für Volkswirtschaft der Handelskammer Hamburg und Lehrbeauftragter für Controlling und Wertmanagement an der FOM Hamburg.

**Florian Eger** ist seit Januar 2014 bei der Deloitte GmbH im Bereich Verrechnungspreise am Standort München tätig. Hierbei ist er besonders bei der Analyse von innerbetrieblichen, grenzüberschreitenden Umstrukturierungen wie der Berechnung steuerlicher Auswirkungen von Funktionsverlagerungen involviert. Er bearbeitet zudem verschiedene Projekte im Rahmen der Bewertung von immateriellen Wirtschaftsgütern sowie der Optimierung von Geschäftsmodellen.

Er studierte von 2008 bis 2013 an der Universität Erlangen-Nürnberg Wirtschaftswissenschaften mit den Schwerpunkten Wirtschaftspädagogik und Mathematik. In seiner Masterarbeit befasste er sich mit der Ermittlung eines Kapitalisierungszinssatzes mithilfe des Capital Asset Pricing Models sowie des Operating Leverage unter der Berücksichtigung von funktionsspezifischen Eigenschaften.

# Planzahlen, Wachstumsraten und der Terminal Value

8

Björn Heidecke und Marc Hübscher

**Leitfragen dieses Kapitels**

- Wie wird die CAGR-Wachstumsrate berechnet?
- Welcher Zusammenhang besteht zwischen den Wachstumsraten für Umsätze, Kosten und EBIT-Werten?
- Wie kann der Terminal Value berechnet werden?
- Welcher Wachstumsabschlag sollte im Rahmen des Perpetuity-Growth-Modells angewendet werden?

## 8.1 Einleitung

Für die Bewertung von Transferpaketen werden regelmäßig Finanzzahlen als Planzahlen für Umsätze und Aufwendungen benötigt, um Erträge bzw. Cashflows zu berechnen (im Folgenden zusammen als finanzielle Überschüsse). Da es in den rechtlichen Ausführungen zur Transferpaketbewertung an expliziten Ausführungen zur Ermittlung von Plandaten fehlt, sollte sich der Steuerpflichtige an verfügbaren Standards orientieren können. Ein Rückgriff auf die Standards des Instituts für Wirtschaftsprüfer (IDW) ist mithin naheliegend. Die Ermittlung der für die Bewertung benötigten Planzahlen erfolgt demnach gemäß dem IDW S1 (2008) im Rahmen eines Zukunftserfolgswertverfahrens

---

B. Heidecke (✉)
Hamburg, Deutschland
E-Mail: bheidecke@deloitte.de

M. Hübscher
Hamburg, Deutschland
E-Mail: MHuebscher@deloitte.de

(Ertragswert- oder Discounted-Cashflow-Verfahren) i. d. R. in einem Zweiphasenmodell.[1] Die sogenannte Detailplanungsphase umfasst üblicherweise die Unternehmensplanung, die regelmäßig drei bis fünf Jahre umfassen sollte und häufig durch einen strukturierten Planungsprozess unter Einbindung verschiedener Abteilungen wie z. B. die Unternehmenssteuerung, das Marketing oder die Unternehmensentwicklung (Business Development) erstellt wird. An die Planungen sind hohe Anforderungen gestellt, wie z. B. das OLG Düsseldorf feststellt. Es betont, dass die Prognosen „Ergebnis der jeweiligen unternehmerischen Entscheidung der für die Geschäftsführung verantwortlichen Personen" seien. Die unternehmerischen Entscheidungen müssten hierbei „auf zutreffenden Informationen und daran orientierten, realistischen und widerspruchsfreien Annahmen aufbauen".[2] In der sich anschließenden Terminal-Value-Phase oder auch Phase der ewigen Rente[3] wird ein Gleichgewichtszustand unterstellt. Hier werden alle zukünftigen finanziellen Überschüsse in einem Wert verdichtet.[4] Sowohl für die Ermittlung der Werte der Detailplanungsphase als auch für die Bestimmung des Terminal Values werden häufig Wachstumsraten angesetzt, deren Ermittlung sich gleichwohl unterscheidet. Für die Bewertungspraxis stellen sich somit die zwei Fragen:

1. Wie können Wachstumsraten ermittelt werden?
2. Wie kann der Terminal Value berechnet werden?

## 8.2 Ermittlung von Wachstumsraten für die Detailsplanungsphase

Die Ermittlung von Wachstumsraten ist zunächst weniger eine Fragestellung für die Steuerabteilung, sondern vielmehr eine originäre Aufgabe des Managements, die mitunter im Controlling oder in der Unternehmensplanung bzw. in der Unternehmensentwicklung verantwortet werden. Gleichwohl zeigt die Praxis, dass für die Bewertungen von Transferpaketen durch die Steuerabteilung häufig selbst Wachstumsraten ermittelt werden müssen. Hier lassen sich drei Gründe nennen. Erstens haben einige Unternehmen weder eine Abteilung für Business Development noch für Unternehmensplanung. In dem Fall kann auf keine vorfindlichen Wachstumsraten zurückgegriffen werden. Zweitens finden sich in der Praxis häufig Situationen, in denen ein Unternehmen lediglich über ein Budget für das nächste Geschäftsjahr verfügt, aber keinen strukturierten Planungsprozess für eine Mehrjahresplanung installiert hat. Drittens ist darüber hinaus zu beachten, dass

---

[1] Vgl. Drukarczyk & Schüler, 2015.
[2] Vgl. OLG Düsseldorf vom 7.5.2008 – I-26 W 16/06 (AktE) sowie Wüstemann, 2010, S. 1520.
[3] Vgl. Mokler, 2009, S. 236.
[4] Mit Blick auf die Frage, wie Plandaten in der Detailplanungsphase ermitteln werden können, sei auf die Literatur, z. B. Armstrong, 2001, Samonas, 2015, verwiesen, da dies weniger eine Fragestellung für die Steuerabteilung ist.

die Steuerabteilung insbesondere bei größeren Bewertungen die Werte in Betriebsprüfungen begründen und verteidigen muss. Eine Verplausibilisierung der Werte mag mithin angezeigt sein, sodass ein Grundverständnis zur Ermittlung von Wachstumsraten hilfreich ist. Vor dem Hintergrund bieten die folgenden Ausführungen einen Überblick zur Ermittlung von Wachstumsraten.

### 8.2.1 Das CAGR-Modell

Eine Möglichkeit, Wachstumsraten für die Detailplanungsphase abzuleiten, ist die Anwendung des CAGR-Modells („Compound Annual Growth Rate") auf historische Finanzzahlen. Sofern für das Transferpaket keine eigenen Finanzzahlen abgeleitet werden können, wird die Berechnung regelmäßig auf Zahlen für das gesamte Unternehmen verweisen müssen. Das CAGR-Modell berechnet die durchschnittliche jährliche Wachstumsrate. Sie wird berechnet aus dem Start- und dem Endwert über einen definierten Zeitraum. Der CAGR ermittelt sich wie folgt:

$$\text{CAGR} = \left(\frac{\text{Endwert}}{\text{Startwert}}\right)^{\left(\frac{1}{\text{Zahl der Jahre}}\right)} - 1$$

Die Wachstumsrate ergibt sich als Endwert geteilt durch Startwert hoch 1 geteilt durch die Anzahl der Jahre; also die „Anzahl der Jahr-te Wurzel", abzüglich 1. Folgendes Beispiel illustriert die Berechnung.

> **Beispiel**
> Ein Unternehmen hatte im Jahr 2006 einen Umsatz von 20 MEUR. Im Jahr 2015, also neun Jahre später, betrug der Umsatz 37 MEUR. Der CAGR ergibt sich durch das Einsetzen der Parameter in die Ausgangsformel:
>
> $$\text{CAGR} = \left(\frac{37}{20}\right)^{\frac{1}{9}} - 1 \rightarrow \text{CAGR} = 7,07\,\%\ \text{p.a.}$$
>
> Zur Verdeutlichung ergibt sich die in Tab 8.1 dadurch unterstellte Umsatzentwicklung.

**Tab. 8.1** Zahlenbeispiel – Ermittlung CAGR. (Quelle: Eigenes Beispiel)

| 2006 | 2007 | 2008 | 2009 | 2010 | 2011 | 2012 | 2013 | 2014 | 2015 |
|---|---|---|---|---|---|---|---|---|---|
| Startwert | | | | | | | | | Endwert |
| 20 | 21,41 | 22,93 | 24,55 | 26,29 | 28,15 | 30,14 | 32,27 | 34,56 | 37 |

## 8.2.2 Zusammenhang zwischen verschiedenen Wachstumsraten der Gewinn- und Verlustrechnung

Überdies stehen die Wachstumsraten der Gewinn- und Verlustrechnung in einem Verhältnis. Es sei angenommen, dass die Umsätze minus die Aufwendung dem EBIT entsprechen. Wenn mithin die Wachstumsraten für Umsatz und Aufwendungen vorliegen, ergibt sich die EBIT-Wachstumsrate durch mathematische Umformung. Dies ist in folgender Herleitung dargestellt.

**Abkürzungen**

S    Umsatz
C    Aufwendungen
W    Wachstumsrate
t    aktuelle Periode
t-1  letzte Periode
OPM  Umsatzrendite
EBIT Earnings before Interest and Tax

**Herleitung**

Ausgangsgleichung – Wachstumsrate EBIT

$$\Delta_{EBIT} = \frac{EBIT_t - EBIT_{t-1}}{EBIT_{t-1}}$$

$$\Rightarrow \frac{S_t - C_t - (S_{t-1} - C_{t-1})}{S_{t-1} - C_{t-1}}$$

$$\Rightarrow \frac{S_t - C_t}{S_{t-1} - C_{t-1}} - 1$$

es gilt:

$$S_t = S_{t-1} * (1 + W_S)$$
$$C_t = C_{t-1} * (1 + W_C)$$

eingesetzt in Ausgangsgleichung:

$$\Rightarrow \frac{S_{t-1} * (1 + W_S) - C_{t-1} * (1 + W_C)}{S_{t-1} - C_{t-1}} - 1$$

erweitert um $1/S_{t-1}$:

$$\Rightarrow \frac{\frac{S_{t-1}}{S_{t-1}} * (1 + W_S)}{\frac{S_{t-1} - C_{t-1}}{S_{t-1}}} - \frac{\frac{C_{t-1}}{S_{t-1}} * (1 + W_C)}{\frac{S_{t-1} - C_{t-1}}{S_{t-1}}} - 1$$

es gilt:

$S_{t-1} - C_{t-1} = \text{EBIT}_{t-1}$

$\text{EBIT}_{t-1}/S_{t-1} = \text{OPM}_{t-1}$

eingesetzt:

$$\Rightarrow \frac{1}{\text{OPM}_{t-1}} * (1 + W_S) - \frac{\frac{C_{t-1}}{S_{t-1}} * (1 + W_C)}{\text{OPM}_{t-1}} - 1$$

$$\Rightarrow \frac{1}{\text{OPM}_{t-1}} * \left[(1 + W_S) - \frac{C_{t-1}}{S_{t-1}} * (1 + W_C)\right] - 1$$

$$\Rightarrow \frac{1}{\text{OPM}_{t-1}} * \left[(1 + W_S) - \frac{C_{t-1}}{S_{t-1}} * (1 + W_C)\right] - 1$$

es gilt:

$C_{t-1} = S_{t-1} - \text{EBIT}_{t-1}$

geteilt durch $S_{t-1}$:

$$\frac{C_{t-1}}{S_{t-1}} = 1 - \text{OPM}_{t-1}$$

eingesetzt:

$$\Rightarrow \frac{1}{\text{OPM}_{t-1}} * \left[(1 + W_S) - (1 - \text{OPM}_{t-1}) * (1 + W_C)\right] - 1$$

Somit ergibt sich folgender Ausdruck, der die Wachstumsrate des EBITs als Funktion der Wachstumsraten der Umsätze und Aufwendungen definiert:

$$\Delta_{\text{EBIT}} : f(W_S, W_C) = \frac{1}{\text{OPM}_{t-1}} * (W_S + \text{OPM}_{t-1} - W_C + \text{OPM}_{t-1} * W_C) - 1 \quad (1)$$

Zudem kann angenommen werden, dass die Umsatzentwicklungen und die Aufwandsentwicklungen in einem Zusammenhang stehen, der durch die Kostendegression ($d$) beschrieben wird. Sofern die Umsatz- und Aufwandsentwicklungen proportional verlaufen, entsprechen sich die Wachstumsraten. Sofern allerdings eine Kostendegression vorliegt, entspricht die Aufwandsentwicklung der Umsatzentwicklung abzüglich der Kostendegression. Wenn z. B. je Umsatzsteigerung um 1 die Aufwendungen nur um 0,98 steigen, liegt ein Kostendegressionseffekt von 2 % vor. Dieser kann sich z. B. durch Lerneffekte und bessere Auslastungen ergeben. Mithin ist die Aufwandsentwicklung eine Funktion der Umsatzentwicklung und der Kostendegression ($W_C = W_S * d$). Wenn, wie oben dargestellt, die EBIT-Wachstumsraten aus Umsatz- und Aufwandswachstumsraten abgeleitet werden können, und die Aufwandswachstumsrate sich aus der Umsatzwachstumsrate und einem Faktor für die Kostendegression ergibt, kann mithin die EBIT-Wachstumsrate einzig aus der Umsatzwachstumsrate und einer Annahme zur Kostendegression abgeleitet werden. Mögliche quantitative Werte zur Kostendegressionen lassen sich entweder aus der Literatur entnehmen oder aus internen Schätzungen unter Berücksichtigung von Vergangenheitswerten ableiten. Die Literatur nennt verschiedene Gründe für die Kostendegression in Folge einer größeren Ausbringungsmenge wie z. B. zunehmende Automation von Fertigungsprozessen, geringere Transportkosten, einen verhältnismäßig geringeren Lagerbestand, Lerneffekte oder eine höhere Auslastung der unteilbaren Anlagen.[5]

Die folgende Gleichung setzt in die vorherige Gleichung die Aufwandswachstumsrate als Funktion abhängig von der Umsatzwachstumsrate und der Kostendegression ein. Sie zeigt mithin wie die EBIT-Wachstumsrate als Funktion von Umsatzentwicklung und Kostendegression ermittelt werden kann:

$$\Delta_{EBIT} : f(W_S) = \frac{1}{OPM_{t-1}}(W_S + OPM_{t-1} - W_S * d + OPM * W_S * d) - 1 \quad (2)$$

Mithin kann ausgehend von einem CAGR-Wert für die Umsatzentwicklung sowie der Kostendegression (Gleichung 2) oder alternativ einer weiteren Wachstumsrate für die Aufwandsentwicklung (Gleichung 1) die EBIT-Wachstumsrate abgeleitet oder aber überprüft werden.

## 8.3 Die Ermittlung des Terminal Values

Die Ermittlung der Wachstumsrate für die Berechnung des Terminal Values ist im folgenden Abschnitt illustriert. Zunächst seien jedoch einige Ausführungen zur Berechnung des Terminal Values gegeben.

### 8.3.1 Überblick

Im Zweiphasenmodell wird zwischen der Detailplanungsphase und der ewigen Rente unterschieden. Der ewigen Rente kommt in der Bewertung eine besondere Bedeutung zu[6], weil die Höhe der ewigen Rente insbesondere bei Planungen, die einen Zeitraum von drei bis fünf Jahren umfassen, den wesentlichen Beitrag zum Unternehmenswert beisteuert. Allein deswegen ist auch die ewige Rente kein weiteres Planjahr, sondern eine separate Phase der Bewertung, für deren Ermittlung selbstverständlich auf die Vergangenheitsanalyse und die Entwicklung innerhalb der Unternehmensplanung zurückgegriffen wird, aber nichtsdestotrotz der Bewerter die ewige Rente eigenständig auf Basis von Marktentwicklungen und unternehmensspezifischen Herausforderungen ermitteln muss.

---

[5]Vgl. Schmidt, 1976, S. 14.
[6]Vgl. Meitner, 2009, S. 491 ff.

Zur Ermittlung des Terminal Values kennt die Literatur verschiedene Modelle.[7] Der Ansatz des Liquidation-Wertes geht von dem Liquidationswert nach einer endlichen Restlaufzeit des Unternehmens aus. Der Multiplikatoransatz berechnet den Wert der Phase der ewigen Rente über einen Multiplikatorwert (vgl. Kap. 10). Das Stable bzw. Perpetuity-Growth-Modell, das von einer unendlichen Laufzeit ausgeht, unterstellt konstante Wachstumsraten.[8] Im Folgenden wird nur das Perpetuity-Growth-Modell dargestellt, weil dieses in der Praxis eine besonders hohe Bedeutung hat. Gerade weil die ewige Rente eine eigenständige Planungsphase darstellt, ist darauf hinzuweisen, dass die Anwendung des Perpetuity-Growth-Modell nur dann zu angemessenen Unternehmenswerten führt, wenn sich das Unternehmen oder das Transferpaket am Ende des Planungszeitraums in einem sogenannten Beharrungs- oder Gleichgewichtszustand befindet.

Der Terminal Value nach dem Perpetuity-Growth-Modell berechnet sich als:

$$TV_{\_t} = \frac{CF_{t+1}}{(i-r)}$$

TV  Terminal Value
CF  Überschuss der Periode z. B. Cashflow
i   Kalkulationszinssatz
r   Wachstumsrate
t   Zeitpunkt

Der finanzielle Überschuss in der ersten Phase der Terminal-Value-Phase entspricht dem finanziellen Überschuss der letzten Phase der Detailplanungsperiode multipliziert mit der Wachstumsrate, sodass sich folgender Ausdruck ergibt:

$$TV_{\_t} = \frac{CF_t * (1+r)}{(i-r)}$$

**Beispiel**

Ein Unternehmen erzielt im Geschäftsjahr 2016 einen Cashflow von 500.000 EUR. Das Unternehmen wächst konstant mit einer Rate von 1 % (Wachstumsrate). Der angenommene Kalkulationszinssatz beträgt 5 %. Dann ergibt sich folgender Terminal Value:

$$TV = \frac{500.000 * (1,01)}{(0,05 - 0,01)} = \frac{505.000}{(0,04)} \rightarrow TV = 12.625.000$$

Der Terminal Value eines originären Zahlungsüberschusses von EUR 500.000 sowie einem konstanten Wachstum (1 %) und einem angenommenen Kalkulationszinssatz von 5 % beträgt somit 12.625.000 EUR.

---
[7]Vgl. Damodaran, 2015.
[8]Vgl. Damodaran, 2015, S. 142 ff.

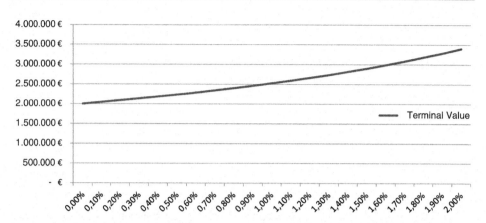

**Abb. 8.1** Illustration Entwicklung Terminal Value in Abhängigkeit von der Wachstumsrate. (Quelle: Eigene Darstellung)

### 8.3.2 Ermittlung von langfristigen Wachstumsraten für die Terminal-Value-Phase

Während die vorherigen Ausführungen die Wachstumsraten aus dem CAGR-Modell abgeleitet haben, ist zu fragen, wie langfristig für die Ermittlung der Terminal Values eine plausible Wachstumsrate ermittelt werden kann. Die Frage ist insbesondere wichtig, weil der Einfluss auf den Wert besonders hoch ist, wie Abb. 8.1 illustriert. Die Abbildung unterstellt einen Diskontsatz von 5 % und einen Überschuss von 100.000 EUR in der letzten Periode der Detailplanungsphase. Die Abbildung zeigt, dass sich der Terminal Value nur aufgrund der Anpassung der Wachstumsrate von 2 MEUR auf 3,4 MEUR bei gleichzeitiger Anpassung der Wachstumsrate von 0 % auf 2 % erhöht.

Das OLG Frankfurt[9] hat in einem Urteil zum Verhältnis von Wachstumsraten und Inflationsraten festgestellt, dass eine Wachstumsrate von 1 % nicht zu beanstanden sei. Zu einem Wert von 1 % kommt auch das OLG Koblenz.[10] Das OLG Karlsruhe verweist auf die gängige Praxis, Werte zwischen 1 % und 3 % anzusetzen.[11] Anzumerken ist, dass diese Urteile immer auch wieder auf die Geldentwertung – also die Inflation – Bezug nehmen. Bei einem deutlichen Anstieg der Inflation ist mithin zu fragen, ob nicht höhere Wachstumsraten angezeigt sind. Ergänzend stellen Schüler & Lampenius, 2007, fest, dass in 134 zwischen 1985 und 2003 durchgeführten Bewertungen, die sie ausgewertet haben, Wachstumsabschläge von 0 % bis 2,6 % mit einem Mittelwert von 0,65 % vorfindlich sind.

Aus theoretischer Sicht ist zu fordern, dass in einem langfristigen Gleichgewicht, was als Annahme genau für die Phase der ewigen Rente angenommen ist, das Wachstum der

---

[9] Vgl. OLG Frankfurt, 9.2.2010 – 5 W 38/09: BBL2010-1720-3.
[10] Vgl. OLG Koblenz, 20.2.2009 – 10 U 57/05.
[11] Vgl. OLG Karlsruhe, 16.7.2008 – 12 W 16/02.

Dividenden der Wachstumsrate der Überschüsse entspricht. Ferner ist zu fordern, dass die langfristige Wachstumsrate unterhalb der Inflationsrate liegt. Würde die Wachstumsrate oberhalb der Inflationsrate liegen, würde im langfristigen Gleichgewicht der gesamte Wert auf das Unternehmen entfallen.[12]

Zusammenfassend sollte die Wachstumsrate bzw. der Wachstumsabschlag sich an der Inflationsrate orientieren, diese aber nicht übersteigen. Vielmehr ist davon auszugehen, dass nicht alle inflationierten Aufwendungen an den Kunden weitergegeben werden können. Daher ist auch mit Blick auf die genannten Urteile ein Wert von 1 % nicht unangemessen, wenn damit ebenfalls gezeigt werden kann, dass 1 % einer Näherung des hälftigen, erwarteten Inflationssatzes entspricht.[13]

## Literatur

Armstrong, 2001. *Principles of Forecasting, A Handbook for Researchers and Practitioners*. New York: Springer.
Creutzmann, 2011. Einflussfaktoren bei der Ermittlung des Wachstumsabschlags. *DB*, S. 24–28.
Damodaran, 2015. *Damodaran-Datenbank*. [Online] Letzter Abruf: http://pages.stern.nyu.edu/~adamodar/ [Zugriff am 25 05 2016].
Drukarczyk & Schüler, 2015. *Unternehmensbewertung*. München: Vahlen.
Meitner, 2009. *Der Terminal Value in der Unternehmensbewertung*. Herne: NWB.
Mokler, 2009. Ertragswert- und Discounted-Cashflow-Verfahren im Vergleich. In: Schacht & Fackler, Hrsg. *Praxishandbuch Unternehmensbewertung, Grundlagen, Methoden, Fallbeispiele*. Wiesbaden: Gabler.
Samonas, 2015. *Financial Forecasting, Analysis, and Modelling – A Framework for Long-Term Forecasting*. Weinheim: Wiley.
Schmidt, 1976. *Der Einfluß der Unternehmensgröße auf die Rentabilität von Industrieunternehmen*. Heidelberg: Springer.
Schüler & Lampenius, 2007. *Wachstumsannahmen in der Bewertungspraxis: Eine empirische Untersuchung ihrer Implikationen*. 59 Aufl. Bochum: NWB.
Widmann, Schieszl & Jeromin, 2003. Der Kapitalisierungszinssatz in der praktischen Unternehmensbewertung. *FB*, S. 800–810.
Wüstemann, 2010. BB-Rechtsprechungsreport Unternehmensbewertung 2009/10. *Betriebs-Berater*, S. 1715.

## Über die Autoren

**Dr. Björn Heidecke** (Hrsg.) ist seit 2011 Verrechnungspreisexperte bei der Deloitte GmbH am Standort Hamburg. In 2013 war er mehrere Monate im Verrechnungspreisteam am Standort Johannesburg/Südafrika tätig. Seine Interessen liegen in den Bereichen: Umstrukturierungen und Verrechnungspreise, Funktionsverlagerungsbewertungen, Bewertung von immateriellen

---

[12]Vgl. Damodaran, 2015, S. 324.
[13]Vgl. dazu Creutzmann, 2011, Widmann et al., 2003.

Vermögensgegenständen, Verrechnungspreissysteme in Afrika, Verrechnungspreise bei Start-ups und Themen an der Schnittstelle von Steuern und Ethik.

Er studierte von 2004 bis 2008 Diplom-Volkswirtschaftslehre und Diplom-Handelslehramt an der Christian-Albrechts-Universität zu Kiel und promovierte von 2008 bis 2011 an der TU Chemnitz sowie der Wirtschaftsuniversität Breslau.

Er ist Mitglied der Deutschen Gesellschaft für ökonomische Bildung und Alumni des Nachwuchsförderungsprogrammes der Hanns Martin Schleyer-Stiftung. Er publiziert regelmäßig auf dem Gebiet der Verrechnungspreise.

**Dr. Marc Hübscher** verantwortet seit 2014 bei Deloitte den Bereich Corporate Finance mit Schwerpunkt auf Unternehmensbewertungen aus verschiedenen Anlässen und Bewertungen von Vermögenswerten sowie finanzbezogenen Geschäftsmodellierungen (Valuation & Modeling Services) am Standort Hamburg.

Er ist Diplom-Handelslehrer und Diplom-Ökonom der Carl-von-Ossietzky-Universität Oldenburg und promovierte berufsbegleitend ebenda zum Dr. rer. pol. Er ist zudem u. a. Mitglied des Ausschusses für Volkswirtschaft der Handelskammer Hamburg und Lehrbeauftragter für Controlling und Wertmanagement an der FOM Hamburg.

# Ausgleichsanspruch nach § 89b HGB für Vertriebsunternehmen und die Bedeutung für die Bewertung von Funktionsverlagerungen

Felix Felleisen, Björn Heidecke und Janis Sussick

**Leitfragen dieses Kapitels**

- Worin bestehen die Voraussetzungen für das Entstehen eines Ausgleichsanspruchs nach § 89b HGB?
- Unter welchen Voraussetzungen kann der Ausgleichsanspruch auch für Eigenhändler, Kommissionäre und Franchisenehmer zur Entstehung gelangen?
- Kann ein möglicher Ausgleichsanspruch im Rahmen einer Umstrukturierung vermieden werden? Wenn ja, wie?
- Wie kann die Höhe des Ausgleichsanspruchs ermittelt werden?
- Welche Wechselwirkungen bestehen zwischen den Bewertungen eines Transferpakets und dem Ausgleichsanspruch nach § 89b HGB?

F. Felleisen (✉)
Düsseldorf, Deutschland
E-Mail: ffelleisen@deloitte.de

B. Heidecke
Hamburg, Deutschland
E-Mail: bheidecke@deloitte.de

J. Sussick
München, Deutschland
E-Mail: jsussick@deloitte.de

## 9.1 Einleitung

Im Zuge der Umstrukturierung von Unternehmensgruppen kommt es oft zu Anpassungen der Vertriebsstrukturen. Sofern in diesem Zusammenhang eine Beendigung (Kündigung oder einvernehmliche Aufhebung) von bestehenden konzerninternen Vertragsverhältnissen in Rede steht, sind neben den Vorschriften für Funktionsverlagerungen auch mögliche zivilrechtliche Ausgleichsansprüche derjenigen Partei zu prüfen, der bisher eine Vertriebsfunktion zukam. Im Allgemeinen ist davon auszugehen, dass ordentliche und gewissenhafte Geschäftsleiter gegenüber unverbundenen Geschäftspartnern bei der Beendigung des zugrunde liegenden Vertragsverhältnisses zumindest den ihnen zivilrechtlich durchsetzbaren Ausgleichsanspruch geltend machen würden. Hierdurch begründet sich nach herrschender Meinung[1], dass auch im Falle einer konzerninternen Funktionsverlagerung dem funktionsabgebenden Unternehmen ein Ausgleich mindestens in der Höhe des ihm zustehenden zivilrechtlichen Anspruchs zusteht.

Besonders relevant sind im Hinblick auf die Verlagerung oder Abschmelzung von Vertriebsfunktionen die Regelungen, die der deutsche Gesetzgeber – in Umsetzung der Handelsvertreterrichtlinie – in § 89b HGB getroffen hat. Diese haben den Ausgleichsanspruch des Handelsvertreters bei Vertragsbeendigung zum Gegenstand und sind nach ständiger BGH-Rechtsprechung bei Vorliegen der einschlägigen Voraussetzungen analog auch auf Eigenhändler, Kommissionäre und Franchisenehmer anwendbar, wenn das jeweils zugrunde liegende Vertragsverhältnis durch den Auftraggeber beendet wird. Der Zweck der genannten Bestimmungen ist die Verhinderung einer Übervorteilung des nach herkömmlicher Auffassung üblicherweise mit geringerer Verhandlungsmacht ausgestatteten Handelsvertreters durch seinen Vertragspartner.

In der Praxis wird der Ausgleichsanspruch nach § 89b HGB insbesondere im Rahmen der Einzelbewertung für Kundenstämme relevant. Dies gilt unabhängig davon, ob eine Funktionsverlagerung gemäß § 1 Abs. 2 Funktionsverlagerungsverordnung (FVerlV) vorliegt oder nicht: Bei Vorliegen einer Funktionsverlagerung, die eine Übertragung eines Kundenstammes nach sich zieht, wird der Ausgleichsanspruch nach § 89b HGB häufig als Anhaltspunkt für die Preisbestimmung herangezogen.

Im Folgenden werden zunächst die Tatbestandsmerkmale des Ausgleichsanspruchs i. S. d. § 89b HGB diskutiert und erörtert, ob und ggf. wie dieser begrenzt oder ausgeschlossen werden kann. Im Anschluss wird anhand eines Praxisbeispiels dargestellt, wie ein möglicher Ausgleichsanspruch unter Berücksichtigung der Münchner Formel für einen konzerninternen Sachverhalt berechnet werden kann. Abschließend werden die möglichen Wechselwirkungen zwischen Ansprüchen nach § 89b HGB und der Bewertung eines Transferpakets diskutiert.

---

[1] Vgl. Borstell & Wehnert, 2015; Kuckhoff & Schreiber, 1999.

## 9.2 Profile: Eigenhändler, Kommissionär und Handelsvertreter

Die Anwendbarkeit des § 89b HGB sowie dessen Rechtsfolgen hängen u. a. von der rechtlichen und wirtschaftlichen Ausgestaltung der jeweiligen Vertriebstätigkeiten ab. Im Folgenden werden daher typische Vertriebstätigkeiten definiert und die relevanten Charakteristika dargestellt.[2]

### 9.2.1 Eigenhändler

Ein Eigenhändler definiert sich über den Einkauf und Verkauf von Produkten im eigenen Namen und auf eigene Rechnung. Der Eigenhändler bezieht Produkte von einem oder von mehreren Herstellern und wird für eine bestimmte Übergangszeit Eigentümer der erworbenen Produkte. Oftmals unterhält er ein Lager für die Aufbewahrung der Produkte, bevor er die Güter an die nachgelagerte Marktstufe weiterveräußert (beispielsweise an Einzelhändler oder Endkunden). Typische Funktionen des Eigenhändlers sind die Durchführung von Werbemaßnahmen, die Kundenakquise, die Durchführung von Vertragsverhandlungen mit Kunden, das Forderungsmanagement sowie die Lagerlogistik. Typische Risiken sind Absatzrisiko, Lagerrisiko, Forderungsausfallrisiko sowie Gewährleistungs- und Produkthaftungsrisiken. Üblicherweise baut ein Eigenhändler im Rahmen seiner Tätigkeiten einen eigenen Kundenstamm sowie Vertriebs-Know-how auf.

Im Verrechnungspreisbereich wird häufig anhand des Ausmaßes der Funktionsausübung und der Risikoübernahme durch den Eigenhändler eine weitergehende Abstufung vorgenommen. Während der Limited Risk Distributor nahezu vollständig von Risiken freigestellt ist, übernimmt der Fully Fledged Distributor ein weites Maß an Risiken und Funktionen.

### 9.2.2 Verkaufskommissionär

Der Verkaufskommissionär wird auf eigenen Namen, aber auf fremde Rechnung tätig (§ 383 ff HGB). Er übernimmt das Eigentum nur für eine logische Sekunde, bilanziert die Waren aber nicht bzw. nur für die logische Sekunde über ein Kommissionswarenkonto. Das Eigentum an der Ware verbleibt beim Kommittenten bis der Kommissionär wirksam auf den Käufer überträgt. Auch baut der Kommissionär i. d. R. kein eigenes wirtschaftliches Eigentum am entstehenden Kundenstamm auf. Abweichend vom Handelsvertreter wird der Kommissionär jedoch Vertragspartner des Kunden. Der Kommissionär kann eine Provision fordern, wenn das Geschäft zur Ausführung gekommen ist (vgl. § 396 HGB).

---

[2]In Anlehnung an Wilmanns & Renz, 2013, vgl. auch Engler & Wellmann, 2015.

### 9.2.3 Handelsvertreter

Ein Handelsvertreter agiert in fremdem Namen und auf fremde Rechnung (§ 84 HGB). Das Ziel eines Handelsvertreters ist die Anbahnung von Geschäften zwischen seinem Auftraggeber und Kunden auf dem lokalen Markt. Der Handelsvertreter tritt hierbei nicht als Einkäufer und Verkäufer von Produkten auf und erwirbt folglich zu keinem Zeitpunkt das Eigentum an den entsprechenden Produkten. Vielmehr beschränken sich seine Tätigkeiten auf die Durchführung von Werbemaßnamen und Akquise sowie die Anbahnung und Vorbereitung von Verkaufsverhandlungen zwischen seinem Auftraggeber und den jeweiligen Kunden. Als Vergütung für diese Tätigkeiten erhalten Handelsvertreter Vermittlungsprovisionen, welche es ihnen erlauben sollten, einen angemessenen Gewinn nach Deckung der entstehenden Kosten zu erzielen. Gemäß der Funktionsausübung tragen Handelsvertreter keine Absatzrisiken, Lagerrisiken, Forderungsausfallrisiken o. ä. produktbezogene Risiken. Zwar können auch Handelsvertreter im Rahmen ihrer Tätigkeiten ein gewisses eigenes Vertriebs-Know-how aufbauen, jegliche Kundenstämme entstehen jedoch direkt bei dem Auftraggeber und liegen in dessen Eigentum.

Für weitere zivilrechtliche Abgrenzungen zwischen Handelsvertretern und Kommissionären sei auf Wilmanns & Renz, 2013, S. 258, verwiesen.

### 9.2.4 Zusammenfassung

Die Tab. 9.1 fasst die wesentlichen Charakteristika der verschiedenen Vertriebsmodelle zusammen.

## 9.3 Tatbestandsmerkmal „Ausgleichsanspruch"

Die umstrukturierungsbedingte Beendigung von zur Funktionserfüllung geschlossenen Verträgen kann diverse vertragliche oder gesetzliche Entschädigungs- und Ausgleichsansprüche nach sich ziehen. Eine besondere Anspruchsgrundlage, die bei Umstrukturierungsvorgängen regelmäßig virulent wird, beinhaltet § 89b HGB. Nach § 89b Abs. 1 HGB kann ein Handelsvertreter von dem Unternehmer nach Beendigung des Vertrauensverhältnisses einen angemessenen Ausgleich verlangen, wenn und soweit der Unternehmer aus einer Geschäftsverbindung mit vom Handelsvertreter geworbenen neuen Kunden – zu denen auch Bestandskunden zählen können, deren Auftragsvolumen durch die Aktivitäten des Handelsvertreters wesentlich erweitert wurde – nach Beendigung des Vertragsverhältnisses erhebliche Vorteile hat und ein Ausgleich unter Berücksichtigung aller Umstände billig ist. Dies wird im Folgenden näher ausgeführt.

Tab. 9.1 Zusammenfassung Funktions- und Risikoprofile „Vertrieb". (Quelle: Eigene Darstellung)

| Funktionen/Risiken/Wirtschaftsgüter | Eigenhändler (am Beispiel einer Fully-Fledged-Gesellschaft) | Kommissionär | Handelsvertreter |
|---|---|---|---|
| Funktionen | | | |
| Kundenakquise | ja | ja | ja |
| Lagerhaltung | ja | nein | nein |
| Inkasso | ja | ggf. ja | nein |
| Eigene Preispolitik | ja | nein | nein |
| Kundendienst | ja | ggf. ja | ggf. ja |
| Vertragspartner des Kunden | ja | ja | nein |
| Risiken | | | |
| Absatzrisiko | ja | gering | gering |
| Lagerrisiko | ja | nein | nein |
| Gewährleistungs-/Produkthaftungsrisiken | ja | nein | nein |
| Wirtschaftsgüter | | | |
| Temporäres Eigentum an Produkten | ja | ggf. ja | nein |
| Eigentum am Kundenstamm | ja | i. d. R. nein | nein |
| Vertriebs-Know-how | ja | ja | ja |

## 9.3.1 Beendigung

Voraussetzung für das Entstehen des Ausgleichsanspruchs ist zunächst eine Beendigung des zugrunde liegenden Handelsvertretervertrages. Umstrukturierungen können die vollständige Beendigung oder die Fortsetzung des Vertrages mit einem verminderten Umfang zur Folge haben. Die vollständige Beendigung des Vertrages ist eine Beendigung gemäß § 89b HGB. Daneben wird der bestehende Vertrag auch beendet, wenn das bisherige Rechtsverhältnis in ein anderes Rechtsverhältnis umgewandelt wird.[3] Dazu gehört allerdings regelmäßig nicht der bloße Austausch eines Handelsvertretervertrags gegen einen neuen Handelsvertretervertrag bei Parteienidentität.[4]

---

[3] Hoyningen-Huene, 2015.
[4] BGH, v. 14. 11. 1966 – VII ZR 112/64, NJW 1967, 248.

## 9.3.2 Erhebliche Vorteile

Der Auftraggeber muss aus dem neu geworbenen oder erweiterten Kundenstamm erhebliche Vorteile ziehen.[5] Die Erheblichkeit bemisst sich anhand eines Vergleichs des Umfangs der möglichen Vertriebstätigkeit vor und nach Einsatz des Handelsvertreters.[6] Die bloße Belieferung konzerninterner Abnehmer durch den Auftraggeber reicht nicht aus.[7]

## 9.3.3 Billigkeit

Die Einräumung des Ausgleichsanspruchs muss billig sein. Die Billigkeit i. S. d. § 89 Abs. 1 S. 1 Nr. 2 HGB ist kein bloßes Korrektiv zu § 89 Abs. 1 S. 1 Nr. 1 HGB, sondern eine eigene Anspruchsvoraussetzung.[8] In die Billigkeitsprüfung fließen Umstände ein, die im Rahmen der Vorteilsberechnung nicht berücksichtigt werden können. Ziel ist ein interessengerechter Ausgleich.[9] Die Billigkeitsabwägung ist von Bedeutung, da der Beendigungstatbestand nicht nach dem Grund differenziert und u. a. ein Verschulden unberücksichtigt lässt. Jedoch ist die Einräumung eines Ausgleichsanspruchs bei Umstrukturierungen regelmäßig als billig anzusehen, da die Beendigung der vertraglichen Abreden mit dem Handelsvertreter – einer Tochtergesellschaft – durch die Obergesellschaft forciert wird. Ein Verschulden des Handelsvertreters oder sonstige Unbilligkeitsgründe sind regelmäßig gerade nicht gegeben. Der Umstrukturierungszweck der Verlagerung schließt jedoch nicht aus, dass andere Erwägungen in die Billigkeitsprüfung einfließen können.

## 9.4 Analoge Anwendung

Nach ständiger Rechtsprechung des BGH kann sich aus einer analogen Anwendung des § 89b HGB auch für den Eigenhändler ein Ausgleichsanspruch ergeben. Dies jedoch nur unter den – kumulativ einzuhaltenden – Voraussetzungen, dass i) der Eigenhändler in das Vertriebsnetz des Auftraggebers eingebunden ist, ii) dessen Weisungen unterliegt und iii) vertraglich dazu verpflichtet ist, dem Auftraggeber bei Vertragsende die geworbenen Neukunden zu überlassen.[10]

---

[5] Hopt, 2014.
[6] Hopt, 2014.
[7] Baumhoff, 2014.
[8] Hoyningen-Huene, 2015.
[9] Hoyningen-Huene, 2015.
[10] BGH, v. 13.06.2007 – VIII ZR 352/04, NJW-RR 2007, 1327.

In früheren Urteilen des BGH (z. B. BGH-Urteil v. 16.02.1961, VII ZR 239/59) wurde darüber hinaus die Schutzbedürftigkeit des Eigenhändlers geprüft und die Anwendbarkeit von § 89b HGB auf Eigenhändler – aufgrund einer im Vergleich zu einem klassischen Handelsvertreter geringeren Schutzbedürftigkeit – teilweise verneint. Diese Haltung wurde jedoch mit dem BGH-Urteil v. 11.02.1977, I ZR 185/75 aufgegeben.

Ob der Eigenhändler in diesem Sinne in die Vertriebsstruktur eingebunden ist, ist anhand der Umstände des Einzelfalls zu beurteilen. Kriterien sind u. a. die Zuweisung eines Vertragsgebiets, die Verpflichtung zur aktiven Vermarktung, Mindestabnahmeverpflichtungen, die Verpflichtung zur Zusammenarbeit mit Mitarbeitern des Auftraggebers, das Bestehen eines Verbots des Vertriebs von Konkurrenzprodukten oder Garantieverpflichtungen des Auftraggebers gegenüber den Kunden des Eigenhändlers.[11] Maßgeblich ist, ob sich aus einer Gesamtschau ergibt, dass der Eigenhändler nicht als selbstständig, sondern als so stark in die Vertriebsorganisation eingegliedert anzusehen ist, dass er zum Auftraggeber zu zählen ist.

Beim Merkmal der Überlassung der Neukunden setzt der BGH die Schwelle niedrig an. Es reicht die rechtliche[12] Verpflichtung zur Nennung der Neukunden, die dem Auftraggeber die Nutzung des Kundenstamms ermöglicht.[13] Eine vertraglich begründete Verpflichtung zur Weitergabe löst den Anspruch des Eigenhändlers aus.[14] Für Franchisenehmer[15] und Kommissionäre[16] gelten die Ausführungen entsprechend.

Die inhaltsgleiche Umstellung einer unter § 89b HGB fallenden Konstellation in eine andere § 89b HGB unterfallende Konstellation (z. B. Umstellung eines Eigenhändlers auf einen Kommissionär) ist nicht als Beendigung i. S. d. § 89b HGB zu werten, sondern als bloße strukturelle Veränderung des Vertrags, der aber im Grundsatz unverändert fortgeführt wird.[17] Infolgedessen wird der Ausgleichsanspruch aus § 89b HGB aufgrund des Fehlens eines Beendigungstatbestandes nicht ausgelöst. Diese Folge – keine Beendigung, kein Anspruch – kann jedoch nur dann eintreten, wenn der Vertrag trotz der Umstellung inhaltlich gänzlich unverändert fortgeführt wird.[18]

---

[11]Borstell & Wehnert, 2015.
[12]Eine rein faktische Verpflichtung reicht nicht aus: BGH v. 01.12.1993 – VIII ZR 41/93, NJW 1994, S. 657.
[13]BGH, v. 14.04.1983 – I ZR 20/81, NJW 1983, 2877.
[14]Bodemüller, 2004, S. 286 f.
[15]Grotherr & Füger, 2015, S. 777.
[16]Bodemüller, 2004, S. 270.
[17]Grotherr & Füger, 2015, S. 777.
[18]Vgl. Faix & Wangler, 2001.

## 9.5 Ausschluss des § 89b HGB

### 9.5.1 Kein grundsätzlicher Ausschluss des § 89b HGB bei Konzernsachverhalten

§ 89b HGB ist auch im Konzernverbund anwendbar.[19] Wird somit eine Konzerngesellschaft als Handelsvertreter tätig, steht ihr bei Vertragsbeendigung grundsätzlich der Anspruch aus § 89b Abs. 1 HGB zu.

### 9.5.2 Ausschluss des Ausgleichsanspruchs

Im Folgenden werden Möglichkeiten dargestellt, den Ausgleichsanspruch nach § 89b HGB auszuschließen.

**1. Vertraglicher Ausschluss**

Der Ausgleichsanspruch kann gemäß § 89 Abs. 4 S. 1 HGB nicht im Voraus ausgeschlossen werden. Er kann jedoch bei Beendigung oder danach durch vertragliche Vereinbarung ausgeschlossen oder gemindert werden.[20] Im Konzern ist der rechtlich zulässige nachträgliche Verzicht jedoch regelmäßig im Hinblick auf die Vereinbarkeit mit dem Rückwirkungsverbot zu überprüfen.[21]

Die einfachste Möglichkeit zur Vermeidung der Entstehung eines Ausgleichsanspruchs ist der vertragliche Ausschluss der Weitergabe der Kundendaten. In diesem Fall ist der Tatbestand des § 89b Abs. 1 HGB – und zwar die Übertragung von Vorteilen aus der bisherigen Handelsvertretertätigkeit – nicht erfüllt. Zu beachten ist jedoch, dass soweit schon während der Vertragslaufzeit umfassende Reporting-Pflichten des Handelsvertreters bestehen und hiermit Kundendaten an den Auftraggeber übermittelt werden, das Tatbestandsmerkmal der Weitergabe von Vorteilen als erfüllt anzusehen ist. Der Auftraggeber muss tatsächlich wie auch rechtlich in der Lage sein, die übermittelten Daten nach Vertragsbeendigung weiter zu nutzen. Dies ist ausgeschlossen, wenn die Weiternutzung datenschutzrechtlich untersagt ist.[22]

**2. Die gesetzlichen Ausschlussgründe**

Darüber hinaus sind in § 89b Abs. 3 HGB drei Ausschlussgründe normiert, von denen bei Umstrukturierungen im Ergebnis allerdings nur § 89b Abs. 3 Nr. 3 HGB eingreifen

---

[19] Bodemüller, 2004, S. 270.
[20] Hoyningen-Heune, 2015.
[21] Vgl. H36 KStH „Rückwirkende Vereinbarungen".
[22] Vgl. Käbisch, 2001.

kann:²³ Hiernach besteht der Ausgleichsanspruch nicht, wenn der ausscheidende Handelsvertreter mit dem Unternehmer den Eintritt eines Dritten in das Vertragsverhältnis vereinbart hat. Es gilt die Annahme, dass sich der ausscheidende Handelsvertreter die Übertragung von seinem Nachfolger vergüten lässt. Die tatsächliche Zahlung eines Ausgleichs ist irrelevant.²⁴ § 89b Abs. 3 Nr. 3 HGB setzt keine gänzlich unveränderte Übernahme des Vertragsverhältnisses voraus.²⁵

Im Zusammenhang mit dem Eintritt eines Dritten in das Vertragsverhältnis sind daneben insbesondere zwei vertragliche Konstruktionen zu berücksichtigen, mittels derer der grundsätzlich ausgleichsverpflichtete Unternehmer seine Kosten minimieren kann. Dabei handelt es sich um sog. Abwälzungsvereinbarungen und Einstandszahlungen.

In einer Abwälzungsvereinbarung vereinbaren der ausgleichspflichtige Unternehmer und der Nachfolger des ausscheidenden Handelsvertreters, dass der Nachfolger dem Unternehmer die Ausgleichszahlung, die der Unternehmer gegenüber dem ausscheidenden Handelsvertreter zu erbringen hat, erstattet.²⁶ Die Abwälzungsvereinbarung führt nicht dazu, dass der vom ausscheidenden Handelsvertreter für den Auftraggeber geschaffene Kundenstamm gegenüber dem neu eintretenden Nachfolger als „neu" und damit durch den Nachfolger geschaffen und ausgleichspflichtig anzusehen ist.²⁷

Mit einer Einstandszahlung des Nachfolgers an den Unternehmer bezahlt der Nachfolger für die Möglichkeit, an die Stelle des bisherigen Handelsvertreters treten zu dürfen und Provisionseinnahmen überhaupt erst erzielen zu können.²⁸ Auch hier werden die seitens des ehemaligen Handelsvertreters geworbenen Kunden nicht als neu angesehen.²⁹

Einstandszahlungen und Abwälzungsvereinbarungen sind grundsätzlich rechtlich zulässig. Sie sind darüber hinaus auch unter unabhängigen Dritten nicht unüblich. Die zentrale Problematik besteht im Zusammenhang mit § 89b Abs. 4 S. 1 HGB, wonach der Ausgleichsanspruch im Voraus nicht ausgeschlossen werden darf. Wenn der Nachfolger

---

²³§ 89b Abs. 3 Nr. 1 HGB schließt den Ausgleichsanspruch in bestimmten Fällen handelsvertreterseitiger Kündigungen, die nicht vom Unternehmer veranlasst sind, aus. Bei Umstrukturierungen geht die Kündigung jedoch selten vom Handelsvertreter aus. Selbst wenn eine handelsvertreterseitige Kündigung vorliegt, ist diese regelmäßig durch den Auftraggeber, die Konzernobergesellschaft, veranlasst. § 89 Abs. 3 Nr. 2 HGB verlangt das Vorliegen eines wichtigen Grundes für die Beendigung und schuldhaftes Verhalten des Handelsvertreters. Letzteres muss so schwer wiegen, „dass dem Unternehmer ein Festhalten am Vertrag bis zum Ablauf der Vertragsdauer oder der Frist für eine ordentliche Kündigung nicht zumutbar ist". Dies wird im Falle einer Umstrukturierung regelmäßig nicht der Fall sein, ein schuldhafte Verhalten des Handelsvertreters kaum jemals vorliegen.
²⁴Hoyningen-Huene, 2015; a.A. Kiene, 2006.
²⁵Hopt, 2014; Küstner & Mateuffel, 1990.
²⁶Vgl. nur Kiene, 2006, 2007; Hoyningen-Huene, 2015; Oetker, et al., 2015, § 89b HGB Rn. 43.
²⁷BGH, v. 10.05.1984 - I ZR 36/82 = NJW 1985, 58.
²⁸Vgl. nur Kiene, 2006, 2007; Hoyningen-Huene, 2015.
²⁹BGH, Urteil v. 10.05.1984, I ZR 36/82 = NJW 1985, 58.

seinerseits Zahlungen an den Unternehmer bei Eintritt in die Handelsvertreterstellung erbringt, ist es grundsätzlich denkbar, darin einen Verstoß gegen oder eine Umgehung von § 89 Abs. 4 S. 1 HGB zu sehen. Einstandszahlungen stellen aber auf Grundlage der Rechtsprechung des BGH grundsätzlich selbst dann keinen Verstoß gegen den Unabdingbarkeitsgrundsatz des § 89b Abs. 4 S. 1 HGB dar, wenn eine Stundung der Einstandszahlung bis zur Vertragsbeendigung vereinbart ist und zum Zeitpunkt des Vertragsendes Einstands- und Ausgleichszahlung verrechnet werden sollen.[30] Eine Ausnahme von diesem Grundsatz besteht jedoch insbesondere für die Vereinbarung eines unangemessen hohen Übernahmepreises, der faktisch den gesetzlichen Ausgleichsanspruch bei Vertragsbeendigung ausschließt.[31] Wann die Grenze überschritten ist, wird in Rechtsprechung und Literatur uneinheitlich beurteilt.[32] Pauschale Aussagen können nicht getroffen werden, die Bewertung hängt vom Einzelfall ab.[33] Die hier für die Einstandszahlung dargestellten Grundsätze sind entsprechend auf Abwälzungsvereinbarungen und die damit verbundenen Zahlungen anzuwenden.[34]

Die beiden Konstellationen Abwälzungsvereinbarung und Einstandszahlung unterscheiden sich hinsichtlich der beteiligten Parteien von der in § 89 Abs. 3 Nr. 3 HGB beschriebenen Situation. Während an der Vertragsübernahme allein der ehemalige und der neue Handelsvertreter beteiligt sind, schließen im Falle der Abwälzungsvereinbarungen sowie der Einstandszahlungen der Unternehmer und der neue Handelsvertreter einen neuen Vertrag, an dem der ausscheidende Handelsvertreter nicht beteiligt ist. Richtigerweise sind bei Abschluss dieses Vertrags mit dem Nachfolger die vom ehemaligen Handelsvertreter geworbenen Kunden für den Unternehmer nicht neu.[35] Dementsprechend ist der Unternehmer bezüglich dieser Kunden gegenüber dem neuen Handelsvertreter bei Beendigung des Handelsvertreterverhältnisses nicht zum Ausgleich verpflichtet, da er anderenfalls in für ihn wirtschaftlich nachteiliger Weise zweimal zum Ausgleich der gleichen Kundenanbahnung verpflichtet wäre. Der Unternehmer ist auch keinesfalls verpflichtet, eine entsprechende Vereinbarung zur erneuten Berücksichtigung des durch den alten Handelsvertreter im Auftrag des Prinzipals geworbenen Kundenstamms im Zusammenhang mit dem Ausgleichsanspruch des neuen Handelsvertreters zu treffen.[36] Andererseits bleibt anzumerken, dass eine solche Vereinbarung die Wahrscheinlichkeit eines Verstoßes gegen § 89 Abs. 4 S. 1 HGB in Bezug auf den Ausgleichsanspruch des

---

[30] BGH NJW 1983, 1727; OLG Düsseldorf OLGR 2003, 183.

[31] BGH NJW 1983, 1727.

[32] Hoyningen-Huene, 2015, Rn. 203 mit Fußnote 10: Verweis auf Zahlung in Höhe einer Jahresdurchschnittsprovision wirksam: OLG Düsseldorf OLGR 2001, 317; sowohl auch Kiene, 2006; aA OLG Celle OLGR 2002, 86; 2001, 196, weil dann der Handelsvertreter ein Jahr lang umsonst arbeiten müsse; so auch Küstner & Thume, 2014, RdNr. 34, 37.

[33] Hoyningen-Huene, 2015.

[34] Hoyningen-Huene, 2015.

[35] Vgl. Hoyningen-Huene, 2015, Rn. 197.

[36] So auch: Budde, 2005.

nachfolgenden Handelsvertreters, mit dem die Einstandszahlung oder Abwälzungsvereinbarung vereinbart wird, minimieren kann.

### 3. Zeitablauf als faktischer Ausschlussgrund

Gemäß § 89b Abs. 4 S. 2 HGB muss der Handelsvertreter den Anspruch innerhalb eines Jahres ab Vertragsbeendigung geltend machen. Die Ausschlussfrist ist unabdingbar und kann weder verlängert noch verkürzt werden.[37]

### 4. Ausschluss durch § 92c HGB

Gemäß § 92c Abs. 1 HGB kann von den §§ 84 ff. HGB abgewichen werden, wenn der Handelsvertreter nicht innerhalb der EU bzw. des EWR tätig ist. Ein Ausschluss des Ausgleichsanspruchs ist möglich, auch im Voraus. Entsprechendes gilt gemäß § 92c Abs. 2 HGB für Schifffahrtsvertreter.

### 5. Ausschluss durch Rechtswahl

§ 89b HGB ist deutsches Recht. Ist die Geltung ausländischen Rechts vereinbart, entsteht der Ausgleichsanspruch grundsätzlich nur, wenn dort ein Äquivalent vorgesehen ist. Da der Ausgleichsanspruch auf einer europäischen Richtlinie[38] beruht, kennen zumindest die Rechtsordnungen aller EU-Mitgliedsstaaten einen Ausgleichsanspruch. Für einen Ausschluss muss somit das Recht eines Drittstaats vereinbart werden. Solchen Umgehungsvarianten hat der EuGH zum Teil einen Riegel vorgeschoben. In einem Urteil vom 09.11.2001 hält er fest:

> Art. 17 und 18 der Richtlinie 86/653/EWG des Rates vom 18.12.1986 zur Koordinierung der Rechtsvorschriften der Mitgliedsstaaten betreffend die selbstständigen Handelsvertreter, die dem Handelsvertreter nach Vertragsbeendigung gewisse Ansprüche gewähren, sind auch dann anzuwenden, wenn der Handelsvertreter seine Tätigkeit in einem Mitgliedstaat ausgeübt hat, der Unternehmer seinen Sitz aber in einem Drittland hat und der Vertrag vereinbarungsgemäß dem Recht dieses Landes unterliegt.[39] Art. 17 der Richtlinie ist letztlich inhaltsgleich mit § 89b HGB. Im Ergebnis ist somit ein Ausgleich zu gewähren, wenn der Handelsvertreter in einem EU-Mitgliedstaat tätig ist.[40]

Die Grundsätze des EuGH-Urteils gelten allerdings nicht für die Fälle der analogen Anwendung des § 89b HGB.[41]

---

[37] Hoyningen-Heune, 2015, Rn. 220.
[38] Richtlinie 86/653/EWG des Rates vom 18. Dezember 1986 zur Koordinierung der Rechtsvorschriften der Mitgliedsstaaten betreffend die selbständigen Handelsvertreter.
[39] EuGH, v. 09.11.2000 – RS C-381/98, Rn. 26 – „Ingmar".
[40] A maiore ad minus wird man aus dem EuGH-Urteil schließen können, dass nichts anderes gilt, wenn beide Vertragspartner in einem Mitgliedstaat tätig sind und das Recht eines den Ausgleichsanspruch nicht kennenden Drittstaats vereinbaren.
[41] So auch: Borstell & Wehnert, 2015, Q 184.

**6. Kündigung des Handelsvertretervertrags**

Ein Ausgleichsanspruch entsteht nicht, wenn der Handelsvertretervertrag zuvor gekündigt wurde. Die Kündigungsfristen sind in § 89 Abs. 1 HGB geregelt. Es handelt sich um Mindestfristen, vgl. § 89 Abs. 2 HGB. Die Vorschrift gilt analog für andere Vertriebsformen.[42]

## 9.6 Höhe des Ausgleichsanspruchs

### 9.6.1 Berechnungsgrundlagen

Gemäß § 89 Abs. 1 S. 1 HGB ist ein angemessener Ausgleich zu zahlen.[43, 44] Die Ausgleichsberechnung ist aufgrund einer Gesamtwürdigung des Einzelfalles vorzunehmen. Grundlage ist der prognostizierte Umsatz des Auftraggebers aus dem vom Handelsvertreter aufgebauten und erweiterten Kundenstamm.[45] Allgemein ist die Faustformel anerkannt, dass die Vorteile des Auftraggebers den Provisionsverlusten des Handelsvertreters entsprechen.[46] Maßstab sind grundsätzlich die Provisionen der letzten zwölf Monate vor Beendigung.[47] Sind diese nicht repräsentativ, kann ein anderer Zeitraum zugrunde gelegt werden.[48] Provisionen für Geschäftsabschlüsse mit Altkunden oder Verwaltung sind abzuziehen.[49]

In den ermittelten Wert ist reduzierend die jeweilige jährliche Abwanderungsquote einzurechnen.[50] Wandern jährlich 25 % der vom Handelsvertreter geworbenen Kunden ab, reduziert sich der Grundwert jährlich um 25 % bezogen auf den Vorjahreswert. Der Ausgleich ist nur für einen begrenzten Prognosezeitraum zu zahlen (zwischen 2 und 5 Jahren).[51]

Der Gesamtausgleich ergibt sich aus der Addition der um die Abwanderungsquoten bereinigten Jahreswerte für den Prognosezeitraum. Dieser Wert ist aus Billigkeitserwägungen ggf. zu heben oder zu senken und abzuzinsen.[52] In der Praxis können Berech-

---

[42]Hoyningen-Huene, 2015, Rn. 6 mwN u. Nachweisen aus der Rechtsprechung.

[43]Vgl. für ein Beispiel zur Berechnung: Hoyningen-Huene, 2015, Rn. 153.

[44]Weitere Erläuterungen über diesen unbestimmten Begriff hinaus sieht das Gesetz nicht vor. § 89b Abs. 1 HGB lässt sich nur entnehmen, dass die Vorteile des übernehmenden Unternehmens, die Provisionsverluste des ehemaligen Handelsvertreters und die allgemeine Billigkeit als Maßstab heranzuziehen sind.

[45]Hoyningen-Huene, 2015, Rn. 126, 129.

[46]Hopt, 2014, Rn. 47; Bodemüller, 2004, S. 267; Hoyningen-Huene, 2015, Rn. 129a.

[47]Hoyningen-Huene, 2015, Rn. 131.

[48]Hoyningen-Huene, 2015, Rn.. 131.

[49]Hoyningen-Huene, 2015, Rn. 132 ff.

[50]Löwisch, 2014, Rn. 129.

[51]Hoyningen-Huene, 2015, Rn. 82.

[52]Hopt, 2014, Rn. 48; Bodemüller, 2004, S. 267; Löwisch, 2014, Rn. 131.

nungsformeln wie die Münchener Formel als Richtschnur herangezogen werden.[53] Sie sind aber keinesfalls verbindlich.[54]

### 9.6.2 Besonderheiten bei Eigenhändlern

Sind die zusätzlichen Anwendungsvoraussetzungen für Eigenhändler erfüllt (vgl. Abschn. 9.4), so stellt sich die Frage nach der Berechnung der Höhe des Ausgleichsanspruchs. Der Eigenhändler erhält keine Provision, da er Produkte auf eigene Rechnung erwirbt und weiterveräußert. Der dabei erzielte Gewinn ist nicht Grundlage für die Berechnung des Ausgleichsanspruchs. Vielmehr wird dem Eigenhändler nach herrschender Meinung[55] und in der Rechtsprechung[56] übereinstimmend nur ein Ausgleich für Handelsvertreteraufgaben gewährt. Mithin muss aus der GuV des Eigenhändlers abgeleitet werden, welche Provision er fiktiv als Handelsvertreter erzielt hätte.[57]

Während bei einem Handelsvertreter i. d. R. davon ausgegangen werden kann, dass er seine gesamten Bruttoprovisionen maßgeblich für „werbende Tätigkeiten" erhält, aus welchen der Auftraggeber in Form von neuen oder erweiterten Kundenbeziehungen Vorteile generiert, so ist bei einem Eigenhändler i. d. R. davon auszugehen, dass ein gewisser Anteil seines Bruttogewinns Tätigkeiten zuzurechnen ist, welche nicht in direkten Vorteilen für den Auftraggeber resultieren.[58] So unterhält ein Eigenhändler beispielsweise i. d. R. ein eigenes Lager, das Lager-, Verwaltungs- und Abschreibungsaufwendungen verursacht.[59] Darüber hinaus wird häufig davon ausgegangen, dass ein Eigenhändler höhere Personal- und Verwaltungskosten hat als ein Handelsvertreter sowie Absatzrisiken, Kreditrisiken und Lagerrisiken trägt. Die Vergütungen, die hierauf entfallen, sind ganz oder teilweise nicht der werbenden Tätigkeit zuzurechnen, tragen somit nicht direkt zur Kundengewinnung bei und resultieren daher nach Vertragsbeendigung auch nicht in fortbestehenden Vorteilen für den Auftraggeber. Somit sind die bei der Vertragsbeendigung dem Händler entgehenden Bruttogewinne, die diesen zusätzlichen Tätigkeiten zuzurechnen sind, bei der analogen Anwendung von § 89b HGB nicht vom Auftraggeber auszugleichen. Um provisionsäquivalente Bruttogewinne für die analoge Anwendung von § 89b HGB zu bestimmen, müssen die Bruttogewinne des Eigenhändlers zunächst um die übrigen Tätigkeiten bereinigt werden. Dies geschieht in der Praxis häufig durch

---

[53]Hoyningen-Huene, 2015, Rn. 18 m.w.N.
[54]Löwisch, 2014, Rn. 128; Intveen, 1999.
[55]Bodemüller, 2004, S. 269; Borstell & Wehnert, 2015, Q 187; Kuckhoff & Schreiber, 1999.
[56]BGH, Urteil v. 05.06.1996, VIII ZR 7/95.
[57]Vgl. Borstell & Wehnert 2015, Q, Rn. 187.
[58]Siehe beispielsweise BGH, Urteil v. 05.06.1996, VIII ZR 7/95 und BGH, Urteil, v. 26.02.1997, VIII ZR 272/95.
[59]Vgl. für Beispiele: Kuckhoff & Schreiber, 1999.

pauschale Kürzung der Bruttogewinne um einen bestimmten Prozentsatz. Abschn. 9.7 stellt diesbezüglich einen Praktikeransatz vor.

### 9.6.3 Höchstgrenze

Gemäß § 89b Abs. 2 HGB beträgt der Ausgleich höchstens einer nach dem Durchschnitt der letzten fünf Jahre der Tätigkeit berechneten Jahresprovision oder sonstigen Jahresvergütung, wobei bei kürzerer Dauer des Vertragsverhältnisses der entsprechende Durchschnitt maßgebend ist.

## 9.7 Vereinfachte Berechnung für Eigenhändler

Aufgrund einer Konsolidierung der Vertriebsstrukturen auf dem deutschen Automobilmarkt kam es in den 80er- und 90er-Jahren zu einer hohen Anzahl an Vertragsänderungen und Kündigungen von Automobilhändlern der großen Hersteller.[60] Aufgrund der weitgehenden Unklarheit bezüglich der korrekten Berechnung des Ausgleichsanspruchs eines Eigenhändlers gemäß § 89b HGB (analog) wurden die Streits über die Höhe der Ansprüche in vielen Fällen vor Gericht ausgetragen. Einige dieser Fälle schafften es bis vor den BGH, der sich in einer Reihe von Urteilen zu den einschlägigen Fragestellungen geäußert hat. So traf der BGH Entscheidungen zur Definition von Stammkunden und Mehrfachkunden, zu angemessenen Prognosezeitpunkten der entgangenen Gewinne, zu Abwanderungsraten von Kunden und zur Auslegung von „erheblichen Vorteilen".

1999 haben Richter des LG München I den Versuch unternommen, die Höhe des Ausgleichsanspruchs eines Eigenhändlers unter Beachtung der bis dato getroffenen BGH-Entscheidungen in praxistaugliche Formeln für den Rohausgleich sowie den Maximalausgleich zu überführen, sodass keine der beteiligten Parteien wirtschaftlich benachteiligt wird. Der Rohausgleich und der Maximalausgleich werden im Folgenden hergeleitet. In der Interpretation ist der Rohausgleich als Ausgleichsanspruch anzusetzen, sofern er nicht oberhalb des Maximalausgleichs liegt. Der Rohausgleich lässt sich demzufolge wie folgt bestimmen:[61]

$$\text{Rohausgleich} = (HVK - WAP + B/R) * \text{Anteil werbende Tätigkeiten} * StKA * 5 * BA/SW$$
$$* \frac{52{,}9907}{60} * \frac{1 + USt}{100} + \text{ggf. Verzugszinsen}$$

Die Inputvariablen dieses Berechnungsschemas werden in der Tab. 9.2 erläutert.

---

[60]Siehe Niebling, 1997.
[61]Kainz, et al., 1999.

**Tab. 9.2** Bestandteile der Münchner Formel. (Quelle: Eigene Darstellung)

| Input-Variable | Definition und Erläuterung | Typische Ausprägungen |
|---|---|---|
| HVK | Erzielter Händlerverkaufspreis gegenüber Endkunden (netto). | Anhand der Finanzzahlen des Händlers des letzten Jahres vor der Kündigung zu ermitteln, falls keine verlässlichen Planzahlen vorliegen. |
| WAP | Werksabgabepreis des Herstellers (netto). Dieser entspricht dem Einkaufspreis des Händlers. | |
| B/R | Boni bzw. Rabatte, welche der Hersteller dem Händler beim Einkauf gewährt. | |
| | Die drei zuvor genannten Werte ergeben gemäß den Rechenschritten der Münchner Formel innerhalb der Klammer den Bruttogewinn des Händlers pro verkaufter Einheit. Es ist offensichtlich, dass jedoch nicht auf das Bruttogewinn pro Stück abgestellt werden solle, sondern auf den gesamten Bruttogewinn des Eigenhändlers in einem Wirtschaftsjahr. Daher wird in der Praxis i. d. R. mit den Nettoumsätzen, den (Netto)-Herstellkosten des Umsatzes sowie der Summe der Boni und Rabatte innerhalb eines Jahres gearbeitet. Hierbei ist zu beachten, dass lediglich diejenigen Umsätze, Kosten und Boni/Rabatte zu berücksichtigen sind, die mit den Produkten des Auftraggebers in Zusammenhang stehen. Betreibt der Eigenhändler zusätzlich ein „Eigengeschäft" mit anderweitig bezogenen Produkten, so kann dies nicht Teil der Ausgleichszahlung durch den Vertragspartner sein und kann daher nicht mit in die Berechnung einbezogen werden. | |
| Anteil werbende Tätigkeiten | Der zuvor berechnete Bruttogewinn wird gemäß diesem Faktor gekürzt, um der Tatsache Rechnung zu tragen, dass der Bruttogewinn des Eigenhändlers teilweise auf nicht werbende Tätigkeiten wie beispielsweise die Lagerhaltung und die allgemeine Verwaltung entfällt. Dieser Gewinnanteil sollte nicht vergütet werden im Ausgleichsanspruch. Durch die Berücksichtigung wird versucht, von Bruttogewinnen des Eigenhändlers auf eine hypothetische, äquivalente Provision eines Handelsvertreters überzuleiten. | *Die in dem Urteil genannten 30 % (nicht werbender Anteil) beziehen sich auf Automobilhändler und können je nach Branche und vertriebenem Produkt unterschiedlich ausfallen. In der Praxis können Händler anhand ihrer Geschäftszahlen andere Werte glaubhaft machen.* |

(Fortsetzung)

**Tab. 9.2** (Fortsetzung)

| Input-Variable | Definition und Erläuterung | Typische Ausprägungen |
|---|---|---|
| StKA | Prozentualer Stammkundenanteil an allen Kunden des Eigenhändlers. Dieser Wert ist anhand von Kundendaten des Eigenhändlers zu ermitteln. Hierbei können gemäß BGH-Urteil[a] alle Kunden, die innerhalb eines Zeitraumes, in dem üblicherweise mit Nachbestellungen zu rechnen ist, mehr als nur einmal ein Geschäft mit dem Unternehmer abgeschlossen haben, als Stammkunden gelten. Im Vergleich zur Bestimmung des Anspruchs des Handelsvertreters wird hierbei keine Abwanderungsrate der Kunden berücksichtigt, da dies gemäß der Ansicht des BGH[b] vom 26.02.1997 zu einer doppelten Berücksichtigung der Abwanderungsrate führe. Es erscheint als Vereinfachung mit Blick auf die Datenverfügbarkeit – oftmals liegen nur Jahresdaten mit Kundenumsätzen vor – sachgerecht, den Stammkundenanteil ausgehend von den jährlichen Käufen zu ermitteln, unabhängig davon, wie oft der Kunde in dem Jahr gekauft hat für Fälle, in denen der Zeitraum einer Nachbestellung weniger als ein Jahr beträgt. Bei typischen Lieferverhältnissen z. B. von Vorprodukten zur Produktion erscheint eine mindestens jährliche Nachbestellung regelmäßig gegeben. In anderen Worten bedeutet dies: Ob ein Kunde z. B. in einem Jahr einmal oder dreimal gekauft hat, ist weniger erheblich als die Frage, ob er jährlich wieder gekauft hat. | *Anhand der Mehrfachkunden des Händlers zu ermitteln. Falls Kunden nicht individuell identifiziert werden können (wie z. B. bei Einzelhändlern häufig der Fall) kann auch auf Marktforschungsergebnisse oder Umfragen zurückgegriffen werden.[c] Gerichtsbekannte Werte bewegen sich zwischen 30 % und 60 %.[d]* |
| 5 | Der Prognosezeitraum für die entgangenen Bruttogewinne des Eigenhändlers beträgt gemäß der Formel üblicherweise fünf Jahre. Durch die einfache Multiplikation trifft der Anwender der Formel die implizite Annahme, dass die Bruttogewinne des Eigenhändlers über diese Zeit konstant bleiben. | *Es sind keine Fälle bekannt in denen abweichende Zeiträume vor Gericht anerkannt wurden.* |

(Fortsetzung)

**Tab. 9.2** (Fortsetzung)

| Input-Variable | Definition und Erläuterung | Typische Ausprägungen |
|---|---|---|
| BA/SA (Sogwirkung der Marke) | § 89b Abs. 1 S.1 Nr. 2 HGB sieht vor, dass ein Billigkeitsabschlag („BA") vorgenommen werden kann. In der Praxis häufig anzutreffen ist ein Abschlag aufgrund der Sogwirkung der Marke („SW"). Dieser Abschlag ergibt sich maßgeblich aus der Annahme, dass Markenprodukte im Allgemeinen weniger Vertriebsaufwand erfordern als No-Name-Produkte. Somit sei die Leistung der Vertriebsfunktion und mithin der Ausgleichsanspruch geringer einzuschätzen, wenn eine starke Marke im Hintergrund stehe.[e] Eine Möglichkeit, diesen Wert zu schätzen, ergibt sich durch Ermittlung des Wertes der Marke im Vergleich zu den Routinefunktionen des Unternehmens. Dies dürfte z. B. dem Unterschied der gesamten diskontierten Zahlungsströme eines Unternehmens minus dem Anteil der diskontierten Zahlungsströme für die abzuziehenden immateriellen Vermögensgegenstände übrigen immateriellen Vermögensgegenstände sein (vgl. zur Diskontierung Kap. 6). Angenommen der Barwert sämtlicher Zahlungsströme beträgt 100, der Barwert der Zahlungsströme der Routineaktivitäten 25 und der Barwert der vorhandenen Technologie 50, dann ergäbe sich ein auf die Marke zurückzuführender Barwert von 25 (wenn von weiteren immateriellen Vermögensgegenständen abstrahiert wird). In diesem Fall würde der Anteil des Erfolgs zu 25 % auf die Marke entfallen. Eine Sogwirkung von 25 % erschiene dann nicht unverhältnismäßig. | Der Abschlag ist einzelfallabhängig zu bestimmen. Die Münchner Formel sah für die Marke „BMW" einen Abschlag i. H. v. 33 % vor. In einer anderen BGH-Entscheidung wurde für die Marke „FIAT" ein Abschlag i. H. v. 25 % anerkannt.[f] Für Branchen, in denen die Marke eine geringere Rolle spielt als in der Automobilindustrie, wird der Abschlag i. d. R. deutlich geringer ausfallen. |
| 52,9907/60 | Dieses Verhältnis wird pauschal als Abzinsungsfaktor angesetzt. Dieser wurde aus einer allgemeinen Multifaktorzinstabelle entnommen („Gillardon-Methode"), und entspricht bei einem Planungshorizont von fünf Jahren mathematisch der Abzinsung anhand eines zeitkonstanten Zinssatzes i. H. v. ca. 4,3 % pro Jahr. | Diese Art der Abzinsung stellt eine Vereinfachung der theoretisch korrekten Diskontierung dar. In der Praxis werden sowohl jährliche Abzinsungen als auch pauschale Methoden verwendet.[g] |

(Fortsetzung)

**Tab. 9.2** (Fortsetzung)

| Input-Variable | Definition und Erläuterung | Typische Ausprägungen |
|---|---|---|
| (1 + USt)/100 | Die Umsatzsteuer ist üblicherweise Teil der Ausgleichszahlung und wird daher bei der Berechnung berücksichtigt.[h] | Aktuell gültiger Umsatzsteuersatz. |
| Verzugszinsen | Dem Händler, welcher einen Ausgleichsanspruch geltend machen will, steht hierzu ein Zeitraum von einem Jahr nach Beendigung des Vertragsverhältnisses offen. Durch potenzielle Auseinandersetzungen bezüglich der Angemessenheit des Ausgleichsanspruches kann sich die tatsächliche Zahlung an den Händler zusätzlich verzögern. Als Ausgleich hierfür können entsprechende Verzugszinsen angesetzt werden, welche dem Ausgleichsbetrag zugeschlagen werden. | Gekündigten Parteien steht es offen, die tatsächlich entstandenen Finanzierungskosten anzusetzen. |

*Sowohl die von den Münchner Richtern vorgeschlagenen Werte als auch die hier genannten typischen Ausprägungen der Variablen basieren auf Werten, welche in einer Reihe von BGH-Urteilen von den jeweiligen Richtern anerkannt wurden. Bei einem Großteil dieser Verhandlungen waren die am Prozess beteiligten Parteien der Automobilindustrie zuzuordnen, sodass die Ausprägungen für andere Industrien detailliert untersucht werden sollten.

[a]BGH, Urteil v. 06.08.1997, VIII ZR 92/96. BGH, Urteil v. 26.02.1997, VIII ZR 272/95.
[b]BGH, Urteil v. 26.02.1997, VIII ZR 272/95.
[c]BGH, Urteil v. 12.09.2007, VIII ZR 194/06.
[d]Siehe Kümmel, 1998.
[e]Vgl. weiterführend zur Behandlung von Marken im Kontext der Verrechnungspreise Wilmanns et al. 2015.
[f]BGH, Urteil v. 05.06.1996, VIII ZR 7/95.
[g]Siehe beispielsweise die unterschiedlichen Empfehlungen der Industrie- und Handelskammern für Handelsvertreter, insbesondere IHK-Kassel-Marburg (2014) und IHK-Pfalz (2006).
[h]Die Münchner Richter arbeiteten an dieser Stelle mit dem damals gültigen USt-Satz von 16 %.

Äquivalent zu der obigen Formel für den Rohausgleich entwickelten die Münchner Richter auch für den Maximalausgleich gemäß § 89b Abs. 2 HGB ein Berechnungsschema, welches auf Eigenhändler angewendet werden kann. Dieses stellt sich wie folgt dar:

$$\text{Maximalausgleich} = \frac{1}{5} * \left( \begin{array}{c} \text{HVK der letzten 5 Jahre} - \text{WAP der letzten 5 Jahre} \\ + \\ \text{B/R der letzten 5 Jahre} \end{array} \right) \\ * \text{Anteil werbende Tätigkeiten} * \frac{1 + \text{USt}}{100}$$

Der Maximalausgleich entspricht folglich dem Durchschnitt der provisionsäquivalenten Bruttogewinne der letzten fünf Vertragsjahre und wird in der Praxis häufig den Rohausgleichsanspruch einschränken.

> **Beispiel**
>
> Der japanische Hersteller von Unterhaltungselektronik „Entertain Corp." möchte seine europäische Vertriebsstruktur zum 01. Januar 2015 kundenorientierter ausrichten und optimieren. In diesem Zusammenhang soll die Zuständigkeit der deutschen Vertriebsgesellschaft „Entertain GmbH" vom gesamten westeuropäischen Raum auf den deutschsprachigen Raum reduziert werden. Insbesondere wird die Vermarktung in bisher relevanten Auslandsmärkten Frankreich und Spanien künftig von lokalen Handelsvertretern, welche im Auftrag der japanischen Muttergesellschaft Geschäfte vermitteln, übernommen.
>
> Die Entertain GmbH hatte zuvor zehn Jahre lang in diesen Ländern aktiv die Produkte des Konzerns vermarktet. Durch ihre dort betriebene Werbung konnte die Entertain GmbH eine große Anzahl an Endkunden sowie unverbundenen Elektronikverkäufern von den Produkten überzeugen und somit in erheblichem Umfang Kunden gewinnen. Einige dieser End- und Zwischenkunden tätigten regelmäßig Bestellungen bei der Entertain GmbH, welche diese aus ihrem Lager in Deutschland bediente. Im Rahmen der Umstellung der Vertriebsstruktur nennt die Entertain GmbH den neu gegründeten Handelsvertreten in Frankreich und Spanien die Namen und Adressen der bisherigen Kunden. Bestellungen dieser Kunden werden zukünftig von den lokalen Handelsvertretern direkt an die Muttergesellschaft in Japan weitergeleitet, welche anschließend die Belieferung aus zentralen Lagern in Osteuropa veranlassen wird.

**Prüfung der Tatbestandsvoraussetzungen**

Aus dem Sachverhalt geht hervor, dass die vertraglich vereinbarten Vertriebsaktivitäten der Entertain GmbH durch den Auftraggeber eingeschränkt wurden und ihr die Zuständigkeiten für die Auslandsmärkte in Frankreich und Spanien entzogen wurden. Durch die Herausgabe der Kundendaten ermöglicht die Entertain GmbH der Konzernmutter in Japan, in Zukunft erhebliche Vorteile in Form von weiteren Bestellungen durch die bisher geworbenen Kunden zu generieren. Weiterhin wird deutlich, dass die Entertain GmbH in Spanien und Frankreich aktiv an der Vertriebsorganisation des

**Tab. 9.3** Beispiel Münchner Formel: Bruttogewinn der Entertain GmbH in MEUR im Jahr 2014. (Quelle: Eigene Darstellung)

| Händlerverkaufspreis (netto) | Werksabgabepreis (netto) | Boni, Rabatte | **Bruttogewinn** |
|---|---|---|---|
| + | - | + | = |
| 10 | 7 | 1 | 4 |

Konzerns beteiligt war, da sie in einem klar zugewiesenen Vertriebsgebiet tätig war und ausschließlich die Produkte der Entertain Corp. vermarktet hat. Eine Billigkeit ist nicht ersichtlich. Außerdem hat sie erfolgreiche Marketingaktivitäten durchgeführt und hierdurch eine große Anzahl an Neukunden gewonnen. Somit ist die analoge Anwendung § 89b HGB in diesem Beispiel gerechtfertigt.

**Berechnung**

Gemäß der Münchner Formel errechnet sich am Beispiel der Entertain GmbH der Ausgleichsanspruch wie folgt:

Zunächst wird der Bruttogewinn anhand der Verkaufspreise (Nettoumsätze), der Einkaufspreise (Nettoherstellkosten des Umsatzes) sowie der Boni und Rabatte, die die Entertain GmbH in dem letzten Jahr vor der Umstrukturierung erhalten hat, errechnet. Tab. 9.3 zeigt die entsprechenden Werte für die deutsche Gesellschaft (alle Werte in Millionen Euro):

Hieraus ergibt sich ein Bruttogewinn i. H. v. 4 MEUR. Die weiteren relevanten Größen der Münchner Formel wurden durch eine nähere Analyse der Finanzzahlen der Entertain GmbH bestimmt. Insbesondere wurde ermittelt, dass ca. 30 % des Bruttogewinns auf Verwaltungs- und Lagerhaltungstätigkeiten entfällt, sodass der Bruttogewinn um 30 % reduziert werden muss, um eine provisionsähnliche Gewinnkennziffer zu erhalten. Weiterhin wurde anhand von historischen Bestelldaten ermittelt, dass ca. 50 % der Kunden in Spanien und Frankreich innerhalb der produktüblichen Wiederbeschaffungszeiträume mehrere Bestellungen getätigt haben und somit als „Stammkunden" angesehen werden sollten. Bezüglich der Sogwirkung der Marke konnte durch eine Marktanalyse ermittelt werden, dass die vertriebenen Produkte einen hohen Bekanntheitsgrad aufweisen. Somit wird ein Abschlag in ähnlicher Höhe, wie er in Urteilen mit Bezug auf die Automobilbranche beobachtet werden kann, für angemessen erachtet. Der Abschlag für die Sogwirkung der Marke wird mit 25 % angesetzt. Bezüglich des Planungszeitraumes, der Diskontierung sowie der Umsatzsteuer wird der Münchner Formel ohne Änderungen gefolgt. Die identifizierten Faktoren sind in der Tab. 9.4 dargestellt.

Durch Multiplikation aller in Tab. 9.4 genannter Faktoren erhält man den Wert 1,38. Durch Multiplikation mit 4 MEUR Bruttogewinn aus dem ersten Schritt errechnet sich ein Rohausgleichsanspruch i. H. v. 5,52 MEUR.

Der Maximalausgleich, der sich in der analogen Anwendung von § 89b Abs. 2 HGB an dem Durchschnitt der provisionsäquivalenten Bruttogewinne der letzten fünf Jahre bemisst, wird von der Entertain GmbH wie in Tab. 9.5 berechnet.

**Tab. 9.4** Beispiel Münchner Formel: Weitere Merkmale der Vertriebsfunktion der Entertain GmbH. (Quelle: Eigene Darstellung)

| Anteil werbende Tätigkeit | Stammkundenanteil | Anzahl Prognosejahre | Billigkeitsabschlag für Sogwirkung der Marke (25 %) | Diskontierung | USt |
|---|---|---|---|---|---|
| 7/10 | 50 % | 5 | 75 % | 0,8832 | 1,19 |

**Tab. 9.5** Beispiel Münchner Formel: Berechnung Durchschnitt provisionsäquivalenter Bruttogewinne. (Quelle: Eigene Darstellung)

|  | 2010 | 2011 | 2012 | 2013 | 2014 |  |
|---|---|---|---|---|---|---|
| Händlervk.-Preis (netto) | 8,4 | 8,8 | 9,2 | 9,6 | 10 |  |
| Werksabgabepreis (netto) | 6 | 6,2 | 6,4 | 6,7 | 7 |  |
| Boni, Rabatte | 0,8 | 0,8 | 0,9 | 0,9 | 1 | *2010–2014 Durchschnitt* |
| **Bruttogewinn** | **3,2** | **3,4** | **3,7** | **3,8** | **4** | **3,62** |

Auf Basis der Bruttogewinne der letzten fünf Geschäftsjahre vor der Verlagerung errechnet sich ein durchschnittlicher Bruttogewinn i. H. v. 3,62 MEUR. Gemäß der Münchner Formel für den Maximalausgleich wird hier derselbe Abschlag für nicht werbende Tätigkeiten vorgenommen wie bei der Berechnung des Rohausgleichs. Nach der entsprechenden Kürzung des Betrages um 30 % und der Erhöhung um den Betrag der Umsatzsteuer errechnet sich ein Maximalausgleich i. H. v. 3,62 x 0,7 x 1,19 = 3,02 MEUR. Im Beispielfall fällt der Rohausgleich höher aus als der Maximalausgleich, sodass gemäß § 89b Abs. 2 HGB der Maximalausgleich für den Anspruch des Eigenhändlers maßgeblich ist.

▶ Ein Maximalausgleich, der den Rohausgleich unterschreitet, ist in der Praxis aufgrund der Funktionsweise der Münchner Formel sehr häufig zu beobachten. Dies gilt insbesondere für wachsende Unternehmen, deren Bruttogewinn im Zeitraum der fünf Jahre vor der Verlagerung gestiegen ist.

## 9.8 § 89b HGB bei Funktionsverlagerungen

Neben der zu prüfenden Anwendung des § 89b HGB auf Vertragskündigungen von Handelsvertretern, Kommissionären und Eigenhändlern als Norm zur Begründung von möglichen Ausgleichsansprüchen ist zu fragen, welche Bedeutung § 89b HGB im Kontext von Funktionsverlagerungen zukommen kann. Zunächst ist festzustellen, dass bei einer Verlagerung einer Handelsvertreterfunktion regelmäßig keine Funktionsverlagerung vorliegt, da lediglich eine Routinefunktion übertragen wird (vgl. auch Kap. 4). Mithin beziehen sich die folgenden Ausführungen auf Kommissionäre bzw. Eigenhändler.

### 9.8.1 Anwendung dem Grunde nach

Ein Vorgang, der unter fremden Dritten nicht als entgeltlicher Erwerb einer Funktion angesehen wird, gilt auch nicht als Funktionsverlagerung.[62] Daher liegt bei einer fristgerechten Kündigung oder bei Auslaufen einer Vertragsbeziehung keine Funktionsverlagerung vor. In dem Fall ist gleichwohl eine Anwendung von § 89b HGB zu prüfen und bei Vorliegen der Tatbestandsmerkmale ein Ausgleichsanspruch zu berechnen.

### 9.8.2 Anwendung der Höhe nach

Für einen hypothetischen Fremdvergleich sind bei einer Transferpaketbewertung gemäß § 1 Abs. 3 S. 9 AStG die verlagerten Wirtschaftsgüter, Chancen, Risiken und sonstige Vorteile, die auf das andere Unternehmen übergehen, zu berücksichtigen und aus Sicht von aufnehmendem und abgebendem Unternehmen zu bewerten (Vgl. Kap. 6 für Details). Im Rahmen von § 89b HGB wird dagegen eine Ausgleichszahlung auf Basis einer einseitigen Betrachtung der abgebenden Gesellschaft bestimmt. Zudem ist die Ausgleichszahlung nach § 89b HGB beschränkt auf den Durchschnitt der Jahresprovision der letzten 5 Jahre. Mithin werden zur Ermittlung eines zivilrechtlichen Ausgleichs und bei der Anwendung des Fremdvergleichsgrundsatzes unterschiedliche Bewertungsprämissen verfolgt, sodass eine pauschale Übertragbarkeit begrenzt ist.

Eine ausschließliche Berücksichtigung des Ausgleichsanspruchs zur Bewertung der Funktionsverlagerung schränkt auch § 8 FVerlV ein. Demnach ist die Berechnung des analogen Ausgleichsanspruchs nach § 89b HGB zur Ermittlung des fremdüblichen Preises nur möglich, wenn der Steuerpflichtige glaubhaft macht, dass fremde Dritte unter ähnlichen Umständen in vergleichbarer Art und Weise verfahren wären. Zusätzlich muss der Steuerpflichtige glaubhaft machen, dass neben dem Kundenstamm keine wesentlichen immateriellen Wirtschaftsgüter übertragen oder überlassen werden.[63]

Dennoch ist es plausibel anzunehmen, dass unverbundene Eigenhändler stets mindestens den ihnen zivilrechtlich zustehenden Ausgleich gemäß der analogen Anwendung von § 89b HGB einfordern würden. In diesem Fall wird der Mindestpreis einer Transferpaketbewertung nicht unterhalb des zivilrechtlichen Ausgleichsanspruches liegen.[64]

---

[62]Siehe hierzu auch die Begründung zu § 1 Abs. 7 FVerlV in BR-Drs. 352/08, S. 24.

[63]Vgl. auch Tz. 134 BMF, Schreiben v. 13.10.2010, IV B 5 – S 1341/08/10003, BStBl 2010 I S. 774.

[64]Vgl. Borstell, 2001, S. 219; Borstell & Wehnert, 2015, Q, Rn. 190; Kuckhoff & Schreiber, 1999.

### 9.8.3 Die Münchner Formel in der Kundenstammbewertung

Die dritte Öffnungsklausel gemäß § 1 Abs. 3 S. 10 Hs. 2 AStG bietet dem Steuerpflichtigen die Möglichkeit, Einzelverrechnungspreise anzusetzen, wenn glaubhaft gemacht werden kann, dass mindestens ein wesentliches immaterielles Wirtschaftsgut Gegenstand der Funktionsverlagerung ist und dieses vom Steuerpflichtigen genau benannt wird (vgl. Kap. 4). Da der Kundenstamm bei Vertriebsgesellschaften häufig das einzige wesentliche immaterielle Wirtschaftsgut darstellt und dieses i. d. R. genau benannt werden kann, ist es Vertriebsgesellschaften im Allgemeinen möglich, von der dritten Öffnungsklausel Gebrauch zu machen. In diesem Falle sind von der Finanzverwaltung Einzelverrechnungspreise für die zu übertragenden Wirtschaftsgüter anzuerkennen.

Es stellt sich die Frage, welche Orientierung der Ausgleichsanspruch nach § 89b HGB in Gestalt der Münchner Formel bietet. Es ist festzustellen, dass die Münchner Formel nicht als Bewertungsmethode für immaterielle Wirtschaftsgüter vorgesehen war, sondern als Methode zur Bestimmung eines angemessenen Ausgleichsanspruchs für gekündigte Eigenhändler. Gleichwohl ist eine analoge Anwendung naheliegend, weil die ökonomische Legitimation des Ausgleichsanspruchs gemäß § 89b HGB genau der Verlust des Kundenstamms ist. Eine Übertragung des Kundenstamms steht dem Verlust im ökonomischen Sinne gleich, da er nicht mehr zur Einkünfteerzielung genutzt werden kann.

### 9.8.4 Anwendung bei einer Funktionsabschmelzung

Bei einer Funktionsabschmelzung gemäß § 1 Abs. 7 FVerlV, die keine Funktionsverlagerung darstellt, kann ein Ausgleich nach § 89b HGB geboten sein. In Fällen, in denen auch fremde Dritte eine Vertragskündigung nicht als Übertragung einer Funktion werten würden, stellt diese auch innerhalb eines Konzerns keine Funktionsverlagerung dar.[65] In diesen Fällen liegt zwar keine Funktionsverlagerung vor, der Verzicht auf eine zivilrechtlich durchsetzbare Kompensationszahlung durch die gekündigte Partei wäre jedoch als nicht fremdübliches Verhalten anzusehen. Insofern sind nicht nur mögliche Handelsvertreterausgleichsansprüche gemäß § 89b HGB, sondern jegliche Art von zivilrechtlichen Ansprüchen, welche sich für die gekündigte Partei möglicherweise ergeben können, zu prüfen. Diese können beispielsweise Vertragsstrafen, Erstattungen von getätigten Investitionen, Entschädigungen für Wettbewerbsverbote, u. Ä. umfassen. Für eine ausführliche Diskussion siehe Puls (2010) sowie Kap. 3.

---

[65]Siehe hierzu auch die Begründung zu § 1 Abs. 7 FVerlV in BR-Drs. 352/08, S. 24.

## Literatur

Baumhoff, 2014. § 1 Rn 618.3. In: Flick, Wassermeyer, Baumhoff & Schönfeld, Hrsg. *Außensteuergesetz.* München: C. H. Beck.

Bodemüller, 2004. *Steuerplanung bei Funktionsverlagerungen ins Ausland.* 1. Aufl. München: C. H. Beck.

Borstell, 2001. Verrechnungspreisprobleme bei Funktionsverlagerungen. *Steuerberater Jahrbuch 2000/2001,* Im Auftrag des Fachinstituts der Steuerberater von Ursula Niemann.

Borstell & Wehnert, 2015. Kapitel Q, Rn. 165 ff. In: Vögele, Borstell & Engler, Hrsg. *Verrechnungspreise.* 4. Aufl. München: C. H. Beck.

Budde, 2005. Das Ende der Einstandszahlung im Handelsvertreterrecht?. *Der Betrieb,* S. 2177–2181.

Engler & Wellmann, 2015. Kapitel N, Rn. 475 ff.. In: Vögele, Borstell & Engler, Hrsg. *Verrechnungspreise.* München: C. H. Beck.

Faix & Wangler, 2001. Steuerliche Risiken anlässlich des Wechsels einer deutschen Tochter-Kapitalgesellschaft vom Vertragshändler zum Kommissionär. *IStR,* S. 65 ff.

Grotherr & Füger, 2015. *Handbuch der internationalen Steuerplanung.* 4. Aufl. Düsseldorf: NWB.

Hopt, 2014. § 89b Rn. 15. In: Baumbach & Hopt, Hrsg. *Handelsgesetzbuch.* München: C. H. Beck.

Hopt, 2014. § 89b Rn. 68. In: Baumbach & Hopt, Hrsg. *Handelsgesetzbuch.* München: C. H. Beck.

Hoyningen-Heune, 2015. § 89b Rn. 204 ff. In: Schmidt, Hrsg. *Münchener Kommentar HGB.* München: C. H. Beck.

Hoyningen-Heune, 2015. § 89b Rn. 209. In: Schmidt, Hrsg. *Münchener Kommentar HGB.* München: C. H. Beck.

Hoyningen-Heune, 2015. §89b Rn. 186. In: Schmidt, Hrsg. *Münchener Kommentar HGB.* München: C. H. Beck.

Hoyningen-Huene, 2015. § 89b Rn. 48 ff. In: Schmidt, Hrsg. *Münchener Kommentar zum HGB.* München: C. H. Beck.

Intveen, 1999. Praxisprobleme bei der Berechnung des Ausgleichsanspruchs eines Kfz-Vertragshändlers. *BB,* S. 1881.

Käbisch, 2001. VGA-Risiko bei Vertriebsumstellung auf Kommissionärsstruktur im internationalen Konzern – Das Urteil des EuGH vom 9.11.2000 – Rechtssache C-381/98. *IStR,* S. 325.

Kainz, Lieber & Puszkajler, 1999. Die "Münchner Formel" – oder: Berechnung des Vertragshändlerausgleichs in der Autobranche. *BB,* S. 434.

Kiene, 2006, 2007. Der Verkauf einer Handelsvertretung – Rechtliche Besonderheiten bei der Nachfolge im Wege des § 89b III Nr. 3 HGB. *NJW.*

Kiene, 2006. Das Recht des Handelsvertreters in Deutschland und Frankreich. *RIW,* S. 344–346.

Kiene, 2006. Die Beurteilung des Kundenstamms bei einer Agenturnachfolge. *VersR,* S. 1024.

Kuckhoff & Schreiber, 1999. Grenzüberschreitende Funktionsverlagerung aus Sicht der Betriebsprüfung. *IStR,* S. 353.

Kümmel, 1998. Der Ausgleichsanspruch des Kfz-Vertragshändlers – Berechnung nach Münchner Formel. *DB,* S. 2407.

Küstner & Mateuffel, 1990. Gedanken zu dem neuen Ausgleichs-Ausschlußtatbestand gem. § 89b III Nr. 3 HGB. *BB,* S. 1713.

Küstner & Thume, 2014. *Handbuch des gesamten Vertriebsrechts II, III.* 9 Aufl. München: C. H. Beck.

Löwisch, 2014. § 89b HGB. In: Ebenroth, Boujong, Josst & Strohn, Hrsg. *Handelsgesetzbuch.* Vahlen: C. H. Beck.

Niebling, 1997. Der Ausgleichsanspruch des Vertragshändlers. *BB,* Band 47, S. 2388.

Oetker, Bergmann, Boesche & Busche, 2015. *HGB – Handelsgesetzbuch HGB.* 4. Aufl. München: C. H. Beck.

Puls, 2010. Funktionsverlagerung: Schadensersatz-, Entschädigungs- und Ausgleichsansprüche als "Transferpaket"-Ersatz nach § 8 FVerlV. *IStR*, S. 89.

Wilmanns, Menninger & Lagarden, 2015. Marken in multinationalen Unternehmen – Verrechnungspreisaspekte aus dem Blickwinkel des nationalen und internationalen Steuerrechts. *ifst-Schriftenreihe*, Nr. 505.

Wilmanns & Renz, 2013. *Internationale Verrechnungspreise Handbuch für Praktiker*. 1. Aufl. New Jersey: Wiley.

## Über die Autoren

**Felix Felleisen** ist seit 1999 als Rechtsanwalt bei Deloitte Legal in Düsseldorf tätig; seit 2006 als Partner. Er verfügt über mehr als 15 Jahre Erfahrung in der Beratung deutscher und internationaler Mandanten im Gesellschaftsrecht, bei Umstrukturierungen, vielfach mit grenzüberschreitenden Bezügen, und M&A-Transaktionen, häufig als Mitglied multidisziplinärer internationaler Teams.

Er leitet den Dutch Desk von Deloitte Legal in Deutschland; neben seiner Muttersprache Deutsch spricht er fließend Niederländisch, Englisch und Spanisch. In den letzten 6 Ausgaben des JUVE-Handbuchs wird er als häufig empfohlener Anwalt für Gesellschaftsrecht und M&A geführt.

**Dr. Björn Heidecke** (Hrsg.) ist seit 2011 Verrechnungspreisexperte bei der Deloitte GmbH am Standort Hamburg. In 2013 war er mehrere Monate im Verrechnungspreisteam am Standort Johannesburg/Südafrika tätig. Seine Interessen liegen in den Bereichen: Umstrukturierungen und Verrechnungspreise, Funktionsverlagerungsbewertungen, Bewertung von immateriellen Vermögensgegenständen, Verrechnungspreissysteme in Afrika, Verrechnungspreise bei Start-ups und Themen an der Schnittstelle von Steuern und Ethik.

Er studierte von 2004 bis 2008 Diplom-Volkswirtschaftslehre und Diplom-Handelslehramt an der Christian-Albrechts-Universität zu Kiel und promovierte von 2008 bis 2011 an der TU Chemnitz sowie der Wirtschaftsuniversität Breslau.

Er ist Mitglied der Deutschen Gesellschaft für ökonomische Bildung und Alumni des Nachwuchsförderungsprogrammes der Hanns Martin Schleyer-Stiftung. Er publiziert regelmäßig auf dem Gebiet der Verrechnungspreise.

**Janis Sussick** ist seit 2013 Verrechnungspreisberater bei der Deloitte GmbH am Standort München. Im Rahmen seiner Verrechnungspreisberatung spezialisiert er sich auf Fragen der Unternehmensbewertung und der Bewertung immaterieller Wirtschaftsgüter im Rahmen von grenzüberschreitenden IP- und Funktionsverlagerungen. Seine Industrieschwerpunkte liegen in den Bereichen Technologie, Medien, Kommunikation.

Er studierte von 2008 bis 2012 Volkswirtschaftslehre an den Universitäten München und Warwick, UK. Von 2012 bis 2013 absolvierte er das Masterprogramm Finance and Economics an der London School of Economics.

# Multiplikatorverfahren

Björn Heidecke und Janis Sussick

**10**

**Leitfragen dieses Kapitels**

- Zu welchem Zweck können Multiplikatorverfahren im Kontext von Funktionsverlagerungen angewendet werden?
- Wie funktionieren Multiplikatorverfahren?
- Welche Kriterien sind für die Auswahl der Multiplikatoren zu beachten?
- Welche Quellen können zur Ermittlung von typischen Industrie-Multiplikatoren konsultiert werden?
- Welche Einschränkungen sind bei der Übertragung des Multiplikatoransatzes auf die Transferpaketbewertung zu berücksichtigen?

## 10.1 Überblick

Das Multiplikatorverfahren als marktorientiertes Verfahren geht davon aus, dass sich der Unternehmenswert als Vielfaches einer Wertgröße z. B. EBIT oder EBITDA ausdrücken lässt.[1] Hierbei wird die jeweilige Wertausprägung des Unternehmens mit Wertausprägungen von vergleichbaren Unternehmen multipliziert. Wenn z. B. ein Unternehmenswert

---

[1] Vgl. Vernimmen, et al., 2014, S. 568 ff.

---

B. Heidecke (✉)
Hamburg, Deutschland
E-Mail: bheidecke@deloitte.de

J. Sussick
München, Deutschland
E-Mail: jsussick@deloitte.de

ermittelt und der EBIT als aussagekräftige Wertgröße verstanden wird, ergäbe sich bei einem durchschnittlichen EBIT des Unternehmens von 100 und einem Unternehmenswert/EBIT-Multiplikator von 5, der aus Vergleichsunternehmen abgeleitet wurde, ein Unternehmenswert von 500.

Dieses Kapitel beschäftigt sich mit den Anwendungsmöglichkeiten des Multiplikatorverfahrens im Rahmen von Funktionsverlagerungen. Zunächst wird die Anwendbarkeit im Rahmen der Funktionsverlagerung dem Grunde nach diskutiert. Anschließend erfolgt eine Darstellung des Multiplikatorverfahrens für die Ermittlung des Unternehmenswertes der Höhe nach bevor abschließend erläutert wird, welche Grenzen sich für die Transferpaketbewertung im Rahmen einer Funktionsverlagerung der Höhe nach ergeben. Anhand eines Praxisbeispiels wird jeder der Berechnungsschritte anschaulich dargestellt.

## 10.2 Anwendungsmöglichkeiten im Rahmen von Funktionsverlagerungen

**Vorbemerkung** Das Multiplikatorverfahren wird in der Bewertungsliteratur auf die Bewertung vollständiger Unternehmen oder Teilbetriebe bezogen.[2] Mithin ist die Übertragbarkeit auf die Bewertung eines Transferpakets i. S. d. § 1 Abs. 3, S. 9 AStG i. V. m. § 1 Abs. 1 S. 1 FVerlV zunächst zu überprüfen, insb. wenn sich die Funktionsverlagerung nicht mindestens für einen Teilbetrieb qualifiziert ist. Es ist fraglich, ob sachgerechte Multiplikatoren für ein Transferpaket abgeleitet werden können. Der Anwendung von Multiplikatoren erscheint vor dem Hintergrund in folgenden Kontexten bei der Funktionsverlagerungsbewertung denkbar.

**Als tatsächlicher Fremdvergleich** Unter der – wie Abschn. 10.4 zeigt – restriktiven Annahme, dass sachgerechte Multiplikatoren für das Transferpaket abgeleitet werden können, bietet der mit dem Multiplikatorverfahren ermittelte Wert einen (zumindest eingeschränkt) vergleichbaren Fremdvergleichswert für das übertragene Transferpaket als Ganzes, sodass nach § 1 Abs. 3 Satz 5 AStG der tatsächliche Fremdvergleich i. S. d. § 1 Abs. 3 Satz 1 AStG anzuwenden ist.

**In der Anwendung des hypothetischen Fremdvergleichs** Sofern die sachgerechte Ableitung der Multiplikatoren für das Transferpaket nur mit Einschränkungen möglich ist, erscheint die Verwendung zur Ermittlung des wahrscheinlichsten Wertes innerhalb des Einigungsbereiches, der zuvor im Rahmen des hypothetischen Fremdvergleichs ermittelt wurde, möglich.[3] Zwei Varianten sind denkbar, in denen der Multiplikator nicht sachgerecht i. S. d. tatsächlichen Fremdvergleichs angewendet wird und lediglich Raum als ergän-

---

[2]Siehe beispielsweise Löhnert & Böckmann, 2012, S. 685 ff.; Damodaran, 2012, S. 453 ff.
[3]Tz. 2.7.6.1 der „Verwaltungsgrundsätze Funktionsverlagerung" sieht vor, den Mittelwert des Einigungsbereiches anzusetzen, falls der Steuerpflichtige keinen anderen Wert glaubhaft machen kann.

zende Analyse bleibt: In der ersten Variante wird auf am Markt verfügbare Multiplikatoren aus öffentlich verfügbaren Publikationen zurückgegriffen, d. h., dass die detaillierte Ableitung eines Multiplikators unterbleibt (im Folgenden genannt: „Fremddaten-Ansatz"). Da eine detaillierte Berücksichtigung des Transferpakets unterbleibt, kann dieser Ansatz nicht als tatsächlicher Fremdvergleich dienen. In der zweiten Variante erfolgt zwar eine detaillierte Ableitung des Multiplikators. Diese muss aber aufgrund der in Abschn. 10.4 genannten Anwendungsprobleme hinter dem Anspruch zurückbleiben, einen tatsächlichen Fremdvergleich abzubilden („Ansatz der unzureichenden Vergleichbarkeit").

Einer ausschließlichen Anwendung von Multiplikatoren im Rahmen des hypothetischen Fremdvergleichs fehlt indes grundsätzlich der Raum. Gemäß den Vorschriften der FVerlV sowie des BMF-Schreibens „Verwaltungsgrundsätze Funktionsverlagerung" vom 13.10.2010 ist im Rahmen des hypothetischen Fremdvergleichs grundsätzlich ein Bewertungsverfahren anzuwenden, welches den Barwert der Funktion auf Basis von abgezinsten „Reingewinnen nach Steuern" ermittelt (Siehe § 1 Abs. 4 FVlerV sowie Verwaltungsgrundsätze Funktionsverlagerung Tz. 87 ff). Die Anwendung der Multiplikatormethode als alleiniges Bewertungsverfahren im Rahmen des hypothetischen Fremdvergleichs ist demzufolge nicht vorgesehen.

Ob darüber hinaus eine Anwendung als Plausibilitätscheck der Werte des hypothetischen Fremdvergleichs abgeleitet aus Ertragswerten bzw. Cashflows (vgl. Kap. 6), ist fraglich: Es wurde festgestellt, dass sich eine nicht präzise Ableitung des Multiplikators nicht als Ersatz für einen hypothetischen Fremdvergleich eignet. Warum er dann die Güte haben soll, einen richtig (d. h. ertragswert- bzw. cashflowbasierten) abgeleiteten hypothetischen Fremdvergleichswert auf Plausibilität zu überprüfen, erscheint widersprüchlich. Für die Verwendung als Plausibilitätscheck spricht indes die Sicht des Instituts der Wirtschaftsprüfer in dem Bewertungsstandard IDW S1, das Multiplikatorverfahren zur Plausibilisierung anerkennt.[4] Darüber hinaus kann ein Multiplikatorverfahren die internationale Akzeptanz der Ergebnisse des hypothetischen Fremdvergleichs erhöhen, sofern Multiplikatorverfahren in dem jeweiligen Land akzeptiert sind. Dies konstatieren Nestler und Kraus (2003) z. B. für die USA.

Gleichermaßen sollte die Anwendung als erste Indikation zu Beginn eines Projekts nur mit Vorsicht vorgenommen werden. Basierend auf Projekterfahrungen sind die Ergebnisse von Ertragswert- bzw. cashflowbasierten Bewertungen von Funktionsverlagerungen sensibel mit Blick auf die Inputvariablen wie z. B. dem Diskontsatz, sodass die einzelnen Input-Variablen gut zu begründen und zu dokumentieren sind (vgl. Kap. 14). Vorläufige Ergebnisse, selbst abgeleitet aus Ertragswert- bzw. cashflowbasierten Verfahren, weichen mitunter wesentlich von den abschließenden Ergebnissen ab. Vor dem Hintergrund erscheint es im Sinne einer Planungssicherheit und i. S. d. Erwartungsmanagements nicht opportun, eine andere Methodik (d. h. das Multiplikatorverfahren) anzuwenden mit der Hoffnung, dass die richtig ermittelten Werte dem Nahe kommen. Vielmehr sollte es das Bestreben sein, zügig und mit größtmöglicher Präzision die richtige Methodik anzuwenden, um ein festes Fundament für Entscheidungen zu haben.

---

[4]Vgl. *IDW S.1 i. d. F. 2008*, Tz. 13 und Tz. 167 sowie Nester & Kraus, 2003.

▶ Das Multiplikatorverfahren kann im Rahmen der Funktionsverlagerung zur Anwendung kommen, um direkt den Wert des Transferpakets im Rahmen der Preisvergleichsmethode zu bestimmen, § 1 Abs. 3 Satz 1 AStG, wenn das Multiplikatorenverfahren unmittelbar und technisch präzise in der Lage ist, Fremdvergleichswerte für das Transferpaket als Ganzes zu ermitteln. Diese Anwendung als tatsächlicher Fremdvergleich dürfte regelmäßig schwierig sein und mithin die Ausnahme bleiben. Darüber hinaus kann das Multiplikatorenverfahren zur Bestimmung des wahrscheinlichsten Wertes innerhalb des Einigungsbereichs gemäß § 1 Abs. 3 Satz 7 AStG zur Anwendung kommen.

Eine Anwendung eines Multiplikators als Plausibilitätscheck sowie im Rahmen einer ersten Indikation erscheint nur begrenzt ratsam. Sie mag gleichwohl die internationale Akzeptanz der Ergebnisse eines hypothetischen Fremdvergleichs erhöhen, sofern in dem jeweiligen Land Multiplikatorverfahren akzeptiert sind.

## 10.3 Funktionsweise des Multiplikatorverfahrens

Bevor Abschn. 10.4 kritische Parameter bei der Anwendung des Multiplikatorverfahrens auf Transferpakete darstellt, soll in diesem Abschnitt zunächst das Multiplikatorverfahren für die Bewertung eines Unternehmens beschrieben werden.

Die zentralen Schritte bei der Erstellung einer Unternehmensbewertung mittels Multiplikatoren sind:[5]

1. Beschreibung des zu bewertenden Unternehmens
2. Auswahl des Multiplikators
3. Auswahl der Vergleichsunternehmen
4. Berechnung der Multiplikatoren
5. Wertermittlung des zu bewertenden Unternehmens

Die Schritte 1, 2 und 5 sind sowohl bei einer Multiplikatoranwendung i. S. d. tatsächlichen Fremdvergleichs als auch bei der Anwendung im Rahmen des hypothetischen Fremdvergleichs nötig. Während der „Fremddaten-Ansatz" (siehe Abschn. 10.2) auf die Schritte 3 bis 4 verzichtet und stattdessen schlicht öffentlich verfügbare Multiplikatoren verwendet, führt der „Ansatz der unzureichenden Vergleichbarkeit" die Schritte 3 bis 4 auch durch. Am Ende ist in diesem Fall aber zu konstatieren, dass die Vergleichbarkeit zwischen Transferpaket und Vergleichsunternehmen nicht hinreichend gut ist und mithin kein tatsächlicher Fremdvergleich vorliegt (vgl. Abschn. 10.4 für Praxistipps, wie geprüft werden kann, ob die Vergleichbarkeit gegeben ist).

---

[5]In Anlehnung an Löhnert & Böckmann, 2012, S. 687.

Im Weiteren wird jeder der fünf Schritte näher erläutert sowie anhand des folgenden Beispielsfalls veranschaulicht.

> **Beispiel Sachverhalt**
> Der deutsche Automobilzulieferer Cabrio GmbH ist in der Vergangenheit auf dem deutschen Markt als eigenständiger Entrepreneur aufgetreten. Die GmbH war für ihre Produktion, die F&E-Aktivitäten, das Marketing und den Vertrieb verantwortlich. Ebenso hielt sie alle relevanten Patente mit Bezug auf die Technologie, die ihren Produkten zugrunde liegt. Ein fremder Dritter möchte in einer ersten Einschätzung den Unternehmenswert der Cabrio GmbH erhalten. Die vereinfachte GuV in Tab. 10.1 der Cabrio GmbH liegt vor.

**Tab. 10.1** Vereinfachte GuV der Cabrio GmbH. (Quelle: Eigenes Beispiel)

| GuV Cabrio GmbH in (M EUR) | 2012 | 2013 | 2014 |
|---|---|---|---|
| Umsatzerlöse mit eigenen Kunden | 100 | 100 | 100 |
| Herstellungskosten | 80 | 80 | 80 |
| **Bruttogewinn** | **20** | **20** | **20** |
| *Marge* | *20,00 %* | *20,00 %* | *20,00 %* |
| Verwaltung und Vertriebskosten | 2 | 2 | 2 |
| F&E-Kosten | 5 | 5 | 5 |
| **EBITDA** | **13** | **13** | **13** |
| *Marge* | *13,00 %* | *13,00 %* | *13,00 %* |
| Abschreibungen | 1 | 1 | 1 |
| **EBIT** | **12** | **12** | **12** |
| *Marge* | *12,00 %* | *12,00 %* | *12,00 %* |

### 10.3.1 Schritt 1: Beschreibung des zu bewertenden Unternehmens

Zur Vorbereitung auf der Suche nach vergleichbaren Unternehmen muss das zu bewertende Unternehmen zunächst genau beschrieben werden. Hierbei sollten je nach gewünschtem Detailgrad der Analyse u. a. die folgenden Punkte erfasst werden: Branchenzugehörigkeit, Wettbewerbsposition, Größe, Produkte, Land/Region der maßgeblichen Geschäftstätigkeiten, erwartetes Wachstum in der Zukunft, effektive Gewinnbesteuerung, erwartete künftige Margenentwicklung, Return on Equity („ROE"), Kapitalstruktur sowie historische Thesaurierungsquoten. Wie im nachfolgenden Abschnitt zu Schritt 3 weiterhin erläutert wird, kann je nach gewünschter Anwendung der Multiplikatorbewertung ggf. auch darauf verzichtet werden, Detailinformationen wie die Thesaurierungsquote, den ROE sowie Steuern und Margenerwartungen zu analysieren. Diese Variablen werden, in der Praxis häufig als vergleichbar angenommen, sofern ausreichend viele Fundamentaldaten der Vergleichsunternehmen mit jenen des Bewertungsobjektes übereinstimmen.[6]

> **Beispiel**
>
> Aus dem Beispielsachverhalt geht hervor, dass die Cabrio GmbH im Bereich Automobilzulieferung tätig ist und sich ihre maßgebliche Geschäftstätigkeit sowie auch der Geschäftssitz in Deutschland befinden. Ihre Produkte sind Zulieferkomponenten für die Automobilindustrie. Aus der Bilanz der Gesellschaft ist eine Bilanzsumme in Höhe von 130 MEUR festgestellt worden.

### 10.3.2 Schritt 2: Auswahl des Multiplikators

Der Multiplikator lässt sich aus dem Verhältnis des gesuchten Werts bzw. der Wertgröße (im Zähler des Bruchs), z. B. des Unternehmenswertes, und einer erklärenden Gewinn- oder Cashflow-Kennziffer bzw. allgemeiner eines Werttreibers (im Nenner) ermitteln.

$$\text{Multiplikator} = \frac{\text{Wertgröße (Zähler)}}{\text{Werttreiber (Nenner)}}$$

**Auswahl des Zählers und Konsistenz von Zähler und Nenner**

Es ist ratsam, bei der Konstruktion von Multiplikatoren, sicherzustellen, dass sich Zähler und Nenner des Multiplikators konsistent auf dieselbe Betrachtungsebene des Unternehmens beziehen. Bezieht sich die Wertgröße im Zähler beispielsweise nur auf das Eigenkapital des Bewertungsobjektes (Bestimmung des „Nettounternehmenswertes"; im Engl. auch „Equity-Ansatz"), wie dies beispielsweise bei Verwendung des Aktienkurses oder der Marktkapitalisierung des Eigenkapitals der Fall ist, so sollte auch der Nenner eine Gewinngröße beinhalten, welche nur den Eigenkapitalgebern zusteht. Hierfür geeignet sein können beispielsweise der Jahresüberschuss (JÜ), die earnings before tax (EBT) oder auch Cashflow-Indikatoren, wie der Free Cash Flow to the Equity (FCFE). Soll hingegen im Zähler auf den „Bruttounternehmenswert" inklusive des Fremdkapitalwerts („Entity-Ansatz") abgestellt werden, welcher unter anderem durch den *Firm Value (FV)* oder den *Enterprise Value (EV)* erfasst wird,[7] so sollte der Nenner eine Gewinn- oder Cashflow-Größe enthalten, die Vergütungskomponenten sowohl für die Eigenkapitalgeber als auch für die Fremdkapitalgeber enthält. Hierfür können beispielsweise das EBIT,

---

[6]Vgl. Löhnert & Böckmann, 2012, S. 682.
[7]Vereinfachend definiert als: Firm Value (FV) = Marktwert des Eigenkapitals (EK) + Marktwert des Fremdkapitals (FK); Enterprise Value (EV) = EK + FK − Liquide Mittel.

das EBITDA, oder der Free Cash Flow to the Firm geeignet sein.[8] Spezifischer: Verwendet man das EBITDA, so sollte im Zähler der Enterprise Value (EV) stehen. Der Firm Value (FV) ist im Rahmen von Multiplikatoren, die auf einem Ergebnis vor Zinsen ansetzen, weniger geeignet, da der FV die liquiden Finanzmittel des zu bewertenden Unternehmens enthält, die daraus resultierenden Zinsen jedoch in der Gewinngröße im Nenner nicht enthalten sind. Um Einflüsse unterschiedlicher Bestände an liquiden Mitteln auf den Multiplikator auszuschließen, sollte daher der EV gewählt werden.

In der Bewertungsliteratur findet sich eine große Anzahl potenziell anwendbarer Multiplikatoren.[9] Typische Multiplikatoren sind EV/EBITDA, EV/EBIT, EK/JÜ, Kurs-Gewinn-Verhältnis („P/E-Ratio") sowie Buchwert-Marktwert-Verhältnisse. Bestimmte branchenspezifische Kennzahlen wie beispielsweise EV/Flugpassagiere (bei Fluglinien), EV/Klicks (bei Internetfirmen) verzichten auf das Verwenden einer Gewinnkennziffer, da diese bei Unternehmen der jeweiligen Branchen unter bestimmten Umständen als nicht aussagekräftig angesehen werden. In jungen Internetunternehmen spielt für die Bewertung beispielsweise häufig das spezifische Produkt und der dazugehörige „Hype" eine übergeordnete Rolle. Diese Faktoren in einem gewinnbasierten Multiplikator zu verdichten wird in der Praxis häufig scheitern. Dennoch können auch branchenspezifische Multiplikatoren wie beispielsweise solche, die auf monatlichen Klicks auf der Webpage basieren, die Werttreiber des jeweiligen Unternehmens häufig nicht ausreichend erfassen.[10]

**Auswahl des Werttreibers**
Welche Größe letztlich für den Nenner gewählt wird, hängt von den relevanten Werttreibern der jeweiligen Branche ab, in welcher das zu bewertende Unternehmen tätig ist.[11] Für den Nenner sollte diejenige Kennzahl verwendet werde, die in der Lage ist, alle wertbestimmenden Variablen bestmöglich zu verdichten. In einer Branche, in der beispielsweise die Kapitalintensität eine große Rolle für die Profitabilität spielt, sollte im Nenner eine Kennzahl stehen, die diese Kapitalintensität widerspiegelt. So sollte in diesem Falle beispielsweise nicht das EBITDA verwendet werden, da dieses durch seine Nichtberücksichtigung der Abschreibungen nicht die größeren Reinvestitionserfordernisse von Unternehmen mit höherer Kapitalintensität berücksichtigt. Stattdessen könnte das EBIT in diesem Falle eher als repräsentativ für die Branche anzusehen sein. Falls andererseits bereits zu erkennen ist, dass die im nächsten Schritt zu identifizierenden

---

[8]Vgl. Vernimmen, et al., 2014, S. 569 f.
[9]Für einen Überblick siehe Löhnert & Böckmann, 2012, S. 689.
[10]Siehe beispielsweise Damodaran, 2012, S. 643 ff. für eine Analyse des Multiplikatorverfahrens mit Hinblick auf Start-up-Firmen.
[11]Ähnlich wie bei anderen Bewertungsverfahren, stellt die Bewertung von Unternehmen aus dem Bereich Finanzdienstleistungen auch an das Multiplikatorverfahren grundsätzlich andere Anforderungen als dies bei anderen Unternehmen der Fall ist. Bezüglich einer Diskussion sei beispielsweise auf Damodaran, 2012, S. 581 ff. verwiesen.

Vergleichsunternehmen bezüglich einer bestimmen Merkmalsausprägung dem Bewertungsobjekt in hohem Maße gleichen, so kann bei der Auswahl des Multiplikators ein geringerer Fokus auf diesen Aspekt gelegt werden.

Eine Übersicht über die wichtigsten Charakteristika ausgewählter Gewinnkennziffern sowie geeigneter Wertgrößen im Rahmen der Multiplikatorbewertung ist in Tab. 10.2 dargestellt.

Abgesehen von dem geforderten hohen Repräsentationsgrad der Werttreiber der Branche können auch praktische Gründe eine Rolle für die Auswahl des Multiplikators spielen. Oftmals kann durch die Auswahl des EBITDA als Gewinngröße die anschließende Suche nach Vergleichsfirmen vereinfacht werden. Da das EBITDA weitgehend unabhängig von der Abschreibungspolitik des betrachteten Unternehmens ermittelt wird, sodass diesbezügliche Unterschiede bei der Suche nach Vergleichsunternehmen vernachlässigt werden können, ermöglicht es eine weniger detaillierte Suche bzw. macht Anpassungsrechnungen unnötig. Ferner ist das EBITDA seltener negativ als etwa das EBIT oder andere Gewinngrößen, sodass potenziell weniger, ansonsten vergleichbare Firmen, allein aufgrund von negativen Gewinnindikatoren als Vergleichskandidaten ausgeschlossen werden müssen.

▶ **Praxistipp** Die in Verrechnungspreisanalysen häufig eingesetzten Bandbreiten zur Eingrenzung fremdüblicher Werte können auch mithilfe einer Multiplikatorbewertung erzeugt werden. Hierfür eignet sich beispielsweise die parallele Verwendung zweier Multiplikatoren, beispielsweise des EV/EBITDA und des EV/EBIT, zur Errechnung von zwei Bewertungsergebnissen auf Basis derselben Vergleichsunternehmen. Insbesondere kann diese Vorgehensweise auch hilfreich sein, wenn beispielsweise Unsicherheit bezüglich der Relevanz von Kapitalintensität oder Abschreibungspolitiken besteht, und somit unklar ist, welcher Multiplikator zu bevorzugen ist. Wie in den folgenden Abschnitten erläutert wird, kann alternativ jedoch auch bei der Verwendung von nur einem Multiplikator eine Bandbreite ermittelt werden, sofern ausreichend viele Vergleichsfirmen gefunden werden können.

**Beispiel**

Im Beispielsfall der Cabrio GmbH ist durch eine Branchenanalyse ermittelt worden, dass das EBITDA ein repräsentativer Gewinnindikator für Automobilzulieferer ist. Zwar spielt die Kapitalintensität der Produktion der technischen Komponenten der Cabrio GmbH eine gewisse Rolle, dennoch überwiegen im vorliegenden Beispiel der zu vermeidende Einfluss unterschiedlicher Abschreibungspolitiken sowie die größerer Anzahl an möglichen Vergleichsunternehmen mit nichtnegativen EBITDA Kennzahlen. Da das EBITDA eine Gewinngröße vor der Vergütung der Fremdkapitalgeber (vor Zinszahlungen) darstellt, wird für den Zähler ebenfalls eine „Entity-Größe" gewählt: Der Enterprise Value.

$$\text{Multiplikator}_{\text{Beispiel}} = \frac{\text{Enterprise Value (EV)}}{\text{EBITDA}}$$

**Tab. 10.2** Charakteristika ausgewählter Werttreiber. (In Anlehnung an Löhnert & Böckmann, 2012, S. 689. Zusätzliche Multiplikatoren und weitere Details sind in Suozzo et al., 2001, S. 28 ff. beschrieben.)

| Werttreiber/Kennziffern | Jahres-Überschuss | Free Cash Flow to the Equity | EBIT | EBITDA | Umsatz |
|---|---|---|---|---|---|
| **Vorteile** | Stellt ausschüttbaren Gewinn dar | Stellt die für Anteilseigner relevanten tatsächlichen Einzahlungsüberschüsse dar | Unabhängig von Finanzierungsstruktur und effektivem Steuersatz | Unabhängig von Abschreibungspolitik, somit hohe Vergleichbarkeit | Höchste Vergleichbarkeit, immer Positiv |
| **Nachteile** | Hängt von Verschuldungsgrad, Bilanzierungsvorschriften und -wahlrechten ab | Schwankt gemäß der Investitionszyklen und kann somit verzerrt sein | Durch Abschreibungspolitik beeinflusst | Berücksichtigt nicht die Kapitalintensität | Keine Berücksichtigung der Ertragskraft |
| **Geeignete Wertgröße für den Zähler (beispielhaft)** | Marktkapitalisierung des Eigenkapitals | Marktkapitalisierung des Eigenkapitals | Enterprise Value | Enterprise Value | Enterprise Value |

**Tab. 10.3** EV/EBIT-Multiples für ausgewählte Branchen. (Quelle: Damodaran, 2016)

| Industrie | EV/EBIT |
|---|---|
| Auto Parts | 11,53 |
| Chemical (Basic) | 8,48 |
| Chemical (Diversified) | 11,40 |
| Chemical (Specialty) | 14,66 |
| Drugs (Pharmaceutical) | 20,23 |
| Electrical Equipment | 15,59 |
| Food Processing | 18,51 |
| Healthcare Products | 24,46 |
| Machinery | 14,12 |
| Semiconductor | 24,05 |

Beispiele: EV/EBIT-Multiples

Die Ermittlung des konkreten Multiplikators beginnt mit der Auswahl von Vergleichsunternehmen, aus denen dann der Wert des Multiplikators abgeleitet wird (vgl. Schritt 3 und 4).

**Fremddatenansatz – vereinfachte Ableitung von Multiplikatoren**
Alternativ zu den Schritten 3 und 4 kann beim Fremddatenansatz (vgl. Kap. 10.2) aus Vereinfachungsgründen ein Multiplikator aus typischen Branchendurchschnitten entnommen werden. Eine gute Quelle bietet Damodaran (2016) für börsennotierte Unternehmen. Die Tab. 10.3 gibt einige Beispiele für typische Industrien für EV/EBIT-Multiples in Europa.

Einen weiteren Branchenüberblick bietet regelmäßig „FINANCE. Das Finanzmagazin für Unternehmer". Die Börsen-Multiples werden in dem Magazin alle zwei Monate neu berechnet und veröffentlicht. Alle nicht börslichen Werte werden von Expertengruppen quartalsweise basierend auf deren Erfahrungen sowie unter Berücksichtigung der tatsächlich gezahlten Preise für nicht börsennotierte Unternehmen abgeleitet. Es wird unterschieden zwischen Small-Cap (Unternehmensumsatz unter 50 MEUR), Mid-Cap (50 bis 250 MEUR) und Large-Cap (über 250 MEUR). Das Magazin nutzt als Quellen für börsenbasierte Multiples die EBIT- und Umsatzzahlen der im CDAX enthaltenen Unternehmen sowie Daten aus der Osiris Datenbank des Datenanbieters Bureau van Dijk. Die Tab. 10.4 bildet exemplarische Werte für März/April 2016 ab.

Abschließend sei auf Werte der Zeitschrift „BewertungsPraktiker" verwiesen. Die Tab. 10.5 und 10.6 bieten beispielhafte EV/EBIT-Multiplikatoren für börsennotierte Unternehmen sowie für nicht börsliche Unternehmen.

Die Werte der börsennotierten Unternehmen wurden aus Thomson Reuters Datensätzen abgeleitet mit dem Stichtag 15.07.2015.

**Tab. 10.4** EV/EBIT-Branchenmultiplikatoren gemäß FINANCE Finanzmagazin. (Quelle: FINANCE Magazin, März/April 2016)

| Branche | Börsen-Multiples EV/EBIT-Multiple | Experten-Multiples-Small-Cap EV/EBIT-Multiple | | Experten-Multiples-Mid-Cap EV/EBIT-Multiple | | Experten-Multiples-Large-Cap EV/EBIT-Multiple | |
|---|---|---|---|---|---|---|---|
| | | Von | Bis | Von | Bis | Von | Bis |
| Beratende Dienstleistungen | - | 6,2 | 8,0 | 6,8 | 8,6 | 7,8 | 10,0 |
| Software | 16,1 | 7,1 | 9,1 | 7,8 | 10,0 | 8,4 | 11,1 |
| Telekommunikation | 15,1 | 7,3 | 9,2 | 8,0 | 10,0 | 8,0 | 10,4 |
| Medien | 16,6 | 6,5 | 8,4 | 7,4 | 9,6 | 8,2 | 10,8 |
| Handel und E-Commerce | 8,8 | 6,4 | 8,5 | 7,0 | 9,8 | 8,0 | 11,5 |
| Transport, Logistik und Touristik | 9,9 | 6,3 | 8,0 | 7,0 | 9,0 | 7,7 | 10,4 |
| Elektrotechnik und Elektronik | 10,2 | 6,5 | 8,2 | 7,0 | 9,0 | 7,8 | 10,4 |
| Fahrzeugbau und -zubehör | 11,1 | 5,9 | 7,5 | 6,2 | 8,1 | 7,0 | 9,1 |
| Maschinen- und Anlagenbau | 15,0 | 6,3 | 8,0 | 7,0 | 8,8 | 7,8 | 10,0 |
| Chemie und Kosmetik | 11,4 | 7,1 | 8,9 | 7,6 | 9,7 | 8,4 | 11,1 |
| Pharma | 12,7 | 7,7 | 9,5 | 8,3 | 10,3 | 9,1 | 11,8 |
| Textil und Bekleidung | 8,4 | 6,1 | 7,7 | 6,6 | 8,5 | 7,7 | 9,8 |
| Nahrungs- und Genussmittel | 8,2 | 6,8 | 8,6 | 7,9 | 10,5 | 8,8 | 11,8 |
| Gas, Strom, Wasser | 17,9 | 6,0 | 7,7 | 6,7 | 8,5 | 7,1 | 9,3 |
| Umwelttechnologie und erneuerbare Energien | - | 6,0 | 7,9 | 7,0 | 9,1 | 7,7 | 9,1 |
| Bau und Handwerk | 13,2 | 5,7 | 7,5 | 6,7 | 8,3 | 7,0 | 9,3 |

**Tab. 10.5** Branchenmultiplikatoren von Börsenunternehmen. (Quelle: BewertungsPraktiker, 2015)

| Branche (ZEPHUS-Klassifikation) | Börsen-Multiples EV/EBIT-Multiple (Median) |
|---|---|
| Automobiles | 14,3 |
| Basic Resources | 15,7 |
| Chemicals | 17,2 |
| Construction | 14,5 |
| Consumer | 13,5 |
| Food & Beverages | 33,4 |
| Industrial | 15,9 |
| Media | 13,4 |
| Pharma & Healthcare | 17,7 |
| Retail | 14,2 |
| Software | 16,7 |
| Technology | 14,5 |
| Telecommunication | 16,5 |
| Transport & Logistics | 15,7 |
| Utilities | 9,0 |

Die Tab. 10.6 stellt EV/EBIT-Multiplikatoren von nicht börslichen Unternehmen dar. Die Werte sind die 95-Prozent-Konfidenzintervalle abgeleitet aus Transaktionsdaten der M&A Datenbanken ZEPHUS sowie ORBIS. Grundlage sind Transaktionen des Zeitraums 01.07.2012 bis 30.06.2015.

### 10.3.3 Schritt 3: Auswahl von Vergleichsunternehmen

Sofern nicht auf Branchenmultiplikatoren zurückgegriffen wird, sind Vergleichsunternehmen auszuwählen (Schritt 3) und die Multiplikatoren zu berechnen (Schritt 4).

Die zugrunde liegende Theorie, auf welche sich Multiplikatorverfahren stützen, ist Jevsons' Gesetz.[12] Es besagt, dass in vollkommen Märkten gleiche Güter zum selben Preis gehandelt werden müssen. Unter der Annahme relativ freier Kapitalmärkte hängt somit die Qualität der aus dem Multiplikatorverfahren resultierenden Unternehmensbewertungen in hohem Maße vom Ausmaß der Vergleichbarkeit der am Markt identifizierten Vergleichsunternehmen ab. Diesbezüglich erfordert die Identifikation von Vergleichsunternehmen im

---

[12] Im Englischen auch „Law of one price".

**Tab. 10.6** Branchenmultiplikatoren von nicht börslichen Unternehmen. (Quelle: Bewertungs-Praktiker, 2015)

| Branche (ZEPHUS Klassifikation) | Transaktions-Multiples (95-%-Konfidenzintervall) EV/EBIT-Multiple | |
|---|---|---|
| | Von | Bis |
| Banking, Insurance & Financial Services | 7,61 | 25,31 |
| Biotechnology, Pharmaceuticals and Life Sciences | 13,36 | 18,28 |
| Chemicals, Petroleum, Rubber & Plastic | 14,62 | 23,74 |
| Communications | 9,67 | 16,96 |
| Computer, IT and Internal Services | 12,84 | 20,88 |
| Construction | 7,75 | 28,07 |
| Food & Tobacco, Misellaneous Manufacturing | 6,23 | 12,94 |
| Industrial, Electric & Electronic Machinery | 14,10 | 18,35 |
| Leather, Stone, Clay & Glass Products | 8,41 | 24,21 |
| Metals & Metal Products | 10,72 | 16,51 |
| Personal, Leisure & Business Services | 11,69 | 17,25 |
| Property Services | 14,94 | 32,80 |
| Retailing/Wholesaling | 11,27 | 18,03 |
| Textiles & Clothing Manufacturing | 5,59 | 7,41 |
| Transport Manufacturing | 9,07 | 14,83 |
| Transport, Freight, Storage & Travel Services | 19,70 | 27,09 |
| Utilities | 8,96 | 14,87 |
| Printing & Publishing/Wood, Furniture & Paper Manufacturing | 6,24 | 18,16 |

Rahmen der Multiplikatormethode in der Theorie einen Fokus auf die Vergleichbarkeit von Steuersätzen, Kapitalkosten, Thesaurierungsquoten, Neuinvestitionsrenditen sowie von Kapitalstrukturen. Werden diese Faktoren detailliert für das Bewertungsobjekt sowie jedes Vergleichsunternehmen analysiert und die Vergleichbarkeit sichergestellt, so nähert sich die Multiple-Analyse in ihrem Bewertungsergebnis, aber auch ihrem Erstellungsaufwand der DCF-Analyse an.[13]

---

[13] Siehe Drukarczyk & Schüler, 2009, S. 454 ff. für eine mathematische Überführung verschiedener Multiplikatoren in DCF-analoge Kalküle.

**Theoretische Herleitung der Vergleichbarkeitskriterien**

Am Beispiel des Multiplikators EV/EBIT soll im Folgenden gezeigt werden, wie die wichtigsten Vergleichskriterien hergeleitet werden können. Die Definition des EV/EBIT-Multiplikators (M) lautet wie folgt:

$$M_{\text{EV/EBIT}} = \frac{\text{EV}}{\text{EBIT}} = \frac{\text{EK} + \text{FK}}{\text{EBIT}} \tag{10.1}$$

EK + FK stellt die Summe der Marktwerte des Eigen- und Fremdkapitals dar. Somit entspricht es dem Gesamtwert des Unternehmens. Gemäß einem allgemeinen Discounted-Dividend-Modell kann ein Unternehmenswert wie folgt dargestellt werden kann:[14]

$$\text{EK} + \text{FK} = V_0 = \frac{\text{Dividende}}{\text{WACC} - g} \tag{10.2}$$

Die Dividende lässt sich vereinfachend bestimmen als EBIT multipliziert mit 1 minus der Thesaurierungsquote sowie die Steuerzahlung. Durch Einsetzen der Gleichung in die Definition des Multiplikators ergibt sich:

$$M_{\text{EV/EBIT}} = \frac{\frac{\text{EBIT}(1-t)(1-\text{RR})}{\text{WACC}-g}}{\text{EBIT}} \tag{10.3}$$

Durch Kürzen folgt somit:

$$M_{\text{EV/EBIT}} = \frac{(1-t)(1-\text{RR})}{\text{WACC} - g} \tag{10.4}$$

Weiterhin gilt aus investitionstheoretischer Sicht, dass die Wachstumsrate der Produkt aus der Thesaurierungsquote und der Eigenkapitalrendite entspricht:[15]

$$g = \text{RR} * \text{ROE bzw. } g/\text{ROE} = \text{RR} \tag{10.5}$$

Ersetzt man in (10.4) die Thesaurierungsquote, ergibt sich:

$$M_{\text{EV/EBIT}} = \frac{(1-t)(1-\frac{g}{\text{ROE}})}{\text{WACC} - g} \tag{10.6}$$

Die Herleitung zeigt, dass die Wachstumsrate (g), der Steuersatz (t), die Neuinvestitionsrendite (ROE) sowie die gewichteten Kapitalkosten (WACC) die wesentlichen Parameter sind, die vergleichbar sein sollten, wenn ein EV/EBIT-Multiplikator verwendet wird. Aufgrund der steuerlichen Abzugsfähigkeit von Zinszahlungen hat auch die Finanzierungsstruktur in der Praxis einen Einfluss auf den WACC und somit den Multiplikator. Weitere analoge Herleitungen, können für die meisten existierenden Multiplikatoren gefunden werden. Sie dienen der Identifikation der theoretisch zu berücksichtigenden Vergleichskriterien. Aus obiger Herleitung folgt, dass die Multiplikatorbewertung auf Basis von EV/EBIT genau dann theoretisch optimale Eigenschaften besitzt,

---

[14]$V_0$ = Gesamtwert des Unternehmens.
WACC = Gewichtete Kapitalkosten des Unternehmens.
g = Wachstumsrate, die das Unternehmen nachhaltig in Zukunft erzielen kann.
RR = Retention Rate (Thesaurierungsquote).
ROE = Return on Equity (Eigenkapitalrendite).
[15]Vereinfachte Darstellung der nachhaltigen Wachstumsrate, welche erstmals von Higgins, 1977, S. 7 ff., beschrieben wurde. Siehe auch Brealey, et al., 2011, S. 748.

wenn die Vergleichsunternehmen in den oben genannten fünf Kriterien mit dem Bewertungsobjekt möglichst genau übereinstimmen. Insbesondere spielen also in der Theorie Kriterien wie die Ähnlichkeit der Produkte oder die gleiche Branchenzugehörigkeit keinerlei direkte Rolle für die Qualität der Multiplikator-Bewertung.

In der praktischen Anwendung einer Multiplikatorbewertung werden die theoretisch relevanten Vergleichbarkeitskriterien häufig nicht direkt analysiert, sondern mithilfe von gleicher Branchenzugehörigkeit, ähnlicher Wachstumshistorie, geografischer Nähe sowie ähnlicher Unternehmensgröße approximiert. So kann beispielsweise vereinfachend angenommen werden, dass Unternehmen aus demselben Land in etwa der gleichen effektiven Besteuerung unterzogen werden, Unternehmen aus demselben Währungsraum ähnlichen Finanzierungsbedingungen unterliegen und die Zugehörigkeit zur selben Branche auf ähnliche Wachstumsperspektiven, Zyklen, operative Risiken und Neuinvestitionsrenditen schließen lassen. Eine ähnliche Unternehmensgröße kann auf vergleichbare Kostenstrukturen schließen lassen. Je nachdem ob der Bewertende seinen Fokus stärker auf die theoretisch relevanten Kriterien oder auf die pragmatischen Approximationen dieser Kriterien legt, entscheidet sich ob das Multiplikatorverfahren eine ausführliche Unternehmensbewertung darstellt oder ob es sich lediglich zur Verprobung zuvor ermittelter Bewertungen eignet. Gestützt wird die vereinfachte Analyse jedoch durch das Vorliegen von Korrelationen der relevanten Variablen zwischen Unternehmen derselben Branche bzw. desselben geografischen Marktes.[16] Bezüglich der geografischen Nähe der Vergleichsunternehmen galt in der Vergangenheit, dass ein Firmensitz im selben Land grundsätzlich zu besserer Vergleichbarkeit geführt hat als der Vergleich mit ausländischen Gesellschaften. Innerhalb der Europäischen Union kann durch die Konvergenz von Rechnungslegungsvorschriften, Kapitalkosten sowie sonstigen Rahmenbedingungen jedoch zunehmend davon ausgegangen werden, dass Gesellschaften aus anderen EU-Ländern grundsätzlich auch als Vergleichsunternehmen infrage kommen können.[17]

Abgesehen von den materiellen Vergleichskriterien spielen bei der Auswahl der Vergleichsunternehmen auch praktische Kriterien eine Rolle. So ist es beispielsweise essenziell, dass für alle Vergleichsunternehmen zuverlässige Marktbewertungen beobachtet werden können. Bei börsennotierten Unternehmen ist dies in Bezug auf das Eigenkapital gut möglich. Teilweise werden für die Multiplikatoranalyse auch nicht börsenbasierte Transaktionen von Unternehmen herangezogen. So können beispielsweise Kaufpreise im Rahmen von M&A-Transaktionen ebenfalls als Marktbewertungen dienen, sofern diese öffentlich bekannt werden. Hierbei ist jedoch zu beachten, dass die genauen Vertragskonditionen für Externe oftmals unbekannt sind und die Bestimmungen darin potenziell einen großen Einfluss auf den Kaufpreis haben können.

---

[16]Siehe beispielsweise Damodaran, 2012, S. 462, für eine Diskussion und für mögliche Anpassungsrechnungen hinsichtlich der Vergleichbarkeit von Unternehmen derselben Branche.
[17]Siehe Löhnert & Böckmann, 2012, S. 684, oder auch Meenan, et al., 2004.

Bezüglich der optimalen Anzahl der zu identifizierenden Vergleichsunternehmen gilt, dass bei gegebener Güte der Vergleichbarkeit eine höhere Anzahl grundsätzlich zu besseren Ergebnissen führt, da durch eine anschließende statistische Verdichtung der einzelnen Werte zufällige Schwankungen sowohl von Gewinngrößen als auch von Marktbewertungen besser geglättet werden können. Ähnlich wie bei Vergleichbarkeitsanalysen im Rahmen der Verfeinerung von Datenbankstudien bei Anwendung der transaktionsbezogenen Nettomargenmethode in Verrechnungspreisanalysen, muss auch bei der Anwendung der Multiplikatormethode eine Abwägung zwischen der Güte der Vergleichbarkeit und der Anzahl an vergleichbaren Unternehmen stattfinden.

> **Beispiel**
>
> Es wurden hohe Korrelationen der wichtigsten Vergleichsvariablen innerhalb der Automobilzuliefererbranche in Deutschland ermittelt, sodass Vergleichsunternehmen auf Basis von drei Kriterien ausgewählt werden sollen: Unternehmensgröße, Branchenzugehörigkeit sowie Produkte. Aus Gründen der dort sehr guten Datenverfügbarkeit wird die Suche zunächst auf Unternehmen beschränkt, welche an der Frankfurter Börse im „Prime Standard" notiert sind. Derzeit (Stand 2014) sind 325 Gesellschaften in diesem Börsensegment gelistet. Die Beschränkung auf den „Prime Standard" stellt sicher, dass Informationen zu den dort notierten Gesellschaften transparent und regelmäßig in hohem Detailgrad verfügbar sind und international anerkannten Rechnungslegungsvorschriften folgen. Weiterhin weisen die enthaltenen Unternehmen üblicherweise relativ hohe Handelsvolumina auf, sodass die Marktpreise als effizient angesehen werden können. Die deutsche Börse veröffentlicht die Liste aller Unternehmen, welche die Voraussetzungen für den „Prime Standard" erfüllen, in dem Index „Prime All Share (Performance)".
>
> Die Sichtung der dort enthaltenen Unternehmen ergibt, dass vier deutsche Gesellschaften identifiziert werden können, welche im Vergleich zur Cabrio GmbH derselben Branche angehören, eine Bilanzsumme in einer ähnlichen Größenordnung aufweisen sowie ähnliche Produkte herstellen und vertreiben. Zur zusätzlichen Verstärkung der theoretischen Vergleichbarkeit werden von allen gefundenen Unternehmen die Finanzierungsstrukturen sowie effektiven Steuersätze mit jenen der Cabrio GmbH verglichen. Da sich diese bei allen betrachteten Gesellschaften in ähnlichen Größenordnungen bewegen, können alle vier Vergleichsunternehmen für die Multiplikatorberechnung verwendet werden.
>
> Auf eine Ausdehnung der Suche auf andere europäische Vergleichsunternehmen, z. B. anhand von Gesellschaften, die im „Stoxx Europe 600" gelistet sind, wird verzichtet, da im Beispielsfall vier Vergleichsunternehmen als ausreichend betrachtet werden.

## 10.3.4 Schritt 4: Berechnung der Multiplikatoren

Wurde ein repräsentativer Multiplikator sowie eine geeignete Anzahl guter Vergleichsunternehmen identifiziert, kann die eigentliche Berechnung des Multiplikators vorgenommen werden. Zunächst ist hierzu die Kennzahl im Nenner des Multiplikators von allen Vergleichsunternehmen festzustellen und um potenzielle Sondereffekte zu bereinigen. Um Einmal- und Sondereffekte in den Finanzzahlen der Vergleichsunternehmen nicht auf das Bewertungsobjekt zu übertragen, ist es daher sinnvoll, mit „normalisierten" Gewinnen zu arbeiten. Äquivalent dazu wird bei dem Bewertungsobjekt selbst ebenfalls mit „normalisierten" Gewinnen gearbeitet. Grundsätzlich besteht zusätzlich die Möglichkeit der Glättung der Gewinnkennziffern durch die Verwendung von Durchschnittswerten über mehrere Jahre.

Zur Bestimmung des Zählers müssen, je nach gewähltem Multiplikator, Marktbewertungen des Eigenkapitals sowie ggf. des Fremdkapitals und der Barmittel der Vergleichsunternehmen festgestellt werden.[18]

Die Marktbewertung des Eigenkapitals kann bei börsennotierten Gesellschaften mit liquidem Aktienhandel durch die Multiplikation des Börsenkurses mit der Anzahl ausstehender Aktien ermittelt werden. Um kurzfristige Schwankungen des Marktwertes zu glätten, kann es sich auch bei der Verwendung von Börsenkursen anbieten, mit Durchschnittwerten über einen zuvor festgelegten vergangenen Zeitraum zu arbeiten. Bei hoher Kursvolatilität kann beispielsweise der durchschnittliche Aktienkurs der vergangenen 3 Monate aussagekräftiger sein, als der tagesaktuelle Kurs. Wurde bei der Bestimmung des Nenners, wie oben beschrieben, ein längerfristiger Durchschnittswert verwendet, so sollte dieser Zeitraum auch bei Bestimmung des Zählers eingehalten werden, um die Konsistenz der Berechnungen sicherzustellen. Je länger der gewählte Glättungszeitraum jedoch ist, desto geringere Beachtung finden potenzielle neue Informationen, welche die Markteilnehmer seit dem jeweiligen Bekanntwerden dieser Neuigkeiten in ihre Bewertung einfließen lassen. Gerade diese Berücksichtigung der aktuellen Markteinschätzungen bildet jedoch einen wesentlichen Vorteil des Multiplikatorverfahrens im Vergleich zu DCF-Verfahren, weshalb eine zu starke Glättung vermieden werden sollte.

Die Ermittlung des Marktwertes des Fremdkapitals einer Firma gestaltet sich in der Praxis häufig schwieriger als die Bewertung des Eigenkapitals. Auf Basis von IFRS-Bilanzierungsvorschriften[19] sollten die Buchwerte des Fremdkapitals den entsprechenden Marktwerten bei gesunden Unternehmen zwar grundsätzlich deutlich näher kommen, als dies bei dem Eigenkapital der Fall ist, dennoch sind beispielsweise Ein-

---

[18] Darüber hinaus ist es regelmäßig sinnvoll, den Enterprise Value um Minderheitsanteile an gehaltenen Tochterunternehmen zu bereinigen. Siehe Damodaran, 2012, S. 501 f.

[19] Siehe IAS 39.43 i. V. m. IAS 39 AG64 zur Bilanzierung von Schuldtiteln. Vergleichbare Bestimmungen finden sich in dem ab 2018 gültigen IFRS 9 (Abschn. 4.2.1).

flüsse durch Veränderungen am Zinsumfeld auf den Wert des Fremdkapitals in den bilanzierten Buchwerten üblicherweise nicht enthalten.

▶ **Praxistipp** Damodaran veröffentlicht jährlich Datensätze, die unter anderem die Marktwerte des Fremdkapitals vieler börsennotierter Unternehmen enthalten. Diese sind verfügbar unter: http://pages.stern.nyu.edu/~adamodar/.

Wurden sowohl Nenner als auch Zähler des gewählten Multiplikators mitsamt den potenziellen Glättungsfaktoren für alle Vergleichsunternehmen bestimmt, so kann der Multiplikator gemäß seiner Definition ermittelt werden.

Ähnlich der typischen Vorgehensweise bei Verrechnungspreisanalysen, kann es hilfreich sein, die Spanne der errechneten Multiplikatoren durch das Bestimmen eines Medians oder der Quartile einzugrenzen und die Effekte von möglichen Ausreißern somit zu begrenzen. Aufgrund von empirischen Gewinnverteilungen sowie der Tatsache, dass Multiplikatoren nicht negativ sein können, sind Multiplikatorwerte grundsätzlich rechtsschief verteilt.[20] Weist beispielsweise ein Vergleichsunternehmen eine positive, aber sehr kleine Gewinnkennziffer aus, so wird der Nenner des Multiplikators ebenfalls sehr klein und der jeweilige Multiplikatorwert wird nach oben ausreißen. Die Bildung des Median aus mehreren Werten (sowie der Quartile, falls ausreichend viele Vergleichsunternehmen gefunden wurden) kann diese Verzerrung effektiv ausgleichen.

Für die Ermittlung der benötigten Finanzzahlen ist zwischen zwei verschiedene Vorgehensweisen zu unterscheiden. Während im Zähler stets eine aktuell beobachtbare Marktbewertung der Vergleichsunternehmen steht, kann sich der Werttreiber im Nenner entweder auf veröffentliche Unternehmensdaten mit Bezug auf vergangene Jahre stützen („Trailing Multiple Valuation") oder auf entsprechende Prognosezahlen („Forward Multiple Valuation"). Grundsätzlich sind beide Ansätze des Multiplikatorverfahrens anwendbar. In der Theorie hängen Unternehmenswerte jedoch von in der Zukunft zu erwartenden Gewinnen ab, sodass die Verwendung von Prognosezahlen theoretisch eher angemessen ist.[21] In der Praxis liegen entsprechende Prognosen für sämtliche Vergleichsunternehmen sowie für das Bewertungsobjekt jedoch häufig nicht im gewünschten Detailgrad vor. Die Verwendung von Vergangenheitsdaten ist daher oftmals die einzige pragmatische Lösung.

> **Beispiel**
> Von den vier im Beispiel identifizierten Vergleichsunternehmen werden die Geschäftsberichte der letzten drei Jahre (2013, 2012 und 2011) heruntergeladen sowie die Börsenkurse jeweils vom 1. Januar sowie dem 31. Dezember jedes dieser Jahre festgestellt, um den Wert des Eigenkapitals zu bestimmen.

---

[20] Für eine Darstellung der empirischen Verteilungen von Multiplikatoren siehe z. B. Damodaran, 2012, S. 503.
[21] Siehe für die Vor- und Nachteile z. B. Schreiner, 2007, S. 47 ff.

**Tab. 10.7** Barmittelbestände sowie EBITDA der identifizierten Vergleichsunternehmen. (Quelle: Eigenes Beispiel)

| Alle Werte in (EUR) | | EBITDA | Liquide Mittel |
|---|---|---|---|
| *Datenquelle* | | *Geschäftsbericht (GuV)* | *Geschäftsbericht (Bilanz)* |
| Vergleichs-Unternehmen Nr. 1 | 2011 | 6.686.000 | 95.937 |
| | 2012 | 6.612.000 | 103.832 |
| | 2013 | 7.043.000 | 101.348 |
| Vergleichs-Unternehmen Nr. 2 | 2011 | 6.609.000 | 134.774 |
| | 2012 | 8.127.000 | 126.596 |
| | 2013 | 9.891.000 | 129.211 |
| Vergleichs-Unternehmen Nr. 3 | 2011 | 148.945.000 | 271.655 |
| | 2012 | 142.719.000 | 288.936 |
| | 2013 | 156.327.000 | 282.430 |
| Vergleichs-Unternehmen Nr. 4 | 2011 | 42.373.000 | 52.772 |
| | 2012 | 49.814.000 | 51.137 |
| | 2013 | 42.820.000 | 55.280 |

Aus den Geschäftsberichten werden für alle Vergleichsunternehmen aus den jeweiligen Gewinn- und Verlustrechnungen sowie den Bilanzen die EBITDAs und die Barmittelbestände herausgelesen. Sollte das EBITDA nicht explizit ausgewiesen sein, so kann dieses durch Hinzurechnen der Abschreibungen („Depreciation and Amortisation") auf das EBIT errechnet werden. Die Barmittel können aus der Position „Liquide Mittel" (Cash and Cash Equivalents) herausgelesen werden. Die entsprechenden Werte für die Beispielsunternehmen stellen sich wie in Tab. 10.7 dar.

Anschließend werden die Börsennotierungen der vier Vergleichsunternehmen näher betrachtet. Um den Einfluss kurzfristiger Marktschwankungen auszugleichen, werden aus den Notierungen zu Beginn des Jahres und zu Jahresende jeweils Durchschnittskurse errechnet. Dies führt auch zu einer zeitlichen Konsistenz in Bezug auf die Stromgröße des EBITDA.

Historische Börsenkurse können sowohl aus Datenbanken, wie beispielsweise dem *Bloomberg Professional Service,* ausgelesen, als auch in frei verfügbaren Quellen im Internet gefunden werden. Im Beispielsfall wurden die Werte in Tab. 10.8 festgestellt.

Im Beispiel haben drei der Firmen im Zeitablauf die Anzahl ihrer ausstehenden Anteilsscheine geringfügig erhöht. Vereinfachend wird davon ausgegangen, dass die Anzahl der ausstehenden Aktien sich stets zum Jahreswechsel erhöht hat und unterjährig jeweils konstant blieb. Detaillierte Informationen zur Ausgabe zusätzlicher Aktien finden sich ebenfalls in den Geschäftsberichten sowie in allgemein verfügbaren Finanzdatenbanken. Durch Multiplikation der Jahresdurchschnittskurse mit den jeweils ausstehenden Anteilsscheinen lassen sich die Marktkapitalisierungen der Vergleichsunternehmen für jedes Jahr errechnen.

**Tab. 10.8** Marktbewertung des Eigenkapitals der Vergleichsunternehmen. (Quelle: Eigenes Beispiel)

| Alle Werte in (EUR) | | Aktienkurs 01.01. | Aktienkurs 31.12. | Durch-schnitts-kurs | Anzahl ausstehen-der Aktien | Marktkapitalisierung |
|---|---|---|---|---|---|---|
| *Datenquelle* | | *Bloomberg* | *Bloomberg* | | *Geschäfts-bericht* | *Durchschnittskurs\*Anzahl Aktien* |
| Ver-gleichs-Unterneh-men Nr. 1 | 2011 | 3,21 | 3,54 | 3,38 | 5.415.000 | **18.275.625** |
| | 2012 | 3,54 | 4,10 | 3,82 | 5.415.000 | **20.685.300** |
| | 2013 | 4,10 | 4,95 | 4,53 | 5.422.000 | **24.534.550** |
| Ver-gleichs-Unterneh-men Nr. 2 | 2011 | 96,34 | 96,88 | 96,61 | 335.000 | **32.364.350** |
| | 2012 | 96,88 | 114,12 | 105,50 | 335.000 | **35.342.500** |
| | 2013 | 114,12 | 136,75 | 125,44 | 335.000 | **42.020.725** |
| Ver-gleichs-Unterneh-men Nr. 3 | 2011 | 142,52 | 193,89 | 168,21 | 2.803.000 | **471.478.615** |
| | 2012 | 193,89 | 199,33 | 196,61 | 2.804.000 | **551.294.440** |
| | 2013 | 199,33 | 204,54 | 201,94 | 2.804.000 | **566.225.740** |
| Ver-gleichs-Unterneh-men Nr. 4 | 2011 | 154,11 | 161,40 | 157,76 | 2.125.000 | **335.229.375** |
| | 2012 | 161,40 | 166,77 | 164,09 | 2.128.000 | **349.172.880** |
| | 2013 | 166,77 | 186,54 | 176,66 | 2.130.000 | **376.275.150** |

**Tab. 10.9** Bestimmung des Enterprise Values. (Quelle: Eigenes Beispiel)

| Alle Werte in (EUR) | | Marktkapita-lisierung | Wert der Schulden | Firm Value | Liquide Mittel | Enterprise Value |
|---|---|---|---|---|---|---|
| *Datenquelle* | | *Aktienkurs\* Anzahl Aktien* | *Damodaran Datensätze* | *EK + FK* | *Geschäfts-bericht* | *EK + FK – liquide Mittel* |
| Ver-gleichs-Unterneh-men Nr. 1 | 2011 | 18.275.625 | 69.267.000 | 87.542.625 | 95.937 | **87.446.688** |
| | 2012 | 20.685.300 | 69.529.000 | 90.214.300 | 103.832 | **90.110.468** |
| | 2013 | 24.534.550 | 69.822.000 | 94.356.550 | 101.348 | **94.255.202** |
| Ver-gleichs-Unterneh-men Nr. 2 | 2011 | 32.364.350 | 14.617.000 | 46.981.350 | 134.774 | **46.846.576** |
| | 2012 | 35.342.500 | 27.666.000 | 63.008.500 | 126.596 | **62.881.904** |
| | 2013 | 42.020.725 | 40.614.000 | 82.634.725 | 129.211 | **82.505.514** |
| Ver-gleichs-Unterneh-men Nr. 3 | 2011 | 471.478.615 | 434.536.000 | 906.014.615 | 271.655 | **905.742.960** |
| | 2012 | 551.294.440 | 435.839.000 | 987.133.440 | 288.936 | **986.844.504** |
| | 2013 | 566.225.740 | 435.320.000 | 1.001.545.740 | 282.430 | **1.001.517.497** |
| Ver-gleichs-Unterneh-men Nr. 4 | 2011 | 335.229.375 | 21.083.000 | 356.312.375 | 52.772 | **356.259.603** |
| | 2012 | 349.172.880 | 20.938.000 | 370.110.880 | 51.137 | **370.059.743** |
| | 2013 | 376.275.150 | 20.086.000 | 396.361.150 | 55.280 | **396.355.622** |

**Tab. 10.10** Bestimmung der Multiplikatoren. (Quelle: Eigenes Beispiel)

| Alle Werte in (EUR) | | Enterprise Value | EBITDA | **Multiplikatoren** | |
|---|---|---|---|---|---|
| | | | | EV/EBITDA | EV/EBITDA |
| *Datenquelle* | | *EK + FK − Liquide Mittel* | *Geschäftsbericht* | *EV/EBITDA* | *3-Jahresdurchschnitt* |
| Vergleichs-Unternehmen Nr. 1 | 2011 | 87.446.688 | 6.686.000 | 13,08 | **13,36** |
| | 2012 | 90.110.468 | 6.612.000 | 13,63 | |
| | 2013 | 94.255.202 | 7.043.000 | 13,38 | |
| Vergleichs-Unternehmen Nr. 2 | 2011 | 46.846.576 | 6.609.000 | 7,09 | **7,72** |
| | 2012 | 62.881.904 | 8.127.000 | 7,74 | |
| | 2013 | 82.505.514 | 9.891.000 | 8,34 | |
| Vergleichs-Unternehmen Nr. 3 | 2011 | 905.742.960 | 148.945.000 | 6,08 | **6,47** |
| | 2012 | 986.844.504 | 142.719.000 | 6,91 | |
| | 2013 | 1.001.517.497 | 156.327.000 | 6,41 | |
| Vergleichs-Unternehmen Nr. 4 | 2011 | 356.259.603 | 42.373.000 | 8,41 | **8,36** |
| | 2012 | 370.059.743 | 49.814.000 | 7,43 | |
| | 2013 | 396.355.622 | 42.820.000 | 9,26 | |

Der Marktwert der Schulden der Vergleichsunternehmen wird aus der Damodaran-Datenbank entnommen.[22]

Wurden die Werte der Schulden ermittelt, so ergeben sich die Enterprise Values gemäß Definition als Summe der Marktwerte des Eigenkapitals und der Schulden abzüglich der liquiden Mittel. Im Beispiel sei davon auszugehen, dass keine Minderheitsanteile an den Vergleichsfirmen gehalten werden, um welche der Enterprise Value zu bereinigen wäre (Siehe Tab. 10.9).

Mithilfe der aus den Geschäftsberichten bestimmten EBITDAs können nun die Multiplikatorwerte der Vergleichsunternehmen bestimmt werden, wie in der Tab. 10.10 dargestellt.

Aus den drei Einzelwerten, die sich für jedes der Vergleichsunternehmen ergeben, werden in diesem Beispiel Dreijahresdurchschnitte gebildet. Dies führt zu einer statistischen Glättung möglicher Ausreißer in den EBITDA-Werten einzelner Jahre.

### 10.3.5 Schritt 5: Wertermittlung

Durch Multiplikation der in Schritt 4 bzw. aus Branchenwerten bestimmten Multiplikatoren mit der entsprechenden Kennzahl des zu bewertenden Unternehmens erhält man den gesuchten Wert.

---

[22] Abzurufen unter: Damodaran, 2015.

> **Beispiel**
> Zur statistischen Verdichtung der vier Multiplikatorwerte aus Tab. 10.6 wird der Median der vier Werte bestimmt. Über diesen kann letztendlich die Marktbewertung der Vergleichsunternehmen auf die nicht börsennotierte Cabrio GmbH übertragen werden (Tab. 10.11).

**Tab. 10.11** Statistische Glättung der Multiplikatoren. (Quelle: Eigenes Beispiel)

| Gewinne/Bewertungen in (EUR) | Median der Multiplikatorwerte (M) | EBITDA der Cabrio GmbH | Enterprise Value der Cabrio GmbH |
|---|---|---|---|
| | | 3-Jahresschnitt | M * EBITDA Cabrio GmbH |
| **Bewertung** | **8,04** | 13.000.000 | **104.520.000** |

## 10.4 Zusammenfassung: Eingeschränkte Anwendbarkeit bei Funktionsverlagerungen

Die Anwendung der Multiplikatorverfahren geht zunächst von der Bewertung eines Betriebes oder Teilbetriebes aus. Die Validität der Anwendung und mithin die Aussagekraft des ermittelten Wertes hängt maßgeblich von der Güte des Multiplikators ab. Maßgeblich ist diesbezüglich die Vergleichbarkeit der Vergleichsgruppe, aus denen der Multiplikator abgeleitet wird. Je besser sich in der entsprechenden Industrie alle Einflussgrößen auf den Unternehmenswert in diesem einen Multiplikator verdichten lassen, desto zuverlässiger fällt das Ergebnis aus. Wie in Abschn. 10.3.3 ausgeführt, kommt der Vergleichbarkeit von Steuersätzen, Kapitalkosten, Thesaurierungsquoten, Neuinvestitionsrenditen sowie den Kapitalstrukturen ein hohes Gewicht zu. In der praktischen Anwendung einer Multiplikatorbewertung werden die theoretisch relevanten Vergleichbarkeitskriterien häufig nicht direkt analysiert, sondern mithilfe von gleicher Branchenzugehörigkeit, ähnlicher Wachstumshistorie, geografischer Nähe sowie ähnlicher Unternehmensgröße approximiert. Gleichwohl ist klar: Je höher die Vergleichbarkeit zwischen dem Bewertungsobjekt und den Vergleichsunternehmen ist, desto höher ist die Validität der Bewertungsergebnisse. Diese Prämissen sind schon bei Unternehmensbewertungen oftmals nicht oder nur mit Einschränkungen erfüllt. Sofern nur ein Transferpaket bewertet werden soll, erscheint dies umso schwieriger.

Drei Wege sind denkbar, um hinreichend gut vergleichbare Werte abzuleiten, um den tatsächlichen Fremdvergleich zu legitimieren. Angenommen ist in den Beispielen, dass Transferpaket X von Unternehmen A bewertet werden soll. Die drei Wege sind durch Abb. 10.1 illustriert und erläutert.

**Transferpaketbasiert** Direkte Ermittlung von Multiplikatoren von Transferpaketen vergleichbar zu Transferpaket X von Unternehmen A, z. B. Transferpaket X in Unternehmen B. Es scheint nahezu ausgeschlossen, die nötigen Daten von vergleichbaren Transferpaketen anderer Unternehmen zu erhalten, um die Multiplikatoren abzuleiten, weil nur die Finanzdaten für die gesamten Unternehmen, nicht aber für einzelne Transferpakete verfügbar sind. Diese Möglichkeit dürfte daher in der Praxis regelmäßig scheitern.

**Unternehmensbasiert – direkt** Ermittlung von Multiplikatoren von Unternehmen vergleichbar zu Transferpaket X von Unternehmen A, z. B. Unternehmen B ist vergleichbar zu Transferpaket X von Unternehmen A. Fraglich ist, ob andere Unternehmen in ihrer Struktur vergleichbar zu Transferpaket X sein können. Es wäre zu zeigen, dass Steuersätze, Kapitalkosten, Thesaurierungsquoten, Neuinvestitionsrenditen sowie die Kapitalstrukturen vergleichbar sind oder zumindest als Approximation Wachstumshistorie sowie geografische Nähe zwischen dem Transferpaket X und Unternehmen B übereinstimmen. Insbesondere die Annahme einer beschränkten Lebensfähigkeit von Transferpaketen im Vergleich zu Unternehmen, die von einer unendlichen Laufzeit ausgehen, führt zu einem Unterschied. Überdies dürften Finanzierungsstrukturen und Steuerquoten sich regelmäßig unterscheiden.

**Unternehmensbasiert – indirekt** Ermittlung von Multiplikatoren von Unternehmen vergleichbar zu Unternehmen A (z. B. Unternehmen B) und zusätzlich die Annahme, dass Transferpaket X durch die Struktur des Unternehmens A hinreichend abgebildet wird. Mithin wird der Multiplikator des Transferpakets X indirekt über den „Umweg" Unternehmen A abgeleitet. Bei diesem Verfahren müssen zwei Kriterien erfüllt sein: Die grundsätzliche Vergleichbarkeit von Unternehmen A und Unternehmen B muss gegeben sein. Überdies muss angenommen werden, dass Transferpaket X durch das Unternehmen A hinreichend abgebildet wird. Insbesondere bei einer komplexen Unternehmensstruktur mit vielen weiteren Funktionen erscheint dies mit Blick auf die kritischen Faktoren wie Steuersätze, Kapitalkosten, Wachstumshistorie sowie Unternehmensgröße fraglich.

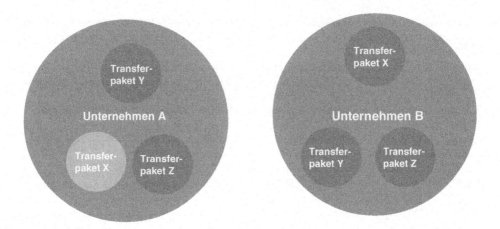

**Abb. 10.1** Illustration Transferpaket und Unternehmen. (Quelle: Eigene Darstellung)

Zusammenfassend dürfte die Identifikation von geeigneten – weil vergleichbaren – Multiplikatoren bei Transferpaketen regelmäßig schwierig sein. Es erscheint desto wahrscheinlicher je geringer die Komplexität des Unternehmens ist, aus dem das zu bewertende Transferpaket stammt (Variante 3 „unternehmensbasiert – indirekt"). Wenn z. B. Unternehmen A im Wesentlichen durch Transferpaket X beschrieben wird und keine Transferpakete Y und Z vorliegen, könnte dies gegeben sein. Ferner scheinen vergleichbare Unternehmen leichter zu identifizieren sein, wenn diese nicht komplex sind, also ihrerseits möglichst nur durch eine oder wenige Funktionen beschrieben werden, und zudem, wenn das Transferpaket, das bewertet werden soll, die Teilbetriebseigenschaften aufweist. Dies hat den Vorteil, dass der Vergleich mit einem Unternehmen nicht schon an einer mangelnden Vergleichbarkeit mit Blick auf die selbstständige Lebensfähigkeit scheitert (Variante 2 „unternehmensbasiert – direkt").

Sofern die Identifikation von geeigneten Multiplikatoren für das Transferpaket möglich ist, dient die Berechnung als tatsächlicher Fremdvergleich. Sofern die Voraussetzungen in diesem Abschnitt nicht erfüllt sind, d. h., dass die Vergleichbarkeit nicht gegeben ist, bleibt nur eine Anwendung der nach 9.3 abgeleiteten Multiplikatoren im Rahmen des „Ansatzes der unzureichenden Vergleichbarkeit" (vgl. Abschn. 10.2) oder aber direkt ein Rückgriff auf existierende Datenbankmultiplikatoren für verschiedene Industrien („Fremddaten-Ansatz"). Letztlich ist die Vergleichbarkeitsanalyse für jedes Transferpaket durchzuführen und zu prüfen.

## Literatur

Brealey, Myers & Allen, 2011. *Principles of Corporate Finance.* New York: McGraw-Hill.
Damodaran, 2012. *Investment Valuation: Tools and Techniques for Determining the Value of Any Asset.* New York: Wiley.
Damodaran, 2015. *Damodaran-Datenbank.* [Online] Letzter Abruf: http://pages.stern.nyu.edu/~adamodar/ [Zugriff am 25 05 2016].
Damodaran, 2016. *Enterprise Value Multiples for Europe.* [Online] Letzter Abruf: http://people.stern.nyu.edu/adamodar/New_Home_Page/datacurrent.html [Zugriff am 02 May 2016].
Drukarczyk & Schüler, 2009. *Unternehmensbewertung.* 6. Aufl. München: Vahlen.
Higgins, 1977. How much growth can a firm afford. *Financial Management,* S. 7–16.
Löhnert & Böckmann, 2012. Multiplikatorverfahren in der Unternehmensbewertung. In: Peemöller, Aufl. *Praxishandbuch der Unternehmensbewertung.* Herne: NWB, S. 679–701.
Meenan, Dawid & Hülshorst, 2004. *Is Europe One Market? A Transfer Pricing Economic Analysis of Pan-European Comparables Sets,* Brüssel: European Commission.
Nester & Kraus, 2003. Die Bewertung von Unternehmen anhand der Multiplikatormethode. *Betriebswirtschaftliche Mandantenbetreuung,* S. 248.
O. V., 2015. Börsenmultiples. *BewertungsPraktiker Nr. 3/2015,* September, S. 130–132.
O. V., 2016. EBIT- und Umsatzmultiplikatoren für den Unternehmenswert. *Finance Magazin,* März/ April, S. 80–81.
Schreiner, 2007. *Equity Valuation Using Multiples: An Empirical Investigation,* St. Gallen: University of St. Gallen.

Suozzo, Cooper, Sutherland & Deng, 2001. Valuation multiples: A primer. *Valuation & Accounting,* Volume 47.
Vernimmen, et al., 2014. *Corporate Finance: Theory and Practice.* 4. Aufl. New York: Wiley.

## Über die Autoren

**Dr. Björn Heidecke** (Hrsg.) ist seit 2011 Verrechnungspreisexperte bei der Deloitte GmbH am Standort Hamburg. In 2013 war er mehrere Monate im Verrechnungspreisteam am Standort Johannesburg/Südafrika tätig. Seine Interessen liegen in den Bereichen: Umstrukturierungen und Verrechnungspreise, Funktionsverlagerungsbewertungen, Bewertung von immateriellen Vermögensgegenständen, Verrechnungspreissysteme in Afrika, Verrechnungspreise bei Start-ups und Themen an der Schnittstelle von Steuern und Ethik.

Er studierte von 2004 bis 2008 Diplom-Volkswirtschaftslehre und Diplom-Handelslehramt an der Christian-Albrechts-Universität zu Kiel und promovierte von 2008 bis 2011 an der TU Chemnitz sowie der Wirtschaftsuniversität Breslau.

Er ist Mitglied der Deutschen Gesellschaft für ökonomische Bildung und Alumni des Nachwuchsförderungsprogrammes der Hanns Martin Schleyer-Stiftung. Er publiziert regelmäßig auf dem Gebiet der Verrechnungspreise.

**Janis Sussick** ist seit 2013 Verrechnungspreisberater bei der Deloitte GmbH am Standort München. Im Rahmen seiner Verrechnungspreisberatung spezialisiert er sich auf Fragen der Unternehmensbewertung und der Bewertung immaterieller Wirtschaftsgüter im Rahmen von grenzüberschreitenden IP- und Funktionsverlagerungen. Seine Industrieschwerpunkte liegen in den Bereichen Technologie, Medien, Kommunikation.

Er studierte von 2008 bis 2012 Volkswirtschaftslehre an den Universitäten München und Warwick, UK. Von 2012 bis 2013 absolvierte er das Masterprogramm Finance and Economics an der London School of Economics.

# Funktionsverlagerungen bei Betriebsstätten

**11**

Julia Gehri, Claas Buurman und Jochen Breunig

**Leitfragen dieses Kapitels**

- Wodurch kann es zu Betriebsstätten-Themen bei Umstrukturierungen kommen?
- Was ist eine Betriebsstätte?
- Welche steuerrechtlichen Besonderheiten gibt es bei Betriebsstätten im Rahmen der Gewinnabgrenzung/-ermittlung?
- Welche besonderen steuerlichen Regelungen sind bei der Überführung von Wirtschaftsgütern/Funktionen auf inländische/ausländische Betriebsstätten zu beachten?

## 11.1 Einleitung

Die in diesem Buch genannten Umstrukturierungen behandeln sowohl organisatorische als auch rechtliche Änderungen, welche zur Begründung einer Betriebsstätte in den betroffenen Tätigkeitsstaaten führen können. Dieses Kapitel gibt in diesem Zusammenhang sowohl einen Überblick über die Grundsätze der Begründung sowie der laufenden Besteuerung einer Betriebsstätte als auch über die insbesondere bei Umstrukturierungen

---

J. Gehri (✉)
Stuttgart, Deutschland
E-Mail: jugehri@deloitte.de

C. Buurman
Berlin, Deutschland
E-Mail: clbuurman@deloitte.de

J. Breunig
Mannheim, Deutschland
E-Mail: jbreunig@deloitte.de

auftretenden Besteuerungstatbestände betreffend der Überführung von Wirtschaftsgütern und Funktionen auf inländische/ausländische Betriebsstätten.

## 11.2 Betriebsstättenbegründung aufgrund einer Umstrukturierung

Aufgrund von Umstrukturierungen können Betriebsstätten beispielsweise folgendermaßen begründet werden:

- Operative Änderungen
  Es findet eine Ausweitung der Geschäftsaktivitäten in dem Tätigkeitsstaat statt. Beispielsweise werden in dem zukünftigen Geschäftsmodell Waren nicht mehr ausschließlich in einem Staat ausgeliefert, sondern in diesem Staat zusätzlich auch vertrieben.
- Rechtliche Änderungen
  Bereits bestehende Geschäftsaktivitäten in einem Staat werden nicht mehr durch eigenständige Gesellschaften, sondern durch Betriebsstätten durchgeführt. Dies könnte dadurch erfolgen, dass ein in einem Staat tätiges Unternehmen auf ein in einem anderen Staat tätiges Unternehmen verschmolzen wird.

In einem ersten Schritt ist bei Umstrukturierungen daher zu prüfen, ob eine Betriebsstätte aufgrund der vorzunehmenden Umstrukturierungen begründet wird. Ist dies der Fall, hat in einem zweiten Schritt die Einkünfteabgrenzung zwischen dem Stammhaus und der Betriebsstätte in Gestalt der Gewinnaufteilung oder Einkünfteermittlung zu erfolgen. Hierbei sind einige Besonderheiten zu beachten, die aus der Tatsache resultieren, dass die Betriebsstätte zivilrechtlich kein eigenständiges Rechtssubjekt, sondern ein unselbstständiger Teil des Gesamtunternehmens ist.

## 11.3 Die Betriebsstätte als Besteuerungstatbestand

Pflichten entstehen für Steuerpflichtige in einem Staat immer dann, wenn die Tatbestände, an die das Gesetz die Steuerpflicht knüpft, durch die Steuerpflichtigen erfüllt werden. An den gewöhnlichen Aufenthalt oder einen Wohnsitz in Deutschland bzw. den Sitz des Unternehmens oder den Ort der Geschäftsleitung des Unternehmens in Deutschland knüpft die unbeschränkte Steuerpflicht an, die in Deutschland grundsätzlich das Welteinkommen des Steuerpflichtigen der deutschen Steuerpflicht unterwirft (§ 1 Abs. 1 i. V. m. § 2 Abs. 1 EStG, bzw. § 1 Abs. 1 KStG i. V. m. § 1 Abs. 2 KStG). Natürliche Personen, die weder ihren gewöhnlichen Aufenthalt noch einen Wohnsitz in Deutschland haben und Körperschaften, Personenvereinigungen und Vermögensmassen, die weder ihren Sitz noch den Ort der Geschäftsleitung in Deutschland haben, können jedoch trotzdem mit ihren inländischen Einkünften beschränkt steuerpflichtig sein. Staaten knüpfen diese beschränkten Steuerpflichten an die Erfüllung erheblich weniger weitreichender Tatbestände als die unbeschränkte Steuerpflicht. Diese beschränkten Steuerpflichten können durch Quellensteuern abgegolten werden, die - unabhängig von der in einem Staat ausgeübten Aktivität - auf das Wesen einer Transaktion abzielen (beispielsweise Zahlungen für die Überlassung von Rechten und Zinszahlungen für die Überlassung von Kapital). Daneben knüpfen Staaten beschränkte Steuerpflichten, aber auch an die Aktivität eines Unternehmens in diesem Staat an. Bei Überschreitung eines bestimmten Grades der Aktivität wird insofern ein Besteuerungsrecht des Staates für die in diesem Staat erzielten Gewinne begründet. Besteuert wird in diesen Fällen das der steuerlichen Betriebsstätte des Unternehmens in dem Tätigkeitsstaat zuzuordnende Einkommen. Die steuerliche Betriebsstätte kann z. B. eine Zweigniederlassung sein; dies ist aber keine zwingende Voraussetzung.

## 11.4 Begriff der Betriebsstätte

Eine Betriebsstätte ist gemäß § 12 AO „jede feste Geschäftseinrichtung oder Anlage, die der Tätigkeit eines Unternehmens dient". „Als Betriebsstätten sind insbesondere anzusehen:

- die Stätte der Geschäftsleitung,
- Zweigniederlassungen,
- Geschäftsstellen,
- Fabrikations- oder Werkstätten,
- Warenlager,
- Ein- oder Verkaufsstellen,
- Bergwerke, Steinbrüche oder andere stehende, örtlich fortschreitende oder schwimmende Stätten der Gewinnung von Bodenschätzen,
- Bauausführungen oder Montagen, auch örtlich fortschreitende oder schwimmende, wenn
  a) die einzelne Bauausführung oder Montage oder
  b) eine von mehreren zeitlich nebeneinander bestehenden Bauausführungen oder Montagen oder
  c) mehrere ohne Unterbrechung aufeinander folgende Bauausführungen oder Montagen länger als sechs Monate dauern."

Neben den nationalen Regelungen zur Begründung von Betriebsstätten werden die Tatbestände jeweils in den bilateralen/multilateralen Doppelbesteuerungsabkommen (DBAs) definiert. Hierbei ist zu beachten, dass der in den jeweiligen DBAs definierte Betriebsstättenbegriff aktuell enger als viele nationale Regelungen ist, sofern sich die Staaten am OECD-Musterabkommen (OECD-MA) orientieren. Die aktuellen Entwicklungen in der OECD, auf die in diesem Kapitel noch weiter eingegangen wird, sehen jedoch eine Ausweitung des Betriebsstättenbegriffs vor. Das bestehende OECD-MA vor Änderungen aufgrund der BEPS-Maßnahme Nr. 7[1] sieht gemäß Art. 5 Abs. 4 OECD-MA folgende Ausnahmetatbestände vor, die keine Betriebsstätte begründen, unabhängig davon, ob die sonstigen Tatbestände erfüllt sind:

- Einrichtungen, die ausschließlich zur Lagerung, Ausstellung oder Auslieferung von Gütern oder Waren des Unternehmens benutzt werden;
- Bestände von Gütern oder Waren des Unternehmens, die ausschließlich
  - zur Lagerung, Ausstellung oder Auslieferung unterhalten werden;
  - zu dem Zweck unterhalten werden, durch ein anderes Unternehmen bearbeitet oder verarbeitet zu werden;
- eine feste Geschäftseinrichtung, die ausschließlich zu dem Zweck unterhalten wird,
  - für das Unternehmen Güter oder Waren einzukaufen oder Informationen zu beschaffen;
  - für das Unternehmen andere Tätigkeiten auszuüben, die vorbereitender Art sind oder eine Hilfstätigkeit darstellen.

Auch hinsichtlich der Begründung von Bau- und Montagebetriebsstätten weichen die Regelungen der AO und die Regelungen des OECD-MAs voneinander ab. Gemäß Art. 5 Abs. 3 OECD-MA begründet eine Bauausführung/Montage nur dann eine Betriebsstätte in dem anderen Staat, sofern diese Bauausführung/Montage länger als 12 Monate andauert. Da gerade dieser Punkt in den einzelnen bilateralen DBAs jedoch sehr unterschiedlich geregelt ist, ist insoweit zwingend zu prüfen, wie die Thematik in dem jeweils anwendbaren DBA geregelt ist.

Gemäß § 12 AO sind feste Geschäftseinrichtungen als Betriebsstätten anzusehen. Sowohl national als auch international werden daneben jedoch auch noch die Regelungen zu sog. Vertretern angewendet. Gemäß § 13 AO ist der ständige Vertreter Anknüpfungspunkt für die deutsche Besteuerung. „Ständiger Vertreter ist eine Person, die nachhaltig die Geschäfte eines Unternehmens besorgt und dabei dessen Sachweisungen unterliegt. Ständiger Vertreter ist insbesondere eine Person, die für ein Unternehmen nachhaltig

- Verträge abschließt oder vermittelt oder Aufträge einholt oder
- einen Bestand von Gütern oder Waren unterhält und davon Auslieferungen vornimmt."

Im Rahmen des OECD-MAs können Vertreter eine Vertreterbetriebsstätte gemäß Art. 5 Abs. 6 OECD-MA begründen. Aktuell ist die Definition der Vertreterbetriebsstätte im Rahmen des OECD-MAs ebenfalls enger an die nationalen Regelungen angelehnt.

---

[1]Preventing the Artificial Avoidance of Permanent Establishment Status, Action 7 – 2015 Final Report, Published on October 05, 2015.

Gemäß Art. 5 Abs. 6 OECD-MA begründet erst ein abhängiger Vertreter eine Vertreterbetriebsstätte, der eine Vollmacht besitzt, für das Unternehmen Verträge abschließen zu können und diese Vollmacht gewöhnlich ausübt. Entgegen den nationalen Regelungen begründet jedoch ein Unternehmen keine Betriebsstätte in dem Tätigkeitsstaat, wenn es seine Geschäftätigkeit durch einen unabhängigen Vertreter ausübt, der im Rahmen seiner ordentlichen Geschäftätigkeit handelt (vgl. Art. 5 Abs. 6 OECD-MA). Wie im Folgenden beschrieben, sind gerade diese Regelungen zur Vertreterbetriebsstätte Gegenstand aktueller Diskussionen und Rechtsprechungen und demzufolge auf Ebene der OECD im Rahmen des BEPS-Projekts Gegenstand weitreichender Änderungen.

In Abschnitt 11.6 werden wichtige internationale Urteile der vergangenen Jahre im Bereich der Betriebsstättenbegründung bei Prinzipalmodellen zusammenfassend dargestellt und anschließend die Änderungen im Rahmen der BEPS-Maßnahme Nr. 7 erörtert.

## 11.5 Die Besteuerung der Betriebsstätte

Nach Art. 7 Abs. 1 S. 1 OECD-MA werden Unternehmensgewinne grundsätzlich im Ansässigkeitsstaat des Unternehmens besteuert. Übt das Unternehmen seine Geschäftstätigkeit in einem anderen Staat durch eine dort gelegene Betriebsstätte aus, hat der Betriebsstättenstaat gemäß Art. 7 Abs. 1 S. 2 OECD-MA das Recht, den anteiligen Unternehmensgewinn zu besteuern. Das Besteuerungsrecht für den Gewinn inländischer Betriebsstätten ausländischer Unternehmen steht daher grundsätzlich Deutschland zu.

Erzielen ausländische Unternehmen inländische Einkünfte aus einem Gewerbebetrieb, für den im Inland eine Betriebsstätte unterhalten wird oder ein ständiger Vertreter bestellt ist, unterliegen diese Einkünfte in Deutschland gemäß § 49 Abs. 1 Nr. 2a EStG der beschränkten Einkommensteuerpflicht bzw. nach § 2 Nr. 1 KStG und § 8 Abs. 1 S. 1 KStG i. V. m. § 49 Abs. 1 Nr. 2a EStG der beschränkten Körperschaftsteuerpflicht.

Der Gewinn einer inländischen Betriebsstätte eines ausländischen Unternehmens bzw. einer ausländischen Betriebsstätte eines inländischen Unternehmens unterliegt gemäß § 2 Abs. 1 S. 1 und 3 GewStG zudem grundsätzlich der Gewerbesteuer (Ausnahme § 2 Abs. 6 GewStG). Anknüpfungspunkt der Besteuerung ist allein das Vorliegen einer Betriebsstätte (§ 12 AO), womit das Vorhandensein eines ständigen Vertreters (§ 13 AO) selbst keine Gewerbesteuerpflicht auslöst[2].

Lieferungen und sonstige Leistungen, die das Unternehmen erbringt, unterliegen nach § 1 Abs. 1 Nr. 1 UStG der deutschen Umsatzsteuer, wenn der Ort der Leistung im Inland liegt (steuerbarer Umsatz in Deutschland).

---

[2]Vgl. R 2.9 GewStR 2009 „Betriebsstätte", BStBl. I Sondernummer 1 S. 2.

## 11.6 Aktuelle Entwicklungen in Zusammenhang mit Betriebsstätten

### 11.6.1 Internationale Urteile

**Rechtssachen Zimmer und Dell (2010, 2011 und 2012)**

In zwei Urteilen betreffend die Rechtssache Zimmer in Frankreich in 2010[3] und die Rechtssache Dell in Norwegen in 2011[4] wurde anerkannt, dass ein Kommissionär, der im eigenen Namen, aber auf fremde Rechnung arbeitet, grundsätzlich keine Betriebsstätte des Kommittenten in dem jeweiligen Staat begründet. Untergeordnete Instanzen hatten jeweils noch Vertreterbetriebsstätten des Kommittenten angenommen. Hintergrund war, dass der Kommissionär wirtschaftlich das Stammhaus (Kommittent) gebunden haben soll, obwohl dies rein rechtlich nicht der Fall war, da ein Kommissionär im eigenen Namen, aber auf fremde Rechnung, Verträge abschließt. Bereits aus den unterschiedlichen Rechtsauffassungen der übergeordneten und der untergeordneten Instanzen ist ersichtlich, dass dieses als sehr strittig angesehen und stark diskutiert wird. In Ergänzung ging aus diesen Urteilen hervor, dass ein Kommissionär für seinen Kommittenten im Regelfall keine Vertreterbetriebsstätte begründen sollte.[5]

Dieser Rechtsauffassung hat sich die spanische Justiz nicht angeschlossen und entschied in 2012, dass Dell aufgrund seiner in Spanien durchgeführten Aktivitäten dort eine Betriebsstätte des irischen Prinzipals begründe. In diesem Fall wurde zwar keine Vertreterbetriebsstätte angenommen, da der spanische Tribunal Supremo bereits die Begründung einer regulären Geschäftsleitungsbetriebsstätte des Prinzipals annahm. Wenn dies nicht der Fall gewesen wäre, hätte der spanische Tribunal Supremo jedoch wohl auch eine Vertreterbetriebsstätte angenommen[6] und nicht mit dem Argument verneint, dass ein Kommissionär den Kommittenten nicht binden könne, da er im eigenen Namen auf fremde Rechnung verkaufe.

**Rechtssache Roche in Spanien (2012)**

Das Urteil in der Rechtssache Roche von 2012 hat die Frage der Betriebsstättenbegründung bei Prinzipalstrukturen weltweit noch weiter auf die Agenda international tätiger Konzerne, ihrer steuerlichen Berater und der Finanzverwaltungen gerückt. Vorliegender Sachverhalt liegt der Annahme einer Betriebsstätte zugrunde: Die Roche Vitaminas SA

---

[3]Cour administrative d'appel (Paris) v. 02.02.2007: Zimmer Ltd. v. Cour administrative d'appel (2e ch. B), Nr. 05PA02361.

[4]Norwegian Supreme Court v. 02.12.2011: Dell Products v. Staten v/Skatt øst, Case HR-2011-02245-A, U.; zuvor noch aA Oslo District Court, U. v. 16.12.2009.

[5]Vgl. Rasch, 2011, Rn. 6–13.

[6]Vgl. Fernández, 2013.

gehört zum Roche Konzern, einer der weltweit größten Pharmakonzerne. Bis 1999 war Roche Vitaminas SA, eine spanische Gesellschaft, als Eigenhändler und Hersteller in Spanien tätig. Nach der Einführung eines Prinzipalmodells im Jahr 1999 fungierte die spanische Gesellschaft als Kommissionär für die Roche Vitamins Europe in der Schweiz (Prinzipal) und war zugleich Auftragsfertiger für die Prinzipalgesellschaft. Die schweizer Gesellschaft unterhielt des Weiteren ein Lagerhaus in Spanien, in dem die durch die Roche Vitaminas SA produzierten Güter gelagert wurden. Die von der Roche Vitaminas SA erbrachten Marketing- und Vertriebsdienstleistungen führten auf Grund des Mangels an Abschlussvollmacht und der ausschließlichen Durchführung von Ein- und Verkäufen von Waren grundsätzlich nicht zu einem abhängigen Vertreter gemäß Art. 5 Abs. 5 OECD-MA bzw. DBA Spanien-Schweiz. Jedoch sah der spanische Tribunal Supremo[7] in seinem Urteil hier grundsätzlich eine unmittelbare Abhängigkeit der Roche Vitaminas SA gegenüber ihres Prinzipals, die dazu führte, dass eine Vertreterbetriebsstätte des Prinzipals in Spanien angenommen wurde. Diese weite Auslegung des Begriffs der Vertreterbetriebsstätte über die Veräußerung von Waren hinaus kann somit Auswirkungen auf bestehende Prinzipalstrukturen haben. Die Auffassung des spanischen Tribunal Supremo steht nach herrschender Auffassung nicht im Einklang mit der laufenden Auslegung des bestehenden Art. 5 Abs. 6 OECD-MA. Insbesondere Konzerne, die Direktgeschäfte über lokale Warenlager abwickeln sowie Vertriebstätigkeiten über Agenten organisieren, stehen im Brennpunkt der internationalen politischen Auseinandersetzungen. Gerade Prinzipalmodelle mit Kommissionärsstrukturen stehen im Fokus der vorgeschlagenen Änderungen der Betriebsstättendefinition im Rahmen der BEPS-Maßnahme Nr. 7, die im Folgenden dargestellt wird.

### 11.6.2 BEPS-Maßnahme Nr. 7

Im Rahmen der Diskussionen zum BEPS-Projekt zur Verhinderung von Gewinnverkürzungen und Gewinnverlagerungen multinationaler Konzerne werden Schwerpunkte sowohl auf die Verrechnungspreise als auch auf die Frage gelegt, ob die Ausübung einer Aktivität der jeweiligen Unternehmen in einem Staat ein Besteuerungsrecht dieses Staates begründen sollte.[8]

Die finale Fassung der BEPS-Maßnahme Nr. 7 enthält maßgebliche Änderungen der Betriebsstättendefinition von Art. 5 OECD-MA[9]. Sie soll sicherstellen, dass Unternehmen, die in einem Staat wirtschaftlich tätig sind und diese wirtschaftliche Tätigkeit keine untergeordnete Bedeutung hat, in diesem Staat auch eine Betriebsstätte begründen. Dies ist die Voraussetzung, um diesem Staat auch Besteuerungsrechte zuweisen zu können.

---

[7]ES: TS, Roche, Case 1626/2008, Tax Treaty Case Law IBFD vom 12.01.2012.
[8]Sinngemäß OECD, 2015.
[9]OECD-Musterabkommen zur Vermeidung der Doppelbesteuerung auf dem Gebiet der Steuern vom Einkommen und vom Vermögen (OECD-MA 2010).

Die hierzu in dem am 31.10.2014 veröffentlichten Diskussionsentwurf vorgeschlagenen Änderungen zu DBAs sind auf die Bekämpfung von Strukturen zur künstlichen Vermeidung einer Betriebsstättenbegründung gerichtet und betreffen insbesondere die Ausweitung der Begründung von Vertreterbetriebsstätten, die Begrenzung der Ausnahmen für Hilfstätigkeiten, die Vermeidung der Aufspaltung von Bau- und Montageverträgen, geringere Voraussetzungen zur Begründung von Versicherungsbetriebsstätten sowie mögliche Interaktionen mit weiteren Working Groups der OECD.

Die OECD diskutiert bereits seit mehreren Jahren mögliche Änderungen zum Art. 5 OECD-MA. In 2012 hat die OECD bereits einen Entwurf zu dem genannten Artikel veröffentlicht. Dieser Entwurf basiert auf verschiedenen Fallgestaltungen, die in mehreren OECD-Hearings kontrovers diskutiert worden sind. In der BEPS-Maßnahme Nr. 7 sind sowohl vielerlei Aspekte aus dem Entwurf von 2012 eingeflossen als auch erkennbare Konzessionen gegenüber aufkommender Staaten wie China und Indien vorgenommen worden. Die deutschen Vertreter reagierten im gesamten Prozess der Revidierung des Art. 5 OECD-MA eher verhalten gegenüber dem Paradigmenwechsel von einer rechtlichen zu einer wirtschaftlichen Auslegung des Betriebsstättenbegriffs. Insofern ist in Kürze auch nicht zu erwarten, dass die §§ 12 ff. AO hinsichtlich des neu gefassten Art. 5 OECD-MA angepasst werden.

Die BEPS-Maßnahme Nr. 7 schlägt konkrete Änderungen des OECD-MAs vor. Diese Änderungen sollen im Rahmen eines multilateralen Abkommens, das die aktuell bestehenden DBAs entsprechend ändert, umgesetzt werden. Als Zeitpunkt für das multilaterale Abkommen ist Ende 2016 vorgesehen. Insofern ist im Folgenden zu beachten, dass die dargestellten Maßnahmen aufzeigen, in welche Richtung sich der Betriebsstättenbegriff in den Folgejahren entwickeln wird. Es ist zudem bereits jetzt davon auszugehen, dass im Rahmen der jetzigen DBAs die Position der Staaten, die eine weite Auslegung des Betriebsstättenbegriffs bevorzugen, klar gestärkt wird.

Konkret reflektiert der Gesamtbericht vom 05.10.2015 zum einen die Stellungnahmen zu den oben genannten Entwürfen zur Änderung des Art. 5 OECD-MA, zum anderen konkretisiert er insbesondere die Vorschläge zur Bekämpfung von Strukturen zur künstlichen Vermeidung einer Betriebsstättenbegründung. BEPS Maßnahme Nr. 7 gliedert sich insbesondere in die drei folgenden Abschnitte:

- Abschnitt A: Künstliche Vermeidung von Betriebsstätten durch Kommissionärsstrukturen bzw. ähnliche Strategien
- Abschnitt B: Künstliche Vermeidung von Betriebsstätten durch Ausnahmeregelungen für bestimmte Aktivitäten
- Abschnitt C: Aufspaltung von Bau- und Montageverträgen

Hinsichtlich der Gewinnabgrenzung bei Betriebsstätten wird keine Notwendigkeit gesehen, die Zuordnungsregelungen für Betriebsstätten im Wesentlichen zu ändern, wenn die entsprechenden Änderungen bezüglich der Definition von Betriebsstätten Eingang in das OECD-MA finden. Jedoch ist vorgesehen, dass hinsichtlich der Gewinnzuordnung zu den erweiterten Betriebsstättentatbeständen zusätzliche Hinweise bis zur Ratifizierung des multilateralen Vertrags bis spätestens Ende 2016 veröffentlicht werden. Dies erscheint notwendig, da zwar der Betriebsstättenbegriff ausgeweitet wird, diese Ausweitung des Art. 5 OECD-MA aber noch nicht durch entsprechende Arbeiten im Bereich der Betriebsstättengewinnermittlung flankiert worden ist. So ist u. a. zu beobachten, dass nationale Rechtsprechungen den Umfang der durch eine etwaige Vertreterbetriebsstätte ausgeübten Funktionen teilweise weiter auslegen und in Folge dieser Auslegung der Betriebsstätte ein höheres Steuersubstrat zuordnen[10].

Da sowohl Kommissionärsstrukturen (Abschnitt A) als auch die Einordnung von Tätigkeiten als Hilfstätigkeiten im Rahmen von Umstrukturierungen (Abschnitt B) zur Vermeidung von Betriebsstätten relevant sein können, werden die Überlegungen der OECD hierzu nachfolgend näher beleuchtet.

### 11.6.2.1 Abschnitt A: Künstliche Vermeidung von Betriebsstätten durch Kommissionärsstrukturen bzw. ähnliche Strategien

In einer Kommissionärsstruktur, bei der eine natürliche oder juristische Person Produkte in einem Land A im eigenen Namen, aber auf Rechnung eines in Land B tätigen Prinzipals verkauft, und der Prinzipal das rechtliche Eigentum an den Produkten bis zum Zeitpunkt des Verkaufs innehat, kann der Prinzipal seine Produkte in Land A verkaufen ohne dabei in Land A steuerbare Einkünfte zu erzielen, sofern keine Betriebsstätte begründet wird. Die Kernelemente zur Begründung einer sog. Vertreterbetriebsstätte sind in diesem Zusammenhang bis dato folgende: i) Der Agent muss Verträge im Namen des Prinzipals abschließen und ii) der Vertragsabschluss muss rechtlich bindend sein (s. aber auch zum Teil abweichende lokale Rechtsprechung wie vorstehend dargestellt).

Um die Vermeidung von Betriebsstätten durch Kommissionärsstrukturen einzudämmen, soll der OECD-MA und OECD-MK in weiteren Teilen geändert werden. Anhand der im Report aufgezeigten Beispiele wird deutlich, dass es in gewissen Konstellationen für Steuerpflichtige schwieriger wird, eine Betriebsstätte zu vermeiden. So soll Art. 5. Abs. 5 OECD-MA bereits dann anwendbar sein, wenn der Tatbestand „concludes contracts or negotiates the material elements of contracts" als erfüllt zu erachten ist. Demzufolge reicht es aus, wenn Mitarbeiter eines Unternehmens die Produkte eines anderen verbundenen Unternehmens vertreiben, keinen Einfluss auf die von dem anderen verbundenen Unternehmen festgelegten Vertragskonditionen haben, sondern lediglich potenzielle Kunden von einem Vertragsabschluss überzeugen, sofern es sich um standardmäßige Verträge handelt. Eine reine Promotion ohne direkte Auswirkung auf den Vertragsabschluss führt jedoch nicht zur Begründung einer Vertreterbetriebsstätte (siehe Abb. 11.1 und 11.2).

Des Weiteren soll die Ausnahmeregelung für unabhängige Kommissionäre/Vertreter, die im Rahmen ihrer gewöhnlichen Geschäftstätigkeit handeln, ausgeschlossen werden, sofern diese fast ausschließlich nur für ein Unternehmen bzw. nur für verbundene Unternehmen handeln (als verbundene Unternehmen gelten Unternehmen mit direkten oder indirekten Beteiligungen von mehr als 50 %). Zudem wird auch herausgestellt, dass die Ausnahmeregelung des

---

[10]Vgl. Heller, 2014.

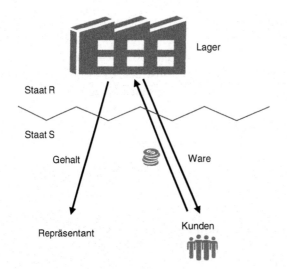

**Abb. 11.1** Beispiel 1. (Quelle: Eigene Darstellung)

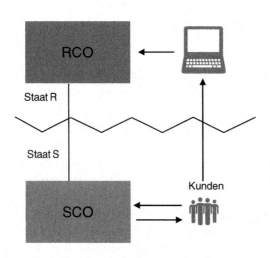

**Abb. 11.2** Beispiel 2. (Quelle: Eigene Darstellung)

Art. 5 Abs. 6 OECD-MA nicht automatisch gilt, wenn eine (juristische) Person ausschließlich für ein oder mehrere Unternehmen handelt, zu denen keine Verbundenheit besteht. Vielmehr setzt Art. 5 Abs. 6 OECD-MA voraus, dass der unabhängige Vertreter im Rahmen seiner ordentlichen Geschäftstätigkeit für das Unternehmen handelt.

Verstärkte Rechtssicherheit für multinationale Unternehmen ergibt sich daraus, dass keine Vertreterbetriebsstätte eines Prinzipals begründet wird, wenn er seine Verkäufe durch eine in dem Land rechtlich eigenständig tätige Vertriebsgesellschaft durchführen lässt, die rechtlich das Eigentum an der Ware erhält. Dies gilt ausdrücklich auch in den Fällen, in denen diese Gesellschaft als sog. Low Risk Distributor ausgestaltet ist.

### 11.6.2.2 Abschnitt B: Künstliche Vermeidung von Betriebsstätten durch Ausnahmeregelungen für bestimmte Aktivitäten

Abschnitt B des Diskussionsentwurfs der Maßnahme Nr. 7 befasst sich mit den folgenden beiden Schwerpunkten:

- Einschränkung des Katalogs der Hilfs- und Vorbereitungstätigkeiten in Art. 5 Abs. 4 OECD-MA, die keine Betriebsstätte begründen und
- missbräuchliche Aufsplittung zusammenhängender Geschäftstätigkeiten, um eine Qualifizierung der einzelnen Tätigkeiten als Hilfs- oder Vorbereitungstätigkeiten zu erreichen.

Die Einschränkung des Katalogs der Hilfs- und Vorbereitungstätigkeiten ist insbesondere auch im Sinne der BEPS-Maßnahme Nr. 1 (Addressing the Tax Challenges of the Digital Economy) zu sehen. In Zusammenhang mit der Maßnahme Nr. 1 führt die OECD aus, dass die Hilfs- und Vorbereitungstätigkeiten des Art. 5 Abs. 4 OECD-MA, insbesondere die Lagerhaltung, im Rahmen der neuen Geschäftsmodelle der Digitalen Wirtschaft, Aktivitäten mit erheblichem Wertschöpfungsbeitrag darstellen können und die Änderung der Ausnahmeregelungen des Art. 5 Abs. 4 OECD-MA daher in Betracht gezogen werden solle.

Vor diesem Hintergrund schlägt die OECD im finalen Report Änderungen des OECD-MAs vor, damit die Tätigkeiten des Art. 5 Abs. 4 OECD-MA nur dann keine Betriebsstätte begründen, wenn sie einzeln oder zusammen betrachtet lediglich Hilfs- oder Vorbereitungstätigkeiten im Hinblick auf die Geschäftstätigkeit des Unternehmens als Ganzes darstellen. Anhand eines Beispiels zu einem Onlinehändler führt die OECD aus, dass die Lagerung und Auslieferung von Waren dann nicht als Ausnahmeregelung angesehen wird, wenn diese Tätigkeiten einen wesentlichen Teil der Verkaufs- oder Vertriebstätigkeit des Unternehmens ausmachen (Abb. 11.3).

Weitere Änderungen im OECD-MK betreffen die missbräuchliche Aufsplittung zusammenhängender Geschäftstätigkeiten. Danach greift die Ausnahmeregelung des Art. 5 Abs. 4 OECD-MA auch dann nicht ein, wenn die Aktivitäten des Unternehmens oder der verbundenen Unternehmen zusammengenommen keine Hilfs- oder Vorbereitungstätigkeiten darstellen, vorausgesetzt, dass die betreffenden Tätigkeiten Teil einer zusammenhängenden Geschäftstätigkeit sind.

Eine Möglichkeit, im Bereich der Lagerhaltung eine Betriebsstätte zu vermeiden, könnte jedoch weiterhin darin bestehen, das Lager in fremden Räumen durch einen fremden Dritten betreiben und sich vertraglich keinen unbegrenzten Zutritt einräumen zu lassen. In diesen Fällen scheitert es regelmäßig bereits an der Verfügungsmacht und insofern bereits an der festen Geschäftseinrichtung gemäß Art. 5 Abs. 1 OECD-MA. Eine Prüfung, ob die Lagerhaltung eine reine Hilfstätigkeit darstellt, kann somit entfallen.

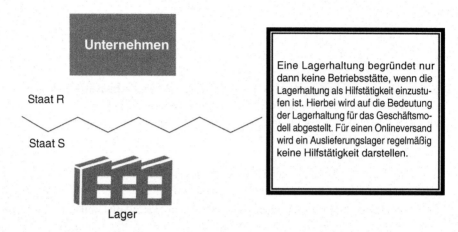

**Abb. 11.3** Beispiel 3. (Quelle: Eigene Darstellung)

Bei der Einschaltung eines rechtlich unabhängigen Lohnfertigers ist zu prüfen, ob der Prinzipal Verfügungsmacht über das Lager, in dem sein Warenbestand lagert, oder andere Einrichtungen in dem Tätigkeitsstaat im Zusammenhang mit der Lohnfertigung hat. Falls insofern eine feste Geschäftseinrichtung des Prinzipals bejaht wird, ist zu prüfen, ob die durchgeführten Tätigkeiten aufgrund des Negativkatalogs des Art. 5 Abs. 4 OECD-MA keine Betriebsstätte des Prinzipals in dem Tätigkeitsstaat begründen. Die OECD verneint beispielsweise eine Betriebsstätte des Prinzipals, wenn das Geschäft des Prinzipals grundsätzlich eher eine Handelstätigkeit darstellt und das reine Halten von Rohstoffen zur Bearbeitung durch den Lohnfertiger insofern nur eine Hilfstätigkeit im Rahmen des Geschäfts des Prinzipals ist. Dieses Beispiel zeigt jedoch deutlich, dass auch durch die von der OECD vorgeschlagenen Änderungen viel Interpretationsspielraum bleibt, der hoffentlich möglichst einheitlich auf Ebene der einzelnen Staaten ausgelegt wird.

### 11.6.3 Auswirkungen der neuen Regelungen

Die neuen Regelungen zu Betriebsstätten werden, wie vorstehend dargestellt, in vielen Fällen zur Begründung von Betriebsstätten führen, in denen bis dato keine Betriebsstätten begründet wurden. In einzelnen Fällen kann dies durch die Änderung von vertraglich zugesicherten Zugangsrechten (wie beispielsweise im Fall von durch Dritte betriebene Lager) ggf. abgewendet werden. In anderen Fällen, wie insbesondere bei den in Kontinentaleuropa sehr weit verbreiten Kommissionärsmodellen, wird jedoch entweder die Anmeldung von Vertreterbetriebsstätten oder eine Umstellung der Warenströme notwendig sein, beispielsweise die Umstellung von bisher als Kommissionär agierenden Vertriebsgesellschaften in Buy-Sell-Distributoren. Bei diesen stellt sich dann die Frage, ob es aufgrund der Änderungen der Verrechnungspreisermittlung weiterhin möglich sein wird, tatsächliche Low Risk Distributoren einzusetzen oder ob abhängig von den durch die Vertriebsgesellschaften tatsächlich ausgeübten Funktionen auch im Bereich der Risikotragung eine erhöhte Ergebniszuweisung notwendig sein wird.

Bei Geschäftsmodellen der Digital Economy werden aufgrund der vorstehend dargestellten Änderungen voraussichtlich ebenfalls weitere Betriebsstättenbegründungstatbestände – entweder aufgrund abhängiger Vertreter und/oder aufgrund des Betreibens von Lagern – erfüllt werden. Die neuen Regelungen zu Hilfstätigkeiten betreffen insbesondere Geschäftsmodelle, bei denen die Lagerung gerade keine Hilfstätigkeit, sondern die Hauptgeschäftstätigkeit des Unternehmens betrifft. Eine der ersten öffentlich bekannten Firmen, die hieraus Konsequenzen gezogen hat, ist Amazon, welches die in Deutschland und anderen europäischen Ländern getätigten Verkäufe jetzt über lokale Vertriebsgesellschaften durchführt[11].

Für Steuerpflichtige ist es ist daher empfehlenswert, die Zeit bis zur tatsächlichen Umsetzung der Regelungen durch den multilateralen Vertrag (geplant Ende 2016) zu nutzen, um ihre Strukturen so weit wie möglich bezüglich der BEPS-Maßnahme Nr. 7 konform zu machen. Abgesehen von erhöhtem Compliance-Aufwand kann die Begründung einer Betriebsstätte bei einem geringeren Steuersatz im Betriebsstättenstaat jedoch auch steuerlich vorteilhaft sein.

## 11.7 Die Gewinnaufteilung und Einkünfteermittlung in Betriebsstättenfällen durch Verankerung des Fremdvergleichsgrundsatzes im nationalen Recht gemäß § 1 Abs. 5 AStG

### 11.7.1 Rechtliche Entwicklung

Der in § 1 AStG geregelte und international anerkannte Fremdvergleichsgrundsatz war aufgrund der zivilrechtlichen Unselbstständigkeit der Betriebsstätte auf interne Leistungsbeziehungen zwischen Stammhaus und seiner Betriebsstätte bis zur Änderung durch das Amtshilferichtlinie-Umsetzungsgesetz vom 26.06.2013[12] (AmtshilfeRLUmsG) nicht anwendbar. Für die Ermittlung des steuerlichen Ergebnisses in Betriebsstättenfällen konnte insoweit lediglich der allgemeine Gewinnbegriff nach § 4 EStG herangezogen werden. Umstritten war insbesondere, inwiefern die Tatsache, dass es sich bei der Betriebsstätte um einen rechtlich unselbstständigen Teil des Gesamtunternehmens handelt, bei der Frage der Gewinnabgrenzung Berücksichtigung finden sollte.

Auf internationaler Ebene gab es zwei vorherrschende Ansätze: Unter dem Konzept des sog. Relevant Business Activity Approach wurde der Betriebsstätte nur eine eingeschränkte

---

[11]Vgl. Reuters, 2015.
[12]Gesetz zur Umsetzung der Amtshilferichtlinie sowie zur Änderung steuerlicher Vorschriften (Amtshilferichtlinie-Umsetzungsgesetz - AmtshilfeRLUmsG) vom 26.06.2013, BGBl. 2013 Teil I Nr. 32, S. 1827.

Selbstständigkeit zugesprochen. Diese Auffassung wurde vor Änderung des § 1 AStG im Rahmen des AmtshilfeRLUmsG auch von der deutschen Finanzverwaltung vertreten. Dagegen wurde unter dem sog. Functionally Separate Entity Approach die Betriebsstätte für Zwecke der Gewinnabgrenzung so weit wie möglich wie ein rechtlich selbstständiges Unternehmen behandelt. Letzterer hat sich auf OECD-Ebene im sog. Authorized OECD Approach (AOA) durchgesetzt. Dies hat zur Folge, dass beispielsweise auch fiktive Lizenzen zwischen der Betriebsstätte und dem Stammhaus verrechnet werden können, wohingegen im Rahmen der Theorie der eingeschränkten Selbstständigkeit der Betriebsstätte ausschließlich eine Aufteilung der angefallenen Kosten auf das Stammhaus und die Betriebsstätte sachgerecht gewesen wäre.

Auf Ebene der OECD wurde der AOA im Rahmen von Änderungen des Art. 7 OECD-MA im Jahr 2010 implementiert. Diese Änderung ist jedoch im ganz überwiegenden Teil der von der Bundesrepublik Deutschland abgeschlossenen DBAs noch nicht nachvollzogen worden. Die Umstellung der übrigen rund 90 DBAs wird voraussichtlich noch einen langen Zeitraum in Anspruch nehmen.[13]

Zwischenzeitlich ist durch das AmtshilfeRLUmsG die uneingeschränkte Selbstständigkeitsfiktion der Betriebsstätte für steuerliche Zwecke und damit die konsequente Anwendung des Fremdvergleichsgrundsatzes auch im Innenverhältnis des Einheitsunternehmens entsprechend dem Kerngedanken des AOAs in das deutsche Steuerrecht eingefügt worden.[14] Durch den neuen § 1 Abs. 5 AStG (in der Fassung für Wirtschaftsjahre, die nach dem 31.12.2012 beginnen[15]) sollen damit Fälle internationaler Betriebsstätten ausdrücklich in den Anwendungsbereich des § 1 AStG einbezogen werden.[16] Dadurch ist im Zusammenspiel mit der Betriebsstättengewinnaufteilungsverordnung (BsGaV) ein eigenes Gewinnermittlungsrecht für in- und ausländische Betriebsstätten beabsichtigt.[17] Für steuerliche Zwecke sollen folglich Betriebsstätten den zivilrechtlich selbstständigen Rechtssubjekten möglichst gleichgestellt werden.

## 11.7.2 Die Anwendung des Fremdvergleichsgrundsatzes auf Betriebsstätten per Selbstständigkeitsfiktion

Gemäß § 1 Abs. 5 S. 2 AStG ist zur Anwendung des Fremdvergleichsgrundsatzes eine Betriebsstätte für steuerliche Zwecke grundsätzlich wie ein eigenständiges und unabhängiges Unternehmen zu behandeln. Durch die fingierte Verselbstständigung der Betriebsstätte kann

---

[13]Stellungnahme der Wirtschaftsverbände zum Entwurf einer Betriebsstättengewinnaufteilungsverordnung vom 11.11.2013, S. 2/3.

[14]Gemäß § 21 Abs. 20 S. 3 AStG erstmals für Wirtschaftsjahre anzuwenden, die nach dem 31.12.2012 beginnen.

[15]§ 21 Abs. 20 S. 3 AStG.

[16]Bundesrat-Drucksache 302/12, 101 vom 25.05.2012: Begründung zum Entwurf eines Jahressteuergesetzes 2013.

[17]Vgl. Brödel, et al., 2014, Tz. 3.2.

es unter Annahme schuldrechtlicher Beziehungen i. S. d. § 1 Abs. 4 S. 1 Nr. 2 AStG somit zu einer Leistungserbringung zwischen Betriebsstätten und demselben Unternehmen kommen.[18]

Die Behandlung einer rechtlich unselbstständigen Betriebsstätte (§ 12 AO) als fiktiv eigenständiges und unabhängiges Unternehmen und die entsprechende Anwendung der Verrechnungspreisgrundsätze kann dazu führen, dass eine Betriebsstätte beispielsweise

- Gewinne erzielt, obwohl das Gesamtunternehmen insgesamt Verluste hinnehmen muss (sogar dann, wenn das Unternehmen insgesamt nie einen Gewinn erzielt), oder
- Verluste hinnehmen muss, auch wenn das Gesamtunternehmen insgesamt Gewinne erzielt.[19]

In Übereinstimmung mit den Überlegungen der OECD zum AOA regelt § 1 Abs. 5 AStG dementsprechend die Grundsätze, nach denen der international anerkannte Fremdvergleichsgrundsatz sowohl auf i) die Aufteilung der Gewinne zwischen einem inländischen Unternehmen und seiner ausländischen Betriebsstätte als auch auf ii) die Ermittlung der Einkünfte einer inländischen Betriebsstätte eines ausländischen Unternehmens anzuwenden ist.[20] Der nachfolgende Abschnitt gibt hierzu einen Überblick.

### 11.7.3 Die Gewinnaufteilung und Einkünfteermittlung in Betriebsstättenfällen

Nach dem Wortlaut des § 1 Abs. 5 AStG sollen in Übereinstimmung mit den Überlegungen der OECD zum AOA die Grundsätze geregelt werden, nach denen der international anerkannte Fremdvergleichsgrundsatz sowohl auf die i) Aufteilung der Gewinne zwischen einem inländischen Unternehmen und seiner ausländischen Betriebsstätte als auch auf die ii) Ermittlung der Einkünfte einer inländischen Betriebsstätte eines ausländischen Unternehmens durchzuführen ist.[21]

Eine Gewinnaufteilung findet nach § 1 Abs. 5 S. 1 AStG nur bei inländischen Unternehmen mit ausländischen Betriebsstätten (Outbound-Fall) Anwendung.[22] Hintergrund hierfür ist wohl, dass der Gewinn des inländischen unbeschränkt steuerpflichtigen Unternehmens im Rahmen der Steuererklärungspflichten und der beizufügenden Unterlagen

---

[18]Vgl. Busch, 2014.
[19]Bundesrat-Drucksache 302/12, 104 vom 25.05.2012: Begründung zum Entwurf eines Jahressteuergesetzes 2013.
[20]Bundesrat-Drucksache 302/12, 104 vom 25.05.2012: Begründung zum Entwurf eines Jahressteuergesetzes 2013.
[21]Bundesrat-Drucksache 302/12, 104 vom 25.05.2012: Begründung zum Entwurf eines Jahressteuergesetzes 2013.
[22]Begründung zur BsGaV, E.2 Erfüllungsaufwand für die Wirtschaft, Bundestag-Drucksache 401/14.

wie Bilanz und Gewinn- und Verlustrechnung (siehe § 60 EStDV) bereits nach deutschen Gewinnermittlungsvorschriften (§§ 4 EStG ff., §§ 8 KStG ff.) ermittelt wurde und dieser (nach deutschen Vorschriften ermittelte) Gesamtgewinn insoweit nur noch zwischen dem inländischen Stammhaus und seiner ausländischen Betriebsstätte nach deutschen Gewinnaufteilungsvorschriften (BsGaV) aufzuteilen ist.

Gemäß § 1 Abs. 5 S. 1 AStG muss indes die Einkünfteermittlung für die inländische und beschränkt steuerpflichtige Betriebsstätte eines ausländischen Unternehmens (sog. Inbound-Fall) nach deutschen Einkünfteermittlungsvorschriften, der BsGaV, erst noch erfolgen, weil der Gesamtgewinn lediglich nach ausländischen Gewinnermittlungsvorschriften ermittelt wurde, welche für die deutsche Besteuerung grundsätzlich nicht maßgeblich sind; insoweit erfolgt keine Aufteilung dieser nach ausländischem Recht ermittelten Gewinne.[23]

Aufgrund der Intention des Gesetzgebers, mit § 1 Abs. 5 AStG eine Gewinnaufteilungs- und Einkünfteermittlungsvorschrift für Betriebsstättenfälle zu schaffen[24], geht diese Regelung damit also weiter als § 1 Abs. 1 AStG, welcher nur auf die Berichtigung von fremdvergleichsunüblichen Einkünften (zu Lasten) beschränkt ist, nicht aber die Ermittlung der Einkünfte i. e. S. regelt.

### 11.7.4 Zweistufige Vorgehensweise für die Gewinnaufteilung bzw. Einkünfteermittlung

Um die Betriebsstätte gemäß § 1 Abs. 5 S. 2 AStG wie ein eigenständiges und unabhängiges Unternehmen zu behandeln (Selbstständigkeitsfiktion), ist eine zweistufige Vorgehensweise vorgeschrieben:

In einem ersten Schritt sind der Betriebsstätte gemäß § 1 Abs. 5 S. 3 AStG

- die Funktionen des Unternehmens, die durch ihr Personal ausgeübt werden (Personalfunktionen),
- die zur Ausübung dieser Personalfunktionen benötigten Vermögenswerte,
- die mit diesen Personalfunktionen und Vermögenswerten übernommenen Chancen und Risiken sowie
- ein angemessenes Eigenkapital (Dotationskapital)

zuzuordnen.

In einem zweiten Schritt sind nach § 1 Abs. 5 S. 4 AStG aufgrund der vorherigen Zuordnung die Art der Geschäftsbeziehungen zwischen dem Unternehmen und seiner

---

[23]Begründung zur BsGaV, E.2 Erfüllungsaufwand für die Wirtschaft, Bundestag-Drucksache 401/14.

[24]Bundesrat-Drucksache 302/12, 105 vom 25.05.2012: Begründung zum Entwurf eines Jahressteuergesetzes 2013.

Betriebsstätte und die Verrechnungspreise für die Geschäftsbeziehungen zu bestimmen. Dabei können grundsätzlich schuldrechtliche Beziehungen jeder Art unterstellt werden, wobei die Grundsätze der OECD-Verrechnungspreisleitlinien anzuwenden sind, sodass der Besteuerung Verrechnungspreise zugrunde gelegt werden, die dem Fremdvergleichsgrundsatz entsprechen.[25]

### 11.7.5 Die Betriebsstättengewinnaufteilungsverordnung (BsGaV)

Um Einzelheiten des Fremdvergleichsgrundsatzes in Betriebsstättenfällen zu regeln bzw. zur Umsetzung des AOAs, hat das Bundesministerium der Finanzen aufgrund seiner Ermächtigung in § 1 Abs. 6 EStG dem Bundesrat am 28.08.2014 die finale Fassung der BsGaV[26] vorgelegt, welcher der Bundesrat am 10.10.2014 zugestimmt hat. Die BsGaV ist gemäß § 40 BsGaV für Wirtschaftsjahre anzuwenden, die nach dem 31.12.2014 beginnen. Die Selbstständigkeitsfiktion für Betriebsstätten gemäß § 1 Abs. 5 i. V. m. Abs. 4 AStG ist hingegen erstmals für Wirtschaftsjahre anzuwenden, die nach dem 31.12.2012 beginnen.[27]

Zur Anwendung des Fremdvergleichsgrundsatzes regelt die BsGaV für inländische Unternehmen mit einer in einem anderen Staat gelegenen Betriebsstätte sowie für ausländische Unternehmen mit einer inländischen Betriebsstätte unter anderem:[28]

- die Art und Weise der Berechnung der Betriebsstätteneinkünfte (Hilfs- und Nebenrechnung); in dieser Hilfs- und Nebenrechnung werden vor allem die der Betriebsstätte zuzuordnenden Vermögenswerte, ihr Dotationskapital und die übrigen, ihr zuzuordnenden Passivposten sowie die Geschäftsvorfälle der Betriebsstätte erfasst;
- unter welchen Umständen anzunehmende schuldrechtliche Beziehungen („Dealings") zwischen einer Betriebsstätte und dem übrigen Unternehmen, zu dem sie gehört, vorliegen;
- welche Besonderheiten für bestimmte Branchen, insbesondere für Banken, für Versicherungen, für Bau- und Montageunternehmen sowie für Bergbauunternehmen und für Erdöl- oder Erdgasunternehmen, zu beachten sind;
- in welchen Fällen zur Vermeidung von Beweisschwierigkeiten von widerlegbaren Vermutungen auszugehen ist; dies ist notwendig, da innerhalb eines Unternehmens eine rechtliche Abgrenzung auf der Basis des Zivil- oder Handelsrechts nicht immer möglich ist.

---

[25]Bundesrat-Drucksache 302/12, 106 vom 25.05.2012: Begründung zum Entwurf eines Jahressteuergesetzes 2013.
[26]§ 1 Abs. 5 Verordnung zur Anwendung des Fremdvergleichsgrundsatzes auf Betriebsstätten des Außensteuergesetzes (Betriebsstättengewinnaufteilungsverordnung – BsGaV) vom 13.10.2014, BGBl. I S. 1603.
[27]§ 21 Abs. 20 S. 3 AStG.
[28]Bundestag-Drucksache 401/14: Begründung zur BsGaV, B. Lösung.

Im Ergebnis soll die BsGaV ein eigenes Gewinnermittlungsrecht für in- und ausländische Betriebsstätten definieren.[29] Hinsichtlich der Menge an offenen Einzelfragen soll das zwischenzeitlich im Entwurf vorliegende BMF-Schreiben[30] Klarheit schaffen. Ansonsten ist zu befürchten, dass viele Fragen erst im Rahmen von Betriebsprüfungen bzw. den sich ggf. anschließenden Gerichtsverfahren geklärt werden können, was die Steuerpflichtigen in einem Zustand der Rechtsunsicherheit belässt. Neben den Regelungen der BsGaV finden in Deutschland die Entstrickungsregelungen gemäß § 4 EStG Anwendung, die unter Tz. 10.6.2 dargestellt werden.

### 11.7.6 Entwurf Verwaltungsgrundsätze Betriebsstättengewinnaufteilung (VWG BsGa-E)

Am 18.03.2016 hat das BMF den Entwurf der Verwaltungsgrundsätze Betriebsstättengewinnaufteilung (VWG BsGa-E) veröffentlicht. Nach Abstimmung des BMF-Schreibens mit den obersten Finanzbehörden der Länder ist eine Veröffentlichung der VWG BsGa im Bundessteuerblatt für die zweite Hälfte des Jahres 2016 geplant.[31]

Die VWG BsGa-E werden in der finalen Version die Finanzverwaltung in Hinsicht auf die Anwendung des in § 1 Abs. 5 AStG für deutsches Recht definierten AOA und der BsGaV binden. Der Entwurf umfasst 151 Seiten und enthält ausführliche Regelungen und Anwendungsbeispiele. Unter anderem konkretisiert die Finanzverwaltung darin ihre Sichtweise hinsichtlich der Begriffsbestimmungen, der Zuordnungssystematik von Personalfunktionen, Zuordnungsgegenständen sowie die Bestimmung des Dotationskapitals. Der Entwurf beschäftigt sich ebenfalls mit den gesonderten Regelungen der §§ 17–39 BsGaV, welche beispielsweise die Bankbetriebsstätte und den ständigen Vertreter umfassen. Des Weiteren stellt die Finanzverwaltung ihre Sichtweise zum Anwendungsvorrang sowie Übergangsregelungen hinsichtlich der DBAs dar.

Die zuvor in Abschn. 11.7.4 erläuterte zweistufige Vorgehensweise bei der Einkünfteermittlung von Betriebsstätten wird durch die VWG BsGa-E weiter ausgeführt. So ist zunächst eine Funktions- und Risikoanalyse durchzuführen, anhand derer die (maßgeblichen) Personalfunktion zu identifizieren sind, damit anschließend die Zuordnungsgegenstände zugeordnet werden können. Die VWG BsGa-E sprechen hierbei erstmalig von

---

[29]Vgl. Brödel, et al., 2014, Tz. 3.2.

[30]Grundsätze für die Anwendung des Fremdvergleichsgrundsatzes auf die Aufteilung der Einkünfte zwischen einem inländischen Unternehmen und seiner ausländischen Betriebsstätte und auf die Ermittlung der Einkünfte der inländischen Betriebsstätte eines ausländischen Unternehmens nach § 1 Absatz 5 des Außensteuergesetzes (AStG) und der Betriebsstättengewinnaufteilungsverordnung (BsGaV); Entwurf Verbandsanhörung (Stand: 18.03.2016).

[31]http://www.bundesfinanzministerium.de/Content/DE/Downloads/BMF_Schreiben/Internationales_Steuerrecht/Allgemeine_Informationen/2016-03-18-entwurf-eines-BMF-schreiben-zur-betriebsstaettengewinnaufteilung.html, aufgerufen am 05.04.2016.

dem Begriff der Zuordnungsgegenstände, womit sowohl die materiellen Wirtschaftsgüter als auch die immateriellen Werte, Chancen und Risiken und weitere Vermögensgegenstände umfasst werden sollen.

Fraglich ist, ob die Personalfunktion bei der Zuordnung aufgeteilt werden kann. Hierzu stellen die VWG BsGa-E klar, dass die Personalfunktion bei materiellen Wirtschaftsgütern nicht aufgeteilt werden kann, da die Nutzung des Zuordnungsgegenstandes grundsätzlich als maßgebliche Personalfunktion anzusehen ist. Dagegen soll eine Funktionsaufteilung bei immateriellen Werten grundsätzlich möglich sein. Hier stellt sich jedoch die Frage, wem die Personalfunktion zuzuordnen ist (vgl. hierzu Abschn. 11.8.1).

Insgesamt verdeutlichen die Verwaltungsgrundsätze einmal mehr den Trend der deutschen Finanzverwaltung, der Komplexität des Themas der steuerlichen Gewinnabgrenzung über möglichst detaillierte Rechtsverordnungen und Verwaltungsgrundsätze zu begegnen.

### 11.7.7 Verhältnis von § 1 Abs. 5 AStG gegenüber den DBAs

§ 1 Abs. 5 S. 8 AStG bestimmt das Verhältnis zu den DBAs. Demnach ist ein DBA nur dann vorrangig, soweit der Steuerpflichtige geltend macht, dass das anzuwendende DBA den Regeln des § 1 Abs. 5 S. 1 bis 7 AStG widerspricht und der Steuerpflichtige nachweist, dass der andere Staat sein Besteuerungsrecht entsprechend dem anzuwendenden DBA ausübt und deshalb die Anwendung des § 1 Abs. 5 S. 1 bis 7 AStG zu einer Doppelbesteuerung führen würde.

Gemäß der Gesetzesbegründung[32] wird dadurch einerseits sichergestellt, dass

- die nationale Besteuerung grenzüberschreitender Betriebsstättenfälle nach einer einheitlichen Regelung erfolgt und
- andererseits Doppelbesteuerung in den Fällen vermieden werden kann, in denen abweichend von § 1 Abs. 5 S. 1 bis 7 AStG die Besteuerung nach den Bestimmungen des jeweiligen DBAs erfolgt. Auf diese Weise soll umgangen werden, dass Deutschland seine innerstaatlichen Besteuerungsrechte einseitig zulasten des anderen Vertragsstaates ausweitet.

Ein Fall des § 1 Abs. 5 S. 8 AStG läge im folgenden Beispiel folgende Problemstellung vor:[33] Der Steuerpflichtige erklärt im ausländischen Staat in seiner Steuererklärung die Einkünfte aus seiner Betriebsstätte nach einem DBA, das noch auf der Einkünfteaufteilungsmethodik des „Relevant Business Approach" basiert. In Deutschland ist dann das

---

[32]Bundesrat-Drucksache 302/12, 107 vom 25.05.2012: Begründung zum Entwurf eines Jahressteuergesetzes 2013.
[33]Siehe Brödel, et al., 2014, Tz. 2.1.

Finanzamt bei Abgabe der entsprechenden Steuererklärung darauf hinzuweisen, dass die Selbstständigkeitsfiktion nach § 1 Abs. 5 AStG in diesem Falle nicht angewendet werden kann. Um nachzuweisen, dass die Doppelbesteuerung nur dadurch vermeidbar ist, dass dem alten DBA gefolgt wird, ist in Deutschland zudem eine entsprechende Berechnung gemäß § 1 Abs. 5 AStG i. V. m. BsGaV abzugeben. Soweit es dann bei Ansatz des Gewinns aufgrund der Hilfs- und Nebenrechnung zu einer Doppelbesteuerung käme, hat das Veranlagungsfinanzamt/der Betriebsprüfer gemäß § 1 Abs. 5 S. 8 AStG nach dem Verständnis des alten DBAs zu besteuern, das dem des anderen Staates entspricht; ein Verständigungsverfahren ist insoweit nicht notwendig.

§ 1 Abs. 5 S. 8 AStG soll aber nicht anzuwenden sein, soweit es zu Besteuerungskonflikten kommt, die nicht auf den rechtlichen Unterschieden zwischen § 1 Abs. 5 S. 1 bis 7 AStG und dem betreffenden DBA beruhen, sondern auf einer unterschiedlichen Auslegung des jeweils geltenden DBAs durch Deutschland und dem anderen Staat. Für diese Fälle seien die in dem betreffenden DBAs enthaltenen Instrumente wie Verständigungs- und Schiedsverfahren vorgesehen, um eine Doppelbesteuerung zu vermeiden.

Im Ergebnis soll § 1 Abs. 5 AStG zur Sicherung des deutschen Steueraufkommens und zur Vermeidung unbesteuerter (sog. weißer) Einkünfte grundsätzlich Vorrang vor den DBAs haben.[34] Ferner ist zu beachten, dass § 1 Abs. 5 S. 8 AStG als sog. Treaty Override wirkt[35] und DBA gemäß § 2 Abs. 1 AO den Steuergesetzen vorgehen. Eine entsprechende Klarstellung plant der Gesetzgeber in § 1 Abs. 1 AStG zu verankern.

## 11.8 Umstrukturierungen bei Betriebsstätten und damit einhergehende Entstrickungen sowie Funktionsverlagerungen

### 11.8.1 Bedeutung der Personalfunktion

Im Rahmen von Umstrukturierungen wechseln Vermögenswerte, Funktionen und Risiken häufig nicht den zivilrechtlichen Eigentümer, während allerdings Besteuerungsrechte darin enthaltener stiller Reserven von einem Staat auf einen anderen Staat übergehen. Eine Gewinnrealisierung durch das Unternehmen hat in diesen Fällen nicht stattgefunden, da die Vermögenswerte das Unternehmen noch nicht verlassen haben, sondern nur von einer Betriebsstätte des Steuerpflichtigen in eine andere Betriebsstätte derselben Legaleinheit übergegangen sind. Wie schnell und ggf. auch unbeabsichtigt im Rahmen von Umstrukturierungen Vermögenswerte übergehen können, zeigt sich, indem man die Zuordnungsregeln der BsGaV betrachtet, die die Vermögenswerte anhand der Personalfunktionen der

---

[34] Bundesrat-Drucksache 302/12, 104 vom 25.05.2012: Begründung zum Entwurf eines Jahressteuergesetzes 2013.
[35] Vgl. Brödel, et al., 2014, Tz. 2.1.

Betriebsstätte zuordnen. Eine Personalfunktion ist gemäß BsGaV (§ 1 Abs. 3) definiert als: „eine Geschäftätigkeit die von eigenem Personal des Unternehmens für das Unternehmen ausgeführt wird. Personalfunktionen sind insbesondere folgende Geschäftätigkeiten:

1. die Nutzung;
2. die Anschaffung;
3. die Herstellung;
4. die Verwaltung;
5. die Veräußerung;
6. die Weiterentwicklung;
7. der Schutz;
8. die Risikosteuerung und;
9. die Entscheidung, Änderungen hinsichtlich von Chancen und Risiken vorzunehmen."

Zu verneinen ist jedoch die Annahme, dass bei der Verlagerung einer maßgeblichen Personalfunktion jeweils auch zwingend eine Funktionsverlagerung vorliegt und somit eine Bewertung des Transferpakets notwendig ist, sofern keine Escapeklausel Anwendung finden kann. Gemäß der Funktionsverlagerungsverordnung (FVerlV) ist „eine Funktion [...] eine Geschäftätigkeit, die aus einer Zusammenfassung gleichartiger betrieblicher Aufgaben besteht, die von bestimmten Stellen oder Abteilungen eines Unternehmens erledigt werden. Sie ist ein organischer Teil eines Unternehmens, ohne dass ein Teilbetrieb im steuerlichen Sinn vorliegen muss." Es ist ersichtlich, dass die Definition der Personalfunktion enger gefasst ist als die der Funktionsverlagerung und somit nicht in jedem Fall der Verlagerung einer maßgeblichen Personalfunktion auch eine Funktionsverlagerung vorliegen muss. In Fällen, in denen keine Funktionsverlagerung vorliegt, sind insofern die Regelungen zur Entstrickung bzw. Verstrickung einzelner Wirtschaftsgüter anzuwenden.

Für die Zuordnung immaterieller Werte, auf die wir uns im Folgenden konzentrieren, ist grundsätzlich deren Schaffung oder Erwerb die maßgebliche Personalfunktion (vgl. § 6 Abs. 1 BsGaV). Für die Zuordnung materieller Wirtschaftsgüter ist deren Nutzung maßgeblich. Sofern sich die Nutzung häufig ändert, ist das Wirtschaftsgut der Betriebsstätte zuzuordnen, für deren Geschäftätigkeit das Wirtschaftsgut überwiegend genutzt wird (vgl. § 5 Abs. 1 BsGaV). Eine abweichende Zuordnung immaterieller Werte aufgrund Nutzung, Weiterentwicklung, Verwaltung etc. ist nur möglich, sofern diesen Personalfunktionen (ggf. auch bei Veranlagungszeitraum übergreifender Betrachtung) eine eindeutig überwiegende Bedeutung zukommt (vgl. § 6 Abs. 2 BsGaV).

Sollten die maßgeblichen Personalfunktionen in mehreren Betriebsstätten durchgeführt werden, ist der immaterielle Wert der Betriebsstätte zuzuordnen, bei der die maßgebliche Personalfunktion überwiegt. Diese Vermutungsregelung soll auch in den Fällen greifen (vgl. Rz. 91 VWG BsGa-E), in denen in Zukunft zwar Personalfunktionen von anderen Betriebsstätten ausgeübt werden, aber in der Betriebsstätte, der der immaterielle Wert originär zugeordnet war, weiterhin Personalfunktionen hinsichtlich des immateriellen Werts verbleiben und diese in der Betriebsstätte über den gesamten Entwicklungs- Nutzungszeitraum überwiegen (vgl. Rz. 91 VWG BsGa-E).

Grundsätzlich soll auch für die BsGaV wie auch für die FVerlV in Zweifelsfällen die widerlegbare Vermutung gelten, dass von der Lizenzierung eines immateriellen Wertes ausgegangen werden kann. Dies gilt insbesondere, wenn sich aus der Hilfs- und Nebenrechnung keine anderen eindeutigen Hinweise ergeben und die Personalfunktionen beim fiktiv Überlassenden so ausgeprägt sind, dass auch unter Fremdvergleichsgesichtspunkten von einer Lizenzierung ausgegangen werden kann (vgl. Rz. 100 VWG BsGa-E).

Da anders als bei der Funktionsverlagerung zwischen rechtlich selbstständigen Unternehmen im Betriebsstättenfall keine Verträge abgeschlossen werden können, ist auf die Dokumentation besonderer Wert zu legen. Für Zwecke der Sachverhalts- und Angemessenheitsdokumentation nach § 90 Abs. 3 AO können für die anzunehmenden schuldrechtlichen Beziehungen – anders als bei tatsächlichen schuldrechtlichen Vereinbarungen zwischen zivilrechtlich selbstständigen Unternehmen – entsprechende Aufzeichnungen über die wirtschaftlichen Vorgänge zusammen mit anderen Unterlagen wie z. B. Protokollen, internen Anweisungen, Buchungsbelegen und Zeichnungsberechtigungen als Ersatz anerkannt werden.[36]

Im Folgenden wird anhand eines einfachen Falls ausschließlich einer durch einen Mitarbeiter ausgeführten maßgeblichen Personalfunktion die Zuordnung dargestellt. Beispielhaft soll folgender Sachverhalt im Zusammenhang mit einem immateriellen Wert Anwendung finden: Ein Mitarbeiter führt eine maßgebliche Personalfunktion aus, die lediglich durch ihn alleine ausgeführt wird bzw. ausgeführt werden kann und im Zusammenhang mit der Entstehung des immateriellen Wertes steht. Dieser Mitarbeiter wird im Rahmen einer Versetzung in eine Betriebsstätte eines anderen Staates entsandt. Sollte es sich um die einzige maßgebliche Personalfunktion hinsichtlich der Entstehung des immateriellen Werts handeln und keine weiteren maßgeblichen Personalfunktionen hinsichtlich des immateriellen Werts durchgeführt werden, würde der immaterielle Wert zwangsweise mit übergehen. Eine Lizenzierung wäre nicht möglich.

Sollten jedoch, wie im nachfolgenden Beispiel aufgezeigt, Personalfunktionen bei der originären Betriebsstätte verbleiben und die in dieser Betriebsstätte ausgeführten Personalfunktionen über den gesamten Entwicklungs- und Nutzungszeitraum überwiegen (vgl. Rz. 91 VWG BsGa-E), sollte eine Lizenzierung möglich sein (vgl. Rz. 91 VWG BsGa-E).

Fall:
Unternehmen X (X) in Staat A hat in Staat B eine Betriebsstätte B (B) und in Staat C eine weitere Betriebsstätte (C). B entwickelt einen immateriellen Wert, der nach Abschluss der Forschungs- und Entwicklungsarbeiten ausschließlich von C genutzt wird. B entwickelt den immateriellen Wert weiter.

---

[36]Bundesrat-Drucksache 302/12, 101 vom 25.05.2012: Begründung zum Entwurf eines Jahressteuergesetzes 2013.

Lösung:
Wenn nicht eindeutig festgestellt werden kann, dass die Forschung und Entwicklung einschließlich der Weiterentwicklung durch B von geringerer Bedeutung für den immateriellen Wert ist als die Nutzung durch C, greift die Vermutungsregel des § 6 Abs. 1 BsGaV ein. Es kommt zu keiner Zuordnungsänderung, sondern es liegt eine fiktive Lizenzierung vor, die nach dem Fremdvergleichsgrundsatz zu vergüten ist.

Anders wäre der Fall, wenn C auch noch die Weiterentwicklung des immateriellen Werts durchführen würde und B indes nur die allgemeine Verwaltung übernähme. In diesem Fall gehen die VWG BsGa-E davon aus, dass eine Zuordnung zu C grundsätzlich notwendig sein würde, da die maßgeblichen Personalfunktionen durch C ausgeführt werden.

Bei den jeweiligen Auswirkungen ist, wie bereits vorstehend dargestellt, zu unterscheiden zwischen der Überführung einzelner Wirtschaftsgüter und der Überführung der gesamten Funktion im Sinne der FVerlV. Es ist darauf hinzuweisen, dass es sich in einzelnen Fällen auch um Hilfstätigkeiten handeln kann, welche insofern keine Betriebsstätte begründen. Im Folgenden wird auf diese Punkte eingegangen.

### 11.8.2 Entstrickung/Überführung einzelner Wirtschaftsgüter

Historisch ging die Finanzverwaltung davon aus, dass eine Besteuerung der in Wirtschaftsgütern gebundenen stillen Reserven in Deutschland nicht mehr durchgeführt werden konnte, sofern die Wirtschaftsgüter in eine ausländische Betriebsstätte überführt worden waren. Um diese Besteuerung zu ermöglichen, wurde eine solche Überführung als fiktive Entnahme (Entstrickung der hiermit verbundenen stillen Reserven) angesehen. Dieser Annahme ist der BFH im Rahmen seiner Rechtsprechung zur finalen Entnahmetheorie gefolgt, sofern mit diesen Ländern DBAs bestanden, die eine Freistellung der Betriebsstättengewinne vorsahen. Die finale Entnahmetheorie wurde allerdings im Zeitraum vor Inkrafttreten des § 6 Abs. 5 EStG 1997 durch das StEntlG 1999/2000/2002 und dem BFH selbst mit Urteil vom 17.07.2008 verworfen (Az. I R 77/06, BFH BStBl. II 2009, 464), da diese keine ausreichende gesetzliche Grundlage habe und auf einer unzutreffenden Beurteilung der Besteuerungshoheit bei ausländischen Betriebsstätten inländischer Stammhäuser beruhe.[37] Eine Freistellung der ausländischen Betriebsstättengewinne durch ein DBA beeinträchtigt nach Erkenntnis des BFHs nicht die spätere Möglichkeit einer Besteuerung der im Inland entstandenen stillen Reserven des überführten Wirtschaftsguts, wenn sich diese z. B. durch eine Veräußerung tatsächlich realisieren. Für eine sofortige Besteuerung fehlte es gemäß BFH deshalb sowohl an einer Rechtsgrundlage als auch an einem Bedürfnis.

Mit § 4 Abs. 1 S. 3 EStG wurde daraufhin eine sog. Entstrickungsfiktion in das Gesetz eingefügt, die darauf abzielt, die bislang fehlende Rechtsgrundlage für die „Theorie der

---

[37] BMF, Schreiben v. 20.05.2009 – IV C 6-S 2134/07/10005 – BStBl I S. 671.

finalen Entnahme" zu schaffen. Die neue Regelungslage wirkt vom Veranlagungszeitraum 2006 an:

> Einer Entnahme für betriebsfremde Zwecke steht der Ausschluss oder die Beschränkung des Besteuerungsrechts der Bundesrepublik Deutschland hinsichtlich des Gewinns aus der Veräußerung oder der Nutzung eines Wirtschaftsguts gleich.[38]

Korrespondierend gilt auch die Zuordnung von Wirtschaftsgütern, die anstelle einer ausländischen Betriebsstätte jetzt einer inländischen Betriebsstätte zuzuordnen sind, als Einlage (Verstrickung):

> Einlagen sind alle Wirtschaftsgüter (Bareinzahlungen und sonstige Wirtschaftsgüter), die der Steuerpflichtige dem Betrieb im Laufe des Wirtschaftsjahres zugeführt hat; einer Einlage steht die Begründung des Besteuerungsrechts der Bundesrepublik Deutschland hinsichtlich des Gewinns aus der Veräußerung eines Wirtschaftsguts gleich.[39]

Wie am Gesetzeswortlaut ersichtlich wird, ist eine Überlassung von Wirtschaftsgütern im Inbound-Fall explizit nicht erfasst. Für Zwecke der Überführung von Wirtschaftsgütern in eine Betriebsstätte wird als Bewertungsmaßstab nicht der Teilwert, sondern der gemeine Wert angesetzt. Der gemeine Wert bezeichnet den Wert, den ein fremder Dritter für dieses Wirtschaftsgut als Einzelveräußerungspreis bezahlen würde.[40] Dieser entspricht regelmäßig dem Fremdvergleichspreis[41], siehe aber für Unterschiede beispielsweise Wassermeyer.[42] Im Rahmen des JStG 2010 (Rn. 3) wurde eine Ausweitung des Tatbestands vorgenommen:

> Ein Ausschluss oder eine Beschränkung des Besteuerungsrechts hinsichtlich des Gewinns aus der Veräußerung eines Wirtschaftsguts liegt insbesondere vor, wenn ein bisher einer inländischen Betriebsstätte des Steuerpflichtigen zuzuordnendes Wirtschaftsgut einer ausländischen Betriebsstätte zuzuordnen ist.[43]

Die Gesetzesänderung war notwendig, da strittig war, ob die Regelungen tatsächlich in allen Fällen greifen. Die Literatur geht davon aus, dass das deutsche Steuerrecht durch die bloße Überführung in eine ausländische Betriebsstätte grundsätzlich nicht ausgeschlossen oder beschränkt wird. Gleiches gilt für die Frage, ob die Regelungen auch in Fällen von Betriebsstätten beschränkt Steuerpflichtiger greifen[44] oder im Rahmen von Rechtsträgerwechseln.

---

[38] § 4 Abs. 1 S. 3 EStG.
[39] § 4 Abs. 1 S. 8 EStG.
[40] § 9 Abs. 2 BewG.
[41] BMF, Schreiben v. 12.05.2015 – IV B 4 -S 1341 – BStBl 2005 I S. 570.
[42] Vgl. Wassermeyer, 2008, S. 176.
[43] § 4 Abs. 1 S. 3 EStG.
[44] Vgl. Wied, 2015, Rn. 487.

Da bei Körperschaften keine Entnahmen möglich sind, wird gemäß § 12 Abs. 1 KStG korrespondierend eine fiktive Veräußerung fingiert:

> Wird bei der Körperschaft, Personenvereinigung oder Vermögensmasse das Besteuerungsrecht der Bundesrepublik Deutschland hinsichtlich des Gewinns aus der Veräußerung oder der Nutzung eines Wirtschaftsguts ausgeschlossen oder beschränkt, gilt dies als Veräußerung oder Überlassung des Wirtschaftsguts zum gemeinen Wert; § 4 Absatz 1 Satz 5, § 4g und § 15 Abs. 1a des Einkommensteuergesetzes gelten entsprechend. Ein Ausschluss oder eine Beschränkung des Besteuerungsrechts hinsichtlich des Gewinns aus der Veräußerung eines Wirtschaftsguts liegt insbesondere vor, wenn ein bisher einer inländischen Betriebsstätte einer Körperschaft, Personenvereinigung oder Vermögensmasse zuzuordnendes Wirtschaftsgut einer ausländischen Betriebsstätte dieser Körperschaft, Personenvereinigung oder Vermögensmasse zuzuordnen ist.

Es war längere Zeit umstritten, ob die deutschen Regelungen zur Entstrickung/Verstrickung in Übereinstimmung mit den EU-Grundfreiheiten stehen. Eine Verlagerung von Wirtschaftsgütern zwischen Betriebsstätten eines Unternehmens innerhalb Deutschlands löst mangels Gewinnrealisierung keine steuerlichen Konsequenzen aus. Werden dieselben Wirtschaftsgüter jedoch in eine ausländische Betriebsstätte verlagert, löst dies, wie vorstehend dargestellt, eine Besteuerung der in den Wirtschaftsgütern enthaltenen stillen Reserven aufgrund der Bewertung mit dem gemeinen Wert zum Zeitpunkt der Überführung aus.

Zur Vermeidung einer potenziellen EU-Rechtswidrigkeit dieser Regelung kann für den Fall der Verlagerung eines Wirtschaftsguts in Mitgliedsstaaten der EU für den entstehenden Gewinn, der aus der Bewertung nach dem gemeinen Wert resultiert (sofern dieser auf das Anlagevermögen entfällt) ein steuerneutraler Ausgleichsposten gemäß § 4g EStG gebildet werden.[45] Der Ausgleichsposten ist im Jahr der Bildung und den darauf folgenden vier Jahren zu gleichen Teilen den Gewinn erhöhend aufzulösen.[46] Wird das Wirtschaftsgut innerhalb von fünf Jahren nach Änderung der Zuordnung wieder einer deutschen Betriebsstätte des Steuerpflichtigen zugeordnet, sind die erhöhten Anschaffungskosten des Wirtschaftsguts sowie die den Gewinn erhöhenden Auflösungen des Ausgleichspostens zu korrigieren.[47] Dementsprechend wird die Gewinnerhöhung in diesen Fällen wieder rückgängig gemacht. Sollte das Wirtschaftsgut bereits vor Ablauf der 5-Jahresfrist das Unternehmen verlassen, ist der Ausgleichsposten sofort im Jahr des Ausscheidens in voller Höhe aufzulösen. Bei einer Übertragung eines kompletten Betriebs/Teilbetriebs besteht gemäß § 16 Abs. 3a EStG i. V. m. § 36 Abs. 5 EStG auch die Möglichkeit einer Stundung der resultierenden Steuerzahlung über 5 Jahre.

Der EuGH hat in der Rechtssache DMC-Beteiligungsgesellschaft hinsichtlich der deutschen Entstrickungsregelungen zur Besteuerung der stillen Reserven beim Einbringen eines deutschen Teilbetriebs in eine ausländische Kapitalgesellschaft geurteilt, dass eine

---

[45]Dies gilt jedoch nicht für Verlagerungen in EWR-Staaten wie beispielsweise in die Schweiz und in allen anderen nicht EU-Staaten.
[46]§ 4g Abs. 2 EStG.
[47]§ 4g Abs. 3 EStG.

Besteuerung der stillen Reserven vor Realisierung europarechtskonform ist, sofern Deutschland ansonsten tatsächlich das Besteuerungsrecht verlöre. Weiterhin urteilte der EuGH, dass eine Stundung über 5 Jahresraten angemessen und verhältnismäßig sei. Diese Rechtsauffassung wurde durch den EuGH im Folgenden in der Rechtssache Verder LabTec bestätigt.[48] Nichtsdestotrotz besteht weiterhin starke Kritik in der Literatur bzgl. der Regelungen.[49]

Weitergehende Bewertungen gemäß den deutschen Regelungen zur Funktionsverlagerung sehen die vorstehend genannten Regelungen nicht vor. Insofern sind in diesen Fällen zwei Zeiträume zu unterscheiden, i) der Zeitraum bis zur Ausdehnung des § 1 AStG auf Betriebsstätten und ii) der Zeitpunkt danach.

### 11.8.3 Funktionsverlagerungen

#### 11.8.3.1 Rechtsstand für Wirtschaftsjahre, die vor dem 01.01.2013 beginnen

Für Wirtschaftsjahre, die vor dem 01.01.2013 beginnen, gelten die vorstehend genannten Regelungen auch in den Fällen, in denen es zu Funktionsverlagerungen gekommen ist. Eine Besteuerung von Funktionsverlagerungen gemäß den Transferpaketregelungen kommt nicht in Betracht. § 1 AStG ist erst für Wirtschaftsjahre, die nach dem 31.12.2012 beginnen, anwendbar. Sowohl die Entstrickungs- als auch die Verstrickungstatbestände gemäß § 4 EStG setzen aber die Überführung eines Wirtschaftsguts voraus. Dies liegt bei einem Transferpaket als Ganzem nicht vor. Allerdings stellt sich die Frage, ob ggf. ein möglicher Geschäfts- oder Firmenwert zu berücksichtigen ist. Neben der Eigenschaft als Wirtschaftsgut ist eine weitere Voraussetzung für die Entstrickungs- und Verstrickungstatbestände gemäß § 4 EStG, dass das Wirtschaftsgut einzeln bewertbar ist.[50] Für die Einzelbewertbarkeit unter dem gemeinen Wert ist allerdings wiederum Voraussetzung, dass das Wirtschaftsgut einzeln veräußert werden kann.[51] Ein Geschäfts- oder Firmenwert kann indes gerade nicht einzeln veräußert werden[52], sodass hierfür kein Einzelveräußerungspreis und folglich auch kein gemeiner Wert für Zwecke einer Ent- oder Verstrickung angesetzt werden kann. Das bedeutet, dass die Differenz zwischen dem gemeinen Wert der übertragenen Wirtschaftsgüter und dem Wert eines Transferpakets oder möglichen Geschäfts- oder Firmenwert nicht berücksichtigt werden kann.

---

[48]EuGH, Urteil v. 21.05.2015 – C-657/13 – BFH/NV 2015 I S. 1069.
[49]Vgl. Hemmelrath, 2014.
[50]Vgl. Franke & Kahle, 2009, Rn. 410.
[51]Vgl. Ehmcke, 2015, Rn. 1015; vgl. Förster, 2007, S. 74; vgl. Schumacher & Rödder, 2006, S. 1485.
[52]BFH, Urteil v. 27.03.2001 – I R 42/00, BStBl. I 2001 S. 771; BFH, Urteil v. 14.01.1998 – X R 57/93 – BFH/NV 1998, S. 1160–1164; BFH, Urteil v. 14.12.1993 VIII R 13/93, BStBl. II 1994 S. 922; BFH, Urteil v. 24.11.1982 I R 123/78, BStBl. II 1983, 113.

## 11.8.3.2 Rechtsstand seit 01.01.2013 (neu)

Gemäß der in der Literatur vertretenen Auffassung waren die Vorschriften zur Funktionsverlagerung ursprünglich ausschließlich auf Übertragungen zwischen nahe stehenden Unternehmen anzuwenden, nicht aber auf grenzüberschreitende Übertragungen zwischen Stammhaus und Betriebsstätte bzw. zwischen Betriebsstätten desselben Unternehmens. Aufgrund der Neufassung des § 1 Abs. 5 AStG sind seit 01.01.2013 jedoch die Grundsätze der Funktionsverlagerung auf Betriebsstätten anzuwenden. Gerade Bereiche, in denen die Verlagerung von bestimmten Funktionen zwingend erforderlich sind, wie beispielsweise im Maschinen- und Anlagebau, werden hiervon häufig konfrontiert werden. Denn hier sind Funktionsverlagerungen die Grundlage der gesamten Betätigung der Betriebsstätte und insoweit unumgänglich, weil dadurch die Voraussetzungen für die Auftragsannahme bzw. -ausführung erst geschaffen werden. Damit stellt sich die Frage, ob die Betriebsstätte einen fremden Dritten dafür bzw. für die der Leistungserbringung vorauszusetzende Beschaffenheit überhaupt vergüten würde. Vielmehr könnte die Tätigkeit der Betriebsstätte als eine Dienstleistung an das Stammhaus eingeordnet werden, welche grundsätzlich mit der Kostenaufschlagsmethode[53] zu vergüten wäre und damit § 2 Abs. 2 FVerlV greift. Insoweit wäre zwar eine Funktionsverlagerung dem Grunde nach anzunehmen. Eine Bewertung nach Maßgabe des Transferpaketes käme aber nicht in Betracht.

Ein grundsätzliches Problem der Selbstständigkeitsfiktion der Betriebsstätte ist aber, dass diese für steuerliche Zwecke lediglich fingiert wird, wodurch eine Gleichstellung von Betriebsstätten mit Kapitalgesellschaften beabsichtigt ist.[54] Eine Betriebsstätte ist zivilrechtlich aber wie bisher ein unselbstständiger Teil eines Unternehmens; gemäß Art. 5 Abs. 1 OECD-MA ist sie als eine feste Geschäftseinrichtung definiert, durch die die Tätigkeit des Unternehmens ganz oder teilweise ausgeübt wird. Fraglich ist, wie dies im Rahmen der Transferpaketbewertung zu berücksichtigen ist. Insbesondere ist zu beachten, dass nach § 1 Abs. 5 AStG Funktionen und Risiken aufgrund von Personalfunktionen zuzuordnen sind, welche eine gewisse Dauerhaftigkeit vorsehen. Aber gerade bei Projektbetriebsstätten ist eine solche Dauerhaftigkeit nicht gegeben. Zudem ist eine dauerhafte Übertragung i. S. d. Funktionsverlagerung auf die Betriebsstätte i. d. R. nicht beabsichtigt. Die steuerliche Selbstständigkeitsfiktion der Betriebsstätte scheint mit den dahintersteckenden wirtschaftlichen Sachverhalten insoweit auseinanderzufallen.

**Outbound-Fälle**
Dennoch sind für Funktionsverlagerungen aus Deutschland auf ausländische Betriebsstätten seit 01.01.2013 auch mögliche Geschäfts- oder Firmenwerte sowie etwaige Steuervorteile im Betriebsstättenstaat zu versteuern (Outbound-Fall).[55]

---

[53]BMF, Schreiben v. 23.02.1983 IV C 5 – S 1341 – 4/83, BStBl I S. 218, Tz. 3.2.3.
[54]Bundesrat-Drucksache 302/12, 100 vom 25.05.2012: Begründung zum Entwurf eines Jahressteuergesetzes 2013.
[55]Siehe Kap. 6 zur Darstellung der Berechnung des Transferpakets sowie möglicher Ausnahmeregelungen.

Zunächst ist aber zwischen der Überführung von Wirtschaftsgütern und dem Transferpaketansatz zu differenzieren: § 4 Abs. 1 S. 3 EStG bzw. § 12 Abs. 1 KStG stellen auf einzelne Wirtschaftsgüter ab, womit nur bei deren Überführung eine Besteuerung im Rahmen der Einzelbewertung erfolgen kann. Werden bei einer Funktionsverlagerung hingegen ein Betrieb oder Teilbetrieb auf eine ausländische Betriebsstätte verlegt, ist nach § 16 Abs. 3a EStG eine Betriebsaufgabe anzunehmen und der Geschäfts- oder Firmenwert anzusetzen. Die dabei festgesetzte Steuer kann mithilfe von § 36 Abs. 5 EStG auf fünf gleiche Jahresraten verteilt werden (vgl. Abschn. 11.6.2).

Im nächsten Schritt stellt sich die Frage, ob aufgrund von § 1 Abs. 1 S. 4 AStG eine Ergänzung der Ansätze gemäß EStG zu erfolgen hat oder ob infolge des § 4 Abs. 1 S. 3 i. V. m. § 6 Abs. 1 Nr. 4 S. 1 letzter Halbs. EStG bereits eine Bewertung mit dem Fremdvergleichsgrundsatz erfolgt ist und somit eine ergänzende Anwendung von § 1 AStG ausscheidet (Sperrwirkung). Keine Sperrwirkung läge vor, soweit tatsächlich Funktionen übergehen. Anders wäre dies bei einer Übertragung von nur einzelnen Wirtschaftsgütern, weil insoweit bereits eine Bewertung mit dem gemeinen Wert erfolgt ist, sodass eine weitergehende Bewertung nach § 1 AStG weder geboten noch rechtlich möglich ist.

Demnach sind zunächst einzelne im Rahmen einer Funktionsverlagerung übergehende Wirtschaftsgüter zu identifizieren und nach EStG zu bewerten. Eine weitergehende Bewertung ist nach § 1 AStG nach Maßgabe des Transferpakets vorzunehmen.

**Inbound-Fälle**
In Deutschland ist gemäß der Verwaltungsgrundsätze Funktionsverlagerung zudem das Konzept der Funktionsverlagerung ins Inland (Inbound-Fall) vorgesehen.[56] Insoweit läge bei Erfüllung der deutschen Tatbestandsmerkmale eine Funktionsverlagerung vor.

Folglich soll die Transferpaketbewertung auch für Funktionsverlagerungen aus dem Ausland auf eine inländische Betriebsstätte beachtet werden. Das AStG selbst enthält allerdings keine sicher erkennbare Bestimmung, dass die Regelungen zur Funktionsverlagerung auch für den Inbound-Fall gelten sollen.[57] Vielmehr wären die Funktionsverlagerungsvorschriften i. V. m. § 1 Abs. 1 S. 1 AStG auf Geschäftsbeziehungen zum Ausland (Outbound-Fall) beschränkt.

Gemäß Tz. 1.4.3 des Anwendungsschreibens zum Außensteuergesetz[58] fallen unter § 1 AStG alle grenzüberschreitenden Geschäftsbeziehungen i. S. d. § 1 Abs. 4 AStG. Zudem macht es keinen Unterschied, ob der Steuerpflichtige und die Personen, zu denen diese Geschäftsbeziehungen bestehen, unbeschränkt oder beschränkt steuerpflichtig sind. Gemäß BMF liegen „Geschäftsbeziehungen zum Ausland" auch vor bei Geschäften zwischen

---

[56]BMF, Schreiben v. 13.10.2010 – IV B 5 – S 1341/08/10003 – 2010/0598886 BStBl 2010 I S. 774.
[57]Vögele, et al., 2015, Kapitel R, Rn 229.
[58]Schreiben betreffend Grundsätze zur Anwendung des Außensteuergesetzes vom 14.05.2004 (BStBl. I Sondernummer 1 S. 3).

- der inländischen Betriebsstätte eines unbeschränkt Steuerpflichtigen und der ausländischen Betriebsstätte eines ihm nahe stehenden anderen unbeschränkt Steuerpflichtigen;
- der inländischen Betriebsstätte eines unbeschränkt Steuerpflichtigen und der ausländischen Betriebsstätte einer Zwischengesellschaft, an der der unbeschränkt Steuerpflichtige beteiligt ist;
- der inländischen Betriebsstätte eines beschränkt Steuerpflichtigen und der ausländischen Betriebsstätte eines ihm nahe stehenden anderen beschränkt Steuerpflichtigen;
- inländischen und ausländischen, ganz oder teilweise beteiligungsidentischen Personengesellschaften, Gemeinschaften und ähnlichen Gebilden.

Insoweit kann die spiegelbildliche Behandlung der Funktionsverlagerung in Inbound-Fällen nur auf die eindeutige Gesetzesbegründung[59] sowie die nicht justiziablen Verwaltungsgrundsätze Funktionsverlagerung gestützt werden. Vor dem Hintergrund, dass gemäß § 1 Einkünfteverlagerungen ins steuerliche Ausland verhindern soll[60], wären die Vorschriften zu Funktionsverlagerungen bei Inbound-Fällen aber zumindest dann zu berücksichtigen, wenn ein mit einer Einkünfteminderung im Inland korrespondierender Vorteil außerhalb des Zugriffsbereiches des deutschen Fiskus anfällt.

Es gilt jedoch ebenso wie bei Funktionsverlagerungen auf rechtlich selbstständige inländische Unternehmen, dass § 1 AStG ausschließlich eine Einkommenserhöhungsnorm darstellt.[61] Hieraus ergeben sich für Bewertungsfragen in Betriebsstättenfällen folgende Besonderheiten:

Hierbei entsteht die Notwendigkeit zur Abgrenzung gegenüber den Überführungsfällen in das Inland nach § 4 Abs. 1 S. 8 letzter HS EStG, wonach eine Einlage vorliegt, und die Frage der Rechtsgrundlage. Wie in Outbound-Fällen § 4 Abs. 1 S. 3 EStG stellt auch § 4 Abs. 1 S. 8 letzter HS EStG auf die Überführung einzelner Wirtschaftsgüter ab. Folglich können auch nur diese als eingelegt betrachtet werden. Darüber hinausgehende Werte, die keine Eigenschaft als Wirtschaftsgut besitzen und auch nicht als Firmenwert qualifiziert werden können, fallen mangels Einlagefähigkeit also nicht unter den Anwendungsbereich des § 4 Abs. 1 S. 8 letzter HS EStG. Für solche Werte sieht § 1 Abs. 1 S. 4 AStG einen weitergehenden Ansatz vor. Dies gilt jedoch nicht für die Verlagerung von Funktionen aus einer ausländischen Betriebsstätte in das Inland. Vielmehr ist gemäß § 1 Abs. 1 S. 1 AStG eine Minderung inländischer Einkünfte durch eine Geschäftsbeziehung vorausgesetzt. Vorliegend würde es allerdings an einer Minderung der inländischen Einkünfte fehlen, sodass § 1 Abs. 1 S. 1 AStG nicht anwendbar ist.

Sollte das Ausland eine Besteuerungsnorm ähnlich der deutschen Transferpaketbewertung anwenden, die über die Einlagefähigkeit von Wirtschaftsgütern gemäß § 4 Abs. 1 S. 8 EStG hinausginge, würde hieraus eine Doppelbesteuerung resultieren.[62] Die

---

[59] Bundestag-Drucksache Begründung zu § 1 AStG, 16/4841, S. 84.
[60] Kraft, 2009 § 1 AStG, Rn. 72.
[61] Vgl. Flick, et al., 2015, Rn 12; vgl. Kaminski, 2015, Rn 11.
[62] Vgl. Kaminski, Funktionsverlagerungen auf Betriebsstätten nach dem Amtshilferichtlinie-Umsetzungsgesetz, Das Steuerrecht der Unternehmen 2013, S. 301–316.

steuerliche Behandlung in Deutschland bei einer im Ausland ausgelösten Funktionsverlagerung ist mangels Rechtsgrundlage jedoch nicht von der steuerlichen Behandlung in diesem Ausland abhängig.[63]

Unklarheiten bestehen ebenfalls hinsichtlich der Anwendung des Ausgleichspostens gemäß § 4g EStG bei Anwendung der Transferpaketbewertung. Zwar gilt gemäß § 1 Abs. 5 AStG:

> Die Möglichkeit, einen Ausgleichsposten nach § 4g des Einkommensteuergesetzes zu bilden, wird nicht eingeschränkt.

Dies bedeutet jedoch, sofern die Korrekturen aufgrund der Transferpaketbewertung über die Entstrickungsregelungen des EStG/KStG hinausgehen, die Bildung des Ausgleichspostens für die darüber hinausgehenden Werte nicht möglich sein würde. Dies erscheint europarechtlich nicht sachgerecht.[64] Ebenfalls kritisch zu beurteilen ist die Anwendung der FVerlV auch auf Betriebsstätten. Im Rahmen der OECD ist Kap. 9 der OECD-Richtlinien ausdrücklich nicht auf Betriebsstätten anzuwenden, hier gelten die Regelungen gemäß Art. 7 OECD-MA.[65]

### 11.8.3.3 Keine Funktionsverlagerung unter Berücksichtigung der BEPS-Maßnahme Nr. 7

Wie in Abschn. 11.7 ff. beschrieben wird, ist § 1 Abs. 3 S. 9 AStG vollumfänglich erst ab 01.01.2013 auch auf Funktionsverlagerungen bezüglich inländischer und ausländischer Betriebsstätten anwendbar. Unabhängig von der Frage, ob diese spezielle Norm Anwendung findet, können auch Funktionen verlagert werden, die keine Betriebsstätte begründen und somit, da das deutsche Besteuerungsrecht weder eingeschränkt noch begründet wird, keinen Funktionsverlagerungstatbestand begründen. Über die Nutzung des Konstrukts der Betriebsstätte besteht dementsprechend die Möglichkeit, Funktionen ins Ausland oder Inland zu verlagern, aber aufgrund der Nichteinschränkung/Nichtbegründung des deutschen Besteuerungsrechts, Besteuerungsfolgen zu vermeiden. Dies betrifft insbesondere die Fälle des in Abschn. 11.4 dargestellten Negativkatalogs, die für sich genommen dem Grunde nach keine Betriebsstätte begründen. Aufgrund der BEPS-Maßnahme Nr. 7 ist dies jedoch nur noch für Hilfstätigkeiten oder vorbereitende Tätigkeiten möglich, für die grundsätzlich auch die Ausnahmeregelung analog zur Verlagerung von Funktionen auf rechtlich selbstständige Routineunternehmen anwendbar sein sollte, sofern sie nur für das Stammhaus ausgeübt werden (§ 2 Abs. 2 S. 1 FVerlV, vgl. Abschn. 4.2.4.1 „Verlagerung einer Funktion auf ein sog. Routineunternehmen"), wenn sie auf eine ausländische/inländische Gesellschaft übertragen worden wären. Eine

---

[63]Vögele, et al., 2015, Kapitel R, Rn 229.

[64]Vgl. Kaminski, Funktionsverlagerungen auf Betriebsstätten nach dem Amtshilferichtlinie-Umsetzungsgesetz, Das Steuerrecht der Unternehmen 2013, S. 301–316.

[65]Vögele, et al., 2015, Kapitel B, Rn 177.

Voraussetzung für den Ausschluss einer Betriebsstätte ist jeweils, dass mit dem ausländischen Staat ein DBA abgeschlossen wurde, das eine dem Art. 5 Abs. 4 OECD-MA entsprechende Regelung aufweist und die übertragende Tätigkeit nicht bereits einer anderen Betriebsstätte des Steuerpflichtigen in dem Tätigkeitsstaat zuzurechnen ist.

Die vorgeschlagenen Änderungen gemäß der BEPS-Maßnahme Nr. 7 schränken die im Folgenden beschriebenen Möglichkeiten jedoch zum Teil stark ein.[66]

- **Verlagerung der Beschaffungsfunktion**
  Art. 5 Abs. 4 OECD-MA sieht bisher vor, dass eine feste Geschäftseinrichtung, die ausschließlich zu dem Zweck unterhalten wird, für das Stammhaus Güter oder Waren einzukaufen, keine Betriebsstätte begründet. Wenn der ausschließliche Geschäftszweck darin besteht, für das Stammhaus Waren einzukaufen, sollte dementsprechend keine Betriebsstätte in dem anderen Vertragsstaat begründet werden. Sofern durch die Überführung dieser Funktion keine Betriebsstätte begründet wird und sie nicht aus anderen Gründen einer Betriebsstätte zugerechnet werden muss (beispielsweise weil die Funktion durch eine bereits bestehende Betriebsstätte erbracht wird), ergeben sich dementsprechend keine ertragssteuerlichen Besteuerungsfolgen durch die Überführung der Funktion. Hierbei ist jedoch auch auf die BEPS-Maßnahme Nr. 7 hinzuweisen, wonach eine Betriebsstätte nur dann nicht begründet wird, wenn es sich nicht um eine Kerntätigkeit des Unternehmens handelt.
- **Lagerhaltung**
  Sofern mit dem Tätigkeitsstaat ein DBA abgeschlossen worden ist, dass eine dem Art. 5 Abs. 4 OECD-MA entsprechende Negativabgrenzung enthält, ist es möglich, Warenbestände im Ausland zu lagern, ohne eine Betriebsstätte zu begründen. Dies gilt aktuell auch dann, wenn die Lagerhaltung an sich keine Hilfstätigkeit des Unternehmens, sondern beispielsweise bei Onlinehändlern eine Kernfunktion des Unternehmens darstellt. Dies wird durch die Umsetzung der BEPS-Maßnahme Nr. 7 allerdings geändert werden, da der Negativkatalog dann wie bei den anderen Ausnahmetatbeständen nur noch gilt, wenn es sich bei der Lagerung um eine Hilfstätigkeit handelt. Wenn die Funktion im Folgenden keiner ausländischen Betriebsstätte zuzuordnen ist, finden die Regelungen zur Funktionsverlagerung keine Anwendung.
- **Aufteilung von Funktionen in örtlich getrennte Geschäftseinrichtungen**
  Aktuell ist es grundsätzlich möglich, Funktionen in örtlich getrennte Geschäftseinrichtungen in einem Staat anzusiedeln, um für die jeweilige Funktion den Negativkatalog in Anspruch nehmen zu können und keine Betriebsstätte im Tätigkeitsstaat zu begründen. Eine Zusammenfassung mehrerer örtlich voneinander getrennter Betriebsstätten ist auch gemäß der OECD nicht ohne Weiteres möglich.[67] Jedoch ist hierbei zu beachten, dass gemäß der BEPS-Maßnahme Nr. 7 der Negativkatalog nicht greift,

---

[66] Vgl. Wassermeyer, et al., 2006, Kap. 4.
[67] Vgl. Wassermeyer, et al., 2006, Kap. 4; vgl. Wassermeyer, 2015, Artikel 5, Rn 26.

wenn die Aktivitäten des Unternehmens oder der verbundenen Unternehmen in dem jeweiligen Staat zusammengenommen keine Hilfs- oder vorbereitenden Tätigkeiten darstellen, vorausgesetzt, dass die betreffenden Tätigkeiten Teil einer zusammenhängenden Geschäftstätigkeit sind. Nichtsdestotrotz begründen aber einzelne Tätigkeiten, die dem Negativkatalog entsprechen, ausschließlich Hilfs- oder vorbereitende Tätigkeiten darstellen und nicht im Verbund mit anderen Tätigkeiten des Konzerns in dem Tätigkeitsstaat durchgeführt werden, weiterhin keine Betriebsstätte.

- **Verlagerung der Vertriebsfunktion**
Die reine Informationsgewinnung im Rahmen eines Repräsentationsbüros begründet keine Betriebsstätte im Tätigkeitsstaat. Weitergehende Servicetätigkeiten und Vertriebsunterstützungen würden eine Betriebsstätte begründen, sofern es sich um keine Hilfstätigkeiten handelt. Sollte zusätzlich eine weitergehende Vertriebsfunktion in dem Tätigkeitsstaat erwünscht sein, wäre es aktuell noch möglich, einen Kommissionär statt einer Vertriebsgesellschaft in dem Tätigkeitsstaat zu installieren, um den mit den Lager-/Absatzrisiken in Zusammenhang stehenden Teil der Vergütung der Vertriebsgesellschaft abzuschöpfen. Hierbei muss aber darauf hingewiesen werden, dass dies ebenfalls im Rahmen der BEPS-Maßnahme Nr. 7 geändert werden soll (Kommissionär wird häufig eine Vertreterbetriebsstätte des Prinzipals im Tätigkeitsstaat begründen, der ggf. ebenfalls Besteuerungssubstrat zugeordnet werden muss) und es insofern ratsam erscheint, eine Vertriebsgesellschaft oder eine Vertriebsbetriebsstätte in dem jeweiligen Staat zu begründen.

Zusammenfassend bestehen gegenwärtig Möglichkeiten, Funktionen in Tätigkeitsstaaten zu übertragen, ohne dass dies Betriebsstätten begründet und somit auch keine Funktionsverlagerung dem Grunde nach vorliegt. Diese Möglichkeiten werden jedoch durch die beabsichtigten Änderungen der jeweiligen DBAs durch das multilaterale Agreement zukünftig stark eingeschränkt werden und auch in Teilen durch nationale Rechtsprechung (s. Fälle Roche und Dell in Spanien) abgelehnt.

Im Fall der Begründung einer Betriebsstätte stellt sich die Frage, inwieweit die Tatbestände steuerliche Folgen in Gestalt einer Besteuerung mit sich bringen. Dabei ist zu beachten, dass die Betriebsstätte ein zivilrechtlich unselbstständiger und organisatorischer Teil des Gesamtunternehmens ist. Der Gewinn des Gesamtunternehmens müsste insoweit zwischen dem Stammhaus und seiner Betriebsstätte aufgeteilt werden.[68]

---

[68]Gemäß § 1 Abs. 5 S. 1 AStG ist der Gewinn aber nur im Falle eines inländischen Stammhauses mit ausländischer Betriebsstätte aufzuteilen. Im Falle eines ausländischen Stammhauses mit inländischer Betriebsstätte findet keine Gewinnaufteilung, sondern eine Ermittlung der Einkünfte der inländischen Betriebsstätte statt.

## Literatur

Brödel, et al., 2014. *Gemäß Protokoll zum 129. Bochumer Steuerseminar für Praktiker und Doktoranden vom 07.11.2014.* [Online] Letzter Abruf: http://www.kompetenzzentrum-steuerrecht.de/v1/cms/upload/Protokolle_Bochumer_Steuerseminar/129.Bochumer_Steuerseminar_7.11.2014.pdf [Zugriff am 20 05 2016].

Busch, 2014. Die finale Fassung der Betriebsstättengewinnaufteilungsverordnung. *Der Betrieb,* 31 S. 2490–2497.

Ehmcke, 2015. § 6 EStG. In: Blümich, Hrsg. *EStG Kommentar.* München: Vahlen.

Fernández, 2013. The Concept of Permanent Establishment in the Courts: Operating Structures. *IBFD Bulletin for International Taxation.*

Flick, Wassermeyer & Baumhoff, 2015. § 1 AStG. In: Wassermeyer, Baumhoff & Greinert, Hrsg. *AStG Kommentar.* München: C. H. Beck.

Förster, 2007. Anrechnung der Gewerbesteuer auf die Einkommensteuer nach der Unternehmenssteuerreform. *DB,* S. 760.

Franke & Kahle, 2009. Überführung von Wirtschaftsgütern in ausländische Betriebsstätten. *IStR.*

Heller, 2014. *Stuttgarter-Zeitung.* [Online] Letzter Abruf: http://www.stuttgarter-zeitung.de/inhalt.bosch-und-italiens-fiskus-bosch-zahlt-steuern-doppelt-und-erhaelt-nichts-zurueck.20501d3d-875e-489b-84a2-2959acfc60cf.html [Zugriff am 07 12 2015].

Hemmelrath, 2014. Doppelbesteuerungsabkommen. In: Vogel & Lehner, Hrsg. *Doppelbesteuerungsabkommen.* München: C. H. Beck.

Kaminski, 2015. § 1 AStG. In: Strunk, Kaminski & Köhler, Hrsg. *AStG Kommentar.* München: C. H. Beck.

Kraft, 2009. *Außensteuergesetz.* 1. Aufl. München: C. H. Beck.

OECD, 2015. *OECD/ G20 Projekt Gewinnverkürzung und Gewinnverlagerung.* [Online] Letzter Abruf: https://www.oecd.org/ctp/beps-erlauterung-2015.pdf [Zugriff am 20 05 2016].

Rasch, 2011. Entwicklung bei der Betriebsstättenverordnung – Renaissance des Kommissionärsmodelles. *IStR,* S. 6–13.

Reuters, 2015. *Zeit.* [Online] Letzter Abruf: http://www.zeit.de/wirtschaft/unternehmen/2015-05/amazon-deutschland-steuer [Zugriff am 08 12 2015].

Schumacher & Rödder, 2006. Das kommende SEStEG: Das geplante neue Umwandlungssteuergesetz – Der Regierungsentwurf eines Gesetzes über steuerliche Begleichmaßnahmen zur Einführung der Europäischen Gesellschaft und zur Änderung weiterer steuerrechtlicher Vorschriften. *DStR,* S. 1481–1525.

Vögele, Borstell & Wehnert, 2015. *Verrechnungspreise.* München: C. H. Beck.

Wassermeyer, 2008. Entstrickung versus Veräußerung und Nutzungsüberlassung steuerrechtlich gesehen. *IStR,* S. 176.

Wassermeyer, 2015. *DBA - OECD_MUSTERABK Art. 5 MA Betriebstätte.* s. l.: Wassermeyer.

Wassermeyer, Andresen & Ditz, 2006. *Betriebsstättenhandbuch.* Köln: Otto Schmidt.

Wied, 2015. § 4 EStG Rn. 487. In: Blümich, Hrsg. *EStG Kommentar.* München: C. H. Beck.

## Über die Autoren

**Julia Gehri** ist Director bei Deloitte und leitet das Verrechnungspreisteam in Stuttgart. Sie berät Mandanten vor allem im Bereich der Geschäftsmodelloptimierung, bei der Entwicklung und Implementierung von neuen Verrechnungspreissystemen, der Verrechnungspreisdokumentation sowie der Verteidigung von Verrechnungspreissachverhalten. Des Weiteren hat sie sich auf die internationale Gewinnabgrenzung bei Betriebsstätten spezialisiert. Sie studierte Betriebswirtschaftslehre an der Berufsakademie Ravensburg, hat einen Master of Business Administration an der Universidad de Cantabria in Spanien absolviert und ist Steuerberaterin.

Sie veröffentlicht regelmäßig Fachartikel zu aktuellen Verrechnungspreisthemen, hat federführend mitgewirkt am Handbuch „Betriebsstättenbesteuerung: Inboundinvestitionen, Outboundinvestitionen, Steuergestaltungen, Branchenbesonderheiten" und ist Co-Autorin des Handbuchs „Geistiges Eigentum im Steuerrecht: Nationales und Internationales Steuerrecht der immateriellen Wirtschaftsgüter". Ferner lehrt sie internationales Steuerrecht am International Graduate Center der Hochschule Bremen.

**Claas Buurman** ist Senior Manager in der Service Line Verrechnungspreise von Deloitte am Standort Berlin. Seit Beginn seiner Tätigkeit bei Deloitte berät er multinationale Unternehmen in Fragen des internationalen Steuerrechts. Seit 2009 ist er bei der Deloitte GmbH im Verrechnungspreisteam.

Er ist Steuerberater und Diplom Volkswirt und hat Volkswirtschaftslehre an der Georg-August-Universität Göttingen studiert.

**Jochen Breunig** ist seit 2014 im Verrechnungspreisteam bei Deloitte in Mannheim tätig. Seine Schwerpunkte liegen u. a. in folgenden Bereichen: Amtsermittlungsgrundsatz, Mitwirkungspflicht, Einkünfteberichtigung, Funktionsverlagerung, Betriebsstättenbesteuerung und Betriebsprüfung. Er absolvierte seine Ausbildung, sein Studium im Steuer- und Wirtschaftsrecht und seine ersten Berufsjahre bei der deutschen Finanzverwaltung. Anschließend war er 5 Jahre in einer mittelständischen Kanzlei im Bereich des Steuerrechts sowie der Rechtsberatung und weitere 2 Jahre in einer Wirtschaftsprüfungsgesellschaft tätig. Schwerpunkte waren hierbei neben der Erstellung von Jahresabschlüssen und Steuererklärungen insbesondere die Betreuung doppelstöckiger Personengesellschaften, die Begleitung von Betriebsprüfungen und Einspruchsverfahren sowie Verfahren vor den Finanzgerichten.

# 12 Bewertungen im Rahmen von Umstrukturierungen insbesondere für handelsbilanzielle Zwecke

Steffen Säuberlich und Ulrike Scharnowski

**Leitfragen dieses Kapitels**

- Was kennzeichnet von Wirtschaftsprüfern erstellte Bewertungsgutachten?
- Was sind die Merkmale eines S1-Gutachtens?
- Was ist unter einer Kaufpreisallokation zu verstehen?
- Welche Grundsätze und Standards liegen den verschiedenen Bewertungen zugrunde?
- Welche Wertkonzeption und Bewertungsperspektive sind jeweils maßgeblich?
- Inwieweit können die ermittelten Werte im Rahmen von Funktionsverlagerungen Berücksichtigung finden?

## 12.1 Einleitung

Im Rahmen von Umstrukturierungs- oder Transaktionsprozessen sind aus steuerlichen Gründen regelmäßig Bewertungen vorzunehmen, beispielsweise zur Bestimmung des gemeinen Wertes von Anteilen oder des fremdüblichen Wertes von Transferpaketen bei Funktionsverlagerungen.

Daneben gibt es zahlreiche nichtsteuerliche Anlässe, aufgrund derer zeitgleich oder zeitversetzt Bewertungen von Unternehmen, Unternehmensteilen oder einzelnen Vermögensgegenständen zu erstellen sind:

---

S. Säuberlich (✉)
Berlin, Deutschland
E-Mail: ssaeuberlich@deloitte.de

U. Scharnowski
Berlin, Deutschland
E-Mail: uscharnowski@deloitte.de

© Springer Fachmedien Wiesbaden GmbH 2017
B. Heidecke et al. (Hrsg.), *Funktionsverlagerung und Verrechnungspreise*,
DOI 10.1007/978-3-658-09026-5_12

- Neben betriebswirtschaftlich motivierten Bewertungsanlässen, wie z. B. Kauf oder Verkauf von Unternehmen oder Unternehmensteilen, Börsengang oder sonstige Kapitalmaßnahmen, können gesetzliche Vorschriften oder vertragliche Grundlagen, wie der Abschluss aktienrechtlicher Unternehmensverträge oder Squeeze Outs, der Grund für das Erstellen von Bewertungen sein.
- Des Weiteren ist z. B. im Umwandlungsgesetz geregelt, dass die Ermittlung von Barabfindungen sowie von Umtauschverhältnissen im Zusammenhang mit der Prüfung des Verschmelzungs- bzw. Spaltungsberichts vorzunehmen ist. Auch Eintritt und Austritt von Gesellschaftern aus einer Personen- oder Kapitalgesellschaft können Bewertungsanlässe sein.
- Im Rahmen der externen Rechnungslegung sind Bewertungen regelmäßig aus Anlass der Bestimmung des Wertes eines einzelnen Vermögenswertes, einer Beteiligung, einer Kaufpreisallokation oder eines Impairment-Tests vorzunehmen.

Folglich liegen zum Zeitpunkt des steuerlichen Bewertungsanlasses andere Bewertungsgutachten bereits vor oder werden zeitnah erstellt. Entsprechend sollten im Rahmen der Bewertung für steuerliche Zwecke die vorliegenden bzw. zu erstellenden Bewertungsgutachten sachkundig gewürdigt und ggf. bei der Bewertung für steuerliche Zwecke berücksichtigt werden.

Im Folgenden werden Bewertungen, die aus einem der oben genannten Anlässe erstellt werden, behandelt. Es wird insbesondere erläutert, worauf die einzelnen Gutachten fokussieren. Dieses Verständnis ist notwendig, damit die Nutzung solcher Bewertungsergebnisse im Rahmen steuerlicher Wertfindungen sachgerecht erfolgen kann. Es wird zunächst auf die Vorschriften eingegangen, denen der jeweilige Bewerter je nach Bewertungsanlass zu folgen hat bzw. welche Bewertungsregeln bekannt sein sollten. Weiterhin werden die Besonderheiten von Unternehmensbewertungen gemäß gängiger IDW-Standards und Bewertungen aus Anlass einer Kaufpreisallokation herausgearbeitet, wobei besonderes Augenmerk auf die Gemeinsamkeiten und Unterschiede zwischen den bilanziellen Wertkonzeptionen und steuerlichen Bewertungsmaßstäben gelegt wird.

## 12.2 Wesentliche IDW-Standards und Rechnungslegungsvorschriften

Das Institut der Wirtschaftsprüfer in Deutschland e. V. (IDW) wahrt die Interessen seiner Mitglieder und unterstützt deren Berufsausübung durch fachlichen Rat und berufsständische Standards. Es hat sich u. a. zur Aufgabe gemacht, das gemeinsame Vorgehen des Berufsstands der Wirtschaftsprüfer zu fachlichen Fragen in den Bereichen der Prüfung und Rechnungslegung sowie der Unternehmensbewertung und anderer betriebswirtschaftlicher Aspekte zu fördern. Das IDW verabschiedet fachliche Verlautbarungen, insbesondere IDW-Prüfungsstandards, IDW-Stellungnahmen zur Rechnungslegung und IDW-Standards.

Die maßgeblichen Regelungen für die Erstellung von Bewertungsgutachten enthält der Standard **IDW S1** „Grundsätze zur Durchführung von Unternehmensbewertungen" (kurz: S 1). Daneben ist bei den oben aufgeführten Bewertungsanlässen ggf. der **IDW RS HFA 10** „Anwendung des IDW S1 bei der Bewertung von Beteiligungen und sonstigen Unternehmensanteilen für die Zwecke des handelsrechtlichen Jahresabschlusses" zu beachten. Bei Bewertungen von immateriellen Vermögensgegenständen, die im Zuge oder als Folge von Akquisitionen vorgenommen werden, ist i. d. R. der vom IDW veröffentlichte Bewertungsstandard **IDW S5** „Grundsätze zur Bewertung immaterieller Vermögenswerte" (kurz: S 5) einschlägig. Vom IDW wurde im Jahr 2006 der erste Entwurf dieses Bewertungsstandards vorgelegt, der sich mit den Besonderheiten der Bewertung einzelner immaterieller Vermögenswerte befasst. Neben allgemeinen Grundsätzen zur Bewertung immaterieller Vermögenswerte konzentrierte sich der IDW S 5 (Stand 12.07.2007) insbesondere auf die Problematik der Markenbewertung. Die überarbeitete Fassung des IDW S 5 (Stand 25.05.2010) wurde um das Kapitel „Besonderheiten bei der Bewertung von kundenorientierten immateriellen Werten" ergänzt. Ein Quartal später wurde eine nächste Ergänzung des Bewertungsleitfadens für den Praktiker veröffentlicht, nämlich der „Entwurf einer Fortsetzung von IDW S 5: Grundsätze zur Bewertung immaterieller Werte: Besonderheiten bei der Bewertung von Technologien (Stand: 17.08.2010)". Der Standard ist nunmehr in der Fassung vom 25.05.2011 gültig.

Bewertungen, die der bilanziellen Abbildung von Akquisitionssachverhalten gemäß International Financial Reporting Standard (IFRS) dienen, basieren auf den Standards **IFRS 3** „Unternehmenszusammenschlüsse", **IAS 36** „Wertminderung von Vermögenswerten", International Accounts Standards (**IAS 38**) „Immaterielle Vermögenswerte" sowie der **IFRS 13** „Bemessung des beizulegenden Zeitwerts". Ergänzt werden die genannten Rechnungslegungsvorschriften durch die IDW-Stellungnahmen **IDW HFA 40** „Einzelfragen zu Wertminderungen von Vermögenswerten nach IAS 36" und **IDW RS HFA 47** „Einzelfragen zur Ermittlung des Fair Value nach IFRS 13" (Stand 06.12.2013). Im deutschen Handelsgesetzbuch (**HGB**) ist der Sachverhalt „Kaufpreisallokation" in § 300 ff. HGB geregelt. Der Deutsche Rechnungslegungs Standard Nr. 4 „Unternehmenserwerbe im Konzernabschluss (**DRS 4**)" ist ebenfalls zu beachten. Die hierzu wesentlichen einschlägigen Rechnungslegungsstandards Accounting Standards Codification (ASC) für US-GAAP, die vom Financial Accounting Standards Bord (FASB) veröffentlicht wurden, sind der ASC 805 „Business Combinations" sowie ASC 820 „Fair Value Measurement".

Der Beurteilung der finanziellen Angemessenheit von Transaktionspreisen im Rahmen von Akquisitionen dienen Fairness Opinions gemäß **IDW S 8** „Grundsätze für die Erstellung von Fairness Opinions" (Stand vom 17.01.2011).

Im Rahmen dieses Kapitels erfolgt eine Fokussierung auf die wichtigsten Bewertungsprinzipien gemäß IDW S1 und IFRS 3.

### 12.2.1 IDW-S1- Gutachten

**Bewertungsanlass und -gegenstand**
Der IDW S1 fixiert Bewertungsgrundsätze, die für Wirtschaftsprüfer bei der Bewertung von Unternehmen maßgeblich sind. Es handelt sich dabei um verbindliche Regelungen,

die unter Berücksichtigung aktueller theoretischer Kenntnisse, praktischer Erfahrungen und laufender Rechtsprechung entwickelt wurden. Derzeit ist der Standard in der Fassung 2008 – Stand 2. April 2008 – gültig.

Der Standard definiert den Wert eines Unternehmens bzw. die Ermittlung dieses Wertes wie folgt: Unter der Voraussetzung ausschließlich finanzieller Ziele bestimmt sich der Wert eines Unternehmens durch den Barwert der mit dem Eigentum an dem Unternehmen verbundenen Nettozuflüsse an die Unternehmenseigner (Nettoeinnahmen als Saldo von Ausschüttungen bzw. Entnahmen, Kapitalrückzahlungen und Einlagen, vgl. IDW S1, 2008, Tz. 4.). Das bedeutet, dass der Unternehmenswert grundsätzlich als Zukunftserfolgswert zu ermitteln ist und die Bewertung i. d. R. auf der Fiktion der **unbegrenzten Lebensdauer** des zu bewertenden Unternehmens zu beruhen hat.

**Bewertungsgrundsätze**

Neben der Anwendung anerkannter Bewertungsmethoden zeichnen sich S1-Gutachten durch die Berücksichtigung von strengen Bewertungsgrundsätzen[1] aus, welche Eckpfeiler von verlässlichen Bewertungen darstellen. Diese lauten wie folgt:

1. Nachvollziehbarkeit der Bewertungsansätze
2. Anwendung des Stichtagsprinzips
3. Bewertung der wirtschaftlichen Unternehmenseinheit, Unbeachtlichkeit des (bilanziellen) Vorsichtsprinzips
4. Maßgeblichkeit des Bewertungszwecks

Die einzelnen Bewertungsgrundsätze werden im Folgenden erläutert.

Die **Bewertungsansätze**, denen der Wirtschaftsprüfer im Rahmen der Bewertung gefolgt ist, müssen klar und **nachvollziehbar** im Gutachten dargestellt werden. Die wesentlichen Annahmen sind in einer verständlichen Sprache, die Fehlinterpretationen nicht zulässt, darzulegen. Gleichwohl ist hauptsächlich in Abhängigkeit von Adressatenkreis und Komplexität der Bewertungsaufgabe eine Einschränkung der Berichtspflicht möglich. Dennoch muss für einen sachkundigen Dritten die Nachvollziehbarkeit der Bewertungsergebnisse zumindest anhand der Arbeitspapiere des Wirtschaftsprüfers möglich sein (IDW, 2014, Tz. 145).

Gemäß IDW S1 (2008), Tz. 22, sind Unternehmenswerte **zeitpunktbezogen** auf den Bewertungsstichtag zu ermitteln. Der Bewertungsstichtag ist in einer vertraglichen Vereinbarung festgelegt oder gesetzlich bestimmt. Grundsätzlich ist er adäquat zum Anlass und zum Zweck der Bewertung zu wählen (IDW, 2014, Tz. 51 f.).

Das Prinzip der **Bewertung der wirtschaftlichen Unternehmenseinheit** geht von der Prämisse aus, dass „Unternehmen […] zweckgerichtete Kombinationen von materiellen und immateriellen Werten, durch deren Zusammenwirken finanzielle Überschüsse

---

[1]IDW S1 (2008), Tz. 17 ff., vgl. auch Moxter, 1983.

erwirtschaftet werden sollen" (IDW S1, Tz. 18). Deshalb entspricht der Wert eines Unternehmens nicht der Summe der einzelnen Vermögensgegenstände abzüglich Schulden, sondern seiner Gesamtheit (IDW, 2014, Tz. 46 ff.).

Die Maßgabe des S1, dass das **(bilanzielle) Vorsichtsprinzip** bei Bewertungen außer Acht zu lassen ist, erklärt sich wie folgt: Grundsätzlich gilt im Rahmen der Rechnungslegung nach HGB § 252 Abs. 1 Nr. 4 bei der Bewertung von Vermögensgegenständen und Schulden das Vorsichtsprinzip. Ermessensspielräume aufgrund unvollständiger Informationen sind demnach dergestalt auszuüben, dass Vermögensgegenstände eher niedriger und Schulden eher höher zu bewerten sind (IDW, 2014, Tz. 140 ff.). Im Rahmen der Unternehmensbewertung nach IDW S1 ist hingegen darauf zu achten, dass bewertungsrelevante Prognosen realistisch sind und nicht grundsätzlich eine negative oder positive Tendenz aufweisen. Dabei ist ggf. bei der Ableitung künftiger finanzieller Überschüsse mit Eintrittswahrscheinlichkeiten und Erwartungswerten zu operieren (IDW, 2014, Tz. 143).

Im Hinblick auf das Prinzip der **Maßgeblichkeit des Bewertungszwecks** ist zunächst anzumerken, dass die Bewertungsstandards des IDW methodisch auf den Prinzipien der funktionalen Unternehmensbewertung basieren. Diese wiederum beruhen auf der Erkenntnis, dass der Unternehmenswert in Zusammenhang mit dem Zweck der Bewertung gesehen werden muss. Je nach Bewertungsanlass agiert der Wirtschaftsprüfer demnach als neutraler Gutachter, Berater oder Schiedsgutachter. Die vom Bewerter übernommene Funktion bestimmt die gewählte Vorgehensweise und deshalb das Ergebnis der Bewertung maßgeblich. Im Bewertungsstandard der Wirtschaftsprüfer wird ausgeführt, dass sich in Abhängigkeit vom zu ermittelnden Unternehmenswert (objektivierter Unternehmenswert, subjektiver Entscheidungswert, Einigungswert) i. d. R. unterschiedliche Annahmen über die Prognose und Diskontierung der künftigen finanziellen Überschüsse, Art und Umfang einzubeziehender Synergien sowie zu persönlichen Verhältnissen der Anteilseigner bzw. deren anlassbezogener Typisierung ergeben. Insofern sollte die Beschäftigung mit dieser Frage auch den Ausgangspunkt der Analyse des S1-Gutachtens darstellen. In Abhängigkeit vom Charakter des vorliegenden Gutachtens ist das Ergebnis zu interpretieren und zu analysieren, inwieweit Ergebnisse oder Teilergebnisse für steuerliche Zwecke nutzbar sind.

▶ **Funktionen des Wirtschaftsprüfers** Als **neutraler Gutachter** ermittelt der Bewerter einen sog. **objektivierten Wert,** d. h. er abstrahiert von den individuellen Wertvorstellungen der betroffenen Parteien und ermittelt den Unternehmenswert im Rahmen seiner Kompetenz als Sachverständiger auf Basis nachvollziehbarer Methodik.

Als **Berater** ermittelt der Wirtschaftsprüfer einen **subjektiven Entscheidungswert**. Anlässlich einer beabsichtigten Transaktion wird beispielsweise für Investoren oder Verkäufer eine Preisobergrenze bzw. Preisuntergrenze bestimmt, wobei individuelle Möglichkeiten und Zielvorstellungen des Auftraggebers ausdrücklich zu berücksichtigen sind.

Agiert der Wirtschaftsprüfer als **Schiedsgutachter/Vermittler**, hat er die Aufgabe, einen Einigungswert zu ermitteln. Die Wertermittlung erfolgt im Kontext einer Konfliktsituation, sodass der unabhängige Sachverständige unter Berücksichtigung der verschiedenen subjektiven Wertvorstellungen der Parteien einen Wert feststellt bzw. vorschlägt.

Der **objektivierte Unternehmenswert** (ermittelt in der Funktion des neutralen Gutachters) drückt den Wert des im Rahmen des vorhandenen Unternehmenskonzeptes fortgeführten Unternehmens bezogen auf eine Alternativinvestition, die sich an den Renditen von am Kapitalmarkt notierten Unternehmensanteilen orientiert, aus. Für den objektivierten Unternehmenswert gelten also die Status-quo- und die Stand-alone-Prämisse: Es ist ausschließlich die am Bewertungsstichtag vorhandene und übertragbare Ertragskraft maßgeblich, dementsprechend sind erwartete Auswirkungen geplanter Neuinvestitionen und Desinvestitionen nur so weit zu berücksichtigen, als hierfür am Bewertungsstichtag konkrete Schritte eingeleitet waren. Die Auswirkungen ggf. vorgesehener künftiger weiterer Strukturveränderungen, Interdependenzen zu anderen Entscheidungsfeldkomponenten und sonstige spezifische wertrelevante Umstände in der Sphäre des Anteilseigners, etwa dessen individuelle steuerliche Situation, bleiben außer Betracht. Gleiches gilt für Änderungen, die die Zukunftserfolge beispielsweise infolge einer Transaktion erfahren, aus deren Anlass die Unternehmensbewertung ggf. vorgenommen wurde.

Die bewertungsrelevanten Nettozuflüsse werden unter Berücksichtigung der unternehmensbezogenen inländischen und ggf. ausländischen Ertragsteuern ermittelt. Unter Bezug auf IDW S1 i. d. F. 2008, Tz. 30, wird häufig auf die explizite Einbeziehung persönlicher Steuern der Gesellschafter bei der Ermittlung der finanziellen Überschüsse und des Kapitalisierungszinssatzes verzichtet.

Als neutraler Gutachter ermittelt der Wirtschaftsprüfer demnach einen Unternehmenswert, wobei die Nutzung von Ermessensspielräumen weitgehend eingeschränkt ist.

Das Konzept des objektivierten Wertes korrespondiert mit dem steuerlichen Bewertungsmaßstab „**gemeiner Wert**" gemäß § 9 Abs. 2 BewG. Der gemeine Wert wird durch den Preis bestimmt, der im gewöhnlichen Geschäftsverkehr nach der Beschaffenheit des Wirtschaftsgutes erzielbar wäre unter Berücksichtigung aller Umstände mit Ausnahme von ungewöhnlichen oder persönlichen Verhältnissen.

---

**Exkurs**

Dieser sachliche Zusammenhang zwischen den beiden Wertkonzeptionen „objektiver Wert" und „gemeiner Wert" wird auch durch Folgendes deutlich: Im Jahr 2014 wurde in der Schriftenreihe „IDW Praxishinweis 1/2014" die Richtlinie für Wirtschaftsprüfer „Besonderheiten bei der Ermittlung eines objektivierten Unternehmenswerts kleiner und mittelgroßer Unternehmen" (Stand: 05.02.2014) veröffentlicht und am 13.03.2014 vom Präsidium der Bundessteuerberaterkammer mit gleichlautenden Hinweisen für den Berufsstand der Steuerberater als Praxisempfehlung erlassen.[2] Diesen Veröffentlichungen ist ein fachlicher Austausch zwischen den beiden Arbeitsgruppen des IDW und der Bundessteuerberaterkammer vorausgegangen. Im Hinblick auf die Ermittlung eines Anteilswerts wird im Text auf das Bewertungsgesetz verwiesen, dass

---

[2]Hinweise der Bundessteuerberaterkammer zu den Besonderheiten bei der Ermittlung eines objektivierten Unternehmenswerts kleiner und mittelgroßer Unternehmen, 2014.

„ggf. weitere Schritte zur Ableitung des gemeinen Werts eines Anteils" vorsehe (IDW Praxishinweis 1/2014, Tz. 57). Es folgt der Hinweis, dass Umstände, die auf den persönlichen Verhältnissen des Steuerpflichtigen oder eines Rechtsvorgängers beruhen, und eben nicht für alle Anteilseigner gelten, auch bei der Bestimmung des gemeinen Werts unberücksichtigt bleiben sollen.

**Bewertungsverfahren – Überblick**
Als zulässige Bewertungsverfahren stehen dem Bewerter gemäß S1 mit dem Ertragswertverfahren und dem Discounted-Cashflow-Verfahren (DCF-Verfahren) zwei gleichwertige Alternativen zur Ermittlung von Unternehmenswerten zur Verfügung. Während beim Ertragswertverfahren die bewertungsrelevanten Einnahmenüberschüsse der Anteilseigner aus den künftigen handelsrechtlichen Erfolgen abgeleitet werden, gewinnen Bewerter bei der Anwendung der DCF-Verfahren den Unternehmenswert durch Diskontierung von Cashflows. Bei den Cashflows handelt es sich um die erwarteten Zahlungen an die Kapitalgeber.

Konzeptionell beruhen das Ertragswert- und die DCF-Verfahren auf der gleichen Grundlage (Diskontierung von zukünftigen Nettozuflüssen an die Unternehmenseigner; Kapitalwertkalkül). Bei gleichen Bewertungsannahmen bzw. -vereinfachungen, insbesondere hinsichtlich der Finanzierung, führen beide Verfahren zu gleichen Bewertungsergebnissen.[3]

Bei den Discounted-Cashflow-Verfahren wird nach dem Konzept der gewogenen Kapitalkosten (WACC-Ansatz), dem Konzept des angepassten Barwerts (APV-Ansatz) – beides Entity-Ansätze – und dem Equity-Ansatz unterschieden.[4]

Nach den Entity-Ansätzen ermittelt der Bewerter den Marktwert des Eigenkapitals indirekt als Differenz aus dem Gesamtkapitalwert und dem Marktwert des Fremdkapitals, bei der direkten Ermittlung des Wertes des Eigenkapitals (Equity-Ansatz) wird der Marktwert des Eigenkapitals durch Abzinsung der um die Fremdkapitalkosten verminderten Cashflows mit den Eigenkapitalkosten berechnet. Ungeachtet der Rechentechnik führen bei konsistenten Annahmen auch diese beiden Verfahren zu übereinstimmenden Ergebnissen.

**Bewertungsverfahren – Details**
Die im S1 beschriebene Vorgehensweise im Hinblick auf vergangenheits-, stichtags- und zukunftsorientierte Unternehmensanalyse bei der Ermittlung eines objektivierten Wertes folgt auch im Einzelnen dem oben erwähnten Neutralitätsanspruch. Die Analyse der Vergangenheit des Bewertungsobjektes basiert idealerweise auf geprüften Jahresabschlüssen. Über die aktuelle Situation im Unternehmen geben die letzten verfügbaren Monats- oder Quartalsabschlüsse Auskunft. Diese Daten werden einer kritischen Analyse unterzogen und um einmalige, periodenfremde oder nicht operative Effekte bereinigt, um das nachhaltig

---

[3]Vgl. beispielsweise für eine ausführliche Darstellung Schulz, 2001.
[4]Weitere Ausführungen zum APV-Ansatz in Abgrenzung zum WACC-Ansatz finden sich z. B. Brealey, et al., 2013.

erzielbare Ergebnis des Bewertungsobjektes und damit einen Aufsatzpunkt für die Plausibilisierungshandlungen hinsichtlich der zur Bewertung heranzuziehenden Unternehmensplanung zu schaffen. Die Basis der Bewertung bildet die aktuelle Mittelfristplanung bestehend aus Plan-Gewinn- und Verlustrechnung, Bilanzplanung und Investitionsplanung. Hierbei werden üblicherweise Planungszeiträume von drei bis fünf Jahren berücksichtigt. Die Planungsrechnungen sind vom Bewerter hinsichtlich der zugrunde gelegten Prämissen intensiv zu analysieren, kritisch zu hinterfragen und auf innere Folgerichtigkeit und, soweit möglich, Realitätsgerechtigkeit hin zu untersuchen, sodass verlässliche und vollständige Plandaten der Bewertung zugrunde liegen. Soweit aufgrund der Vergleiche, der Beurteilung der Prämissen und einer Gesamtwürdigung der Plandaten Abschläge oder Zuschläge erforderlich erscheinen, hat der Bewerter diese in den Zukunftserfolgen zu berücksichtigen.

Die Planjahre gemäß Mittelfristplanung bilden die erste Prognosephase i. S. d. sog. Phasenmethode, deren differenzierte Zukunftserfolge grundsätzlich durch eine Detailplanung der Erfolgsdeterminanten unterlegt sind. In der zweiten Prognosephase werden die Zukunftserfolge als ewige Rente abgebildet und implizit nach Maßgabe des Wachstumsabschlags im Kapitalisierungszinssatz als geometrisch-progressive Reihe angenommen. Die Ermittlung der ewigen Rente basiert auf den Ergebnissen der ersten Prognosephase, insbesondere des letzten Planjahres, erhöht um die langfristige Wachstumsrate. Nicht außer Acht gelassen werden dürfen zyklische Schwankungen, die die Branche des Bewertungsobjektes prägen. Deshalb kann es notwendig sein, den Detailplanungszeitraum zu verlängern, um daraus ein sog. Normjahr ableiten zu können. Darunter ist ein Gleichgewichts- oder Beharrungszustand der Vermögens-, Finanz- und Ertragslage nach der Phase der detaillierten Planung zu verstehen (IDW S1, Tz. 79).

Eine für die Wertermittlung maßgebliche Prämisse stellt der vom Bewerter zur Diskontierung der Zahlungsströme herangezogene Zinssatz dar. Bei der Bestimmung eines objektivierten Unternehmenswertes repräsentiert der Kapitalisierungszinssatz die Rendite aus einer zur Investition in das zu bewertende Unternehmen adäquaten Alternativanlage und muss dem zu kapitalisierenden Zahlungsstrom hinsichtlich Fristigkeit, Risiko und Besteuerung äquivalent sein (IDW S1 2008, Tz. 114).

Als Ausgangspunkt für die Bestimmung der Rendite der Alternativanlage wählt der Bewerter die beobachtete Rendite einer Anlage in Unternehmensanteile. Dies gilt unabhängig von der Rechtsform des zu bewertenden Unternehmens, da diese Form der Alternativanlage grundsätzlich allen Anteilseignern zur Verfügung steht.

Zur Bestimmung von Alternativrenditen kommen insbesondere Kapitalmarktrenditen für Unternehmensbeteiligungen (in Form eines Aktienportfolios) in Betracht. Diese Renditen für Unternehmensanteile lassen sich grundsätzlich in einen Basiszinssatz und in eine von den Anteilseignern aufgrund der Übernahme unternehmerischen Risikos geforderte Risikoprämie zerlegen.

Grundsätzlich sind für alle Unternehmensbewertungen gemäß Ertragswert- oder DCF-Verfahren die Eigenkapitalkosten, d. h. die Renditeforderung des Eigenkapitalgebers, für die Ermittlung des Kapitalisierungszinssatzes zu bestimmen.

Für die Ermittlung der Eigenkapitalkosten wird bei der Ermittlung des objektivierten Unternehmenswertes das **Capital Asset Pricing Model** (CAPM) angewandt.[5, 6] Im Rahmen des CAPMs werden die Eigenkapitalkosten aus der Summe des risikofreien Basiszinses und der unternehmensspezifischen Risikoprämie ermittelt. Die unternehmensspezifische Risikoprämie ergibt sich aus der Marktrisikoprämie (der Prämie, die ein Eigenkapitalinvestor zusätzlich zum risikofreien Basiszins erwartet) multipliziert mit dem Beta-Faktor (Risikomaß des Bewertungsobjektes).

Bei der Festlegung des **Basiszinssatzes** wird berücksichtigt, dass die Geldanlage im zu bewertenden Unternehmen mit einer fristadäquaten alternativen Geldanlage zu vergleichen ist, sodass der Basiszinssatz ein fristadäquater Zinssatz sein muss (Laufzeitäquivalenz). Sofern ein Unternehmen mit zeitlich unbegrenzter Lebensdauer bewertet wird, wird daher als Basiszinssatz die am Bewertungsstichtag beobachtbare Rendite aus einer Anlage in zeitlich nicht begrenzte Anleihen der öffentlichen Hand erfolgen.

In Ermangelung solcher Wertpapiere wird der Basiszins in der Praxis gemäß IDW-Empfehlung ausgehend von zum Bewertungsstichtag aktuellen Zinsstrukturkurven und zeitlich darüber hinausgehenden Prognosen abgeleitet.

Dabei wird für die Bewertung deutscher Unternehmen auf von der Deutschen Bundesbank veröffentlichte Daten zurückgegriffen.[7] Die Deutsche Bundesbank veröffentlicht Zinssätze für hypothetische Nullkuponanleihen ohne Ausfallrisiko mit Restlaufzeiten von bis zu zehn Jahren. Sie berechnet diese Zinsstrukturkurve mithilfe eines nichtlinearen, parametrischen Optimierungsverfahrens, in das Bundesanleihen, Bundesobligationen und Bundesschatzanweisungen einbezogen werden. Dem Schätzansatz der Bundesbank liegt das Nelson-Siegel-Svensson-Verfahren zugrunde. Das von der Bundesbank verwendete Verfahren dient insbesondere der Schätzung von Renditen im Laufzeitbereich von bis zu zehn Jahren. Zur Glättung möglicher Schätzfehler bei längerfristigen Renditen nutzen die Wirtschaftsprüfer einen Durchschnitt über die von der Bundesbank in den letzten drei Monaten vor dem Bewertungsstichtag geschätzten Renditen (vgl. Kap. 7).

Das CAPM stellt ein Kapitalmarktmodell dar, in dem Kapitalkosten und Risikoprämien ohne die Berücksichtigung der Wirkungen von persönlichen Ertragsteuern erklärt werden. Dennoch werden Aktienrenditen und Risikoprämien grundsätzlich durch persönliche Ertragsteuern beeinflusst. In der Praxis findet je nach Bewertungsanlass sowohl das Grundmodell des CAPMs als auch das Tax-CAPM, das persönliche Ertragssteuern berücksichtigt, Anwendung.

Insofern die Unternehmensbewertung ohne unmittelbare Berücksichtigung persönlicher Einkommensteuer erfolgt, werden Vorsteuerrenditen der Alternativanlage anhand des einfachen CAPMs abgeleitet, die Marktrisikoprämie ist ebenso vor Steuern zu ermitteln. Die aktuelle Praxisempfehlung des IDW und des Fachausschusses für Unternehmensbewertung

---

[5]IDW S1 (2008), Tz. 92, vgl. IDW, 2008, Abschn. A. VI 2.
[6]Vgl. für weitere Ausführungen zum CAPM Kap. 7.
[7]Deutsche Bundesbank, 2015.

und Betriebswirtschaft (FAUB) vom 20. September 2012 besagt, dass bei einer objektivierten Bewertung typisierte Marktrisikoprämien vor Einkommensteuern in einer Bandbreite von 5,5–7,5 % bzw. 5,0–6,0 % nach persönlichen Steuern zu berücksichtigen sind.

Der **Betafaktor** drückt die Veränderung des Risikos der Mittelanlage in einem Unternehmen im Verhältnis zum Marktportfolio riskanter Wertpapiere aus, d. h. das dem Bewertungsobjekt immanente systematische Risiko. Der unternehmensindividuelle Betafaktor ergibt sich demzufolge als Kovarianz zwischen den Aktienrenditen des zu bewertenden Unternehmens oder vergleichbarer Unternehmen und der Rendite eines Aktienindex, dividiert durch die Varianz der Renditen des Aktienindex.

Ist das zu bewertende Unternehmen nicht börsennotiert, wird in der Praxis bei der Ableitung des bewertungsrelevanten Betafaktors auf die historischen Betafaktoren vergleichbarer Unternehmen (sog. Peergroup) zurückgegriffen. Es wird üblicherweise eine Gruppe von Vergleichsunternehmen bestehend aus börsennotierten Unternehmen der Branche des Bewertungsobjektes zusammengestellt, sodass diese ausgewählte Peergroup das Risikoprofil der zu bewertenden Gesellschaft angemessen widerspiegelt.

Die Auswahl der vergleichbaren Unternehmen (spezifiziert beispielsweise durch Industrie-Codes) kann z. B. mit Hilfe von Finanzdienstleistern Thomson Financial, One-Source, Capital IQ oder Bloomberg vorgenommen werden.

> **Beispiel**
>
> Die XY-GmbH ist als Zulieferer für die Automobilindustrie tätig. Die Recherche zur Erstellung der Übersicht mit vergleichbaren Unternehmen („Long-List") erfolgt unter Rückgriff auf den SIC-Code „US SIC 1987 3714 – Motor Vehicle Parts and Accessories". Als weitere Analysekriterien werden die Beschreibung der Unternehmenstätigkeit, Informationen zu relevanten Märkten, Umsatz, Marktkapitalisierung und Finanzierung herangezogen.
>
> Als Ergebnis einer sorgfältigen Prüfung der einzelnen Kriterien umfasst die Shortlist und somit die bewertungsrelevante Peergroup zehn Unternehmen. Für diese Unternehmen werden die beobachteten historischen Betafaktoren als bester Schätzer für das zukünftige Beta im Rahmen der Bewertung herangezogen (Abb. 12.1).

Der bei der Beta-Ermittlung gewählte Aktienindex dient als Approximation des Marktportfolios, was definitionsgemäß alle risikobehafteten Geldanlagen zu repräsentieren hat, und definiert die Investitionsmöglichkeiten aus der Perspektive des der Bewertung zugrunde gelegten „marginalen Investors". Denkbar ist grundsätzlich die Nutzung lokaler, europäischer oder weltweiter Indizes als Vergleichsindex. In einem globalisierten Umfeld, in dem es zu grenzüberschreitenden Akquisitionen und Investitionen kommt, sollte nach Kern & Mölls, 2010, ein globaler Referenzindex zur Bewertung herangezogen werden. Für einen globalen Referenzindex, wie beispielsweise den Morgan Stanley Capital International Inc, New York, USA (MSCI) World, spricht insbesondere seine breite Diversifikation und demzufolge geringere Schwankungsanfälligkeit. Dieser Argumentation folgt die obige Beta-Ermittlung.

| Peergroup Unternehmen | Beta (levered) |
|---|---|
| Autoliv Incorporation | 1.346 |
| Continental AG | 1.734 |
| Faurecia S.A. | 1.011 |
| Lear Corporation | 1.161 |
| Leoni AG | 1.466 |
| Magna International Incorporation | 1.515 |
| TRW Automotive Holdings Corporation | 1.265 |
| Valeo S.A. | 1.477 |
| Visteon Corporation | 0.981 |
| **Median** | **1.346** |

**Abb. 12.1** Peergroup – Beispiel. (Quelle: Bloomberg, Adjusted Beta, 5 Jahre (1. Januar 2010 – 31. Dezember 2014), monatliche Basis)

Der Ansatz von weiteren Risikozuschlägen, um beispielsweise bei der Bewertung kleiner und mittlerer Unternehmen, die meist auch nicht börsennotiert sind, mangelnde Fungibilität bewertungstechnisch zu berücksichtigen, wird zumindest gemäß deutschen Bewertungsstandards als nicht sachgerecht beurteilt. Der im Januar 2014 veröffentlichte Praxishinweis des IDW zu Besonderheiten bei der Ermittlung eines objektivierten Unternehmenswerts kleiner und mittelgroßer Unternehmen (IDW-Praxishinweis 1/2014, Tz. 51) stellt hierzu klar, dass diese Vorgehensweise mangels theoretischer Fundierung nicht zulässig ist.

Findet das **Discounted-Cashflow-Verfahren** nach dem WACC-Ansatz Anwendung, werden zur Diskontierung der Zahlungsströme gewichtete durchschnittliche Kapitalkosten herangezogen. Der WACC ergibt sich aus der Summe der anteiligen, aus Marktdaten abgeleiteten Eigen- und Fremdkapitalkosten (IDW S1, 2008, Tz. 74). Die Gewichtung beider Positionen erfolgt auf Basis einer Kapitalstruktur, die sich gleichfalls auf der Basis von Marktdaten ermittelt.

Somit sind zusätzlich zu den Eigenkapitalkosten, die wie vorstehend beschrieben bestimmt werden, die Fremdkapitalkosten zu ermitteln.

Diese spiegeln die Renditeerwartungen eines potenziellen Fremdkapitalgebers unter Berücksichtigung der Bonitätseinschätzungen der jeweiligen Industrie wider, in der das zu bewertende Unternehmen agiert. Da Fremdkapitalkosten steuerlich abzugsfähig sind, werden Netto-Fremdkapitalzinsen für die Berechnung unterstellt. Zur Ermittlung des Unternehmenswertes i. S. d. Wertes des Eigenkapitals ist vom Unternehmensgesamtwert noch der Marktwert des Fremdkapitals in Abzug zu bringen.

Die Bewertung ermittelt zunächst einen Unternehmenswert, der dem Marktwert des Eigen- und Fremdkapitals des Unternehmens entspricht. Er setzt sich aus der Summe der Barwerte der Cashflows der Detailplanungsphase sowie dem Barwert des Terminal Value zusammen.

Zur Ermittlung des Unternehmenswertes i. S. d. Wertes des Eigenkapitals ist vom Unternehmensgesamtwert noch der Marktwert des (Netto)-Fremdkapitals in Abzug zu bringen.

Ein S1-Bewertungsgutachten, das von einem Wirtschaftsprüfer in der Funktion als **Berater** erstellt wurde, entbehrt häufig der in diesem Kapitel definierten „Objektivität" bzw. „Neutralität". Eine Bewertung vom Wirtschaftsprüfer als Berater erstellt, zeichnet sich dadurch aus, dass Bewertungsparameter Anwendung finden, die i. d. R. stark subjektiv geprägt sind. Es kommt vor, dass eine Plausibilitätsprüfung der Planungsrechnung unterlassen wird oder eingeschränkte Berichtspflichten vereinbart worden sind. Die Ermittlung subjektiver Entscheidungswerte basiert z. B. auf der individuellen Renditeerwartung des Investors bei einer Alternativinvestition, dem Zinssatz zur Ablösung vorgesehener Kredite oder einem Zinssatz, der sich aus einer subjektiven Einschätzung der Komponenten (Basiszinssatz, Risikozuschlag) ableitet (IDW S1, 2008, Tz. 123). In der Praxis häufig anzutreffen ist der Fall, dass der Kapitalisierungszinssatz vom Auftraggeber vorgegeben wird, weil z. B. der üblicherweise im Konzern benutzte Zinssatz Anwendung finden soll.

Bei der Bewertung von Beteiligungen und sonstigen Unternehmensanteilen für die Zwecke eines handelsrechtlichen Jahresabschlusses gemäß IDW RS HFA 10 wird ein subjektiver Unternehmenswert ermittelt. Der Standard präzisiert, wie der IDW S1 bei der Beteiligungsbewertung anzuwenden ist. Insbesondere wird darauf verwiesen, dass meist die „vorhandenen individuellen Möglichkeiten und Planungen des aus der Perspektive des Inhabers der Beteiligung berücksichtigt [werden] (z. B. künftige Investitionsmöglichkeiten, Synergieeffekte, steuerliche Vor- und Nachteile)" (IDW RS HFA 10, Tz, 4). Insofern handelt es sich bei Unternehmenswerten, die unter Berücksichtigung des IDW RS HFA 10 ermittelt wurden, um subjektive Werte.

Das Bewertungsgutachten ist also im Hinblick auf seine subjektive Prägung zu lesen und zu würdigen. Die individuell beeinflussten Bewertungsprämissen können im Vergleich zu den Ergebnissen eines neutralen Gutachtens zu höheren oder niedrigeren Werten führen. Deshalb ist es zwingend notwendig, die Angemessenheit der gewählten Annahmen im Hinblick auf die weitere Verwendung der Bewertungsergebnisse oder einzelner Bewertungsprämissen für steuerliche Zwecke zu prüfen.

---

**Exkurs**

**Wertabgrenzung und Anwendung S1-Gutachten** Ein Bewertungsgutachten, das unter Beachtung des IDW S1 „Grundsätze zur Durchführung von Unternehmensbewertungen" erstellt worden ist, bildet i. d. R. eine sachgerechte Basis für die Bestimmung des **gemeinen Werts gemäß § 9 Abs. 2 BewG**, sofern der Bewerter als neutraler Gutachter tätig wurde, da das Konzept des objektivierten Unternehmenswertes gemäß IDW S1 der steuerlichen Wertkonzeption des gemeinen Wertes weitestgehend entspricht. Bei der Bestimmung sowohl des objektivierten Unternehmenswertes als auch des gemeinen Wertes wird von den persönlichen Verhältnissen der Verhandlungsparteien z. B. Notsituation oder Unternehmensspezifika abstrahiert.

Zu beachten ist, dass die Rechtsprechung bei verdeckten Gewinnausschüttungen für die Ermittlung des gemeinen Wertes entgegen § 9 Abs. 2 S. 3 BewG zusätzlich die ungewöhnlichen und persönlichen Verhältnisse berücksichtigt.[8] Dies kristallisiert sich in der Rechtsfigur des „doppelten Fremdvergleichs", wonach beide Vertragspartner und deren fremdübliches Verhalten zugrunde gelegt werden.[9] Gleichwohl geht die Finanzverwaltung davon aus, dass bei verdeckten Gewinnausschüttungen der Fremdvergleichspreis regelmäßig dem gemeinen Wert entspricht.[10]

Anders als beim gemeinen Wert wird beim Teilwert die subjektive Betriebsperspektive berücksichtigt (vgl. Moxter, 1983, S. 15): Der steuerliche **Teilwert** ist der Betrag, den ein Erwerber des ganzen Betriebes im Rahmen des Gesamtkaufpreises objektiv für das einzelne Wirtschaftsgut ansetzen würde unter der Annahme, dass der Erwerber den Betrieb fortführt (§ 6 Abs. 1 Nr. 1 S. 3 EStG). Dies impliziert, dass für den gedachten Erwerber die gleichen Qualifikationen unterstellt werden, wie für den Betriebsinhaber. Diese in der Norm verankerte Fiktion soll der Beantwortung der Frage dienen, was der Erwerber bezahlt hätte, wenn er in der subjektiven Lage des Veräußerers gewesen wäre. Es ist mithin unerheblich, ob der Erwerber auch tatsächlich die Qualifikationen zur entsprechenden Nutzung mitbringt. So hat auch der BFH entschieden (BFH-Urteil v. 31.01.1991, BStBl II 1991, S. 627 ff.). Im diskutierten Fall wurden Chrombäderinhalte vom Kläger mit Null angesetzt, weil er vorbrachte, dass er mit ihnen nichts anfangen könne. Dies wurde vom BFH abgelehnt, weil die speziellen Kenntnisse für die Bewertung nicht maßgeblich sind. Das vorherige Unternehmen – und auf die Blickweise kommt es an – hätte mit den Chrombäderinhalten etwas anfangen können, sodass ein Wert anzusetzen ist.

Die Ausführungen zeigen, dass der Teilwert zwar ein objektiver Wert (H 6.7 [Teilwertbegriff] EStH) im Rahmen der subjektiven Gegebenheiten des Betriebs ist; unabhängig von den Fähigkeiten des Käufers. Es handelt sich durch den Bezug

---

[8] BFH, Urteil v. 27.11.1974, I R 250/72, BStBl. II 1975, 306. Für eine ausführliche Diskussion siehe Gosch, 2015, § 8 Rn. 383.

[9] BFH, Urteil v. 17.05.1995 I R 147/93, BStBl. II 1996, 204; weitergeführt in BFH, Urteil v. 06.12.1995 I R 88/94, BStBl. II 1996, 383; BFH, Urteil v. 28.01.2004 I R 87/02, DStRE 2004, 520; s. aber auch BFH, Urteil v. 19.05.1998 I R 36/97, BStBl. II 1998, 689. Für eine kritische Diskussion des doppelten Fremdvergleichs bei einer verdeckten Gewinnausschüttung siehe Gosch, 2015, § 8 Rn. 360 ff.

[10] Vgl. Tz. 5.3.1 BMF, Schreiben v. 12.4.2005 – IV B 4 S 1341 – 1/05, BStBl 2005 I S. 570, aber auch Seer, 2012, S. 339 und Jerabek, 2012, S. 110.

zum bestehenden Geschäftsbetrieb jedoch gerade nicht um einen objektivierten Wert i. S. d. IDW S1. Vielmehr entspricht der Teilwert definitorisch einem subjektiven Entscheidungswert i. S. d. IDW S1 (vgl. auch Beumer & Duscha, 2012, S. 1168 f.).

Ein Beispiel soll den Unterschied zwischen gemeinem Wert und Teilwert verdeutlichen: Ein Unternehmen besitzt ein an seine bisherige Produktionsstätte angrenzendes Grundstück mit 5000 qm Grundfläche, auf dem es eine neue Produktionsanalage bauen kann. Aufgrund der Nähe zum bisherigen Betriebsgrundstück hat es für dieses Unternehmen einen besonders hohen Wert von 2 MEUR, den das Unternehmen vor einigen Jahren auch an den vorherigen Besitzer des Grundstücks bezahlt hat. Seitdem bilanziert es das Grundstück als nicht abnutzbares Wirtschaftsgut des Anlagevermögens. Dieser Wert von 2 MEUR ist der Teilwert. Am Markt hingegen mag das Grundstück mit einem geringeren Wert bewertet sein, orientiert an dem typischen Bodenrichtwert des Grundstücks z. B. zu einem Wert von 200 EUR pro qm. Der gemeine Wert entspräche dann 1 MEUR (vgl. zur Ermittlung von gemeinen Werten von Grundstücken § 179 BewG).

Der **Fremdvergleichswert** für Zwecke des § 1 AStG wird über den Fremdvergleichsgrundsatz gemäß § 1 Abs. 1 AStG bestimmt. Entsprechend definiert die Finanzverwaltung den **Fremdvergleichswert** wie folgt: „Der Preis, den Fremde als Entgelt für vergleichbare Lieferungen oder Leistungen angesetzt hätten, oder der Ertrag oder die Aufwendungen, die bei einem Verhalten wie unter Fremden beim Steuerpflichtigen angefallen wären. Zur Ermittlung von Fremdpreisen sind die Daten heranzuziehen, auf deren Grundlage sich die Preise zwischen Fremden im Markt bilden. Maßgebend sind die Preise des Marktes, auf dem Fremde die Geschäftsbedingungen aushandeln würden (s. auch OECD-Leitlinien, Tz.1.2)."[11] Der Fremdvergleichsgrundsatz fordert die fiktive Annahme der Unabhängigkeit der verbundenen Parteien bei einem Fortbestand der Vergleichbarkeit der übrigen Verhältnisse.[12] Da der Fremdvergleichswert i. S. d. § 1 AStG sowohl mit einer Transparenzfiktion arbeitet (vgl. § 1 Abs. 1 S. 3 AStG) als auch auf die persönlichen Verhältnisse der Parteien abstellt, kann ein im Rahmen des IDW-S1-Gutachten ermittelter objektivierter Wert nur Indizwirkung entfalten.

Im Rahmen des hypothetischen Fremdvergleichs § 1 Abs. 3 S. 6 wird der fremdübliche Verrechnungspreis in Ermangelung von objektiven Marktwerten ausgehend von subjektiven Werten der jeweiligen Vertragspartner als Ergebnis einer Verhandlungslösung ermittelt (vgl. auch Schreiber, 2012, S. 513). Im Rahmen des hypothetischen Fremdvergleichs können mithin zwei subjektive Entscheidungswerte i. S. d. IDW S1 Berücksichtigung finden, und zwar als Mindestwert aus Sicht des hypothetischen Verkäufers und als Höchstwert aus Sicht des hypothetischen Verkäufers. Subjektive

---

[11] Vgl. BMF, Schreiben v. 19.5.2014 – IV B 5 – S 1341/07/10006-01, 2014/0348272.
[12] Vgl. Wassermeyer, 2015, OECD_MUSTERABK Art. 9 Rn. 127.

Handlungsmöglichkeiten wie Standortvorteile, Handlungsalternativen, Synergien und Transaktionskosten sind zu berücksichtigen. Bewertungen gemäß IDW S1, die den subjektiven Entscheidungswert unter diesen Voraussetzungen ermitteln, können somit als Grundlage für die Ermittlung des Fremdvergleichspreises dienen, beispielsweise bei der grenzüberschreitenden konzerninternen Übertragung von Teilbetrieben.[13]

Überdies können Analyseergebnisse des Wirtschaftsprüfers, z. B. Einschätzungen zur zukünftigen Markt- und Branchenentwicklung oder zur Zusammensetzung der Peergroup, für die steuerlich motivierte Bewertung herangezogen werden.

### 12.2.2 PPA-Gutachten gemäß IFRS 3

**Bewertungsanlass- und gegenstand**

Unternehmen, die nach IFRS bilanzieren, sind verpflichtet, die erworbenen identifizierbaren Vermögenswerte, die übernommenen Schulden und alle nicht beherrschenden Anteile am erworbenen Unternehmen getrennt von einem entstehenden **Geschäfts- oder Firmenwert (engl. Goodwill)** oder einem Gewinn aus einem Erwerb unter Marktwert zum Erwerbszeitpunkt anzusetzen und zu bewerten. Für Rechnungslegungszwecke wird deshalb anlässlich von Akquisitionen häufig ein sog. PPA-Gutachten angefertigt. Die Abkürzung PPA steht für „Purchase Price Allocation" (dt. „Kaufpreisallokation") und beschreibt treffend, was im Fokus dieser Bewertungsübung steht – nämlich die Aufteilung des im Rahmen eines Unternehmenserwerbs bzw. Unternehmenszusammenschlusses gezahlten Kaufpreises auf die erworbenen Vermögenswerte und Schulden.[14]

Ein Unternehmenszusammenschluss i. S. d. IFRS wird als eine „Transaktion oder ein anderes Ereignis [...], durch die/das ein Erwerber die Beherrschung über einen Geschäftsbetrieb oder mehrere Geschäftsbetriebe erhält", definiert. Unter Beherrschung wird in diesem Kontext „die Möglichkeit, die Finanz- und Geschäftspolitik eines Unternehmens zu bestimmen, um aus dessen Tätigkeiten Nutzen zu ziehen", verstanden (vgl. IAS 27.4). Als Erwerber wird dasjenige Unternehmen angesehen, das die Beherrschung über das erworbene Unternehmen erlangt (vgl. IFRS 3.7.). Somit gilt als Erwerbszeitpunkt der Zeitpunkt, an dem der Erwerber die Beherrschung über das erworbene Unternehmen erhält (vgl. IFRS 3.8.). Für Konzernabschlüsse nach US-GAAP bzw. HGB gibt es vergleichbare Regelungen, auf die hier jedoch nicht näher eingegangen werden soll.

Im Zuge der Bilanzierung des Unternehmenszusammenschlusses werden durch Sachverständige – z. B. Wirtschaftsprüfer – Bewertungsgutachten erstellt, die als Ausgangslage für steuerlich motivierte Bewertungen in Bezug auf einzelne Vermögensgegenstände

---

[13]Vgl. Rn 63 BMF, Schreiben vom 13.10.2010 – IV B 5 – S 1341/08/10003, BStBl 2010 I S. 774.
[14]Die bei einem Unternehmenserwerb übertragene Gegenleistung bzw. der gezahlte Kaufpreis umfasst auch alle Vermögenswerte oder Schulden aus bedingten Gegenleistungen (wie earn-outs), die zum beizulegenden Zeitwert zum Erwerbszeitpunkt zu bewerten sind.

oder Transferpakete fungieren können, welche nach einem Unternehmenserwerb innerhalb des Konzerns übertragen oder überlassen werden.

Die OECD-Verrechnungspreisleitlinien führen allerdings insoweit aus, dass eine Kaufpreisallokation für Verrechnungspreiszwecke keine Bindungswirkung besitzt. Beispielsweise sind Bewertungen von immateriellen Wirtschaftsgütern im Rahmen einer Kaufpreisallokation nicht verbindlich. Kaufpreisallokationen sollten gemäß der OECD im Rahmen einer Verrechnungspreisanalyse nur mit der entsprechenden Vorsicht und unter einer kritischen Würdigung der zugrunde liegenden Annahmen genutzt werden (vgl. OCED-Verrechnungspreisleitlinien 2014, Tz 6.152). Gleichwohl dienen Kaufpreisallokationen in der Praxis regelmäßig als Ausgangspunkt, um Verrechnungspreise für konzerninterne Umstrukturierungen zu bestimmen.

Die weitere Darstellung bezieht sich auf eine Kaufpreisallokation gemäß IFRS-Regelwerk. Es wird erklärt, wie eine Kaufpreisallokation vorgenommen wird und mit welchen Bewertungsmethoden die in der Praxis häufig vorkommenden Vermögenswerte i. d. R. bewertet werden. Es wird außerdem dargestellt, welche Wertkonzeption zugrunde liegt und was bei der Adaption der Bewertungen für steuerliche Zwecke zu berücksichtigen ist.

**Bewertungsgrundsätze**

Die im Rahmen von Kaufpreisallokationen vorgenommenen Bewertungen basieren auf dem Konzept des beizulegenden Zeitwerts (engl. Fair Value), das seit dem Bilanzmodernisierungsgesetz auch im HGB verankert ist (§ 255 Abs. 4 HGB). Er deckt sich mit dem gemeinen Wert aus steuerlicher Perspektive, grenzt sich aber vom objektivierten Wert (vgl. IDW S1) durch das Konzept einer (hypothetischen) Transaktion am Bewertungsstichtag ab.

▶ **Beizulegender Zeitwert** Der beizulegende Zeitwert ist der Preis, der bei der Veräußerung eines Vermögenswerts oder bei der Übertragung einer Verbindlichkeit im Rahmen einer gewöhnlichen Transaktion zwischen Marktteilnehmern am Bewertungsstichtag erhalten bzw. gezahlt würde (IFRS 13.9).

Dabei muss es sich beim beizulegenden Zeitwert nicht notwendigerweise um einen tatsächlichen Marktpreis handeln, sondern vielmehr um einen Preis einer am Bewertungsstichtag angenommenen hypothetischen Transaktion. Insofern erfolgt die Wertermittlung aus Sicht eines (hypothetischen) Käufers bzw. eines unabhängigen, sachkundigen, fremden Dritten.[15] Das heißt, dass beim Bestimmen der Bewertungsprämissen die Motive oder Verwendungsabsichten des tatsächlichen Erwerbers irrelevant sind. Es wird von

---

[15]Diese Konzeption ist im Wesentlichen auch in den US-GAAP verankert. Vgl. dazu Financial Accounting Standards Codification Topic 820, Fair Value Measurements.

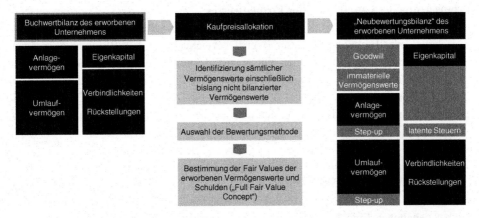

**Abb. 12.2** Kaufpreisallokation – schematischer Überblick. (Quelle: Eigene Darstellung)

subjektiven – möglicherweise für den Erwerber vorteilhaften – Sachverhalten abstrahiert. Insofern sind die im PPA-Gutachten dargestellte Werte als Marktwerte zu interpretieren.

Gleichwohl ist auch in Bezug auf das PPA-Gutachten zu berücksichtigen, in welcher Funktion der Wirtschaftsprüfer die Bewertungen erstellt hat. Als neutraler Gutachter bewertet er im Rahmen seiner Kompetenz als Sachverständiger unter Berücksichtigung der maßgeblichen Standards für die Kaufpreisallokation und auf Basis nachvollziehbarer Methodik. In der Funktion als Berater gilt dies nicht uneingeschränkt. Das PPA-Gutachten eines Beraters ist also ebenfalls im Hinblick auf seine subjektive Prägung zu lesen und zu würdigen.

Bei der Bewertung der Vermögenswerte und Schulden wird der Einzelbewertungsgrundsatz zugrunde gelegt, im Gegensatz zu einer Bewertung der Funktionsverlagerung gemäß § 1 Abs.3 S. 9 ff. AStG bei der grundsätzlich auf den Gesamtwert des Transferpakets abgestellt wird.

Neben dem internationalen Rechnungslegungsstandard **IFRS 3 (2008)** i. V. m. **IFRS 13** sind für PPAs der Standard **IAS 38**, in dem Ansatz und Bewertung von immateriellen Vermögenswerten geregelt sind, sowie die deutschen Rechnungslegungs- und Bewertungsrichtlinien des Instituts der Wirtschaftsprüfer – **IDW RS HFA 40** bzw. **RS HFA 47** und **IDW S 5** zu berücksichtigen.

**Schematischer Ablauf einer PPA**

Die Abb. 12.2 zeigt den schematisch dargestellten Ablauf einer Kaufpreisallokation im Überblick.

Bei einer PPA werden zunächst sämtliche Vermögenswerte und (Eventual-)Schulden einschließlich bislang nicht bilanzierter Werte identifiziert. Anschließend werden diese mittels geeigneter Bewertungsmethoden bewertet. Die Akquisition eines Unternehmens wird also dergestalt in der „Neubewertungsbilanz" des Erwerbers abgebildet, dass transparent wird, in welcher Höhe der Kaufpreis für welche erworbenen Vermögenswerte und Schulden geflossen ist.

**Abgrenzung des Geschäfts- oder Firmenwertes**
I. d. R. entfällt ein bestimmter Teil des geflossenen Kaufpreises auf einen positiven Geschäfts- oder Firmenwert. Dieser Begriff bezeichnet i. S. d. IFRS einen Vermögenswert, der künftigen wirtschaftlichen Nutzen aus anderen bei einem Unternehmenszusammenschluss erworbenen Vermögenswerten darstellt, die nicht einzeln identifiziert und separat angesetzt worden sind (vgl. IFRS 3, Anhang A). Der erworbene Geschäfts- oder Firmenwert wird gemäß IFRS 3.32 definiert als der Unterschiedsbetrag aus der Summe aus

- dem beizulegenden Zeitwert der übertragenen Gegenleistung,
- dem Betrag der nicht beherrschenden Anteile an dem erworbenen Unternehmen sowie
- dem zum Erwerbszeitpunkt geltenden beizulegenden Zeitwert des zuvor vom Erwerber gehaltenen Eigenkapitalanteils an dem erworbenen Unternehmen bei einem sukzessiven Unternehmenszusammenschluss
- abzüglich des Saldos der zum Erwerbszeitpunkt gemäß IFRS 3 bewerteten identifizierbaren Vermögenswerte und übernommenen Schulden (vgl. IFRS 3.32.).

**Abgrenzung der immateriellen Wirtschaftsgüter**
Die bei der PPA anzusetzenden immateriellen Vermögenswerte müssen folgender Definition entsprechen:

▶ **Immaterieller Vermögenswert** Laut Rechnungslegungsstandard IAS 38.8 versteht man unter einem immaterielle Vermögenswert einen identifizierbaren, nicht monetären Vermögenswert ohne physische Substanz. Das Merkmal der Identifizierbarkeit immaterieller Vermögenswerte ist gemäß IAS 38.12 erfüllt, wenn die Vermögenswerte entweder das Kriterium der Separierbarkeit erfüllen oder auf Grundlage vertraglicher Vereinbarungen oder anderen Rechten bestehen.

Von einer Separierbarkeit nach IAS 38.12a wird dann ausgegangen, wenn der Vermögenswert vom Unternehmen getrennt und damit verkauft, transferiert, lizenziert, vermietet oder getauscht werden kann. Dies kann einzeln oder i. V. m. einem Vertrag, einem anderen Vermögenswert oder einer Schuld erfolgen. Beruht ein immaterieller Vermögenswert nach IAS 38.12b auf vertraglichen Vereinbarungen oder anderen rechtlichen Grundlagen, so ist dieser ebenso vom Goodwill als abgrenzbar und somit identifizierbar anzusehen, auch wenn er nicht separierbar ist. Hinzu kommt, dass Verfügungsgewalt über den zufließenden wirtschaftlichen Nutzen bestehen muss und der Zugriff durch Dritte beschränkt werden kann (sog. Beherrschung). Ein Nutzenpotenzial des immateriellen Vermögenswerts – ein weiteres Anforderungskriterium nach IAS 38.17 – wird dabei vorausgesetzt. Dieses Nutzenpotenzial umfasst z. B. Erlöse aus dem Verkauf von Produkten oder der Erbringung von Dienstleistungen oder Kosteneinsparungen, die sich die durch Nutzung des Vermögenswertes für ein Unternehmen ergeben.

Der IFRS 3 gruppiert immaterielle Vermögenswerte wie folgt: kunden- oder marketingbezogene, technologiebasierte, vertragsbasierte und kunstbezogene immaterielle Vermögenswerte.[16]

**Kundenbezogene immaterielle Werte,** die sich i. d. R. aus der Beziehung eines Unternehmens zu den Abnehmern seiner Produkte und Dienstleistungen ergeben, sind beispielhaft Folgende (vgl. auch IDW S5, Tz. 81 ff.):

- Vertragliche und nichtvertragliche Kundenbeziehungen
- Auftragsbestand
- Kundenlisten

Die Beziehung eines Unternehmens zu seinen Kunden besteht zumeist auf vertraglicher Basis. Eine vertragliche Kundenbeziehung liegt gemäß IFRS 3 auch vor, wenn zum Zeitpunkt des Geschäftsabschlusses zwar noch kein Vertrag vorliegt, aufgrund von regelmäßigen Vertragsabschlüssen in der Vergangenheit mit dem Kunden aber von einer zukünftigen vertraglichen Basis auszugehen ist.

Zwar pflegen alle Unternehmen vertragliche und nichtvertragliche Kundenbeziehungen, diese sind aber nicht alle gemäß IFRS 3 bilanzierbar. Es herrscht hinsichtlich der Identifizierbarkeit von Kundenbeziehungen die grundsätzliche Übereinstimmung, dass mindestens die im Folgenden aufgeführten Punkte erfüllt sein müssen, damit von einer Kundenbeziehung i. S. d. Standards auszugehen ist (vgl. auch IDW S5, Tz. 81 ff.):

- der Kunde ist eindeutig zu identifizieren,
- eine Umsatzabgrenzung bezogen auf diesen Kunden ist möglich,
- zukünftige Umsätze mit diesem Kunden erscheinen wahrscheinlich und
- der zeitliche Horizont der Zahlungsströme ist abschätzbar.

**Marketingbezogene immaterielle Vermögenswerte** werden vorrangig zur Bewerbung oder Unterstützung des Verkaufs von Produkten und Dienstleistungen eingesetzt. Einschlägige Beispiele sind:

- Marken
- Internet Domains
- Wettbewerbsverbote (IFRS 3 Illustrative Examples 18)

Im S5 wird ausgeführt, dass unter einer Marke die differenzierende Kennzeichnung von Produkten und Dienstleistungen, die aufgrund der Wahrnehmung bei den relevanten Zielgruppen einen besonderen Erfolgsbeitrag für den Inhaber der Marke erwarten lassen, zu verstehen sei (IDW S5, Tz. 55). Unter dem Begriff „Marke" sind Unternehmens-,

---

[16]IFRS 3 Illustrative Examples, vgl. auch IDW S5, Tz. 13.

Produkt- und Dienstleistungsmarken sowie Dachmarken zu subsumieren. Exklusivrechte an Marken können bei regelmäßiger Nutzung durch Registrierung geschützt werden (IDW S5, Tz. 57). Der IFRS 3 beschreibt Marken insbesondere als Wörter, Namen oder Symbole, die dazu genutzt werden, die Herkunft des Produkts zu verdeutlichen und es von Produkten anderer Hersteller zu unterscheiden. Außerdem wird im Standard auf die Existenz von Servicemarken, Sammelmarken und Herkunftsmarken hingewiesen (vgl. IFRS 3, IE 19–21).

Die nachfolgend beispielhaft aufgezählten **technologiebasierten immateriellen Vermögenswerte** sind in der Praxis anzutreffen:

- Patentierte und nichtpatentierte Technologien
- Software
- Datenbanken
- Geschäftsgeheimnisse (z. B. geheime Formeln, Prozesse, Rezepturen) (IFRS 3 IE39)

Der IDW definiert technologiebasierte immaterielle Vermögenswerte wie folgt (IDW S5, Tz. 109 ff.): „Mit dem Begriff Technologie kann allgemein die Menge aller zur Verfügung stehenden Kenntnisse und Verfahren bezeichnet werden, die in den Wertschöpfungsprozess von Gütern und Dienstleistungen eingehen. Hierzu zählen technologische Verfahren, Innovationen und technische Erfindungen, Betriebsgeheimnisse, technische Prozesse, Rezepturen, Datensammlungen und Computersoftware."

Der Standard IFRS 3 führt eine ganze Reihe **vertragsbasierter immaterieller Vermögenswerte** auf, die im Rahmen einer Kaufpreisallokation in Betracht kommen (IFRS 3 Illustrative Examples 34):

- Lizenz– und Stillhalteabkommen
- Werbungs-, Konstruktions-, Management- oder Serviceverträge
- Mietverträge
- Baugenehmigungen
- Franchiseverträge
- Betriebs- und Senderechte
- Nutzungsrechte (z. B. Wasser-, Luft-, Bohr-, Gesteinsrechte)
- Dienstleistungsverträge
- Arbeitsverträge, die aus Sicht des Arbeitgebers vorteilhaft sind, da die Vergütung unter den marktüblichen Konditionen liegt
- Künftige Umweltschutz- und Entsorgungsgebühren
- Offene Steuerverfahren

Aus Sicht eines Erwerbers repräsentiert ein übernommener Vertrag einen Vermögenswert bzw. eine Schuld, wenn er im Vergleich zu Marktkonditionen vorteilhafte bzw. nachteilige Konditionen aufweist („off-market").

Folgende **kunstbezogene Vermögenswerte** können im Zusammenhang mit einer Kaufpreisallokation zu berücksichtigen sein, wobei auf das Urheberrecht fokussiert wird (IFRS 3 Illustrative Examples 32).

- Schauspiele, Opern, Ballette
- Bücher, Zeitschriften, Zeitungen und andere literarische Werke
- Musicals, Kompositionen, Liedtexte, Werbemelodien
- Bilder und Fotografien
- Videos und audiovisuelle Materialien einschließlich Filme, Musikvideos und Fernsehsendungen

**Bewertungsverfahren** Grundsätzlich ist der im Standard IFRS 13 beschriebenen Hierarchie bei der Wahl der Bewertungstechniken zu folgen. D. h., der Bewerter soll bei der Bemessung des beizulegenden Zeitwerts Bewertungstechniken anwenden, die unter den jeweiligen Umständen sachgerecht sind und für die ausreichend Daten zur Verfügung stehen. Dabei ist die Verwendung maßgeblicher, beobachtbarer Inputfaktoren möglichst hoch und jene nicht beobachtbarer Inputfaktoren möglichst gering zu halten (vgl. IFRS 13.B5). Auf die Vorgabe einer Rangfolge der Bewertungstechniken wird im Rechnungslegungsstandard verzichtet (vgl. IFRS 13.B5). Drei weit verbreitete Bewertungsverfahren sind der einkommensbasierte, der kostenbasierte und der marktbasierte Ansatz (vgl. IFRS 13.B5).

Im Folgenden werden die Bewertungstechniken bzw. -methoden vorgestellt und bezüglich ihrer Praxisrelevanz gewürdigt.

Der Grundgedanke des **marktbasierten Ansatzes** besteht darin, dass Preise und andere maßgebliche Informationen für Bewertungszwecke aus Markttransaktionen ableitbar sind. Maßgeblich soll hierbei sein, dass die aus dem Markt abgeleiteten Bewertungsparameter auf identische oder vergleichbare (d. h. ähnliche) Vermögenswerte, Schulden oder Gruppen von Vermögenswerten und Schulden, z. B. Geschäftsbetriebe, beteiligt sind (vgl. IFRS 13.B5). Insoweit ist der marktbasierte Ansatz nur für solche Vermögenswerte geeignet, für die ein (aktiver) Markt existiert, z. B. Immobilien. Da Vermögenswerte i. d. R. einzigartig sind, erweist sich das Finden von geeigneten Marktpreisen hierfür in der Praxis häufig als nicht realisierbar.

In Marktpreisen und Wiederbeschaffungskosten sind die steuerlichen Abschreibungsvorteile i. d. R. bereits enthalten, sodass diese nicht zusätzlich zu berücksichtigen sind.

Beim **kostenorientierten Verfahren** wird für die Wertermittlung auf die Kosten der Wiederherstellung bzw. Wiederbeschaffung des zu bewertenden Vermögenswertes abgestellt. Dem Verfahren liegt die Annahme zugrunde, dass ein rational handelnder Investor nicht mehr für einen Vermögenswert bezahlen würde, als dieser bei seiner Wiederherstellung bzw. Wiederbeschaffung kostet. Abschläge zur Berücksichtigung technischer und funktionaler Veralterung bzw. wirtschaftlicher Einflussfaktoren (z. B. Werteverzehr) sind entsprechend vorzunehmen.

Das kostenorientierte Verfahren umfasst die Reproduktionskostenmethode und die Wiederbeschaffungskostenmethode. Bei der Anwendung der Reproduktionskostenmethode wird auf die Kosten abgestellt, die notwendig sind, um ein exaktes Duplikat des Vermögenswerts herzustellen. Bei der Wiederbeschaffungskostenmethode werden die Kosten für die Herstellung oder Beschaffung eines nutzenäquivalenten Vermögenswerts herangezogen. Diese Methode findet hauptsächlich im Zuge der Bewertung des Mitarbeiterstamms, der sonstigen Sachanlagen (ohne Immobilien) sowie im Rahmen der Rohstoffbewertung Anwendung. Gleichwohl wird sie unter bestimmten Umständen im Rahmen einer Kaufpreisallokation auch zur Bewertung von Software oder Datenbanken, Kundenbeziehungen oder Vertriebsnetzen herangezogen.

Dem **kapitalwertorientierten oder einkommensbasierten Verfahren** liegt die Annahme zugrunde, dass sich der Wert des Bewertungsobjektes aus dem Barwert der zukünftigen Cashflows zum Bewertungsstichtag ergibt, die dem wirtschaftlichen Eigentümer während der erwarteten wirtschaftlichen Nutzungsdauer des Vermögenswertes zufließen. Dazu ist der zukünftig durch den Vermögenswert generierte jährliche Cashflow nach Steuern zu bestimmen, wobei die oben erwähnte Mittelfristplanung den Rahmen bildet. Die Diskontierung der Cashflows erfolgt mittels eines risikoadjustierten und laufzeitäquivalenten Kapitalisierungszinssatzes. Die Ableitung des Kapitalisierungszinssatzes hat bei der Fair-Value-Ermittlung kapitalmarktorientiert zu erfolgen.[17] Dieser Ansatz korrespondiert grundsätzlich mit der Vorgehensweise, die bei der Ableitung des Kapitalisierungszinssatzes im Rahmen von S1-Bewertungen zur Ermittlung von objektivierten Unternehmenswerten angewendet wird, wobei hier vollständig von den Verhältnissen des Bewertungsobjektes abstrahiert und z. B. eine marktübliche Kapitalstruktur unterstellt wird. Eine Bestimmung des Kapitalisierungszinssatzes ohne Marktbezug kommt bei der Kaufpreisallokation nicht in Betracht, da dies dem Fair-Value-Prinzip widerspräche. Der beizulegende Zeitwert des zu bewertenden Vermögenswertes ergibt sich durch Addition der ermittelten Barwerte für den Detailplanungszeitraum und den Zeitraum der ewigen Rente (bei unterstellter unendlicher Nutzungsdauer) ggf. unter Berücksichtigung eines abschreibungsbedingten Steuervorteils. Auf die diesbezüglichen Besonderheiten soll im Folgenden eingegangen werden.

Ausgangspunkt für alle Bewertungen mittels kapitalmarktorientierter Verfahren, die im Rahmen der Kaufpreisallokation vorzunehmen sind, bildet eine vor dem Bewertungsstichtag erstellte Mittelfristplanung des erworbenen Geschäftsbetriebes bzw. der erworbenen Gesellschaft. Dabei handelt es sich i. d. R. um eine Plan-Gewinn- und Verlustrechnung über drei bis fünf Jahre, die unter Berücksichtigung der Stand-alone-Prämisse erstellt worden ist. Das heißt, echte Synergien, die nur vom Erwerber realisiert werden können, dürfen in der Planung nicht enthalten sein. Agiert der Wirtschaftsprüfer als neutraler Gutachter, ist auch im Rahmen einer Kaufpreisallokation die Planung hinsichtlich der zugrunde gelegten Prämissen und Realitätsgerechtigkeit auf Plausibilität zu

---

[17]IFRS 13, B13 ff., IDW ERS HFA 47, Tz. 65, IDW S5, Tz. 41 ff.

prüfen. Für notwendig erachtete Korrekturen sind vom Bewerter vorzunehmen. Ist der Wirtschaftsprüfer als Berater tätig, gelten hierzu im Wesentlichen die im Abschn. 1.2.1 getroffenen Aussagen.

Das kapitalwertbasierte Verfahren umfasst die folgenden vier Methoden:

- Residualwertmethode
- Lizenzpreisanalogiemethode
- Mehrgewinnmethode
- Unmittelbare Cashflow-Prognose

**Residualwertmethode**
Die Residualwertmethode wird i. d. R. bei der Bewertung desjenigen immateriellen Vermögenswertes angewendet, der den größten Einfluss auf die Cashflows des Unternehmens hat.

Der Bewertungsansatz geht von der Überlegung aus, dass ein immaterieller Vermögenswert Cashflows i. d. R. erst im Verbund mit anderen materiellen bzw. immateriellen Vermögenswerten generiert. Daher liegt häufig nur eine Planung auf Basis von Zahlungsüberschüssen für eine Gesamtheit von Vermögenswerten vor. Bei der **Residualwertmethode** (Multi-Period Excess Earnings Method) wird daher die Annahme getroffen, dass sich nur der zu bewertende Vermögenswert im rechtlichen Eigentum der Gesellschaft befindet.

Bei der Ermittlung der relevanten Einzahlungsüberschüsse werden für die unterstützenden Vermögenswerte, die zur Erzielung dieser Cashflows erforderlich sind, fiktive Nutzungsentgelte („Contributory Asset Charges", „CAC") berücksichtigt. Dabei wird unterstellt, dass die unterstützenden Vermögenswerte in dem Umfang, der für die Generierung der Cashflows erforderlich ist, von einem Dritten fiktiv gemietet oder geleast werden. Zur Ableitung dieser fiktiven Nutzungsentgelte sind bezogen auf die unterstützenden Vermögenswerte

- deren Werteverzehr (Return of Asset) und
- eine angemessene Verzinsung auf das gebundene Kapital (Return on Asset)

zu berücksichtigen. Der Bewerter hat sicherzustellen, dass die Berücksichtigung fiktiver Nutzungsentgelte ausschließlich insoweit erfolgt, als diese im Rahmen der Planung noch nicht erfasst wurden. Sowohl bei den Cashflows vor Abzug der fiktiven Nutzungsentgelte als auch bei den fiktiven Nutzungsentgelten selbst sind Unternehmenssteuern in Abzug zu bringen. Beispiele für unterstützende Vermögenswerte sind das Sachanlagevermögen, das Working Capital, andere immaterielle Vermögenswerte oder der Mitarbeiterstamm.

Bei der Bestimmung einer angemessenen Verzinsung auf das investierte Kapital für die unterstützenden Vermögenswerte werden risikoadäquate Kapitalkosten herangezogen. Für das Nettoumlaufvermögen kommen beispielsweise kurzfristige Fremdkapitalzinsen infrage, für das Sachanlagevermögen langfristige. Die verbleibende Überschussgröße nach Unternehmenssteuern und Abzug der fiktiven Nutzungsentgelte wird mit dem vermögenswertspezifischen Kapitalisierungszinssatz auf den Bewertungsstichtag diskontiert.

Im IDW S5, Tz. 47 sowie in vergleichbaren Regelungen der US-GAAP (SFAS No. 109 „Accounting for Income Taxes") wird ausgeführt, dass ggf. auch steuerliche Vorteile („Tax Amortisation Benefit", „TAB") zu berücksichtigen sind, die sich aus der steuerlichen Abschreibung von bewertungsrelevanten Vermögenswerten ergeben. Diese steuerlichen Vorteile ergeben sich aus der Tatsache, dass die Abschreibung auf den bilanzierten Vermögenswert den zu versteuernden Gewinn und damit auch die Steuerlast reduziert. Zur Ermittlung des TAB sei auf Kap. 6 verwiesen.

Die Grundlage für die Bewertung von Kundenbeziehungen nach der Residualwertmethode – wie das Beispiel in Tab. 12.1 zeigt – bildet der zukünftige Zahlungsstrom, der dem erworbenen Kundenstamm zuzuordnen ist. In diesem Zusammenhang wird der Sachverhalt, dass sich die übernommene Basis an Bestandskunden im Zeitablauf verringert, bewertungstechnisch berücksichtigt. Dafür wird eine Abschmelzrate herangezogen, deren Ermittlung i. d. R. auf langfristigen historischen Kundendaten basiert. Unter Festsetzung eines Basisjahres wird die Fluktuation der Kunden sowohl bezüglich Anzahl als auch Umsatzvolumen analysiert. Die ermittelte Abschmelzrate ermöglicht die Bestimmung der Nutzungsdauer der Kundenbeziehung. Ob die Rate zur Modellierung eines linear oder degressiv verlaufenden Cashflows genutzt wird, hängt davon ab, wie sich der Verlust von Kunden in der Praxis vollzieht.

Gemäß IFRS 3 B37 ist der beizulegende Zeitwert des Mitarbeiterstamms zwar nicht separat zu aktivieren, trotzdem ist bei Anwendung der Residualwertmethode der Wert des Mitarbeiterstamms unabdingbar. Die Bewertung des Mitarbeiterstammes erfolgt mit dem kostenorientierten Verfahren und dient damit zur Ermittlung des fiktiven Nutzungsentgelts. Die Berechnung basiert auf hypothetischen „Wiederbeschaffungskosten". Hierzu zählen durchschnittliche Kosten für Einstellung und Ausbildung der Mitarbeiter sowie Opportunitätskosten des Produktivitätsverlusts, siehe Tab. 12.2.

Im Gegensatz zu diesen Ausführungen sind aus Verrechnungspreissicht formalrechtliche oder buchhalterische Definitionen nicht von entscheidender Bedeutung. Im Kontext der Maßnahme 8 des BEPS-Aktionsplans kommt die OECD zu dem steuerlichen Arbeitsergebnis, dass qualifizierte Mitarbeiter respektive eine eingespielte Mitarbeiterbelegschaft keine eigenständigen immateriellen Wirtschaftsgüter darstellen, da diese regelmäßig nicht der Kontrolle des Steuerpflichtigen unterliegen. Ein immaterielles Wirtschaftsgut liegt nämlich nur dann vor, wenn etwas Werthaltiges existiert, das kein materielles oder rein finanzielles Wirtschaftsgut ist und für kommerzielle Zwecke als Eigentum betrachtet und über das verfügt werden kann. Darüber hinaus sollten fremde Dritte unter vergleichbaren Umständen bereit sein, für die Übertragung oder Nutzung eines solchen Gegenstands eine Vergütung zu zahlen. Eine eingespielte Mitarbeiterbelegschaft fällt zwar nicht unter diese Definition, ist aber gleichermaßen innerhalb der Verrechnungspreisanalyse zu berücksichtigen.

**Lizenzpreisanalogiemethode**
Bei der **Methode der Lizenzpreisanalogie** (Relief from Royalty Method) werden die finanziellen Erfolgsbeiträge (Cashflows) eines Vermögenswerts unter Verwendung eines Analogieschlusses durch Lizenzentgelte approximiert, die dem Eigentümer des Vermögenswerts gegenüber der Alternative der Lizenzierung eines nutzenäquivalenten

**Tab. 12.1** Beispiel Bewertung Kundenbeziehung. (Quelle: Eigenes Beispiel)

| Bewertung Kundenbeziehung | | | | | | | | | | |
|---|---|---|---|---|---|---|---|---|---|---|
| TEUR | | 2015 | 2016 | 2017 | 2018 | 2019 | 2020 | 2021 | 2022 | 2023 |
| **Umsätze Bestandskunden** | | 2,000 | 2,000 | 2,000 | 2,000 | 2,000 | 2,000 | 2,000 | 2,000 | 2,000 |
| Fluktuation | | | 90.0 % | 80.0 % | 70.0 % | 60.0 % | 50.0 % | 40.0 % | 30.0 % | 20.0 % | 10.0 % |
| **Umsätze nach Fluktuation** | | | 1,800 | 1,600 | 1,400 | 1,200 | 1,000 | 800 | 600 | 400 | 200 |
| EBIT-Marge | | | 14.1 % | 15.0 % | 17.3 % | 17.8 % | 18.0 % | 18.0 % | 18.0 % | 18.0 % | 18.0 % |
| **EBIT** | | | 253 | 240 | 242 | 213 | 180 | 144 | 108 | 72 | 36 |
| Ertragsteuern | 30.0 % | | (76) | (72) | (73) | (64) | (54) | (43) | (32) | (22) | (11) |
| **Cashflow** | | | 177 | 168 | 169 | 149 | 126 | 101 | 76 | 50 | 25 |
| **Unterstützende Vermögenswerte (CAC)** | | | | | | | | | | | |
| Sachanlagen | 0.6 % | | (10) | (9) | (8) | (7) | (6) | (5) | (3) | (2) | (1) |
| Working Capital | 0.1 % | | (1) | (1) | (1) | (1) | (1) | (0) | (0) | (0) | (0) |
| Marke | 0.7 % | | (13) | (11) | (10) | (8) | (7) | (6) | (4) | (3) | (1) |
| Mitarbeiterstamm | 0.1 % | | (1) | (1) | (1) | (1) | (1) | (0) | (0) | (0) | (0) |
| **Cashflow nach CAC** | | | 153 | 146 | 150 | 133 | 112 | 90 | 67 | 45 | 22 |
| Diskontierungsperiode | | | 0.5 | 1.5 | 2.5 | 3.5 | 4.5 | 5.5 | 6.5 | 7.5 | 8.5 |
| WACC/Barwertfaktor | 8.4 % | | 0.96 | 0.89 | 0.82 | 0.75 | 0.69 | 0.64 | 0.59 | 0.55 | 0.50 |
| **Barwert** | | | 147 | 129 | 123 | 100 | 78 | 58 | 40 | 24 | 11 |
| **Summe der Barwerte** | | | 710 | | | | | | | | |
| Steuerliche Restnutzungsdauer | 9 | | | | | | | | | | |
| Tax Amortization | | | 1.26 | | | | | | | | |
| Benefit-Faktor | | | | | | | | | | | |
| **Beizulegender Zeitwert** | | | 898 | | | | | | | | |

**Tab. 12.2** Beispiel Bewertung Mitarbeiterstamm. (Quelle: Eigenes Beispiel)

| Bewertung Mitarbeiterstamm | | | | | | | |
|---|---|---|---|---|---|---|---|
| Funktion | Mitarbeiter | Personalkosten pro Kopf | Rekrutierungskosten | Rekrutierungskosten | Trainingskosten | Trainingskosten | Ersparte Kosten gesamt |
| | Anzahl | TEUR | % | TEUR | % | TEUR | TEUR |
| Management | 20 | 150 | 15.0 % | 23 | 5.0 % | 8 | 600 |
| Consulting | 440 | 95 | 5.0 % | 5 | 10.0 % | 10 | 6.270 |
| Vertrieb | 80 | 90 | 10.0 % | 9 | 20.0 % | 18 | 2.160 |
| Administration | 65 | 75 | 5.0 % | 4 | 5.0 % | 4 | 488 |
| **Ersparte Kosten Rekrutierung und Training** | | | | | | | **9.518** |
| Funktion | | Mitarbeiter | Personalkosten pro Kopf | Ursprüngl. Effektivität | Dauer bis zur maximalen Effektivität | | Ersparte Kosten gesamt |
| | | Anzahl | TEUR | % | Monate | | TEUR |
| Management | | 20 | 150 | 90.0 % | 4 | | 50 |
| Consulting | | 440 | 95 | 80.0 % | 3 | | 1.045 |
| Vertrieb | | 80 | 90 | 75.0 % | 3 | | 225 |
| Administration | | 65 | 75 | 85.0 % | 1 | | 30 |
| **Ersparte Kosten Unproduktivität** | | | | | | | **1.350** |
| **Zwischensumme ersparte Kosten** | | | | | | | **10.868** |
| Ertragsteuern | 30.0 % | | | | | | (3.260) |
| Ersparte Kosten nach Steuern | | | | | | | 7.608 |
| WACC (15 Jahre) | 9.0 % | | | | | | |
| Tax Amortization | | | | | | | |
| Benefit-Faktor | | | | | | | 1.20 |
| **Beizulegender Zeitwert Mitarbeiterstamm** | | | | | | | **9.152** |

Vergleichsobjekts erspart bleiben. Dabei wird ermittelt, welche Lizenzzahlungen fiktiv zu entrichten wären, wenn der betreffende Vermögenswert im Eigentum eines Dritten wäre. Die fiktiven Lizenzzahlungen werden anhand von marktüblichen Lizenzraten für vergleichbare Vermögenswerte abgeleitet. Die ermittelten fiktiven Lizenzzahlungen sind nach Abzug der zu berücksichtigenden Unternehmenssteuern mit dem vermögenswertspezifischen Kapitalkostensatz auf den Bewertungsstichtag zu diskontieren. Diese Methode setzt voraus, dass es vergleichbare Vermögenswerte gibt, die regelmäßig zwischen sachverständigen, vertragswilligen und unabhängigen Geschäftspartnern lizenziert werden. Als marktgerechte Lizenzrate gilt die prozentuale Rate vom Umsatz, unter der ein sachverständiger, williger Lizenzgeber einem sachverständigen und willigen Lizenznehmer ohne äußeren Druck die Nutzung seines Eigentums ermöglicht, wobei für beide Parteien rationale Gründe für den Abschluss dieser Vereinbarung vorliegen.

Für die Ableitung der anzusetzenden Lizenzrate kommen grundsätzlich drei Methoden in Betracht: Die 1) die „Market Comparable Royalty Rate Method", die 2) „Excess Operating Profit Method" und die 3) „The Return on Asset Method".

Bei der **„Market Comparable Royalty Rate Method"** werden die anzusetzenden Lizenzraten auf Basis von Lizenzabkommen abgeleitet, die in der jüngsten Vergangenheit für hinreichend vergleichbare Vermögenswerte abgeschlossen wurden. Diese Methode gilt es, aufgrund der Marktorientierung des Datenmaterials zu bevorzugen.

Bei der **„Excess Operating Profit Method"** wird die anzusetzende Lizenzrate auf Basis des mit dem Vermögenswert erwirtschafteten Ertrags abgeleitet. Die grundlegende Annahme der Methode besteht darin, dass der Nutzer des Vermögenswertes einen größeren Ertrag erwirtschaften wird als ein Konkurrent, der nicht über den Vermögenswert verfügen kann. Ferner wird der Mehrertrag umso größer ausfallen, je größer der wirtschaftliche Nutzen aus dem Vermögenswert ist. Die anzusetzende Lizenzrate wird dabei auf Basis von Analysen von Vergangenheits- und Plandaten mit und ohne Verwendung des Vermögenswertes ermittelt. Typischerweise wird dabei einem Vermögenswert, mit dem ein höherer Ertrag erwirtschaftet werden kann, eine höhere Lizenzrate und einem Vermögenswert, mit dem ein niedrigerer Ertrag erwirtschaftet werden kann, eine niedrigere Lizenzrate zugerechnet.

Die Ableitung von Lizenzraten für immaterielle Vermögenswerte mittels der **„Return on Asset Method"** erfolgt in einem ersten Schritt durch Abzug der erwarteten Rendite für die materiellen Vermögenswerte von der Rendite des Gesamtunternehmens. Die sich so ergebende Residualgröße ist in einem zweiten Schritt auf die einzelnen immateriellen Vermögenswerte zu verteilen. Grundsätzlich liegt der „Return on Asset Method" die Annahme zugrunde, dass immaterielle Vermögenswerte selten eigenständig einen wirtschaftlichen Nutzen für das Unternehmen generieren und deshalb der Nutzen vom Zusammenspiel mit anderen Vermögenswerten wie Sachanlagevermögen oder Working Capital abhängig ist. Daraus lässt sich schließen, dass je größer der wirtschaftliche Nutzenzufluss des Unternehmens – abzüglich Kapitalerträge – ist, desto größer ist auch der Beitrag, der aus der Nutzung der immateriellen Vermögenswerte entsteht. Unter Berücksichtigung der relativen Bedeutung der Vermögenswerte zueinander sowie der Risiken, die im Zusammenhang mit einzelnen Vermögenswerten stehen, ist den einzelnen immateriellen Vermögenswerten eine „Implied Royalty Rate" zuzuordnen.

Bei der Bewertung von Marken nach der Lizenzpreisanalogiemethode – wie das Beispiel in Tab. 12.3 zeigt – basiert der zukünftige Zahlungsstrom, der der erworbenen Marke zuzuordnen ist, auf den Umsätzen mit den markierten Produkten/Dienstleistungen. Die darauf hypothetisch entfallenden Lizenzentgelte (nach Steuern) werden auf den Bewertungsstichtag diskontiert und aufsummiert. Bei Unternehmensmarken wird die Nutzungsdauer häufig als unbestimmt anzusetzen sein, sofern keine Sachverhalte gegen diese Annahme sprechen.

**Mehrgewinnmethode**

Eine weitere Bewertungsmethode stellt die **Mehrgewinnmethode** (Incremental Cash Flow Method) dar. Hierbei werden die zukünftig erwarteten Cashflows eines Unternehmens einschließlich des zu bewertenden Vermögenswertes mit den entsprechenden Cashflows aus einem fiktiven Vergleichsunternehmen ohne den entsprechenden Vermögenswert verglichen. Dabei wird unterstellt, dass das Vergleichsunternehmen diesen Vermögenswert entweder nicht besitzt oder vollständig auf dessen Nutzung verzichtet. Die zusätzlichen Cashflows können sich ergeben, falls durch den betreffenden Vermögenswert zusätzliche Einzahlungen generiert oder Auszahlungen eingespart werden. Dabei jeweils entstehende zusätzliche Kosten sind ebenfalls zu berücksichtigen. Die Differenz in den Cashflows

**Tab. 12.3** Beispiel Bewertung Unternehmensmarke. (Quelle: Eigenes Beispiel)

| Bewertung Unternehmensmarke | | | | | | | |
|---|---|---|---|---|---|---|---|
| TEUR | | 2015 | 2016 | 2017 | 2018 | 2019 | TV |
| **Umsätze nach Attrition** | | 3,000 | 3,150 | 3,308 | 3,473 | 3,647 | 3,683 |
| Lizenzrate | | 1.0 % | 1.0 % | 1.0 % | 1.0 % | 1.0 % | 1.0 % |
| **Ersparte Lizenzgebühren vor Steuern** | | 30 | 32 | 33 | 35 | 36 | 37 |
| Ertragsteuern | 30.0 % | (9) | (9) | (10) | (10) | (11) | (11) |
| **Ersparte Lizenzgebühren nach Steuern** | | 21 | 22 | 23 | 24 | 26 | 26 |
| Diskontierungsperiode | | 0.5 | 1.5 | 2.5 | 3.5 | 4.5 | |
| WACC/Barwertfaktor | 9.4 % | 0.96 | 0.87 | 0.80 | 0.73 | 0.67 | 7.98 |
| **Barwerte** | | 20 | 19 | 19 | 18 | 17 | |
| **Summe der Barwerte Detailplanungsperiode** | | 93 | | | | | |
| Wachstum Terminal Value | 1.0 % | | | | | | |
| **Barwert Terminal Value** | | 206 | | | | | |
| **Summe der Barwerte** | | 298 | | | | | |
| Steuerliche RND | 15 | | | | | | |
| TAB-Faktor | | 1.20 | | | | | |
| **Beizulegender Zeitwert** | | 359 | | | | | |

pro Periode zwischen den beiden Unternehmen zeigt den zusätzlichen Cashflow (Incremental Cash Flow), der auf den zu bewertenden Vermögenswert zurückzuführen ist. Zur Wertermittlung sind diese zusätzlichen Cashflows mit dem vermögenswertspezifischen Kapitalkostensatz auf den Bewertungsstichtag zu diskontieren. Die Anwendung der Mehrgewinnmethode setzt voraus, dass die zukünftigen Cashflows des fiktiven Vergleichsunternehmens ohne den zu bewertenden Vermögenswert verlässlich ermittelt werden können.

In der Praxis kommt diese Methode aufgrund der mangelnden Praktikabilität eher selten zum Einsatz.

**Methode der unmittelbaren Cashflow-Prognose**
Bei der Methode der **unmittelbaren Cashflow-Prognose** werden dem Vermögenswert direkt zurechenbare Cashflows mit dem vermögenswertspezifischen risikoadjustierten Kapitalisierungszinssatz diskontiert. Wesentliche Voraussetzung hierbei ist, dass die den Vermögenswerten direkt zurechenbaren Cashflows ermittelbar sind. Die Voraussetzungen zur Anwendung dieses Ansatzes liegen i. d. R. bei der Bewertung von immateriellen Vermögenswerten nicht vor, sodass die Methode in der Praxis ebenfalls eine nachrangige Rolle spielt.

**Anwendbarkeit des PPA-Gutachtens für Verrechnungspreiszwecke**
Wie im Rahmen des Kapitels ausgeführt, ist ein PPA-Gutachten für Verrechnungspreise nicht bindend. So kann sich der Fremdvergleichspreis von dem beizulegenden Zeitwert aufgrund der subjektiven Perspektive unterscheiden, beispielsweise aufgrund von Synergien, von welchen bei der Ermittlung des beizuliegenden Zeitwerts abstrahiert wird (vgl. auch Schreiber, 2012, S. 513). Darüber hinaus werden im Bereich der Verrechnungspreise teilweise andere Bewertungskonzepte genutzt, beispielsweise Routinevergütung vs. des Konzepts der CACs.

Allerdings dient in der Praxis der aufgewendete Kaufpreis für ein Unternehmen regelmäßig als Ausgangspunkt, um den Wert von anschließend im Konzern übertragenen oder überlassenen immateriellen Wirtschaftsgütern und/oder Funktionen zu bestimmen. Der Kaufpreis kann je nach Umstand des Einzelfalls als ein zumindest eingeschränkter Fremdvergleichspreis angesehen werden. Dieser ist nach Vornahme sachgerechter Anpassungen bei der Anwendung einer geeigneten Verrechnungspreisemethode zugrunde zu legen, § 1 Abs. 3 S. 2 AStG.

Dessen ungeachtet können Bewertungen im Rahmen der PPA regelmäßig um relevante subjektive Faktoren der beteiligten Parteien ergänzt werden und dann zur Ermittlung von Fremdvergleichspreisen dienen.

## 12.3 Zusammenfassung

Die Tab. 12.4 gibt einen Überblick über Bewertungsstandards bzw. einschlägige Rechnungslegungsstandards zuzüglich der zugrunde liegende Wertkonzeptionen und Bewertungsperspektiven.

**Tab. 12.4** Überblick Bewertungsrichtlinien, Wertkonzeption und Bewertungsperspektive. (Quelle: Eigenes Beispiel)

| Bewertungsstandard/ Rechnungslegungsstandard | Wertkonzeption | Bewertungsperspektive |
|---|---|---|
| IDW S1, IDW S5 | • Objektivierter Wert<br>• Subjektiver Entscheidungswert<br>• Einigungswert | Neutrale Perspektive<br>Subjektive Perspektive<br>Subjektive Perspektive |
| IDW HFA 10 | • Subjektiver Entscheidungswert | Subjektive Perspektive |
| IFRS 3/HGB 300 ff.<br>IFRS 13/IDW RS HFA 47 | • Beizulegender Zeitwert | Perspektive des durchschnittlichen Marktteilnehmers |
| IAS 36/IDW ERS HFA 40 | • Beizulegender Zeitwert<br>• Erzielbarer Betrag[a] | Perspektive des durchschnittlichen Marktteilnehmers<br>Subjektive Sicht |

[a]Aus Vollständigkeitsgründen wurde auch die Wertkonzeption „Erzielbarer Betrag" in die Übersicht aufgenommen. Diese Wertkonzeption kommt bei der Ermittlung von Wertminderungen von Vermögenswerten zur Anwendung. Zur Definition und weiteren Erläuterungen verweisen wir auf IAS 36.74 ff. bzw. IDW ERS HFA 40, Tz. 60 ff.

Für Verrechnungspreiszwecke ist ein PPA-Gutachten nicht bindend. So kann sich der Fremdvergleichspreis von dem beizulegenden Zeitwert aufgrund der subjektiven Perspektive unterscheiden, beispielsweise aufgrund von Synergien, von welchen bei der Ermittlung des beizuliegenden Zeitwerts abstrahiert wird. I. d. R. lassen sich die entsprechenden Bewertungen jedoch für Zwecke der Ermittlung von Fremdvergleichspreisen adaptieren.

Aus IDW-S1-Bewertungen – wenn sie subjektive Entscheidungswerte aus Käufer bzw. Verkäufersicht ermitteln – können für Zwecke des hypothetischen Fremdvergleichs zumindest als Indiz Mindest- und Höchstwerte abgeleitet werden. Subjektive Handlungsmöglichkeiten wie z. B. Standortvorteile, Synergien und Transaktionskosten sind zu berücksichtigen. IDW-S1-Gutachten erstellt in der Funktion des neutralen Gutachters, können mit dem objektivierten Wert eine sehr gute Indikation für den gemeinen Wert bilden. Ggf. ist zu prüfen, ob i. S. d. doppelten Fremdvergleichs zusätzlich ungewöhnliche und persönliche Verhältnisse zu berücksichtigen sind.

## Literatur

Beumer & Duscha, 2012. *Steuerliche Bewertungsmaßstäbe*. In: Peemöller, Praxishandbuch der Unternehmensbewertung, 5. Aufl. Herne: NWB, S. 1149–1173.
Brealey, Myers & Allen, 2013. *Principles of Corporate Finance*. 11. Aufl. New York: McGraw-Hill.
Deutsche Bundesbank, 2015. *Deutsche Bundesbank Zeitreihen Daten Parameter*. [Online] Letzter Abruf: http://www.bundesbank.de/Navigation/DE/Statistiken/Zeitreihen_Datenbanken/Makroökonomische_Zeitreihen/its_list_node.html?listId=www_s140_it03c [Zugriff am 28. Oktober 2015].

Gosch, 2015. *Körperschaftssteuergesetz: KStG Kommentar,* München: C. H. Beck.
IDW, 2008. *WP Handbuch, Band II.* 13. Aufl. s. l.: IDW.
IDW, 2014. *WP Handbuch, Band II.* 14. Aufl. s. l.: IDW.
Jerabek, 2012. *Die grenzüberschreitende Betriebsübertragung und Betriebsverlagerung im Steuerrecht.* Wien: WU Vienna University of Economics and Business.
Kern & Mölls, 2010. *Ableitung CAPM-basierter Betafaktoren aus einer Peergroup-Analyse – Eine kritische Betrachtung alternativer Verfahrensweisen,* Marburg/Kiel: Working Paper Series: Coporate Govermance & Accounting Arbeitspapier Nr. 2.
Moxter, 1983. *Grundsätze ordnungsmäßiger Unternehmensbewertung.* 2. Aufl. Wiesbaden: Gabler.
Schreiber, 2012. *Besteuerung von Unternehmen. Eine Einführung in Steuerrecht und Steuerwirkung.* 3. Aufl. Berlin: Springer.
Schulz, W., 2001. *Methoden der Unternehmensbewertung.* Düsseldorf: IDW.
Seer, 2012. *Verrechnungspreise, Einkünfteverlagerung – Gestaltung und Abwehr: Verfahrensrechtliche Instrumente (Dokumentationspflichten, APA) als Alternativen zur Bewältigung eines materiellen Bewertungsproblems?*
Wassermeyer, 2015. *DBA.* 130. Aufl. München: C. H. Beck.

## Über die Autoren

**Steffen Säuberlich** Nach Tätigkeiten für die Treuhandanstalt und Dresdner Kleinwort Benson ist Steffen Säuberlich seit 1998 bei Deloitte, wo er in der Berliner Niederlassung den Bereich Corporate Finance leitet. Schwerpunkte seiner Tätigkeit sind die Betreuung nationaler und internationaler Mandanten im Rahmen von Unternehmenstransaktionen und Bewertungsfragen. Seine breit gefächerte Branchenerfahrung umfasst u. a. die Sektoren Life Science/Health Care, Chemie, Energie und Rohstoffe, TMT, Maschinen- und Anlagenbau, Automotive sowie Finanzdienstleister.

Er vertritt Deloitte Deutschland in zahlreichen internationalen Gremien unserer Organisation sowie beim Institut der Wirtschaftsprüfer, u. a. in den Arbeitsgruppen „Bestimmung von Fair Values nach IFRS" „Bewertung immaterieller Vermögenswerte" und „Wertminderung von Vermögenswerten – IAS 36".

Er ist Diplom-Kaufmann der Technischen Universität Berlin sowie Certified EFFAS Financial Analyst.

**Ulrike Scharnowski** ist seit 2000 für Deloitte Berlin im Bereich Valuation Services tätig. Sie besitzt langjährige Erfahrungen auf dem Gebiet der Bewertung von Unternehmen sowie der Bewertung materieller und immaterieller Vermögenswerte, u. a. im Zusammenhang mit Kaufpreisallokationen und Werthaltigkeits-Tests. Sie berät sowohl nationale als auch internationale Unternehmen und verfügt über weitreichende Branchenkenntnisse, u. a. in den Bereichen Pharmazie, Chemie, IT, Maschinenbau und Automotive.

Sie studierte Betriebswirtschaftslehre an der Humboldt-Universität zu Berlin und an der Fachhochschule für Technik und Wirtschaft Berlin mit den Schwerpunkten Finanzierung und Rechnungswesen. Sie ist Certified EFFAS Financial Analyst.

# Steuerrechtliche Grenzen bei Umstrukturierungen

**13**

Steffen Voll, Roland Pfeiffer und Paul Chao

**Leitfragen**

- Welche steuerlichen Form- und Inhaltsanforderungen werden an die vertragliche Ausgestaltung von Umstrukturierungen gestellt?
- Was ist Substanz und welche Bedeutung hat sie bei Umstrukturierungen?
- Welche innerdeutschen Steuernormen bilden bereits heute eine Grenze bei Umstrukturierungen?
- Welche Entwicklungen sind im Bereich des internationalen Informationsaustausches in Steuersachen zu beachten (Abgleich der steuerlichen Darstellung der Umstrukturierung in den betreffenden Ländern)?

## 13.1 Einleitung

Bei der Planung und Umsetzung von grenzüberschreitenden Umstrukturierungen ist aus steuerlicher Perspektive zu berücksichtigen, dass auch bei zivil-, gesellschafts- oder handelsrechtlich zulässigen Gestaltungen die damit verfolgten steuerlichen Ziele nicht

---

S. Voll (✉)
Hamburg, Deutschland
E-Mail: steffen.voll@olympus-europa.com

R. Pfeiffer
Düsseldorf, Deutschland
E-Mail: rpfeiffer@deloitte.de

P. Chao
Düsseldorf, Deutschland
E-Mail: nopaulchao@gmail.com

immer erreicht werden können. Zur Vermeidung einer Aushöhlung des Steueraufkommens und der Gewinnverschiebung ins Ausland hat der deutsche Gesetzgeber eine Vielzahl von Einzelvorschriften erlassen, die dem entgegenwirken sollen. Die Rechtsfolgen dieser Vorschriften reichen von der gänzlichen Nichtanerkennung der gewählten Gestaltung aus steuerlicher Perspektive (s. z. B. § 42 AO, Missbrauch von rechtlichen Gestaltungsmöglichkeiten) über die Verwehrung des steuerlichen Vorteils (s. z. B. § 14 Abs. 1 S. 1 Nr. 5 KStG (Verhinderung der doppelten Verlustnutzung bei grenzüberschreitenden Organschaften)) bis zu einer zeitlichen Streckung der angestrebten Steuervorteile über mehrere Steuerperioden hinweg (s. z. B. § 10d EStG, Verlustabzug (Mindestbesteuerung)). Diesen Vorschriften ist weitgehend gemein, dass ihre Regelungsinhalte und die damit verfolgten Ziele seitens der OECD derzeit kontrovers unter dem Titel „Base Erosion and Profit Shifting (BEPS)" diskutiert werden. Ziel der breiten Diskussion und der gemeinsamen Zusammenarbeit auf OECD-Ebene ist es – multilateral abgestimmt – eine Erosion des nationalen Steueraufkommens durch Gewinnverschiebungen in sog. Niedrigsteuerländer einzudämmen bzw. zu unterbinden.

Dieses Kapitel soll dem Leser einen Überblick über die Aspekte, die bei der steuerrechtlichen Ausgestaltung von konzerninternen Verträgen zu berücksichtigen sind, als auch über die in der deutschen Steuerpraxis relevanten Normen bei grenzüberschreitenden Umstrukturierungen geben, die insbesondere der Sicherung des Steueraufkommens dienen und potenziellen Gewinnverschiebungen entgegenwirken sollen. Dieser Abschnitt ergänzt damit Kap. 5, das die aktuelle Diskussion auf Ebene der OECD entlang der BEPS-Entwicklungen darstellt. Es folgen Einlassungen zu vertraglichen Gestaltungen, Substanzerfordernissen sowie zu künstlichen Gestaltungen, die jeweils eine Grenze für die steuerliche Anerkennung von Umstrukturierungen bilden können. Abschließend wird auf den internationalen Informationsaustausch in Steuersachen eingegangen sowie auf die derzeit laufenden Pilotprojekte zur gemeinsamen Betriebsprüfung (Joint Audits). Der internationale Informationsaustausch ist verfahrensrechtliches Bindeglied zwischen den nationalen Regelungsnormen zur Vermeidung der Steueraushöhlung und der Überprüfung der Substanzgegebenheiten.

Die Regelungen zur grenzüberschreitenden Umwandlung von EU-/EWR-Kapitalgesellschaften sind nicht Gegenstand dieses Kapitels.[1] Ebenso werden keinen Ausführungen zur Entstrickung bzw. Verstrickung in Folge der Überführung von Wirtschaftsgütern in bzw. aus einer ausländischen Betriebsstätte dargestellt (vgl. § 4 Abs. 1 S. 3 EStG bzw. § 12 KStG).

---

[1]Durch die Fusionsrichtlinie (Richtlinien 90/434/EWG) sowie die flankierenden Regelungen im deutschen Umwandlungssteuergesetz (vgl. Gesetz über steuerliche Begleitmaßnahmen zur Einführung der Europäischen Gesellschaft und zur Änderung weiterer steuerlicher Vorschriften (SEStEG) v. 7. 12. 2006) hat die EU bzw. der deutsche Gesetzgeber, das Umwandlungssteuerrecht „europäisiert". Hiernach ist es Unternehmen u. a. grundsätzlich steuerneutral möglich, sich EU-grenzüberschreitend zu verschmelzen oder aber auch als SE innerhalb der EU den Sitz (und Ort der Geschäftsleitung) zu verlegen.

## 13.2 Vertragliche Gestaltungen

Die Vereinbarung von Umstrukturierungen, die sich auf mehr als nur eine Gesellschaft (legale Einheit) erstrecken, auch wenn es sich hierbei nur um verbundene Gesellschaften handeln sollte, basiert stets auf Verträgen, unabhängig davon, ob diese schriftlich vereinbart oder konkludent – d. h. durch schlüssiges Handeln – geschlossen wird. In dem folgenden Abschnitt wird die grundsätzliche Bedeutung von Verträgen bei Umstrukturierungen im Hinblick auf etwaig benötigte Form- und Inhaltserfordernisse, als auch die steuerlichen Rechtsfolgen, wenn diese nicht beachtet werden, dargestellt.

Die steuerliche Anerkennung von Verträgen setzt grundsätzlich deren zivilrechtliche Wirksamkeit voraus. Lediglich in solchen Fällen, in denen die Beteiligten das wirtschaftliche Ergebnis des Rechtsgeschäfts gleichwohl eintreten und bestehen lassen wollen, kommt es auf die zivilrechtliche Wirksamkeit des geschlossenen Vertrages für steuerliche Zwecke nicht an (§ 41 AO). Etwas anderes gilt bei Verträgen zwischen nahen Angehörigen, d. h. auch zwischen verbundenen Unternehmen, bei denen nach der ständigen Rechtsprechung des BFH zivilrechtlich unwirksame Verträge steuerlich nicht zu berücksichtigen sind.[2] Diese Grundsätze sind bei der vertraglichen Abbildung einer geplanten Umstrukturierung entsprechend zu berücksichtigen.

### 13.2.1 Bedeutung von konzerninternen Verträgen

Die Bedeutung von konzerninternen Verträgen wird vor dem Hintergrund der BEPS-Aktionspunkte in Zukunft erheblich zunehmen. In den Aktionspunkten Nr. 8 bis 10 und Nr. 13 wird dazu insbesondere ausgeführt:

- Die Vertragsbedingungen einer Transaktion bilden den Ausgangspunkt bei der Vergleichbarkeitsanalyse eines Geschäftsvorfalls hinsichtlich der Aufteilung der Verantwortlichkeiten, Risiken und der antizipierten Folgen.
- Das tatsächliche Verhalten ergänzt oder ersetzt Vertragsbedingungen, wenn Verträge unvollständig sind oder nicht mit dem Tatsächlichen übereinstimmen.
- Eine Anerkennung von vertraglichen Risikoaufteilungen erfolgt nur, wenn sich diese auf tatsächliche Entscheidungsprozesse stützt und damit eine effektiv ausgeübte Kontrolle gewährleistet.
- Den zukünftigen Local-Files (lokale Verrechnungspreisdokumentationen) sollen zukünftig die relevanten Verträge unmittelbar beigefügt werden.

In der aktuellen Unternehmenspraxis wird dem Thema konzerninterne Verträge oftmals nur wenig Beachtung geschenkt, in nicht seltenen Fällen beschränken sich konzerninterne Ver-

---

[2]Vgl. BFH, Urteil v. 8.3.1984, I R 31/80, BStBl. II 1984, 623.

träge auf ein oder zwei Seiten, die so mit fremden Dritten nicht vereinbart würden. Der Umstand, dass es sich bei dem betreffenden Unternehmen z. B. um einen Routinedistributor oder einen Routinedienstleister handeln soll, kann in diesen Fällen vielfach nur anhand der vereinbarten Routinevergütung herausgelesen werden. Vor dem Hintergrund der oben dargestellten BEPS-Ergebnisse ist zu erwarten, dass eine entsprechende Argumentation der Steuerpflichtigen seitens der Finanzverwaltungen zukünftig nicht mehr akzeptiert wird. Vielmehr wird in Fällen einer fehlenden vertraglichen Funktionszuweisung oder einer fehlenden Risikoallokation die Gefahr bestehen, dass die entsprechende Finanzverwaltung eine für den Steuerpflichtigen ungünstige Funktionszuweisung und Risikoallokation unterstellt, insbesondere wenn die tatsächliche Ausübung der Funktion (z. B. Pflicht zur Übertragung von Forschungsergebnissen) noch nicht stattgefunden oder sich das streitige Risiko noch nicht realisiert hat (z. B. Produkthaftung, Gewährleistung, Verlustübernahmen). Selbst wenn dies jedoch der Fall sein sollte, besteht die Gefahr, dass eine entsprechende Einigung der Vertragsparteien über die zukünftige Ausübung der Funktion bzw. der Allokation des Risikos seitens der Finanzverwaltung bestritten wird, da die Vertragsparteien auch in diesen Fällen oftmals keinen vertraglichen Anspruch für ggf. künftige Fälle nachweisen bzw. glaubhaft machen können. Über diesen Umstand wird auch eine Dokumentation i. d. R. nicht hinweghelfen können, da es sich insoweit nur um eine einseitige Darstellung handelt, die für keine der beteiligten Transaktionsparteien einen vertraglichen Anspruch begründet.

Vor diesem Hintergrund empfiehlt es sich, bestehende konzerninterne Verträge zu überprüfen und bei zukünftigen Verträgen zu beachten, dass der Vertrag das Funktions- und Risikoprofil der einzelnen Vertragsparteien klar definiert und die vereinbarte Vergütung im Einklang mit der vertraglich getroffenen Funktions- und Risikoallokation steht. Um den Betriebsprüfern die Arbeit zu erleichtern und um damit dem Steuerpflichtigen arbeits- und kostenintensive Betriebsprüfungsanfragen zu ersparen, empfiehlt es sich, bereits im Rahmen der Präambel eines Vertrages den Vertragshintergrund sowie die verrechnungspreissystematische Charakterisierung der Vertragsparteien im Lichte der von den Vertragsparteien ausgeübten Funktionen und getragenen Risiken zu beschreiben. Entsprechend empfiehlt es sich auch, alte konzerninterne Verträge zu aktualisieren. Bei einer entsprechenden Vertragsanpassung sollte in der Präambel des Vertrages darauf hingewiesen werden, dass es sich insoweit nicht um eine Vertragsänderung handelt, sondern um eine schriftliche Spezifizierung des bereits bestehenden Vertragsverhältnisses.

Des Weiteren sollten bei dem Abschluss von konzerninternen Verträgen deren rechtliche Implikationen nicht unterschätzt werden. Konzerninterne Verträge werden oftmals unter der impliziten Annahme geschlossen, dass im „Fall der Fälle" die Vertragsparteien durch den Gesellschafter „gesteuert" werden können. Hierbei ist jedoch zu beachten, dass Geschäftsführer ihrer Gesellschaft gegenüber verpflichtet sind und sie sich im Falle einer Pflichtverletzung gegenüber dieser schadensersatzpflichtig machen können. Dass es sich hierbei um eine zunehmende und daher nicht zu unterschätzende Unternehmensrealität handelt, kann den jüngst in der Presse dargestellten Fällen bei VW oder der Deutschen Bank entnommen werden. Insofern sollten auch aus rechtlichen Gründen die Verantwortlichkeiten sowie die Risikoallokationen im Rahmen eines konzerninternen Vertrages klar geregelt sein und gelebt werden.

## 13.2.2 Konzerninterne Verträge und (abweichendes) tatsächliches Verhalten

In der steuerlichen Unternehmenspraxis kommt es vor, dass das tatsächliche Verhalten von Vertragspartnern nicht dem schriftlich vereinbarten Vertrag entspricht, sei es unbeabsichtigt oder sehenden Auges. Im letzteren Fall handelt es sich um ein sog. Scheingeschäft. Diese sind zivilrechtlich grundsätzlich nichtig (§ 117 Abs. 1 BGB) und steuerlich unerheblich (§ 41 AO). Sofern das Scheingeschäft jedoch nur ein anderes Rechtsgeschäft (tatsächlich gewolltes) verdeckt, finden grundsätzlich die für dieses Rechtsgeschäft maßgeblichen Vorschriften Anwendung (§ 117 Abs. 2 BGB). Wird zwischen zwei Parteien z. B. eine „Ausfallbürgschaft" vertraglich vereinbart, es sich aber aufgrund des Inhalts der Vereinbarung dabei tatsächlich um eine Warenkreditversicherung handelt (Rechte und Pflichten aus dem Vertrag), finden entgegen der Bezeichnung des Vertrages die rechtlichen Regelungen und die steuerlichen Folgen der Warenkreditversicherung auf das Vertragsverhältnis Anwendung.[3]

Anders sind Fälle zu beurteilen, in denen sich die Vertragsparteien entgegen der schriftlich fixierten vertraglichen Bedingungen verhalten. Aus einer rechtlichen Perspektive kann in diesen Fällen regelmäßig eine konkludente Änderung des Vertrages – durch tatsächliches Verhalten der Parteien – angenommen werden, d. h. insoweit liegt weiterhin ein wirksamer mündlich geänderter zivilrechtlicher Vertrag vor. Dies gilt nach deutschem Recht selbst dann, wenn die Parteien für die Wirksamkeit der Vertragsänderung ein Schriftformerfordernis vereinbart haben, da dieses nach der Rechtsprechung des BGH ebenfalls konkludent abbedungen werden kann.[4] Steuerlich gelten diese Grundsätze gleichermaßen, sofern die für die verdeckte Gewinnausschüttung entwickelten Grundsätze keine Anwendung auf den Sachverhalt finden (zu den Ausnahmen s. auch Abschn. 13.2.3).

## 13.2.3 Grundsätze der sog. Substance over Form

Bei Umstrukturierungen innerhalb einer Unternehmensgruppe besteht die Besonderheit, dass es sich bei den an der Transaktion beteiligten Unternehmen nicht um fremde Dritte mit einem entsprechend vermuteten Interessengegensatz handelt, sondern um sog. verbundene Unternehmen, auf die – wie Eingangs bereits erläutert – die durch die Rechtsprechung

---

[3]Vgl. Abgrenzung einer Versicherung von einer Bürgschaft, BFH-Beschluss v. 30.3.2015.
[4]Sofern die Parteien in einer mündlichen Vereinbarung zum Ausdruck gebracht haben, dass diese trotz der Schriftformklausel gelten soll, sieht die Rechtsprechung darin eine (konkludente) formfreie Außerkraftsetzung der Schriftformklausel. Dies soll auch gelten, wenn die Parteien bei ihren mündlichen Vereinbarungen nicht an das Formerfordernis gedacht haben (BAG NZA 2007, 801 Rn. 17; BGH WM 1966, 1335 = DB 1967, 80; NJW 1965, 293; aA aber BGH NJW-RR 1991, 1289 (1290)). Dies gilt nicht, sofern die Parteien eine sog. qualifizierte Schriftformklausel vereinbart haben, nach der die Abbedingung des Schriftformerfordernisses seinerseits der Schriftform bedarf.

entwickelten Grundsätze zur verdeckten Gewinnausschüttung Anwendung finden.[5] Danach werden erhöhte Anforderungen an den Abschluss von Verträgen zwischen verbundenen Unternehmen gestellt, insbesondere müssen diese für die steuerliche Anerkennung i) zivilrechtlich wirksam, ii) klar und eindeutig und im iii) voraus abgeschlossen werden.

Faktisch münden diese Voraussetzungen oftmals in ein steuerrechtliches Schriftformerfordernis für Verträge zwischen verbundenen Unternehmen oder einer mit dieser nahe stehenden Person (z. B. dem Gesellschafter). Liegen die oben genannten Voraussetzungen nicht vor, beruft sich der Steuerpflichtige aber auf eine mündliche Vereinbarung, ohne den Nachweis für den Inhalt und den Bestand der Vereinbarung führen zu können, so hat er den Nachteil für den fehlenden Nachweis für den Bestand und Inhalt der Vereinbarung zu tragen, der regelmäßig mit der Verwehrung eines entsprechenden Betriebsausgabenabzugs einhergeht. Dies führt in der steuerlichen Praxis dazu, dass Betriebsgabenabzüge bereits aus formalen Gründen verwehrt werden, bedingt durch das Fehlen einer zivilrechtlich wirksamen, klaren und eindeutigen im Voraus abgeschlossenen Vereinbarung.

Keine Anwendung finden die oben genannten Grundsätze bei grenzüberschreitenden Transaktionen zwischen verbundenen Unternehmen, sofern die Transaktion von einem Doppelbesteuerungsabkommen der Bundesrepublik Deutschland erfasst wird, das einen Artikel entsprechend 9 Abs. 2 des OECD-Musterabkommens enthält („dealing at arm's length"). Nach der nunmehr ständigen Rechtsprechung des BFH[6] entfaltet der abkommensrechtliche Grundsatz des „dealing at arm's length" bei verbundenen Unternehmen eine Sperrwirkung gegenüber den sog. Sonderbedingungen, denen beherrschende Unternehmen im Rahmen der Einkommenskorrektur nach § 8 Abs. 3 S. 2 KStG bei Annahme einer verdeckten Gewinnausschüttung unterworfen sind. Somit kann deshalb auch in Bezug auf § 1 AStG eine Einkünftekorrektur im Ergebnis nur dann und insoweit in Betracht kommen, wenn der vereinbarte Preis seiner Höhe, also seiner Angemessenheit nach, dem Fremdvergleichsmaßstab nicht standhält.[7]

Die Rechtsprechung des BFH hat in den genannten Fällen erhebliche Bedeutung für die (Betriebsprüfungs-)Praxis. Zugleich sollte die Reichweite des Urteils nicht überschätzt werden. Auch wenn in den genannten Fällen die Verwehrung eines Betriebsausgabenabzugs aus rein formalen Gründen nunmehr ausscheidet, verbleibt die Beweislast für den Bestand und den Inhalt des Vertrages beim Steuerpflichtigen. Kann der Steuerpflichtige z. B. eine bestimmte Funktions- und Risikoallokation in der betrachteten

---

[5]Siehe R 36 Körperschaftsteuerrichtlinie.

[6]Siehe BFH, Urteil v. 11.10.2012, I R 75/11, BStBl. 2013 II S. 1046; BFH, Urteil v. 17.12.2014 – I R 23/13 sowie BFH, Urteil v. 24.6.2015 – I R 29/14.

[7]Dieser Rechtsprechung begegnet die Finanzverwaltung mit dem Nichtanwendungserlass vom 30.03.2016 - IV B 5 - S 1341/11/10004-07, IStR 2016, 349 - und dem Gesetzesentwurf zur Änderung des § 1 AStG - Entwurf eines Gesetzes zur Umsetzung der Änderungen der EU-Amtshilferichtlinie und von weiteren Maßnahmen gegen Gewinnkürzungen und -verlagerungen, vgl. Puls/Schmidtke/Tränka, 2016.

Transaktion nicht glaubhaft machen, kann die Finanzverwaltung weiterhin zu einer vom Steuerpflichtigen abweichenden Charakterisierung der Transaktionsparteien gelangen. Dies kann eine erhebliche Auswirkungen auf die Allokation von Gewinnen oder auch auf die Allokation von Wirtschaftsgütern, insbesondere von immateriellen Wirtschaftsgütern haben (z. B. im Falle einer vermeintlichen Auftragsforschung). Dies gilt insbesondere unter Beachtung der in Abschn. 13.2.1 genannten Grundsätze. Entsprechend ist der Abschluss von zivilrechtlich wirksamen, klaren und eindeutigen im Voraus vereinbarten Verträgen weiterhin als „best practice" anzusehen.

### 13.2.4 Konzerninterne Verträge und von dem Vereinbarten abweichende steuerliche Rechtsfolgen

Vereinbaren konzernverbundene Vertragsparteien eine zivilrechtliche wirksame, klare und eindeutige Vereinbarung im Voraus ohne eine angemessene Vergütung, kann die Finanzverwaltungen die Einkünfte – auch bei einer vertragsgemäßen Durchführung des Vertrages durch die Parteien – nach den Grundsätzen der verdeckten Gewinnausschüttung/verdeckten Einlage oder nach § 1 AStG korrigieren, sofern die entsprechenden Tatbestandsvoraussetzungen erfüllt sind. Fraglich ist im Hinblick auf die BEPS-Ergebnisse jedoch, ob in diesen Fällen, neben der Korrektur der Einkünfte, weitere steuerrechtliche Rechtsfolgen getroffen werden können, wie z. B. die Recharakterisierung der Transaktion oder eine von den Vertragsparteien nicht gewollte Allokation von Wirtschaftsgütern. Die Problematik soll an dem folgenden Extrembeispiel erläutert werden:

> **Beispiel**
> A in Land B verfügt über umfangreiche finanzielle Ressourcen und beauftragt C in Land D (Deutschland) mit der Forschung nach neuen Medikamenten gegen Krebs. C verfügt über erhebliche Expertise in diesem Bereich, jedoch nicht über die benötigten finanziellen Ressourcen, um eine solche Entwicklung finanzieren zu können. A verfügt über keinerlei medizinisches Know-how, kann die Forschung somit weder anleiten, beurteilen noch kontrollieren, ist jedoch bereit, die Entwicklungskosten zu tragen zuzüglich eines (Routine-)Kostenaufschlags gegen Gewährung und Übertragung der Forschungsergebnisse. A trägt somit auch vollständig die finanziellen Risiken eines Fehlerfolgs, d. h., dass die Forschung ohne ein kommerziell verwertbares Ergebnis endet. Die durchschnittliche Entwicklungsdauer eines Medikaments liegt bei 10 bis 15 Jahren und die Entwicklungskosten bei etwa USD 1,3 Mrd. pro Medikament. Ferner erreicht nicht jedes Medikament die Gewinnzone. Die Parteien schließen eine entsprechende zivilrechtlich wirksame, klare und eindeutige Vereinbarung im Voraus und führen diese vertragsgemäß aus.
>
> In dem oben genannten Beispiel wurden in der Vergangenheit bereits schon die Voraussetzungen für die Annahme einer Auftragsforschung im Sinne einer Routinetätigkeit kritisch beurteilt, da A in Ermangelung von medizinischer Expertise die Forschung

weder anleiten, beurteilen noch kontrollieren kann. Insofern stellte sich in dieser Konstellation bereits die Frage, ob eine Routinevergütung angemessen wäre bzw. ob C nicht ebenfalls aus den gewonnen Forschungsergebnissen ertragsberechtigt ist.

Weitere Brisanz gewinnt der Fall im Lichte der Ergebnisse des Aktionspunktes 9, in dem seitens der OECD ausgeführt wird, dass ein Kapitalgeber, der keine Kontrolle über das Investitionsrisiko habe und auch sonst keine mit dem Kapital verbundene Funktion erfülle, die eine Risikoprämie rechtfertigen würde, nicht mehr als einen risikofreien Beitrag erwarten solle. Somit stellt sich zukünftig darüber hinaus die Frage, ob das oben angeführte Vertragsverhältnis für steuerliche Zwecke in ein reines Finanzierungsverhältnis umcharakterisiert werden könnte. Gegen eine Übertragung dieser Grundsätze auf den oben genannten Fall spricht jedoch bereits aus Perspektive der OECD-Verrechnungspreisleitlinien, dass C aufgrund seiner finanziellen Ausstattung gar nicht imstande ist, das Finanzierungsrisiko für das Forschungsprojekt zu tragen für den Fall, dass sich das mit der Forschung verbundene Risiko materialisiert, d. h. diese ergebnislos endet. In diesem Fall könnte C das „Darlehen" gegenüber A nicht bedienen.

Aufgrund des zivilrechtlich wirksamen Vertrages und dessen tatsächliche Umsetzung erscheint auch eine entsprechende steuerrechtliche Umsetzung der oben genannten OECD-Ausführungen in Deutschland problematisch, insbesondere da die Rechte und Pflichten aus einem Finanzierungsverhältnis (Gewährung eines Darlehens mit Rückzahlungspflicht zuzüglich Zinsen) erheblich von dem eines Auftragsforschungsverhältnisses (Erbringung von Dienstleistungen gegen Vergütung mit der Pflicht zur Übertragung von Forschungsergebnissen) abweichen. Eine entsprechende Umqualifizierung des Vertrages dergestalt, dass die Parteien in Wirklichkeit einen Darlehensvertrag anstelle eines Auftragsforschungsvertrages abschließen wollten, scheidet somit aus einer rein zivilrechtlichen Perspektive aus.

Eine Umcharakterisierung der oben dargestellten Transaktion auf Basis der Grundsätze zur verdeckten Gewinnausschüttung wird in den einzelnen steuerlichen Perioden ebenfalls kaum möglich sein, da sich aufgrund der mit der Forschung immanent verbundenen Unsicherheiten des Erfolgs erst im Rahmen einer ex-post Betrachtung beurteilen lassen wird, ob durch die Transaktion für C eine Vermögensminderung oder verhinderte Vermögensmehrung eingetreten ist. Sofern die Forschung scheitert, hätte die Transaktion eher zum Vorteil von C gereicht, im Falle eines Erfolgs läge hingegen eine verhinderte Vermögensmehrung durch C vor, mithin eine verdeckte Gewinnausschüttung. Aus den gleichen Gründen würde auch eine Korrektur über § 1 AStG ausscheiden.

Im Ergebnis erscheint somit eine Umqualifizierung nach dem derzeitigen Stand der Gesetze nur über § 42 AO „Missbrauch von rechtlichen Gestaltungsmöglichkeiten" denkbar, bei deren Vorliegen der Steueranspruch so entsteht, wie er bei einer den wirtschaftlichen Vorgängen angemessenen rechtlichen Gestaltung entstehen würde. Ob eine solche Auffassung durch die Rechtsprechung bestätigt wird, erscheint fraglich. In der fehlenden Liquidität und Kreditwürdigkeit von C könnte ein wirtschaftlich beachtlicher Grund für die gewählte rechtliche Gestaltung gesehen werden, der i. S. d. § 42

AO beachtlich sein könnte. In diesem Fall würde dann auch eine Umcharakterisierung der Transaktion nach § 42 AO ausscheiden.

## 13.3 Substanzerfordernisse und künstliche Gestaltungen

### 13.3.1 Einführung

Die grundsätzlich auch von den deutschen Steuerbehörden anerkannte unternehmerische Gestaltungs- und Vertragsfreiheit steht im Spannungsfeld mit dem Interesse des Staates an der Durchsetzung seines Besteuerungsrechts. In diesem Zusammenhang wird insbesondere das Thema Substanz als ein wesentlicher Aspekt des sog. Missbrauchs diskutiert, der in Deutschland in § 42 AO geregelt ist. Die Frage nach Substanz lässt sich gleichwohl nicht auf den Aspekt des Missbrauchs oder einer Gesetzesumgehung beschränken, vielmehr beginnt die Spanne der betroffenen Rechtsfragen bei der Frage nach der Auslegung der Steuergesetze, sie reicht über das Spannungsverhältnis von Steuerrecht und Zivilrecht, streift die sog. wirtschaftliche Betrachtungsweise im Steuerrecht und führt schließlich zu Fragen der Umgehung der Steuergesetze und des Missbrauchs.[8]

Der Begriff der Substanz und die rechtlichen Anforderungen an diese sind gesetzlich nicht geregelt, vielmehr handelt es sich um ein Merkmal, das insbesondere durch die Rechtsprechung bei der Auslegung von sog. unbestimmten Rechtsbegriffen hergeleitet und inzident geprüft wird, z. B. bei der Beurteilung von künstlichen Gestaltungen oder eines potenziellen Gestaltungsmissbrauchs. Unbestimmte Rechtsbegriffe bezeichnen im deutschen Recht ein Merkmal innerhalb eines gesetzlichen Tatbestands oder einer sonstigen Rechtsquelle, das vom Gesetzgeber mit einem mehrdeutigen Inhalt versehen wird und dessen objektiver Sinn sich deshalb nicht sofort erschließt und somit im Rahmen einer rechtlichen Auslegung durch die Rechtsprechung zu ermitteln ist. Beispiele für unbestimmte Rechtsbegriffe sind z. B. der „Missbrauch von Gestaltungsmöglichkeiten" des § 42 AO, der „Fremdvergleichsgrundsatz" des § 1 AStG oder die „verdeckte Gewinnausschüttung" des § 8 Abs. 3 S. 2 KStG. Entsprechend werden Substanz und die daran gestellten Anforderungen jeweils im Lichte der konkret betrachteten Norm und des konkret zu beurteilenden Sachverhalts durch die Rechtsprechung ausgelegt. So ist z. B. eine Gesellschaft i. S. d. § 50d Abs. 3 S. 1 Nr. bis 3 EStG „substanzstark", wenn kumulativ a) für die Einschaltung der ausländischen Gesellschaft wirtschaftliche oder sonst beachtliche Gründe vorliegen, b) sie mehr als 10 % ihrer gesamten Bruttoerträge des betreffenden Wirtschaftsjahres aus eigener Wirtschaftstätigkeit erzielt und c) sie mit einem für ihre Geschäftszwecke angemessenen eingerichteten Geschäftsbetrieb am allgemeinen wirtschaftlichen Verkehr teilnimmt.[9] Dagegen forderte der BFH mit der Entscheidung vom

---

[8]Vgl. Schliessl, 2002.
[9]Vgl. Wagner, 2015.

20.03.2002[10] zu sog. single purpose Finanzierungsgesellschaften, als Mindestausstattung für die Annahme einer ausreichenden personellen und sachlichen Substanz, z. B. lediglich das Vorhandensein von Teilzeitkräften, Gemeinschaftsbüroräumen, Telefon und Telefax (§ 42 AO). Entscheidend war für den BFH, dass insoweit Substanz vorhanden ist, um die Finanzierungs- (oder sonstige) Funktion mit Letztentscheidungskompetenz – in der genannten Entscheidung: Verbuchen der ein- und ausgehenden Zahlungen und die Entscheidung über die Anlageform – erfüllen zu können.[11]

Die Anforderungen, die an die personelle und sachliche Substanz im konkreten Einzelfall durch die Rechtsprechung gestellt werden, sind gleichwohl einer systematischen Herleitung zugänglich, auf deren Bestimmung im Folgenden eingegangen wird. Im Anschluss daran werden die Generalnormen zu Form- und Gestaltungsmissbrauch sowie die Hinzurechnungsbesteuerung dargestellt, die als Spezialnorm der Vermeidung von künstlicher Verlagerung von inländischem Steuersubtrat in Niedrigsteuerländer dient.

### 13.3.2 Personelle und sachliche Substanz

Die Ermittlung der erforderlichen personellen und sachlichen Substanz durch die deutsche Rechtsprechung folgt weitestgehend dem Konzept der OECD-Verrechnungspreisleitlinien zur sog. wirtschaftlichen Substanz. Nach den OECD-Verrechnungspreisleitlinien wird die „wirtschaftliche Substanz" (engl. „economic substance", im nachfolgenden Zitat übersetzt mit „wirtschaftlicher Gehalt") wie folgt ermittelt:[12]

> **Ermittlung des wirtschaftlichen Gehalts eines Geschäftsvorfalls oder einer Vereinbarung**
> Der wirtschaftliche Gehalt eines Geschäftsvorfalls oder einer Vereinbarung wird auf Grund der Prüfung aller Umstände und Gegebenheiten festgestellt; hierzu gehören z. B. der wirtschaftliche und geschäftliche Zusammenhang des Geschäftsvorfalls oder der Vereinbarung, sein Zweck und seine Auswirkungen unter praktischen und wirtschaftlichen Gesichtspunkten sowie das Verhalten der Vertragsparteien, unter anderen auch die von ihnen ausgeübten Funktionen, ihr Kapitaleinsatz und die von ihnen übernommenen Risiken.

Die Bestimmung der notwendigen personellen und sachlichen Substanz für die zu beurteilende Struktur hat auf Grundlage einer Funktions- und Risikoanalyse zu erfolgen. In einem ersten Schritt ist zu prüfen, ob die zu beurteilende Struktur über die erforderliche personelle Substanz für die Ausübung der ihr zugewiesenen Funktionen verfügt. Die Prüfung hat dabei sowohl in qualitativer als auch in quantitativer Hinsicht zu erfolgen. Qualitativ ist zu prüfen, ob die Struktur über das fachlich ausgebildete Personal zur Ausübung sowie zur Kontrolle der mit der Funktion verbundenen Risiken verfügt.[13] Im

---

[10]BFH, Urteil v. 20.03.02 – I R 63/99.
[11]Vgl. (Protzen, 2009).
[12]Siehe OECD-Verrechnungspreisleitlinien 2010, Kapitel IX, S. 257, Tz. C.2
[13]Siehe BFH, Urteil v. 20.03.02 – I R 63/99.

Rahmen der quantitativen Prüfung ist zu analysieren, ob eine ausreichende Anzahl an Personal für die Ausübung der Funktionen vorhanden ist, wobei Hilfs- und Nebentätigkeiten grundsätzlich auch ausgelagert werden können.

In sachlicher Hinsicht ist zu prüfen, ob die Struktur über die für die Ausübung der Funktion benötigten sachlichen Mittel verfügt. Nicht notwendig ist dabei, dass diese im Eigentum der funktionsausübenden Partei stehen. Ausreichend und zugleich notwendig ist aber, dass die benötigten sachlichen Mittel zumindest genutzt werden können (Überlassung). Einschränkungen bestehen insoweit bei der finanziellen Ausstattung der Struktur, da diese über die notwendigen Mittel für die von ihr getragenen Risiken verfügen muss.[14] So kann z. B. ein Auftragsfertiger i. d. R. nicht das Produkthaftungsrisiko für die von ihm produzierten Produkte übernehmen, da dieser regelmäßig nicht über die finanziellen Mittel zur Tragung des damit verbundenen Risikos im Falle dessen Materialisierung verfügt.

Insoweit ähnelt die Prüfung und die Anforderung an die Substanz grundsätzlich der Prüfungsreihenfolge des AOA, insbesondere mit Bezug auf die „Significant People Function" (Personalfunktionen). Eine eingehende Darstellung des Konzepts der „Significant People Function" und der BsGaV finden sich in Kap. 11.

### 13.3.3 Missbrauch von rechtlichen Gestaltungsmöglichkeiten (§ 42 AO)

Nach § 42 Abs. 1 AO kann das Steuergesetz durch Missbrauch von Gestaltungsmöglichkeiten nicht umgangen werden. Im Rahmen des JStG 2008[15] wurde § 42 AO um eine Definition des Missbrauchs sowie um Kollisionsregeln ergänzt. Danach ist § 42 AO grundsätzlich subsidiär gegenüber Einzelsteuergesetzen.

Im Einklang mit der ständigen Rechtsprechung des BFH[16] liegt nach dem neu gefassten § 42 Abs. 2 AO ein Gestaltungsmissbrauch vor, wenn eine unangemessene rechtliche Gestaltung gewählt wird, die beim Steuerpflichtigen oder einem Dritten im Vergleich zu einer angemessenen Gestaltung zu einem gesetzlich nicht vorgesehenen Steuervorteil führt. Dies gilt nach der Definition nicht, wenn der Steuerpflichtige für die gewählte Gestaltung außersteuerliche Gründe nachweist, die nach dem Gesamtbild der Verhältnisse beachtlich sind. Nach der Rechtsprechung des BFH müssen die geforderten Merkmale kumulativ erfüllt sein.[17]

Zur Ermittlung, ob eine unangemessene rechtliche Gestaltung gewählt wurde, kann indiziell auf die Ungewöhnlichkeit abgestellt werden.[18] Seitens der Rechtsprechung wurden

---

[14]Siehe auch OECD-Verrechnungspreisleitlinien, Tz. 9.192.
[15]Gesetz v. 20.12.2007 BGBl. I, S. 3150.; Geltung ab 29.12.2007, abweichend s. Artikel 28.
[16]BFH BStBl. 1984, 428; 1991, 205; 1991, 607; 1991, 904; 1992, 446, 448; 1999, 769, 770.
[17]BFH BStBl. 1999, 770.
[18]Vgl. Ratschow, 2014.

dazu Indizien entwickelt, wonach eine angemessene Gestaltung tendenziell eher einfach, zweckmäßig, übersichtlich und ökonomisch, eine unangemessene Gestaltung hingegen eher unwirtschaftlich, umständlich, kompliziert, schwerfällig, gekünstelt, überflüssig ineffektiv oder widersinnig erscheint.[19] Hierbei ist insbesondere zu prüfen, ob die gewählte Gestaltung einen wirtschaftlichen Zweck verfolgt. Gestaltungen, die überhaupt keinen erkennbaren wirtschaftlichen Zweck haben, sind per se unangemessen.[20] Im Rahmen der Prüfung ist der Zweck, Steuern zu sparen, nicht zu berücksichtigen. Können keine plausiblen Gründe angeführt werden, wird vermutet, dass die Gestaltung ausschließlich der Umgehung der Besteuerung dient.[21] Die Angemessenheit einer Gestaltung bestimmt sich in Abhängigkeit der jeweiligen Steuerart.

Ein Missbrauch von Gestaltungsmöglichkeiten liegt nach dem Gesetzeswortlaut nicht vor, wenn der Steuerpflichtige für die gewählte Gestaltung außersteuerliche Gründe nachweist, die nach dem Gesamtbild der Verhältnisse beachtlich sind. Nach Auffassung der Finanzverwaltung sollen die von Steuerpflichtigen vorgebrachten Gründe unbeachtlich sein, wenn sie „im Vergleich zum Ausmaß der Unangemessenheit der Gestaltung und dem vom Gesetzgeber nicht vorgesehenen Steuervorteilen nicht wesentlich oder sogar von untergeordneter Bedeutung sind" (AEAO zu § 42 AO Nr. 2.6.).

Unklar ist, ob nach der Neufassung des § 42 AO dem Steuerpflichtigen noch eine Steuerumgehungsabsicht nachgewiesen werden muss.[22]

Rechtsfolge des § 42 Abs. 1 S. 3 AO ist, dass der Steueranspruch so entsteht, wie er bei einer den wirtschaftlichen Vorgängen angemessenen Gestaltung entsteht. Danach ist an die Stelle des wirklichen Sachverhalts ein angemessener Sachverhalt zu setzen und unter die einschlägigen Steuernormen zu subsumieren.

Zusammenfassend kann festgehalten werden, dass die Rechtsprechung zu § 42 AO überwiegend kasuistisch ist. Aus der Rechtsprechung heraus lassen sich aber typische Umgehungssituationen fallgruppenweise beschreiben, wodurch zumindest eine grobe Einteilung gewonnen werden kann.[23] Die wesentlichen und für geplante Umstrukturierungen innerhalb einer Unternehmensgruppe potenziell relevanten Fallgruppen sind:

- **Gesamtplan**
  Nach der Rechtsprechung liegt ein Gesamtplan vor, wenn ein einheitlicher wirtschaftlicher Sachverhalt aufgrund eines vorherigen, zielgerichteten Plans „künstlich" zergliedert wird und den einzelnen Teilakten dabei nur insoweit Bedeutung zukommt, als sie die Erreichung des Endzustands fördern.[24] Hingegen soll kein Gesamtplan vorliegen,

---

[19]Vgl. Ratschow, 2014.
[20]Vgl. Ratschow, 2014.
[21]Vgl. BFH BStBl. 93, 84.
[22]Vgl. Ratschow, 2014.
[23]Zu den einzelnen Fallgruppen s. z. B. Ratschow, 2014.
[24]Vgl. BFH BStBl. 12, 648.

wenn wirtschaftliche Gründe für die einzelnen Teilschritte bestehen und es dem Steuerpflichtigen gerade auf die Konsequenz dieser Teilschritte ankommt.[25]

- **Basisgesellschaften**
  Die Zwischenschaltung einer sog. Basisgesellschaft in der Rechtsform einer Kapitalgesellschaft im niedrig besteuerten Ausland erfüllt nach der ständigen Rechtsprechung des BFH den Tatbestand des Rechtsmissbrauchs, wenn für das Bestehen der Basisgesellschaft weder wirtschaftliche noch sonst beachtliche Gründe vorliegen.[26]

- **Wechselseitige Verträge**
  Die wechselseitige Vereinbarung von sich wirtschaftlich im Ergebnis neutralisierenden Austauschverträgen kann missbräuchlich sein, wenn ihre Vereinbarung allein dazu dient, steuerliche Vorteile zu erzielen.[27] Missbräuchlich kann eine Gestaltung sein, wenn sie von vornherein nur kurzfristig angelegt war oder in ihrer wirtschaftlichen Auswirkung durch gegenläufige Gestaltung kompensiert wird und sich deshalb im Ergebnis lediglich als formale Maßnahme erweist.[28]

- **Kurzfristige Einlagen**
  Missbräuchlich ist die kurzfristige Einlage von Geld, wenn sie allein dazu dient, die Hinzurechnung nach § 4 IVa EStG (alte Fassung) nicht abziehbarer Schuldzinsen zu umgehen. In diesen Fällen entsteht der Steueranspruch so, wie er entstanden wäre, wenn die Einlage unterblieben wäre.[29]

Steuerumgehung ist dabei weder verboten noch strafbar.[30] Legt der Steuerpflichtige daher die „gestalteten" Verhältnisse pflichtgemäß offen, kann die Finanzbehörde bei Vorliegen der Tatbestandsvoraussetzungen des § 42 AO die gewählte Gestaltung lediglich durch eine angemessene Gestaltung ersetzen und einer damit verbundenen Besteuerung, entsprechend den dann anwendbaren Einzelsteuergesetzen, unterwerfen.

Insgesamt ist das Vorliegen von wirtschaftlich beachtlichen Gründen i. S. d. § 42 AO, die einen Gestaltungsmissbrauch ausschließen, eng mit dem Vorhandensein von ausreichender Substanz bei den zu betrachtenden Unternehmen verbunden.

---

[25] Vgl. BFH BStBl. 01, 101.
[26] Vgl. BFH BStBl. 92, 1026; 92, 1029; 10, 688 mwN.
[27] Vgl. BFH BStBl 04, 648.
[28] Vgl. BFH/NV 12, 1901; FG Münster BB 13, 1173, Rev BFH I R 26/13 zu gegenläufigen Darlehensgewährungen in Zusammenhang mit einem Börsengang; FG Nds EFG 13, 328 zu Fonds, der darauf abzielt, den Anlegern durch wirtschaftlich gegenläufige Geschäfte steuerfreie Veräußerungsgewinne zu vermitteln.
[29] Vgl. BFH BStBl 13, 16.
[30] Vgl. Ratschow, 2014, Rn. 15.

### 13.3.4 Hinzurechnungsbesteuerung (§ 7 ff. AStG)

Die Hinzurechnungsbesteuerung wird im vierten Teil des Außensteuergesetzes „Beteiligung an ausländischen Zwischengesellschaften" in §§ 7 bis 14 AStG geregelt. Zweck der Gesetzesvorschriften ist die Bekämpfung von künstlichen Verlagerungen inländischen Steuersubstrats in Niedrigsteuerländer. Konkret soll verhindert werden, dass inländische Einkünfte der inländischen Besteuerung entzogen werden, indem die Einkünfte auf eine Tochtergesellschaft in einem Niedrigsteuerland verlagert werden. Beispielsweise kann eine inländische Muttergesellschaft eine Darlehensforderung in eine Tochtergesellschaft im Ausland einlegen. Die Zinserträge unterliegen fortan nicht mehr der inländischen Besteuerung. Liegt der ausländische Steuersatz auf Zinserträge unter dem inländischen Steuersatz, erzielt der Konzern eine geringere Steuerlast als im Falle ohne Einlage der Forderung in die ausländische Konzerngesellschaft.

Solange die Gewinne im Ausland thesauriert werden, unterliegen diese auch nur der ausländischen, nicht jedoch der inländischen Besteuerung. Diese Abschirmwirkung greift so lange, bis die Einkünfte an den beherrschenden Gesellschafter im Inland ausgeschüttet werden. Eine Hinzurechnungsbesteuerung (engl. „Controlled Foreign Corporation Rules", kurz „CFC Rules") wirkt dieser Abschirmwirkung entgegen, indem die inländische Besteuerungsbefugnis auf die ins Ausland verlagerten Einkünfte ausgeweitet wird.

Die Hinzurechnungsbesteuerung fingiert hierbei eine Ausschüttung der sog. Zwischeneinkünfte oder passiven Einkünfte an die beherrschenden Gesellschafter, obwohl im Veranlagungszeitraum tatsächlich keine Ausschüttung stattfindet. Insoweit handelt es sich um eine Durchbrechung des Trennungsprinzips.[31] Da es sich bei der Tochtergesellschaft um ein ausländisches Steuersubjekt handelt, dass der lokalen Besteuerung unterliegt, würden die gleichen Einkünfte durch die Zugriffsbesteuerung doppelt besteuert werden. Eine Doppelbesteuerung soll hierbei im Wege einer Steueranrechnung oder eines Steuerabzugs vermieden werden. Ziel ist es somit, die Steuerlast bezogen auf die verlagerten Einkünfte auf das inländische Steuerniveau anzuheben, um den Steuervorteil insoweit abzuschöpfen.

Persönliche Voraussetzung für die Anwendung der Hinzurechnungsbesteuerung ist, dass ein im Inland unbeschränkt Steuerpflichtiger an einer ausländischen Körperschaft, Personenvereinigung oder Vermögensmasse (steuerlich subjektfähige ausländische Gesellschaft) beteiligt ist und seine Beteiligung allein oder zusammen mit anderen im Inland unbeschränkt Steuerpflichtigen mehr als die Hälfte beträgt.[32] Sachliche Voraussetzung ist, dass die Einkünfte der ausländischen Gesellschaft als Zwischeneinkünfte zu qua-

---

[31]Vgl. Schmidt, 2012.

[32]Bei ausländischen Gesellschaften mit Einkünften aus Kapitalanlagen genügt auch eine Beteiligung von mindestens 1 % (sog. verschärfte Hinzurechnungsbesteuerung); bei reinen Anlagegesellschaften verzichtet das Gesetz auf eine Minderbeteiligung überhaupt (Abs. 6); ebenso seit Anfügung des Abs. 8 bei Beteiligungen an REIT-Gesellschaften.

lifizieren sind, kein Gegenbeweis geführt werden kann und die Freigrenze nach § 9 AStG[33] überschritten wurde.[34]

Einkünfte aus einer ausländischen Gesellschaft sind als Zwischeneinkünfte zu qualifizieren, wenn es sich dabei um sog. niedrig besteuerte „passive" Einkünfte i. S. d. § 8 AStG handelt. Seitens des Gesetzgebers werden „passive" Einkünfte negativ definiert, d. h., „passive" Einkünfte sind danach alle Einkünfte, die nicht von der enumerativen Aufzählung des § 8 Abs. 1 AStG erfasst sind (sog. aktive Einkünfte). Eine niedrige Besteuerung liegt gemäß § 8 Abs. 3 AStG vor, wenn die Ertragssteuerbelastung der ausländischen Gesellschaft unter 25 % liegt.

Aktive Einkünfte zeichnen sich nach dem Gesetzeswortlaut insbesondere dadurch aus, dass diese im Bereich der Land- und Forstwirtschaft sowie im Bereich der industriellen Tätigkeit erwirtschaften und tatsächlich und ernsthaft ausgeübt werden. Daneben werden bestimmte Tätigkeiten wie z. B. Handel, Dienstleistungen und Verpachtungen kraft Funktionsnachweis als aktive Einkünfte angesehen, sofern keine der zahlreichen Einzelausnahmen greift. Einen groben Überblick über die aktiven Einkünfte in tabellarischer Form findet sich in Vogt.[35]

Rechtsfolge der Hinzurechnungsbesteuerung ist die Besteuerung der Zwischeneinkünfte, die nach § 10 AStG durch den Ansatz eines „Hinzurechnungsbetrags" bei den inländisch Beteiligten der Zwischengesellschaft realisiert werden. Der Hinzurechnungsbetrag ist nach deutschem Recht zu ermitteln und grundsätzlich den Einkünften aus Kapitalvermögen zuzuordnen. Sofern sich die Beteiligung an der Zwischengesellschaft in einem inländischen Betriebsvermögen befindet, erfolgt die Zuordnung aufgrund der Subsidiaritätsregel des § 20 Abs. 8 EStG entsprechend zu den jeweiligen Einkünften aus Gewerbebetrieb, Land- und Forstwirtschaft oder aus Vermietung und Verpachtung.[36]

Hinsichtlich der Steueranrechnung räumt § 12 AStG dem Steuerpflichtigen ein Wahlrecht ein. Danach kann die auf den Hinzurechnungsbetrag entfallende ausländische Steuer entweder nach § 10 Abs. 1 AStG vom Hinzurechnungsbetrag abgezogen oder auf die vom Hinzurechnungsbetrag erhobene inländische Einkommen- und Körperschaftsteuer nach § 12 AStG angerechnet werden.[37]

---

[33]Zwischeneinkünfte sind nicht hinzurechnungspflichtig, wenn die den Einkünften mit Kapitalanlagecharakter zugrunde liegenden Bruttoerträge nicht mehr als 10 % der Gesamtbruttoerträge der ausländischen Gesellschaft betragen und die nicht anzusetzenden Beträge in der Summe 80.000 EUR nicht überschreiten.

[34]Vgl. § 8 Abs. 2 AStG, der nur auf Gesellschaften anwendbar ist, die ihren Sitz oder Geschäftsleitung im EU/EWR Ausland haben. Bei Nicht-EU/EWR-Gesellschaften sind die Grundsätze der Hinzurechnungsbesteuerung ungeachtet einer vorhandenen und hinreichenden wirtschaftlichen Substanz (außersteuerliche Gründe) anzuwenden, sofern die Tatbestandsvoraussetzungen der Hinzurechnungsbesteuerung vorliegen.

[35]In Anlehnung an Vogt, 2015.

[36]Die Steuerpflicht erstreckt sich auf ESt, KSt und GewSt. Bei der GewSt tritt Steuerpflicht ein, wenn der Anteil an der Zwischengesellschaft zum Betriebsvermögen des Gewerbebetriebs gehört.

[37]Vgl. Schmidt, 2012.

Die Hinzurechnungsbesteuerung findet im Regelfall keine Anwendung, wenn es sich bei der Zwischengesellschaft um einen Investmentfonds i. S. d. InvStG handelt (vgl. § 7 Abs. 7 AStG). Daneben bestehen Sonderreglungen, wenn sich Inländer über eine ausländische Zwischengesellschaft mittelbar an einer deutschen REIT-Aktiengesellschaft beteiligen (Vgl. § 7 Abs. 8 AStG).

## 13.4 Weitere steuerlich relevante Vorschriften für Umstrukturierungen

### 13.4.1 Fremdvergleichsgrundsatz (§ 1 Abs. 1 S. 1 AStG)

§ 1 Abs. 1 S. 1 AStG ist die gesetzliche Normierung des allgemeinen Fremdvergleichsgrundsatzes (Dealing at arm's length) im deutschen Steuerrecht. Danach sind die Einkünfte des Steuerpflichtigen aus grenzüberschreitenden Geschäftsbeziehungen mit nahestehenden Personen so anzusetzen, wie sie bei voneinander unabhängigen Dritten unter gleichen oder vergleichbaren Verhältnissen vereinbart worden wären. Insofern berechtigt die Norm zwar nur zur punktuellen, transaktionsbezogenen Korrektur von Einkünften, hat aber gleichwohl weitreichende Konsequenzen für die steuerliche Anerkennung von grenzüberschreitenden Gestaltungen. Entsprechend ist eine Berücksichtigung dieser Grundsätze bei der Planung und Gestaltung von Umstrukturierungen unumgänglich.

Die Festlegung, was fremde Dritte unter gleichen oder vergleichbaren Umständen vereinbaren, ist anhand einer Funktions- und Risikoanalyse und der damit verbundenen Wertschöpfungsanalyse zu ermitteln.[38] Entsprechend hat die Zuordnung von Funktionen und Risiken im Rahmen einer Umstrukturierung fundamentale Bedeutung für die steuerliche Anerkennung der mit der Gestaltung verbundenen Gewinnallokation. Entscheidend hierfür ist nicht, welcher Gesellschaft eine gewisse Funktion oder ein Risiko vertraglich zugewiesen wurde, sondern vielmehr, welche Gesellschaft die Funktion tatsächlich ausübt, über die dafür benötigten Wirtschaftsgüter verfügt und die betreffenden Risiken kontrolliert und trägt.[39] Hinsichtlich der Allokation des Risikos ist insbesondere zu berücksichtigen, dass die betreffende Gesellschaft im Falle einer Materialisierung des ihr zugewiesenen Risikos auch über eine ausreichende Kapitalausstattung zur Tragung des Risikos verfügt.[40] Die Zuweisung von Funktionen, Wirtschaftsgütern und Risiken im Rahmen einer Umstrukturierung sind somit bereits in der Planungsphase kritisch im Hinblick auf die Einhaltung des Fremdvergleichsgrundsatzes zu hinterfragen.

---

[38]Vgl. Wilmanns & Renz, 2013.
[39]Vgl. OECD-RL 2010, Kapitel B.2.2.1.
[40]Vgl. OECD-RL 2010, Kapitel B.2.2.2.

## 13.4.2 Mindestbesteuerung (§ 10d EStG)

§ 10d EStG durchbricht den steuerrechtlichen Grundsatz der Abschnittsbesteuerung und ermöglicht einerseits die Berücksichtigung von negativen Einkünften in anderen Veranlagungszeiträumen, beschränkt diesen aber zugleich der Höhe nach.[41] Dadurch kann ein Mindestbesteuerungseffekt eintreten, da es trotz bestehender Verluste zu einer Steuerfestsetzung kommen kann.[42] Somit sind die Grundsätze der Mindestbesteuerung insbesondere bei Umstrukturierungen zu berücksichtigen, bei der die Neugründung von Gesellschaften mit veranlagungszeitübergreifenden Anlaufverlusten geplant wird oder existierende Verlustgesellschaften profitable Funktionen übernehmen sollen. Im letzteren Fall sind die folgenden Ausführungen zu § 8c KStG zu berücksichtigen.

> **Beispiel**
>
> Die A GmbH (A) erwirtschaftet in den Jahren 2011 bis 2013 Anlaufverluste i. H. v. 2,5 MEUR (festgesetzter Verlustvortrag). In 2014 erwirtschaftet A einen Gewinn von 2,5 MEUR. Ohne die Mindestbesteuerung würde in 2014 keine Körperschaftsteuer für A festgesetzt werden. Aufgrund der Mindestbesteuerung unterliegen jedoch Einkünfte i. H. v. 600.000 EUR der Körperschaftsteuer.
>
> Berechnung: 2,5 MEUR (Gewinn) − 1 MEUR (voller Abzug) − 900.000 EUR (60 % von 1,5 MEUR) = 600.000 EUR.

Der Verlustabzug nach § 10d EStG kann entweder im Wege des

- **Verlustrücktrags** in den vorangegangen Zeitraum (§ 10d Abs. 1 EStG) oder im Wege des
- **Verlustvortrags** in die folgenden Veranlagungszeiträume vorgenommen werden (§ 10d Abs. 2 EStG).

Ein Verlustrücktrag ist bis zu einem Betrag i. H. v. 1 MEUR unbegrenzt zulässig, darüber hinausgehende Verluste können nur im Wege des Verlustvortrags geltend gemacht werden.[43] Der Verlustvortrag ist ebenfalls bis zur Höhe von 1 MEUR unbeschränkt zulässig, darüber hinaus kann der danach verbleibende Verlustvortrag nur bis zu maximal 60 % des 1 MEUR übersteigenden Betrags geltend gemacht werden. Der Verlustrücktrag ist zwingend vor dem Verlustvortrag zu nehmen.

Die Ermittlung des maßgeblichen Verlusts i. S. d. § 10d EStG erfolgt im Rahmen der Ermittlung des Gesamtbetrags der Einkünfte. Hiernach sind nicht ausgeglichene negative Einkünfte für den Verlustabzug maßgeblich.

---

[41]Hinsichtlich der Gewerbesteuer beachte § 10a GewStG.
[42]Vgl. Schlenker, 2015.
[43]Die Begrenzung besteht für alle Einkunftsarten zusammengefasst und nicht pro Einkunftsart.

### 13.4.3 Zinsschranke (§ 4h EStG i. V. m. § 8a KStG)

Sofern eine Umstrukturierung mit Finanzierungen verbunden ist, ist die Zinsschranke zu berücksichtigen. Der deutsche Gesetzgeber hat bereits in 2008 mit Einführung der Zinsschranke die Verminderung der Bemessungsgrundlage durch hohe Fremdfinanzierungsaufwendungen in Ländern mit hohen Steuersätzen und gleichzeitiger Verlagerung dieser Finanzierungskosten als Gewinne in Niedrigsteuerländer adressiert. Seit dem Veranlagungszeitraum 2008 können Zinsaufwendungen nach § 4h EStG grundsätzlich nur bis zur Höhe von 30 % des steuerlichen EBITDA[44] eines Betriebes abgezogen werden, unabhängig davon, ob es sich um ein Personenunternehmen oder eine Kapitalgesellschaft handelt und ob eine Gesellschafterfremdfinanzierung oder eine Finanzierung durch fremde Dritte (Banken) vorliegt. Die Zinsschranke birgt somit die Gefahr, insbesondere bei hoch fremdfinanzierten sowie bei Unternehmen in der Krise, dass trotz nicht vorhandenem Cashflow Steuerzahlungspflichten begründet werden.[45] Die Zinsschranke umfasst im Wesentlichen die folgenden Regelungspunkte:

- Zinsabzugsverbot greift nur, wenn und soweit der Zinsaufwand den Zinsertrag übersteigt (sog. Schuldzinsenüberhang, § 4h Abs. 1 S. 1 EStG).
- Ein Schuldzinsenüberhang kann bis zu einem Betrag von 30% des verrechenbaren EBITDA im Veranlagungszeitraum abgezogen werden.
- Die Zinsschranke gilt für Personenunternehmen und Kapitalgesellschaften sowie für die Gesellschafterfremdfinanzierung und die Fremdfinanzierung durch Dritte gleichermaßen.

Nicht berücksichtigter Zinsaufwand kann vorgetragen werden. Zu beachten ist jedoch, dass Veränderungen im Gesellschafterkreis ggf. zum anteiligen oder vollständigen Verlust des Zinsvortrages führen können.

Davon abweichend ist der Zinsabzug bis zu einer Freigrenze i. H. v. 3 MEUR uneingeschränkt möglich. Bei Übersteigen der Freigrenze wird der vollständige Schuldzinsenüberhang von der Zinsschranke erfasst. Daneben ist die Anwendung der Zinsschranke ausgeschlossen, wenn die Voraussetzungen für die sog. Konzern- oder die Escapeklausel vorliegen. Nach der Konzernklausel ist die Zinsschranke nur auf Betriebe anzuwenden, die (als Mutterunternehmen oder Tochtergesellschaft) zu einem Konzern i. S. d. § 4h EStG gehören. (Der Begriff Konzernzugehörigkeit wird in § 4h Abs. 3 S. 5 u. 6 definiert. Die Rückausnahme des § 8a Abs. 2 KStG ist insoweit für Kapitalgesellschaften zu beachten). Bei der Escapeklausel handelt sich um einen Vergleich der Eigenkapitalquoten im Konzern. Danach unterliegt ein Betrieb nicht der Zinsschranke, wenn seine Eigenkapitalquote (= Eigenkapital/Bilanzsumme × 100) die des Konzerns (einschließlich des betreffenden

---

[44]Earnings Before Interest, Taxes, Depreciation and Amortization, in dt.: Gewinn vor Zinsen, Steuern, Abschreibungen auf Sachanlagen und Abschreibungen auf immaterielle Vermögensgegenstände.
[45]Vgl. Eilers & Ottermann, 2008.

Betriebs) nicht oder nur um bis zu zwei Prozentpunkte unterschreitet. In der Praxis ist die Führung des Nachweises kaum bzw. oftmals nur unter erheblichem Aufwand möglich, da die Konzerneigenkapitalquote nach einheitlichen Rechnungslegungsstandards, i. d. R. IFRS, zu ermitteln ist. Bei dem Fehlen von einheitlichen Abschlüssen ist für alle Konzerngesellschaften die Eigenkapitalquote im Wege einer Überleitungsrechnung zu ermitteln, einer prüferischen Durchsicht zu unterziehen und ggf. durch einen Abschlussprüfer zu testieren.[46] Aufgrund der ernstlichen Zweifel des BFH an der Verfassungsmäßigkeit der Zinsschranke bleiben die weiteren Entwicklungen abzuwarten,[47] auch wenn das BMF mit Schreiben v. 13.11.2014 den BFH-Beschluss über den entschiedenen Einzelfall hinaus nicht als anwendbar erachtet. Das BMF verneint zugleich die vom BFH geäußerten Zweifel an der Verfassungsmäßigkeit der Zinsschranke.[48]

> **Beispiel**
>
> Die deutsche Konzerntochtergesellschaft A erzielt in 2014 einen steuerlichen Gewinn (vor Anwendung der Zinsschranke) von 2,5 MEUR. In dem Gewinn ist ein negativer Zinsüberhang i. H. v. 3,5 MEUR sowie Abschreibungen i. H. v. 1 MEUR enthalten. Aufgrund des negativen Zinsüberhangs i. H. v. 3,5 MEUR findet die Zinsschranke Anwendung. Die Escapeklauseln seien nicht anwendbar. Das steuerliche EBITDA beträgt somit 7 MEUR:
>
> Berechnung: 2,5 Millionen EUR (steuerliches Ergebnis) + 3,5 Millionen EUR (negativer Zinsüberhang)
>
> + 1 Millionen EUR (Abschreibung) = 7 Millionen EUR
>
> Der Zinsaufwand ist auf 30 % des steuerlichen EBITDA beschränkt, somit auf 2,1 MEUR (7 MEUR × 30 %). Damit erhöht sich das zu versteuernde Einkommen in 2014 um 1,4 MEUR (Differenz zwischen 30 % des steuerlichen EBITDA und dem negativen Zinsüberhang), die damit erst in der Zukunft berücksichtigt werden können.

### 13.4.4 Verhinderung der doppelten Verlustnutzung bei Organschaften (§ 14 Abs. 1 S. 1 Nr. KStG)

In Reaktion auf ein gegen Deutschland eingeleitetes Klageverfahren der Europäischen Kommission beim EuGH[49] hat § 14 Abs. 1 S. 1 Nr. 5 KStG eine umfassende Änderung und Ausdehnung seines Anwendungsbereichs erfahren.[50] Die Vorschrift soll verhindern,

---

[46]Vgl. Loschelder, 2015.
[47]Vgl. BFH-Beschluss vom 18.12.2013, I B 85/13.
[48]Vgl. Deloitte-Tax News vom 20.11.2014, http://www.deloitte-tax-news.de/steuern/unternehmensteuer/bmf-keine-zweifel-an-der-verfassungsmaessigkeit-der-zinsschranke.html.
[49]Rs. Nr. 2008/4909.
[50]Gesetz zur Änderung und Vereinfachung der Unternehmensbesteuerung und des steuerlichen Reisekostenrechts (BGBl. 2013 Teil 1 Nr. 9, S. 285).

dass negative Einkünfte eines Organträgers oder einer Organgesellschaft in Deutschland steuerlich abgezogen werden können, wenn diese auch im Ausland steuerlich berücksichtigt werden. Im internationalen Sprachgebrauch werden solche Vorschriften als Dual Consolidated Loss Rules, kurz DCL Rules, bezeichnet.

Nach dem geänderten § 14. Abs. 1 S. 1 Nr. 5 KStG bleiben negative Einkünfte des Organträgers oder der Organgesellschaft bei der inländischen Besteuerung unberücksichtigt, soweit sie in einem ausländischem Staat im Rahmen der Besteuerung des Organträgers, der Organgesellschaft oder einer anderen Person berücksichtigt werden.

Die geänderte Fassung des § 14 Abs. 1 S. 1 Nr. 5 KStG wirft vielfache Auslegungsfragen auf und kann insbesondere für Investoren aus Staaten mit Anrechnungssystemen wie beispielsweise den USA erhebliche Konsequenzen nach sich ziehen.[51]

### 13.4.5 Funktionsverlagerung (§ 1 Abs. 3 S. 9 f. AStG)

Die Regelungen zur Funktionsverlagerung haben bei grenzüberschreitenden Umstrukturierungen erhebliche Bedeutung, da sie eine signifikante Steuerbelastung auslösen können. Daneben bestehen insbesondere für Funktionsverlagerungen zeitnahe Dokumentationspflichten, die zu berücksichtigen sind. Die Regelungen zur Funktionsverlagerung sind Ausführlich in Kap. 4 dargestellt.

### 13.4.6 Ausweitung des Korrespondenzprinzips (§ 8b Abs. 1 S. 2 KStG)

Zur Bekämpfung von hybriden Finanzinstrumenten wurde mit dem AmtshilfeRLUmsG[52] das Korrespondenzprinzip in § 8b Abs. 1 S. 2 KStG ausgeweitet. Hybriden Finanzinstrumenten ist gemein, dass sie sowohl Eigen- als auch Fremdkapitaleigenschaften aufweisen. Aufgrund dieser besonderen Eigenschaft kann es wegen der konkreten vertraglichen Ausgestaltung und aufgrund uneinheitlicher Beurteilungskriterien im In- und Ausland z. B. dazu kommen, dass die für die Kapitalüberlassung gezahlten Vergütungen im Ausland als Fremdkapital und in Deutschland als Eigenkapital qualifiziert werden. Typische Beispiele für hybride Finanzinstrumente sind Genussrechte, eigenkapitalersetzende Darlehen, stille Beteiligungen und sog. PEC/CPEC-Instrumente.[53]

---

[51]Siehe dazu ausführlich Gründig & Schmid, 2013.

[52]Gesetz zur Umsetzung der Amtshilferichtlinie sowie zur Änderung steuerlicher Vorschriften (Amtshilferichtlinie-Umsetzungsgesetz – AmtshilfeRLUmsG), Gesetz v. 26.06.2013 BGBl. I S. 1809 (Nr. 32), II S. 1120.

[53]Preferred Equity Certificate (Vorzugsaktien)/Convertible Preferred Equity Certificate (wandelbare Vorzugsaktien).

Mit der Ausdehnung des Korrespondenzprinzips auf hybride Finanzinstrumente greift eine Freistellung der Dividendeneinkünfte bei hybriden Finanzierungsformen nur noch, soweit die Einkünfte das Einkommen der leistenden Körperschaft nicht gemindert haben, mithin die Besteuerung im In- und Ausland korrespondiert („Korrespondenzprinzip").

### 13.4.7 Verlustabzug bei Körperschaften (§ 8c KStG)

Unabhängig davon, ob es sich um nationale oder grenzüberschreitende Umstrukturierungen handelt, sind die Grundsätze des § 8c KStG bei Körperschaften zu beachten (hinsichtlich der Gewerbesteuer beachte § 10a S. 10 GewStG). Nach § 8c KStG sind im Falle eines schädlichen Beteiligungserwerbs die bis zu diesem Zeitpunkt nicht ausgeglichenen oder abgezogenen negativen Einkünfte (nicht genutzte Verluste) – im quotalen Umfang des schädlichen Beteiligungserwerbs – nicht mehr abziehbar. Ein schädlicher Beteiligungserwerb i. S. der Norm ist die **unmittelbare oder mittelbare Übertragung** von

- gezeichnetem Kapital,
- Mitgliedschaftsrechten,
- Beteiligungsrechten oder
- Stimmrechten an einer Körperschaft

an einen Erwerber. Tatbestandsrelevant ist jedoch nur eine unmittelbare oder mittelbare Übertragung von mehr als 25 % (Satz 1) bzw. 50 % (Satz 2) des gezeichneten Kapitals, der Mitgliedschaftsrechte, Beteiligungsrechte oder der Stimmrechte (der Verlustgesellschaft) innerhalb von 5 Jahren. Einzelübertragungen innerhalb von 5 Jahren werden zusammengerechnet. Für die Quotenberechnung kommt es bei einer Anteilsübertragung auf das Nennkapital der Körperschaft an, das aber ggf. vorher um eigene Anteile der Körperschaft zu kürzen ist.[54] Abweichend davon sind die gesamten nicht genutzten Verluste nicht mehr abziehbar, wenn innerhalb von 5 Jahren eine unmittelbare oder mittelbare Übertragung (schädlicher Beteiligungserwerb) von mehr als 50 % vorliegt (§ 8c Abs. 1 S. 2 KStG).

Ein schädlicher Beteiligungserwerb liegt hingegen nicht vor, wenn im Zeitpunkt des Anteilserwerbs an dem übertragenden und an dem übernehmenden Rechtsträger dieselbe Person zu jeweils 100 % mittelbar oder unmittelbar beteiligt ist (sog. Konzernklausel). Sofern keine konzernfremden Gesellschafter hinzutreten, können somit Umstrukturierungen im Konzern durchgeführt werden ohne die Rechtsfolgen des § 8c KStG auszulösen.

Die Abzugsbeschränkung erfasst alle nicht ausgeglichenen und nicht abgezogenen negativen Einkünfte (insbesondere §§ 2a, 10d, 15 Abs. 4, 15a und 15b EStG sowie § 4h Abs. 1 S. 2 EStG).

---

[54]Vgl. Brandis, 2015.

### 13.4.8 Negative Einkünfte mit Bezug zu Drittstaaten (§ 2a EStG)

Positive und negative Einkünfte eines Steuerpflichtigen sind grundsätzlich im selben Jahr auszugleichen, verbleibende Verluste sind gemäß § 10d EStG in anderen Jahren zu berücksichtigen. § 2a EStG beschränkt aus politischen und volkswirtschaftlichen Erwägungen den Abzug bestimmter Auslandsverluste von positiven inländischen Einkünften. Nach der ursprünglichen Zielsetzung des Gesetzgebers sollen durch die Einschränkungen nach § 2a Abs. 1 EStG vornehmlich Verluste aus Investitionen erfasst werden, die für die deutsche Volkswirtschaft wenig sinnvoll sind (z. B. der Erwerb von ausländischen Ferienimmobilien im Bauherrenmodell, Beteiligung an anderen ausländischen Touristikvorhaben und der Erwerb von Plantagen und Tierfarmen), im Verlustfall aber gleichwohl zu erheblichen Steuerersparnissen führen bzw. dessen primär steuerlich motivierte Gestaltungen zugrunde liegen.[55]

Der Anwendungsbereich des § 2a EStG beschränkt sich seit dem JStG 2009 aufgrund von europarechtlichen Bedenken nur noch auf negative Einkünfte mit Bezug zu Drittstaaten. Drittstaaten sind dabei alle Staaten, die nicht EU-Mitgliedstaaten sind. EWR-Staaten sind nur dann gleichgestellt, wenn ein gegenseitiges Amtshilfe- und Auskunftsrecht besteht.

§ 2a Abs. 1 u. 2 und § 2a Abs. 3 u. 4 EStG sind Vorschriften mit unterschiedlichem Regelungsinhalt, die nur gemeinsam haben, dass sie beide Auslandsverluste betreffen und systemwidrig sind.[56] Auf eine Einzeldarstellung der Tatbestände wird daher verzichtet. Gleichwohl sollte bei Umstrukturierungen grundsätzlich geprüft werden, ob diese vom Anwendungsbereich des § 2a EStG erfasst sein könnten.

### 13.4.9 Versagen von Abkommensvorteilen (§ 50d Abs. 3 EStG, § 50d Abs. 9 EStG)

In Deutschland sind unbeschränkt steuerpflichtige Personen und Kapitalgesellschaften grundsätzlich mit ihrem sog. Welteinkommen steuerpflichtig. Um eine Doppelbesteuerung zu vermeiden, werden die auf die ausländischen Einkünfte entrichteten Steuern i. d. R. auf die deutsche Einkommens- oder Körperschaftsteuer angerechnet („Anrechnungsmethode"), sofern die Einkünfte nicht aufgrund eines bestehenden Doppelbesteuerungsabkommens von der Besteuerung in Deutschland freigestellt sind („Freistellungsmethode").

Bei in Deutschland beschränkt steuerpflichtigen Personen und Kapitalgesellschaften, d. h. Personen, die weder einen Wohnsitz noch einen gewöhnlichen Aufenthalt bzw.

---

[55] BT-Drs. 9/2074 S. 62 und BT-Drs. 14/2070, S. 14.
[56] Vgl. Heinicke, 2015.

weder Sitz noch Ort der Geschäftsleitung in Deutschland haben, bezieht sich die deutsche Steuerpflicht nur auf sog. inländische Einkünfte. Auf inländische Einkünfte werden oftmals Quellensteuern erhoben, d. h. der Schuldner der Vergütung zahlt diese unter Einbehaltung der Quellensteuer an den in Deutschland beschränkt Steuerpflichtigen und führt die einbehaltene Quellensteuer für den Steuerpflichtigen an das zuständige Finanzamt ab. Die Pflicht zur Einbehaltung und Abführung von Quellensteuern kann jedoch aufgrund eines Doppelbesteuerungsabkommens abgemindert oder ausgeschlossen sein. § 50d EStG knüpft hierbei an die missbräuchliche Nutzung von Doppelbesteuerungsabkommen an, die entweder eine Freistellung von der deutschen Besteuerung oder eine Absenkung oder Aufhebung von der deutschen Quellensteuerpflicht vorsehen (sog. Vermeidung von „Treaty-Shopping" und „Directive-Shopping").

§ 50d EStG gliedert sich in zwei Teile. Der erste Teil (Abs. 1 bis 6) regelt, wie bei einem Steuerabzug vom Kapitalertrag oder aufgrund des § 50a EStG (Steuerabzug bei beschränkt Steuerpflichtigen) einer eingeschränkten Besteuerung nach § 43b EStG (Quellensteuerbefreiung für Kapitalerträge), § 50g EStG (Entlastung vom Steuerabzug bei Zinsen und Lizenzgebühren) oder nach einem DBA zu verfahren ist. Der zweite Teil (Abs. 7 bis 11) umfasst verschiedene voneinander unabhängige Einzelvorschriften im Zusammenhang mit einzelnen Doppelbesteuerungsfragen.

Im Rahmen von Umstrukturierungen sind hierbei insbesondere die Missbrauchsnormen des § 50d Abs. 3 EStG, Vermeidung von „Treaty-Shopping" und „Directive-Shopping", sowie § 50d Abs. 9 EStG zu beachten, die eine Nicht- oder Minderbesteuerung von Einkünften verhindern soll. Bei Personengesellschaften bzw. hybriden Gesellschaftsstrukturen sind ferner die § 50d Abs. 10 und 11 EStG zu beachten, die nicht Gegenstand dieses Kapitels sind.

### 13.4.10 § 50d Abs. 3 EStG (Vermeidung von „Treaty-Shopping" und „Directive-Shopping")

§ 50d Abs. 3 EStG soll den Missbrauch durch ein sog. „Treaty-Shopping" und „Directive-Shopping" vermeiden, d. h. eine missbräuchliche Gestaltung, bei der der Zweck einer Gesellschaft lediglich darin besteht, Zugang zu vorteilhaften Doppelbesteuerungsabkommen (DBA i. S. eines „Treaty") oder EU-Richtlinien (i. S. einer „Directive") zu erlangen.[57] Hintergrund der Norm ist, dass durch die Zwischenschaltung von geeigneten juristischen Personen Vergünstigungen nach DBA oder aufgrund einer in nationales Recht umgesetzten Richtlinie (§ 43b, § 50g EStG) durch nicht berechtigte Personen in Anspruch genommen werden könnten.[58]

---

[57] Vgl. Schanz & Feller, 2015.
[58] Vgl. Wagner, 2015.

Nach § 50d Abs. 3 EStG hat eine ausländische Gesellschaft keinen Anspruch auf völlige (Freistellung vom Steuerabzug) oder teilweise Steuerentlastung (Reduktion des Steuerabzugs), soweit Personen an ihr beteiligt sind, denen die Erstattung oder Freistellung nicht zustünde, wenn sie die Einkünfte unmittelbar erzielten. Von dem Begriff ausländische Gesellschaften werden hierbei grundsätzlich alle denkbaren Gesellschaftsformen (Personen- und Kapitalgesellschaften) erfasst, sofern sie weder ihren Sitz noch ihre Geschäftsleitung im Inland haben.[59] Bei der Prüfung, ob der jeweils beteiligten Person die Steuerentlastung unmittelbar zusteht, hat jeweils eine fiktive Prüfung für an der ausländischen Gesellschaft Beteiligten zu erfolgen.[60] Ein Steuerentlastungsanspruch scheidet in DBA-Fällen aus, wenn die beteiligte Person keinen vergleichbaren DBA-Entlastungsanspruch geltend machen kann.

Weitere Voraussetzung für die Anwendung des § 50d Abs. 3 EStG ist, dass der gesetzlich normierte Ausschlusstatbestand nicht greift (Abs. 3 S. 1 1 Hs.). Voraussetzung hierfür ist, dass die im betreffenden Jahr erzielten Bruttoerträge aus eigener Wirtschaftstätigkeit stammen. Seitens der Finanzverwaltung wird dieses Merkmal – ohne konkreten gesetzlichen Anknüpfungspunkt – als „wirkliche wirtschaftliche Tätigkeit" definiert.[61] Dies setze nach Auffassung der Finanzverwaltung voraus, dass eine über den Rahmen der Vermögensverwaltung hinausgehende Teilnahme am allgemeinen wirtschaftlichen Verkehr vorliegt, d. h., die ausländische Gesellschaft im Rahmen ihrer gewöhnlichen Geschäftstätigkeit aktiv am lokalen Marktgeschehen teilnimmt. Nach der Rechtsprechung liegt insbesondere eine eigene Wirtschaftstätigkeit vor, wenn die ausländische Gesellschaft geschäftsleitende Funktionen ausübt[62] oder als konzerneigene Finanzierungsgesellschaft (vgl. BFH-Urteil v. 23.10.1991, I R 40/89 BStBl II 92, 1026 zu § 7 AStG) agiert. Keine wirtschaftliche Betätigung wird hingegen angenommen, wenn die Bruttoerträge aus der bloßen Verwaltung eigenen Vermögens (s. insoweit auch § 50d Abs. 3 S. 3 1. Alt. EStG zur Abgrenzung zwischen passiver (schädlicher) und aktiver (unschädlicher) Beteiligungsverwaltung) oder dem Halten von Stammkapital herrühren[63] oder soweit die ausländische Gesellschaft ihre wesentliche Geschäftstätigkeit auf Dritte übertragen hat.[64]

---

[59]Vgl. Wagner, 2015.
[60]Vgl. Wagner, 2015.
[61]Vgl. BMF, Schreiben v. 24.1.12, BStBl I 12, 171, Tz. 5.1.; Wagner, 2015.
[62]Z. B. als Geschäftsleitungsholding (vgl. auch BFH, Urteil v. 29.10.1997, I R 35/96 BStBl II 98, 235).
[63]Siehe auch BFH, Urteil v. 05.03.1986, I R 201/82 BStBl II 86, 496: „bloßer Erwerb von Beteiligungen".
[64]Vgl. (insoweit auch § 50d Abs. 3 S. 3 2. Alt. EStG, durch die insbesondere ein „Outsourcing" auf Anwaltskanzleien unterbunden werden soll).

Sofern keine eigene Wirtschaftstätigkeit vorliegt, muss dazu kumulativ noch einer der beiden folgenden Tatbestände erfüllt sein:

1. Fehlen von wirtschaftlichen oder sonst beachtlichen Gründen für die Einschaltung der ausländischen Gesellschaft (§ 50d Abs. 3 Nr. 1 EStG) oder
2. die Gesellschaft nimmt nicht mit einem für ihren Gesellschaftszweck angemessenen eingerichteten Geschäftsbetrieb am allg. wirtschaftlichen Verkehr teil (§ 50d Abs. 3 Nr. 2 EStG).

Liegt alternativ eine der beiden dargestellten Voraussetzungen kumulativ mit dem Fehlen eigener Wirtschaftstätigkeit vor, so ist die Steuerentlastung auszuschließen (die Feststellungslast für das Vorliegen der Voraussetzungen liegt gemäß § 50d Abs. 3 S. 4 EStG bei der ausländischen Gesellschaft).

Die erste Alternative des § 50d Abs. 3 Nr. 1 EStG überschneidet sich inhaltlich mit den obigen Ausführungen zur eigenen wirtschaftlichen Tätigkeit. Damit wirtschaftliche Gründe angenommen werden können, bedarf es grundsätzlich der Entfaltung oder zumindest der Vorbereitung einer eigenen Wirtschaftstätigkeit.[65] Sonst beachtliche Gründe der Gesellschaft können rechtlicher, politischer oder religiöser Art sein, jedoch nicht solche der Gesellschafter, sodass Konzernstrategie, Konzernstruktur, künftige Erbregelungen oder der Aufbau einer Alterssicherung ebenso wenig ausreichen wie die Sicherung von Inlandsvermögen in Krisenzeiten.[66]

Maßgebliche Kriterien für das Vorhandensein eines angemessenen eingerichteten Geschäftsbetriebs i. S. d. § 50d Abs. 3 Nr. 2 EStG sind – entsprechend der früheren Rechtsprechung zu Basis-, Domizil- oder Briefkastengesellschaften – das Vorhandensein von ausreichenden Geschäftsräumen, die Anwesenheit einer ausreichenden Anzahl von ausgebildetem Personal sowie die Verfügbarkeit der nötigen technischen Kommunikationsmittel.[67] Eine Teilnahme am wirtschaftlichen Verkehr soll hingegen schon dann erfüllt sein, wenn eine Gesellschaft Dienstleistungen nur gegenüber einem Auftraggeber erbringt.[68]

Für an einer anerkannten Börse[69] notierte Gesellschaften schließt § 50d Abs. 3 S. 5 EStG die Anwendung des § 50d Abs. 3 EStG im Ergebnis aus.[70]

---

[65]Siehe auch BFH, Urteil v. 29.01.2008, I R 26/06 BStBl II 08, 978 zu § 50d Ia aF; vgl. Loschelder, 2015.
[66]Vgl. Loschelder, 2015.
[67]Vgl. Loschelder, 2015.
[68]Vgl. Wagner, 2015.
[69]Eine anerkannte Börse ist ein organisierter Markt i. S. d. § 2 Abs. 5 WertpapierhandelsG oder ein vergleichbarer Markt mit Sitz außerhalb von EU/EWR (BMF, Schreiben v. 24.1.12, BStBl. I 12, 171, Tz. 9).
[70]Vgl. Wagner, 2015.

Rechtsfolge des § 50d Abs. 3 EStG ist die Versagung der Steuerentlastung nach § 43b EStG, § 50g EStG oder nach einem DBA. Entsprechend finden die in § 50d Abs. 1, 2, 5 und 6 EStG aufgezeigten Entlastungsverfahren ebenfalls keine Anwendung.

### 13.4.11 § 50d Abs. 9 EStG (Einschränkung der DBA-Freistellungsmethode)

§ 50d Abs. 9 EStG dient in DBA-Fällen der Vermeidung einer (doppelten) Nichtversteuerung und damit der Vermeidung von sog. weißen Einkünften[71]. Weiße Einkünfte können in DBA-Fällen entstehen, wenn durch das DBA ein Besteuerungsrecht einem Staat zugewiesen wird, der davon keinen Gebrauch macht. Zur Vermeidung von weißen Einkünften enthält § 50d Abs. 9 S. 1 EStG eine unilaterale Switch-Over-Klausel (Umschaltklausel), die in den genannten Fällen die Anwendung der Freistellungsmethode ausschließt.

§ 50d Abs. 9 EStG knüpft ausschließlich an unbeschränkte Steuerpflichtige an, bei denen es aufgrund der Freistellung durch ein DBA zu einer Nicht- oder Minderbesteuerung von Einkünften (ESt, KSt, GewSt) im Inland kommt, wenn der andere Staat

- die Abkommensregelungen anders als Deutschland auslegt und dadurch gänzlich auf eine Besteuerung verzichtet oder nur eine der Höhe nach beschränkte Besteuerung vornimmt oder
- die Einkünfte (dies gilt nach Abs. 9 S. 2 EStG grundsätzlich nicht für Dividenden, die aufgrund eines DBAs von der deutschen Bemessungsgrundlage ausgenommen sind (sog. Schachtelprivileg). Eine Rückausnahme besteht für den Fall, dass die Dividende im Ausland bei der Ermittlung des Gewinns abgezogen wird) nicht besteuern kann, weil sie von einer Person bezogen werden, die im anderen Staat (Quellenstaat) nicht aufgrund ihres Wohnsitzes, ständigen Aufenthalts, des Ortes ihrer Geschäftsleitung, des Sitzes oder eines ähnlichen Merkmals unbeschränkt steuerpflichtig ist und in dessen innerstaatlichem Recht diese Einkünfte im Rahmen der beschränkten Steuerpflicht nicht erfasst werden.[72]

Liegen die Voraussetzungen des § 50d Abs. 9 EStG vor, wird die Freistellung von Einkünften ungeachtet der DBA-Regelungen nicht gewährt. Zur Vermeidung der Doppelbesteuerung eröffnet § 34c Abs. 6 S. 5 EStG in diesen Fällen die Möglichkeit der Anrechnung bzw. des Abzugs der ausländischen Steuer von der deutschen Steuer.

---

[71]Weiße Einkünfte bezeichnen Einkünfte, die aufgrund eines Qualifikationskonflikts in keinem Land einer Besteuerung unterliegen.
[72]Vgl. Wagner, 2015.

## 13.4.12 Exkurs: Treaty Override

Die innerstaatliche Wirksamkeit des § 50d Abs. 1, 3, 7, 8, 9, 10 u. 11 EStG[73] ist hinsichtlich des normenthaltenen sog. Treaty Override derzeit heftig umstritten. Unter dem Begriff „Treaty Override" wird der unilaterale „Bruch" des Völkerrechtes verstanden.[74] Im Kern geht es somit um die klärungsbedürftige Frage, ob DBA-Regelungen durch innerstaatliches Recht außer Kraft gesetzt bzw. überschrieben werden können. Diese Frage wurde seitens des BFH in mehreren Vorlagebeschlüssen dem BVerfG zur Entscheidung vorgelegt.[75] Mit Beschluss vom 15.12.2015[76] hat das BVerfG festgestellt, dass Art. 59 Abs. 2 Satz 1 GG die Geltung des Lex-Posterior-Grundsatzes für völkerrechtliche Verträge nicht einschränkt. Spätere Gesetzgeber müssen – entsprechend dem durch die Wahl zum Ausdruck gebrachten Willen des Volkes – innerhalb der vom Grundgesetz vorgegebenen Grenzen Rechtsetzungsakte früherer Gesetzgeber revidieren können, sodass ein Treaty Override durch den Gesetzgeber im Ergebnis als zulässig erachtet wird.

## 13.5 Internationaler Informationsaustausch in Steuersachen

### 13.5.1 Einführung

Steuerpflichtige müssen sich bei der Planung und der Durchführung von Umstrukturierungen bewusst sein, dass der internationale Austausch in Steuersachen erheblich zunimmt, insbesondere der sog. automatische Informationsaustausch. Insofern ist es wichtig, dass grenzüberschreitende Umstrukturierungen konsistent in den betreffenden Ländern dargestellt werden. Extremfälle der Vergangenheit, in dem z. B. eine in zwei Ländern tätige Unternehmensgruppe über mehrere Jahre hinweg ihre beiden Gesellschaften in jedem der Ansässigkeitsstaaten erfolgreich als eine Routinegesellschaft deklariert und somit die entstandenen Residualgewinne in keinem Staat versteuert hat, gehören damit zunehmend der Vergangenheit an.

Nach dem Liechtenstein-Skandal[77] und der im Jahre 2008 folgenden weltweiten Finanzkrise haben die internationalen Bemühungen zur Bekämpfung von Steuerhinterzie-

---

[73]Vgl. Gebhardt, 2013.
[74]Vgl. Wagner, 2015.
[75]BFH, Urteil v. 10.1.12, I R 66/09 IStR 12, 426 – BVerfG 2 BvL 1/12; BFH I R 4/13 v. 11.12.13, IStR 14, 217 – BVerfG 2 BvL 15/14; BFH, Urteil v. 20.8.14, I R 86/13 DStR 14, 2065, BVerfG 2 BvL 21/14 mit ausführl. Nachweisen.
[76]BVerfG-Beschluss v. 15.12.2015, 2 BvL 1/12.
[77]Ein Mitarbeiter der liechtensteinischen LGT Bank veräußerte deutsche Kundendaten an den BND aufgrund dessen in Deutschland zahlreiche Ermittlungsverfahren wegen des Verdachts der Steuerhinterziehung eingeleitet wurden. Öffentlich bekannt wurde die Affäre am 14. Februar 2008 durch eine Durchsuchung beim damaligen Vorstandsvorsitzenden der Deutschen Post AG.

hung und Steuervermeidung erheblich zugenommen, die nicht zuletzt durch eine erhebliche Informationsintransparenz zwischen den einzelnen Staaten begünstigt wird. Der Widerspruch zwischen den territorial begrenzten Handlungsbefugnissen der nationalen Steuerverwaltungen und dem grenzüberschreitenden Handeln multinationaler Unternehmensgruppen soll dabei durch den Ausbau des internationalen Informationsaustauschs zunehmend überwunden werden. Im Kommuniqué des Gipfels der G20 am 2. April 2009 wurde dazu ausgeführt: „Wir stimmen darin überein, gegen nichtkooperative Gebiete, Steueroasen eingeschlossen, tätig zu werden. Wir sind bereit, Sanktionen zum Schutz der öffentlichen Finanzen und des Finanzsystems zu ergreifen. Die Ära des Bankgeheimnisses ist vorbei." Der internationale Informationsaustausch ist entsprechend auch ein zentrales Thema im Rahmen des BEPS-Aktionsplans.[78]

In der Folge wurden zahlreiche internationale Vereinbarungen getroffen und Gesetze zum internationalen Informationsaustausch verabschiedet. Das auf Initiative der G8 und der G20 durch die OECD verabschiedete Muster zum sog. Competent Authority Agreements (CAA) inklusive des Common Reporting Standard (CRS) als zukünftigem globalen Standard für den Informationsaustausch über Finanzkonten (AEOI)[79], zu deren Umsetzung sich bereits über 80 Länder verpflichtet haben, sowie der in den USA verabschiedete Foreign Account Tax Compliance Act (FATCA) seien an dieser Stelle neben der Verabschiedung und des Inkrafttretens des EUAHiG[80] nur beispielhaft genannt.

In den folgenden Abschnitten werden die rechtlichen Grundlagen und die wichtigsten Regime zum internationalen Informationsaustausch in Steuersachen dargestellt. Abschließend wird auf den international erprobten Ansatz der gemeinsamen grenzüberschreitenden Betriebsprüfung (Joint Audit) eingegangen.

### 13.5.2 Rechtsgrundlagen für den Informationsaustausch

Internationale Amtshilfe in Steuersachen bezeichnet die Hilfeleistung einer Finanzbehörde im Interesse einer ersuchenden Behörde im Ausland. Die Steuerverwaltungen sind insbesondere auf Amtshilfeleistungen angewiesen, wenn im Zuge einer Sachverhaltsaufklärung die Ermittlungsbefugnisse an den eigenen Grenzen enden und steuerlich relevante Umstände nur mithilfe einer ausländischen Steuerbehörde aufgeklärt werden können.

Zentrale Norm für die internationale Amtshilfe in Steuersachen ist § 117 AO, der in Abs. 1 dem Amtsermittlungsprinzip – und damit der Verpflichtung des Finanzamts zur Erforschung steuerlich relevanter Sachverhalte – nach Maßgabe des deutschen Rechts

---

[78]Siehe insbesondere Maßnahme 5 und 12.
[79]OECD, 2015.
[80]Gesetz über die Durchführung der gegenseitigen Amtshilfe in Steuersachen zwischen den Mitgliedstaaten der Europäischen Union (EU-Amtshilfegesetz – EUAHiG).

(d. h. i. S. d. in § 111 ff. AO normierten Voraussetzungen für die innerstaatliche Amtshilfe) Rechnung trägt. Das Amtsermittlungsprinzip wird bei Auslandsachverhalten durch die Mitwirkungspflichten des Steuerpflichtigen nach § 90 Abs. 2 u. 3 AO insoweit begrenzt, als dass seitens des Finanzamts keine Amtshilfe bei ausländischen Finanzbehörden in Anspruch zu nehmen ist, wenn die Feststellungslast beim Steuerpflichtigen liegt.[81]

Amtshilfeersuchen ausländischer Steuerbehörden werden in Abs. 2, für Ersuchen aufgrund einer Rechtsgrundlage i. S. völkerrechtlicher Vereinbarungen, Rechtsakten der EU oder des EUAHiG, und in Abs. 3 für vertragslose Amtshilfe (sog. Kulanzauskünfte) geregelt. Vor der Erteilung von Auskünften an eine ausländische Finanzbehörde ist der Beteiligte grundsätzlich rechtzeitig zu informieren, sofern keine Gefahr in Verzug vorliegt, lediglich allgemein zugängliche Informationen über den Betroffenen weitergegeben werden sollen oder diese im Wege eines automatischen Informationsaustauschs übermittelt werden.

Sofern ein Aushilfeersuchen auf mehrere Rechtsgrundlagen gestützt werden kann, haben Regelungen der EU grundsätzlich Vorrang vor den DBA. Ausnahmen bestehen dann, wenn die Auskunftsklausel nach DBA weiter gefasst ist als die EU-Regelung.[82]

### 13.5.2.1 EU-Amtshilfegesetz (EUAHiG)

Das EUAHiG regelt den Auskunftsverkehr in Steuersachen zwischen den Mitgliedstaaten der Europäischen Union und setzt damit die EU-Richtlinie 2011/16/EU des Rates vom 15. Februar 2011 mit Wirkung zum 1. Januar 2013 in innerstaatliches Recht um. Das EUAHiG tritt damit an die Stelle des EG-Amtshilfegesetzes und setzt letzteres außer Kraft.

Der Anwendungsbereich des EUAHiG erstreckt sich auf alle Steuerarten mit Ausnahme von Umsatzsteuer (inkl. Einfuhrumsatzsteuer), Zölle, Verbrauchssteuern sowie Beiträge und Gebühren. Vom Gesetz erfasst sind insbesondere natürliche und juristische Personen sowie rechtsfähige Personenvereinigungen. Das Gesetz ist stets unter Berücksichtigung des § 117 AO anzuwenden. Zuständig für den Auskunftsverkehr ist das Bundesministerium der Finanzen (BMF). Die sog. Zuständige Behörde/Competent Authority für Auskunftsersuchen ist für Deutschland grundsätzlich das Bundeszentralamt für Steuern (BZSt).

Das EU-Amtshilfegesetz unterscheidet grundsätzlich zwischen eingehenden und ausgehenden Ersuchen. Im Falle des eingehenden Auskunftsersuchens ist eine ausländische Behörde die ersuchende und die deutsche Behörde die ersuchte Verwaltungsdienststelle. Grenzen bei der Auskunftserteilung ergeben sich nach § 4 Abs. 3 EUAHiG. Danach ist keine Amtshilfe zu leisten, wenn i) nach geltendem innerstaatlichen Recht die Informationsbeschaffung nicht zulässig ist, ii) die Informationsquellen durch den Mitgliedstaat nicht ausgeschöpft wurden, iii) die Wahrung von Handels-, Gewerbe- oder Betriebsgeheimnissen gefährdet oder, iv) die öffentliche Ordnung bedroht werden würde.

---

[81] Siehe Vorlage des BFH an den EUGH in BFH/NV07, S. 1764.
[82] Vgl. Rätke, 2014.

Die zuständige Behörde ist in vorstehenden Fällen angehalten, die Amtshilfe zu verweigern und dies dem anderen Mitgliedstaat mitzuteilen.

Im Falle eines ausgehenden Ersuchens an andere Mitgliedstaaten haben deutsche Steuerbehörden im Einklang mit der Abgabenordnung ihre eigenen Auskunftsquellen auszuschöpfen, sofern die hiermit verbundenen Maßnahmen zur Informationsermittlung keinen unverhältnismäßig großen Aufwand darstellen.

Neben der Auskunftserteilung auf Ersuchen eines anderen Mitgliedstaats stehen als Instrument der Amtshilfe die spontane Übermittlung von besteuerungsrelevanten Informationen ohne Ersuchen[83] sowie die automatisierte Auskunftserteilung zur Verfügung. Nach § 7 EUAHiG sind im Wege des automatischen Informationsaustauschs die folgenden verfügbaren Informationen jährlich zu übermitteln: i) Vergütung aus unselbstständiger Arbeit, ii) Vorstands- und Aufsichtsratvergütungen, iii) bestimmte Lebensversicherungsprodukte, iv) Renten- und Pensionszahlungen sowie, v) Eigentum an unbeweglichem Vermögen und die Einkünfte daraus.

### 13.5.2.2 Bilaterale Vereinbarungen

**Doppelbesteuerungsabkommen (DBA)**
Das OECD-Musterabkommen zur Vermeidung von Doppelbesteuerung von Einkommen und Vermögen (Model Tax Convention on Income and on Capital) enthält mit Art. 26 ein Instrument zur Förderung zwischenstaatlicher Amtshilfe. Deutschland ist dabei in DBA-Verhandlungen stets bestrebt den Art. 26 OECD-MA in seiner aktuellen Form zu vereinbaren, wonach ein Informationsaustausch nicht nur für die Durchführung des Abkommens selbst (kleine Auskunftsklausel), sondern auch für die Durchführung der nationalen Besteuerung möglich ist (große Auskunftsklausel).[84]

Voraussetzung für einen Informationsaustausch zwischen den Vertragsstaaten ist, dass die angeforderten Informationen „voraussichtlich erheblich" für die Durchführung des Steuerverfahrens sind. Mit dieser Formulierung soll ein Informationsaustausch im weitestgehenden Umfang ermöglicht, aber zugleich auch klargestellt werden, dass es den Vertragsstaaten nicht freisteht, sog. fishing expeditions zu unternehmen bzw. um Auskünfte zu ersuchen, die wahrscheinlich für die Steuerangelegenheiten eines bestimmten Steuerpflichtigen unerheblich sind.[85] Die Reichweite des Begriffs „fishing expeditions" kann in Ermangelung einer Definition gleichwohl nur anhand von Beispielen oder Angaben in den

---

[83]Es besteht insbesondere eine gesetzliche Verpflichtung zur Übermittlung von Spontanauskünften, wenn Gründe für die Vermutung einer Steuerverkürzung vorliegen.
[84]Vgl. Czakert, 2013.
[85]Vgl. OECD-Musterabkommen 2008, Art. 26, Nr. 5.

OECD-MA und TIEA-Kommentaren[86] oder anderen OECD-Materialien abgeleitet werden.[87]

**OECD-Standard zum automatischen Austausch von Informationen und Finanzkonten (AEOI)**

Die OECD hat gemeinsam mit den G20-Staaten und in enger Zusammenarbeit mit der Europäischen Union einen neuen globalen Standard für den automatischen Informationsaustausch über Finanzkonten („Common Reporting Standard", „CRS") entwickelt. Im Rahmen des Global Forums am 28. und 29. Oktober 2014 in Berlin haben bereits 89 Mitglieder erklärt, den OECD-Standard zum automatischen Austausch von Informationen und Finanzkonten (AEOI) in 2017 bzw. in einigen Fällen in 2018 in ihr nationales Recht implementieren zu wollen.

Der neue Standard umfasst gemeinsame Melde- und Sorgfaltspflichten für Informationen über Finanzkonten und stellt eine Mustervereinbarung für den bilateralen automatischen Austausch von Informationen über Finanzkonten zur Förderung der Steuerehrlichkeit bereit. Von den meldepflichtigen Informationen werden insbesondere Kapitalerträge, wie z. B. Zinsen, Dividenden, Einnahmen aus bestimmten Versicherungsverträgen, Guthaben auf Konten oder Erlöse aus der Veräußerung von Finanzvermögen, erfasst. Meldepflichtig sind Finanzinstitute, d. h. u. a. Banken, Verwahrstellen, Makler und näher bestimmte Versicherungsgesellschaften. Der gemeinsame Meldestandard ist den Regelungen des Foreign Account Tax Compliance Act (FATCA) sehr ähnlich. Die Informationen sollen durch die nationalen Finanzverwaltungen von den entsprechenden Finanzinstituten erhoben und in einem weiteren Schritt an die teilnehmenden Staaten weitergeleitet werden.

**Tax Information Exchange Agreements (TIEA)**

Die „OECD Global Forum Working Group on Effective Exchange of Information", eine Arbeitsgruppe der OECD, entwickelte ein Musterabkommen, um die Kooperation und den Informationsaustausch in Steuersachen auf internationaler Ebene zu fördern. Die Arbeitsgruppe bestand aus Vertretern der OECD-Mitgliedsstaaten sowie Delegierten verschiedener Länder (z. B. Bermuda, Bahrain, Cayman Islands, Malta, Mauritius, Niederländische Antillen und Seychellen). Die OECD dokumentierte mit der Einführung des „Tax Information Exchange Agreements" (TIEA-MA)[88] ihren Willen, schädliche Steuerpraktiken auf internationaler Ebene zu bekämpfen. TIEA-MA sehen in der Vertragspraxis regelmäßig

---

[86]TIEA ist die Abkürzung für Tax Information Exchange Agreements. Siehe dazu auch Kapitel 13.5.2.2.

[87]Siehe dazu ausführlich Czakert, 2013.

[88]Das Musterabkommen wurde im April 2002 veröffentlicht und enthält zwei Musterverträge für bilaterale Abkommen. Es ist nicht verbindlich und dient den Ländern, die sich für eine intensivere Zusammenarbeit in Steuerangelegenheiten verpflichten wollen, als vertragliche Vorlage.

nur den zwischenstaatlichen Informationsaustausch auf Ersuchen des anderen Staates vor, obgleich die Vereinbarung eines automatisierten Auskunftsverfahrens möglich ist.

Kennzeichnend für TIEAs ist, dass sie generell von Staaten geschlossen werden, zwischen denen es nicht zum Abschluss eines Doppelbesteuerungsabkommens kam. Im Zuge der Offensive der OECD zur Bekämpfung der Steuerhinterziehung hat Deutschland entsprechende Vereinbarungen u. a. mit Lichtenstein, British Virgin Islands, Monaco, San Marino, Cayman Islands, Gibraltar, Guernsey, Isle of Man und Jersey geschlossen. Von deutschen TIEAs werden i. d. R. die Einkommensteuer, Körperschaftssteuer, Gewerbesteuer und Erbschaftsteuer erfasst, in seltenen Fällen auch die Umsatz- und Versicherungssteuer.[89]

### 13.5.3 Grenzüberschreitende Betriebsprüfungen (Joint Audit)

In der Erkenntnis, dass sich einerseits aus mehr Informationsaustausch nicht unbedingt ein realitätsgetreueres Bild des fraglichen Sachverhalts ergibt, und andererseits identische Informationen von Finanzbehörden in verschiedenen Ländern nicht zwingend zu einer identischen Interpretation des fraglichen Sachverhalts führen, werden international alternative Lösungsansätze gesucht und erprobt.[90] Ziel dabei ist es, insbesondere die äußerst zeitaufwendigen und wenig effizienten Verständigungs- und Schiedsverfahren zu vermeiden. In diesem Sinne wurde seitens der OECD bereits im Jahre 2006 im Rahmen des „Forum on Tax Administration" die Idee einer grenzübergreifenden Betriebsprüfung diskutiert. In der Folge wurde im Jahre 2010 ein Joint-Audit-Report[91] durch die OECD veröffentlicht, in dem die Möglichkeiten einer gemeinsamen grenzüberschreitenden Betriebsführung untersucht wurden und Hinweise zur Planung und Durchführung eines „Joint Audits" gegeben werden. Abweichend von einer Simultanprüfung, der koordinierten und zeitgleichen Prüfung eines international tätigen Unternehmens, liegt eine gemeinsame Betriebsprüfung nur vor, wenn ein Prüferteam aus zwei oder mehr Staaten grenzüberschreitende Vorfälle im Rahmen einer Außenprüfung mit dem Ziel einer einheitlichen tatsächlichen und rechtlichen Würdigung ermittelt.[92]

Derzeit fehlt es innerhalb der EU noch an einem gemeinsamen rechtlichen Rahmen für die Durchführung einer gemeinsamen Betriebsprüfung, jedoch wurde im Aktionsplan der Europäischen Kommission zur Verstärkung der Bekämpfung von Steuerbetrug und Steuerhinterziehung bereits die Möglichkeit eines entsprechenden Kommissionsvorschlags zur Schaffung einer einheitlichen europäischen Rechtsgrundlage angedeutet.[93]

---

[89]Siehe Marquardt & Betzinger, 2014.
[90]Siehe Meickmann, 2014.
[91]Siehe OECD, 2010.
[92]Siehe OECD, 2010.
[93]Siehe Meickmann, 2014.

Innerhalb der EU können gemeinsame Betriebsprüfungen derzeit im Anwendungsbereich der §§ 10, 11 EUAHiG durchgeführt werden, unter Berücksichtigung der der dort normierten Schranken beim Informationsaustausch.[94] Losgelöst von der Problematik der Rechtsgrundlage bergen gemeinsame Prüfungen aber auch eine Anzahl von praktischen Problemen. Aus dem laufenden Pilotprojekt zwischen Bayern und der Region Venetien (Italien) ist u. a. bekannt, dass neben der unterschiedlichen Prüfungskultur und dem Prüfungsumfeld vor allem Sprachprobleme eine große Barriere sind. Die Sprachprobleme beziehen sich hierbei weniger auf den Austausch mit den ausländischen Kollegen, sondern vielmehr auf die zu prüfenden Belege, Verträge usw.[95]

Gemeinsame Betriebsprüfungen mit Drittstaaten erscheinen rechtlich zulässig, sofern zwischen den beteiligten Staaten ein DBA mit einer Regelung entsprechend des Art 26 OECD-MA vereinbart ist.[96]

## Literatur

Brandis, 2015. § 8c EStG Rn 46. In: Blümich, Hrsg. *EStG*. München: C. H. Beck.
Czakert, 2013. Generalthema 2 und Seminar D: Der internationale Informationsaustausch und die grenzüberschreitende Kooperation der Steuerverwaltung. *IStR*, S. 596 ff.
Drüen, 2013. Rechtsrahmen und Rechtsfragen der multilateralen Betriebsprüfung. *DStR-Beih*, S. 82 ff.
Eilers & Ottermann, 2008. § 8 Rn. 56. In: Lüdicke & Sistermann, Hrsg. *Unternehmenssteuerrecht*. München: C. H. Beck.
Eisgruber, 2013. Praxiserfahrungen zu Joint Audits. *DStR-Beih*, S. 89 ff.
Gebhardt, 2013. *Deutsches Tax Treaty Overriding*, S. 10.
Gründig & Schmid, 2013. Die Änderung des § 14 Abs. 1 Satz 1 Nr. 5 KStG und deren Auswirkung auf grenzüberschreitende Unternehmensstrukturen. *DStR*, S. 617.
Heinicke, 2015. § 2a EStG Rn. 1. In: Schmidt, Hrsg. *EStG*. München: C. H. Beck.
Loschelder, 2015. § 4h Rn. 17. In: Schmidt, Hrsg. *EStG*. München: C. H. Beck.
Loschelder, 2015. § 50d EStG Rn. 47. In: Schmidt, Hrsg. *EStG*. München: C. H. Beck.
Marquardt & Betzinger, 2014. Internationaler Informationsaustausch in Steuersachen. *BB*, S. 3033 ff.
Meickmann, 2014. Verfahrensrechtliche Probleme bei der Besteuerung grenzüberschreitender Sachverhalte – Gemeinsame Betriebsprüfungen als Lösungsmodell. *IStR*, S. 591 ff.
OECD, 2010. *Sixth meeting of the OECD Forum on Tax Administration*. [Online] Letzter Abruf: http://www.oecd.org/tax/administration/45988932.pdf. [Zugriff am 18.05.2016].
OECD, 2015. *Standard for Automatic Exchange of Financial Account Information*. [Online] Letzter Abruf: https://www.oecd.org/ctp/exchange-of-tax-information/automatic-exchange-financial-account-information-common-reporting-standard.pdf. [Zugriff am 18.05.2016].

---

[94]Siehe Meickmann, 2014.
[95]Siehe ausführlich Eisgruber, 2013.
[96]Siehe Drüen, 2013.

Puls, Schmidtke, Tränka 2016. Der Nichtanwendungserlass des BmF v. 30.03.2016. "Substance over Form" bei der Prüfung von Verrechnungspreisen in Gefahr, 3 StR, S. 759–762.
Protzen, 2009. § 7 AStG Rn. 98 ff. In: Kraft, Hrsg. *Außensteuergesetz*. München: C. H. Beck.
Rätke, 2014. § 117 Rn. 9. In: Klein, Hrsg. *AO*. München: C. H. Beck.
Ratschow, 2014. § 42 AO Rn 48 ff. In: Klein, Hrsg. *AO*. München: C. H. Beck.
Ratschow, 2014. § 42 AO Rn. 120 ff. In: Klein, Hrsg. *AO*. München: C. H. Beck.
Ratschow, 2014. § 42 AO Rn. 75. In: Klein, Hrsg. *AO*. München: C. H. Beck.
Schanz & Feller, 2015. Wieso Deutschland (fast) keine Base Erosion and Profit Shifting-Bekämpfung braucht. *BB*, S. 865.
Schlenker, 2015. § 10d EStG Rn. 5. In: Blümich, Hrsg. *EStG*. München: C. H. Beck.
Schliessl, 2002. *Generalthema I: Form und Substanz im Steuerrecht – Objektivierung des Rechtsgefühls*, s. l.: IStR.
Schmidt, 2012. § 12 Rn. 1. In: Schmidt, Hrsg. *AStG*. München: C. H. Beck.
Schmidt, 2012. § 7 Rn. 1. In: Schmidt, Hrsg. *AStG*. München: C. H. Beck.
Vogt, 2015. § 8 AStG Rn 2. In: Blümich, Hrsg. *EStG*. München: C. H. Beck.
Wagner, 2015. § 50d EStG Rn 79 ff. In: Blümich, Hrsg. *EStG*. München: C. H. Beck.
Wagner, 2015. § 50d EStG Rn. 18. In: Blümich, Hrsg. *EStG*. München: C. H. Beck.
Wagner, 2015. § 50d EStG Rn. 64. In: Blümich, Hrsg. *EStG*. München: C. H. Beck.
Wagner, 2015. § 50d EStG Rn. 118 f. In: Blümich, Hrsg. *EStG*. München: C. H. Beck.
Wilmanns & Renz, 2013. *Internationale Verrechnungspreise Handbuch für Praktiker*. 1. Aufl. New Jersey: Wiley.

## Über die Autoren

**Steffen Voll** ist als Rechtsanwalt und Steuerberater im Bereich der Verrechnungspreise und des internationalen Steuerrechts bei der Olympus Europa SE & Co. KG tätig. Er hat über neun Jahre Erfahrung im Bereich des internationalen Steuerrechts und der Verrechnungspreise. Seine umfangreiche in der Industrie und Beratung erworbene Praxiserfahrung umfassen insbesondere Strukturierung und Implementierung von Verrechnungspreissystemen, Umstrukturierungen, intercompany Finanzierungen, Erstellung von lokalen und globalen Verrechnungspreisdokumentationen sowie die Begleitung von verrechnungspreisspezifischen Betriebsprüfungen. Daneben verfügt er aus seiner vierjährigen Tätigkeit als Rechtsanwalt in einer großen internationalen Anwaltskanzlei in Tokyo auch über umfangreiche Erfahrung mit M&A und anderen Geschäftstransaktionen sowie im Bereich des gewerblichen Rechtsschutzes.

Er studierte Rechtswissenschaften mit dem Schwerpunkt Steuerlehre an der Johannes Gutenberg-Universität in Mainz und hält einen Master of Business Administration der University of Wales. Er publiziert regelmäßig zu aktuellen Verrechnungspreisthemen.

**Roland Pfeiffer** ist als Rechtsanwalt und Fachanwalt für Steuerrecht in der Service Line Verrechnungspreise bei der Deloitte GmbH am Standort Düsseldorf tätig. Er hat mehr als 12 Jahre Erfahrung in der Beratung im Bereich Verrechnungspreise und internationales Steuerrecht. Sein Tätigkeitsschwerpunkt liegt neben der Gestaltung und Dokumentation von Verrechnungspreiskonzepten insbesondere im Bereich der Verteidigung in Betriebsprüfungen und der Durchsetzung im Wege von Verständigungsverfahren. Zu seinen Mandanten zählen insbesondere mittelständische Unternehmensgruppen und DAX-Konzerne sowie inländische Unternehmen von Konzernen mit ausländischem Sitz.

Er hat in Trier Rechtswissenschaften mit dem Schwerpunkt Steuerrecht studiert und während des Referendariats beim Landgericht Bad Kreuznach mit Stationen bei renommierten Kanzleien diese steuerlichen Schwerpunkte vertieft. Er publiziert regelmäßig zu Verrechnungspreisthemen und trägt als Referent auf Fachveranstaltungen vor.

**Paul Chao** hat drei Jahre Erfahrung im Bereich der Verrechnungspreise. Seine Tätigkeitsschwerpunkte umfassten neben der Dokumentation von Verrechnungspreisen und der Verteidigung bei Betriebsprüfungen die Analyse von Finanztransaktionen aus Verrechnungspreissicht sowie Umstrukturierungs- und Funktionsverlagerungsthemen. Paul Chao ist seit Oktober 2016 im Bereich Corporate Tax tätig.

Er studierte Volkswirtschaftslehre (B.Sc.) an der Rheinischen Friedrich-Wilhelms-Universität Bonn und Public Economics (M.Sc.) an der Freien Universität Berlin. Er verbrachte ein Auslandssemester am Department of Economics an der University of California, Berkeley, USA. Paul Chao absolvierte 2016 ein weiterbildendes Masterstudium in Wirtschafts- und Steuerrecht an der Ruhr-Universität Bochum (LL.M.).

# 14 Mitwirkungs- und Aufzeichnungspflichten

Richard Schmidtke und Patrick Tränka

**Leitfragen dieses Kapitels:**

- Welche Aufzeichnungs- und Mitwirkungspflichten hat der Steuerpflichtige zu erfüllen?
- Welche Aspekte sind in einer Sachverhaltsdokumentation zu berücksichtigen?
- Welche Aspekte sind in einer Angemessenheitsdokumentation zu berücksichtigen?
- Was ist bei der Dokumentation einer Funktionsverlagerung zu beachten?

## 14.1 Mitwirkungspflichten

Ein steuerpflichtiger Sachverhalt ist gem. § 88 Abs. 1 S. 1 AO grundsätzlich von Amts wegen zu ermitteln. Dieser Untersuchungsgrundsatz wird auch als Amtsermittlungsgrundsatz bezeichnet und stellt sicher, dass die Finanzbehörde im Allgemeinen nicht einen unvollständig aufgeklärten Sachverhalt besteuert.[1] Diesbezüglich hat die Finanzbehörde gem. § 88 Abs. 2 AO auch die die Beteiligten begünstigenden Umstände zu berücksichtigen. Beteiligte sind gem. § 78 Nr. 2 AO u. a. diejenigen, an die die Finanzbehörde einen Verwaltungsakt richten will oder gerichtet hat.

---

[1] Rätke, 2016, § 88 Rn. 1; Seer, 2016, § 88 Rn. 1.

---

R. Schmidtke (✉)
München, Deutschland
E-Mail: rschmidtke@deloitte.de

P. Tränka
München, Deutschland
E-Mail: ptraenka@deloitte.de

Dieser durch die Finanzbehörde zu erfüllende Untersuchungsgrundsatz wird durch die Mitwirkungspflichten seitens des Beteiligten ergänzt und ggf. begrenzt, sofern der Beteiligte seinen Mitwirkungspflichten gem. § 90 AO nicht nachkommt und der Sachverhalt hierdurch nicht vollständig ermittelt werden kann.[2] Darüber hinaus ist zu beachten, dass ein Beteiligter die Mitwirkungspflicht nicht verweigern und die Finanzbehörde diese erzwingen kann.[3]

Steuerpflichtige sind Personen, die gem. § 33 Abs. 1 AO eine Steuer schulden, für eine Steuer haften, eine Steuer für Rechnung eines Dritten einzubehalten und abzuführen haben, die eine Steuererklärung abzugeben, Sicherheit zu leisten, Bücher und Aufzeichnungen zu führen oder andere ihnen durch die Steuergesetze auferlegte Verpflichtungen zu erfüllen haben. Diese unterliegen gem. § 90 AO Mitwirkungs- und Aufzeichnungspflichten, welche wiederum in die allgemeine Mitwirkungspflicht gem. § 90 Abs. 1 AO, die erhöhte Mitwirkungspflicht bei Auslandssachverhalten gem. § 90 Abs. 2 AO sowie die speziellen Aufzeichnungspflichten über die Art und den Inhalt der Geschäftsbeziehungen eines Steuerpflichtigen zu nahestehenden Personen i. S. d. § 1 Abs. 2 AStG gem. § 90 Abs. 3 AO zu unterteilen sind. Diese Pflichten gelten grundsätzlich auch im Rahmen der Mitwirkungspflichten gem. § 200 AO im Falle einer Außenprüfung.[4]

Mitwirkungspflichtige können natürliche Personen, Kapitalgesellschaften und Mitunternehmerschaften i. S. d. § 15 Abs. 1 S. 1 Nr. 2 EStG bzw. die für die Beteiligten oder Steuerpflichtigen handelnden Vertreter sein. Hierbei ist es unerheblich, ob eine unbeschränkte oder eine beschränkte Steuerpflicht der Mitwirkungspflichtigen besteht.[5]

### 14.1.1 Allgemeine Mitwirkungspflichten

Die allgemeinen Mitwirkungspflichten nach § 90 Abs. 1 AO legen fest, dass für die Besteuerung erhebliche Tatsachen vollständig und wahrheitsgemäß offen zu legen und die bekannten Beweismittel anzugeben sind. Konkretisiert wird diese Norm durch weitere Vorschriften.[6] Diese können gem. Tz. 3.2.1 Verwaltungsgrundsätze-Verfahren die folgenden Pflichten umfassen:

- Auskunftserteilung, § 93 AO;
- Abgabe und Berichtigung von Steuererklärungen, §§ 149, 153 AO;

---

[2]Rätke, 2016, § 88 Rn. 1, 25; Seer, 2016, § 88 Rn. 2.
[3]Rätke, 2016, § 88 Rn. 1; Wünsch, 2014, § 90 Rn. 11.
[4]Seer, 2016, § 200 AO Rn. 1.
[5]Tz. 3.1: Grundsätze für die Prüfung der Einkunftsabgrenzung zwischen nahestehenden Personen mit grenzüberschreitenden Geschäftsbeziehungen in Bezug auf Ermittlungs- und Mitwirkungspflichten, Berichtigungen sowie auf Verständigungs- und EU-Schiedsverfahren („Verwaltungsgrundsätze-Verfahren").
[6]Rätke, 2016, § 88 Rn. 4; Wünsch, 2014, § 90 Rn. 1.

- Anzeige der Gründung von Betriebsstätten im Ausland, der Beteiligung an ausländischen Personengesellschaften sowie der Beteiligung an Körperschaften, § 138 AO;
- vollständige, richtige, zeitgerechte und geordnete Erstellung und Aufbewahrung erforderlicher Bücher und Aufzeichnungen, §§ 140 ff., 147 AO;
- Benennung und Vorlage von Beweismittel, §§ 97 bis 100 AO;
- Nachweis von Treuhänderschaften, § 159 AO;
- Benennung der Empfänger von Ausgaben, § 160 AO;
- Erteilung von Auskünften, Vorlagen von Unterlagen und Abgabe von erforderlichen Erläuterungen im Rahmen einer Außenprüfung gem. § 200 AO sowie Unterstützung beim Datenzugriff im Sinne des § 147 Abs. 6 AO.

Der Umfang der allgemeinen Mitwirkungspflicht richtet sich gem. § 90 Abs. 1 S. 3 AO nach den Umständen des Einzelfalls. Dies bedeutet, dass sich die Mitwirkungspflichten des Steuerpflichtigen entsprechend der in seiner Informations- und Tätigkeitssphäre liegenden Tatsachen und Beweismittel erhöhen.[7]

I. d. R. erfüllen die gem. § 90 Abs. 1 AO i. V. m. den oben genannten Vorschriften zur Verfügung zu stellenden Unterlagen nicht die Voraussetzungen einer Verrechnungspreisdokumentation, da es anhand dieser Informationen einem Sachverständigen Dritten nicht möglich sein wird, den Sachverhalt sowie die Angemessenheit der Verrechnungspreise zu beurteilen.

Im Rahmen von Außenprüfungen tritt immer wieder die Frage auf, ob die in der Informations- und Tätigkeitssphäre des mitwirkungspflichtigen Steuerpflichtigen liegenden E-Mails der Finanzverwaltung zur Verfügung zu stellen sind und ob hierbei zwischen externen und betriebs- oder konzerninternen E-Mails zu unterscheiden ist. Im Folgenden soll hierauf kurz eingegangen werden.

Die speziellen Mitwirkungspflichten des Steuerpflichtigen in der Außenprüfung werden durch § 200 AO festgelegt. Daneben bestehen die allgemeinen Mitwirkungspflichten weiterhin fort, sofern ihre Nichtanwendung nicht gesetzlich normiert oder durch speziellere Vorschriften ausgeschlossen ist.[8]

Die in § 200 Abs. 1 S. 2 AO aufgeführte Auflistung der zu erteilenden Auskünfte ist nicht abschließend, wie durch die Wortwahl „insbesondere" deutlich wird. Umfasst werden die nach § 147 Abs. 1 AO aufbewahrungspflichtigen Unterlagen.[9] Zu diesen zählen neben den in § 147 Abs. 1 Nr. 1 AO aufgeführten Unterlagen auch die Handels- und Geschäftsbriefe (§ 147 Abs. 1 Nr. 2 und Nr. 3), die Buchungsbelege (§ 147 Abs. 1 Nr. 4) sowie sonstige Unterlagen, soweit sie für die Besteuerung von Bedeutung sind (§ 147 Abs. 1 Nr. 5 AO).

Eine Pflicht zur Aufbewahrung der in § 147 Abs. 1 AO aufgeführten Unterlagen besteht jedoch nur insoweit, wie auch eine Aufzeichnungspflicht besteht, d. h. die

---
[7]Rätke, 2016, § 88 Rn. 7; Seer, 2016, § 90 AO Rn. 12f.
[8]Schallmoser, 2016, § 200 Rn. 9; Seer, 2016, § 200 AO Rn. 1.
[9]Buse, 2012.

Aufbewahrungspflicht ist akzessorisch zur Aufzeichnungspflicht.[10] Denn sofern keine Aufzeichnungspflicht besteht, kann auch nicht verlangt werden, dass bezüglich dieser Unterlagen eine Aufbewahrung erfolgt.

Die Aufzeichnungspflichten können sich sowohl aus steuerlichen als auch aus außersteuerlichen Vorschriften ergeben.[11] Die Aufbewahrungspflicht für die nach § 238 Abs. 2 HGB aufzuzeichnenden Handelsbriefe ergibt sich aus § 147 Abs. 1 Nr. 2 und Nr. 3 AO. Nach § 257 Abs. 2 AO sind dies Schriftstücke auch in elektronischer Form, wie z. B. die E-Mail[12], die ein Handelsgeschäft betreffen. Diese können sich auf alle Phasen eines Handelsgeschäfts beziehen, z. B. dessen Vorbereitung und Abschluss sowie dessen eventuelle Rückgängigmachung.[13] So können z. B. Lieferscheine Handels- oder Geschäftsbriefe darstellen.[14] Sollte es jedoch nicht zum Abschluss des angestrebten Handelsgeschäfts gekommen sein, so besteht keine Aufbewahrungspflicht.[15]

Ebenso besteht eine Aufbewahrungspflicht für Buchungsbelege, sofern diese aufzeichnungspflichtig sind. Alle Unterlagen, die einen einzelnen Geschäftsvorfall betreffen, werden als Buchungsbeleg angesehen.[16] Beispielhaft können diese von Rechnungen, Zahlungsanweisungen bis zu Aktennotizen, internen Buchungsanweisungen sowie Reisekostenabrechnungen reichen.[17] Sofern diese Buchungsbelege in E-Mail-Format erhalten oder versandt werden oder wenn diese als Anhang einer E-Mail beigefügt wurden, so besteht diesbezüglich eine Aufbewahrungspflicht.

Darüber hinaus fordert § 147 Abs. 1 Nr. 5 AO die Aufbewahrung aller sonstigen Unterlagen, sofern sie für die Besteuerung von Bedeutung sind. Diese Vorschrift ist subsidiär zu § 147 Abs. 1 Nr. 1-Nr. 4a AO und hinsichtlich der aufzubewahrenden Unterlagen besteht nur dann eine Aufbewahrungspflicht, wenn steuerliche oder außersteuerliche Aufzeichnungspflichten bestehen.[18]

Dies wurde inzwischen auch durch den BFH bestätigt, der eindeutig zum Ausdruck brachte, dass § 147 Abs. 1 Nr. 5 unter Berücksichtigung der Akzessorietät der Aufbewah-

---

[10]BFH, Urteil v. 24.06.2009, VIII R 80/06, BStBl II 2010, 452; Drüen, 2016, § 147 AO Rn. 1; Cöster, 2014, § 147 Rn. 2.

[11]Drüen, 2016, § 147 AO Rn. 1; Cöster, 2014, § 147 Rn. 1 f.

[12]Winkeljohann & Philipps, 2006, § 257 Rn. 15; Drüen, 2016, § 147 AO Rn. 17b; Grundsätze zur ordnungsmäßigen Führung und Aufbewahrung von Büchern, Aufzeichnungen und Unterlagen in elektronischer Form sowie zum Datenzugriff (GoBD).

[13]Reich, et al., 2015, § 257, Rn. 23; Winkeljohann & Philipps, 2006, § 257 Rn. 15; Drüen, 2016, § 147 AO Rn. 17.

[14]OFD, 2002.

[15]Reich, et al., 2015, § 257, Rn. 23. Winkeljohann & Philipps, 2006, § 257 Rn. 15.

[16]Drüen, 2016, § 147 AO Rn. 18.

[17]Drüen, 2016, § 147 AO Rn. 18, Rätke, 2016, § 147, Rn. 24; Cöster, 2014, § 147 Rn. 12.

[18]Drüen, 2016, § 147 AO Rn. 22.

rungspflicht einschränkend auszulegen ist.[19] Sofern eine Aufzeichnungspflicht besteht, sind diese Unterlagen für steuerliche Zwecke nur dann aufzubewahren, wenn sie zum Verständnis und zur Überprüfung der für die Besteuerung gesetzlich vorgeschriebenen Aufzeichnungen im Einzelfall von Bedeutung sind.[20]

Dies bedeutet, dass die interne E-Mail-Kommunikation nach § 147 Abs. 1 Nr. 5 AO nur dann aufzubewahren ist, wenn erstens eine Aufzeichnungspflicht und darüber hinaus eine Bedeutung für die Besteuerung besteht. Hinsichtlich der Bedeutung für die Besteuerung wird es mit Sicherheit unterschiedliche Auffassungen zwischen der Finanzverwaltung und dem Steuerpflichtigen geben.[21]

Darüber hinaus stellt sich die Frage, ob die Finanzverwaltung im Rahmen der Betriebsprüfung Zugriff auf die interne E-Mail-Kommunikation zu gewähren ist, wenn diese freiwillig aufgezeichnet und aufbewahrt wurde. Im Rahmen des Datenzugriffs gem. § 147 Abs. 6 AO ist dies laut des BFH abzulehnen, da ein Datenzugriff nur auf Unterlagen erfolgen kann, die aufzeichnungs- und aufbewahrungspflichtig sind.[22] Zudem ist dies bereits aus Datenschutzgründen abzulehnen.[23]

Demgegenüber hat der BFH entschieden, dass es im Rahmen des § 200 AO nicht auf eine Aufzeichnungs- und Aufbewahrungspflicht ankommt. Werden Unterlagen freiwillig aufbewahrt, so werde nicht etwa der Steuerpflichtige durch ein Vorlageverlangen dieser Unterlagen benachteiligt, sondern die Gleichmäßigkeit der Besteuerung durch die Auswertung des Vorhandenen gewährleistet.[24] Fraglich bleibt, ob dies auch auf freiwillig elektronisch gespeicherte Unterlagen zutrifft.[25] Letztendlich hat der BFH ebenfalls entschieden, dass freiwillig aufbewahrte Unterlagen jederzeit gelöscht werden können.[26]

Konzerninterne E-Mails sind daher vom Datenzugriff des § 147 Abs. 6 AO ausgenommen, soweit keine Aufzeichnungs- und Aufbewahrungspflicht besteht. Im Rahmen des § 200 AO können freiwillig aufbewahrte Unterlagen jedoch durch die Finanzverwaltung angefordert werden. Dies stellt i. d. R. einen Verwaltungsakt dar[27], gegen den Einspruch eingelegt und die Aussetzung der Vollziehung beantragt werden kann. Sollte der Inhalt der E-Mails oder der Anhang der E-Mails nicht eine Beschreibung, sondern eine Bewertung des Sachverhalts enthalten, z. B. durch den steuerlichen Berater, so können diese nicht durch die Finanzverwaltung verlangt werden.[28]

---

[19]BFH, Urteil v. 25.06.2009, VIII R 80/06, BStBl II 2010, 452.
[20]BFH, Urteil v. 25.06.2009, VIII R 80/06, BStBl II 2010, 452.
[21]Kuhsel & Kaeser, 2001.
[22]BFH, Urteil v. 25.06.2009, VIII R 80/06, BStBl II 2010, 452.
[23]Kuhsel & Kaeser, 2001; Kromer, 2001.
[24]BFH, Urteil v. 28.10.2009, VIII R 78/05, BStBl II 2010, 455.
[25]Buse, 2012.
[26]BFH, Urteil v. 25.06.2009, VIII R 80/06, BStBl II 2010, 452.
[27]Buse, 2012.
[28]Kromer, 2001; Schaumburg, 2002; Carle, 2001.

Werden freiwillig erstellte und aufbewahrte Unterlagen jedoch auch freiwillig der Finanzverwaltung übergeben, so kann die Finanzverwaltung diese ohne Einschränkungen verwerten.[29]

### 14.1.2 Erweiterte Mitwirkungspflichten

Die Mitwirkungspflichten der Beteiligten werden nach § 90 Abs. 2 AO erweitert, sofern es sich um Sachverhalte im Ausland handelt. Dies liegt darin begründet, dass deutsche Finanzbehörden aufgrund der Souveränität des jeweiligen ausländischen Staates in diesem keine Ermittlungsbefugnisse besitzen.[30] Darüber hinaus ist die internationale Rechts- und Amtshilfe in der Praxis mit Schwierigkeiten verbunden und im Allgemeinen subsidiär zu nationalen Sachaufklärungsmitteln, einschließlich des § 90 Abs. 2 AO.[31]

Im Jahr 2001 änderte der BFH im Rahmen zweier Urteile seine bisherige Auffassung zu den erweiterten Mitwirkungspflichten Steuerpflichtiger. Zum einen stellte der BFH fest, dass Steuerpflichtige ihre erweiterten Mitwirkungspflichtigen nicht verletzten, sofern sie rechtlich und tatsächlich nicht in der Lage sind, die angeforderten Dokumente vorzulegen.[32]

Die Finanzverwaltung ist gem. Tz. 3.3.2 lit. b Verwaltungsgrundsätze-Verfahren der Ansicht, dass der Steuerpflichtige rechtlich in der Lage ist, die benötigten Unterlagen zu beschaffen, wenn er unmittelbar oder mittelbar Mehrheitsgesellschafter der nahestehenden Person ist oder die Mehrheit der Stimmrechte an dieser besitzt. Als tatsächliche Möglichkeit der Informations- und Beweismittelbeschaffung sieht die Finanzverwaltung die Personalunion der Geschäftsführer des Steuerpflichtigen und der nahestehenden Person an.[33] Allerdings besteht im Rahmen der tatsächlichen Möglichkeit, die angeforderten Unterlagen zu beschaffen, die Gefahr, dass der jeweilige Geschäftsführer gegen ihm auferlegte Geheimhaltungspflichten verstößt.[34]

Zusätzlich stellt § 90 Abs. 2 S. 4 AO heraus, dass Steuerpflichtige Beweisvorsorge zu treffen haben, sofern sie weder rechtlich noch tatsächlich in der Lage sein werden, die benötigten Informationen zu beschaffen. Dies setzt jedoch voraus, dass Steuerpflichtige hierzu überhaupt in der Lage sind, d. h., es muss ihnen z. B. bei Vertragsabschluss möglich sein, entsprechende Konditionen zu vereinbaren.[35] Beispielhaft nennt Tz. 3.3.3 Verwaltungsgrundsätze-Verfahren diesbezüglich eine Poolumlage, eine kostenbasierte

---

[29]Kuhsel & Kaeser, 2001; Kromer, 2001.
[30]Wassermeyer, 2015, Rn. 1; Seer, 2016, § 90 AO Rn. 18.
[31]Seer, 2016, § 90 AO Rn. 18.
[32]BFH, Urteil v. 10.05.2001, I S 3/01, BB 2001, 1184.
[33]Tz. 3.3.2 lit. b Verwaltungsgrundsätze-Verfahren.
[34]Renz, 2013, S. 159.
[35]Seer, 2016, § 90 AO Rn. 29, 34.

Vergütung von Dienstleistungen, eine Umsatzlizenz, einen Vertriebsvertrag unter Anwendung der Wiederverkaufspreismethode sowie eine Aufteilung der Residualgewinns mittels der Gewinnaufteilungsmethode. Demgegenüber erkennen die Verwaltungsgrundsätze-Verfahren an, dass es im Einzelfall für den Steuerpflichtigen unmöglich sein kann, eine Beweisvorsorge zu treffen.[36]

Darüber hinaus vertritt die Finanzverwaltung in Tz. 3.3.2 lit. a Verwaltungsgrundsätze-Verfahren die Auffassung, Steuerpflichtige hätten der Finanzverwaltung Gutachten und Stellungnahmen zu Verrechnungspreisen zur Verfügung zu stellen. Sofern diese einen Sachverhalt würdigen und nicht lediglich Sachverhaltsfeststellungen treffen, sollten diese nicht vorlagepflichtig sein.[37] Die rechtliche Würdigung eines Sachverhalts obliegt der Finanzverwaltung. Die hierfür benötigten Unterlagen sind ihr jedoch bereitzustellen.[38]

Zum anderen wurde klargestellt, dass sich die erweiterten Mitwirkungspflichten nur auf den verwirklichten Sachverhalt erstrecken, die Überprüfung der Übereinstimmung der vereinbarten Preise mit den zwischen fremden Dritten vereinbarten Preisen demgegenüber jedoch der Finanzverwaltung obliegt.[39] Dieses Urteil führte dazu, dass im Jahr 2003 die Dokumentationspflicht, d. h. die Sachverhalts- und Angemessenheitsdokumentation, für Geschäftsbeziehungen mit ausländischen, nahestehenden Personen gesetzlich verankert wurde. Diese umfangreichen Aufzeichnungspflichten werden im Folgenden dargestellt.

### 14.1.3 Aufzeichnungspflichten

#### 14.1.3.1 Allgemeines

Infolge des BFH-Urteils vom 17.10.2001[40] erweiterte der Gesetzgeber im Rahmen des Gesetzes zum Abbau von Steuervergünstigungen und Ausnahmeregelungen (StVergAbG) § 90 AO um einen dritten Absatz und führte die Vorschriften zur Dokumentation von Verrechnungspreisen ein. Die gesetzlichen Vorschriften wurden durch die Verordnung zu Art, Inhalt und Umfang von Aufzeichnungen im Sinne des § 90 Abs. 3 der Abgabenordnung (Gewinnabgrenzungsaufzeichnungsverordnung, GAufzV)[41] konkretisiert, welche wiederum durch die Verwaltungsgrundsätze-Verfahren weiter ausgeführt bzw. erläutert wurden. Zudem veröffentlichte die Finanzverwaltung am 13.10.2010 die Grundsätze für die Prüfung der Einkunftsabgrenzung zwischen nahestehenden Personen

---

[36]Tz. 3.3.3 Verwaltungsgrundsätze-Verfahren.
[37]Finsterwalder, 2005.
[38]Renz, 2013, S. 157.
[39]BFH, Urteil v. 17.10.2001, I R 103/00, BStBl II 2004, 171
[40]BFH, Urteil v. 17.10.2001, I R 103/00, BStBl II 2004, 171.
[41]GAufzV, BGBl. I, S. 2296.

in Fällen von grenzüberschreitenden Funktionsverlagerungen (Verwaltungsgrundsätze Funktionsverlagerung)[42], die u. a. die Dokumentationspflichten des Steuerpflichtigen im Rahmen von Funktionsverlagerungen konkretisieren.

#### 14.1.3.1.1 Bindungswirkung der Verrechnungspreisvorschriften

Für Steuerpflichtige bindend sind Gesetzesnormen sowie Rechtsverordnungen, jedoch nicht Verwaltungsanweisungen, die nur die Verwaltung selbst binden. Dieses Innenrecht der Verwaltung dient der Vereinheitlichung und Vereinfachung der Anwendung der Gesetzesnormen.[43] Dies bedeutet aber gleichzeitig, dass Steuerpflichtige die Verwaltungsanweisungen nicht vor Gerichten für sich geltend machen können.[44] In der täglichen Praxis sollte sich der Steuerpflichtige dennoch an den Verwaltungsanweisungen orientieren, um vermeidbare Auseinandersetzungen mit der Finanzverwaltung zu umgehen.

#### 14.1.3.1.2 Aufzeichnungspflichtige

Nach § 90 Abs. 3 S. 1 AO haben die Steuerpflichtigen Aufzeichnungen zu erstellen, die Geschäftsbeziehungen mit nahestehenden Personen i. S. d. § 1 Abs. 2 AStG im Ausland unterhalten. Voraussetzung für ein Nahestehen gem. § 1 Abs. 2 Nr. 1 AStG ist eine unmittelbare oder mittelbare Beteiligung von mindestens 25 % („wesentliche Beteiligung") oder ein beherrschender Einfluss der Person auf den Steuerpflichtigen oder umgekehrt. Diese Voraussetzungen gelten auch für Geschäftsbeziehungen zwischen Schwestergesellschaften. Ein Nahestehen gem. § 1 Abs. 2 Nr. 2 AStG ist gegeben, sofern eine Person eine wesentliche Beteiligung an den Schwestergesellschaften hält oder auf diese einen unmittelbaren oder mittelbaren beherrschenden Einfluss ausüben kann. Zudem kann ein Nahestehen gem. § 1 Abs. 2 Nr. 3 AStG gegeben sein, wenn es einer Person oder einem Steuerpflichtigen möglich ist, einen außerhalb der Geschäftsbeziehung begründeten Einfluss auf die Bedingungen der Geschäftsbeziehung auszuüben oder aber ein eigenes Interesse an der Einkunftserzielung des jeweils anderen besteht.

Die Annahme einer Geschäftsbeziehung zwischen nahestehenden Personen setzt nicht zwingend einen Leistungsaustausch voraus, § 1 Abs. 1 S. 3 GAufzV. Demgegenüber stellen gem. § 1 Abs. 4 S. 1 Nr. 1 lit. b AStG gesellschaftsvertragliche Vereinbarung keine Geschäftsbeziehung dar.

Sofern die Tatbestandsvoraussetzungen des § 1 Abs. 2 AStG jedoch nicht erfüllt sind, besteht diesbezüglich keine Aufzeichnungspflicht.

Eine Funktionsverlagerung i. S. d. § 1 Abs. 3 S. 9 AStG ist demzufolge dann zu dokumentieren, wenn das ausländische übernehmende oder verlagernde Unternehmen als nahestehend i. S. d. § 1 Abs. 2 AStG zu charakterisieren ist. Hierbei ist zu beachten, dass dies auch im Hinblick auf Joint Ventures zutrifft, die die Voraussetzungen des Nahestehens erfüllen.

---

[42]BStBl I 2010, S. 774.
[43]Gersch, 2016, § 4 Rn. 9; Koenig, 2014, § 4 Rn. 51; Drüen, 2016, § 4 AO Rn. 84.
[44]Koenig, 2014, § 4 Rn. 53; Hey, 2004.

### 14.1.3.1.3 Erstmalige Anwendung

Die Steuerpflichtigen haben gem. § 22 Abs. 1 S. 1 EGAO die Dokumentationsvorschriften für Wirtschaftsjahre zu berücksichtigen, die nach dem 31.12.2002 beginnen. Im Rahmen seiner Verrechnungspreisdokumentation hat der Steuerpflichtige gem. § 90 Abs. 3 S. 1 AO i. V. m. § 1 Abs. 1 S. 1, Abs. 2 GAufzV den verwirklichten Sachverhalt (Sachverhaltsdokumentation) sowie die Beachtung des Fremdvergleichsgrundsatzes gem. § 90 Abs. 3 S. 2 AO i. V. m. § 1 Abs. S. 1, Abs. 3 GAufzV (Angemessenheitsdokumentation) darzustellen.

Die Regelungen zur Funktionsverlagerung finden gem. § 21 Abs. 16 AStG nicht auf Veranlagungszeiträume vor 2008 Anwendung. Dies bedeutet, dass die im Rahmen der Angemessenheitsdokumentation regelmäßig durchzuführende Transferpaketbewertung erstmals für den Veranlagungszeitraum 2008 anzuwenden und zu dokumentieren ist. Hierbei gilt es allerdings zu beachten, dass die Finanzverwaltung häufig versucht, eine rückwirkende Anwendung der neuen Vorschriften zu erzielen, indem sie diesen nur eine klarstellende und präzisierende Wirkung unterstellt. Allerdings lehnte der BFH die Anwendung von geänderten Gesetzen auf vergangene Ereignisse, die vor Inkrafttreten der Gesetzesänderung stattfanden, eindeutig ab.[45]

### 14.1.3.1.4 Form der Dokumentation

Hinsichtlich der Darstellung der Verrechnungspreisdokumentation wird keine bestimme Form verlangt. § 2 Abs. 1 S. 3 GAufzV fordert lediglich, dass die Aufzeichnungen schriftlich oder elektronisch erstellt werden und es einem sachverständigen Dritten ermöglichen, innerhalb einer angemessenen Frist festzustellen, welche Sachverhalte der Steuerpflichtige im Zusammenhang mit seinen Geschäftsbeziehungen zu nahestehenden Personen verwirklicht und ob und inwieweit er dabei den Fremdvergleichsgrundsatz beachtet hat. Sachverständige Dritte sind in diesem Zusammenhang die mit der Prüfung des Steuerpflichtigen beauftragten Finanzbeamten. Sind diese Voraussetzungen erfüllt, so gilt die Dokumentation gem. Tz. 3.4.19. lit. a Verwaltungsgrundsätze-Verfahren grundsätzlich als verwertbar, was jedoch eine mögliche Korrektur der Verrechnungspreise nicht ausschließt.

Die Dokumentation kann daher auch aus bereits vorhandenen Unterlagen zusammengestellt werden, sofern dies in sachgerechter Ordnung i. S. d. § 2 Abs. 1 S. 2 GAufzV erfolgt. Im Allgemeinen ist dies dennoch nicht zu empfehlen, da die bei Erstellung der Dokumentation eingesparten Ressourcen aller Voraussicht nach im Rahmen einer Betriebsprüfung wieder aufgebraucht werden. So kann die Finanzbehörde gem. Tz. 3.4.20 lit. a Verwaltungsgrundsätze-Verfahren auch bei verwertbaren Aufzeichnungen weitere Auskünfte und Unterlagen anfordern (§ 88 AO) und Verprobungen nach anderen Methoden vornehmen.

Die Verrechnungspreisdokumentation ist gem. § 147 Abs. 1 Nr. 1, Abs. 3 S. 1 AO für einen Zeitraum von 10 Jahren geordnet aufzubewahren. Hierbei ist zu beachten, dass die Aufbewahrungsfrist gem. § 147 Abs. 3 S. 3 AO nicht vor der entsprechenden Festsetzungsfrist abläuft.

---

[45]BFH, Urteil v. 27.8.2008, BFH/NV 2009, 123.

## 14.1.3.1.5 Sprache

Die Verrechnungspreisdokumentation ist nach § 2 Abs. 5 S. 1 GAufzV in deutscher Sprache zu erstellen, da dies gem. § 87 Abs. 1 AO die Amtssprache ist. Der Steuerpflichtige kann jedoch bis nach Erhalt der Anfrage der Verrechnungspreisdokumentation durch die Betriebsprüfung einen Antrag gem. § 2 Abs. 5 S. 2 GAufzV auf fremdsprachige Dokumentation stellen. Sofern die Betriebsprüfung diesem Antrag stattgibt, bedeutet dies nicht, dass sie nicht auch eine Übersetzung verlangen kann. Gem. Tz. 3.2.5 Verwaltungsgrundsätze-Verfahren soll sich diese jedoch auf ein notwendiges Maß beschränken und hinsichtlich umfangreicher Verträge und Dokumente auf wesentliche Passagen begrenzt werden.

## 14.1.3.1.6 Erstellung und Vorlage der Dokumentation

Grundsätzlich hat der Steuerpflichtige gem. § 90. Abs. 3 S. 6 AO die Dokumentation erst auf Anforderung im Rahmen einer Außenprüfung zu erstellen und an die Betriebsprüfung zu übergeben. Im Regelfall wird diese Anforderung zusammen mit der Prüfungsanordnung erfolgen.[46] Handelt es sich bei den zu dokumentierenden Geschäftsvorfällen um gewöhnliche Geschäftsvorfälle, stehen dem Steuerpflichtigen hierfür nach § 90 Abs. 3 S. 8 AO 60 Tage, bei außergewöhnlichen Geschäftsvorfällen nach § 90 Abs. 3 S. 9 AO 30 Tage zur Verfügung. Die Aufzeichnungen hinsichtlich außergewöhnlicher Geschäftsvorfälle sind jedoch gem. § 90 Abs. 3 S. 3 AO zeitnah zu erstellen.

Zur Beurteilung, ob ein Geschäftsvorfall als außergewöhnlich anzusehen ist, ist dieser dem gewöhnlichen Tagesgeschäft des Steuerpflichtigen gegenüberzustellen. Sofern dieser aufgrund seiner Art, seinem Inhalt, Zweck, Umfang oder Risiko nach einen Ausnahmecharakter gegenüber dem gewöhnlichen Tagesgeschäft und zugleich eine erhebliche Bedeutung für die Höhe der Einkünfte des Steuerpflichtigen im Jahr des außergewöhnlichen Geschäftsvorfalls und/oder in Zukunft hat, ist der Geschäftsvorfall als außergewöhnlich anzusehen.[47] Ein Geschäftsvorfall ist insbesondere dann als außergewöhnlich anzusehen, wenn es hierdurch zu wesentlichen Funktions- und Risikoänderungen gekommen ist, die Geschäftsstrategie erheblich abgeändert wurde oder langfristige Verträge abgeschlossen bzw. geändert wurden.[48]

Im Rahmen einer Umstrukturierung eines Unternehmens liegen diese Voraussetzungen grundsätzlich vor, da deren Ausgangspunkt meist die Anpassung bzw. Neuausrichtung der Unternehmensstrategie ist. Hierdurch werden sich im Regelfall die ausgeübten Tätigkeiten und somit die Funktionen und Risiken einzelner Konzernunternehmen verändern, weswegen langfristige Verträge anzupassen bzw. neu abzuschließen sind.[49] Eine Funktionsverlagerung stellt daher einen außergewöhnlichen Geschäftsvorfall dar, der zeitnah unter Berücksichtigung der Verhältnismäßigkeitsgrundsatzes[50] zu dokumentieren ist.

---

[46]Rn. 156 Verwaltungsgrundsätze Funktionsverlagerung; Cordes, 2014, Rn. 8.20.
[47]Tz. 3.4.8.2 Verwaltungsgrundsätze-Verfahren.
[48]Tz. 3.4.8.2 Verwaltungsgrundsätze-Verfahren.
[49]Rn. 155 Verwaltungsgrundsätze Funktionsverlagerung.
[50]Rn. 152 Verwaltungsgrundsätze Funktionsverlagerung.

Die Voraussetzung der zeitnahen Dokumentation gilt gem. § 3 Abs. 1 S. 2 GAufzV als erfüllt, wenn die Aufzeichnungen innerhalb von sechs Monaten nach Ablauf des Wirtschaftsjahres angefertigt werden, in dem sich der Geschäftsvorfall ereignet hat. Hierbei ist, wie allgemein im deutschen Ertragsteuerrecht, auf das Verfügungsgeschäft, d. h. den Übergang des wirtschaftlichen Eigentums abzustellen. Sofern Verpflichtungs- und Verfügungsgeschäft in unterschiedlichen Wirtschaftsjahren verwirklicht werden, ist eine Dokumentation des außergewöhnlichen Geschäftsvorfalls erst innerhalb von sechs Monaten nach Ablauf des Wirtschaftsjahres zu erstellen, in dem sich das Verfügungsgeschäft ereignet hat.[51]

Die Tatbestandsvoraussetzungen einer Funktionsverlagerung können gem. § 1 Abs. 2 S. 3 FVerlV auch erst im Zeitablauf erfüllt sein. Der Steuerpflichtige hat daher zu überprüfen, ob mehrere innerhalb eines Zeitraums von fünf Wirtschaftsjahren verwirklichte Geschäftsvorfälle zusammengefasst eine Funktionsverlagerung darstellen. Die Dokumentation ist dementsprechend sechs Monate nach Ablauf des Wirtschaftsjahres zu erstellen, in dem die Tatbestandsvoraussetzungen der Funktionsverlagerung erfüllt sind.

Vergleichbares gilt gem. § 1 Abs. 6 FVerlV auch im Falle einer Funktionsverdoppelung. Im Rahmen dieser sind grundsätzlich alle Tatbestandsvoraussetzungen einer Funktionsverlagerung erfüllt, es kommt jedoch zu keiner Einschränkung der betreffenden Funktion im Inland. Gem. Tz. 2.1.6.1 Verwaltungsgrundsätze Funktionsverlagerung ist ein Rückgang des Umsatzes im Hinblick auf die verlagerte Funktion ein Indikator für eine Einschränkung. Sofern es im Inland zu einem Umsatzrückgang von mehr als 1 MEUR in einem Wirtschaftsjahr in einem Zeitraum von fünf Jahren nach Aufnahme der Funktion durch ein nahestehendes Unternehmen kommt, liegt zu diesem Zeitpunkt eine Funktionsverlagerung vor. Unerheblich ist hierbei, ob sich der Umsatz im Inland im darauffolgenden Wirtschaftsjahr wieder erholt. Es besteht jedoch gem. Tz. 2.1.6.2.2 Verwaltungsgrundsätze Funktionsverlagerung die Möglichkeit einer Glaubhaftmachung, dass die Einschränkung nicht mit der Funktionsverdoppelung in Verbindung steht.

Steuerpflichtige sollten daher fortlaufend kontrollieren, ob sich zum einen ein oder mehrere Geschäftsvorfälle im Zeitablauf zu einer Funktionsverlagerung entwickeln und ob es im Rahmen einer Funktionsverdoppelung zu einer erheblichen Einschränkung der Funktion im Inland kommt, da hierdurch die speziellen Dokumentationsvorschriften des § 90 Abs. 3 S. 3 AO ausgelöst werden.

Im Allgemeinen ist zu empfehlen, nicht mit der Erstellung von Verrechnungspreisdokumentation bis zur Anfrage durch die Betriebsprüfung zu warten. Der zu dokumentierende Zeitraum kann u. U. Veranlagungszeiträume betreffen, die weit in der Vergangenheit liegen. Dies kann zum einen die Beschaffung benötigter Unterlagen sowie die Ermittlung des zugrunde liegenden Sachverhalts erschweren, zum anderen erhöht dies die Wahrscheinlichkeit, dass in den jeweiligen Geschäftsvorfall involvierte Personen nicht mehr dem Unternehmen angehören und sich hierdurch der in der Vergangenheit liegende Sachverhalt nur noch schwer oder gar nicht mehr nachvollziehen lässt. Speziell

---

[51]Cordes, 2014, Rn. 8.27.

im Rahmen eines außergewöhnlichen Geschäftsvorfalls erlangt eine zeitnahe Dokumentation aufgrund der drohenden Beweislastumkehr im Rahmen des § 162 Abs. 3 S. 1 AO, des drohenden Verspätungszuschlags sowie der Komplexität des Sachverhalts noch größere Bedeutung.

### 14.1.3.1.7 Beweislast

Gem. Tz. 2.1 und 4.2. Verwaltungsgrundsätze-Verfahren trägt der Steuerpflichtige nicht die objektive Beweislast für die Angemessenheit seiner Verrechnungspreise. Gem. § 162 Abs. 3 S. 1 AO besteht jedoch bei einer Verletzung der Mitwirkungspflichten eine widerlegbare Vermutung, dass die Verrechnungspreise nicht fremdvergleichskonform vereinbart wurden. Es kommt faktisch zu einer Umkehr der Beweislast.[52] Dies widerspricht dem allgemeinen Grundsatz, dass der Steuerpflichtige steuermindernde und die Finanzverwaltung steuererhöhende Tatsachen zu beweisen hat.[53]

Diese Umkehr der Beweislast ist hinsichtlich der zeitnah zu erstellenden Dokumentation nicht mehr zu heilen, wohingegen eine unverwertbare oder nicht vorgelegte Dokumentation bis zur letzten mündlichen Tatsachenverhandlung vor dem Finanzgericht durch entsprechende Vorlage geheilt werden kann.[54]

Im Rahmen einer Funktionsverlagerung empfiehlt es sich daher, frühzeitig mit der Zusammenstellung der benötigten Informationen zu beginnen, sodass die Verrechnungspreisdokumentation zeitnah erstellt werden kann und eine Umkehr der Beweislast vermieden wird.

### 14.1.3.1.8 Rechtliche Konsequenzen

Sofern der Steuerpflichtige seine Mitwirkungspflichtigen verletzt, kann die Finanzbehörde gem. § 162 Abs. 3 und 4 AO eine Schätzung zuungunsten des Steuerpflichtigen vornehmen und ggf. einen Verspätungszuschlag erheben. Aufgrund der grundsätzlichen Verpflichtung, geschäftsvorfallbezogene Aufzeichnungen zu erstellen, gem. § 2 Abs. 3 S. 1 GAufzV, hat die Beurteilung der Finanzverwaltung, ob die Voraussetzungen für eine solche Schätzung oder eine Erhebung des Verspätungszuschlags vorliegen, ebenfalls geschäftsvorfallbezogen zu erfolgen.

### 14.1.3.1.9 Europarechtskonformität

Der BFH hat mit seinem Urteil 10.04.2013[55] entschieden, dass die Aufzeichnungspflichten gem. § 90 Abs. 3 AO nicht gegen Europarecht verstoßen. Das Gericht überprüfte eine Verletzung der Grundfreiheiten anhand der Dienstleistungsfreiheit und stellte fest, dass

---

[52]Seer, 2016, § 162 AO Rn. 66; Baumhoff, et al., 2010; Tz. 3.4.12.3 Verwaltungsgrundsätze-Verfahren.
[53]BFH, Urteil v. 13.07.2010, BFH/NV 2010, 2015; Wirfler, 2016, Rn. 2.
[54]Cordes, 2014, Rn. 8.172, 8.177, 8180.
[55]BFH, Urteil v. 10.04.2010, BStBl. II 2013, 771.

zwar ein Eingriff vorliegt, dieser jedoch durch zwingende Gründe der Allgemeinheit, nämlich dem Erfordernis einer wirksamen Steueraufsicht, gerechtfertigt ist.

Weiterhin ungeklärt ist demgegenüber, ob der Steuerzuschlag des § 162 Abs. 4 AO gegen Europarecht verstößt. In der Literatur wird die Meinung vertreten, dass hier ein Eingriff in die Niederlassungsfreiheit vorliegt, da rein nationale Vorgänge diesem möglichen Steuerzuschlag nicht unterliegen. Ein Rechtfertigungsgrund für diesen Eingriff ist nicht ersichtlich.[56]

### 14.1.3.1.10 Dokumentationspflichten für kleinere Unternehmen

Durch § 6 GAufzV werden größenabhängige Erleichterungen für kleinere Unternehmen definiert. Diese bestehen gem. § 6 Abs. 1 GAufzV i. V. m. Tz. 3.4.17 Verwaltungsgrundsätze-Verfahren im Wesentlichen in der Befreiung der Verpflichtung zur Erstellung einer schriftlichen Verrechnungspreisdokumentation. Steuerpflichtige können für Dokumentationszwecke bereits vorhandene Unterlagen verwenden und mündliche Auskünfte erteilen. Diese sind der Finanzbehörde fristgerecht zur Verfügung zu stellen bzw. zu erteilen. Dies führt jedoch nicht dazu, dass sich die inhaltlichen Anforderungen reduzieren. Die durch die § 90 Abs. 3 AO und die GAufzV geforderte Erläuterung des Sachverhalts und der Angemessenheit der Verrechnungspreise bleibt weiterhin bestehen und haben das ernsthafte Bemühen des Steuerpflichtigen, den Fremdvergleichsgrundsatz zu beachten, aufzuzeigen.

Die Erleichterungen beziehen sich sowohl auf gewöhnliche als auch außergewöhnliche Geschäftsvorfälle, sofern die Netto-Entgelte für Lieferungsbeziehungen 5 MEUR und/oder für Leistungsbeziehungen 500.000 EUR mit nahestehenden ausländischen Unternehmen im vorangegangenen Wirtschaftsjahr nicht überschritten wurden. Übersteigen die Netto-Entgelte diese Grenzen in einem Wirtschaftsjahr, so sind Aufzeichnungen ab dem folgenden Wirtschaftsjahr zu erstellen, § 6 Abs. 2 GAufzV.

Dies bedeutet folglich, dass bei einer Unterschreitung der genannten Grenzen im vorangegangen Wirtschaftsjahr keine Verrechnungspreisdokumentation für einen im darauffolgenden Wirtschaftsjahr abgeschlossenen außergewöhnlichen Geschäftsvorfall zu erfolgen hat. Die Möglichkeit, die Lieferungs- und Leistungsbeziehungen so auf inländische Konzernunternehmen zu verteilen, dass die Netto-Entgeltgrenzen nicht überschritten werden, wird durch § 6 Abs. 3 GAufzV unterbunden.

### 14.1.3.2 Sachverhaltsdokumentation

Die Sachverhaltsdokumentation ist ein wesentlicher Bestandteil der gesamten Verrechnungspreisdokumentation. Aufbauend auf dem dargestellten Sachverhalt leitet sich die Überprüfung des grenzüberschreitenden konzerninternen Lieferungs- und Leistungsaustausch auf die Übereinstimmung mit dem Fremdvergleichsgrundsatz ab. Es ist daher von

---

[56]Seer, 2016, § 162 AO Rn. 82; Hahn & Suhrbier-Hahn, 2003; Lüdicke, 2003; Schnorberger, 2003; Kroppen & Rasch, 2003; Joecks & Kaminski, 2004; Seer, 2012.

äußerster Wichtigkeit, den Sachverhalt korrekt abzubilden. Entsprechend der geschäftsvorfallbezogenen Dokumentation ist für jeden Geschäftsvorfall eine Sachverhaltsdokumentation zu erstellen.

Die erforderlichen Aufzeichnungen, die in der Sachverhaltsdokumentation enthalten sein müssen, werden durch § 4 GAufzV festgelegt. Die Begründung zur GAufzV stellt klar, dass es sich hierbei um einen „Muss-Katalog" handelt und darüber hinausgehende Aufzeichnungen nicht zu erstellen sind.

Die nachfolgend dargestellten Bestandteile der Sachverhaltsdokumentation sind sowohl für gewöhnliche als auch für außergewöhnliche Geschäftsvorfälle gültig.

### 14.1.3.2.1 Allgemeine Informationen über Beteiligungsverhältnisse, Geschäftsbetrieb und Organisationsaufbau

#### 14.1.3.2.1.1 Beteiligungsverhältnisse

§ 4 Nr. 1 lit. a GAufzV verlangt vom Steuerpflichtigen im Rahmen der Sachverhaltsdokumentation Angaben zu Beteiligungsverhältnissen mit nahestehenden Personen i. S. d. § 1 Abs. 2 AStG, sofern er mit diesen grenzüberschreitende Geschäftsbeziehungen unterhält.[57] Dies gilt auch dann, wenn keine unmittelbaren, sondern mittelbare Geschäftsbeziehungen, d. h. über Zwischenpersonen, die keine wesentlichen Funktionen übernehmen oder Risiken tragen[58], bestehen. Darüber hinaus sind Veränderungen in den Beteiligungsverhältnissen während des Dokumentationszeitraums anzuzeigen.

Sofern keine nahestehende Person i. S. d. § 1 Abs. 2 Nr. 1 und Nr. 2 AStG vorliegt, sind die Umstände gem. § 4 Nr. 1 lit. b GAufzV aufzuzeigen, die ein Nahestehen gem. § 1 Abs. 2 Nr. 3 GAufzV begründen.

Grundsätzlich bietet es sich an, die Beteiligungsverhältnisse über ein Organigramm einschließlich der jeweiligen Beteiligungsquoten darzustellen. Hierdurch wird ein guter Überblick über die tatsächlichen Beteiligungsverhältnisse gegeben, der im Fließtext ergänzend erläutert werden kann und sollte, wenn dies zu einem besseren Verständnis beiträgt.

Daneben stellt sich die Frage, ob es tatsächlich notwendig ist, die Beteiligungsverhältnisse in der Sachverhaltsdokumentation darzustellen. Würden durch die tatsächlichen Beteiligungsverhältnisse keine nahestehende Person i. S. d. § 1 Abs. 2 AStG vorliegen, so hätte der Steuerpflichtige gem. § 90 Abs. 3 S. 1 AO keine Verrechnungspreisdokumentation zu erstellen. Es ist daher davon auszugehen, dass ein Steuerpflichtiger eine Verrechnungspreisdokumentation nur erstellt, wenn die Tatbestandsvoraussetzungen des § 90 Abs. 3 S. 1 AO erfüllt sind. Eine nochmalige Darstellung in der Sachverhaltsdokumentation ist daher grundsätzlich überflüssig.

Die Darstellung der Beteiligungsverhältnisse kann für den Steuerpflichtigen dennoch von Vorteil sein. In seinem Urteil vom 06.03.2003[59] stellte der BFH fest, dass selbst im

---

[57]Tz. 3.4.11.2 Verwaltungsgrundsätze-Verfahren.
[58]Tz. 3.4.11.2 Verwaltungsgrundsätze-Verfahren.
[59]BFH, Urteil v. 6.3.2003, IV R 21/01, DStRE 2003, 1372.

Falle einer Beteiligung von 50 % nicht grundsätzlich angenommen werden kann, dass einer Geschäftsbeziehung zugrunde liegende Bedingungen durch das Gesellschaftsverhältnis beeinflusst worden sind.

Somit besteht durch die Darstellung der Beteiligungsverhältnisse zu nahestehende Personen i. S. d. § 1 Abs. 2 AStG die Möglichkeit, eine erste Verteidigungslinie für die vereinbarten Verrechnungspreise aufzubauen, sofern die Beteiligungsverhältnisse 50 % nicht übersteigen. Im Rahmen einer Funktionsverlagerung könnte beispielsweise aufgezeigt werden, dass die durchgeführte Transferpaketbewertung dem Fremdvergleich entspricht. Denn selbst wenn es sich nach der Definition des § 1 Abs. 2 AStG um nahestehende Personen handelt, wäre ein Gesellschafter ohne beherrschenden Einfluss meist nicht in der Position, die Verrechnungspreise nach seinem Interesse zu gestalten, sodass das veräußernde Unternehmen seine zu verlagernde Funktion nicht unter dem Markt- bzw. Fremdvergleichswert verkaufen würde.

#### 14.1.3.2.1.2 Organisationsaufbau

Im Rahmen der allgemeinen Angaben sind gem. § 4 Nr. 1 lit. c GAufzV des Weiteren die organisatorische sowie die operative Konzernstruktur darzustellen, einschließlich vorhandener Betriebsstätten und Beteiligungen an Personengesellschaften. Sofern sich während des Dokumentationszeitraums diesbezüglich Änderungen ergeben haben, sind diese ebenfalls aufzuführen.

Diese Angaben zielen darauf ab, einen Überblick über den Aufbau des Konzerns sowie die Tätigkeiten der Konzernunternehmen zu schaffen und so ein besseres Verständnis des Sachverhalts zu ermöglichen. Zudem sind diese Angaben in einem engen Zusammenhang mit den im Rahmen der Funktions- und Risikoanalyse zu erstellenden Aufzeichnungen zu sehen und können sich ebenfalls mit den Angaben hinsichtlich der Beteiligungsverhältnisse überschneiden.

Insbesondere bei Vorlage einer Funktionsverlagerung ist es hilfreich, bereits an dieser Stelle die Veränderungen in der operativen Konzernstruktur[60] darzustellen, um Missverständnisse in Betriebsprüfungen zu vermeiden oder zumindest auf ein Minimum zu reduzieren. Es sollte daher aufgezeigt werden, wie die operative Konzernstruktur vor und nach der Umstrukturierung ausgestaltet war bzw. ist.

#### 14.1.3.2.1.3 Tätigkeitsbereich des Steuerpflichtigen

Der Tätigkeitsbereich des Steuerpflichtigen ist gem. § 4 Nr. 1 lit. d GAufzV ebenfalls darzustellen. Hier sind grundsätzliche Ausführungen zu machen, welche Tätigkeiten der Steuerpflichtige ausübt, z. B. die Herstellung von Gütern, die Erbringung von Dienstleistungen, Forschungs- und Entwicklungstätigkeiten, konzerninterne Finanzierungsleistungen etc. Hierbei ist gem. der Begründung zur GAufzV nicht nur auf Geschäftsbeziehungen mit nahe stehenden Personen einzugehen, sondern auch auf solche mit fremden Dritten.

---

[60]Tz. 157 Verwaltungsgrundsätze Funktionsverlagerung.

Im Allgemeinen liegt auch hier eine Überschneidung mit der zu erstellenden Funktions- und Risikoanalyse vor. Wir bereits oben ausgeführt, empfiehlt es sich dennoch, hier grundsätzliche Angaben zu machen, die im Rahmen der Funktions- und Risikoanalyse weiter ausgeführt werden.

Die folgenden Angaben tragen zu einem besseren Sachverhaltsverständnis bei und sollten, sofern für den Einzelfall zutreffend und erforderlich, im Rahmen der Sachverhaltsdokumentation aufgeführt werden:

- Produkte: Beschreibung der durch den Steuerpflichtigen hergestellten und/oder vertriebenen Produkte.
- Dienstleistungen: Beschreibung der erbrachten Dienstleistungen.
- Lieferanten: Beschreibung der konzerninternen/-externen Lieferanten.
- Kunden: Beschreibung der konzerninternen/-externen Kunden und der entsprechenden Preissetzung.

Bei Vorlage einer Funktionsverlagerung kommen diesen Angaben wiederum besondere Bedeutung zu, da bereits an dieser Stelle auf die erfolgten Veränderungen eingegangen werden kann. Das Sachverhaltsverständnis wird deutlich erhöht, wenn nicht nur im Rahmen der Funktions- und Risikoanalyse die vorgefallenen Veränderungen beschrieben werden, sondern bereits hier aufgezeigt wird, welche Tätigkeiten der Steuerpflichtige vor und nach der Funktionsverlagerung ausübt.

### 14.1.3.2.2 Geschäftsbeziehungen zu nahestehenden Personen
14.1.3.2.2.1 Darstellung der Geschäftsbeziehungen

Steuerpflichtige haben gem. § 4 Nr. 2 lit. a GAufzV die Art und den Umfang ihrer Geschäftsbeziehungen mit nahestehenden Personen darzustellen, einschließlich einer Übersicht über die zugrunde liegenden Verträge.

Diese Angaben geben einen Überblick über die Lieferungs- und Leistungsbeziehungen des Steuerpflichtigen mit nahestehenden Personen und stellen gem. der Begründung zur GAufzV eine Entscheidungshilfe für den Außenprüfer dar, welche Geschäftsbeziehungen einer genaueren Verrechnungspreisprüfung unterzogen werden sollen.

Im Allgemeinen empfiehlt es sich, sowohl eine grafische als auch eine tabellarische Übersicht zur Verfügung zu stellen, aus denen hervorgeht, mit welchen nahestehenden Personen im Ausland welche Lieferungs- und Leistungsbeziehungen unterhalten werden und welchen Umfang diese Geschäftsbeziehungen aufweisen.

Sofern möglich, ist es von Vorteil, die Geschäftsbeziehungen zum einen nach ihrer Art und Geschäftspartner zu gliedern und zum anderen herauszustellen, welche Partei der Empfänger bzw. der Leistende ist.

Die Vertragsübersicht ergänzt die Transaktionsübersicht durch weitere Angaben hinsichtlich der vereinbarten Konditionen bezüglich der jeweiligen Transaktion. Diesbezüglich empfiehlt es sich, Angaben zu den Vertragspartnern, der Art des Vertrages (z. B.

Dienstleistungsvertrag, Darlehensvertrag) sowie den wesentlichen Vertragskonditionen (Lieferung/Leistung, Laufzeit, Vergütung) zur Verfügung zu stellen.[61]

In Bezug auf Funktionsverlagerungen sind diese Angaben ebenfalls von essenzieller Bedeutung. Es sollte herausgestellt werden, welche Auswirkungen die Umstrukturierungsmaßnahmen auf die Geschäftsbeziehungen des Steuerpflichtigen vor und nach der Funktionsverlagerung haben. Zudem sollte ebenfalls die vertragliche Grundlage für diese Maßnahmen in die Sachverhaltsdokumentation aufgenommen werden.[62]

Grundsätzlich ist es aus deutscher Steuersicht gem. R 36 Abs. 2 S. 1 KStR dringend zu empfehlen, bezüglich der konzerninternen Transaktionen eine zivilrechtlich wirksame, klare, eindeutige Vereinbarung im Voraus abgeschlossen zu haben. Andernfalls könnten, je nach Fallkonstellation, die Tatbestandsvoraussetzungen für eine verdeckte Gewinnausschüttung vorliegen. Gegenüber dieser kann zwar nach neuester BFH-Rechtsprechung[63] bei Vorlage eines DBAs ein Art. 9 Abs. 1 OECD-MA entsprechender Artikel Sperrwirkung gegenüber den formalen Voraussetzungen einer verdeckten Gewinnausschüttung entfalten. Sollten jedoch Transaktionen mit Konzernunternehmen stattgefunden haben, die nicht in einem Land belegen sind, mit dem Deutschland ein DBA geschlossen hat, so finden auch die formalen Voraussetzungen der verdeckten Gewinnausschüttung Anwendung.

#### 14.1.3.2.2.2 Auflistung wesentlicher immaterieller Wirtschaftsgüter

Weiterhin fordert § 4 Nr. 2 lit. b GAufzV eine Auflistung der dem Steuerpflichtigen gehörenden und im Rahmen der aufzeichnungspflichtigen Geschäftsbeziehungen genutzten und zur Nutzung überlassenen wesentlichen immateriellen Wirtschaftsgüter.

Die Begründung zur GAufzV sieht in dieser Auflistung, aufgrund des oft hohen Wertes immaterieller Wirtschaftsgüter, ein Mittel zur Identifizierung von Prüfungsfeldern.

Gem. Tz. 3.4.11.3 Verwaltungsgrundsätze-Verfahren liegt ein immaterielles Wirtschaftsgut zumindest dann vor, wenn es registriert ist, Gegenstand eines schuldrechtlichen Vertrages ist oder nicht nur untergeordneter Teil einer Leistungsbeziehung ist. In Aktionspunkt 8 im Rahmen der „Base Erosion and Profit Shifting" (BEPS) definiert die OECD ein immaterielles Wirtschaftsgut wie folgt:

- Kein materielles oder „finanzielles" Wirtschaftsgut;
- Fähigkeit, im Besitz oder unter Kontrolle zur Nutzung für wirtschaftliche Tätigkeiten zu sein (Beherrschbarkeit); und
- Übertragung oder Überlassung würde zwischen fremden Dritten vergütet werden.

Es bleibt abzuwarten, inwiefern diese Definition von der deutschen Finanzverwaltung übernommen werden wird.

---

[61]Siehe auch Tz. 9.1.2.1.3.3. Vereinbarte Vertragsbedingungen.
[62]Tz. 158 Verwaltungsgrundsätze Funktionsverlagerung.
[63]BFH, Urteil v. 11. 10. 2012, DStR 2013, 25; BFH, Urteil v. 17.12.2014, IStR 2015, 216.

Die Wesentlichkeit eines immateriellen Wirtschaftsguts ist nach Tz. 3.4.11.3 Verwaltungsgrundsätze-Verfahren einzelfallbezogen, in Abhängigkeit von der Bedeutung für die Geschäftstätigkeit des betreffenden Unternehmens, zu beurteilen. Cordes sieht ein immaterielles Wirtschaftsgut als wesentlich an, sofern 25 % der erzielten Umsätze des Unternehmens auf dieses immaterielle Wirtschaftsgut zurückzuführen sind.[64]

Im Rahmen von Funktionsverlagerungen sind hier ebenfalls die Veränderungen hinsichtlich des Eigentums an den immateriellen Wirtschaftsgütern darzustellen, sofern diese auf eine nahestehende Person übergegangen sind oder von dieser erhalten wurden. Im Falle der Anwendung der Escapeklauseln des § 1 Abs. 3 S. 10 AStG sind ebenfalls wesentliche immaterielle Wirtschaftsgüter zu benennen. Diesbezüglich wird ein immaterielles Wirtschaftsgut als wesentlich angesehen, wenn es 25 % der Summe der Einzelpreise aller Wirtschaftsgüter und Vorteile des Transferpakets beträgt.[65]

### 14.1.3.2.3 Funktions- und Risikoanalyse

Die Funktions- und Risikoanalyse erfordert gem. § 4 Nr. 3 lit. a GAufzV Aufzeichnungen zu den durch die verbundenen Unternehmen hinsichtlich der zu dokumentierenden Geschäftsvorfälle ausgeübten Funktionen, den übernommenen Risiken sowie den eingesetzten wesentlichen Wirtschaftsgütern.

Darüber hinaus sind Angaben zu den zugrunde liegenden Vertragsbedingungen, den entsprechenden Geschäftsstrategien sowie den bedeutsamen Markt- und Wettbewerbsverhältnissen zu machen.

#### 14.1.3.2.3.1 Funktionen und Risiken

Die Funktions- und Risikoanalyse stellt grundsätzlich das zentrale Element einer jeden Verrechnungspreisdokumentation dar. Im Rahmen dieser Analyse wird untersucht, welche Funktionen die einzelnen Konzernunternehmen hinsichtlich des zu dokumentierenden Geschäftsvorfalls ausüben und welche spezifischen Risiken sie hierbei tragen. Basierend auf der Allokation der Funktionen und Risiken erfolgt die Charakterisierung der Konzernunternehmen in Routineunternehmen, Mittelunternehmen sowie Entrepreneur. Diese Einteilung ist letztendlich ausschlaggebend für die Vergütung, d. h. die Ermittlung des fremdvergleichskonformen Verrechnungspreises und bildet auch die Grundlage der Überprüfung der vereinbarten Verrechnungspreise im Rahmen einer Betriebsprüfung.

Als Routineunternehmen werden Unternehmen angesehen, die Routinefunktionen ausüben, d. h. Tätigkeiten, die ohne weiteres am Markt eingekauft bzw. in Auftrag gegeben werden können, die geringe Kapitalinvestitionen getätigt haben, geringe Risiken tragen und einen geringen, aber stabilen Gewinn erzielen.[66] Demgegenüber ist als Entrepreneur anzusehen, wer die wesentlichen, für den Unternehmenserfolg entscheidenden Funktionen

---

[64]Cordes, 2014, Rn. 8.62.
[65]Tz. 2.1.5.1. Verwaltungsgrundsätze Funktionsverlagerung.
[66]Tz. 3.4.10.2 lit. a Verwaltungsgrundsätze-Verfahren.

und Risiken ausübt. Diesem Unternehmen steht grundsätzlich der Residualgewinn bzw. Verlust zu.[67]

Als dritte mögliche Charakterisierung eines Unternehmens erkennt die deutsche Finanzverwaltung das Mittel- bzw. Hybridunternehmen an. Diese Unternehmen sind weder Entrepreneur noch können sie als Routineunternehmen angesehen werden in Anbetracht der ausgeübten Funktionen, der getragenen Risiken und der eingesetzten Wirtschaftsgüter.[68]

Die ausgeübten Funktionen und Risiken sind einzelfallabhängig zu ermitteln und darzustellen. Die folgenden Auflistungen geben einen Überblick über die möglichen Funktionen und Risiken eines Unternehmens.

Funktionen:

- Forschung und Entwicklung
- Produktion
- Qualitätskontrolle
- Marketing, Werbung und Marktforschung
- Verkauf und Vertrieb
- Bestellabwicklung, Logistik und Versendung
- Anlagenbau und Verfahrenstests
- Verwendung gebrauchter Maschinen
- Kundenfinanzierung
- Rechnungserstellung und Forderungseinzug
- Lagerhaltung
- Garantie- und Supportleistungen/After Sales Service
- Verwaltung, Finanzierung und Recht

Risiken:

- Absatzrisiko
- Marketing-Risiko
- Forschungs- und Entwicklungsrisiko
- Marketing, Werbung und Marktforschung
- Lagerrisiko
- Produkthaftungsrisiko
- Gewährleistungsrisiko
- Forderungsausfallrisiko
- Wechselkursrisiko

---

[67]Tz. 3.4.10.2 lit. b Verwaltungsgrundsätze-Verfahren.
[68]Tz. 3.4.10.2 lit. c Verwaltungsgrundsätze-Verfahren.

In Bezug auf Funktionsverlagerungen kommt der Funktions- und Risikoanalyse eine noch größere Bedeutung zu. Es ist darzustellen, welche Funktionen und Risiken im Rahmen der Umstrukturierung von dem einen auf das andere Konzernunternehmen übergegangen sind bzw. übertragen wurden. Auf Basis dieser Funktionsanalyse wird, unter Beachtung möglicher Handlungsalternativen, Standortvor- und Standortnachteilen sowie Synergieeffekten das jeweilige Gewinnpotenzial ermittelt.[69]

Die Funktions- und Risikoanalyse kann auch für die Überprüfung der Tatbestandsmerkmale einer Funktionsverlagerung herangezogen werden. § 1 Abs. 3 S. 9 AStG i. V. m. § 1 Abs. 2 S. 1 FVerlV fordert, dass eine Funktionsverlagerung dann vorliegt, wenn eine Funktion und die damit zusammenhängenden Chancen und Risiken übertragen werden. Findet nun eine Übertragung einer Funktion des Steuerpflichtigen auf Routineunternehmen statt und ist dieses nach der Verlagerung weiterhin als Routineunternehmen einzustufen, so werden die mit dieser Funktion zusammenhängenden Chancen und Risiken weiterhin durch das übertragende Unternehmen getragen.[70] Eine Übertragung von Gewinnpotenzial findet somit nicht statt, da das Routineunternehmen lediglich zu einem geringen, aber stabilen Gewinn berechtigt ist.[71] Der aus dieser Funktion entstehende Residualgewinn steht weiterhin dem übertragenden Unternehmen zu. Die Tatbestandsvoraussetzungen der Funktionsverlagerung wären in diesem Fall nicht erfüllt, sodass weder eine zeitnahe Dokumentation noch eine Transferpaketbewertung vorzunehmen wäre.

Die Finanzverwaltung ist jedoch der Auffassung, dass auch bei der Verlagerung von Routinefunktionen die Tatbestandsmerkmale der Funktionsverlagerung erfüllt sind. Sofern jedoch diese Routinetätigkeiten nur gegenüber dem verlagernden Unternehmen ausgeübt und anhand der Kostenaufschlagsmethode vergütet werden, ist davon auszugehen, dass keine immateriellen Wirtschaftsgüter übertragen wurden und somit die Escapeklausel des § 1 Abs. 3 S. 10 Alt. 1 AStG Anwendung findet.

Der Darstellung der Funktionen und Risiken vor und nach der Funktionsverlagerung kommt somit eine entscheidende Bedeutung zu. Sie bietet dem Steuerpflichtigen die Möglichkeit, darzulegen, dass die Tatbestandsvoraussetzungen der Funktionsverlagerung nicht erfüllt wurden, in dem er aufzeigt, dass das aufnehmende Unternehmen lediglich Routinefunktionen ausübt und eine Übertragung von Chancen und Risiken somit nicht stattgefunden haben kann oder nur Routinefunktionen übertragen wurden, die nur gegenüber dem übertragenden Unternehmen ausgeübt und anhand der Kostenaufschlagsmethode vergütet werden.

Bezogen auf den Einzelfall kann es empfehlenswert sein, eine solche Veränderungen nicht nur zu erläutern, sondern auch grafisch und/oder tabellarisch darzustellen. Eine klare und deutliche Darstellung des Geschäftsvorfalls erhöht im Allgemeinen das

---

[69] § 3 Abs. 2 S. 1 FVerlV.
[70] Ditz & Greinert, 2014, Rn. 7.64; Borstell & Wehnert, 2015, Kapital R, Rn. 1054 f.
[71] Tz. 3.4.10.2. lit. a Verwaltungsgrundsätze-Verfahren.

Sachverhaltsverständnis und vermittelt den Eindruck, dass dem Steuerpflichtigen nicht daran gelegen ist, wesentliche Tatsachen zu verschleiern.

Darüber hinaus sind im Rahmen von Funktions- und Risikoänderungen im Zusammenhang mit einer Verlagerung der Forschungs- und Entwicklungsfunktion gem. § 5 S. 2 Nr. 6 S. 1 GAufzV Aufzeichnungen über Forschungsvorhaben und laufende Forschungtätigkeiten zu erstellen. Eine Aufzeichnungspflicht umfasst den Gegenstand der Forschungs- bzw. Entwicklungtätigkeiten sowie die damit in Zusammenhang stehenden Kosten insofern, als dass diese innerhalb von drei Jahren vor der Funktionsverlagerung stattfanden bzw. abgeschlossen wurden. Da es sich bei den in § 5 S. 2 Nr. 6 S. 1 GAufzV aufgeführten Informationen um eine nicht abschließende Auflistung von Informationen handelt, kann die Finanzverwaltung weitere Informationen anfordern. Dies sollte für den Steuerpflichtigen aber grundsätzlich nicht zu einem höheren Aufwand führen, da der Informationsgehalt dieser Dokumente sich an § 5 S. 2 Nr. 6 S. 1 GAufzV orientieren sollte.[72]

Eine Aufzeichnungspflicht besteht gem. § 5 S. 2 Nr. 6 S. 2 GAufzV nur, wenn der Steuerpflichtige Forschungs- und Entwicklungstätigkeiten regelmäßig betreibt und aus betriebsinternen Gründen diesbezüglich Unterlagen, z. B. für das Forschungscontrolling[73], erstellt hat. Somit sind nur bereits vorhandene Informationen und Unterlagen zur Verfügung zu stellen. Es besteht keine Pflicht einer solchen nachträglichen Informations- und Unterlagenzusammenstellung.

Diese Aufzeichnungen sollen der Finanzverwaltung eine Beurteilung ermöglichen, ob selbst hergestellte immaterielle Wirtschaftsgüter seitens der Steuerpflichtigen auf ein ausländisches verbundenes Unternehmen verlagert wurden.[74]

### 14.1.3.2.3.2 Wesentliche Wirtschaftsgüter

Die Anforderung der Auflistung der wesentlichen eingesetzten Wirtschaftsgüter unterscheidet sich von der gem. § 4 Nr. 2 lit. b GAufzV geforderten Auflistung der wesentlichen immateriellen Wirtschaftsgüter dahin gehend, dass nun auch materielle Wirtschaftsgüter zu nennen sind. Diesbezügliche Aufzeichnungen sind meist bereits im Rahmen der Buchführung erstellt worden und können auch für die Verrechnungspreisdokumentation verwandt werden.

### 14.1.3.2.3.3 Vereinbarte Vertragsbedingungen

Während § 4 Nr. 2 lit. b GAufzV lediglich eine Übersicht über die aufzeichnungspflichtigen Geschäftsbeziehungen verlangt, fordert § 4 Nr. 3 lit. a GAufzV nun auch Informationen über die vereinbarten Vertragsbedingungen.

Diesbezüglich empfiehlt es sich, wie bereits unter Abschn. 5.1.2.1.2.1 aufgeführt, eine Tabelle zu erstellen, die alle geforderten Informationen zur Verfügung stellt. Im Rahmen von

---

[72]Cordes, 2014, Rn. 8.103.
[73]BT-Drucks. 16/4841, S. 89.
[74]BT-Drucks. 16/4841, S. 89.

Funktionsverlagerungen sind die vereinbarten Konditionen von besonderem Interesse und es ist davon auszugehen, dass diese seitens der Finanzverwaltung intensiv untersucht werden.

### 14.1.3.2.3.4 Geschäftsstrategien

Die gem. § 4 Nr. 3 lit. a GAufzV anzugebenden Geschäftsstrategien können nach Tz. 3.4.11.4 Verwaltungsgrundsätze-Verfahren die Kostenführerschaft, Fokussierung auf spezifische Bereiche bzw. Diversifikation und die Marktführerschaft sein.

Im Allgemeinen wird die wesentliche Strategie durch den Entrepreneur festgelegt werden, da dieser letztendlich die entsprechenden Risiken zu tragen haben wird. Auf die vereinbarten Verrechnungspreise kann die Geschäftsstrategie u. a. insofern Auswirkungen haben, als dass die Preise zur Erschließung neuer Märkte niedriger gesetzt werden, als dies unter fremden Dritten üblich wäre.

Darüber hinaus kann es durch Funktionsverlagerungen zu einer Veränderung der Geschäftsstrategie kommen, da nun die unternehmerischen Funktionen durch ein anderes Konzernunternehmen ausgeübt werden. Diese sind gem. § 5 Nr. 1 GAufzV und Tz. 157 Verwaltungsgrundsätze Funktionsverlagerung darzustellen.

### 14.1.3.2.3.5 Markt- und Wettbewerbsverhältnisse

Die bedeutsamen Markt- und Wettbewerbsverhältnisse sind gem. § 4 Nr. 3 lit. a GAufzV ebenfalls aufzuzeigen. Es wird somit klargestellt, dass nur die Mark- und Wettbewerbsverhältnisse aufzuführen sind, die letztendlich einen Einfluss auf die Verrechnungspreisbildung und die Ergebnisse der am jeweiligen Geschäftsvorfall beteiligten Personen im Dokumentationszeitraum hatten.

Die Darstellung dieser Verhältnisse kann dazu beitragen, die Ergebnisse der Konzernunternehmen zu begründen, d. h., zu erläutern warum evtl. eine Verlustsituation eingetreten ist und wieso diese nicht auf die vereinbarten Verrechnungspreise zurückzuführen ist. Dies führt jedoch nicht grundsätzlich dazu, dass die Finanzverwaltung Dauerverluste eines Routineunternehmens akzeptiert.[75]

Hinsichtlich einer durchgeführten Funktionsverlagerung kann eine Beschreibung der Markt- und Wettbewerbsverhältnisse dazu beitragen, zu erläutern, warum eine Umstrukturierung stattgefunden hat. So können die zugrunde liegenden wirtschaftlichen Gründe besser veranschaulicht werden.

### 14.1.3.2.3.6 Wertschöpfungskette und -beiträge

§ 4 Nr. 3 lit. b GAufzV erfordert eine Beschreibung der Wertschöpfungskette und des entsprechenden Beitrags, den der Steuerpflichtige innerhalb dieser leistet.

---

[75]Im Rahmen des Entwurfs der Verwaltungsgrundsätze-BsGa-E erkennt die Finanzverwaltung jedoch an, dass es auch im Rahmen von Routinetätigkeiten zu Verlusten kommen kann, die durch Fehlmaßnahmen der Routineeinheit verursacht werden (vgl. Tz. 360, Verwaltungsgrundsätze-BsGa-E).

Als Wertschöpfungsbeitrag sieht die Finanzverwaltung die Differenz zwischen dem Markpreis der erbrachten Leistungen des Steuerpflichtigen und der diesbezüglich bezogenen Vorleistungen.[76] Alternativ sei die Wertschöpfung mittels der dem Steuerpflichtigen hinsichtlich der erbrachten Leistungen entstandenen Kosten zuzüglich eines angemessenen Kostenaufschlags zu bestimmen.

Die Finanzverwaltung erkennt des Weiteren an, dass Aufzeichnungen hinsichtlich der Wertschöpfungskette und des Beitrags des Steuerpflichtigen entbehrlich sind, sofern entsprechende Informationen bereits aus der Funktions- und Risikoanalyse zu entnehmen sind.

### 14.1.3.3 Angemessenheitsdokumentation

Infolge des BFH-Urteils vom 17.10.2001 erweiterte der Gesetzgeber die Mitwirkungs- und Aufzeichnungspflichten des Steuerpflichtigen durch eine Änderung des § 90 AO im Jahr 2003 dahin gehend, dass der Steuerpflichtige dazu verpflichtet wurde, nicht nur Aufzeichnungen zum Sachverhalt zu erstellen, sondern darüber hinaus auch die wirtschaftlichen und rechtlichen Grundlagen für eine den Grundsatz des Fremdvergleichs beachtende Vereinbarung von Preisen und anderen Geschäftsbedingungen mit den Nahestehenden darzulegen.

Diese Anforderungen werden durch die GAufzV weiter spezifiziert, wobei beachtet werden muss, dass weder durch Gesetzesnormen noch durch die GAufzV vorgeschrieben wird, dass die zwischen Konzernunternehmen vereinbarten Preise dem Fremdvergleich entsprechen müssen.[77] Sollten diese Vereinbarungen jedoch nicht fremdvergleichskonform sein, so sind die steuerlichen Korrekturnormen, d. h. die verdeckte Gewinnausschüttung, die verdeckte Einlage oder aber auch § 1 AStG, anzuwenden.

Zudem ist zu beachten, dass der Steuerpflichtige seine Verrechnungspreise nicht nach einer bestimmten Methode festzusetzen hat. Letztendlich könnte er diese auch würfeln. Sofern das erzielte Ergebnis dem Fremdvergleich entspricht, kann es nicht zu einer Korrektur kommen, es sei denn, es liegt kein DBA vor oder das vorliegende DBA hat keinen dem Art. 9 Abs. 1 OECD-MA entsprechenden Artikel, der Sperrwirkung gegenüber formalen deutschen Kriterien entfaltet, sofern diese missachtet wurden. So entschied auch der BFH, dass es hinsichtlich der Höhe des vereinbarten Verrechnungspreises nur auf die Übereinstimmung mit dem zugrunde liegenden Sachverhalt ankommt.[78] Jedoch ist zu beachten, dass das Bundesministerium der Finanzen am 30.03.2016 einen Nichtanwendungserlass u.a. gegenüber dem vorgenannten Urteil veröffentlicht hat. Der Grundsatz des Urteils soll dabei aus Sicht der Finanzverwaltung keine Bedeutung über den entschiedenen Einzelfall haben. Nach Ansicht des Bundesministeriums für Finanzen haben demzufolge auch andere vereinbarte Bedingungen als der Verrechnungspreis dem Fremdvergleichsgrundsatz standzuhalten.[79]

Im Rahmen seiner Angemessenheitsdokumentation hat der Steuerpflichtige jedoch anhand anerkannter Methoden darzulegen, dass seine mit ausländischen Konzernunternehmen

---

[76]Tz. 3.4.11.5 Verwaltungsgrundsätze-Verfahren.
[77]Eigelshoven & Nientimp, 2005.
[78]BFH, Urteil v. 17.12.2014, IStR 2015, 216.
[79]BMF v. 30.03.2016 - IVB5 - S 1341/11/10004-07, IStR 2016, 349.

vereinbarten Preise dem Fremdvergleich entsprechen. Somit baut die Angemessenheitsdokumentation logisch auf der Sachverhaltsdokumentation, insbesondere auf der Funktions- und Risikoanalyse, auf.

Innerhalb der Angemessenheitsdokumentation hat der Steuerpflichtige gem. § 4 Nr. 4 GAufzV darzulegen, welche Verrechnungspreismethode gewählt und warum diese angewandt wurde. Zudem hat er Unterlagen über die Berechnung bei Anwendung der gewählten Verrechnungspreismethode zur Verfügung zu stellen und mittels Fremdpreisen bzw. Fremdfinanzdaten die Übereinstimmung mit dem Fremdvergleichsgrundsatz aufzuzeigen.

Grundsätzlich kann gem. § 2 Abs. 3 S. 2 GAufzV eine Zusammenfassung von gleichartigen oder gleichwertigen Geschäftsvorfällen unter vorher festgelegten und nachvollziehbaren Regeln erfolgen. Sofern es sich jedoch um einen außergewöhnlichen Geschäftsvorfall handelt, hat gem. Tz. 3.4.13 Verwaltungsgrundsätze-Verfahren stets eine Einzelfalldarstellung zu erfolgen.

### 14.1.3.3.1 Angewandte Verrechnungspreismethode

Steuerpflichtige haben zur Überprüfung der Übereinstimmung ihrer vereinbarten Preise für konzerninterne Lieferungen und Leistungen mit dem Fremdvergleichsgrundsatz verschiedene Verrechnungspreismethoden zur Auswahl. Diese unterteilen sich grundsätzlich in die geschäftsvorfallbezogenen Standardmethoden sowie die geschäftsvorfallbezogenen Gewinnmethoden.

Die deutschen Verrechnungspreisvorschriften, im Speziellen § 1 Abs. 3 AStG, geben hierbei eine Methodenrangfolge vor, wobei die Auswahl der Methode einzelfallabhängig ist. Sofern uneingeschränkt vergleichbare Fremdvergleichswerte zur Verfügung stehen, ggf. nach sachgerechten Anpassungen, sind die Methoden der ersten Stufe, d. h. die Preisvergleichs-, die Wiederverkaufspreis- sowie die Kostenaufschlagsmethode, gem. § 1 Abs. 3 S. 1 AStG vorrangig anzuwenden. Sofern mehrere uneingeschränkt vergleichbare Fremdvergleichswerte zur Verfügung stehen, bilden diese eine Bandbreite. Demgegenüber besteht unterhalb der Methoden der ersten Stufe kein Rangverhältnis, sondern es kommt auch hier auf den Einzelfall an.[80]

Ist es lediglich möglich, eingeschränkt vergleichbare Werte zu ermitteln, so schreibt § 1 Abs. 3 S. 2 AStG die Auswahl einer geeigneten Methoden vor, ohne näher darauf einzugehen, welche Methoden infrage kämen. In der Praxis werden hier meist die geschäftsvorfallbezogenen Gewinnmethoden, d. h. die Gewinnaufteilungsmethode sowie die transaktionsbezogene Nettomargenmethode, angewandt. Aufgrund der nur eingeschränkt vergleichbaren Werte, verlangt § 1 Abs. 3 S. 3 AStG eine Einengung der sich aus diesen Werten ergebenden Bandbreite. Auch wenn eine Einengung der Bandbreite anhand anderer Methoden möglich ist, wird diese in der Praxis grundsätzlich mittels mathematischer Verfahren durchgeführt und eine interquartile Bandbreite gebildet.[81]

---

[80]Tz. 2.4.1 Verwaltungsgrundsätze.
[81]Tz. 3.4.12.5 Verwaltungsgrundsätze-Verfahren.

Wenn jedoch weder uneingeschränkt noch eingeschränkt vergleichbare Werte zur Verfügung stehen, so sieht § 1 Abs. 3 S. 5 AStG vor, dass der fremdvergleichskonforme Verrechnungspreis mittels des hypothetischen Fremdvergleichs zu ermitteln ist. Die Anwendung des hypothetischen Fremdvergleichs findet meist im Rahmen von Funktionsverlagerungen statt.[82] Gem. § 1 Abs. 3 S. 6 AStG ist diesbezüglich der Höchstpreis des aufnehmenden Unternehmens und der Mindestpreis des abgebenden Unternehmens zu ermitteln, wobei gem. § 1 Abs. 2 S. 3 AStG von einer vollkommenen Informationstransparenz ausgegangen wird. Die Differenz zwischen Mindest- und Höchstpreis ergeben den möglichen Einigungsbereich, wobei der Mittelwert anzusetzen ist, sofern kein anderer Wert innerhalb des Einigungsbereichs glaubhaft gemacht werden kann.

Der Steuerpflichtige hat die Angemessenheit seiner Verrechnungspreise anhand einer geeigneten Methode darzustellen sowie die Wahl der Methode zu begründen, § 4 Nr. 4 lit. a und b GAufzV. Im Rahmen einer Funktionsverlagerung sind die Standard- und die Gewinnmethoden vorrangig anzuwenden, § 1 Abs. 3 S. 9 AStG i. V. m. § 2 Abs. 1 FVerlV. Es wird jedoch aller Voraussicht nach nahezu unmöglich sein, uneingeschränkt vergleichbare Fremdvergleichswerte zu ermitteln. Dies trifft im Regelfall auch auf eingeschränkt vergleichbare Werte zu, sodass der Steuerpflichtige für die Überprüfung seiner Transaktionen mit verbundenen Unternehmen im Rahmen einer Funktionsverlagerung auf den hypothetischen Fremdvergleich zurückgreifen werden muss. Hierbei ist grundsätzlich nicht der Wert der Einzelwirtschaftsgüter zu bestimmen, sondern der Wert des Transferpakets, § 1 Abs. 3 S. 9 AStG. Dieses setzt sich aus der verlagerten Funktion sowie den damit zusammenhängenden Chancen und Risiken, Wirtschaftsgütern und Vorteilen zusammen, § 1 Abs. 3 S. 9 AStG i. V. m. § 1 Abs. 3 FVerlV. Sofern der Steuerpflichtige jedoch die Tatbestandsvoraussetzungen einer der drei Escapeklauseln des § 1 Abs. 3 S. 10 AStG erfüllt, so kann er Einzelverrechnungspreise ansetzen.

Im Allgemeinen führen diese jedoch nicht zu einem geringeren Aufwand seitens der Steuerpflichtigen, da dieser im Rahmen der ersten und dritten Escapeklausel darlegen muss, dass keine oder ein wesentliches immaterielles Wirtschaftsgut übergangen ist. Die Bestimmung der Wesentlichkeit richtet sich nach § 1 Abs. 5 FVerlV, sodass neben der Einzelbewertung des immateriellen Wirtschaftsgutes auch eine Transferpaketbewertung zu erfolgen hat. Diese hat auch im Rahmen der zweiten Escapeklausel zu erfolgen, sodass die gewünschten Erleichterungen für den Steuerpflichtigen nicht ersichtlich sind. Zudem werden aufgrund der Einzigartigkeit der immateriellen Wirtschaftsgüter keine uneingeschränkten oder zumindest eingeschränkt vergleichbaren Fremdvergleichswerte zur Verfügung stehen, sodass auch im Rahmen der Einzelbewertung der hypothetische Fremdvergleich anzuwenden sein wird. Darüber hinaus liegt auch dann eine Funktionsverlagerung vor, auch wenn eine der Escapeklauseln einschlägig sein sollte, sodass weiterhin die speziellen Aufzeichnungspflichten Anwendung finden.

---

[82]Rasch & Schmidtke, 2009.

### 14.1.3.3.2 Unterlagen zur Anwendung der gewählten Verrechnungspreismethode

Der Steuerpflichtige hat im Rahmen der Angemessenheitsdokumentation weiterhin alle Unterlagen über die Berechnung bei der Anwendung der gewählten Verrechnungspreismethode zur Verfügung zu stellen, § 4 Nr. 4 lit. c GAufzV.

Hinsichtlich der Dokumentation einer Funktionsverlagerung bedeutet dies, dass der Steuerpflichtige alle Unterlagen zur Verfügung zu stellen hat, die er für die Ermittlung des Mindestpreises des Veräußerers und des Höchstpreises des Käufers verwendet hat. Dies schließt die Werte und Annahmen ein, die der Steuerpflichtige bei der Ermittlung des Mindest- und des Höchstpreises berücksichtigt hat.[83] Im Rahmen der Cashflow-Methode kann dies beispielsweise die folgende Werte und Annahmen umfassen:

- Planzahlen;
- Abzinsungsfaktor;
- Wachstumsraten;
- Synergien; und
- Laufzeit/Restnutzungsdauer.

Hinsichtlich der Werte und Annahmen ist es spätestens im Rahmen einer Betriebsprüfung erforderlich, darlegen zu können, wie diese Werte und Annahmen ermittelt bzw. hergeleitet wurden und warum diese zu einem fremdvergleichskonformen Ergebnis führen.

Die gesamten zur Verfügung gestellten Aufzeichnungen des Steuerpflichtigen müssen nach § 1 Abs. 1 S. 2 GAufzV das ernsthafte Bemühen der fremdvergleichskonformen Gestaltung der Geschäftsbeziehungen mit nahestehenden Personen zum Ausdruck bringen.

## 14.2 Verwertbarkeit bzw. Unverwertbarkeit von Aufzeichnungen

Im Verlauf der letzten Jahre haben die Verrechnungspreise und im Speziellen ihre Aufzeichnung zunehmend an Bedeutung in Betriebsprüfungen gewonnen. Aufgrund der meist hohen konzerninternen grenzüberschreitenden Transaktionsvolumina haben die Finanzverwaltungen die Verrechnungspreise als einen wesentlichen Prüfungsschwerpunkt identifiziert. In Anbetracht der immer weiter fortschreitenden Globalisierung ist davon auszugehen, dass die Verrechnungspreise zukünftig eine noch größere Bedeutung erlangen werden. Dies zieht unweigerlich eine verstärkte Überprüfung der Verrechnungspreise nach sich, die durch immer strengere und detailliertere regulatorische Anforderungen unterstützt wird.

---

[83] Siehe Kap. 6 zur Ermittlung des Mindest- und Höchstpreises.

Darüber hinaus fokussiert sich ein großer Teil der Maßnahmen im Rahmen des BEPS-Projektes der OECD auf verrechnungspreisspezifische Themen.

Es ist daher äußerst selten, dass eine Verrechnungspreisdokumentation bei Erfüllung der Größenmerkmale des § 6 GAufzV nicht angefordert wird, und Verrechnungspreise nicht einen wesentlichen Teil einer Betriebsprüfung darstellen. Die Finanzverwaltung hat diesbezüglich erkannt, dass sich durch Verrechnungspreisanpassungen das Steueraufkommen erheblich erhöht, wohingegen andere Prüfungsfelder demgegenüber an Bedeutung verlieren.

Die aktuelle und zukünftige Bedeutung der Angemessenheitsüberprüfung der Verrechnungspreise wurde auch durch den Gesetzgeber erkannt. Durch Einführung erheblicher Strafzuschläge in § 162 Abs. 4 AO wird dem Steuerpflichtigen ein Anreiz geschaffen, eine fristgerechte und im Wesentlichen verwertbare Dokumentation vorzulegen.

Im Folgenden wird dargestellt, unter welchen Voraussetzungen die Finanzverwaltung Verrechnungspreisanpassungen vornehmen kann.

### 14.2.1 Schätzungsbefugnis

Die Betriebsprüfung kann gem. § 162 Abs. 3 S. 1, Abs. 1 S. 1 AO eine Schätzung der Besteuerungsgrundlagen bei Vorgängen mit Auslandsbezug i. S. d. § 90 Abs. 3 AO nur dann vornehmen, wenn der Steuerpflichtige seine Mitwirkungspflichten gem. § 90 Abs. 3 AO dadurch verletzt, dass er a) keine bzw. b) im Wesentlichen unverwertbare oder c) nicht zeitnah erstellte Aufzeichnungen vorlegt, der Steuerpflichtige die dadurch angenommenen höheren inländischen Einkünfte nicht widerlegen und die Betriebsprüfung ohne eine Schätzung die Verrechnungspreise nicht ermitteln kann.[84]

Im Falle einer Schätzung seitens der Finanzbehörden ist daher immer zu prüfen, ob diese überhaupt eine Schätzungsbefugnis hat oder ob eine bereits vollzogene Schätzung rückwirkend zurückzunehmen ist.

### 14.2.2 Verwertbarkeit bzw. Unverwertbarkeit von Aufzeichnungen

Die Verwaltungsgrundsätze-Verfahren erläutern in Tz. 3.4.19 näher, unter welchen Umständen eine Verrechnungspreisdokumentation als verwertbar gilt. Der Steuerpflichtige sollte daher bei Erstellung seiner Verrechnungspreisdokumentation die folgenden Punkte unbedingt beachten:

- Aufzeichnungen sind nach § 2 Abs. 1 Satz 3 GAufzV verwertbar, wenn sie einem sachverständigen Dritten innerhalb angemessener Zeit die Feststellung und Prüfung ermöglichen, welche Sachverhalte vom Steuerpflichtigen verwirklicht wurden

---

[84]Rüsken, 2016, § 162 Rn. 29a; Cöster, 2014, § 162 Rn. 72; Cordes, 2014, Rn. 8.181 f.

("Sachverhaltsdokumentation") und ob und inwieweit der Steuerpflichtige dabei den Fremdvergleichsgrundsatz (Tz. 3.4.10.2 Verwaltungsgrundsätze-Verfahren) beachtet hat ("Angemessenheitsdokumentation").[85]

- Ob Aufzeichnungen im Wesentlichen unverwertbar im Sinne des § 162 Abs. 3 und 4 AO sind, kann nur im Einzelfall entschieden werden. Bei der Beurteilung sind sowohl die Aufzeichnungen zum Sachverhalt als auch die Aufzeichnungen zur Angemessenheit von Bedeutung, wobei es bei der Entscheidung auf ihre Qualität ankommt (§ 2 Abs. 1 Satz 3 GAufzV). Die Unvollständigkeit oder Fehlerhaftigkeit von Aufzeichnungen in einzelnen Punkten führt für sich allein regelmäßig nicht dazu, dass Aufzeichnungen im Wesentlichen unverwertbar sind.[86]
- Eine Angemessenheitsdokumentation ist im Wesentlichen unverwertbar, wenn Aufzeichnungen ohne Zustimmung der Finanzverwaltung nach § 2 Abs. 5 GAufzV in fremder Sprache vorgelegt werden und der Steuerpflichtige diese trotz Aufforderung nicht übersetzt.[87]
- Die Verrechnungspreisdokumentation gilt als unverwertbar, wenn der Steuerpflichtige Aufzeichnungen zur Angemessenheit vorlegt, aus denen sich lediglich ergibt, dass die Verrechnungspreise von einer nahestehenden Person vorgegeben wurden oder wenn zur Begründung der Verrechnungspreise nur die Verrechnungspreismethode und ihre Eignung für einen konkreten Fall ohne den Abgleich mit Fremdvergleichsdaten oder ohne ausreichende Planrechnungen dargelegt wird.[88]
- Die Verrechnungspreisdokumentation gilt ferner als unverwertbar, wenn sich die Aufzeichnungen zur Angemessenheit ausschließlich auf Daten stützen, die keinen Fremdvergleich erlauben (Tz. 3.4.12.7 Lit. b und c Verwaltungsgrundsätze-Verfahren) oder wenn eine inländische Vertriebsgesellschaft mit Routinefunktionen (Tz. 3.4.10.2 Lit. a Verwaltungsgrundsätze-Verfahren) lediglich eine Datenbankstudie über Renditekennziffern von Fremdunternehmen vorlegt (sog. reines Datenbankscreening, Tz. 3.4.12.4 Verwaltungsgrundsätze-Verfahren); dies gilt umso mehr für Unternehmen mit mehr als Routinefunktionen (Tz. 3.4.10.2 Lit. b und c Verwaltungsgrundsätze-Verfahren).[89]

Die durch die GAufzV geforderten unterschiedlichen Unterlagen bzw. Informationen, die dem besseren Verständnis des dem jeweiligen Geschäftsvorfall zugrunde liegenden Sachverhalts dienen sollen, überschneiden sich teilweise hinsichtlich ihres Informationsgehalts oder sind grundsätzlich nicht erforderlich. Es ist daher regelmäßig zu überprüfen, ob das Fehlen von Information und/oder Dokumenten tatsächlich zu einer Unverwertbarkeit führen kann oder ob diese Informationen nicht bereits in der Dokumentation enthalten sind bzw. überhaupt dokumentiert werden müssen.

---

[85] Tz. 3.4.19 Lit. a Verwaltungsgrundsätze-Verfahren.
[86] Tz. 3.4.19 lit. b Verwaltungsgrundsätze-Verfahren.
[87] Tz. 3.4.19 lit. c Verwaltungsgrundsätze-Verfahren.
[88] Tz. 3.4.19 lit. c Verwaltungsgrundsätze-Verfahren.
[89] Tz. 3.4.19 lit. c Verwaltungsgrundsätze-Verfahren.

So kann weder die fehlende Darstellung der Beteiligungsverhältnisse noch die nicht vorhandene Auflistung der wesentlichen immateriellen Wirtschaftsgüter zu einer Unverwertbarkeit führen. Die Erstellung der Dokumentation impliziert, dass ein Nahestehen i. S. d. § 1 Abs. 2 AStG gegeben sein muss. Dies trifft ebenso auf die angemessene Darstellung der Leistungsbeziehung hinsichtlich immaterieller Wirtschaftsgüter zu. Eine nochmalige Darstellung wäre überflüssig, da eine Beschreibung bereits in der Dokumentation enthalten ist. Sollte hingegen trotz des Nahestehens i. S. d. § 1 Abs. 2 AStG von der Erstellung einer Dokumentation abgesehen worden sein, so wird die Unverwertbarkeit auf das Fehlen der weiteren Angaben zum Sachverhalt und der Bestimmung des angemessenen Preises zurückzuführen sein. Auch hier gilt Vergleichbares hinsichtlich der Auflistung der wesentlichen immateriellen Wirtschaftsgüter. Nicht die fehlende Auflistung führt zur Unverwertbarkeit, sondern die nicht vorhandenen Angaben zur Bestimmung des Fremdvergleichspreises.[90]

Darüber hinaus sollte sich grundsätzlich aus einem sorgfältig ausgearbeiteten Funktions- und Risikoprofil der Organisationsaufbau, die Tätigkeitsbereiche des Steuerpflichten als auch die vereinbarten Vertragsbedingungen ableiten lassen.[91] Eine fehlende separate Aufführung dieser durch die GAufzV geforderten Dokumentationsbestandteile kann daher nicht unweigerlich zur Unverwertbarkeit führen.

In der Praxis ist jedoch abzuwägen, ob diese Informationen nichtsdestotrotz einzeln aufgelistet werden sollten. Zum einen wird dadurch der Dokumentationsaufwand in den meisten Fällen nicht wesentlich erhöht, zum anderen kann es diesbezüglich zu Nachfragen seitens der Finanzverwaltung kommen, die den anfangs eingesparten Aufwand im Nachhinein zunichtemachen. Zudem sollten die positiven Auswirkungen einer vollumfänglichen Dokumentation auf das Betriebsprüfungsklima nicht unterschätzt werden.

### 14.2.3 Berichtigungen der Einkünfte bei verwertbaren Aufzeichnungen

Erkennt die Finanzverwaltung die Verrechnungspreisdokumentation als verwertbar an, so hat sie dennoch die Möglichkeit, die Einkünfte des Steuerpflichtigen anzupassen, wenn das Ergebnis des Steuerpflichtigen mit hoher Wahrscheinlichkeit nicht dem Fremdvergleich entspricht und das von der Finanzverwaltung vertretene Ergebnis zumindest wahrscheinlicher ist.[92] Zudem trägt die Finanzverwaltung die Feststellungslast für die Grundlagen einer Einkünfteberichtigung, wenn der Sachverhalt oder die Angemessenheit der Verrechnungspreise trotz Erfüllung der Mitwirkungspflichten nicht vollständig

---

[90] Cordes, 2014, Rn. 8.51, 8.64.
[91] Cordes, 2014, Rn. 8.54 f., 8.79.
[92] Tz. 3.4.20 lit. a Verwaltungsgrundsätze-Verfahren.

geklärt werden kann.[93] Hierfür kann die Finanzverwaltung Verprobungen der Einkünfte des Steuerpflichtigen nach anderen Verrechnungspreismethoden vornehmen.[94]

Stützt der Steuerpflichtige seine Verrechnungspreisbildung auf eingeschränkt vergleichbare Fremdvergleichsdaten, die zu Bandbreiten führen, können u. a. in folgenden Fällen Berichtigungen vorgenommen werden:[95]

- Liegt der vom Steuerpflichtigen vereinbarte Preis außerhalb der eingeengten Bandbreite, so ist gemäß § 1 Abs. 3 Satz 4 AStG die Berichtigung auf den Median der verengten Bandbreite vorzunehmen.
- Nimmt der Steuerpflichtige mögliche Anpassungsrechnungen nicht vor, sind diese nachzuholen.
- Unterlässt der Steuerpflichtige eine notwendige Bandbreitenverengung, so ist das Ergebnis unter Verwendung der Werte innerhalb der eingeengten Bandbreite zu ermitteln.
- Sind in der vom Steuerpflichtigen ermittelten Bandbreite Werte enthalten, die nicht vergleichbar oder weniger vergleichbar sind, dann ist die Bandbreite ohne die nicht bzw. weniger vergleichbaren Werte neu zu bestimmen.
- Verwendet die Finanzverwaltung bei ihrer Prüfung eine andere Methode als der Steuerpflichtige, dann kann dies zu Berichtigungen führen, wenn die Ergebnisse der Alternativmethode einen höheren Grad der Wahrscheinlichkeit aufweisen.

Erweisen sich die Aufzeichnungen des Steuerpflichtigen als unverwertbar, hat die Betriebsprüfung den Steuerpflichtigen unverzüglich auf eine Unverwertbarkeit hinzuweisen und ihn zur Nachbesserung aufzufordern.[96] Unverzüglich handelt, wer ohne schuldhaftes Zögern die ihm auferlegte Verpflichtung erfüllt.[97]

Kommt es jedoch bei Nichtvorlage oder bei Vorlage von im Wesentlichen unverwertbaren Aufzeichnungen zu Schätzungen seitens der Finanzverwaltung, so kann der Steuerpflichtige bis zur letzten mündlichen Tatsachenverhandlung im Rahmen eines Finanzgerichtsverfahrens die Aufzeichnungen nachträglich vorlegen oder nachbessern.[98] Ist eine solche Nachbesserung erfolgt und liegen hierdurch verwertbare Aufzeichnungen vor, so hat die Finanzverwaltung zum einen die Schätzung rückgängig zu machen, denn die Tatbestandsvoraussetzungen für ihre Schätzungsbefugnis sind nicht mehr gegeben[99], und ist zum anderen nur zu einer Anpassung der Verrechnungspreis berechtigt, wenn dargelegt wird, dass das Ergebnis des Steuerpflichtigen mit hoher Wahrscheinlichkeit nicht

---

[93] Tz. 3.4.20 lit. a Verwaltungsgrundsätze-Verfahren.
[94] Tz. 3.4.20 lit. a Verwaltungsgrundsätze-Verfahren.
[95] Tz. 3.4.20 lit. b Verwaltungsgrundsätze-Verfahren.
[96] Tz. 3.4.19 lit. c Verwaltungsgrundsätze-Verfahren.
[97] § 121 Abs. 1 BGB.
[98] Cordes, 2014, 8.172, 8.177.
[99] Cordes, 2014, 8.172, 8.180.

dem Fremdvergleich entspricht und das von der Finanzverwaltung vertretene Ergebnis zumindest wahrscheinlicher ist.[100] Demgegenüber kann der Steuerpflichtige jedoch einen Verspätungszuschlag zu entrichten haben.

Somit kann die Beweislastumkehr rückgängig gemacht werden, wodurch die Anforderungen an den Steuerpflichtigen nicht höher als im Rahmen seiner Aufzeichnungspflichten nach § 90 Abs. 3 AO sind. Demgegenüber sind die Konsequenzen hinsichtlich verspätet erstellter Aufzeichnungen außergewöhnlicher Geschäftsvorfälle schwerwiegender. Es ist auf die zeitnahe Erstellung der Dokumentation zu achten, da eine Verspätung ebenfalls dazu führt, dass widerlegbar vermutet wird, es lägen höhere als erklärte Einkünfte im Inland vor. Es wird für die Finanzverwaltung mit einigen Schwierigkeiten verbunden sein, dem Steuerpflichtigen bei Vorlage der Verrechnungspreisdokumentation innerhalb von 30 Tagen nach Anforderung nachzuweisen, dass diese nicht zeitnah erstellt wurde. Dieses vermeidbare Risiko sollte beachtet werden, denn selbst bei einer verwertbaren Dokumentation kommt es bei verspäteter Erstellung zu einer Beweislastumkehr zuungunsten des Steuerpflichtigen. Dies hat zur Folge, dass an die Aufzeichnungen des Steuerpflichtigen erhöhte Anforderungen gestellt werden, als dies im Rahmen des § 90 Abs. 3 AO gefordert wird.[101] Die nicht zeitnahe Erstellung der Dokumentation eines außergewöhnlichen Geschäftsvorfalls führt jedoch nicht dazu, dass der Steuerpflichtige einen Zuschlag i. H. v. mind. 5000 EUR gem. § 162 Abs. 4 S. 1, 2 AO zu entrichten hat. Ebenso wird kein Verspätungszuschlag für die nicht zeitnahe Dokumentationserstellung fällig. Die Konsequenzen des § 162 Abs. 4 AO beziehen sich nur auf die Nichtvorlage und die Unverwertbarkeit der Dokumentation eines gewöhnlichen oder außergewöhnlichen Geschäftsvorfalls.[102]

Es ist daher festzuhalten, dass der Steuerpflichtige durch die Verrechnungspreisdokumentation nicht gegen Anpassungen seitens der Finanzverwaltung gefeit ist. Sie stellt jedoch einen wesentlichen Bestandteil der steuerlichen Verteidigungsstrategie dar, häufig auch als erste Stufe der Verteidigung bezeichnet, wodurch ihr erhebliche Bedeutung zukommt. Es ist daher von äußerster Wichtigkeit, dass der Steuerpflichtige eine im Wesentlichen verwertbare Verrechnungspreisdokumentation fristgerecht erstellt und diese der Betriebsprüfung auf Anfrage übergeben kann. Hierbei kommt es zum einen darauf an, zeitnah alle Unterlagen zusammenzustellen, um zu vermeiden, dass wichtige Informationen über den Zeitablauf abhandenkommen oder dass Ansprechpersonen das Unternehmen verlassen. Zum anderen sollte bei Geschäftsvorfällen, die über das tägliche Geschäft hinausgehen, der steuerliche Berater involviert werden, sodass eventuelle Risiken frühzeitig identifiziert werden können. Diese erste Stufe der Verteidigung dient u. a. der Vermeidung der gravierenden Strafzuschläge des § 162 Abs. 4 AO.

---

[100]Tz. 3.4.20 lit. a Verwaltungsgrundsätze-Verfahren.
[101]Schreiber, 2011, Rn. 317.
[102]Drüen, 2016, § 162 AO Rn. 74; Cöster, 2014, § 162 Rn. 84.

**Praxistipps: Dokumentation von Funktionsverlagerungen**
Dem Steuerpflichtigen seien bei Umstrukturierungen insbesondere bei Vorliegen der Tatbestandsmerkmale einer Funktionsverlagerung die folgenden Praxistipps mit Blick auf die Dokumentation gegeben.

- Frühzeitige Zusammenstellung aller wesentlichen Informationen und Unterlagen.
- Überprüfung, ob die größenabhängigen Erleichterungen für kleinere Unternehmen gem. § 6 GAufzV mit Blick auf die Dokumentationspflichten in Anspruch genommen werden können.
- Beachtung der sechsmonatigen Frist zur Erstellung der Dokumentation nach Ablauf des Wirtschaftsjahres, in dem sich der Geschäftsvorfall ereignet hat. Diese Frist beginnt auch, sofern sich Geschäftsvorfälle im Zeitablauf zu einer Funktionsverlagerung entwickelt haben und wenn es im Rahmen einer Funktionsverdoppelung zu einer erheblichen Einschränkung der Funktion im Inland kam.
- Die verwertbare und fristgerecht erstellte Dokumentation stellt grundsätzlich die erste Stufe der Verteidigung im Rahmen eine Betriebsprüfung da. Hierbei sind insbesondere die Veränderungen hinsichtlich des Organisationsaufbaus, des Tätigkeitsbereichs des Steuerpflichtigen, der Darstellung der Geschäftsbeziehungen, der Funktionen und Risiken und mit diesen in Zusammenhang stehenden immateriellen Wirtschaftsgütern und Verträgen darzustellen sowie die Gründe der Umstrukturierung zu benennen.
- Begründung der Methodenauswahl und Erläuterung der Bewertung der Funktionsverlagerung einschließlich der Kenntlichmachung der Quelldaten sowie der Begründung getroffener Annahmen. Hierbei ist zu überprüfen, ob eine Transferpaketbewertung vorzunehmen ist. Diese kann durch vor dem Veranlagungszeitraum 2008 vollendete Funktionsverlagerungen, der Verwendung einer anderen geeigneten Verrechnungspreismethode als dem hypothetischen Fremdvergleich oder des Greifens einer Escapeklausel ausgeschlossen sein.
- Beachtung der 30-Tagesfrist zur Vorlage der Dokumentation ab Anfrage durch die Betriebsprüfung.
- Stellung des Antrags auf fremdsprachige Dokumentation gem. § 2 Abs. 5 S. 2 GAufzV, sofern notwendig.
- Überprüfung, ob die durch die Betriebsprüfung angeforderten Unterlagen tatsächlich zur Verfügung zu stellen sind bzw. ob dies rechtlich und tatsächlich überhaupt möglich ist.

## Literatur

Baumhoff, Ditz & Greinert, 2010. Verrechnungspreis-Dokumentationspflichten in Deutschland, Österreich und in ausgewählten osteuropäischen Staaten. *IStR-Beih,* S. 37.
Borstell & Wehnert, 2015. In: Vögele, Borstell & Engler, Hrsg. *Verrechnungspreise.* 4 Aufl. München: C. H. Beck.

Buse, 2012. Schätzungsbefugnis bei Buchführungsmängeln. *AO-StB,* 12, S. 355–357.

Carle, 2001. Der Zugriff der Finanzverwaltung auf die Unternehmens-EDV. *Kölner Steuerdialog (KÖSDI),* S. 13106–13115.

Cordes, 2014. In: Wassermeyer & Baumhoff, Hrsg. *Verrechnungspreise international verbundener Unternehmen.* Köln: Otto Schmidt.

Cöster, 2014. AO. In: Koenig, Hrsg. *Abgabenordnung.* München: C. H. Beck.

Ditz & Greinert, 2014. In: Wassermeyer & Baumhoff, Hrsg. *Verrechnungspreise international verbundener Unternehmen.* Köln: Otto Schmidt.

Drüen, 2016. AO. In: Tipke & Kruse, Hrsg. *AO/FGO.* Köln: Otto Schmidt.

Eigelshoven & Nientimp, 2005. Die Dokumentation angemessener Verrechnungspreise nach den Verwaltungsgrundsätze-Verfahren: eine kritische Analyse. *DB,* S. 1184.

Finsterwalder, 2005. Einkunftsabgrenzung bei grenzüberschreitenden Geschäftsbeziehungen. Das BMF-Schreiben "Verwaltungsgrundsätze-Verfahren". *DStR,* S. 765.

Gersch, 2016. AO. In: Klein, Hrsg. *Abgabenordnung.* München: C. H. Beck.

Hahn & Suhrbier-Hahn, 2003. Mitwirkungspflichten bei Auslandssachverhalten europarechtswidrig? – Neukonzeption der §§ 90 Abs. 3 und 162 Abs. 3 und 4 AO im SteVAG. *IStR,* S. 84.

Hey, 2004. Schutz des Vertrauens in BFH-Rechtsprechung und Verwaltungspraxis. *DStR,* S. 1903.

Joecks & Kaminski, 2004. Dokumentations- und Sanktionsvorschriften für Verrechnungspreise in Deutschland – eine rechtliche Würdigung. *IStR,* S. 65.

Koenig, 2014. AO. In: Koenig, Hrsg. *Abgabenordnung.* München: C. H. Beck.

Kromer, 2001. Datenzugriff der Finanzverwaltung auf die IT-Systeme des Unternehmens ab 2002: Umfang und Lösungsansätze. *DStR,* S. 1017.

Kroppen & Rasch, 2003. Die Aufzeichnungspflichten für internationale Verrechnungspreise. *IWB,* S. 1977–1988.

Kuhsel & Kaeser, 2001. Bemerkungen zum BMF-Schreiben betreffend den Datenzugriff der Finanzverwaltung ab 1.1.2002. *DB,* S. 1583.

Lüdicke, 2003. Internationale Aspekte des Steuervergünstigungsabbaugesetzes. *IStR,* S. 433.

OFD, F., 2002. Archivierung von Lieferscheinen auf CD. *DStR,* S. 1094.

Rasch & Schmidtke, 2009. Routinefunktionen, Gewinnverlagerungen und das Versagen des hypothetischen Fremdvergleichs. *IStR,* S. 92.

Rätke, 2016. AO. In: Klein, Hrsg. *Abgabenordnung.* München: C. H. Beck.

Reich, Szczesny & Voß, 2015. HGB. In: Heidel & Schall, Hrsg. *Handelsgesetzbuch.* München: C. H. Beck.

Renz, 2013. Dokumentationsvorschriften. In: Renz & Wilmanns, Hrsg. *Internationale Verrechnungspreise.* Weinheim: Wiley, S. 153–241.

Rüsken, 2016. AO. In: Klein, Hrsg. *Abgabenordnung.* München: C. H. Beck.

Schallmoser, 2016. AO. In: Hübschmann, Hepp & Spitaler, Hrsg. *Abgabenordnung Finanzgerichtsordnung.* Köln: Otto Schmidt.

Schaumburg, 2002. Der Datenzugriff und andere Kontrollmöglichkeiten der Finanzverwaltung. *DStR,* S. 829–838.

Schnorberger, 2003. Verrechnungspreis-Dokumentation und StVergAbG – Offene Fragen und Probleme. *DB,* S. 1241.

Schreiber, 2011. Verwaltungsgrundsätze-Verfahren. In: Kroppen, Hrsg. *Handbuch Internationale Verrechnungspreise.* Köln: Otto Schmidt.

Seer, 2012. Notwendigkeit der Pflichtenbegrenzung Verrechnungspreisdokumentation bei verbundenen Unternehmen. *IWB,* S. 350–358.

Seer, 2016. AO. In: Tipke & Kruse, Hrsg. *AO/FGO* Köln: Otto Schmidt.

Wassermeyer, 2015. DBA Art. 26 MA. In: Wassermeyer, Hrsg. *DBA.* 130 Aufl. München: C. H. Beck.

Winkeljohann & Philipps, 2006. HGB. In: Ellrott, Förschle, Hoyos & Winkeljohann, Hrsg. *Beck'scher Bilanz-Kommentar Handels- und Steuerbilanz.* München: C. H. Beck.

Wirfler, 2016. *Bech'sches Steuer- und Bilanzrechtslexikon, Beweislast.* 1/2016 Aufl. München: C. H. Beck.

Wünsch, 2014. AO. In: Koenig, Hrsg. *Abgabenordnung.* München: C. H. Beck.

## Über die Autoren

**Dr. Richard Schmidtke** (Hrsg.) ist Partner bei Deloitte der Deloitte GmbH und leitet die Service Line Verrechnungspreise in München. Er betreut Mandanten insbesondere im Bereich der Business Model Optimization und IP-Verrechnungspreisplanung sowie Verrechnungsdokumentation, einschließlich deren Verteidigung in Betriebsprüfungen. Darüber hinaus betreut er Schlichtungsverfahren und Vorabverständigungsverfahren. Zu seinen Mandanten gehören europäische, japanische und US- amerikanische Großunternehmen in einer Vielzahl von Branchen, darunter Fertigung, Pharma, Chemie, Groß-/Einzelhandel sowie Konsumgüter und Logistik.

Er studierte Volkswirtschaftslehre und Wirtschaftsinformatik in München und Toulouse und promovierte in Wirtschaftswissenschaften an der Universität München. Er hat ferner einen Master in Rechnungswesen und Steuern der Business School Mannheim und ist CFA Charterholder des CFA Institute. Dr. Richard Schmidtke ist deutscher Steuerberater und Mitglied der Steuerberaterkammer.

Er ist Leiter der Deloitte Americas/EMEA Intellectual Property Group, einer internationalen Gruppe von Deloitte-Transfer-Pricing-Experten mit Schwerpunkt auf Verrechnungspreisen und geistigem Eigentum. Er unterrichtet „Verrechnungspreise" an der Business School Mannheim und Bewertung für Verrechnungspreiszwecke im „Bewertungskurs Fortgeschrittene" an der Bundesfinanzakademie.

Er hat eine Vielzahl an Artikeln in nationalen und internationalen Steuer- und Verrechnungspreiszeitschriften veröffentlicht. Er ist als einer der weltweit führenden Transfer-Pricing-Berater von Euromoney anerkannt.

**Patrick Tränka** ist seit 2010 Verrechnungspreisexperte bei der Deloitte GmbH am Standort München. Er hat umfangreiche Erfahrung in der Dokumentation und Verteidigung von Verrechnungspreisen. Im Rahmen seiner Tätigkeiten hat er sich auf die Beratung und Unterstützung von Mandanten in der steuerlichen Betriebsprüfung, der Begleitung von Verständigungsverfahren und APAs sowie auf Fragen zur Betriebsstättenbesteuerung spezialisiert.

Nach Abschluss seines Studiums des Deutschen und Europäischen Wirtschaftsrechts an der Universität Siegen mit einem Auslandsaufenthalt an der Universitet Växjö, Schweden, hat er die Prüfung zum Steuerberater abgelegt und wurde Mitglied der Deutschen Steuerberaterkammer.

# 15 Umsatzsteuer bei Umstrukturierungen

Heiko Borberg und Stefan Runge

**Leitfragen zu diesem Kapitel**

- Ist die Übertragung von Wirtschaftsgütern im Rahmen einer Umstrukturierung insb. bei Ausprägung als Funktionsverlagerung umsatzsteuerbar?
- Wann liegt eine Geschäftsveräußerung im Ganzen vor, die nicht umsatzsteuerbar ist?
- Wie beeinflusst die Anpassung des Marktauftritts (Eigenhandel, Kommission, Vertretung) die umsatzsteuerliche Beurteilung?
- Welche Aspekte sollten beim Vorsteuerabzug berücksichtigt werden?
- Welche weiteren organisatorischen Themen im Kontext der Umsatzsteuer sollten bei einer Umstrukturierung beachtet werden?

## 15.1 Relevanz der Umsatzsteuer bei Umstrukturierungen

Bei jeder Umstrukturierung insbesondere bei Vorliegen einer Funktionsverlagerung sind umsatzsteuerliche Folgen zu berücksichtigen. Sie sind zu berücksichtigen, weil Fehler im Zusammenhang mit dieser Steuerart unmittelbar zu einer „Zusatzsteuer" von bis zu 19 % (Deutschland) und bei (ganz oder teilweise) fehlendem Vorsteuerabzug auch unmittelbar zu einer Kostenbelastung der Transaktion in dieser Höhe führen können. Selbst wenn man das vollumfängliche Recht auf Vorsteuerabzug unterstellt, ist es nicht

---

H. Borberg (✉) · S. Runge
Hamburg, Deutschland
E-Mail: hborberg@deloitte.de

S. Runge
E-Mail: srunge@deloitte.de

zu unterschätzen, dass bei häufig Jahre späterem Aufdecken von Fehlern im Rahmen von Betriebsprüfungen die (asynchrone) Verzinsung von Fehlern bei der Umsatzsteuer bzw. dem Recht auf Vorsteuerabzug eine nicht zu unterschätzende Zusatzbelastung auslösen kann. Nicht zuletzt kennt die Umsatzsteuer keine Kompensationsmöglichkeiten beispielsweise durch Verlustvorträge. Sie ist darüber hinaus rechtsformunabhängig, sodass sie kaum durch Gestaltungen vermieden werden kann.

Vor diesem Hintergrund soll dieses Kapitel auf umsatzsteuerliche Aspekte eingehen, wobei der Fokus primär auf nationaler Sicht liegt. Besonderer Fokus liegt auf der Frage, ob eine Funktionsverlagerung einen umsatzsteuerbaren Vorgang auslöst. Die Tab. 15.1 stellt verschiedene Themen zusammen, die aus Perspektive der Umsatzsteuer in, vor und nach einer Umstrukturierung zu beachten sind, und bietet mithin gleichermaßen einen Überblick über das vorliegende Kapitel.

## 15.2 Umsatzsteuerliche Aspekte in der Umstrukturierung

Im Rahmen einer Funktionsverlagerung oder allgemeiner im Rahmen einer Umstrukturierung des Geschäftsmodells kommt es oftmals zu Übertragungen von Wirtschaftsgütern wie Lagerbeständen, Maschinen, Marken, sonstigen Vorteilen, Geschäfts- und Firmenwerten und Know-how von einer Konzerngesellschaft auf eine andere. Umsatzsteuerlich stellt sich dann die Frage, wie diese Transaktionen zu beurteilen sind, mit anderen Worten, ob und wo sie eine Steuerpflicht auslösen. Zentrale Ausgangsfrage ist daher die Prüfung deren Steuerbarkeit, ohne die sich in aller Regel weitere umsatzsteuerliche Fragen erübrigen. Die Steuerbarkeit kann aus verschiedenen Gründen entfallen, sie ist insbesondere dann nicht gegeben, wenn eine Geschäftsveräußerung im Ganzen vorliegt (vgl. § 1 Abs. 1a UStG). Die Prüfung der Tatbestandsvoraussetzungen einer Geschäftsveräußerung im Ganzen ist daher die zentrale Ausgangsfrage bei der umsatzsteuerlichen Beurteilung von Umstrukturierungen und muss vorangestellt werden. Daher wird im Folgenden zunächst gefragt, wann die Übertragung von Wirtschaftsgütern im Rahmen einer Umstrukturierung als Geschäftsveräußerung im Ganzen zu klassifizieren ist und welche Rechtsfolgen sich mithin ergeben (Abschn. 15.2.1). Im Anschluss wird untersucht, wie einzelne Lieferungen und sonstige Leistungen zu beurteilen sind, wenn keine Geschäftsveräußerung im Ganzen vorliegt (Abschn. 15.2.2).

### 15.2.1 Zentrale Ausgangsfrage: Vorliegen einer Geschäftsveräußerung im Ganzen

Hinsichtlich der Steuerbarkeit von Umsätzen verlangt das Umsatzsteuerrecht positiv die Verwirklichung grundlegender Tatbestandsmerkmale (inländische Erbringung umsatzsteuerlich relevanter Leistungen durch einen Unternehmer gegen Entgelt, Einfuhr oder innergemeinschaftlicher Erwerb, vgl. § 1 Abs. 1 UStG) sowie negativ eine Abgrenzung von dem Vorliegen einer (nicht steuerbaren) Geschäftsveräußerung im Ganzen (vgl. § 1 Abs. 1a UStG).

# 15 Umsatzsteuer bei Umstrukturierungen

**Tab. 15.1** Umsatzsteuerliche Aspekte einer Umstrukturierung. (Quelle: Eigene Darstellung)

| Umsatzsteuerliche Aspekte vor einer Umstrukturierung | Umsatzsteuerliche Aspekte in einer Umstrukturierung | Umsatzsteuerliche Aspekte nach einer Umstrukturierung |
|---|---|---|
| Umsatzsteuerliche Beurteilung der laufenden Lieferungen und sonstigen Leistungen vor der Umstrukturierung (nicht explizit Gegenstand; gleichwohl sind die in Abschn. 15.2 genannten Kriterien (Leistungsort, Steuerbefreiung, Schuldnerschaft) bei der Beurteilung wesentlich und bieten mithin einen guten Einstieg) | Umsatzsteuerliche Beurteilung der Transaktionen, die sich durch die Umstrukturierung ergeben, z. B. Übertragung von Lagerbeständen, Übertragung von IP, Übertragung von Funktionen und den damit verbundenen Chancen und Risiken als Funktionsverlagerung (vgl. Abschn. 15.2) | Umsatzsteuerliche Beurteilung der laufenden Lieferungen und sonstigen Leistungen nach der Umstrukturierung (nicht explizit Gegenstand; gleichwohl sind die in Abschn. 15.2 genannten Kriterien (Leistungsort, Steuerbefreiung, Schuldnerschaft) bei der Beurteilung wesentlich und bieten mithin einen guten Einstieg) |
| Meldepflichten (vgl. Abschn. 15.4.2) | – | Meldepflichten (Abschn. 15.4.2) |
| Analyse des möglichen Vorsteuerabzugs verbunden mit den notwendigen Anforderungen wie Rechnungsausweis und Voranmeldung im Vorgang zu einer möglichen Geschäftsveräußerung im Ganzen (vgl. Abschn. 15.3 für Details) | – | Analyse des möglichen Vorsteuerabzugs verbunden mit den notwendigen Anforderungen wie Rechnungsausweis und Voranmeldung insbesondere wenn sich der Marktauftritt ändert (z. B. Kommissionär statt Eigenhändler) (vgl. Abschn. 15.4.1) |
| – | – | Weitere organisatorische Aspekte wie Compliance und Anpassung des ERP-Systems (vgl. Abschn. 15.4.3 für einen Überblick) |

Während die „Positivmerkmale" noch anhand einzelner klarer und mehr oder minder durch Veröffentlichungen der Finanzverwaltung sowie Kommentierung und Schrifttum konkretisierter Kriterien beobacht- und nachprüfbar sind, begegnet die Prüfung der lediglich grob charakterisierten Kriterien für das Vorliegen einer Geschäftsveräußerung im Ganzen in der Praxis immer wieder großen Problemen.

### 15.2.1.1 Prägende Tatbestandsmerkmale und Entwicklung in der Rechtsprechung

Die Umsätze im Rahmen einer Geschäftsveräußerung an einen anderen Unternehmer für dessen Unternehmen unterliegen nicht der Umsatzsteuer (vgl. § 1 Abs. 1a Satz 1 UStG). Eine Geschäftsveräußerung liegt vor, wenn ein Unternehmen oder ein in der Gliederung des Unternehmens gesondert geführter Betrieb im Ganzen entgeltlich oder unentgeltlich übereignet oder in eine Gesellschaft eingebracht wird (vgl. § 1 Abs. 1a Satz 2 UStG). Unerheblich ist, ob mit dem Unternehmen im Ganzen oder dem in der Gliederung des Unternehmens gesondert geführten Betrieb als Veräußerungsgegenstand steuerpflichtige oder steuerfreie Ausgangsumsätze getätigt wurden (vgl. Stadie, 2012 § 1 UStG, Tz. 127).

**Übertragung des gesamten Unternehmens**

Da die Übereignung eines Unternehmens im Ganzen (zumindest nach deutscher Rechtslage) in einem einzigen einheitlichen Rechtsvorgang bürgerlich-rechtlich nicht möglich ist, ist die gesetzliche Formulierung wohl im wirtschaftlichen Sinne zu verstehen (vgl. Husmann, 2007, Tz. 1094). Ausdruck einer wirtschaftlich geprägten Sichtweise ist auch die Tatsache, dass es zwar idealtypisch für die Annahme einer Geschäftsveräußerung im Ganzen, aber nicht zwingend erforderlich ist, dass alle wesentlichen (Betriebs-)Grundlagen des zu übertragenden Unternehmens auch übereignet werden, sondern deren Nutzungsüberlassung an den Erwerber genügt (vgl. Husmann, 2007, Tz. 1111). Zu den Umsätzen im Rahmen einer Geschäftsveräußerung sind somit alle in unmittelbarem Zusammenhang mit dem betrachteten Übertragungsvorgang bewirkten Einzelleistungen zusammenzufassen. Die Übertragung eines gesamten Unternehmens im Ganzen ergibt sich definitorisch, wenn entweder durch jeweilige Einzelrechtsnachfolge **sämtliche** dem umsatzsteuerlichen Unternehmen des veräußernden Unternehmers zugeordneten Wirtschaftsgüter oder wenn zumindest **die wesentlichen (Betriebs-)Grundlagen** auf einen Erwerber übertragen werden. Sofern **sämtliche** Wirtschaftsgüter übertragen werden, ist die Identifikation einer Geschäftsveräußerung im Ganzen einfach und unmittelbar gegeben. Wenn nicht sämtliche Wirtschaftsgüter übertragen werden sollen, wird dennoch definitorisch ein ganzes Unternehmen übertragen, wenn die wesentlichen (Betriebs-)Grundlagen übertragen werden. Dies zeigen die folgenden Ausführungen und zwar werden zur Bestimmung, ob ein gesamter Betrieb übertragen wird, in der Literatur zwei Ansätze verfolgt: Zum einen eine Anlehnung an ertragsteuerliche Grundsätze zur Betriebsveräußerung, zum anderen eine Orientierung an der Haftung des Betriebsübernehmers nach der Abgabenordnung.

Wenngleich bereits dem Wortlaut nach der umsatzsteuerliche Unternehmensbegriff und der ertragsteuerliche Betriebsbegriff nicht identisch sind und auch grundlegend systematische Unterschiede zwischen der eher zivilrechtlich ausgerichteten Umsatzsteuer und von einer wirtschaftlichen Betrachtungsweise geleiteten Ertragsteuer bestehen, wird vertreten, dass der ertragsteuerliche Betriebsbegriff in § 16 Abs. 1 Nr. 1 EStG für die Bestimmung der Tatbestandsvoraussetzungen einer Geschäftsveräußerung im Ganzen zugrunde gelegt werden kann (vgl. Stadie, 2012, § 1 UStG, Tz. 128). Demnach ist der Betrieb die Zusammenfassung aller funktional (unabhängig von seinem Wert allein seiner funktionalen Bedeutung für den Betrieb nach) und/oder quantitativ (dem Wert und dem Innewohnen stiller Reserven nach) wesentlicher Betriebsgrundlagen (vgl. Reiß, 2014, Tz. 48 f.).

Lehnt man die Heranziehung des ertragsteuerlichen Betriebsbegriffs ab, kommt gleichwohl die Orientierung an der Haftung des Betriebsübernehmers nach § 75 AO in Betracht. Zwischen der Abgabenordnung als Rahmengebung aller materiellen Steuergesetze und dem Umsatzsteuergesetz bestehen keine systematisch so tief greifenden Unterschiede wie zwischen der Umsatzsteuer und den Ertragsteuern. Auch begrifflich besteht eine größere Schnittmenge, fast Identität. Nach den Grundsätzen des § 75 AO besteht das Unternehmen auch aus der Gesamtheit seiner wesentlichen (Betriebs-)Grundlagen, jedoch ist deren Identifikation weniger konkret ausgestaltet als im Anwendungsbereich des ertragsteuerlichen Betriebsbegriffs, sondern kann lediglich an je Einzelfall zu prüfenden Richtlinien erfolgen (vgl. Loose, 2012, Tz. 18 ff.).

Unabhängig von der zugrunde gelegten Auslegung besteht die wesentliche Gemeinsamkeit darin, dass lediglich die Übertragung aller identifizierten wesentlichen (Betriebs-)Grundlagen einer „umsatzsteuerlichen Einkunftsquelle"[1] für eine umsatzsteuerliche Geschäftsveräußerung im Ganzen qualifizieren kann. Im Umkehrschluss bedeutet dies, dass die nur teilweise Übertragung wesentlicher Betriebsgrundlagen unter Zurückbehaltung zumindest einer identifizierten wesentlichen Betriebsgrundlage umsatzsteuerlich nicht als Geschäftsveräußerung im Ganzen qualifizieren kann.[2] In der Literatur wird ausgeführt, dass die wesentlichen (Betriebs-)Grundlagen anhand der jeweiligen tatsächlichen Verhältnisse zu prüfen sind. Zu den wesentlichen Grundlagen gehören insbesondere

---

[1] Das Abstellen auf eine „umsatzsteuerliche Einkunftsquelle" erlaubt zwar, dass ein einziges Wirtschaftsgut bereits Gegenstand einer Geschäftsveräußerung im Ganzen sein kann, grenzt zugleich aber auch ab. Denn hieraus darf keinesfalls gefolgert werden, dass jegliche Übertragung einer (sei sie auch noch so) wesentlichen (Betriebs-)Grundlage eine Geschäftsveräußerung im Ganzen darstellt. Bedarf es mehrerer wesentlicher (Betriebs-)Grundlagen, so qualifiziert lediglich deren gesamte Übertragung. Eine „Einkunftsquelle" ist ein einziges Wirtschaftsgut lediglich in Ausnahmefällen.

[2] Ob auch bei Vorliegen einer Gesamtrechtsnachfolge (beispielsweise Umwandlungen nach dem UmwG) eine Geschäftsveräußerung im Ganzen anzunehmen ist (vgl. Husmann, 2007, Tz. 1121) oder die Umsatzsteuerbarkeit bereits auf einer Vorstufe mangels Erfüllung der grundlegenden Tatbestandsvoraussetzungen für die Steuerbarkeit entfällt (vgl. Stadie, 2012, § 1 UStG, Tz. 127, 182), wird an dieser Stelle aufgrund der identischen Rechtsfolge nicht vertieft. Ebenso wird der bislang nicht gelöste Diskurs hinsichtlich der Frage, ob die Veräußerung von Anteilen an einer (Kapital-)Gesellschaft in bestimmten Fällen der Übertragung ihres Gesellschaftsvermögens gleichgestellt und damit der Anwendungsbereich eine Geschäftsveräußerung im Ganzen eröffnet werden kann, an dieser Stelle nicht vertieft (vgl. auch EuGH-Urteil v. 29.10.2009, I-10413, UR 2010, 107; BFH, Urteil v. 27.01.2011, V R 38/09, BStBl II 2012, 68; aA [Stadie, 2012], § 1 UStG, Tz. 132).

Betriebsgrundstücke, Maschinen und Fertigungsanlagen, aber auch immaterielle Vermögensgegenstände wie Nutzungsrechte und Geschäftsbeziehungen (vgl. Radeisen, 2013, Tz. 417.).

### Übertragung eines gesondert geführten Betriebs als Teil des Unternehmens

Eine Geschäftsveräußerung im Ganzen erfasst nicht nur die Übertragung des gesamten Unternehmens (entweder mit sämtlichen Wirtschaftsgütern oder zumindest mit den wesentlichen Betriebsgrundlagen), sondern gilt auch für einen in der Gliederung des Unternehmens gesondert geführten Betrieb, z. B. könnte dies zu prüfen sein, wenn eine Unternehmensdivision übertragen werden soll, oder aber nur der Produktionsbereich. Ein Betrieb in diesem Sinne liegt vor, wenn ein Teil des Unternehmens einen für sich lebensfähigen Organismus bildet, der als selbstständige wirtschaftliche Tätigkeit fortgeführt werden kann (vgl. Abschn. 1.5 Abs. 6 UStAE). Es stellt sich also die Frage, ob ein Teil eines Betriebes selbstständig lebensfähig ist. Auch zur Beantwortung dieser Frage kann auf ertragsteuerliche Auslegungsgrundsätze (in diesem Fall zum Teilbetrieb) sowie die Haftung des (in diesem Fall Teil-)Betriebsübernehmers zurückgegriffen werden. Im Folgenden sollen die ertragssteuerlichen Auslegungsgrundsätze diskutiert werden.

Der umsatzsteuerlich in der Gliederung des Unternehmens gesondert geführte Betrieb ist nicht deckungsgleich mit dem ertragsteuerlichen Teilbetriebsbegriff. Bei Vorliegen eines ertragsteuerlichen Teilbetriebs kann von dem Vorliegen eines in der Gliederung des Unternehmens gesondert geführten Betriebs ausgegangen werden (vgl. Abschn. 1.5 Abs. 6 S. 4 UStAE). Die Definition der Rechtsprechung zum Teilbetrieb, die den Begriff „organisatorische Geschlossenheit" als Prüfkriterium nennt, leidet unter einer gewissen Tautologie, weil sich das Merkmal der organisatorischen Geschlossenheit größtenteils mit dem der „eigenständigen Lebensfähigkeit" und „gewissen Selbständigkeit" deckt; ihm einen eigenen Bedeutungsinhalt beizulegen, fällt schwer (vgl. Geissler, 2013 § 16 EStG, Tz. 142). Dennoch haben sich stark einzelfallabhängige Anknüpfungspunkte herausgebildet zur Beurteilung, ob eine „organisatorische Geschlossenheit" und mithin eine „selbstständige Lebensfähigkeit" vorliegt (vgl. Geissler, 2013, § 16 EStG, Tz. 144), z. B.: Eine örtliche bzw. räumliche Trennung, Nutzung eigenen Inventars, Verwendung jeweils anderer Betriebsmittel als mögliche Betonung einer sachlichen Eigenständigkeit, der Einsatz verschiedenen Personals, eine eigene Verwaltung als mögliche Betonung einer personellen Eigenständigkeit, ein eigener Kundenstamm, eigene Buchführung bzw. Kostenrechnung, getrennte Einkaufs- und Verkaufsabteilungen, eigenes Warensortiment bzw. ein eigenes Verkaufsprogramm als mögliche Betonung einer wirtschaftlichen Eigenständigkeit. Von prägender Bedeutung für die „eigenständige Lebensfähigkeit" der abgrenzbaren betrieblichen Einheit Teilbetrieb ist aber übereinstimmend, dass eigene Einkaufsbeziehungen sowie ein eigener Kundenstamm existieren müssen, was beispielsweise die isolierte Übertragung einer Einkaufsabteilung bereits als eine Geschäftsveräußerung kaum zugänglich erscheinen lässt.

Umgekehrt kann umsatzsteuerlich ein in der Gliederung des Unternehmens gesondert geführter Betrieb bereits vorliegen, wenn ein abgrenzbarer und isoliert fortführbarer Teil der umsatzsteuerlich unternehmerischen Tätigkeit übertragen wird. Dies kann so weit reichen, dass der Gegenstand einer Geschäftsveräußerung ein einziges Wirtschaftsgut sein kann (beispielsweise Übertragung eines Mietwohngrundstücks, mit dem steuerbare Vermietungsumsätze erzielt wurden, an einen anderen Unternehmer für dessen Unternehmen unter Fortführung der Mietverträge). Das Grundstück, die Mietverträge und ggf. die Mieterakten bilden hier die wesentliche Grundlage des „Vermietungsunternehmens" (vgl. Husmann, 2007, Tz. 1112).

▶ Als „Faustformel", um zu beantworten, ob eine Geschäftsveräußerung im Ganzen vorliegt, ist somit zusammenfassend zu prüfen, ob **sämtliche** zu einer einzelnen „umsatzsteuerlichen Einkunftsquelle" gehörenden **wesentlichen Grundlagen** übertragen wurden oder nicht. Sofern nur ein Teil des Unternehmens mit seinen wesentlichen Grundlagen übertragen werden soll, ist ferner zu prüfen, ob der Teil für sich selbstständig wirtschaftlich lebensfähig ist.

**Weitere Voraussetzungen**
Eine weitere im Rahmen von Umstrukturierungen meist unproblematische Voraussetzung ist, dass der Erwerber das (gesamte) Unternehmen oder den in der Gliederung des Unternehmens gesondert geführten Betrieb ohne nennenswerten finanziellen Aufwand fortführen kann (vgl. Husmann, 2007, Tz. 1111). Der Fortsetzung der bisher durch den Veräußerer ausgeübten Tätigkeit steht es nicht entgegen, wenn der Erwerber den von ihm erworbenen Geschäftsbetrieb in seinem Zuschnitt ändert oder modernisiert (vgl. BFH-Urteil v. 23.8.2007, V R14/05, BStBl. 2008 II S. 165). Die sofortige Abwicklung der übernommenen Geschäftstätigkeit schließt jedoch eine Geschäftsveräußerung aus (vgl. EuGH-Urteil v. 27.11.2003, C-497/01, EuGHE I S. 14393).

Aus den vorstehenden Ausführungen wird deutlich, dass bei Umstrukturierungen und Übertragungen von „Funktionen" regelmäßig genaues Augenmerk auf den im Einzelfall vorliegenden Sachverhalt zu legen ist.

Werden lediglich Entscheidungsebenen und ihr rechtlicher Rahmen ohne die von ihnen umfassten Wirtschaftsgüter sowie Personal verlagert, so erscheint eine Geschäftsveräußerung im Ganzen fern. Dies dürfte z. B. die ausschließliche Übertragung der Entrepreneurfunktion umfassen. Werden hingegen Entscheidungsebenen, ihr rechtlicher Rahmen sowie sämtliche dazugehörigen Wirtschaftsgüter und Personal als Gesamtheit übertragen, kann ein in der Gliederung des Unternehmens gesondert geführter Betrieb vorliegen und (zumindest bei geschlossener Übertragung innerhalb eines Landes oder von einem in ein anderes Land) eine nicht steuerbare Geschäftsveräußerungen im Ganzen vorliegen. Problematisch und sowohl in der Rechtsprechung als auch Literatur nicht abschließend geklärt ist jedoch die Frage, ob diese Sichtweise auch Länder übergreifend, also auch in Fällen gilt, in denen eine wirtschaftlich geschlossene Funktion aus verschiedenen Ländern übertragen werden.

### 15.2.1.2 Rechtsfolgen bei Vorliegen einer Geschäftsveräußerung im Ganzen

Rechtsfolge des Vorliegens einer Geschäftsveräußerung im Ganzen bedeutet, dass dieser Umsatz nicht umsatzsteuerbar ist (vgl. § 1 Abs. 1a S. 1 UStG; demnach der zivilrechtlichen Abrechnungsverpflichtung ohne offenen Umsatzsteuerausweis nachzukommen ist) und der Erwerber an die Stelle des Veräußerers tritt (vgl. § 1 Abs. 1a S. 3 UStG). Damit ordnet das Gesetz für umsatzsteuerliche Zwecke eine partielle (objektbezogene) Einzelrechtsnachfolge an. Dies bedeutet im Wesentlichen, dass der Erwerber hinsichtlich der Voraussetzungen für die Berichtigung des Vorsteuerabzugs (vgl. § 15a UStG) in die Rechtsposition des Veräußerers eintritt und maßgebliche Berichtigungszeiträume nicht unterbrochen werden (vgl. Husmann, 2007, Tz. 1126).

### 15.2.1.3 Rechtsfolgen bei Vorliegen eines steuerbaren Leistungsaustauschs

Sind die Tatbestandsvoraussetzungen einer Geschäftsveräußerung im Ganzen nicht erfüllt, ist Rechtsfolge, dass sämtliche Einzelumsätze nach der weiteren Systematik des Umsatzsteuerrechts hinsichtlich Leistungsort, Steuerbefreiung etc. gesondert zu prüfen sind. Ausführungen hierzu finden sich im Abschn. 15.2.1.2. Das schließt nicht aus, dass sich nach dem Grundsatz der Einheitlichkeit der Leistung ggf. gleichwohl eine Zusammenfassung einzelner Leistungsbestandteile zu einer umsatzsteuerlichen Haupt- sowie ihr untergeordneten Nebenleistungen ergeben kann.

Je nach Prüfungsergebnis der umsatzsteuerlichen „Einzelschicksale" ergeben sich bei reinem Inlandsbezug regelmäßig steuerbare und grundsätzlich steuerpflichtige (in Ausnahmefällen jedoch steuerbefreite Leistungen), bei Lieferungen von Gegenständen im Gemeinschaftsgebiet ggf. (steuerbefreite) innergemeinschaftliche Lieferungen bzw. „spiegelbildlich" (steuerpflichtige) innergemeinschaftliche Erwerbe bzw. bei Drittlandsbezug Ein-/Ausfuhrtatbestände.

### 15.2.1.4 Rechtsfolgen einer Fehlbeurteilung

Die Fehlbeurteilung des Vorliegens einer Geschäftsveräußerung im Ganzen hat sowohl bei irriger Verneinung als auch irriger Annahme Folgen.

Für die praktisch seltene irrige Verneinung des Vorliegens einer Geschäftsveräußerung im Ganzen sind die fälschlicherweise als steuerbar behandelten Einzelumsätze zusammenzufassen, sämtliche vorher an diese geknüpften umsatzsteuerlichen Rechtsfolgen rückgängig zu machen (insbesondere gezahlte Umsatzsteuerbeträge, aber auch in Anspruch genommene Vorsteuerabzüge nach Maßgabe von § 14c Abs. 1 UStG zurück zu gewähren) und ggf. der Erwerber im Wege der partiellen (objektbezogenen) Einzelrechtsnachfolge für Zwecke der Berichtigung des Vorsteuerabzugs (vgl. § 15a UStG) heranzuziehen. Solange eine Berichtigung bisher mit offenem Umsatzsteuerausweis erfolgter Abrechnungen unterbleibt, schuldet der Veräußerer die unzutreffend ausgewiesenen Steuerbeträge (vgl. § 14c Abs. 1 UStG). Im Zeitpunkt der Rechnungsberichtigung ist zu beachten, dass sich durch eine eventuelle Verzinsung nach § 233 ff. AO asynchron weitere

Belastungen ergeben können. Während der zuvor zu Unrecht in Anspruch genommene Vorsteuerabzug des Erwerbers als rückwirkende Fehlerberichtigung an der Quelle zu Nachzahlungszinsen führen kann (Berichtigung ex nunc), sind Erstattungszinsen des Veräußerers ausgeschlossen (vgl. § 14c Abs. 1 UStG, führt bei ihm zu einer Berichtigung ex nunc; vgl. Stadie, 2014, § 14c UStG, Tz. 233 ff.). Die Verzinsung beträgt monatlich 0,5 % (entspricht 6 % p. a.) bei anfänglich 15-monatiger Zinsfreiheit.

Für den praktisch bedeutsamen Fall der irrigen Annahme einer Geschäftsveräußerung im Ganzen sind die bislang als nicht steuerbar behandelten Einzelumsätze einzeln nach den allgemeinen Regeln der Umsatzbesteuerung zu prüfen. Dies schließt das Vorliegen einer Geschäftsveräußerung im Ganzen nicht gänzlich aus (beispielsweise Mitübertragung vermieteten Grundbesitzes und Fortführung durch den Erwerber). Im Übrigen ergeben sich bei reinem Inlandsbezug steuerbare und i. d. R. steuerpflichtige Umsätze und die fällige Umsatzsteuer ist ggf. unter Berücksichtigung einer Verzinsung nachzuentrichten. Anders als im Falle der irrigen Verneinung des Vorliegens einer Geschäftsveräußerung im Ganzen ist mangels offenem Umsatzsteuerausweis in der erteilten Rechnung § 14c Abs. 1 UStG nicht anwendbar, sodass es zu einer Verzinsung ex tunc (und nicht ex nunc) kommt; die Frage nach einer möglichen Verzinsung eines Vorsteueranspruchs stellt sich nicht. Bei Auslandbezug innerhalb der Europäischen Union sind (steuerfreie) innergemeinschaftlichen Lieferungen bzw. „spiegelbildlich" (steuerpflichtige) innergemeinschaftliche Erwerbe zu prüfen; bei Drittlandsbezug außerhalb der Europäischen Union entsprechend Ausfuhrlieferungen bzw. Einfuhren.

### 15.2.1.5 Praxisbeispiele

**Praxisbeispiel 1 – Einkaufsfunktion**
Die in Deutschland ansässige Produktionsgesellschaft des K-Konzerns unterhält eine eigene Einkaufsabteilung. Im Rahmen einer konzerninternen Umstrukturierung werden die europaweiten Einkaufsfunktionen in der K-AG, die in der Schweiz ansässig ist, zentral zusammengeführt. Neben der Übernahme der Mitarbeiter gehen insbesondere auch die Vorräte und Lieferantenbeziehungen über.

Unabhängig davon, ob man vorliegend eine einheitliche oder verschiedene (Teil-)Leistungen annimmt, ist das Vorliegen einer nicht steuerbaren Geschäftsveräußerung im Ganzen zu prüfen. Diese könnte dann vorliegen, wenn ein in der Gliederung des Unternehmens gesondert geführter Betrieb übertragen wird, der als Teil des Unternehmens einen für sich lebensfähigen Organismus bildet, also als selbstständige wirtschaftliche Tätigkeit fortgeführt werden kann.

Vor dem Hintergrund der in der Praxis oft weitgehenden „Verselbstständigung" der Einkaufsfunktionen in Bezug auf eine eigenständige Organisation, einen eigenen Mitarbeiterstamm und gesonderte Erfassung im Rahmen der Buchhaltung (eigene Buchungskreise) könnte man geneigt sein, das Vorliegen einer Geschäftsveräußerung im Ganzen zu bejahen. Bei der Konzentration der Einkaufsfunktionen handelt es sich jedoch definitionsgemäß nicht um ein gesamtes Unternehmen, sondern allenfalls einen Teil dessen, sodass indes fraglich ist, ob es sich um einen selbstständig lebensfähigen Organismus handelt. Dies vor dem Hintergrund, dass eine Einkaufsabteilung innerhalb eines Unternehmens keinen unmittelbaren Bezug zum Absatzmarkt aufweist und ein solcher Bezug auch von Beginn an nie intendiert ist. Prüft man ihre selbstständige Lebensfähigkeit dadurch, dass man die Einkaufsabteilung eines Unternehmens herauslöst und somit ihre Finanzierung durch die letztlich abgesetzten Produkte kappt, wird klar, dass dies ihrem Sinn und Zweck entsprechend nicht gelingen kann und daher das Vorliegen einer Geschäftsveräußerung im Ganzen zumindest fraglich ist.

Selbst wenn man das Vorliegen einer Geschäftsveräußerung im Ganzen entgegen der vorgebrachten Bedenken annehmen wollte, wäre zusätzlich die schwierige Frage nach der länderübergreifenden Wirkung zu prüfen. Vorliegend werden die europaweiten Einkaufsfunktionen konzentriert, sodass es zu Mittel- und Mitarbeiterübertragungen aus verschiedenen Ländern kommt. Fraglich ist in solchen Fällen, welcher Prüfungsmaßstab anzulegen und daher die Voraussetzungen einer Geschäftsveräußerung im Ganzen je Übertragungsland oder insgesamt über alle Übertragungsländer hinweg zu prüfen sind, und wie vorzugehen ist, wenn einzelne Länder unterschiedliche Tatbestandsvoraussetzungen an das Vorliegen einer Geschäftsveräußerung im Ganzen knüpfen oder einzelne Länder eine solche Regelung möglicherweise gesetzlich nicht geregelt haben.

Für den skizzierten Fall ist das Vorliegen einer Geschäftsveräußerung im Ganzen zumindest fraglich.

**Praxisbeispiel 2 – Abschmelzung Vollproduzent zu Lohnfertiger**
Ein typisches Beispiel im Rahmen einer Umstrukturierung ist das Abschmelzen eines Vollproduzenten (fully-fledged manufacturer), der Patente, Maschinen, Lager und Kundenbeziehungen hält auf einen Lohnfertiger, der als Dienstleister basierend auf seinen Kosten im Auftrag einer ausländischen Konzerngesellschaft vergütet wird. Patente, Geschäftschancen, Kundenbeziehungen, aber auch der Lagerbestand gehen auf die ausländische Konzerngesellschaft über, während das Anlagevermögen (z. B. die Maschinen) beim Lohnfertiger verbleibt. Im Rahmen der Produktion werden ihm die Waren wie auch die immateriellen Vermögensgegenstände beigestellt.

Auch in diesem Fall könnte man insbesondere vor dem Hintergrund der Übertragung der für künftige Erfolgschancen wesentlichen wirtschaftlichen Grundlagen (insbesondere Geschäftschancen und Kundenbeziehungen) geneigt sein, das Vorliegen einer Geschäftsveräußerung im Ganzen zu bejahen.

Allerdings ist vorliegend die wechselseitige Abhängigkeit von Produktionsmöglichkeit und Absatzchancen wesentlich. Ein bloßes Geschäftsversprechen gegenüber potenziellen Kunden auf der Grundlage der übertragenen Geschäftschancen und Kundenbeziehungen ist ohne Kontrolle über dessen konkrete Umsetzung (nicht übertragene Maschinen) nahezu wertlos, aus umsatzsteuerlicher Sicht zumindest zunächst einmal keine Fortführung eines vormals für sich lebensfähigen Unternehmensteils (Maschinen, Geschäftschancen und Kundenbeziehungen in einer Hand). Demnach wäre eine nicht umsatzsteuerbare Geschäftsveräußerung vorliegend zu verneinen (vgl. Radeisen, 2013, 1, Tz. 417, im Umkehrschluss).

Eine nicht umsatzsteuerbare Geschäftsveräußerung im Ganzen kann jedoch auch in solchen Fällen ausnahmsweise dann gegeben sein, wenn die Kontrolle über das Produktivvermögen (hier Maschinen) zwar nicht durch zivilrechtliche Eigentumsübertragung, aber langfristige Nutzungsüberlassung abgesichert wird und auf diese Weise eine dauerhafte Fortführung des Unternehmens durch den Übernehmer gewährleistet ist (vgl. Radeisen, 2013, 1, Tz. 418). Hierbei stellen sich jedoch Anschlussfragen, beispielsweise ob die Dauerhaftigkeit der Überlassungsvereinbarung von Bedeutung ist und wenn ja, welcher Zeitraum maßgeblich sein soll, und ob (ggf. sogar) kurzfristige Kündigungsrechte wiederum entgegenstehen können. Die Rechtslage hierzu ist zwischen Rechtsprechung und Finanzverwaltung durchaus umstritten (vgl. Überblick in Radeisen, 2013, 1, Tz. 418).

Eine nicht umsatzsteuerbare Geschäftsveräußerung im Ganzen kann vorliegend in noch selteneren Ausnahmefällen auch gegeben sein, wenn der Übernehmer seinerseits bereits über geeignetes Produktivvermögen verfügt und damit das übernommene Geschäft unverändert fortführt (vgl. Radeisen, 2013, 1, Tz. 420). Hiervon dürfte in praktischen Fällen des Wechsels vom Vollproduzenten zum Lohnfertiger aber regelmäßig nicht auszugehen sein, da es in aller Regel darum geht, den Lohnfertiger unverändert aktiv in den Herstellungsprozess einzubinden, nur in anderer Funktion (eben als Lohnfertiger statt als Vollproduzent).

Vor diesem Hintergrund kann man als Gesamtfazit festhalten, dass eine nicht umsatzsteuerbare Geschäftsveräußerung im Ganzen zumindest fraglich ist.

**Praxisbeispiel 3 – Übertragung von Waren**
Die in Frankreich ansässige F2-SA ist ein Zulieferer in der Automobilbranche und unterhält aus logistischen Gründen zahlreiche Auslieferungslager bei ihren deutschen Kunden. Im Zuge einer Umstrukturierung wird sie auf ihre Muttergesellschaft F1-SA verschmolzen. Es handelt sich zweifelsfrei um eine Gesamtrechtsnachfolge.

Der gesellschaftsrechtliche Vorgang, der in einer Gesamtrechtsnachfolge mündet, steht der Entgeltlichkeit nicht entgegen (vgl. Husmann, 2007, Rz. 290).

Soweit dieser Vorgang der Umsatzsteuer im Inland unterliegt, ändert sich hinsichtlich des Warenbestandes der Rechtsträger. Es handelt sich aber – jedenfalls auf den Geltungsbereich des Umsatzsteuergesetzes bezogen – insoweit weder um ein ganzes Unternehmen noch um einen gesondert geführten Betrieb, sondern lediglich um eine Gesamtheit von Waren. Unseres Erachtens spricht die Wortwahl des Gesetzgebers, wonach „die Umsätze im Rahmen einer Geschäftsveräußerung" (vgl. § 1 Abs. 1a UStG) von der Nichtsteuerbarkeit erfasst sein sollen, dafür, eine Gesamtbetrachtung anzustellen, die dazu führt, dass auch die Übertragung der inländischen Warenlager nicht zu einer umsatzsteuerpflichtigen Transaktion im Inland führt. Hinreichend klar ist dies auf der Grundlage des Umsatzsteueranwendungserlasses jedoch keineswegs.

Ähnliche Rechtsunsicherheiten dürften sich ergeben, wenn sich die Warenbestände in anderen europäischen Ländern oder in Drittländern befinden. Weiterhin ist klärungsbedürftig, ob die Sichtweise des Ansässigkeitsstaates oder des Staates, in dem sich die einzelnen Wirtschaftsgüter jeweils befinden, für die Frage der Anerkennung der Geschäftsveräußerung im Ganzen für die Beurteilung maßgeblich ist.

### 15.2.1.6 Exkurs: Die Haftung des Betriebsübernehmers nach § 75 AO

Aufgrund enger Anlehnung, fast Identität, der Tatbestandsvoraussetzungen ist die Haftung des Betriebsübernehmers nach § 75 AO eng mit dem Vorliegen einer umsatzsteuerlichen Geschäftsveräußerung im Ganzen verbunden. Der in § 75 AO verwendete Unternehmensbegriff ist identisch mit dem umsatzsteuerlichen Unternehmensbegriff (vgl. Loose, 2012, Tz. 4) und auch die weiteren Voraussetzungen (insbesondere die Übertragung eines „lebenden" Unternehmens) bis auf Ausnahmefälle weitestgehend deckungsgleich. Folglich ist bei Vorliegen einer umsatzsteuerlichen Geschäftsveräußerung im Ganzen regelmäßig auch auf die Haftung des Betriebsübernehmers hinzuweisen. Rechtsfolge der Haftung des Betriebsübernehmers ist, dass dieser verschuldensunabhängig mit dem übertragenen Vermögen zeitlich begrenzt für Steuern und Steuerabzugsbeträge des übertragenen Betriebs haftet. In den Umfang der Haftung einzubeziehen sind Betriebssteuern (insbesondere Gewerbe- und Umsatzsteuer) und Steuerabzugsbeträge (insbesondere Lohn- und Kapitalertragsteuer), die seit dem Beginn des letzten vor der Übereignung liegenden Kalenderjahrs entstanden sind und bis zum Ablauf von einem Jahr nach Anmeldung des Betriebs durch den Erwerber festgesetzt oder angemeldet werden. Die Regelung des § 75 AO ist dispositiv und daher häufig Gegenstand von Steuerklauseln.

## 15.2.2 Kein Vorliegen einer Geschäftsveräußerung im Ganzen

Sofern keine Geschäftsveräußerung im Ganzen vorliegt, sind die Einzelschicksale umsatzsteuerlich zu würdigen. Für die Bestimmung des umsatzsteuerlichen Schicksals einer Transaktion unterscheidet das Umsatzsteuerrecht Lieferungen und sonstige Leistungen. Letztere sind alle Leistungen, die keine Lieferungen sind (vgl. § 3 Abs. 9 S. 1 UStG). Lieferungen sind z. B. die Übertragung der Warenbestände und die Übertragung von Maschinen. Sonstige Leistungen sind z. B. die Übertragung von immateriellen Vermögensgegenständen wie Patente, Markennamen und Kundenstämme.

Im Folgenden werden die umsatzsteuerlichen Folgen für Lieferungen als auch sonstige Leistungen skizziert. Hierbei soll auf den Ort der Leistung eingegangen werden, der definiert, in welchem Land die Lieferung bzw. sonstige Leistung steuerbar ist. Zudem werden mögliche Steuerbefreiungen diskutiert und gefragt, wer letztlich Steuerschuldner ist. Ausführungen zum Steuersatz und der Bemessungsgrundlage werden nicht angestellt. Es wird sowohl auf innergemeinschaftliche Transaktionen als auch auf Transaktionen mit Drittländern eingegangen. Praxisbeispiele schließen diesen Teil ab.

### 15.2.2.1 Die Bestimmung des Leistungsortes
#### 15.2.2.1.1 Gesetzliche Systematik und prägende Abgrenzungsmerkmale

Die Leistungsortbestimmung dient der Verwirklichung des Bestimmungslandprinzips und der Besteuerung am Ort des Leistungsverbrauchs. Im Rahmen von Lieferungen bedarf es der Klärung der Frage, ob die Besteuerung dort stattfindet, wo die Güter einem Unternehmensvermögen entzogen werden, oder an dem Ort, an dem der tatsächliche Verbrauch dieser Güter stattfindet, um konkurrierende Besteuerungskompetenzen der Länder zu vermeiden, in denen die Lieferung verwirklicht wird. Bei sonstigen Leistungen – insbesondere Dienstleistungen – ist der tatsächliche Verbrauchsort nicht beobachtbar: Ist dies der Ort, an dem der Dienstleistungserbringer tätig wird oder dort, wo der Empfänger diese Dienstleistungen nutzt? Während diese Frage z. B. für Gebäudereinigungsdienstleistungen keinen Unterschied ausmacht, dürfte die Leistungsortbestimmung für die Beurteilung eines Gutachtens einer ausländischen Steuerberaterkanzlei für eine internationale Unternehmenstransaktion eine erhebliche Bedeutung haben. Eine besondere Bedeutung in diesem Zusammenhang hat auch, welche Transaktionen als Lieferungen bzw. sonstige Leistungen zu beurteilen sind, z. B. bei der Übertragung immaterieller Wirtschaftsgüter oder welche Kategorisierung bei gemischten Transaktionen das Gepräge gibt, z. B. wenn nicht nur die Lieferung einer Anlage, sondern deren funktionsfähige Einbindung in einen Produktionsprozess vertraglich geschuldet wird. Letztlich wird der Leistungsort mittels EU-weit einheitlicher Fiktionen für die Bestimmung des Verbrauchsortes geregelt.

Für **Lieferungen** gilt der Grundsatz, dass sie dort bewirkt werden, wo die Verfügungsmacht an dem Gegenstand verschafft wird (vgl. § 3 Abs. 7 S. 1 UStG). Dies gilt allerdings nur für sog. ruhende Lieferungen, d. h. für Lieferungen, die mittels Übertragung eines Besitzkonstituts, durch Abtretung eines Herausgabeanspruchs oder Übergabe von Traditionspapieren (z. B. Lagerschein) übertragen werden. Lieferungen, die im Zusammenhang mit einer Beförderung oder Versendung des Gegenstands bewirkt werden, gelten stets dort als ausgeführt, wo die Warenbewegung beginnt (vgl. § 3 Abs. 6 S. 1 UStG). Besonderheiten bestehen dabei im Rahmen von Reihengeschäften, bei denen mehr als zwei Unternehmer Umsatzgeschäfte über denselben Gegenstand abschließen und der Gegenstand unmittelbar vom ersten Lieferer zum letzten Abnehmer gelangt. In diesem Fall kann die warenbewegte Lieferung nur einer der Liefertransaktionen zugeordnet werden, wohingegen die anderen Liefertransaktionen den Regeln für ruhende Lieferungen folgen.[3] Darüber hinaus bestehen noch weitere Sonderregelungen für bestimmte Transaktionen.[4]

**Sonstige Leistungen**, die zwischen Unternehmern bewirkt werden, gelten grundsätzlich dort als ausgeführt, wo der Empfänger sein Unternehmen betreibt (vgl. § 3a Abs. 2 UStG). Neben weiteren Ausnahmeregelungen[5] gilt abweichend von der vorgenannten

---

[3] Die Zuordnungsregelungen sind komplex; die Sichtweise der deutschen Finanzverwaltung für die Beurteilung von Reihengeschäften sind in Abschn. 3.14 des UStAE detailliert dargelegt, lassen aber dennoch bestimmte Anwendungsfragen offen.

[4] § 3c UStG für den Versand an Privatpersonen, § 3d UStG für den innergemeinschaftlichen Erwerb, § 3e UStG für Lieferungen während einer Beförderung an Bord eines Schiffs, in einem Luftfahrzeug oder in einer Eisenbahn, § 3f UStG für unentgeltliche Lieferungen sowie § 3g UStG für Lieferungen von Gas, Elektrizität, Wärme oder Kälte.

[5] Insbesondere die Regelungen unter § 3a Abs. 1, Abs. 2 bis 5 UStG für Leistungen an Privatpersonen sowie weitere Ausnahmen in § 3a Abs. 6 bis 8 im unternehmerischen Bereich, § 3b UStG für bestimmte Beförderungsleistungen, § 3e UStG für Restaurationsleistungen während einer Beförderung an Bord eines Schiffs, in einem Luftfahrzeug oder in einer Eisenbahn sowie § 3f UStG für unentgeltliche sonstige Leistungen.

Regel eine sonstige Leistung im Zusammenhang mit einem Grundstück als dort ausgeführt, wo das Grundstück belegen ist (vgl. § 3a Abs. 3 Nr. 1 UStG).

#### 15.2.2.1.2 Rechtsfolgen eines inländischen Leistungsortes

Ausgehend von den in § 1 Abs. 1 Nr. 1 UStG genannten Tatbestandsmerkmalen, nach denen Lieferungen und sonstige Leistungen, die ein Unternehmer **im Inland** gegen Entgelt im Rahmen seines Unternehmens ausführt, führt die Zuordnung eines **inländischen Leistungsortes** nach den genannten Kriterien dazu, dass eine solche Transaktion der **deutschen Umsatzsteuer** unterliegt. Hieran schließen sich weitergehende Untersuchungen an, insbesondere ob für die Transaktion tatsächlich Umsatzsteuer zu berücksichtigen oder eine Steuerbefreiung möglich ist, wie die Bemessungsgrundlage der Umsatzsteuer zu ermitteln ist, welcher Umsatzsteuersatz zum Tagen kommt (regelmäßig 19 % oder 7 %) und wer der Schuldner der Umsatzsteuer ist.

#### 15.2.2.1.3 Rechtsfolgen eines ausländischen Leistungsortes

Unterliegen die Leistungen nicht dem deutschen Umsatzsteuerrecht, kommt entsprechend der Leistungsortbestimmung das jeweilige ausländische Umsatzsteuerrecht zum Tragen.

Bei bewegten Lieferungen aus Deutschland an im EU-Ausland ansässige Unternehmer erfolgt im Bestimmungsland die Besteuerung des innergemeinschaftlichen Erwerbs. Für empfangene sonstige Leistungen erfolgt ebenfalls die Besteuerung am Leistungsort im EU-Ausland. I. d. R. erfolgt die Besteuerung durch den Leistungsempfänger selbst, damit umsatzsteuerliche Registrierungs- und Meldeverpflichtungen des leistenden Unternehmers im Bestimmungsmitgliedstaat nicht erforderlich werden.

Lieferungen, für die die Warenbewegung in einem Drittland endet, unterliegen im Bestimmungsland den jeweiligen Einfuhrvorschriften. Sofern das Land über ein Umsatzsteuersystem verfügt, dürfte es im Rahmen der Einfuhr zur Erhebung einer Einfuhrumsatzsteuer kommen. Bei sonstigen Leistungen an Leistungsempfänger im Drittland kann es ebenfalls zur Erhebung von Umsatzsteuern nach jeweiligem Landesrecht kommen. Ein in Deutschland ansässiger Unternehmer, der Leistungen an im Drittland ansässige Empfänger erbringt, sollte prüfen, ob ihm hieraus umsatzsteuerliche Verpflichtungen im Bestimmungsland erwachsen können.

### 15.2.2.2 Steuerbefreiungen bei Lieferungen mit Auslandsbezug

Sofern Waren im Rahmen von Beförderungen oder Versendungen veräußert werden, ist der Leistungsort grundsätzlich dort, wo die Beförderung oder Versendung der Ware beginnt und unterliegt dort der Umsatzbesteuerung (vgl. Abschn. 15.2.2.1.1). Da die Umsatzsteuer allerdings nur im Bestimmungsland entsteht und gleichzeitig eine Doppelbesteuerung vermieden werden soll, sieht das EU-Umsatzsteuerrecht für grenzüberschreitende Warenbewegungen Befreiungstatbestände vor, wenn zusätzliche Umstände vorliegen.

Die Steuerbefreiung für **innergemeinschaftliche Lieferungen** setzt grundsätzlich voraus, dass die Lieferung an einen unternehmerischen Abnehmer oder eine juristische Person bewirkt wird und der korrespondierende Erwerb im Bestimmungsmitgliedstaat den Vorschriften der Umsatzbesteuerung unterliegt (vgl. § 4 Nr. 1 Buchst. b i. V. m. § 6a

Abs. 1 UStG), sog. Erwerbsbesteuerung. Ein innergemeinschaftliches Verbringen von Waren zur eigenen Verfügung des Unternehmers löst grundsätzlich die gleichen Rechtsfolgen aus (vgl. § 6a Abs. 2 UStG).

Die Steuerbefreiung für **Ausfuhrlieferungen** setzt dagegen eine grenzüberschreitende Warenbewegung in das Drittlandsgebiet, also außerhalb des EU-Territoriums voraus.[6]

Die Erhebung der Umsatzsteuer im Wege der Selbstberechnung und -anmeldung durch die Steuerpflichtigen im Zusammenhang mit den Befreiungsvorschriften ist systemimmanent betrugsanfällig. Für die Steuerpflichtigen bestehen daher umfangreiche buch- und belegmäßige Dokumentationspflichten in Bezug auf die Inanspruchnahme der Steuerbefreiungen. Im Rahmen der innergemeinschaftlichen Lieferungen sind dies insbesondere belegmäßige Bestätigungen über das Gelangen der Waren ins übrige Gemeinschaftsgebiet sowie die Aufzeichnung der Umsatzsteuer-Identifikationsnummer des Abnehmers im anderen EU-Mitgliedsstaat (vgl. §§ 17a und 17c UStDV). Für Ausfuhrlieferungen sind Zollbelege über den Grenzübertritt relevant.

Bei grenzüberschreitenden Reihengeschäften kann lediglich für diejenige Transaktion eine Steuerbefreiung geltend gemacht werden, die mit der Warenbewegung zusammenhängt.

### 15.2.2.3 Steuerschuldner

Gesetzlicher Grundfall für die Steuerentstehung sowie die -schuldnerschaft ist die Anknüpfung an den leistenden Unternehmer: Sofern ein im Inland ansässiger Unternehmer Leistungen erbringt, für die sich ein Leistungsort im Inland ergibt, führt dies regelmäßig dazu, dass dieser Unternehmer auch der Steuerschuldner ist.[7] In bestimmten Fällen verlagert sich aber auch die Steuerschuld auf den Leistungsempfänger (vgl. § 13b Abs. 5 i. V. m. Abs. 2 UStG).

In Fällen grenzüberschreitender Umstrukturierungen kehrt sich das Regel-Ausnahme-Verhältnis allerdings in den meisten Fällen um.[8] Aufgrund regelmäßiger Bestimmung des Leistungsortes nach dem Bestimmungslandprinzip fallen Nationalität bzw. Ansässigkeitsstaat des Leistenden sowie Empfängers regelmäßig auseinander, sodass das Reverse-Charge-Verfahren zu prüfen ist (vgl. § 13b Abs. 2 Nr. 1 UStG).

Im Rahmen des Reverse-Charge-Verfahrens schuldet der Leistende die Umsatzsteuer für die von ihm erbrachte Lieferung bzw. sonstigen Leistungen nicht selbst, sondern an seiner Statt der empfangende Unternehmer. Der Empfänger hat die Steuer in seinen Voranmeldungen bzw. Jahreserklärungen zu berücksichtigen, die Steuer anzumelden und abzuführen.

---

[6]§ 4 Nr. 1 Buchst. a i. V. m. § 6 Abs. 1 UStG. Es ist zu beachten, dass der territoriale Umfang des EU-Gebiets in politischer, zoll- und umsatzsteuerrechtlicher Sicht voneinander abweichen kann. Beispielsweise sind Lieferungen auf die Kanarischen Inseln als Ausfuhrlieferungen zu behandeln. Zollrechtlich gehören Sie jedoch zum Gemeinschaftsgebiet.

[7]Im Falle von Steuerbefreiungen ist der Unternehmer trotzdem zu Meldungen verpflichtet.

[8]Ausnahmetatbestände sind möglich, dürften bei grenzüberschreitenden Umstrukturierungen jedoch keine praktische Rolle spielen.

Der leistende Unternehmer hat (außerhalb des Anwendungsbereichs einer Geschäftsveräußerung im Ganzen) in seiner Abrechnung darauf zu achten, dass er abgesehen von dem offenen Umsatzsteuerausweis die übrigen Formvorschriften für umsatzsteuerliche Rechnungen einhält (vgl. § 14 Abs. 4 UStG), die Umsatzsteuer jedoch nicht offen ausweist, sondern stattdessen in seiner Rechnung den Hinweis „Steuerschuldnerschaft des Leistungsempfängers" aufnimmt (vgl. § 14a Abs. 1, 5 UStG). Andernfalls schuldet er bis zu einer möglichen Rechnungsberichtigung die ausgewiesene Umsatzsteuer (vgl. § 14c Abs. 1 UStG) neben dem Leistungsempfänger als gesetzlichem Steuerschuldner.

Besonders hinzuweisen ist auch auf die lediglich kurze Frist für die Abrechnung bei Anwendung des Reverse-Charge-Verfahrens. Entsprechende Rechnungen sind bis zum fünfzehnten Tag des Monats, der auf den Monat folgt, in dem der Umsatz ausgeführt worden ist, auszustellen (vgl. § 14a Abs. 1 S. 2 UStG). Bei Verstoß sind Bußgelder i. H. v. bis zu 5000 EUR je einzelnem Verstoß nicht ausgeschlossen (vgl. § 26a Abs. 2 UStG).

#### 15.2.2.4 Praxisbeispiele

Dem Leser sollen einige typische Praxisbeispiele von Lieferungen und sonstigen Leistungen erläutert werden, die im Rahmen von Umstrukturierungen immer wieder vorkommen.

**Praxisbeispiel 1 – Lieferung: Verkauf von Produktionsmaschinen**

Bei einer konzerninternen Umstrukturierung wird die Produktion bestimmter Güter von Deutschland in die Slowakei verlagert. In diesem Zusammenhang wird eine einzelne Produktionsmaschine seitens der deutschen Produktionsgesellschaft PDE-GmbH an die slowakische Schwestergesellschaft PSK-s.r.o. veräußert und dorthin verbracht.

Die Lieferung der Produktionsmaschine ist aus der Sicht der PDE-GmbH in der deutschen Umsatzsteuervoranmeldung als umsatzsteuerfreie innergemeinschaftliche Lieferung zu erklären. Zusätzlich ist der Verkauf in einer zusammenfassenden Meldung unter Bezugnahme auf die slowakische Umsatzsteuer-Identifikationsnummer der PSK-s.r.o. zu melden. Die PSK-s.r.o. hat in der Slowakei einen innergemeinschaftlichen Erwerb zu erfassen, der dort Umsatzsteuer auslöst.

**Praxisbeispiel 2 – sonstige Leistung: Zentralisierung der IP**

Im Zuge einer Umstrukturierung der U-Unternehmensgruppe überträgt die in Deutschland ansässige U1-GmbH ein Patent auf die in der Schweiz ansässige U2-AG zu einem fremdüblichen Preis. Die U2-AG soll künftig die immateriellen Vermögensgegenstände der Unternehmensgruppe zentral verwalten und ihren Gruppenunternehmen entgeltlich zur Nutzung überlassen.

Im ersten Schritt stellt sich die Frage, ob die Übertragung des Patentes in umsatzsteuerrechtlicher Hinsicht eine Lieferung oder eine sonstige Leistung darstellt. Die deutsche Finanzverwaltung geht davon aus, dass es sich um eine sonstige Leistung handelt.[9] Der

---

[9] In Übereinstimmung mit der Rechtsprechung, vgl. Abschn. 3.1 Abs. 4 und 3.5 Abs. 3 UStAE m. w. N.

Ort der sonstigen Leistung ist gemäß § 3a Abs. 2 UStG bei der U2-AG in der Schweiz, sodass es sich um eine in Deutschland nicht umsatzsteuerbare sonstige Leistung handelt. Die umsatzsteuerlichen Folgen sind nach dem schweizer Recht zu bestimmen.

Bei der anschließenden entgeltlichen Nutzungsüberlassung des Patentes handelt es sich wiederum um eine sonstige Leistung, für die sich allerdings der Leistungsort in Deutschland befindet, sodass sich die Folgen nach dem deutschen Umsatzsteuerrecht richten. U1 wird für die empfangenen Leistungen Steuerschuldner.

Sowohl inner- als auch außerhalb der EU können Qualifikationskonflikte – hier bezüglich der Frage, ob die Übertragung des Patentes als Lieferung oder sonstige Leistung zu werten ist – dazu führen, dass die jeweils an der internationalen Transaktion beteiligten Länder für umsatzsteuerliche Zwecke von unterschiedlichen Leistungsortfiktionen ausgehen. Als Folge können Transaktionen in bestimmten Einzelfällen gar nicht oder sogar doppelt besteuert werden. Diesbezüglich bestehen keinerlei bi- oder multilaterale staatlichen Verfahren, die eine Einmalbesteuerung für Fälle der Nichtbesteuerung (im Sinne einer „subject to tax clause") oder Vermeidung der Doppelbesteuerung vorsehen. Zumindest im unternehmerischen Bereich sollte eine Doppelbesteuerung aber im Ergebnis finanziell folgenlos bleiben, da die Neutralität der Umsatzsteuer mittels des Vorsteuerabzugs hergestellt wird.

**Praxisbeispiel 3 – sonstige Leistung: Buchführungstätigkeiten**
Der europaweit tätige U-Konzern hat bestimmte Buchführungstätigkeiten an das in Polen ansässige Shared Service Center U-Service S.p.z.o.o. (SSC) ausgelagert. Die in Deutschland ansässige Konzerngesellschaft U-GmbH nimmt die Leistungen des SSC in Anspruch und erhält hierfür eine Rechnung ohne polnische Umsatzsteuer.

Der Ort der sonstigen Leistung ist dort, wo die U-GmbH ihr Unternehmen betreibt, also in Deutschland.

Die U-GmbH hat die Leistungen der Steuerschuldnerschaft des Leistungsempfängers (Reverse Charge-Verfahren) zu unterwerfen, indem sie den Leistungsbezug in ihrer deutschen Umsatzsteuervoranmeldung erklärt und die Umsatzsteuer darauf selbst berechnet. Der Vorsteuerabzug hieraus ist auf einer gesonderten Stufe, aber im Rahmen desselben Veranlagungsverfahrens (also ohne zeitliche Differenz) zu prüfen und zu erklären.

## 15.3 Das Recht auf Vorsteuerabzug

Bei Umsätzen auf der unternehmerischen Ebene gilt grundsätzlich das Neutralitätsprinzip, d. h., die auf Eingangsumsätze entfallende Umsatzsteuer soll nicht zu einer Kostenbelastung des Unternehmers führen. Diese Kostenneutralität wird dadurch hergestellt, dass der Unternehmer die auf empfangene Leistungen berechnete Umsatzsteuer als Vorsteuer von seiner Umsatzsteuerlast abziehen darf.

Das Spannungsfeld zwischen dem wettbewerbsrechtlich und systemisch notwendig bestehenden Entlastungszweck des Vorsteuerabzugs einerseits sowie sachlichen Beschränkungen und Betrugsanfälligkeiten (vgl. auch 15.2.2.2) des Umsatzsteuerrechts andererseits führt zu detaillierten Regelungen, die es für Zwecke des Vorsteuerabzugs bei Umstrukturierungen zu beachten gilt.

### 15.3.1 Kumulative Voraussetzungen für den Vorsteuerabzug

Im Grundsatz darf der Unternehmer die geschuldete Umsatzsteuer für Lieferungen oder sonstige Leistungen abziehen, die ihm gegenüber von einem anderen Unternehmer geliefert oder erbracht wurden (vgl. § 15 Abs. 1 Nr. 1 S. 1 UStG). Vom Vorsteuerabzug ausgeschlossen sind jedoch insbesondere solche Leistungen, die zur Erbringung bestimmter, von der Umsatzsteuer befreiter Ausgangsumsätze verwendet werden (vgl. § 15 Abs. 2 i. V. m. § 4 Nr. 8 bis 28 UStG), z. B. Finanzumsätze. Dagegen schließen bestimmte Leistungen – wie innergemeinschaftliche Lieferungen oder Ausfuhrlieferungen – den Vorsteuerabzug nicht aus. Das gleiche gilt, wenn hinsichtlich der Ausgangsumsätze wirksam zur Umsatzsteuerpflicht optiert wurde (z. B. Vermietung von Büroraum an andere Unternehmer, die ihrerseits umsatzsteuerpflichtige Leistungen erbringen).

Neben diesem sachlichen Umfang des Vorsteuerabzugsrechtes sind persönliche und formale Voraussetzungen zu beachten.

In persönlicher Hinsicht muss die Leistung von einem anderen Unternehmer ausgeführt worden und für das Unternehmen des Leistungsempfängers bestimmt sein (vgl. § 15 Abs. 1 Nr. 1 S. 1 UStG). Dies setzt beispielsweise im Rahmen von Lieferungen regelmäßig voraus, dass der Empfänger die Verfügungsmacht über den gelieferten Gegenstand erlangt hat.

Formal setzt die Abziehbarkeit der Vorsteuer voraus, dass der Leistungsempfänger über die ausgeführte Leistung eine Rechnung erhalten hat, die bestimmte Merkmale aufweist (vgl. § 15 Abs. 1 Nr. 1 S. 2 i. V. m. § 14 Abs. 4 UStG). Lediglich in Vorauszahlungsfällen ist die Vorsteuer bereits nach Erhalt einer qualifizierenden Rechnung und der Zahlung abziehbar (vgl. § 15 Abs. 1 Nr. 1 S. 3 UStG).

Andere Grundsätze gelten hingegen beim innergemeinschaftlichen Erwerb und der Einfuhr von Gegenständen sowie bei grenzüberschreitend bezogenen Leistungen, die der Steuerschuldnerschaft des Leistungsempfängers unterliegen. In diesen Fällen knüpft das Vorsteuerabzugsrecht jeweils an die Steuerentstehung aufgrund des umsatzsteuerbaren Tatbestandes an (vgl. § 15 Abs. 1 Nr. 2 bis 4 UStG). Einer qualifizierten Rechnung bedarf es dabei nicht.

### 15.3.2 Praxisbeispiele

**Praxisbeispiel 1 – Vorsteuerabzug bei einer Geschäftsveräußerung im Ganzen**
Die A-Pharma GmbH überträgt im Zuge einer konzerninternen Umstrukturierung die Sparte Zytostatika an ihre Schwestergesellschaft B-Pharma GmbH. Dabei ist vorgesehen, dass sich die B-Pharma GmbH künftig auf die Volumproduktion konzentriert,

während die A-Pharma GmbH die Forschung und Entwicklung neuer Produkte übernimmt. In diesem Zusammenhang behält die A-Pharma GmbH bestimmte Patente zurück und stellt diese der B-Pharma GmbH auch nicht auf anderem Wege zur Verfügung.

Die A-Pharma GmbH betrachtet die Übertragung als Geschäftsveräußerung im Ganzen. Eine Rechnungsstellung mit Umsatzsteuerausweis erfolgt daher nicht.

In der Praxis bestehen oftmals erhebliche Unsicherheiten dahin gehend, ob im Rahmen einer umstrukturierenden Maßnahme die Voraussetzungen einer Geschäftsveräußerung im Ganzen erfüllt sind. Im vorliegenden Fall dürfte die Zurückbehaltung der Patente, die bisher wesentliche Betriebsgrundlagen für die Produktion einiger Zytostatika dargestellt haben, für die Annahme einer Geschäftsveräußerung im Ganzen schädlich sein.

Eine Möglichkeit zur Verminderung der Unsicherheit könnte die Einholung einer verbindlichen Auskunft durch die Finanzverwaltung sein (§ 89 Abs. 2 ff. AO). Dies scheitert jedoch häufig daran, dass die Finanzverwaltung derartige Fragen als Tatsachenfrage ansieht, nicht jedoch als zu lösende Rechtsfrage.

Häufig wird eine solche Unsicherheit somit erst im Rahmen einer Jahre später durchgeführten Betriebsprüfung einer Entscheidung zugeführt. Für den vorliegenden Fall führt dies zu einer Nacherhebung von Umsatzsteuer zuzüglich Zinsen für die A-Pharma GmbH. Die B-Pharma GmbH kann in Ermangelung einer qualifizierten Rechnung keinen Vorsteuerabzug vornehmen, da das Vertragswerk bezüglich der Übertragung des Geschäftsbereiches nicht die hierfür notwendigen Angaben enthält. Dies ist zwar grundsätzlich durch eine nachträgliche Rechnungsstellung durch die A-Pharma GmbH heilbar, jedoch verbleibt für die A-Pharma GmbH die endgültige Kostenbelastung mit den Zinsen. Es empfiehlt sich daher, den Sachverhalt möglichst konkret im Hinblick auf eine Geschäftsveräußerung im Ganzen zu untersuchen und vertragliche Vorkehrungen zu treffen, um die Risiken schon im Vorwege zu managen.

Eine rein vorsorgliche pauschale Rechnungsstellung mit Umsatzsteuer für die Transaktion ist hingegen nicht anzuraten. Der Vorsteuerabzug kann nur geltend gemacht werden, wenn die Umsatzsteuer rechtmäßig berechnet wird (vgl. Abschn. 15.2 Abs. 1 S. 2 u. 3 UStAE). Stellt sich eine als umsatzsteuerpflichtig behandelte Transaktion im Nachhinein als (nicht der Umsatzsteuer unterliegende) Geschäftsveräußerung im Ganzen heraus, ist der Vorsteuerabzug zu versagen. Ein solches Vorgehen ändert somit zwar die Risikoverteilung, vermindert aber das grundsätzliche Risiko der umsatzsteuerlichen Fehleinschätzung nicht.

**Praxisbeispiel 2 – Vorsteuerabzug bei Übertragung von Lieferantenbeziehungen**
Die in Deutschland ansässige Produktionsgesellschaft P-GmbH des K-Konzerns unterhält eine eigene Einkaufsabteilung. Im Rahmen einer konzerninternen Umstrukturierung werden die europaweiten Einkaufsfunktionen in der K-AG, die in der Schweiz ansässig ist, zentral zusammengeführt. Neben der Übernahme der Mitarbeiter gehen insbesondere auch die Vorräte und Lieferantenbeziehungen über (vgl. Beispiele in 1.1.5). Der Übergang ist zum Stichtag 1.10.2015 geplant. Die P-GmbH gibt noch bis zum 30.9.2015 Bestellungen bei ihren Lieferanten ab. Den Lieferanten wird bekannt gegeben, dass die K-AG ab 1.10.2015 als zentrale Einkaufsgesellschaft fungiert.

Lieferant A übergibt die am 20.9.2015 durch die P-GmbH bestellte Ware am 5.10.2015 an die P-GmbH, die diese Waren – nunmehr in ihrer Funktion als Auftragsfertiger des K-Konzerns – verarbeitet.

Es stellt sich die Frage, ob die Rechnung des Lieferanten A an die P-GmbH oder an die K-AG zu richten ist bzw. welche dieser Gesellschaften den Vorsteuerabzug aus der Rechnung des A geltend machen kann.

Hierzu wird grundsätzlich auf das schuldrechtliche Vertragsverhältnis abgestellt (vgl. Abschn. 15.2 Abs. 16 S. 1 u. 2 UStAE). Da die P-GmbH die Ware bei A bestellt hat, ist sie auch als Leistungsempfängerin anzusehen. Etwas anderes würde nur gelten, wenn A einer Übernahme des Vertragsverhältnisses durch die K-AG zugestimmt hätte.

### 15.3.3 Geltendmachung von Vorsteuerbeträgen

Vorsteuern, die aufgrund von Leistungsbeziehungen im Inland entstehen, sind regelmäßig im Rahmen des Veranlagungsverfahrens geltend zu machen. Der Unternehmer gibt vierteljährlich oder monatlich Umsatzsteuervoranmeldungen ab, in denen er im Rahmen seiner Geschäftstätigkeit die Umsatzsteuer selbst berechnet. Hinzu kommen ggf. Umsatzsteuern auf bezogene innergemeinschaftliche Lieferungen und sonstige Leistungen, für die er selbst Steuerschuldner ist. Von dieser ausgangsseitigen Umsatzsteuer sind die entstandenen Vorsteuerbeträge abzuziehen. Übersteigen die Vorsteuerbeträge die Umsatzsteuern (Vorsteuerüberhang)[10], kommt diese i. d. R. zur Auszahlung. In einigen anderen EU-Ländern werden derartige Guthaben auch vorgetragen und ggf. mit Umsatzsteuerzahllasten folgender Perioden verrechnet bis ein gesonderter Erstattungsantrag gestellt wird, der wiederum durch die Finanzverwaltung zum Anlass genommen wird, die Erstattung erst nach der Durchführung (begrenzter) Prüfungshandlungen durchzuführen.

Fallen die Vorsteuerbeträge in anderen EU-Ländern an, sind diese – sofern dort keine umsatzsteuerliche Registrierungspflicht, z. B. aufgrund von Handelstätigkeiten in diesem Land bestehen – im sog. Vorsteuervergütungsverfahren geltend zu machen. Hierzu reicht der im Inland ansässige Unternehmer einen Antrag elektronisch über das Portal des Bundeszentralamtes ein, das den Antrag wiederum an das jeweilige Land weiterreicht, für den der Antrag eingereicht wurde. Umgekehrt besteht die Möglichkeit, für in anderen EU-Ländern ansässige Unternehmen die in Deutschland entstandene Vorsteuer über ein Portal der dortigen Finanzverwaltung geltend zu machen. Das Verfahren hat in den letzten Jahren erheblich an Bedeutung verloren und erstreckt sich häufig lediglich auf die Erstattung von Vorsteuern aus Reisekosten.

Im Verhältnis mit Drittländern wird die Vorsteuervergütung i. d. R. von der sog. Gegenseitigkeit abhängig gemacht, d. h. die Vorsteuervergütung wird davon abhängig

---

[10]Dies ist z. B. häufig der Fall bei Unternehmen, die überwiegend grenzüberschreitende steuerfreie Lieferungen erbringen.

gemacht, ob der andere Staat ebenfalls eine Vergütung für unternehmerisch entstandene Vorsteuern gewährt. Die Voraussetzungen dem Grunde und der Höhe nach sowie die Verfahrensvorschriften sind im Einzelfall zu prüfen.

## 15.4 Umsatzsteuerliche Aspekte nach einer Umstrukturierung

Im Anschluss an eine erfolgte Umstrukturierung stellt sich die Frage, wie der künftige Marktauftritt erfolgen soll. Dieser kann mit dem Marktauftritt vor Umstrukturierung identisch sein, wird jedoch häufig davon abweichen. Aus umsatzsteuerlicher Sicht ist entscheidend, in wessen Namen und mit welcher Chancen- und Risikoverteilung künftig Markttransaktionen erfolgen sollen. Zudem ergeben sich möglicherweise nach einer Umstrukturierung Registrierungsnotwendigkeiten.

### 15.4.1 Marktauftritt

Die persönliche Zurechnung der unternehmerischen Tätigkeit richtet sich grundsätzlich danach, wer Berechtigter und Verpflichteter aus den Leistungen zugrunde liegenden Rechtsverhältnissen ist, sodass regelmäßig allein das Auftreten nach außen (Außenverhältnis) maßgebend ist (vgl. Stadie, 2012, § 2 UStG, Tz. 119). Daher ist es für die Zeit nach einer Umstrukturierung für die weitere umsatzsteuerliche Behandlung der erbrachten Leistungen von Bedeutung, in welcher Art und Weise die zivilrechtlichen Leistungsbeziehungen zu Geschäftspartnern begründet werden bzw. in welcher Art und Weise der Marktauftritt erfolgt.

Die Beantwortung der Frage, ob der Handelnde im eigenen Namen oder in fremdem Namen aufgetreten ist, beurteilt sich allein aus dem **Blickwinkel des Leistungsempfängers**, so wie er nach den objektiv erkennbaren Umständen auf der Basis der zivilrechtlichen Vereinbarungen das Handeln bewerten musste. Dabei sind alle Umstände des Einzelfalls zu berücksichtigen (vgl. Nieskens, 2014, § 3 UStG, Tz. 2451).

Mit wesentlichen Unterschieden in der umsatzsteuerlichen Behandlung sind zu differenzieren (vgl. Nieskens, 2014, § 3 UStG, Tz. 2381 ff.):

- Auftreten in eigenem Namen für eigene Rechnung (Eigenhändler)
- Auftreten in eigenem Namen für fremde Rechnung (Kommission)
- Auftreten in fremdem Namen für fremde Rechnung (Vertretung)

#### 15.4.1.1 Auftreten in eigenem Namen für eigene Rechnung (Eigenhändler)

Wer nach Außen am Markt in eigenem Namen und für eigene Rechnung auftritt, begründet in eigener Person Rechte und Pflichten und trägt auch deren wirtschaftliches Risiko, er verwirklicht die „Ur-Form" unternehmerischen Handelns.

In eigenem Namen handelt grundsätzlich, wer in eigener Person zivilrechtliche Verträge abschließt, aus denen er unmittelbar selbst verpflichtet und berechtigt ist (Primat der zivilrechtlichen Vereinbarungen; vgl. Nieskens, 2014, § 1 UStG, Tz. 621). Da das Umsatzsteuergesetz jedoch tatsächliche wirtschaftliche Vorgänge besteuert, kann Leistender allerdings unabhängig von dem zivilrechtlichen Rechtsverhältnis auch derjenige sein, der einen Umsatz im eigenen Namen tatsächlich ausführt, obwohl er eine Leistung zivilrechtlich nicht schuldet (vgl. Nieskens, 2014, § 1 UStG, Tz. 536).

Für eigene Rechnung handelt grundsätzlich, wer in eigener Person als wirtschaftlicher Berechtigter für den wirtschaftlichen (Miss-)Erfolg einer Leistung einsteht, also das wirtschaftliche Risiko trägt.

Für umsatzsteuerliche Zwecke ist der in eigenem Namen und für eigene Rechnung Handelnde der leistende Unternehmer (vgl. § 2 UStG), der umsatzsteuerliche Leistungen ausführt, in besonderen Fällen allein über den Verzicht auf eine mögliche Steuerbefreiung entscheidet (sog. Option) (vgl. § 9 UStG), die ggf. entstehende Umsatzsteuer selbst gegenüber der Finanzverwaltung schuldet (vgl. § 13a Abs. 1 Nr. 1 UStG), die Verpflichtung zur Ausstellung ordnungsgemäßer Rechnungen (vgl. §§ 14, 14a UStG) und für mögliche Fehler einzustehen hat (vgl. § 14c UStG) und auch Erklärungspflichten gegenüber der Finanzverwaltung wahrnehmen muss (vgl. § 18 UStG).

### 15.4.1.2 Auftreten in eigenem Namen für fremde Rechnung (Kommission)

Wer nach Außen am Markt in eigenem Namen, aber für fremde Rechnung auftritt, begründet zwar in eigener Person Rechte und Pflichten, trägt aber nicht deren wirtschaftliches Risiko, er ist sog. Kommissionär (vgl. § 383 HGB).

Während bei einer Kommission zivilrechtlich der Kommissionär kraft Auftretens nach Außen in eigenem Namen selbst gegenüber dem Auftragnehmer berechtigt und verpflichtet ist, tritt im Innenverhältnis zum Kommittenten (Auftraggeber) ein Geschäftsbesorgungsverhältnis hinzu (vgl. § 675 HGB).

Die umsatzsteuerliche Behandlung von Kommissionsfällen unterscheidet sich grundlegend von den zivilrechtlichen Leistungsbeziehungen. Das Umsatzsteuerrecht unterscheidet bei Kommissionsgeschäften danach, ob sich die Leistungsbesorgung auf die Lieferung eines Gegenstandes (Lieferkommission; vgl. § 3 Abs. 3 UStG) oder die Erbringung einer sonstigen Leistung (Leistungskommission, vgl. § 3 Abs. 11 UStG) bezieht. Die zivilrechtlich vom Kommissionär an den Kommittenten erbrachte Geschäftsbesorgungsleistung bleibt umsatzsteuerrechtlich unberücksichtigt. Der Kommissionär erbringt im Rahmen eines Kommissionsgeschäftes neben seiner Leistung an den Kunden nicht noch eine (andere) Leistung. Er darf für die zivilrechtlich vereinbarte Geschäftsbesorgung keine Rechnung erstellen. Eine solche Rechnung, in der die Umsatzsteuer offen ausgewiesen ist, führt zu einer Steuerschuld der unzutreffend ausgewiesenen Umsatzsteuer nach § 14c Abs. 2 UStG.

Vielmehr wird abweichend von den zivilrechtlichen Leistungen für umsatzsteuerliche Zwecke eine Leistungskette fingiert, d. h., die vom Kommissionär an den Kommittenten erbrachte und die von ihm an den Kunden ausgeführte Leistung werden bezüglich ihres Leistungsinhalts umsatzsteuerlich gleich behandelt. Die Leistungen werden zeitgleich zu dem Zeitpunkt erbracht, zu dem der Kommissionär umsatzsteuerlich an den Kunden leistet. Im Übrigen ist jede der beiden Leistungen unter Berücksichtigung der Leistungsbeziehung gesondert für sich nach den allgemeinen Regeln des UStG zu beurteilen. Personenbezogene Merkmale der an der Leistungskette Beteiligten sind weiterhin für jede Leistung innerhalb einer Dienstleistungskommission gesondert in die umsatzsteuerrechtliche Beurteilung einzubeziehen. Dies kann z. B. für die Anwendung von Steuerbefreiungsvorschriften von Bedeutung sein oder für die Bestimmung des Orts der sonstigen Leistung, wenn er davon abhängig ist, ob die Leistung an einen Unternehmer oder einen Nichtunternehmer erbracht wird.[11]

### 15.4.1.3 Auftreten in fremdem Namen für fremde Rechnung (Vertretung)

Wer nach Außen am Markt in fremdem Namen und für fremde Rechnung auftritt, begründet in nicht eigener Person Rechte und Pflichten und trägt auch nicht deren wirtschaftliches Risiko, er ist Vertreter.

Der in fremdem Namen für fremde Rechnung Handelnde ist nicht Lieferer/Leistender. Die Leistung wird allein demjenigen zugerechnet, für den der Vertreter in fremdem Namen handelt (vgl. Nieskens, 2014, § 3 UStG, Tz. 2383); ihn allein treffen die umsatzsteuerlichen Folgen.

Die Vertretung darf nicht verwechselt werden mit der Vermittlung. Ein Vermittler tritt nach Außen in eigenem Namen und für eigene Rechnung auf (ist also in der umsatzsteuerlichen Terminologie Eigenhändler), allein seine Leistung gegenüber dem Auftraggeber besteht in der Herbeiführung einer Abschlussbereitschaft des Kunden und im Erfolgsfall darin, dass zwischen zwei Vertragsparteien ein Vertrag zustande kommt, an dem er selbst nicht beteiligt ist (vgl. Stadie, 2012, § 3a UStG, Tz. 68 ff). In diesen Fällen ist die Vermittlungsleistung eine zu der vermittelten Hauptleistung hinzutretende eigenständige Leistung. Lediglich in Ausnahmefällen einer Vermittlungsleistung an nicht unternehmerische Auftraggeber werden diese beiden eigenen Hauptleistungen umsatzsteuerlich für Zwecke der Bestimmung des Leistungsortes miteinander „verknüpft" (vgl. § 3a Abs. 3 Nr. 4 UStG).

### 15.4.1.4 Praxisbeispiele

**Praxisbeispiel 1 – Aufbau einer Präsenz mittels Kommissionär**
Der französische F-Konzern vertreibt seine Produkte auf dem deutschen Markt mittels selbstständiger Handelsagenturen. Die Kunden des F-Konzerns sind ausschließlich Unternehmer. Aus Gründen einer effizienteren Marktbearbeitung und zur Erhöhung der

---
[11]Vgl. zur Dienstleistungskommission Abschn. 3.15. Abs. 2, 3 UStAE (diese Grundsätze gelten ebenso für Lieferungskommissionen gem. § 3 Abs. 3 UStG)

Präsenz gründet F die in Deutschland ansässige F-GmbH, die die Produkte im eigenen Namen vertreiben soll. Die mit dem Vertrieb verbundenen Risiken, in Bezug auf die Lagerung, den Transport und die Preisgestaltung sollen vorerst bei der französischen F-SA verbleiben. Für die Tätigkeit erhielten die Handelsagenturen bisher 2 % vom Umsatz, künftig soll die F-GmbH eine Kommission i. H. v. 5 % von der F-SA erhalten.

Im Rahmen des bisher praktizierten Handelsvertretermodells kam die Lieferbeziehung unmittelbar zwischen der F-SA und den deutschen Kunden zustande. Die F-SA tätigte innergemeinschaftliche Lieferungen an ihre deutschen Kunden, die ihrerseits innergemeinschaftliche Erwerbe zu besteuern hatten. Die Leistungen der Handelsagenturen gelten am Ort der F-SA, wurden also in Frankreich erbracht. Die Rechnungsstellung der Handelsagenturen erfolgte ohne Ausweis deutscher Umsatzsteuer, aber mit Hinweis auf die Steuerschuldnerschaft des Leistungsempfängers. Die F-SA ist im Hinblick auf diese Leistungen Steuerschuldner nach den französischen Vorschriften (vgl. Art. 44 und 196 der MwStSystRL).

Nach der Umstellung auf das Kommissionärsmodell tätigt die F-SA weiterhin innergemeinschaftliche Lieferungen aus Frankreich, allerdings gilt die Lieferung als an die F-GmbH bewirkt, der sich eine weitere Lieferung (eine „logische Sekunde" später) an den deutschen Kunden anschließt. Diese sog. ruhende Lieferung gilt durch die F-GmbH an den Kunden ausgeführt und unterliegt der Umsatzsteuer, die durch die F-GmbH an den Kunden zu berechnen ist. Die Kommission stellt kein gesondertes Entgelt für die Geschäftsbesorgung dar, sondern ist im Rahmen des innengemeinschaftlichen Erwerbs durch die F-GmbH zu berücksichtigen, wirkt sich also auf dieser Ebene bei der Bemessungsgrundlage aus.

**Praxisbeispiel 2 – Abschmelzung eines Eigenhändlers zum Kommissionär**
Die J-GmbH ist die deutsche Vertriebsgesellschaft des japanischen J-Konzerns und ist als Eigenhändler tätig. Im Zuge einer Umstrukturierung soll die J-GmbH von bestimmten Risiken entlastet werden und ihre Funktion vom Eigenhändler zum Kommissionär abgeschmolzen werden.

Unter der Voraussetzung, dass die Warenströme unverändert bleiben, bleibt die J-GmbH im Außenverhältnis gegenüber ihren Kunden der leistende Unternehmer. In der Rechnungsstellung der J-GmbH an ihre Kunden ändert sich nichts. Lediglich in Bezug auf die Eingangsumsätze ist zu beachten, dass die Kommission in umsatzsteuerlicher Hinsicht kein gesondertes Entgelt für die Geschäftsbesorgungsleistung darstellt (vgl. auch Abschn. 15.4.1.2).

### 15.4.2 Verfahrensrechtliche Aspekte

Die in aller Regel aus einer Umstrukturierung resultierende Veränderung des Geschäftsmodells bzw. der Marktstellung schlägt sich in den umsatzsteuerlichen Erklärungspflichten nieder. Das notwendige Wissen um diese Verpflichtungen sowie die proaktive Steuerung der diesbezüglichen Prozesse sind ein wichtiger Bestandteil des Risikomanagementsystems.

### 15.4.2.1 Erklärungspflichten

Dem deutschen Umsatzsteuerrecht unterliegende Umsätze – soweit nicht der Leistungsempfänger die Umsatzsteuer darauf schuldet – sind regelmäßig in vierteljährlichen bzw. monatlichen Umsatzsteuervoranmeldungen zu erklären. Daneben besteht die Pflicht zur Einreichung von Umsatzsteuerjahreserklärungen. Die Umsatzsteuervoranmeldungen sind bis zum zehnten Tag nach dem Ablauf des Voranmeldungszeitraums einzureichen (bei einer sog. Dauerfristverlängerung verschiebt sich diese Frist um einen Monat). Die Umsatzsteuerjahreserklärung ist bis zum 31. Mai des Folgejahres einzureichen. Bei Erstellung durch einen Angehörigen der steuerberatenden Berufe wird grundsätzlich eine Fristverlängerung bis zum 31. Dezember des Folgejahres eingeräumt.

Der innergemeinschaftliche Liefer- und Leistungsverkehr ist zudem in Zusammenfassenden Meldungen zu erklären, in denen die Umsätze nach den Umsatzsteuer-Identifikationsnummern der Leistungsempfänger erfasst werden. Dies dient der Kontrolle der innergemeinschaftlichen Transaktionen, die eine korrespondierende Besteuerung durch den jeweiligen Leistungsempfänger (im Rahmen innergemeinschaftlicher Erwerbe oder der Steuerschuldnerschaft als Empfänger sonstiger Leistungen) im Bestimmungsmitgliedsstaat voraussetzen. Zusammenfassende Meldungen sind bis jeweils zum 25. Tag nach Ablauf des Meldezeitraums einzureichen. Ob vierteljährliche oder monatliche Meldungen einzureichen sind, hängt vom Transaktionsvolumen und der Art der Umsätze ab. Eine zusätzliche Jahresmeldung ist nicht vorgesehen.

Weiterhin bestehen für den innengemeinschaftlichen Warenverkehr statistische Meldeverpflichtungen (Intrastat; vgl. Art. 7 GrundVO i. V. m. § 18 Abs. 1 und § 15 BstatG). Dabei handelt es sich nicht um eine umsatzsteuerliche Verpflichtung, aufgrund ihrer sachlichen Nähe wird sie jedoch häufig in diesem Zusammenhang erwähnt. Die Meldungen enthalten u. a. Informationen zu der Art der Waren (nach der Zollcodierung) und zugrunde liegender Geschäfte, der Transportart sowie Mengen- und Wertangaben. Dabei wird nach Warenein- und -ausgängen unterschieden. Intrastatmeldungen sind erst bei Erreichung einer bestimmten Wertgrenze[12] einzureichen und jeweils bis zum 10. Werktag des Folgemonats fällig.

Sämtliche Meldungen sind grundsätzlich elektronisch zu übermitteln. Analoge Verpflichtungen bestehen in allen EU-Mitgliedsstaaten. Die Meldegrenzen, Fristen und Einreichungshäufigkeiten können jedoch differieren.

### 15.4.2.2 Verfahrensrechtliche Sanktionierungen bei Fehlverhalten

Verstöße gegen die Meldepflichten können schwer wiegende steuerrechtliche und sogar strafrechtliche Folgen nach sich ziehen. Dies insbesondere, wenn in einem EU-Land umsatzsteuerpflichtige Umsätze bewirkt werden, der Steuerpflichtige aber seiner Erklärungspflicht nicht oder nicht rechtzeitig nachkommt.

---

[12]In Deutschland derzeit 500.000 EUR (Ausgangsmeldung) bzw. 800.000 EUR (Eingangsmeldung).

Die (rechtzeitige) Erfüllung der Meldepflichten eines Steuerpflichtigen in einem EU-Land setzt in aller Regel voraus, dass dieser dort für umsatzsteuerliche Zwecke registriert ist.[13] In bestimmten EU-Ländern kann es vorkommen, dass der Vorsteuerabzug auf Eingangsleistungen verwehrt bleibt, die vor der notwendigen umsatzsteuerlichen Registrierung angefallen sind.

Neben den allgemeinen Steuerordnungswidrigkeit- und -straftatbeständen (vgl. §§ 370 ff., 378 ff. AO) beinhaltet das deutsche Umsatzsteuerrecht besondere Ordnungswidrigkeiten, wie die Nichtausstellung oder Nichtaufbewahrung von Rechnungen, die mit Bußgeldern von bis zu jeweils 500 EUR geahndet werden können. Die Nichtabgabe, nicht rechtzeitige, fehlerhafte oder unvollständige Abgabe von zusammenfassenden Meldungen kann mit einem Bußgeld von bis zu 5000 EUR sanktioniert werden.

### 15.4.3 Weitere organisatorische Aspekte im Rahmen von Umstrukturierungen

Die notwendige Erfüllung umsatzsteuerlicher Verpflichtungen (sog. Compliance) sowohl im Hinblick auf die Umstrukturierungsmaßnahme selbst als auch bezüglich der Neuausrichtung von Liefer- und Leistungsströmen als Ergebnis der Umstrukturierungsmaßnahme erfordert eine sorgfältige Planung. Vor dem Hintergrund, dass die Umsatzsteuer regelmäßig nur eine Randbedingung bei der Umstrukturierung darstellt, werden die notwendigen zeitlichen Ressourcen häufig systematisch unterschätzt.

In externer Hinsicht betrifft dies insbesondere die möglicherweise notwendigen umsatzsteuerlichen Registrierungen in anderen Jurisdiktionen. Unterschiedliche formale Anforderungen und Registrierungsarten sowie nicht beeinflussbare Bearbeitungszeiten durch die ausländischen Fiski können zu zeitlichen Engpässen führen.

Führen Umstrukturierungstransaktionen, wie die Übertragung eines Lagerbestandes in einem bestimmten Land, zu einer ausgangsseitigen Umsatzsteuerpflicht des übertragenden Rechtsträgers, hinsichtlich derer ein anderer Rechtsträger im Konzern zum Vorsteuerabzug berechtigt ist, dürfen auch Vorfinanzierungseffekte nicht unterschätzt werden.

Für die interne Ressourcenplanung ist zu berücksichtigen, dass die Steuerfindungsparameter im ERP-System auf die neuen Liefer- und Leistungsströme angepasst werden, sodass die Umsätze den zutreffenden Jurisdiktionen und dortigen Meldeverpflichtungen angepasst werden.

Die stetige Überwachung der Compliance nach der Neuausrichtung von Geschäftsprozessen bei zum Teil recht unterschiedlichen Einreichungspflichten für umsatzsteuerliche Meldungen und Zahlungsverpflichtungen stellt eine besondere Herausforderung für die beteiligten Unternehmen dar, vor allem, wenn infolge zentralisierter Beschaffungs- und

---

[13]In einigen Ländern können Fiskalvertreter diese Verpflichtungen übernehmen. In Deutschland ist der Anwendungsbereich der Fiskalvertretung sehr beschränkt, § 22a UStG.

Vertriebsmodelle multinationale umsatzsteuerliche Reportingverpflichtungen bestehen. Allein die Tatsache, dass in den meisten (EU-)Ländern die Erklärungen ausschließlich in der Landessprache einzureichen sind, sorgt für Barrieren.

Viele multinational tätige Konzerne nutzen daher entweder interne Shared-Services-Center oder externe Berater, um diese Verpflichtungen erfüllen zu können.

Dabei wird manchmal übersehen, dass die eingereichten Erklärungen nur so gut sein können, wie die voreingestellten Parameter des ERP-Systems, aus dem sie gewonnen wurden. Auf der anderen Seite führen schon relativ geringfügige und unabsichtliche Fehler (z. B. die Meldung von steuerpflichtigen Umsätzen im „falschen" Land) bei der Entdeckung zu empfindlichen Zinsbelastungen oder Strafzuschlägen, sodass die Risiken nicht zu unterschätzen sind. Aus diesem Grund ist ein regelmäßiger Review der umsatzsteuerlichen Prozesse auch nach der Umsetzung der Umstrukturierungsmaßnahme geboten.

## Literatur

Geissler, 2013. *Einkommenssteuer/Körperschaftssteuer.* Köln: Herrmann/Heuer/Raupach.
Husmann, 2007. *Umsatzsteuergesetz, §1 UStG.* Köln: Rau, Günter; Dürrwächter, Erich.
Loose, 2012. *Außensteuergesetz/Finanzgerichtsordnung, §75 AO.* Köln: Tipke/Kruse.
Nieskens, 2014. *Umsatzsteuergesetz.* Köln: Rau, Günter; Dürrwächter, Erich.
Radeisen, 2013. *Umsatzsteuergesetz.* s. l.: Schwarz, Widmann, Radeisen.
Reiß, 2014. *Einkommensteuergesetz, §16 EStG.* 13 Aufl. Köln: Kirchhof.
Stadie, 2014. *Umsatzsteuergesetz.* Köln: Rau, Günter; Dürrwächter, Erich.
Stadie, H., 2012. *Umsatzsteuergesetz.* 2 Aufl. Köln: Verlag Dr. Otto Schmidt KG.

## Über die Autoren

**Heiko Borberg** ist seit 2001 Experte für die Besteuerung nationaler sowie internationaler immobilienwirtschaftlicher Konzerne und hat deren umsatzsteuerlichen Problemstellungen im Fokus seiner Tätigkeit. Er begann seine Tätigkeit bei der Deloitte GmbH in Düsseldorf und wechselte 2010 an den Standort Hamburg, wo er bis zum Beginn seiner Promotion als Verantwortlicher das Team für die immobilienwirtschaftliche Besteuerung geleitet hat.

Er studierte von 1994 bis 2000 an der Ruhruniversität Bochum Wirtschaftswissenschaft mit den Schwerpunkten Unternehmensprüfung und Unternehmensbesteuerung. Seit 2010 ist er Steuerberater und Prokurist bei Deloitte. Neben seiner Tätigkeit bei Deloitte ist Heiko Borberg seit 2012 Lehrbeauftragter für Steuerrecht an der FOM – Fachhochschule für Ökonomie und Management gGmbH (Hamburg) und der EBZ Business School GmbH (Hamburg, Bochum).

**Stefan Runge** ist seit 1996 bei der Deloitte GmbH am Standort Hamburg tätig. Dort hat er zunächst Mandanten aller Größenordnungen und Rechtsformen in allen Fragen des nationalen und internationalen Steuerrechts umfassend beraten. Seit 2006 ist er auf den Bereich indirekte Steuern bzw. Umsatzsteuer spezialisiert. Er leitet seit 2013 als Director diesen Bereich für die Standorte Hamburg und Hannover. Seine besonderen Interessen liegen in der Umsatzbesteuerung grenzüberschreitender Geschäftsbeziehungen und Umstrukturierungen.

Stefan Runge ist Steuerberater. Er hat Wirtschaftswissenschaften an der Universität Hannover studiert.

# Industrieperspektiven auf Funktionsverlagerungen

Björn Heidecke, Richard Schmidtke und Jobst Wilmanns

## 16.1 Einleitung

In den überwiegenden Fällen werden Umstrukturierungen in den Konzernen vorgenommen, um die Wettbewerbsfähigkeit der Konzerne zu stärken oder zu verbessern. Bei genauerer Betrachtung ergeben sich aber deutlich differenzierte Gründe und auch Ziele von Umstrukturierungen, wie Kap. 2 ausführt. Die Gründe und Ausgestaltungen von Umstrukturierungen sind maßgeblich beeinflusst von der Zugehörigkeit zu den jeweiligen Industrien. Dies ist naheliegend, da die Wertschöpfungsketten in den Industrien sehr unterschiedliche Ausprägungen haben. Beispielhafte Unterschiede ergeben sich durch:

- Der Art der erbrachten Leistungen
- Beziehung zu den Absatzmärkten (B2C oder B2B)
- Kostenfaktoren
- Wertschöpfungsstufen (z. B. Zulieferer oder Endproduzent)
- Internationalität der Geschäftstätigkeit (Abhängigkeit und Chancen von/in den Märkten)

---

B. Heidecke (✉)
Hamburg, Deutschland
E-Mail: bheidecke@deloitte.de

R. Schmidtke
München, Deutschland
E-Mail: rschmidtke@deloitte.de

J. Wilmanns
Frankfurt, Deutschland
E-Mail: jwilmanns@deloitte.de

© Springer Fachmedien Wiesbaden GmbH 2017
B. Heidecke et al. (Hrsg.), *Funktionsverlagerung und Verrechnungspreise*,
DOI 10.1007/978-3-658-09026-5_16

- Werttreiber (z. B. Marke, technisches Know-how, Prozesse, Zugang zu Märkten, Qualität, Preis)
- Aktuelle Industrietrends

Es sollte in der steuerlichen Beurteilung der Umstrukturierung nicht von einem Automatismus der Annahme einer Funktionsverlagerung ausgegangen werden (Wilmanns, 2013). Vielmehr sind die jeweiligen industriespezifischen Gründe zu verstehen und entsprechend zu würdigen, ob die Tatbestandsmerkmale erfüllt sind: Die übertragenen Funktionen und Risiken, Chancen und materiellen und immateriellen Wirtschaftsgüter (vgl. Details in Kap. 4). Es ist zu fragen, was die wesentlichen Werttreiber einer spezifischen Industrie sind und ob auch diese von der Umstrukturierung betroffen sind. So ist doch denkbar, dass in einer Industrie eine übertragene Funktion mit wesentlichen immateriellen Wirtschaftsgütern verbunden ist und die Übertragung eine Funktionsverlagerung auslöst, wohingegen dieselbe Funktion in einer anderen Industrie nicht maßgeblich zum Geschäftserfolg beiträgt.

Vor diesem Hintergrund werden im Folgenden ausgewählte Industrien vorgestellt. Vorrangiges Ziel hierbei ist es, einen Überblick für Praktiker zu schaffen, statt eine tief gehende Abhandlung mit umfangreichem Verweis auf die Literatur zu bieten. Es werden erstens typische Wertschöpfungsketten einschließlich der Werttreiber kursorisch dargestellt. Zweitens werden ausgewählte Trends der Industrie skizziert und abschließend mögliche Risiken für das Vorliegen einer Funktionsverlagerung benannt. Der Überblick soll helfen, etwaige Veränderung mit Blick auf die Tatbestandsmerkmale einer Funktionsverlagerung zu beurteilen.

## 16.2 Retail-und-Consumer[1]

### 16.2.1 Typische Merkmale der Industrie

Typisches Charakteristikum der Retail-und-Consumer-Industrie ist der Handel von Waren und Dienstleistungen. Im Fokus jeglicher Strategie steht die Bedienung der Kunden mit Leistungen in allen Preissegmenten und hiermit verbunden mit unterschiedlichen Qualitätsmerkmalen. Insofern können die Produkte und Dienstleistungen nach Premium-, Mittelpreis- und Low-Price-Produkten bzw. Leistungen geclustert werden. Je höherwertig die Leistung, umso bedeutender ist die Verwendung von Marken. In Bezug auf die Marke kann in der Praxis zwischen drei Typen unterschieden werden (IDW S 5, Rn 56):

- Produkt- oder Dienstleistungsmarke, die für die einzelnen Produkte und Dienstleistungen des Unternehmens verwendet wird,

---

[1]Verfasst von Jobst Wilmanns.

- Dachmarke, die sich auf Produktgruppen oder Dienstleistungssegmente bezieht,
- Unternehmensmarke, die sich auf das gesamte Unternehmen bezieht.

Hiervon zu unterscheiden ist der Firmenname, der originär rein rechtlicher Natur ist und keinen unmittelbaren Bezug zum Angebot von Waren oder Dienstleistungen am Markt hat. Des Weiteren wird im Handel zwischen Handelsmarken und Eigenmarken unterschieden (Burmann, o. J.).[2]

Bei den Kunden handelt es sich in den überwiegenden Fällen um Endkunden (B2C), jedoch sind der Industrie gleichermaßen Geschäftsbeziehungen zwischen Handel und gewerblichen Kunden (z. B. Belieferung von Frischware an das Hotel- und Gastronomiegewerbe) zuzurechnen.

Typisches Merkmal der Retail-und-Consumer-Industrie ist, dass sie nicht selbst produziert, sondern sich entweder auf den Handel von Waren und/oder Dienstleistungen konzentriert, oder die Produktion von Waren an Lohnfertiger in Auftrag gibt (z. B. in der Textilindustrie). Die „economics of scale" realisiert die Industrie zum einen durch zunehmende Konzentrationsprozesse und zum anderen durch weitere Globalisierungstendenzen. Durch Mengeneffekte können hiermit verbunden sowohl auf der Lieferanten- als auch Absatzseite höhere Margen realisiert werden. Des Weiteren ist charakteristisch, dass die Umschlagshäufigkeit der Waren und Dienstleistungen eine der maßgeblichen Erfolgskennziffern ist. In dieser Kennziffer spiegeln sich zugleich die Kapitalbindungskosten des Vorratsvermögens.

### 16.2.2 Typische Wertschöpfungsketten

Die Wertschöpfungskette in der Retail-und-Consumer-Industrie ist im Vergleich zu den meisten anderen Industrien verhältnismäßig einfach. In der Abb. 16.1 wird eine nach Funktionen gegliederte typische Wertschöpfungskette dargestellt.

Typische Zentralfunktionen von Retail-und-Consumer-Konzernen ist die Erbringung von zentralen Dienstleistungen, wie die Verhandlung von Einkaufskonditionen von zentralen Lieferanten, das Design von Waren, die Entwicklung und Weiterentwicklung von Marken, die Bestimmung einer Marketing- und Vertriebsstrategie und des hiermit verbundenen Mixes, die Festlegung der Preispolitik sowie IT-bezogene und administrative Dienstleistungen. Dezentral ist typischerweise i. d. R. die Vertriebstätigkeit sowie die Umsetzung aller absatzbezogenen Maßnahmen.

Diese vereinfachte Darstellung wird komplexer, wenn das Eigengeschäft verknüpft wird z. B. durch Franchisegeschäfte mit fremden Dritten.

---

[2]Weitere Ausführungen zu Marken im internationalen Steuerrecht finden sich bei (Wilmanns, et al., 2015). In diesem Sammelband führen Heidecke und Voll (2015) verschiedene Modelle der Markennutzung und Ermittlung von fremdüblichen Preisen aus.

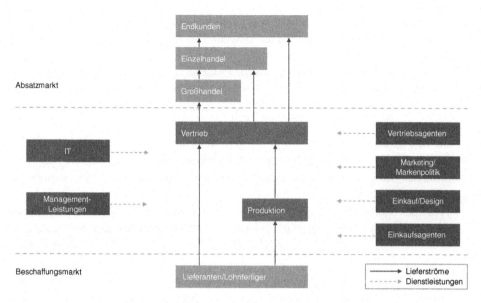

**Abb. 16.1** Retail-und-Consumer. (Quelle: Eigene Darstellung)

### 16.2.3 Erfolgsfaktoren

Die häufigsten Erfolgsfaktoren in der Retail-und-Consumer-Industrie sind vielfach die Entwicklung und Nutzung von Marken, der Marketingmix, das Design von Produkten, der strategische Einkauf sowie die Supply-Chain-Management-Funktion. In Abhängigkeit der Produkte bzw. Leistungen, die Gegenstand der Geschäftstätigkeit sind und in Abhängigkeit der jeweiligen Marktsegmentierung, sind den Erfolgsfaktoren unterschiedliche Gewichtungen zuzuordnen.

### 16.2.4 Langfristige Trends

Die Retail-und-Consumer-Industrie ist gekennzeichnet von sich dynamisch verändernden, aber auch gesättigten Märkten. Die Herausforderung für die Marktteilnehmer ist, sich permanent an die verändernden Bedingungen der Umwelt anzupassen. Es überleben diejenigen, die es am besten schaffen, die Wertschöpfungsketten konsequent an den Kundenanforderungen auszurichten. Die Konzerne sind aufgefordert, ein effektives Kundenbeziehungsmanagement in der gesamten Organisation – vom Marketing, über den Verkauf bis hin zum Kundendienst/Service – zu implementieren. Ferner muss das Serviceangebot der jeweiligen Unternehmen systematisch ausgeweitet werden, um den Auf- und Ausbau loyaler Kundenbeziehungen durch das Erfüllen und Übertreffen von Bedürfnissen und Erwartungen zu gewährleisten. Des Weiteren beeinflusst die Digitalisierung den Wirtschaftsverkehr zwischen Anbieter und Nachfrager. Die Übertragung der „Digitalen

Industrie 4.0" auf Handelsprozesse oder digitale Zahlungswege prägen die Strategien in den Konzernen und sind in Abschn. 16.4 dargestellt. Eines der signifikantesten und offensichtlichsten Beispiele der Digitalisierung ist die zunehmende Substitution des Kataloghandels durch den Onlinehandel. Kunden informieren sich über verschiedenste Applikationen wie In-store-Displays, Händler-Websites, Bewertungsportalen und in sozialen Medien. Nach einer aktuellen Studie von Konsumenten in Deutschland und Großbritannien würde ein Drittel aller Konsumenten in jüngster Vergangenheit verschiedene Kanäle zum Kauf nutzen. Für Unternehmen ist es mithin notwendig, eigene Strategien für den Omnichannel-Vertrieb unter Berücksichtigung der jeweiligen Umsatz- und Gewinnerwartungen zu entwickeln (Geddes, et al., 2014). Neben den heimischen Märkten erlaubt es die Online-Präsenz auch ausländische Märkte zu erschließen. Beispielsweise haben Händler in Großbritannien und Deutschland 2012 mehr als 8 Mrd. EUR Online-Handelsexporte getätigt (Geddes, et al., 2014). Dieses Potenzial stellt Händler vor die Frage, wie die jeweiligen Zielmärkte bearbeitet werden können: Heimische Websites mit Lieferungen in lokale Logistikzentren, lokale Dependenzen, internationale Lieferdienste, aber auch der gezielte Einsatz von Flag-Ship-Stores, um die Produkte zu platzieren und gleichzeitig als Abholzentrum zu fungieren, sind Möglichkeiten (Geddes, et al., 2014). Ein weiterer Trend ist die stärkere Fragmentierung der Konsumenten mit Blick auf ihre Präferenzen und ihre Perzeption von Marken. Dies ist gleichermaßen eine Chance für zusätzliches Wachstum durch gezieltes Marketing, aber auch eine Herausforderung für Planung und Steuerung von Umsätzen, Erträgen und Maßnahmen (Conroy, 2015).

### 16.2.5 Mögliche Funktionsverlagerungen

Die Konzerne sind permanent gefordert, im Lichte der dargestellten Trends und der dynamischen Veränderungen der Erfolgsfaktoren, ihre Strategien zu überdenken und entsprechende Maßnahmen zu ergreifen. Diese können sich beziehen auf die Erschließung neuer Märkte, den Aufbau neuer Vermarktungsaktivitäten, wie den Aufbau eines eigenen Onlinehandels verbunden mit lokalen Präsenzen z. B. über Flag-Ship-Stores, Veränderungen im Supply-Chain-Management beispielsweise durch Zentralisierung von Prozessen, neuer Marken- und Marketingstrategien oder die Veränderung von Vertriebskanälen wie durch Aufbau eigener Shops oder Einführung von Franchisesystemen mit fremden Dritten. All diese möglichen Veränderungen ziehen i. d. R. organisatorische Veränderungen mit sich. Die Frage, ob eine steuerliche Funktionsverlagerung vorliegt, ist insbesondere dann zu prüfen, wenn Organisationseinheiten, wie der Einkauf, Logistikeinheiten, Marketing oder Vertrieb von einem Land in ein anderes Land verlagert werden. Sollte diese Verlagerung gleichermaßen die Übertragung von strategischen Erfolgsfaktoren nachziehen, besteht ein hohes Risiko, dass die Bedingungen der Funktionsverlagerung erfüllt sind. Dagegen ist der Aufbau neuer Vertriebseinheiten nicht Gegenstand einer Funktionsverlagerung, solange keine Kundenstämme mit der Gründung der neuen Vertriebseinheit übertragen werden. Gleichermaßen ist kritisch zu beleuchten, ob bei der Substitution von durch physische

Mitarbeiter geprägte Organisationseinheiten, wie z. B. Vertriebseinheiten, durch digitale Plattformen die Kriterien der Funktionsverlagerung erfüllt werden.

## 16.3 Automobilindustrie[3]

### 16.3.1 Typische Merkmale der Industrie

Die Automobilindustrie ist zu unterteilen in die Automobilzulieferer und die Automobilhersteller (Original Equipment Manufacturer – OEM). Im Folgenden werden die typischen Merkmale für beide Teilindustrien dargestellt.

Typisches Charakteristikum der Automobilzulieferindustrie ist die Entwicklung und Herstellung von innovativen Bauteilen oder ganzen Baugruppen für die OEM. Ein Schwerpunkt dieses Industriezweigs liegt u. a. in der Forschungs- und Entwicklungstätigkeit (F&E-Tätigkeit). Im Fokus jeglicher Strategie steht die Bedienung der Automobilhersteller mit qualitativ hochwertigen Produkten, wobei die Produktdifferenzierung entsprechend lokaler Marktgegebenheiten eine bedeutende Rolle spielt. Bei den Kunden handelt es sich in den überwiegenden Fällen um Kunden, welche die Produkte weiterverarbeiten (B2B), jedoch sind in diesem Industriezweig auch Geschäftsbeziehungen zum Handel vorhanden, welcher sich auf den sog. Aftermarket, d. h. Vertrieb von Ersatzprodukten an Endkunden, konzentriert.

Ein weiteres Merkmal der Automobilzulieferindustrie ist, dass die fortschreitende Entwicklung seitens der Automobilhersteller und die Adjustierung einzelner Komponenten im Automobilbau an lokale Marktgegebenheiten eine zunehmende Dezentralisierung einzelner Funktionen in der Wertschöpfungskette und die Integration der Automobilzulieferer in die Lieferketten der OEM erfordert (vgl. McKinsey & Company, 2013). Dies ermöglicht kurze Lieferwege, Just-In-Time-Vereinbarungen und die Fähigkeit seitens der Zulieferer, schnell auf dringende Anfragen der OEM zu reagieren. Ein weiteres, direkt damit im Zusammenhang stehendes Merkmal ist die hohe Spezialisierung einzelner Zulieferer. Die hohen technologischen Anforderungen bedingen ein vertikales Marktumfeld mit stark spezialisierten Zulieferbetrieben, die sich i. d. R. auf einzelne Teileelemente im Automobilbau konzentrieren. Dies gilt insbesondere im Zusammenhang mit der allgemeinen Entwicklung hin zu Fahrzeugplattformen und Gleichteilen/Baukastensystemen (vgl. Deloitte, 2014). Die Geschäftspartner gehen eine auf längere Dauer ausgelegte Bindung ein (i. d. R. für die Dauer der Serienproduktion eines oder mehrerer bestimmter Fahrzeuge). Das bringt Planungssicherheit, aber auch Abhängigkeit insbesondere seitens der Zulieferer, die stark von den Herstellern abhängig sind. Deshalb ist es notwendig, zunächst gegenseitiges Vertrauen aufzubauen, also ein Gefühl dafür zu bekommen, welche Risiken die Partnerschaft mit sich bringt. Dies ist insbesondere im Zuge der Qualitätskontrollen seitens der Automobilhersteller zu beobachten.

---

[3]Verfasst von Julia Gehri und Thomas Hautkappe.

Der starke Wettbewerb i. V. m. den bevorzugten langfristigen Geschäftsbeziehungen führt im Zuge von Projektausschreibungen regelmäßig zu sog. Quick Savings. Unter Quick Savings versteht man einen Preisnachlass auf laufende Projekte, für welchen im Gegenzug ein Folgeprojekt zugesichert wird. Wenn dieses Folgeprojekt nicht im selben Werk bzw. Land umgesetzt wird, wie das laufende Projekt, stellt dies die Zulieferer vor mitunter komplexe Verrechnungspreisthematiken.

Durch die enge Verzahnung der Automobilzulieferer mit den Automobilherstellern (vgl. Deloitte, 2014) gelten wesentliche Charakteristika für beide Teilindustrien. Dies gilt insbesondere für die Wichtigkeit der F&E-Tätigkeit und Anpassung an lokale Marktgegebenheiten.

Ein entscheidender Unterschied zwischen der Hersteller- und der Zulieferindustrie sind die Art der Kunden und Kundenbeziehungen. Automobilhersteller verkaufen zumeist an Endkunden (B2C), wodurch die Bedeutung der Marke und der Marketingstrategie ebenso in den Fokus rückt wie Qualitätsmanagement und Innovation. Durch umfangreiche Marketingmaßnahmen soll das Vertrauen der Endkunden in die Marke bzw. Qualität, die eine Marke verspricht, aufgebaut und gesichert werden. Es ist regelmäßig zu beobachten, dass die Merkmale, die der Endkunde mit einer Automobilmarke verbindet, oft langfristige Auswirkungen auf den Umsatz haben.

### 16.3.2 Typische Wertschöpfungsketten

Die Wertschöpfungskette in der Automobilzulieferer-Industrie ist vergleichsweise komplex. Typische Zentralfunktionen von Automobilzulieferern ist die Erbringung von zentralen, strategischen Managementdienstleistungen, häufig auch mit der zentralen Kontrolle der F&E-Tätigkeiten verbunden. Dies beinhaltet insbesondere die Verhandlung von Konditionen mit den OEM und die Zuteilung einzelner Entwicklungs- und Produktionsaufträge auf die entsprechenden Betriebe, zumeist in unmittelbarer Nähe zu den OEM. In der Abb. 16.2 wird eine nach Funktionen gegliederte typische Wertschöpfungskette dargestellt.

Im Gegensatz zur Zulieferindustrie ist die Herstellerindustrie entscheidend von dem Verhalten der Endkunden geprägt, wodurch Marketingaktivitäten höchst relevant werden. In diesem Zusammenhang kommt dem Thema Markenwert und Markenlizenz bei Automobilherstellern eine wichtige Bedeutung zu. Die Abb. 16.3 stellt eine nach Funktionen gegliederte typische Wertschöpfungskette in der Automobilhersteller-Industrie dar.

### 16.3.3 Erfolgsfaktoren in der Automobilindustrie

Die häufigsten Erfolgsfaktoren in der Automobilindustrie sind die Entwicklung neuer Technologien, die globale Aufstellung sowie das Qualitätsmanagement hinsichtlich der internationalen Entwicklungs- und Produktionsstandorte. In Abhängigkeit der Produkte bzw. Leistungen, die Gegenstand der Geschäftstätigkeit sind, sind den Erfolgsfaktoren unterschiedliche Gewichtungen zuzuordnen.

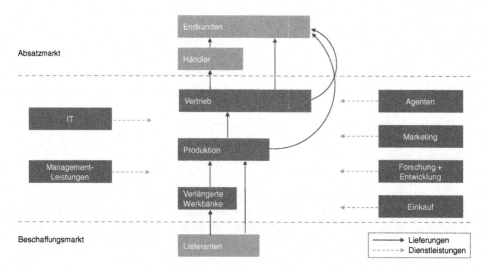

**Abb. 16.2** Automobilindustrie – Zulieferer. (Quelle: Eigene Darstellung)

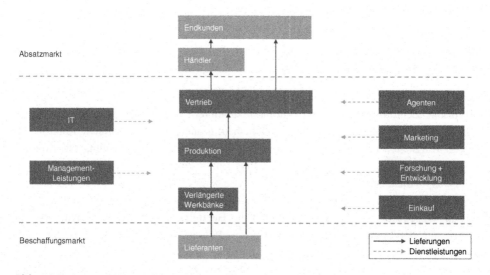

**Abb. 16.3** Automobilindustrie – Hersteller. (Quelle: Eigene Darstellung)

In der Automobilherstellerindustrie sind Faktoren wie Innovation und Qualität von entscheidender Bedeutung. Zusätzlich spielt jedoch die Platzierung eben dieser Merkmale am Markt eine wichtige Rolle.

Zunehmende Bedeutung in diesem Zusammenhang erhält das Thema Verlagerung von Produktionskapazitäten in Niedriglohnländer. In der vergangenen Dekade verlagerten Automobilzulieferer und Hersteller signifikante Produktionsvolumina in Niedriglohnländer. Zudem planen sie dies auch in Zukunft zu tun. Nicht nur die Erschließung neuer

Märkte bzw. die Ausweitung des Geschäfts in bereits erschlossenen Märkten wie China sind Grund für Produktionsverlagerungen und -ausweitungen. Vielmehr werden Entscheidungen mitunter aufgrund des hohen Preisdrucks auf die etablierten Automobilhersteller getroffen, insbesondere durch die erstarkende Konkurrenz aus Asien. Dies bedingt häufig Produktionsverlagerungen in Niedriglohnländer aus Gründen der Kostensenkung (vgl. Deloitte, 2014). So muss eine jährliche Kostenoptimierung i. H. v. 3–4 % erreicht werden, um dem hohen Preisdruck entgegenwirken zu können (vgl. McKinsey & Company, 2013).

### 16.3.4 Langfristige Trends

Die Verringerung des $CO_2$-Ausstoßes der Fahrzeuge und die damit zusammenhängende Veränderung der Anforderungen an Mobilität sind seit einigen Jahren Top-Themen. In direktem Zusammenhang steht hier die Tendenz zu einer sog. On-Demand-Nutzung von Fahrzeugen. Namhafte Automobilhersteller sind bereits in zahlreiche Car-Sharing-Modelle, die sich zunehmend in den urbanen Räumen etablieren, involviert. Obwohl sich die Nachfrage nach Fahrzeugen mit alternativen Antrieben noch in Grenzen hält, ist in diesem Segment eine rasante Entwicklung zu beobachten (vgl. Verein Deutscher Ingenieure, 2014). So liegt jüngsten Umfragen zur Folge die Erwartungshaltung, in naher Zukunft ein Fahrzeug mit alternativem Antrieb fahren zu können, bei 44 % der Befragten (vgl. Deloitte, 2014). Lediglich vergleichsweise hohe Kosten dämmen den Erfolg alternativer Antriebe bis dato ein.

Ein weiterer Trend und Top-Thema ist die Verknüpfung von mobilen Datenträgern und Software mit den Fahrzeugen. Die Erwartungshaltung der Verbraucher geht immer mehr in die Richtung, den Connected Lifestyle innerhalb und außerhalb des Fahrzeugs zu integrieren (vgl. McKinsey&Company, 2013). Eine Umfrage des VDI hat ergeben, dass 77,9 % der Befragten in dem Bereich der Vernetzung die größten Fortschritte erwarten (vgl. Verein Deutscher Ingenieure, 2014). Die ehemals klaren Linien zwischen Mensch und Maschine, zwischen Eigentum und Nichtbesitz, zwischen Waren und Dienstleistungen etc. werden als Folge der Konnektivität und der zwischen Mensch und Maschine austauschbaren Informationen zunehmend verwischen. In diesem Zusammenhang rückt auch das Thema autonomes Fahren, bei dem der Computer im Fahrzeug aufgrund einer individuellen Datenlage (insbesondere in Zusammenarbeit mit Internetanbietern, die bereits jetzt über eine extrem große Datenfülle persönlicher Verbraucher verfügen) Wegstrecken und Geschwindigkeit bestimmt, vermehrt in den Fokus der Automobilindustrie. Es ist zu erwarten, dass der Verbraucher sich graduell von Hardware zu Software, von Eigentum zu Verfügbarkeit und vom eigenen Fahren zum autonomen Fahren orientieren wird.

Ungeachtet dieser langfristigen, richtungsweisenden Trends ist aktuell zu beobachten, dass die sog. Emerging Markets wie Südamerika, China oder Süd-Ost-Asien eine immer wichtigere Rolle für den Absatz von Fahrzeugen spielen. Es ist zu erwarten, dass diese

Märkte die Märkte in Nordamerika und Europa in naher Zukunft umsatz- und leistungsmäßig übertreffen werden (vgl. Deloitte, 2014).

### 16.3.5 Mögliche Funktionsverlagerungen

Bedingt durch die stetig wachsenden lokalen rechtlichen und vor allem marktspezifischen (Kunden-)Anforderungen an die Produkte, kommt es zu zahlreichen Umstrukturierungen auf Konzernebene, beispielsweise, weil bestimmte Unternehmensbereiche wie F&E ausgelagert oder ausgeweitet werden, oder wenn es durch Kooperationsvereinbarungen zu einem Zusammenschluss einzelner (Entwicklungs-)Bereiche der kooperierenden Unternehmen kommt. Zu unterscheiden ist in diesem Punkt zwischen einer Verlagerung von grundlegenden Entwicklungstätigkeiten und Technologieentwicklung, wie sie beispielsweise bei internationalen Joint Ventures zur Entwicklung von alternativen Antriebsmöglichkeiten wie Elektro- oder Wasserstoffantriebe vorkommen können, und der Verlagerung von Entwicklungstätigkeiten auf dem Gebiet der Anwendung und marktspezifischen Modifikation, wie sie bei der Expansion in die oben genannten Schwellenländer vorkommen. Neben der Verlagerung von Entwicklungstätigkeiten werden allerdings auch weitere Tätigkeiten wie Einkauf, regionales Marketing oder administrative Tätigkeiten verlagert und regional zentralisiert. Insbesondere die Zentralisierung der Einkaufstätigkeiten durch den Aufbau von konzerneigenen Einkaufsgesellschaften für eine effektivere Lieferantenpreisstruktur ist häufig zu beobachten.

Solche Umstrukturierungen können vorgenommen werden, in dem bestehende Standorte in den jeweiligen Ländern um bestimmte Tätigkeiten ausgeweitet werden oder neue Gesellschaften für bestimmte Tätigkeiten gegründet werden. In diesem Zusammenhang ist auch eine zentralisierte Struktur für bestimmte Tätigkeiten durch die Errichtung von sog. HUB-Gesellschaften denkbar: Dabei werden u. a. Forschungs- und Entwicklungstätigkeiten, Einkaufs- oder Marketingtätigkeiten für die jeweiligen lokalen Produktions- oder Vertriebsgesellschaften einer bestimmten Region zentral durch eine Gesellschaft ausgeführt.

Bezug nehmend auf die Verknüpfung von Softwarelösungen und mobilen Datenträgern mit dem Fahrzeug, wird in Zukunft auch die Nutzung von persönlichen Nutzerdaten durch andere Länder ein Thema in diesem Zusammenhang werden. Auch wenn dies kein klassisches Verlagerungsthema im Sinne von Funktionen und Verantwortlichkeiten ist, wird eine solche Übertragung von immateriellen Wirtschaftsgütern auch aus steuerlicher Sicht zu berücksichtigen sein.

Neben den operativen Veränderungen stellt sich die Frage, ob eine steuerliche Funktionsverlagerung vorliegt. Dies ist insbesondere dann zu prüfen, wenn Organisationseinheiten, wie der Einkauf, F&E, Produktion, Marketing oder Vertrieb von einem Land in ein anderes Land verlagert werden. Sollte diese Verlagerung gleichermaßen die Übertragung von strategischen Erfolgsfaktoren und immateriellen Wirtschaftsgütern beinhalten, besteht ein hohes Risiko, dass die Bedingungen der Funktionsverlagerung erfüllt sind. Dagegen ist der alleinige Aufbau neuer Funktionseinheiten i. d. R. nicht Gegenstand einer steuerlichen Funktionsverlagerung, solange keine immateriellen Wirtschaftsgüter übertragen werden.

## 16.4 Technologieindustrie[4]

### 16.4.1 Typische Merkmale der Industrie

Der Chief Strategy Officer der alljährlichen Consumer Electronics Show (CES) in Las Vegas – einer der weltgrößten Technologiemessen – stellt fest, dass „solutions to global challenges can be effectuated through innovation" (CES, 2015). Innovation ist seit jeher einer der wesentlichen Treiber der Technologieindustrie. Man könnte sagen, die Branche ist „ständig in Veränderung". Das Internet der Dinge und andere Connected Devices, selbstfahrende Fahrzeuge oder auch 3-D-Drucker sind sicher nur einige prominente Beispiele. Bei ständiger Veränderung stellt sich gleichwohl die Frage, ob „die" Technologieindustrie überhaupt abgegrenzt werden kann oder ob der Begriff „Technologieindustrie" nicht vielmehr ein diffuser Sammelbegriff ist für Unternehmen, die sich mit technologischen Themen beschäftigen, verbunden mit einer innovativen Färbung. Dieser Unschärfe begegnet Damodaran (2001), indem er zwei Gruppen von Unternehmen als Teil der Technologieindustrie definiert: Die eine Kategorie würde technologiebasierte Produkte wie Hardware und Software herstellen und vertreiben. Beispiele sind Oracle, IBM, HP, Telekommunikationsunternehmen einschließlich der Hersteller von Telekommunikationshardware, Unternehmen der Consumer-Electronics-Branche, aber auch Akteure im Bereich IT-Services. Die andere Gruppe nutzt Technologie, um Produkte oder Dienstleistungen zu verkaufen, so z. B. Amazon, myTaxi, Airbnb. Damit verbunden ist eine Veränderung der Marketingfunktion mit einem deutlich stärkeren Fokus auf Online-Marketing z. B. durch die zunehmende Relevanz von Search Engine Marketing (SEM) unterteilt in Search Engine Optimization (SEO) und Search Engine Advertising (SEA), einer stärken Nutzung von Social Media und gezielte Analysen von Benutzerverhalten durch Web Analytics.

Darüber hinaus ist zu beobachten, dass nicht nur Unternehmen der Technologieindustrie, sondern die gesamte Industrie einem Wandel in Folge der Digitalisierung unterliegt. Lieferketten verändern sich. Technische Neuerungen revolutionieren die Fertigung. Konsumenten verlangen individualisierte Produkte, virtuelle Plattformen lassen die Grenze zwischen Produzenten und Konsumenten verschwimmen. Für den Zukunftserfolg sind oftmals weniger großes Kapital und hohe Stückzahlen, dafür Intelligenz und Schnelligkeit erforderlich.

In diesem Abschnitt wird der Fokus auf Unternehmen gelegt, die technologiebasierte Produkte wie Hardware und Software herstellen und in den Segmenten B2B oder B2C

---

[4]Verfasst von Ralf Esser, Björn Heidecke und Mark Hyde. Die Autoren danken Darien Clippingdale für die Anmerkungen.

vertreiben – also die erste Kategorie in Anlehnung an Damodaran (2001). Prägend für die Technologiebranche sind drei wesentliche Charakteristika:

1. Zunächst ist es der exponierte Stellenwert von innovativen Produkten und Diensten, dargestellt in werthaltigem IP verbunden mit regelmäßigen Veränderungen. Rosenberg (2004) gibt einen historischen Abriss von Innovationen der letzten 50 Jahre. Er betont gleichwohl, dass für den Erfolg vieler der genannten Innovationen nicht nur der Entwickler maßgeblich ist, sondern auch die schwer zu planende Akzeptanz durch die Käufer. Folglich ist für die Wertgenerierung in der Technologie die Rolle geeigneter Marketingmaßnahmen nicht unerheblich: Beispielsweise kann die Durchführung von Trendstudien und Marktanalysen vor der Entwicklung sowie entwicklungsbegleitend die Planungssicherheit deutlich erhöhen. Auch auf der Absatzseite nach dem Entwicklungsprozess spielen Marktforschung und der gezielte Einsatz der Kommunikationspolitik eine wichtige Rolle. Dennoch bleibt die mangelnde Prognosefähigkeit für Rosenberg (2004) den Innovationen immanent. Dies impliziert ein hohes Entwicklungsrisiko, eine hohe Volatilität der Umsätze für die Innovatoren sowie eine Unsicherheit bei Planzahlen bestehender Technologieunternehmen. Dies gilt vor allem für disruptive Technologien, weniger für inkrementelle Veränderungen an bestehenden Angeboten (Bower & Christensen, 1995). Disruptive Entwicklungen wie die Digitalkamera oder das mp3-Format würden etablierte Technologien in kurzer Zeit verdrängen.
2. Zweitens ist die Technologieindustrie geprägt durch eine zunehmende Vernetzung von Hardware, Software und Services. Damit einher geht die steigende Bedeutung von After-Sales-Services, z. B. durch Wartung, Updates, Access-Dienste sowie begleitende Service-Angebote. Bei Mischkalkulationen ist denkbar, dass das eigentliche Produkt mit einem negativen Deckungsbeitrag verkauft wurde.
3. Drittens ist die Technologieindustrie (Pohlhausen, 2012) in besonderem Maße abhängig von spezifischem Wissen, das bei wenigen Mitarbeitern gebündelt ist und mithin die Innovationen nicht unerheblich auch an diese Mitarbeiter knüpft.

### 16.4.2 Typische Wertschöpfungskette

Die Abb. 16.4 veranschaulicht die typische Wertschöpfungskette der Technologieindustrie. Kern ist die Produktion von Hardware oder die Entwicklung von Software-Lösungen, teilweise auch im engen Zusammenhang mit Endgeräten als Firmware oder Betriebssystem.

### 16.4.3 Langfristige Trends

Moores Law besagt, dass sich die Leistung integrierter Schaltungen alle zwei Jahre verdoppeln wird. Daran angelehnt bemüht sich die Technologieindustrie mit diesem Rhythmus Schritt zu halten. Immer höhere Bandbreiten, reduzierte Latenzzeiten, sinkende

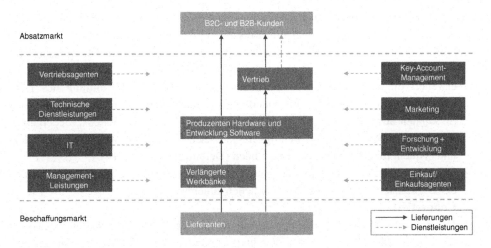

**Abb. 16.4** Technologie. (Quelle: Eigene Darstellung)

Kosten für Speicher bei steigender Nachfrage nach Cloud Computing sowie die verbesserte Auflösung von Displays sind Beispiele, wie Moores Law in der Praxis Umsetzung findet. Eine Begründung für Moores Law ist, dass der Bedarf nach zusätzlichem Speicherplatz und höherer Prozessorleistung im gegenseitigen Zusammenhang steht mit dem Bedürfnis nach komplexerer Software und den zusätzlichen Möglichkeiten, die sich aus dem Zuwachs an Speicherplatz und Geschwindigkeit erst ergeben. Dies würde sich immer weiter perpetuieren.

Neben dieser eher technischen Sicht sind zwei große Branchentrends zu beobachten, die im engen Zusammenhang mit den oben genannten Innovation stehen: Die zunehmende Digitalisierung sowie die steigende Vernetzung unterschiedlichster Endgeräte und Objekte. Die beiden Entwicklungen sind Treiber für weitere Trends und Themen, wie folgender Abschnitt kursorisch darstellt:

- **Digitalisierung:**
  Die Digitalisierung ist inzwischen allgegenwärtig. Immer mehr analoge Größen werden in digitale Formate überführt, beispielsweise Medienangebote wie Zeitungen, Zeitschriften, Bücher oder Musik, aber auch die klassische Dokumentenablage. Eine besonders konsequente Ausprägung von Digitalisierung ist der 3-D-Druck, bei dem dreidimensionale Daten in druckbare Gegenstände überführt werden. Entsprechende Anwendungen haben sich z. B. im Prototypenbau bereits durchgesetzt. Mittlerweile sind auch Consumer-Lösungen für wenige hundert Euro am Markt erhältlich.
  Ein weiteres Beispiel ist die Digitalisierung des Videokonsums und der damit verbundene Erfolg von Streaming-Diensten. Streaming steht für die gleichzeitige Übertragung und Wiedergabe von Inhalten, wobei die zugehörigen Daten nicht dauerhaft auf dem Endgerät des Nutzers gespeichert werden. Der Erfolg streamingbasierter Content-Angebote wirkt auf die gesamte Branche: Die Mediennutzung der

Konsumenten verändert sich, Anbieter etablieren neue Media-Geschäftsmodelle, zusätzliche Endgeräte kommen zum Einsatz und der populäre „Shareconomy-Trend" wird bedient. Auch für die Consumer-Electronics-Industrie ergeben sich aus der Popularität von Streaming-Diensten neue Herausforderungen. Auf der einen Seite erweitert die Verwendung von IP-Infrastrukturen für die Übermittlung des Bild- und Tonsignals die Zahl der für Video-on-Demand geeigneten Endgeräte erheblich. So können auch Tablets oder Smartphones problemlos Online-Videos wiedergeben. Andererseits besteht die Notwendigkeit, klassische TV-Geräte möglichst intelligent und bequem mit dem Internet zu verbinden (Deloitte, Bitkom, 2014).

Durch die Zunahme der digitalen Präsenz eines Benutzers wird auch die Bedeutung der Digitalisierung in allen Lebensbereichen zunehmen.

- **Connectivity:**

Die Zahl der vernetzbaren Endgeräte nimmt immer weiter zu. Mit dem Siegeszug des Internets der Dinge wird das Web über Computer hinaus Teil der physischen Welt (Bullinger & Hompel, 2007). Es beschreibt die Vernetzung von sämtlichen Gegenständen wie Maschinen, Fahrzeugen, Kühlschränken, Warenverpackungen oder Lichtschaltern. In seiner konsequentesten Form hätte jeder Gegenstand Zugang zum Internet, z. B. über miniaturisierte Sender oder RFID-Chips.

Insbesondere im Segment der Unterhaltungselektronik sind Angebot und Nachfrage nach vernetzten Produkten ausgeprägt („Connected CE"): Smartphones, Laptops, Smart-TVs, Tablets, Blu-ray Player sowie vernetzbare Audiogeräte oder Fotoapparate bieten direkten Zugang ins Internet. Inzwischen werden 80 % des Umsatzes mit vernetzten CE-Produkten erwirtschaftet. Hier zeigt sich eine Steigerung im Vergleich zu den Vorjahren. So lag der Anteil 2012 noch bei lediglich 71 %. Gleichzeitig entwickelt sich das Smartphone zum Universalgerät und Ersatz für klassische Kamera-, Musik und Videoendgeräte (Deloitte, Bitkom, 2014).

Als ein weiteres Beispiel für das Internet der Dinge ist die intelligente Hausvernetzung. Smart-Home-Systeme ermöglichen die Steuerung von Gebäuden auch von unterwegs über das Smartphone. Hierbei ist ein Fernzugriff auf Sicherheitstechnik, Heizung, Rollladen und Licht beispielsweise per App möglich. Ein etwas humoristischer Werbebeitrag unterstreicht die mögliche Bedeutung dieser Technologie für die Zukunft: https://www.youtube.com/watch?v=ylOyUO646P4 (vgl. Deloitte, Bitkom, 2014).

Eine weitere Spielart des Internets der Dinge sind Wearables wie Smart Watches oder intelligente Brillen. Gerade letztere konnten die hohen Erwartungen bislang nicht erfüllen. Absehbar werden sich Smart Glasses jedoch im B2B-Umfeld durchsetzen. Hier existieren bereits sinnvolle Use Cases, beispielsweise im Bereich Logistik.

Durch die Vernetzung von Maschinen und Lieferketten können Unternehmen ihre Produktionsprozesse und Logistik spürbar optimieren. Diese derzeit unter dem Schlagwort „Industrie 4.0" zusammengefassten Aktivitäten sollen in letzter Konsequenz nicht weniger als die Wettbewerbsfähigkeit des Industriestandorts Deutschland sicherstellen. Connectivity wird so für viele Unternehmen zu einem großen Hoffnungsträger für die Zukunft.

Die Generierung großer Datenmengen wird durch die zunehmende Zahl vernetzter Endgeräte und Objekte zunehmen. (Stichwort „Big Data"). Insbesondere die Konsumgüter- (vgl. Abschn. 16.1) und Automobilindustrie (vgl. Abschn. 16.3) werden von der Analyse der entstehenden Daten deutlich profitieren.

Neben diesen beiden übergreifenden Trends seien noch die damit verbundenen Themen „Mobile Payment" und „sinkende Produktionskosten" ausgeführt.

- **Mobile Payment:** Mobile Payment wird seit Jahren der große Durchbruch vorhergesagt. Doch erst zuletzt wurde das Bezahlen über Smartphones bedeutsamer. Neue Dienste von Apple und Google könnten das mobile Bezahlen noch einmal populärer machen. Insbesondere kontaktloses, mobiles Payment gewinnt künftig an Bedeutung. Eine Deloitte-Studie prognostiziert, dass weltweit Ende 2015 fünf Prozent der NFC-fähigen Smartphones regelmäßig für Bezahltransaktionen in Ladenlokalen verwendet werden (vgl. Deloitte, 2015). Mittels Mobile Payment sind verschiedene innovative Produktlösungen denkbar, beispielsweise eine Supermarktkasse, die automatisch alle mit RFID-Chips ausgestatteten Produkte scannt (s. Internet der Dinge), und dann die Zahlung autonom und berührungslos über das Smartphone des Konsumenten abwickelt. Die Erwartung an Mobile Payment sind hoch, Marktteilnehmer stehen aber noch vor wesentlichen Herausforderungen. Die Akzeptanz durch die Nutzer ist noch vergleichsweise gering, Vertrauen in Sicherheitslösungen wie Fingersensoren muss erst geschaffen werden. Zudem ist ein flächendeckendes Angebot geeigneter Bezahlterminals notwendig (vgl. Deloitte, Bitkom, 2014).
- **Sinkende Produktionskosten:** Als Folge des hohen Innovationsniveaus und gleichzeitig als Enabler neuer Entwicklungen wie des Internets der Dinge sind sinkende Produktionskosten prägend für die Technologieindustrie. Dies ist bedingt durch Skalenerträge, Effizienzsteigerungen und höheren Wettbewerb, was zu sinkenden Produktionskosten und mithin fallenden Hardwarepreisen führt. Wenn man beispielsweise die Komponenten wie Chipsätze und Gehäuse von Massenprodukten wie Mobiltelefonen oder Routern regelmäßig untersuchen würde, sind inkrementelle und subtile Veränderungen zu erwarten, um die Material- und Fertigungskosten zu senken sowie um Gewicht für den Versand zu reduzieren. Die angepassten Kosten haben die Ausbreitung der neuen Technologien in weiten Teilen der Bevölkerung aber auch in Schwellenländern erleichtert bzw. werden sie ermöglichen. Dies könnte Vertriebsstrukturen verändern bzw. neue Märkte entstehen lassen.

### 16.4.4 Mögliche Funktionsverlagerungen

Die Technologieindustrie ist facettenreich. Gleichwohl wurden sowohl in der Industriebeschreibung als auch bei den Trends typische Kernaspekte hervorgehoben, welche diese Industrie charakterisieren: Ein exponierter Stellenwert innovativer Lösungen verbunden mit einem hohen Teil an IP, hohe Datengenerierung, zunehmende Relevanz von After-Sales-Service und neuen Service-Angeboten sowie letztlich neue Zielmärkte.

Da es häufig effizienter ist, Innovationen und neue Technologien einzukaufen, als sie selbst zu entwickeln, ist eine Zunahme der M&A-Aktivitäten im Technologiesektor zu erwarten. Dies hat die anschließende Integration des erworbenen Unternehmens, welches ein besonders innovatives Produkt entwickelt hat, zur Folge. Aus Gründen des Rechtsschutzes, des IP-Managements, des Managements von Entwicklung und der Integration in die bestehende Konzernstruktur kann es zu häufigen Post-Merger-Verschiebungen der IP bzw. der Entwicklungsfunktion kommen. Vergleichbare Verlagerungen sind gleichwohl auch ohne vorhergehende M&A-Aktivität denkbar.

Mit Blick auf die generierten Kundendaten ist zu fragen, wem diese zustehen. Wenn ein Unternehmen in einem Land Kundendaten aus der Nutzung von Smartphones gewonnen hat, könnten diese Daten in einer zentralen Marketingfunktion konsolidiert und damit über Ländergrenzen übertragen werden. Ob dies unmittelbar eine Funktionsverlagerung auslöst, ist fraglich. Zumindest aber ist zu fragen, ob ein Ausgleichsbetrag zu erbringen ist. Ähnlich ist offen, wie im B2B-Bereich u. a. Vorlagen für 3-D-Drucke vergütet werden.

Eine Verlagerung der profitablen After-Sales-Service-Funktion kann zu einer Übertragung von wesentlichen Gewinnpotenzialen führen, auch wenn die Funktion als solche Routineaktivitäten ausübt. Das Gewinnpotenzial liegt hier vielmehr in der Möglichkeit, After-Sales-Geschäfte zu erzielen, die erst durch den Verkauf des eigentlichen Produktes entstanden ist. Es geht mithin nicht nur eine Routinefunktion, sondern ein Gewinnpotenzial über, bedingt durch die Kundenbindung. Gleichwohl ist zu bedenken, dass die Verlagerung einer betriebswirtschaftlichen Notwendigkeit entsprungen sein mag, um dem unter 15.4.3 skizzierten Kostendruck in der Produktion entgegenzuwirken. Das Gewinnpotenzial im aufnehmenden Land ist unter Umständen um ein Vielfaches höher als im abgebenden Land bedingt durch die Kostenvorteile.

## 16.5 Pharmazeutische Industrie[5]

### 16.5.1 Typische Merkmale der Industrie

Die Life-Science-and Health-Care-Industrie als Sammelbegriff umfasst die Bereiche der forschenden pharmazeutischen Industrie, der Generika (jeweils bezogen auf apothekenpflichtige und verschreibungspflichtige Arzneimittel), der Biotech-Industrie, der medizinischen Geräte und Medizintechnik, aber auch unterschiedliche Dienstleistungen der Gesundheitsbranche. Die folgenden Ausführungen beziehen sich im Wesentlichen auf die Branche der forschenden Pharmaunternehmen.

---

[5]Verfasst von Andreas Fischer und Christoph Heil.

Das entscheidende Charakteristikum der Pharmazeutischen Industrie – insbesondere im direkten Vergleich mit vielen anderen Branchen – ist eine besonders hohe Forschungsintensität, die der Marktreife eines Produktes vorausgeht. Im Rahmen der Forschung und Entwicklung werden langwierige Entwicklungsphasen bis zur Marktzulassung durchlaufen: Präklinische Forschung, klinische Forschung bis zur Zulassung (Phase 0 bis Phase III) und anschließend Wirksamkeitsstudien nach der Zulassung (Phase IV). Zu Beginn der Forschung stehen bis zu 10.000 unterschiedliche Substanzen, von denen nach einer durchschnittlichen Entwicklungszeit von 13,5 Jahren mit Kosten i. H. v. durchschnittlich 1,6 Mrd. EUR nur ein Wirkstoff erfolgreich zugelassen und am Markt vertrieben werden kann (vgl. Verband Forschender Arzneimittelhersteller e. V., 2015).

Die in dieser Zeit entwickelten Arzneimittel haben i. d. R. nur eine bestimmte Lebensdauer – diese beginnt mit der Identifikation eines Wirkstoffes und endet mit der Einstellung der Herstellung des Produktes. Dieser Produktlebenszyklus wird von den folgenden Faktoren beeinflusst:

- Eine zeit- und kostenintensive Forschungs- und Entwicklungsphase,
- eine zeitlich begrenzte Phase, in der das Produkt Patentschutz genießt,
- Konkurrenz durch neuere Produkte, die den gleichen Zweck erfüllen,
- Rückgang von Umsatz und Profitabilität, nachdem der Patentschutz erloschen ist, und
- der dadurch begünstigte Markteintritt von Wettbewerbern (meist Anbietern von Generika).

Bezogen auf die Absatzmärkte besteht für pharmazeutische Erzeugnisse national wie international eine Fülle von Restriktionen von Zulassungsbeschränkungen bis hin zu Preisvorgaben durch die unterschiedlichen Gesundheitssysteme. Letztere werden beispielsweise durch Gewinnbeschränkungen, durch die Limitierung der Erstattungsfähigkeit durch die Gesundheitskassen, durch vorgeschriebene Preisobergrenzen oder dadurch durchgesetzt, dass Ärzte angehalten werden, Generikaprodukte zu verschreiben. Ferner entstand durch das staatlich geschaffene Preisgefälle zwischen unterschiedlichen Ländern ein eigenständiger, organisierter und wachsender Markt für Parallelimporte, der die Produzentenrente abschöpft. Diese Entwicklung hat auch entsprechende Implikationen auf die Verrechnungspreisgestaltung und einen starken Einfluss auf die Margenallokation.

Ein wesentlicher und nicht zu unterschätzender Aufwand entsteht zusätzlich durch Marketingaufwendungen. Wie die Autoren im Rahmen ihrer beratenden Tätigkeit regelmäßig feststellen, sind die Marketingaufwendungen der absoluten Höhe nach und in Relation zum Umsatz inzwischen mit den Aufwendungen für Forschung und Entwicklung gleichgezogen oder übersteigen diese sogar mitunter. Des Weiteren bilden Produktfälschungen und Plagiate eine große Herausforderung für die Unternehmen in dieser Branche, der man wirkungsvoll nur durch die vollständige Kontrolle der Lieferkette und durch die Entwicklung fälschungssicherer Packungen begegnen kann.

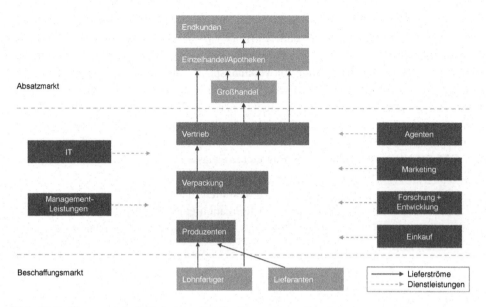

**Abb. 16.5** Pharmazeutische Industrie. (Quelle: Eigene Darstellung)

## 16.5.2 Typische Wertschöpfungsketten

Die typische Wertschöpfungskette der pharmazeutischen Industrie ist in der Abb. 16.5 zusammenfassend dargestellt.

Die Wertschöpfungskette der Pharmaindustrie als forschende Industrie lässt sich in die drei wesentlichen Wertschöpfungsstufen Forschung und Entwicklung, Herstellung und Produktion, Marketing und Vertrieb untergliedern, auf die im Weiteren eingegangen wird.

### 16.5.2.1 Forschung und Entwicklung

Für die forschenden Pharmaunternehmen sind Forschung und Entwicklung der entscheidende Erfolgsfaktor, da die regelmäßige Verfügbarkeit neuer Wirkstoffe über Erfolg und Misserfolg der Unternehmen entscheidet. Dieser Innovationsdruck ist auch Ursache für die aktuell zu beobachtende Anhäufung von Unternehmensakquisitionen innerhalb der Branche, da auf diesem Wege geistiges Eigentum und Know-how forschender Unternehmen erworben werden kann.

Wie einleitend bereits erwähnt wurde, ist die Entwicklung eines Wirkstoffes ein ressourcenintensiver Prozess, der die folgenden Phasen durchläuft:

1. Identifikation der zu therapierenden Krankheit und Definition geeigneter Angriffspunkte (Targets) im Krankheitsgeschehen.
2. Erfindung von Wirkstoffkandidaten, die lindernd oder heilend in das Krankheitsgeschehen eingreifen.
3. Test auf Wirkung und Verträglichkeit an Zellkulturen und Tieren um die Wirksamkeit und Unschädlichkeit eines Wirkstoffes zu gewährleisten.

4. Phase 1: Klinische Studie an wenigen gesunden Erwachsen und gleichzeitige Entwicklung der Darreichungsform.
5. Phase 2: Klinische Studien mit wenigen kranken Erwachsenen zur Untersuchung von Wirksamkeit, Verträglichkeit und Dosierung.
6. Phase 3: Klinische Studie mit vielen kranken Erwachsenen zur Identifikation seltener Nebenwirkungen.
7. Begutachtung durch die Zulassungsbehörde.
8. Phase 3b oder 4: Studien nach der Zulassung, in der das Medikament weiter erprobt wird, beispielsweise hinsichtlich der Zusammenwirkung mit anderen Arzneimitteln. Generell dient diese Phase der Gewinnung von Daten der Arzneimittelsicherheit, beispielsweise hinsichtlich der Handhabung (z. B. Inhalatoren und andere Darreichungsformen) oder seltener oder bis dato unbekannter Nebenwirkungen.

Ein besonderer Aspekt ist vor dem Hintergrund der Generierung von IP im Rahmen der Phase-4-Studien zu berücksichtigen. Hierbei stellt sich in der Praxis die Frage, ob die im Rahmen dieser Entwicklungsphase entstandenen Aufwendungen als Marketingaufwand respektive Aufwand für Forschung und Entwicklung zu behandeln sind. Aus dieser Zuordnung entstehen entsprechende Implikationen für die Bewertung des IP im Rahmen möglicher Verlagerungen. Details zur IP-Abgrenzung in der Pharmaindustrie finden sich bei Fischer und Breitenbach (2010).

Der Schutz des im Rahmen dieser Schritte entwickelten IP hat einen hohen Stellenwert für die Pharmaindustrie. Sobald ein Arzneimittel zugelassen wurde, ist seine chemische Zusammensetzung öffentlich bekannt und lediglich während der Dauer des Patentschutzes ist es seinem Entwickler möglich, höhere Margen zur Deckung der aufgewendeten Entwicklungskosten zu realisieren.

### 16.5.2.2 Herstellung und Produktion

In der pharmazeutischen Industrie wird im Rahmen der Herstellung zwischen der primären und sekundären Fertigung unterschieden. Unter der primären Fertigung wird die Herstellung der pharmazeutischen Inhaltsstoffe des Arzneimittels verstanden („Active Pharmaceutical Ingredients"). Hierbei handelt es sich um einen kapital-, dokumentations- und häufig zeitintensiven komplexen Prozess, der zahlreiche Herstellungsstufen, inklusive der Abscheidung, der Aufreinigung, dem Auskristallisieren, der Isolierung, der Trocknung und dem Mahlen der Inhaltsstoffe umfasst.

Im Rahmen des sekundären Fertigungsprozesses werden dann die pharmazeutischen Inhaltsstoffe durch physische Modifikation oder durch die Beigabe von Zusatzprodukten in ihre vorbestimmte Darreichungsform (z. B. Tabletten, Pillen, Pulver, Injektion, Pflaster, Inhalatoren o. Ä.) konvertiert, verpackt, etikettiert und versand- bzw. verbrauchsfertig gemacht.

### 16.5.2.3 Marketing und Vertrieb

Grundsätzlich muss hinsichtlich des Vertriebes von Arzneimitteln zwischen verschreibungspflichtigen und apothekenpflichtigen Produkten unterschieden werden. Für verschreibungspflichtige Medikamente ist Werbung in öffentlichen Medien in Deutschland unzulässig, weshalb sich die Marketingaktivitäten für diese Produkte bei der Markteinführung direkt an die Ärzte richten. Diese Strategie erfordert einen hohen Personaleinsatz, da das Vorstellen neuer Produkte (das sog. Detailing) regelmäßig über Pharmareferenten im direkten Kontakt mit den Ärzten erfolgt. Ein nicht zu unterschätzender Kostenfaktor sind in diesem Zusammenhang kostenlose Produktproben, die zur Weitergabe an potenzielle Patienten ausgegeben werden. Ein weiterer relevanter Kostenfaktor sind produktspezifische Kongresse und Symposien, die für Ärzte und Wissenschaftler durchgeführt werden.

### 16.5.3 Erfolgsfaktoren

Ein wesentlicher Erfolgsfaktor ist die Innovationsfähigkeit eines pharmazeutischen Unternehmens. Nach Ablauf des Patenschutzes verlieren Originalprodukte binnen kurzer Zeit oft erhebliche Marktanteile an Generika-Produkte. In 2013 entfielen 87 % der Verordnungen und 75 % des Umsatzes im generikafähigen Markt auf Generika (vfa, 2014). Somit wird die (forschende) pharmazeutische Industrie durch einen hohen Innovationsdruck gekennzeichnet. Nur Unternehmen, die regelmäßig neue Wirkstoffe entwickeln und zur Marktreife führen, können sich in diesem Umfeld behaupten.

### 16.5.4 Langfristige Trends

Auch in Zukunft ist von einem weiteren Wachstum des Gesundheitsmarktes in Deutschland auszugehen. Im Jahr 2011 beliefen sich die Gesundheitsausgaben hier auf 294 Mrd. EUR, was über 11 % des Bruttoinlandsproduktes ausmacht (vfa, 2015). Die stetig ansteigende Lebenserwartung der Menschen und auch der steigende Anteil der älteren Menschen an der Bevölkerung begünstigen die Branche, da eine alternde Bevölkerung eine Zunahme von chronischen und altersbedingten Krankheiten nach sich zieht. Jedoch wirkt sich diese positive Marktentwicklung nicht auf die Erträge der pharmazeutischen Unternehmen in Deutschland aus, die seit Jahren stabil geblieben sind. Zum einen liegt das am Sinken der Preise für Medikamente insgesamt, zum anderen führen staatliche und individuelle Rabatte dazu, dass die Hersteller von jedem Euro, der für ein Medikament ausgegeben wird, durchschnittlich nur 46 Cent erhalten (vfa, 2014).

Ein weiterer relevanter Trend zeichnet sich in der geografischen Ordnung der Märkte ab: Während in der Vergangenheit bis zur Jahrtausendwende die traditionellen Industrienationen einen Weltmarktanteil von 80 % innehatten, wird der „Rest der Welt" bereits 2015 voraussichtlich seinen Anteil auf 30 % steigern und im Jahr 2040 wird dieser Anteil schon über 40 % betragen.

Einen Zukunftstrend werden nach Ansicht zahlreicher Pharmamanager Digital-Health-Angebote, wie online gestützte Sprechstunden oder telemedizinisches Monitoring von Vitalfunktionen sowie intelligente Arzneimittelverpackungen, die funktional etwa mit Einnahmeerinnerung und -Überwachung gekoppelt sind, darstellen (Springer Medizin Verlag GmbH, 2014).

### 16.5.5 Mögliche Funktionsverlagerungen

Mögliche Funktionsverlagerungen ergeben sich durch die verstärkten M&A Aktivitäten und eine anschließende Integration in die bestehende Wertschöpfungskette verbunden mit Verlagerung einzelner Funktionen zusammen mit werthaltigem IP. Die Vielzahl dieser M&A Aktivitäten im Bereich Life Science ist dabei auf den aufwändigen und kostenintensiven Entwicklungsprozess zurückzuführen; gerade kleinere, innovationsstarke Unternehmen verfügen oft nicht über die finanziellen oder technischen Möglichkeiten, den gesamten Forschungsprozess zu durchlaufen und das Produkt letztlich zur Marktreife zu führen. Demgegenüber profitieren größere Unternehmen bei der Übernahme kleinerer Start-ups regelmäßig von deren Innovationskraft und können so ihre Forschungspipeline füllen bzw. erweitern (vgl. Oehrlich, 2010). Im Jahr 2013 wurden im Bereich der pharmazeutischen Industrie weltweit Fusionen und Übernahmen im Wert von ca. 88 Mrd. US$ getätigt; für das Gesamtjahr 2014 wird das weltweite M&A-Transaktionsvolumina auf mindestens 265 Mrd. US$ geschätzt (vgl. Biermann & Tebroke, 2014). Im Zuge dieser Übernahmen kann es in der steuerlichen Beurteilung, verursacht durch die Übertragung von Rechten oder die Zusammenlegung von Produktionsstandorten sowie durch die Neugründung von Produktionsstandorten in neuen Märkten, zu Verlagerungen der im Konzern ausgeübten Funktionen kommen. So entspricht es beispielsweise der gängigen Praxis, das konzernweit vorhandene oder durch Unternehmensakquisitionen gewonnene IP in reinen Patentverwaltungsgesellschaften zu zentralisieren und Forschung und Entwicklung durch die Einführung von Auftragsforschungsstrukturen zu bewältigen.

Auch die Erschließung neuer Märkte und die damit einhergehenden strategischen Unternehmensentscheidungen beinhalten mitunter das Risiko, dass sie die erforderlichen Maßnahmen beispielsweise die Gründung eines Vertriebshubs, auf den teilweise oder vollständig die Vertriebsfunktion anderer Gesellschaften übertragen werden, ex post von der Finanzverwaltung als Funktionsverlagerung qualifiziert werden.

## 16.6 Chemische Industrie[6]

### 16.6.1 Typische Merkmale der Industrie

Die chemische Industrie ist die drittgrößte Industriesparte in Deutschland mit einem Gesamtumsatz von fast 200 Mrd. EUR im Jahre 2014. Führend in Europa betrug im Jahr

---

[6]Verfasst von Klaus Dorner und Semera Heravi.

2013 der Anteil Deutschlands am Gesamtumsatz der Chemie- und Pharmaindustrie innerhalb der Europäischen Union 26 %, gefolgt von Frankreich, Italien und den Niederlanden (vgl. VCI, 2014; VCI, 2014; Cefic, 2014 [alle abgerufen am 20.07.2015]). Weltweit rangiert Deutschland mit einem Weltmarktanteil von 5 % auf dem vierten Platz hinter China (mit 31 %), den USA (mit 16 %) und Japan (mit etwas über 5 %) (VCI, 2014).

Die chemische Industrie ist eine sehr kapital- und forschungsintensive Branche. Erhebliche Investitionen in Produktionslagen sowie Forschungs- und Entwicklungsprozesse sind zu finanzieren und stellen nicht selten Markteintrittsbarrieren für potenzielle Konkurrenten dar. Darüber hinaus sind große Teile der chemischen Industrie intensiver staatlicher Regulierung, insbesondere im Hinblick auf Sicherheits- und Umweltregularien, unterworfen. Dies gilt zum Teil auch für Zulieferer und Dienstleister der chemischen Industrie, wie Logistikunternehmen, die den Transport und die Lagerung chemischer Produkte übernehmen. Zudem sind mit Blick auf Kundenanforderungen häufig erhebliche Investitionen erforderlich und strikte Regularien zu erfüllen, beispielsweise Produkt- und Anlagenzertifizierungen.

Prozesstechnisch unterscheidet sich die chemische Industrie in weiten Bereichen dadurch von anderen Branchen, dass Produktionsprozesse häufig integrierte Prozessketten darstellen, die nur sehr eingeschränkt beschleunigt oder verlangsamt oder gar beliebig gestoppt und wieder gestartet werden können. Eine Anpassung der Prozessabläufe an schwankende Nachfragevolumina ist somit nur schwer möglich. Zudem entstehen im Produktionsprozess nicht selten weitere Nebenprodukte (Kuppelprodukte).

Der Fixkostencharakter eines großen Teils der Produktionskosten erfordert deshalb die Realisierung von Größendegressionseffekten sowie Maßnahmen zum Volumenmanagement. Die Größendegression stellt jedoch für Wettbewerber häufig eine signifikante Markteintrittsbarriere dar und stärkt die Wettbewerbsposition des etablierten Anbieters. Demgegenüber stellen Fixkosten und Regulierungsunsicherheiten jedoch signifikante Risiken dar.

Die chemische Industrie beliefert zahlreiche andere Industriezweige. Die Branche ist mit wichtigen Schlüsselindustrien, wie der Automobilindustrie, Baustoffherstellern, der Medizintechnik und der Lebensmittelbranche eng vernetzt. Daher ist auch das Produktsortiment der chemischen Industrie sehr breit diversifiziert. Es können zwei Produktsegmente unterschieden werden: Auf der einen Seite Basischemikalien, unter die Petrochemikalien und Derivate, anorganische Chemikalien sowie Polymere fallen, und auf der anderen Seite Spezialchemikalien, welche Fein- und Spezialchemikalien sowie Verbraucherchemikalien umfassen. Insbesondere Spezialchemikalien zielen auf wichtige Abnehmer in den Schlüsselindustrien ab. Mit steigendem Veredelungsgrad der chemischen Produkte nehmen grundsätzlich die Volumina und damit die Kapitalintensität ab. Umgekehrt nimmt die Intensität von F&E auf den der Basischemie nachgelagerten Wertschöpfungsstufen zu (vgl. Hickman et al., 2011).

Die Verrechnungspreise für „Commodities" (häufig Grund- und Rohstoffe) lassen sich üblicherweise mittels der Preisvergleichsmethode (Comparable Uncontrolled Price „CUP" Method) ermitteln. Standardisierte Produkteigenschaften und beobachtbare liquide Märkte (zum Teil Warenbörsen) bieten die Grundlage für eine Verrechnungspreisbestimmung, die direkt auf Marktdaten für vergleichbare Transaktionen zwischen Dritten aufbaut. Jedoch darf hierbei nicht übersehen werden, dass die Vergleichbarkeit von Transaktionen nicht selbstverständlich ist. So können neben den Transaktionsbedingungen (u. a. Menge, Zeitpunkt und Ort der Transaktion) die Produkteigenschaften selbst preisrelevante Unterschiede aufweisen, die für Laien oft nur schwer zu erkennen sind (z. B. Details der chemischen Eigenschaften, Reinheitsgrade etc.) Eine detaillierte Analyse der zu bewertenden Transaktionen unter Bezugnahme auf chemische Fachexpertise kann deshalb unumgänglich sein.

Im Rahmen chemischer Prozesse entstehen neben dem Hauptprodukt häufig weitere Nebenprodukte als Kuppelprodukte, die sowohl Abfallprodukte als auch selbstständig verwertbare Produkte sein können. Die Nebenprodukte können unter Umständen einen eigenen Wertbeitrag generieren und somit eine eigene Wertschöpfungskette nach sich ziehen.

Handelt es sich bei Kuppelprodukten um zu entsorgende Abfallprodukte, sind Entsorgungskosten Teil der Produktionskosten. Stellen diese jedoch selbstständig verwertbare Nebenprodukte dar, stellt sich die Frage nach einer marktkonformen Verrechnungspreisermittlung. Sind für beide Produktkategorien Marktpreise beobachtbar (s. „Commodities"), so ist dies üblicherweise kein Problem. Sind in Ermangelung beobachtbarer Marktpreise jedoch andere Methoden anzuwenden, wie die Kostenaufschlagsmethode, so stellt sich das Problem der Ermittlung einer sinnvollen Kostenbasis für die jeweiligen Produktkategorien.

In der Praxis wird vielmehr das Restwert- und Verteilungsverfahren angesetzt. Ersteres knüpft an die Gesamtkosten des Produktionsprozesses an, vermindert diesen jedoch um die Erlöse aus der Verwertung des Nebenproduktes. Der dadurch verbleibende Wert ist üblicherweise auf Ebene des Primärprodukts als noch zu deckende Kosten der Kuppelproduktion auszuweisen. Dies kann ein gangbarer Weg der Verrechnungspreisermittlung für das Hauptprodukt sein, sofern zumindest für das Nebenprodukt Marktpreise zur Verfügung stehen. Ist dies nicht der Fall, ist die Preisermittlung für das Nebenprodukt und somit auch für das Hauptprodukt ungelöst. Beim Verteilungsverfahren werden hingegen die gemeinsamen Kosten des Herstellungsprozesses auf der Grundlage von Aufteilungsschlüsseln verteilt. Die Zugrundelegung eines „sachgerechten" Aufteilungsschlüssels kann jedoch in der Praxis mit erheblichen Schwierigkeiten verbunden sein. Für Controlling-Zwecke kann die Aufteilung z. B. auf Basis der Umsatzerlöse erfolgen, was für die Ermittlung fremdüblicher Verrechnungspreise jedoch unmöglich ist, weil die Umsatzerlöse den erst zu ermittelnden Verrechnungspreis reflektieren (Zirkelschluss). Alternativ könnten beispielsweise volumenbasierte Verteilungsschlüssel angewandt werden (vgl. Vögele & Raab, 2015).

Begründet durch die Forschungsintensität der chemischen Industrie spielen immaterielle Wirtschaftsgüter, insbesondere Produkt- und Prozess-Know-how eine große Rolle im Wertschöpfungsprozess und somit auch bei der Bestimmung einer angemessenen Vergütung im Rahmen von Konzerntransaktionen. Zum Know-how selbst kommen

Genehmigungen, Produktionslizenzen und Zertifizierungen erhebliche Bedeutung zu. Wichtig ist hier jedoch, dass die Frage nach der rechtlichen oder wirtschaftlichen Eigentümerschaft unabhängig von der Frage zu beurteilen ist, wer welchen Wertbeitrag zu dem immateriellen Wirtschaftsgut geleistet hat. Ein höherer Wertbeitrag wird sich in einer höheren Vergütung niederschlagen, sollte aber richtigerweise für sich genommen nicht die Identifizierung der Eigentumsverhältnisse beeinflussen (vgl. OECD, 2014, T.z. 6.4 ff.).

Neben grundsätzlich branchenunabhängig relevanten Fragestellungen beispielsweise zum rechtlichen versus wirtschaftlichen Eigentum oder der Zuordnung des wirtschaftlichen Eigentums auf der Basis tatsächlicher Prozessverantwortung (Stichwort „Personalfunktionen") versus Finanzierung bzw. Risikotragung (vgl. Schmidtke & Hautkappe, 2014) gesellen sich einige besondere Problematiken, die als typisch für die chemische Industrie gelten.

Typisch für chemische Produktionsprozesse ist beispielsweise der Umstand, dass aufbauend auf einer „Produktrezeptur" und einem „Prozesskonzept" die erfolgskritische Optimierung der Produktionseffizienz ein aufwendiges anlagenspezifisches „finetuning" des Prozesses erfordert. Soll nun das in einer konkreten Anlage eingesetzte technische Know-how im Rahmen einer Lizenzierung einem anderen Konzernunternehmen zur Verfügung gestellt werden, kann es extrem schwierig sein, den Wertschöpfungsanteil des „übertragbaren" Know-hows vom anlagenspezifischen und nicht übertragbaren „Fine-Tuning-Know-how" so abzugrenzen, dass eine fremdübliche, den tatsächlichen Wertschöpfungsbeitrag die Lizenz reflektierende Lizenzgebühr bestimmt werden kann. Ähnliche Abgrenzungsprobleme können zudem auftreten, wenn technisches Know-how bezüglich einzelner Prozessschritte innerhalb einer komplexen Prozesskette lizenziert werden soll.

### 16.6.2 Typische Wertschöpfungsketten

Die Wertschöpfungskette in der Chemieindustrie ist vergleichsweise komplex. In Abb. 16.6 wird eine nach Funktionen gegliederte typische Wertschöpfungskette der chemischen Industrie dargestellt.

Wie oben bereits erläutert, umfasst eine typische Produktionskette in der Chemieindustrie oftmals eine ganze Reihe von Produktionsschritten und kann mit der Entstehung von Neben- und Kuppelprodukten verbunden sein.

Typische Zentralfunktionen von Chemiekonzernen sind die Durchführung von F&E-Aktivitäten, die Erbringung von Management-Leistungen und anderer Dienstleistungen wie die Verhandlung von Einkaufskonditionen von zentralen Lieferanten und IT-bezogenen Dienstleistungen sowie die Bestimmung einer Marketing- und Vertriebsstrategie auch verbunden mit Überlegungen zur Behandlung sog. Key Accounts. Dezentral ist i. d. R. die Vertriebstätigkeit, die sich aufgrund der heterogenen Kundenstruktur oftmals als vielschichtig erweist.

# 16 Industrieperspektiven auf Funktionsverlagerungen

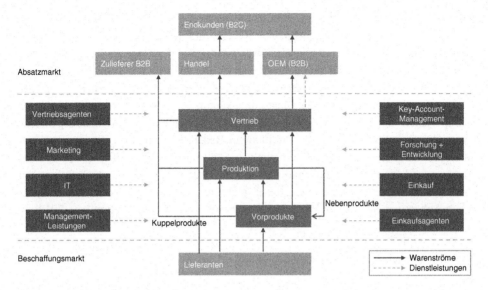

**Abb. 16.6** Chemische Industrie. (Quelle: Eigene Darstellung)

### 16.6.3 Erfolgsfaktoren

Als der wichtigste Erfolgsfaktor in der chemischen Industrie ist vor allem die Innovationsstärke eines Unternehmens zu nennen. Nicht nur Bereitschaft und Fähigkeit der Unternehmen in Forschungs- und Entwicklungstätigkeiten zu investieren, sondern auch vorhandenes Produkt- und Prozess-Know-how, der Besitz von erforderlichen Genehmigungen, Produktionslizenzen und Zertifizierungen können wesentlich zum Erfolg eines Chemieunternehmens beitragen. Die Chemieindustrie zählt zu den innovationsstarken Branchen der deutschen Wirtschaft. Über drei Viertel der Chemieunternehmen führen regelmäßig Innovationen ein und fast 60 % betreiben kontinuierlich F&E. Kein anderer Industriezweig weist so hohe Werte auf. Annähernd 24.000 Chemiebeschäftigte arbeiteten 2012 im Bereich F&E. Im Jahr 2013 hat die Chemieindustrie in Deutschland 4,0 Mrd. EUR für F&E ausgegeben. Die gesamten Innovationsausgaben inkl. Investitionen in neue Anlagen sowie Ausgaben für die Einführung neuer Produkte und Prozesse lagen bei 7,3 Mrd. EUR (Gehrke & Rammer, 2014).

Des Weiteren gewinnt die internationale Ausrichtung und die Spezialisierung eines chemischen Unternehmens immer mehr an Bedeutung. Innovationsprozesse in der Chemieindustrie finden zunehmend auf einer internationalen Ebene statt. Rund ein Viertel der F&E-Ausgaben deutscher Chemieunternehmen erfolgen an Auslandsstandorten. Die 15 größten deutschen Chemieunternehmen haben zwischen 2005 und 2013 ihre F&E-Ausgaben mit einer Jahresrate von 5,1 % erhöht. Ihr Anteil an den F&E-Ausgaben der Chemieindustrie in den OECD-Ländern stieg dadurch von gut 16 % auf fast 21 %. Ein großer

Teil dieses Wachstums entfiel auf Unternehmensübernahmen und höhere F&E-Ausgaben an Auslandsstandorten. Der zunehmende Kostendruck führt dazu, dass sich die margenschwache Massenchemie zunehmend in ressourcen-/energiereichen Ländern konzentriert. In diesem Bereich werden deutsche Unternehmen nur dann wettbewerbsfähig sein, wenn die Transportkosten und die regionale Nähe zu Verbrauchern Energie- und Rohstoffkostennachteile überwiegen. Basischemikalien, besonders Petrochemikalien, Standardpolymere und Düngemittel könnten daher an Bedeutung verlieren. Dagegen sollten Spezialchemikalien für Hightech-Produkte an Bedeutung gewinnen. Es ist zu erwarten, dass die Stärke der deutschen Chemieindustrie mit ihrem Fokus auf Know-how, Kooperationen und Innovationen auf eine steigende Nachfrage für innovative Chemieprodukte trifft. Daher sind eine Verschiebung der Produktion von Basischemikalien hin zu Spezialchemikalien und eine höhere Wertschöpfung zu erwarten (Gehrke & Rammer, 2014).

### 16.6.4 Langfristige Trends

Die Chemiebranche steht den Herausforderungen einem sich stark wandelnden ökonomischen Umfeld gegenüber: der Schiefergasboom in den USA, der weitere Ausbau der Petrochemie und die Verlagerung der Wertschöpfungsketten in den Osten sowie dem starken Wirtschaftswachstum in China und anderen asiatischen Schwellenländern. Diesen Entwicklungen stehen hohe Energie- und Rohstoffkosten, verschärfte Umweltauflagen und eine stagnierende Binnennachfrage gegenüber. Zudem hemmen die Wirtschaftskrisen in Südeuropa und die Konflikte mit Russland die Nachfrageentwicklung. Gerade die deutschen Unternehmen stehen vor den Kosten der Energiewende. Aber nicht nur auf den Absatzmärkten findet ein Wandel statt. Auch das Nachfrageverhalten ändert sich. Der herkömmliche Ansatz der deutschen Chemieindustrie – in Großunternehmen mit hoher Auslastung produzieren, abverkaufen und verladen – funktioniert nicht mehr. Gefragt sind innovative System- und Prozesslösungen (Roland Berger, 2015).

Aus diesen ökonomischen Entwicklungen können heute drei wichtige langfristige Trends identifiziert werden, die in der Zukunft für die Entwicklung der Branche kennzeichnend sein werden:

1. Zum einen spielt die Kooperation sowohl unter den chemischen Unternehmen als auch die Kooperation mit Kunden eine immer größere Rolle. Die Zusammenarbeit mit anderen Chemieunternehmen erlaubt den Produzenten beispielsweise einen Zugang zu Versorgungsketten für Zwischenprodukte und Rohmaterialien und vereinfacht den Erhalt von Genehmigungen. Zum anderen können sich Chemieunternehmen mittels Kooperation mit den Kunden besser an die steigenden Anforderungen der Abnehmer anpassen und ihre Forschungs- und Entwicklungstätigkeiten möglichst effizient ausrichten (vgl. Büchler, 2009, S. 27.).
2. Als zweiter Trend in der Chemiebranche kann der zu erwartende weitere Anstieg der Forschungs- und Entwicklungsaufwendungen der Unternehmen genannt werden. Der

starke Fokus der Chemieindustrie in Deutschland auf Innovation, Forschung und Entwicklung stellt einen wichtigen Wettbewerbsvorteil dar.
3. Der dritte wesentliche Trend umfasst die zunehmende Verlagerung der Produktion insbesondere von Massenchemikalien in Länder, die aufgrund guter Ressourcenverfügbarkeit, niedriger Energiekosten, guter Nachfragebedingungen und beherrschbarer Regularien attraktive Standortbedingungen aufweisen. Industrieländer, wie Deutschland, spezialisieren sich hingegen immer stärker auf die Herstellung von Spezialchemikalien und Produkte, bei denen diese Standortfaktoren weniger relevant sind (vgl. Livinec, 2014).

### 16.6.5 Mögliche Funktionsverlagerungen

Hierauf basierend ist zu beobachten, dass Umstrukturierungen einschließlich damit einhergehender Funktionsverlagerungen im Wesentlichen von zwei Faktoren getrieben werden. Erstens soll – wie in anderen Branchen auch – durch Zentralisierung der Geschäftsmodelle, insbesondere wesentlicher unternehmerischer Funktionen einschließlich IP-Management, eine Effizienzsteigerung erreicht werden. Mit anderen Worten wird durch Streamlining von Prozessen und Realisierung von Synergien eine Steigerung der fundamentalen Wettbewerbsfähigkeit und Ertragskraft angestrebt. Auch steuerliche Überlegungen können hier einfließen, insbesondere im Hinblick auf die Wahl geeigneter Standorte für unternehmerische Zentralfunktionen. Zweitens erfolgt mit Funktionsverlagerungen eine Anpassung an veränderte Marktgegebenheiten, wie veränderte regulatorische Rahmenbedingungen und/oder Bedingungen auf Beschaffungs- und Absatzmärkten. Zwei Beispiele mögen dies illustrieren.

#### 16.6.5.1 Funktionsverlagerung aufgrund Post-Merger-Integration

Funktionsverlagerungen im Sinne einer Zentralisierung unternehmerischer Zentralfunktionen und IP, treten häufig in der Folge anorganischen Wachstums durch Zukäufe auf. Wie erläutert, ist aufgrund hoher Fixkosten und Finanzierungsvolumina Größe und Wachstum in weiten Bereichen der chemischen Industrie ein wichtiger Wettbewerbsfaktor. Um die im Zusammenhang mit Zukäufen erwarteten Synergien zu realisieren, Doppelprozesse auszuschalten und eine effiziente IP-Verwertung im Konzern sicherzustellen, kommt es im Rahmen der Post-Merger-Integration häufig zu Verlagerungen unternehmerischer Funktionen und immaterieller Wirtschaftsgüter auf eine zentrale Prinzipal-Einheit, die im Sinne des Steuerrechts Funktionsverlagerungen darstellen.

#### 16.6.5.2 Funktionsverlagerung aufgrund von Veränderungen auf dem Absatzmarkt und regulatorischem Umfeld

Die zunehmende Anwendung des sog. Fracking, beispielsweise in den USA, bei gleichzeitig schwierigem regulatorischem Rahmen hierfür in Europa, schafft dort Nachfrage nach bestimmten chemischen Produkten, die für das Fracking erforderlich sind (vgl.

Bryant, 2013). In Anbetracht der Wert-Volumen-Relation dieser Chemikalien ist eine Produktion in Europa mit anschließendem Transport in den Zielmarkt wirtschaftlich ineffizient. Der Aufbau von Produktionskapazitäten, ggf. einschließlich lokaler unternehmerischer Funktionen, im Zielmarkt ist deshalb für eine effektive Marktdurchdringung unabdingbar. Wurde entsprechendes Know-how ursprünglich in Europa entwickelt, kann eine solche Maßnahme zur Wahrnehmung neuer Marktchancen eine Funktionsverdoppelung oder auch Funktionsverlagerung darstellen.

## 16.7 Versicherungsindustrie[7]

### 16.7.1 Typische Merkmale der Industrie

Versicherungen verkaufen Versicherungsschutz, d. h. das Anrecht auf definierte (Schadens-)Zahlungen bei Eintritt bestimmter, vertraglich fixierter Ereignisse (Schäden). Damit ist das Versicherungsrisiko (d. h. der Eintritt des Schadensereignisses) das elementare Geschäftsrisiko von Versicherungen.

Zwei grundlegende Sparten sind bei Versicherungen zu unterscheiden: Dies ist zum einen die Lebensversicherung, die – abgesehen von wahlweise integrierten Todesfallleistungen – die Erbringung von Vermögensverwaltungs-Dienstleistungen darstellt, die in Deutschland meist um Elemente einer garantierten Verzinsung der eingezahlten Beträge ergänzt ist. Bei der Lebensversicherung steht somit der Spargedanke für die Altersvorsorge im Mittelpunkt und die Laufzeiten der Verträge umfassen nicht selten mehrere Jahrzehnte. Als zweiter Block sind die klassischen Versicherungssparten im Nicht-Lebensbereich zu unterscheiden, die vielfältige Lebensrisiken oder geschäftliche Risiken abdecken, wie die Unfall-, Feuer-, Haftpflicht-, die Kraftfahrzeug, Betriebsunterbrechungs- und Katastrophenversicherung. Im Nicht-Lebensbereich stehen die Bildung einer Gefahrengemeinschaft und das Poolen von Risiken im Vordergrund, die nach dem Grundsatz des Gesetzes der großen Zahl versicherbar werden. Die Sachversicherung ist eher kurzfristiger Natur. Im Nicht-Lebensbereich lässt sich häufig eine zyklische Entwicklung der Prämien beobachten. In Zeiten mit geringen Schadenseintritten müssen die Versicherer einen Rückgang der Prämien in den Vertragsverhandlungen hinnehmen (sog. weicher Markt), während in Zeiten mit hohen Schadenszahlungen die Versicherer meist Prämienerhöhungen durchsetzen können (sog. harter Markt).

Nicht nur in der Lebensversicherung ist das Versicherungsgeschäft eng verbunden mit der Vermögensverwaltung *(Asset Management)*, da Prämienzahlungen und Schadenseintritt zeitlich oft auseinanderfallen. Die mit den Prämieneinnahmen erzielten Einkünfte aus Kapitalanlagen bilden einen wichtigen Werttreiber im Versicherungsgeschäft. Gleichzeitig muss der Versicherer bei seiner Kapitalanlage darauf achten, jederzeit

---

[7]Verfasst von Oliver Busch.

ausreichend Liquidität für Schadenszahlungen vorzuhalten oder kurzfristig schaffen zu können *(asset-liability-match)*.

Um das Interesse der Versicherungsnehmer zu wahren, dass die versprochenen Leistungen im Schadensfall tatsächlich ausgezahlt werden, ist die Versicherungsbranche in fast allen Ländern der Welt stark reguliert. Schwerpunkte der Regulierung sind das von dem Versicherungsunternehmen vorzuhaltende Eigenkapital und sein Risikomanagement (Stichwort: Solvency II) und die verfolgte Anlagepolitik. In Deutschland obliegt der Bundesanstalt für Finanzdienstleistungsaufsicht (kurz: BaFin) die Aufsicht über die Versicherungsunternehmen. Ausländische Versicherungsunternehmen mit einem Sitz in einem anderen EU/EWR-Mitgliedsstaat, die in Deutschland über eine Niederlassung das Versicherungsgeschäft betreiben, werden von der Aufsichtsbehörde des Sitzstaates reguliert.

Versicherungsunternehmen operieren grenzüberschreitend häufig in der Form von Betriebsstätten. Dies bringt u. a. Vorteile bei der Erfüllung der aufsichtsrechtlichen Eigenkapitalanforderungen, da Diversifikationseffekte das vorzuhaltende Mindestkapital gegenüber einer Struktur mit Tochterkapitalgesellschaften meist reduzieren. Außerdem ist – zumindest innerhalb der EU bzw. dem Europäischen Wirtschaftsraum (EWR) – nur eine Aufsichtsbehörde zuständig und damit nur ein Aufsichtsrecht für das Versicherungsunternehmen maßgeblich.

Bei den Kunden von Erstversicherern handelt es sich um Unternehmen und Privatpersonen. Um Risiken breiter streuen zu können, rückversichern sich Erstversicherer in Bezug auf einen Teil der eingegangenen Risiken bei Rückversicherungsunternehmen. Für das in Rückversicherung gegebene Geschäft brauchen die Erstversicherungsunternehmen kein oder nur ein sehr viel geringeres Eigenkapital vorzuhalten, sodass es eines der Hauptziele bei der Rückversicherung ist, beim Erstversicherer Eigenkapital für das Zeichnen von Neugeschäften zu „befreien".

### 16.7.2 Typische Wertschöpfungsketten

Die Wertschöpfungskette in der Versicherungsindustrie ist im Vergleich zu den meisten anderen Industrien eher komplex. In der Abb. 16.7 wird eine nach Funktionen gegliederte typische Wertschöpfungskette dargestellt.

Die OECD unterscheidet in Abschnitt IV des Betriebsstättenberichtes vom 22. Juli 2010, der Versicherungsunternehmen gewidmet ist, sieben typische Unternehmensfunktionen im Versicherungsgeschäft:

a) Produktmanagement/Produktentwicklung,
b) Verkauf und Marketing,
c) „Underwriting" (Zeichnung) von Risiken,
d) Risikomanagement/Rückversicherung,
e) Vertrags- und Schadensfall-Management,
f) Vermögensverwaltung und
g) unterstützende Prozesse.

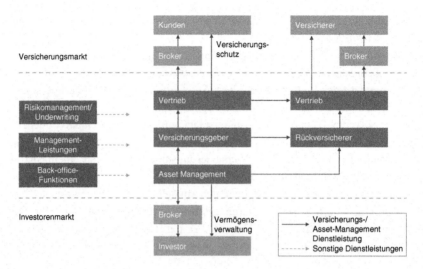

**Abb. 16.7** Versicherungsindustrie. (Quelle: Eigene Darstellung)

Die zentrale Funktion in der Wertschöpfungskette einer Versicherung (insbesondere im Nicht-Lebensbereich) ist der Zeichnungsprozess (das sog. Underwriting), durch den das jeweilige Versicherungsrisiko auf die Bücher des Versicherungsunternehmens genommen wird. Das Underwriting kann zentral oder lokal erfolgen, wobei der Zeichnungsprozess für jede Versicherungssparte einzeln zu untersuchen ist. Als wichtige weitere Funktionen neben dem Underwriting sind die Produktentwicklung, der Vertrieb und die Vermögensverwaltung anzusehen. Das Schadensmanagement, die Vertragsverwaltung und unterstützende Prozesse sind dagegen als Routinefunktionen einzustufen, es sei denn im Einzelfall ergibt sich etwas Besonderes.

### 16.7.3 Erfolgsfaktoren

Die wesentlichen Erfolgsfaktoren in der Versicherungsbranche sind

- die Qualität des Zeichnungsprozesses, inklusive der Modellierung der übernommenen Risiken,
- die Kapitalstärke des weltweiten Versicherungskonzerns, die über die aufsichtsrechtliche Regulierung hinaus das Vertrauen der Kunden in die Erfüllung der Leistungsversprechen bildet,
- die Einkünfte aus der Vermögensverwaltung, die insbesondere in preislich hart umkämpften Märkten den entscheidenden Ausschlag im Wettbewerb geben können.

Markennamen können den Vertrieb unterstützen, wobei die Bedeutung des Beitrags einer Marke im Versicherungsgeschäft stark umstritten ist und von Sparte zu Sparte und von Unternehmen zu Unternehmen einzeln zu bewerten ist.

## 16.7.4 Langfristige Trends

Die Herausforderungen der Versicherungsbranche sind vielgestaltig. Ganz zuvorderst ist die anhaltende Niedrigzinsphase zu nennen, durch die die Erträge aus Kapitalanlagen nicht mehr den Beitrag zur Wertschöpfung liefern, wie es in den vergangenen Jahrzehnten üblich war. Dies trifft insbesondere die Lebensversicherung, hat aber auch im Nicht-Lebensbereich signifikante Auswirkungen, da Schaden-Kosten-Quoten von 100 oder höher nicht länger durch die Investmenterträge in ein profitables Geschäft gewandelt werden können.

Als absolutes Zukunftsthema in der Versicherungsbranche gilt das Thema *Big Data*, da genauere Daten, z. B. zum Fahrverhalten oder zu sportlichen Aktivitäten des Versicherten, es den Versicherungsunternehmen erlauben würden, die Versicherungstarife für jeden Kunden individuell zu kalkulieren. Mehr Daten tragen auch zur Verbesserung der aktuarischen Modelle beispielsweise in Hinblick auf die Prognose der Häufigkeit und Schwere von zukünftigen Naturkatastrophen bei.

Im Zusammenhang mit der Technologisierung des Versicherungssektors gewinnen auch Online-Vertriebsformen an Bedeutung, sodass die Versicherer ihre Vertriebsstrukturen auf das digitale Zeitalter hin umrüsten müssen.

Nicht zu vernachlässigen ist auch der Einfluss, den das Aufsichtsrecht und zukünftige Entwicklungen in der Regulierung auf das Versicherungsgeschäft haben. So scheint der Trend hin zu einer Umorganisation des Geschäfts in eine Betriebsstättenstruktur, den führende europäische Versicherer in den 2000er-Jahren vollzogen haben, weiterhin anzuhalten, um die neuen Eigenkapitalanforderungen nach Solvency II besser erfüllen zu können. Darüber hinaus wurde mit der Überarbeitung der OGAW-Richtlinie (UCITS IV) einer Zentralisierung der Vermögensverwaltung der Boden bereitet, die einige Versicherer bereits vollzogen haben.

## 16.7.5 Mögliche Funktionsverlagerungen

Wie im vorherigen Abschnitt dargestellt, ist neben der technologischen Revolution das sich wandelnde Aufsichtsrecht eine stete Quelle von Veränderungen. Die Anpassung der Vertriebsstrukturen an das digitale Zeitalter kann zu organisatorischen Veränderungen führen, die den Tatbestand einer Funktionsverlagerung auslösen. Dies gilt umso mehr für die Zentralisierung von Prozessen, insbesondere für die Zentralisierung der Vermögensverwaltung im Zuge von UCITS IV. Gerade wenn durch eine solche Umstrukturierung Personal in Deutschland entlassen wird oder Mitarbeiter in andere Länder umziehen müssen, ist genau zu prüfen, ob die Tatbestandsvoraussetzungen einer Funktionsverlagerung erfüllt sind. Bei Veränderungen der Verantwortlichkeiten im Vertrieb ist immer auch die Frage zu stellen, wie mit sog. Erneuerungsrechten *(renewal rights)* umzugehen ist und ob diese eventuell Vorteile darstellen, die zum Vorliegen einer Funktionsverlagerung führen.

Auch die Umorganisation einer Geschäftsstruktur mit Tochterkapitalgesellschaften hin zu einer Betriebsstättenstruktur kann mit weiteren organisatorischen Veränderungen einhergehen, die zu einer Funktionsverlagerung führen können. In diesem Zusammenhang ist auch zu beachten, dass die steuerlichen Regelungen zur Funktionsverlagerung gemäß § 1 Abs. 5 S. 1 i. V. m. Abs. 3. S. 9 ff. AStG auch bei Verlagerungen von einer Betriebsstätte auf eine andere Betriebsstätte/Stammhaus desselben Unternehmens anwendbar sind.

Sofern lediglich Versicherungs-Portfolios konzernintern und über die Grenze übertragen werden, ohne dass dadurch entsprechendes Personal übergeht, scheint die Tatbestandsvoraussetzung des Übergangs einer betrieblichen Funktion regelmäßig nicht erfüllt zu sein.

## 16.8 Banken[8]

### 16.8.1 Typische Merkmale der Industrie

Banken üben in der Wirtschaft die wichtigen Aufgaben der Kreditvergabe, der Durchführung des Zahlungsmittelverkehrs sowie des Handels mit und der Verwahrung von Wertpapieren aus. Die Kunden von Banken sind Privatpersonen, Unternehmen, Staaten und andere Banken (Interbankenhandel).

In der Kreditvergabe – in Anlehnung an die Wortwahl der OECD im Folgenden auch als traditionelles Bankgeschäft bezeichnet – erfüllen Banken drei zentrale Funktionen: die Losgrößentransformation (viele kleine Spareinlagen werden für die Vergabe von größeren Kredittranchen gebündelt), die Fristentransformation (Ausgleich unterschiedlicher Laufzeitinteressen von Sparern und Kreditnehmern, wobei bei einem Auseinanderfallen der Fristigkeiten zusätzliche Risiken im Kreditgeschäft entstehen) und schließlich insbesondere die Risikotransformation (Entlastung der weniger erfahrenen Sparer von der Kreditwürdigkeitsanalyse der Kreditnehmer und Erleichterung der Risikostreuung).

Diese drei Funktionen zeigen, dass die Bewertung und Steuerung von Risiken das Hauptcharakteristikum im traditionellen Bankgeschäft ist, wobei der Zahlungsausfall des Kreditnehmers das zentrale Risiko darstellt. Je niedriger die Unterlegung der insgesamt eingegangenen Kreditrisiken mit Eigenmitteln der Bank ist, umso größer das Risiko der Insolvenz der Bank bei Ausfall großer Kredite. Wegen des regen Handels der Banken untereinander kann die Zahlungsunfähigkeit einer großen Bank daher zu Dominoeffekten im ganzen Finanzsystem führen.

Deswegen unterliegt das Bankenwesen einer strikten Regulierung, dessen gesetzliche Grundlage in Deutschland insbesondere das Kreditwesengesetz bildet. Ziele der Bankenaufsicht sind die Sicherstellung der Solidität des Bankensystems, die Verbesserung der finanziellen Integration und Stabilität sowie die Gewährleistung einer konsistenten

---

[8]Verfasst von Oliver Busch.

Aufsicht. Mit Implementierung des Einheitlichen Aufsichtsmechanismus (Single Supervisory Mechanism) am 4. November 2014 hat die Europäische Zentralbank (EZB) die direkte Bankenaufsicht über alle als bedeutend eingestuften Institute übernommen, zu denen beispielsweise alle europäischen Großbanken mit einer Bilanzsumme von mehr als 30 Mrd. EUR zählen (s. Richtlinie 2014/59/EU). Für die übrigen Kreditinstitute mit Sitz in Deutschland obliegt die Aufsicht der Bundesanstalt für Finanzdienstleistungsaufsicht (BaFin). Die bankenaufsichtsrechtlich erforderliche Kapitalausstattung ist in der Verordnung (EU) Nr. 575/2013 festgelegt und folgt dem Basel-III-Akkord. Die erforderliche Gesamtkapitalquote beträgt danach 8 %, wobei ab dem Jahr 2019 hiervon 7 % hartes Kernkapital vorgehalten werden müssen.

Ausländische Kreditinstitute mit einem Sitz in einem anderen EU/EWR-Mitgliedsstaat, die in Deutschland über eine Niederlassung das Bankgeschäft betreiben, werden von der Aufsichtsbehörde des Sitzstaates bzw. direkt von der EZB reguliert (sog. EU Passport). Der EU Passport ist einer der Hauptgründe, warum Kreditinstitute innerhalb der EU häufig in der Form eines Betriebsstättenkonzerns operieren, da die Kreditinstitute dann nicht in allen 28 EU-Mitgliedsstaaten von der jeweiligen nationalen Aufsichtsbehörde reguliert werden. Daher ist es nicht verwunderlich, dass der OECD-Betriebsstättenbericht vom 22. Juli 2010 sowohl dem traditionellen Bankgeschäft (Abschnitt II) als auch dem globalen Handel mit Finanzinstrumenten (Abschnitt III) jeweils eigenständige Kapitel widmet. Der globale Handel mit Finanzinstrumenten (Wertpapiere, Devisen, Derivate) ist dadurch gekennzeichnet, dass er rund um die Uhr erfolgt, wobei die Zuständigkeit für das globale Handelsbuch – je nach Integrationsgrad innerhalb der Bank – im Tagesverlauf mit den Zeitzonen wandert.

### 16.8.2 Typische Wertschöpfungsketten

Die Wertschöpfungskette in der Kreditwirtschaft ist im Vergleich zu den meisten anderen Industrien eher einfach. In der Abb. 16.8 wird eine nach Funktionen gegliederte typische Wertschöpfungskette im traditionellen Bankgeschäft dargestellt.

Die OECD unterscheidet in Abschnitt II des Betriebsstättenberichtes die folgenden Unternehmensfunktionen im traditionellen Bankgeschäft:

a) Funktionen, die zur Schaffung eines Finanzaktivums führen
   – Marketing sowie Aufbau und Erhalt der Kundenbeziehungen
   – Kreditvergabe, inklusive Kreditwürdigkeitsanalyse und Verhandlung der Konditionen
   – Refinanzierung
   – Back-Office-Tätigkeiten (Unterstützungsdienstleistungen)
b) Funktionen in Bezug auf bereits geschaffene Finanzaktiva
   – Vertragsverwaltung
   – Risikomonitoring und -steuerung
   – Steuerung der Refinanzierung
   – Evtl. Veräußerung des Kredits

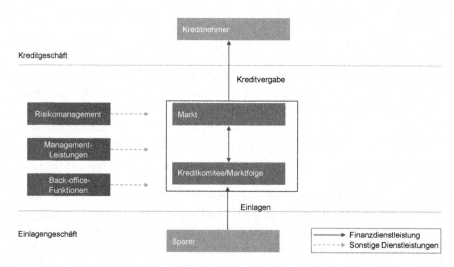

**Abb 16.8** Banken. (Quelle: Eigene Darstellung)

### 16.8.3 Erfolgsfaktoren im Geschäftsmodell von Banken

Die wesentlichen Erfolgsfaktoren eines Kreditinstituts sind:

- Die Qualität der Kreditwürdigkeitsanalyse,
- die Refinanzierung der Kredite (Einlagengeschäft) und
- die Kundenbeziehungen.

Markennamen können den Vertrieb unterstützen, wobei die Bedeutung des Beitrags einer Marke im Bankgeschäft umstritten und im Einzelfall zu bewerten ist.

### 16.8.4 Langfristige Trends

Die Herausforderungen der Kreditwirtschaft sind vielgestaltig. Durch die anhaltende Niedrigzinsphase sinkt die Zinsmarge, da der Habenzins in den vergangenen Jahren nicht proportional zum Sollzins gesunken ist. Kostensenkungsprogramme stehen damit auf der Tagesordnung von Banken. Maßnahmen hierbei sind das Outsourcing von bestimmten Tätigkeiten, Reduktion von Personal und die Zentralisierung von Prozessen.

Gleichzeitig erhöht sich durch das Inkrafttreten der Eigenkapitalvorschriften nach Basel III das aufsichtsrechtliche Mindestkapital, das Banken vorhalten müssen. Dies veranlasst etliche Banken im Moment, ihre Geschäftsmodelle zu analysieren und in bestimmten, höherriskanten Geschäftsbereichen zu schrumpfen.

Ein Schlagwort für die Zukunft des Bankgeschäfts, insbesondere des Privatkundengeschäfts, ist die Digitalisierung. Mehr und mehr Banken gehen dazu über, Kooperationen mit jungen Start-up-Unternehmen einzugehen, die sich auf Finanztechnologie spezialisiert haben (sog. Fintechs), von denen einige inzwischen sogar über eine eigene Banklizenz verfügen (z. B. Holvi) und so zu einer ernsten Konkurrenz für Banken heranwachsen. Die Digitalisierung umfasst Aspekte wie die Vereinfachung von Prozessabläufen, das Rund-um-die-Uhr-Banking, das Banking auf mobilen Endgeräten und die Nutzung von *Big Data,* d. h. die Auswertung der Kundendaten über Visualisierungen und neuartige Einnahmen-Ausgaben-Reportings.

### 16.8.5 Aspekte von Funktionsverlagerungen

Die Anpassung der Vertriebsstrukturen an das digitale Zeitalter kann zu organisatorischen Veränderungen führen, die den Tatbestand einer Funktionsverlagerung auslösen. Gleichermaßen ist bei Veränderungsprozessen, die sich aus Anpassungen an sich verschärfende aufsichtsrechtliche Regelungen ergeben, regelmäßig zu prüfen, inwieweit die Tatbestandsvoraussetzungen einer Funktionsverlagerung erfüllt sind. Zudem können politische Veränderungen Auslöser für Umstrukturierungen sein. Noch ist London unangefochten der Finanzplatz Nummer eins innerhalb Europas. Nach dem Votum der Briten am 23. Juni 2016 für einen so genannten Brexit, d. h. dem Austritt des Vereinigten Königreichs aus der EU, werden aller Voraussicht nach etliche Kreditinstitute eine Verlagerung ihres Sitzes und zentraler Geschäftsaktivitäten nach Kontinentaleuropa durchführen, um weiterhin in den Genuss des EU Passports zu gelangen. Solche Verlagerungen sollten vor dem Hintergrund möglicher Kompensationszahlungen für den Verlust der Tätigkeiten untersucht werden.

Kostensenkungsprogramme, die auf eine Reduzierung der Anzahl der Konzerngesellschaften abzielen *(legal entity reduction),* führen meist auch zu internen organisatorischen Veränderungen, die als eine Funktionsverlagerung i. S. d. § 1 Abs. 3 S. 9 AStG qualifizieren können. In diesem Zusammenhang ist zu beachten, dass die steuerlichen Regelungen zur Funktionsverlagerung gemäß § 1 Abs. 5 S. 1 AStG grundsätzlich auch bei Verlagerungen von einer Betriebsstätte auf eine andere Betriebsstätte desselben Unternehmens anwendbar sind. Darüber hinaus ist genau zu untersuchen, ob es bei grenzüberschreitenden Verschmelzungen, die zum Entstehen von lokalen Betriebsstätten des neuen Einheitsunternehmens führen, zu einer Neuzuordnung von Wirtschaftsgütern und einer damit verbundenen Aufdeckung der stillen Reserven kommt.

Die bloße Aufgabe eines Geschäftsbereichs im Zuge einer strategisch motivierten Schrumpfung sollte für sich genommen nicht zu einer Funktionsverlagerung führen. Sofern ein Geschäftsbereich allerdings nicht komplett aufgegeben wird, sondern zentralisiert und in kleinerem Maßstab nur noch an bestimmten Standorten ausgeführt wird, ist das Vorliegen einer Funktionsverlagerung zu prüfen.

Sofern lediglich Kredit-Portfolios konzernintern und über die Grenze übertragen werden, ohne dass dadurch entsprechendes Personal übergeht, scheint die Tatbestandsvoraussetzung des Übergangs einer betrieblichen Funktion regelmäßig nicht erfüllt zu sein.

## Literatur

Biermann & Tebroke, 2014. Die Fusionswelle rollt. *Pharmazeutische Zeitung.*
Bower & Christensen, 1995. Disruptive Technologies: Catching the Wave. *Harvard Business Review.*
Bryant, 2013. *US shale revolution puts squeeze on European chemicals groups,* s. l.: Financial Times.
Büchler, 2009. *Kooperation versus Fusion in der Konsumgüterindustrie: Wirkungsanalyse und wettbewerbspolitische Würdigung,* Köln: Kölner Wissenschaftsverlag.
Bullinger & Hompel, 2007. *Internet der Dinge.* Wiesbaden: Springer.
Burmann, o. J. *Gabler Wirtschaftslexikon.* [Online] Letzter Abruf: http://wirtschaftslexikon.gabler.de/Definition/marke.html [Zugriff am 30 November 2015].
Cefic, 2014. *The European chemical industry – Facts and Figures 2013,* Brussels: Cefic.
Conroy, 2015. *2015 Consumer Products Industry Outlook,* s. l.: Deloitte.
Damodaran, 2001. *The Dark Side of Valuation – Valuing difficult-to-value companies,* s. l.: Damodaran Blog.
Deloitte, Bitkom, 2014. *Die Zukunft der Consumer Electronics – 2014,* Berlin: Bundesverband Informationswirtschaft, Telekommunikation und neue Medien e. V.
Deloitte, Bitkom, 2014. *Vor dem Boom – Marktaussischten für Smart Home,* Berlin: Nationaler IT Gipfel.
Deloitte, 2014. *Global Automotive Consumer Study – Exploring consumer preferences and mobility choices in Europe,* s. l.: Deloitte & Touche.
Deloitte, 2014. *Umbruch in der Automobilzulieferindustire: Standortoptimierung und Sourcing,* s. l.: Deloitte & Touche.
Deloitte, 2015. *TMT Predictions 2015 – Discover major Technology, Media & Telecommunication trends that will impact your business,* London: Deloitte & Touche.
Fischer & Breitenbach, 2010. *Die Pharmaindustrie – Einblick – Durchblick – Perspektiven.* 3 Aufl. Heidelberg: Spektrum Akademischer.
Geddes, Guthmann & Williams, 2014. *The omnichannel opportunity – unlocking the power of the connected consumer,* s. l.: Deloitte.
Gehrke & Rammer, 2014. Innovationsindikatoren Chemie. *ZEW-Studie.*
Hickman, Sporken & Midzio, 2011. Transfer Pricing in the European Chemical Industry. *International Transfer Pricing Journal,* S. 177.
Livinec, 2014. *Die Chemieindustrie in Deutschland: Herausforderndne Zeiten brechen an trotz jüngster Erholung,* s. l.: Euler Hermes Economic Research.
McKinsey&Company, 2013. *The road to 2020 and beyond: What's driving the global automotive industry?,* s. l.: Advanced Industries.
OECD, 2014. *Guidance on Transfer Pricing Aspects of Intangibles,* s. l.: OECD/G20 Base Erosion and Profit Shigting 2014 Deliverables.
Oehrlich, 2010. Übernahmen und Fusionen. *Pharmazeutische Zeitung.*
Pohlhausen, 2012. Technology Buyouts: Valuation, Market Screening Application, Opportunities in Europe. *Deutscher Universitäts-Verlag.*
Roland Berger, 2015. *Chemicals 2035 – Gearing up for Growth,* s. l.: Roland Berger.
Rosenberg, 2004. *Innovation and Economic Growth.* [Online] Letzter Abruf: http://www.oecd.org/cfe/tourism/34267902.pdf [Zugriff am 30 November 2015].
Schmidtke & Hautkappe, 2014. BEPS: Maßnahme 8 – Immaterielle Wirtschaftsgüter: Was ist wirklich neu? *Verrechnungspreise direkt digital,* 10 (21.10.2014).
Springer Medizin Verlag GmbH, 2014. *Ärzte Zeitung online.* [Online] Letzter Abruf: http://www.aerztezeitung.de/ [Zugriff am 15 Januar 2014].

VCI, 2014. *Auf einen Blick: Chemische Industrie 2015,* Frankfurt am Main: VCI.
VCI, 2014. *Chemiewirtschaft in Zahlen 2014,* Coburg: S+G Druck.
Verband Forschender Arzneimittelhersteller e.V., 2015. *vfa Die Forschenden Pharma-Unternehmen.* [Online] Letzter Abruf: http://www.vfa.de/ [Zugriff am 1 December 2015].
Verein Deutscher Ingenieure, 2014. *Trends in der Automobilbranche.* [Online] Letzter Abruf: http://blog.vdi.de/2014/09/trends-in-der-automobilbranche/ [Zugriff am 30 November 2015].
vfa, 2014. *Statistics 2014 Die Arzneimittelindustrie in Deutschland,* Berlin: vfa.
vfa, 2015. *Die Pharmazeutische Industrie in Deutschland. Ein Branchenportrait,* Berlin: vfa.
Vögele & Raab, 2015. Verrechnungspreismethoden. In: Vögele, Borstell & Engler, Hrsg. *Verrechnungspreise.* München: C. H. Beck, p. Kapitel D. Tz. 318.
Wilmanns, 2013. *Internationale Verrechnungspreise: Handbuch für Praktiker.* s. l.:Wiley Praxis.
Wilmanns, Menninger & Lagarden, 2015. Marken in multinationalen Unternehmen – Verrechnungspreisaspekte aus dem Blickwinkel des nationalen und internationalen Steuerrechts. *ifst-Schriftenreihe,* Nummer 505.

## Über die Autoren

**Dr. Björn Heidecke** (Hrsg.) ist seit 2011 Verrechnungspreisexperte bei der Deloitte GmbH am Standort Hamburg. In 2013 war er mehrere Monate im Verrechnungspreisteam am Standort Johannesburg/Südafrika tätig. Seine Interessen liegen in den Bereichen: Umstrukturierungen und Verrechnungspreise, Funktionsverlagerungsbewertungen, Bewertung von immateriellen Vermögensgegenständen, Verrechnungspreissysteme in Afrika, Verrechnungspreise bei Start-Ups und Themen an der Schnittstelle von Steuern und Ethik.

Er studierte von 2004 bis 2008 Diplom-Volkswirtschaftslehre und Diplom-Handelslehramt an der Christian-Albrechts-Universität zu Kiel und promovierte von 2008 bis 2011 an der TU Chemnitz sowie der Wirtschaftsuniversität Breslau.

Er ist Mitglied der Deutschen Gesellschaft für ökonomische Bildung und Alumni des Nachwuchsförderungsprogrammes der Hanns Martin Schleyer-Stiftung. Er publiziert regelmäßig auf dem Gebiet der Verrechnungspreise.

**Dr. Richard Schmidtke** (Hrsg.) ist Partner bei der Deloitte GmbH und leitet die Service Line Verrechnungspreise in München. Er betreut Mandanten insbesondere im Bereich der Business Model Optimization und IP-Verrechnungspreisplanung sowie Verrechnungsdokumentation, einschließlich deren Verteidigung in Betriebsprüfungen. Darüber hinaus betreut er Schlichtungsverfahren und Vorabverständigungsverfahren. Zu seinen Mandanten gehören europäische, japanische und US-amerikanische Großunternehmen in einer Vielzahl von Branchen, darunter Fertigung, Pharma, Chemie, Groß-/Einzelhandel sowie Konsumgüter und Logistik.

Er studierte Volkswirtschaftslehre und Wirtschaftsinformatik in München und Toulouse und promovierte in Wirtschaftswissenschaften an der Universität München. Er hat ferner einen Master in Rechnungswesen und Steuern der Business School Mannheim und ist CFA Charterholder des CFA Institute. Dr. Richard Schmidtke ist deutscher Steuerberater und Mitglied der Steuerberaterkammer.

Er ist Leiter der Deloitte Americas/EMEA Intellectual Property Group, einer internationalen Gruppe von Deloitte-Transfer-Pricing-Experten mit Schwerpunkt auf Verrechnungspreisen und geistigem Eigentum. Er unterrichtet „Verrechnungspreise" an der Business School Mannheim und Bewertung für Verrechnungspreiszwecke im „Bewertungskurs Fortgeschrittene" an der Bundesfinanzakademie.

Er hat eine Vielzahl an Artikeln in nationalen und internationalen Steuer- und Verrechnungspreiszeitschriften veröffentlicht. Er ist als einer der weltweit führenden Transfer-Pricing-Berater von Euromoney anerkannt.

**Jobst Wilmanns** (Hrsg.) ist Diplom-Kaufmann und Steuerberater. Seit 2014 arbeitet er als Partner und Leiter der Service Line Verrechnungspreise in Frankfurt am Main. Sein Aufgabenbereich umfasst die Beratung multinationaler Unternehmen überwiegend in den Branchen Chemie, Pharma, Automotive, Technologie, Anlagenbau und Financial Services. Er verfügt über langjährige Erfahrung in der Verrechnungspreisberatung, insbesondere in der Strukturierung, Implementierung, Dokumentation und Verteidigung multinationaler Geschäftsmodelle. Er ist vielfach beauftragt worden für die Planung, Umsetzung und Koordination von Verrechnungspreissystemen zahlreicher großer deutscher Konzerne. Des Weiteren ist er maßgeblich verantwortlich für die Entwicklung neuer Beratungskonzepte und Gestaltungsmöglichkeiten, insbesondere in den Bereichen zu „Intellectual Property", Implementierung von Verrechnungspreissystemen und der Umsetzung internationaler Dokumentationsvorschriften.

In der Ausgabe 23/2015 der „Wirtschaftswoche" wurde er zu einem der Top-Spezialisten im Fachgebiet Steuerrecht gekürt und im Journal „Euromoney's 2015 Guide to the Word's Leading Transfer Pricing Advisers" vom September 2015 ebenfalls nominiert.

Er veröffentlichte als Co-Herausgeber das Buch „Internationale Verrechnungspreise" und ist häufiger Referent an Universitäten und an der Bundesfinanzakademie. Er ist außerdem Mitglied im „Arbeitskreis Verrechnungspreise" der Schmalenbach-Gesellschaft.

# 17 „Im Gespräch…"

Björn Heidecke, Richard Schmidtke und Jobst Wilmanns

Die Rechtsnormen zur Funktionsverlagerung werfen sowohl bei den Steuerpflichtigen als auch bei der Finanzverwaltung viele Fragen auf. So sind sieben Jahre nach der Einführung der Funktionsverlagerungsbesteuerung i. S. d. § 1 Abs. 3 Satz 9 ff. AStG i. d. F. des UntStRefG 2008 die ersten Fälle von möglichen Funktionsverlagerungen Gegenstand kontroverser Diskussionen in Betriebsprüfungen. In der Praxis zeigt sich, dass zu einer Fülle der Fragen Interpretationsspielraum besteht.

Die Diskussionen zur Funktionsverlagerung sind hierbei unmittelbar mit Fragen zu dem betriebswirtschaftlichen Sachverhalt verbunden. Nur wenn das jeweilige Geschäftsmodell des Steuerpflichtigen mitsamt den Werttreibern in der spezifischen Industrie angemessen gewürdigt wird, kann auch eine Funktionsverlagerung dem Grunde und der Höhe nach beurteilt werden. Entscheidend sollten also die betriebswirtschaftlichen Überlegungen und nicht eine automatisierte Berechnungsarithmetik sein.

Vor diesem Hintergrund ist es uns ein Anliegen, in diesem Buch auch Vertreter aus der Industrie und der Finanzverwaltung zu Wort kommen zu lassen. Wir danken den Kolleginnen und Kollegen für ihre Bereitschaft, ihre Perspektiven und Erkenntnisse einem breiten Publikum zur Verfügung zu stellen.

---

B. Heidecke (✉)
Hamburg, Deutschland
E-Mail: bheidecke@deloitte.de

R. Schmidtke
München, Deutschland
E-Mail: rschmidtke@deloitte.de

J. Wilmanns
Frankfurt, Deutschland
E-Mail: jwilmanns@deloitte.de

## 17.1 „… mit Vertretern der Industrie"

Dr. Sven Bremer, Dr. Martin Lagarden, Dr. Jutta Menninger, Hans Meier[1]

**Wilmanns (Interviewer)**
In 2008 hat der Gesetzgeber im kodifizierten § 1 AStG Regelungen zur Funktionsverlagerung eingeführt. Der Gesetzgeber budgetierte damals steuerliche Mehreinnahmen von ca. 20 Mrd. EUR. In der Nachschau von 6 Jahren: Sind diese Regelungen aus Ihrer Sicht gerechtfertigt?

**Menninger**
Die Regelungen sind insoweit gerechtfertigt, als sie notwendig sind, eine Verlagerung von immateriellen Werten zu erfassen. Durch die Öffnungsklauseln wird eine Beschränkung auf diesen Sachverhalt sichergestellt.

**Meier**
Nach meiner Meinung gehen die Regelungen gleichwohl zu weit. Sie sind wohl auch ein Versuch der Finanzverwaltung, die Geschäftschance als solche als immaterielles Wirtschaftsgut zu greifen.

**Bremer**
Meines Erachtens zeigt die Analyse der vorgenommenen Gesetzesänderung inkl. Verordnung und Verwaltungsanweisung, dass es sich bei den Änderungen rechtlich nicht um die Einführung eines neuen Besteuerungstatbestandes handelt. Schließlich ist die Übertragung und die Überlassung von Wirtschaftsgütern eine wesentliche Voraussetzung für Funktionsverlagerungen. Entsprechende Vorgänge waren aber immer innerhalb des Konzerns auf Basis bestehender Regelungen fremdüblich zu vergüten. Letztlich können die neuen gesetzlichen Änderungen eher als Bewertungsvorschrift für bestimmte Fälle angesehen werden. Aus unserer Sicht hat sich damit rechtlich eigentlich nicht sehr viel verändert.

Hiervon zu unterscheiden ist allerdings die Frage, ob durch die komplizierten und umfangreichen Regelungen sowie die vielen unklar definierten Tatbestandsmerkmale nicht teilweise eine andere Wahrnehmung bei den Rechtsanwendern entsteht. Durch die Fokussierung der steuerlichen Literatur und einschlägiger Fortbildungen hauptsächlich auf die Transferpaketbewertung besteht meines Erachtens die Gefahr, dass bei Veränderungen in der Gewinnsituation und/oder der Geschäftsstrategie reflexartig eine Funktionsverlagerung unterstellt wird. Häufig wird auch in einer Art Zirkelschluss von veränderten Zukunftsprognosen, aus denen sich rechnerisch leicht Barwertberechnungen aufbauen lassen, auf eine Funktionsverlagerung geschlossen, ohne die eigentlichen Tatbestandsmerkmale – Übertragung und Überlassung von Wirtschaftsgütern – zu prüfen.

---

[1]Dr. Sven Bremer ist Global Head of Group Transfer Pricing bei Siemens, Dr. Martin Lagarden ist Head of Global Transfer Pricing bei Henkel, Dr. Jutta Menninger ist Leiterin Steuern bei Brose. Hans Meier (Name anonymisiert) ist Leiter Steuern bei einem deutschen Dax-Konzern.

Rückwirkend wird dann aus den erwähnten Barwertberechnungen auf das Vorhandensein von zumeist immateriellen Wirtschaftsgütern geschlossen.

**Lagarden**
Aus Unternehmenssicht waren die vor 2008 bestehenden Regelungen ausreichend, um der Betriebsprüfung den Aufgriff und die Verfolgung entsprechender Restrukturierungssachverhalte zu ermöglichen. Getragen sind die umfassend angelegten Regelungen meines Erachtens von dem Wunsch, möglichst viele denkbare Sachverhaltskonstellationen zu erfassen und dafür dann hohe steuerbare Werte zu ermitteln. Ein Beispiel dafür ist der unbegrenzte Kapitalisierungszeitraum als Basisannahme bei Bewertungen. Solche Mehreinnahmen werden bei vielen Gesetzesbegründungen als „emotionaler" Faktor für die abstimmenden Parlamentarier hoch angegeben, ohne dass deren spätere Realisierung je konkret nachgewiesen wird. Ähnliche Argumente werden zurzeit international für die BEPS-Initiativen verwendet. Aber mit welchem Erfolg? Führten alle europäischen Länder Zinsschranken oder Funktionsverlagerungsregeln ein, bedeutete das eine potenzielle Wettbewerbsverzerrung zugunsten anderer Länder ohne solche Regelungen – auch eine Art von „harmful tax competition". Dies sehen wir deutlich im Verhältnis zu den USA. Das US-Steuerrecht begünstigt amerikanische Investitionen außerhalb der USA in erheblichem Maße. Und zwar zum Nachteil der EU-Staaten, was wohl mit eine der Ursachen der BEPS-Initiativen ist. Ausgreifende Funktionsverlagerungsregeln in der bestehenden, teilweise unklaren Gesetzesform bedeuten dann vor dem geschilderten Hintergrund wohl weniger nationale Investitionen für ein globales Geschäft. Das kann auch nicht durch 20 Mrd. EUR Mehrsteuern kompensiert werden.

**Heidecke (Interviewer)**
Welche Rolle nimmt Deutschland aus Ihrer Sicht im internationalen Kontext beim Thema „Funktionsverlagerung" ein?

**Lagarden**
Nach meiner Einschätzung hatte und hat Deutschland mit den gesetzlichen Regelung im § 1 AStG, i. V. m. den nachfolgenden ausführlicheren Klarstellungen durch die Funktionsverlagerungsverordnung und den Verwaltungsgrundsätzen Funktionsverlagerung internationalen Vorbildcharakter für die Positionierung ausländischer Finanzverwaltungen.

**Wilmanns**
An welcher Stelle sehen Sie Deutschland hier konkret in der Vorreiterrolle?

**Lagarden**
Es wurden breit auslegungsfähige Begrifflichkeiten geschaffen. Dazu zählen das „Transferpaket", die „Funktion", „Geschäftspotenziale", die „Atomisierung" – oder auch eine

mögliche „Verdoppelung" von Funktionen. Zudem prägt Deutschland die Fokussierung auf kapitalwertbasierte Verfahren zur Bewertung entsprechender Transaktionen und den unbegrenzten Kapitalisierungszeitraum sowie letztlich auch den hypothetischen Fremdvergleich mit dem Konstrukt des wahrscheinlichsten Wertes.

**Schmidtke (Interviewer)**
In der Öffentlichkeit besteht teilweise der Eindruck, dass Konzerne im Rahmen von Umstrukturierungen durch konzerninterne Verlagerungen Steuern sparen wollen. Teilen Sie diesen Eindruck?

**Bremer**
Unser Eindruck ist, dass in der Öffentlichkeit überwiegend lokale Kostenvorteile insbesondere bei den Personalkosten als hauptsächliche Verlagerungsmotive wahrgenommen werden, aber weniger das Thema „Steuerplanung".

**Meier**
Der Eindruck besteht, dass bewusst Meinung gemacht wird. Hier sehe ich weniger die Politiker als die treibenden Akteure, sondern vielmehr die Medien. Die Presse verfügt über großen Einfluss, um Sachverhalte in einen negativen Kontext zu setzen. Ich meine, dass die Steuern als hohes öffentliches Gut zu schützen sind und nicht Gegenstand von oft einseitiger medialer Darstellung sein sollten. Ich finde moralische Diskussionen, z. B. zu grundsätzlich legalen Steuergestaltungsmodellen, an dieser Stelle als schwierig an. Die Prüfung der Angemessenheit der Verrechnungspreise liegt bei den Betriebsprüfern. Ihnen steht es zu, die Sachverhalte zu beurteilen und im Lichte der bestehenden Regelungen zu würdigen.

**Lagarden**
Die mediale Darstellung des BEPS-Themas in den letzten Jahren trägt mit dazu bei, dass in der öffentlichen Meinung Generalverdachtsvermutungen aufgebaut sowie in den Darstellungen gern verallgemeinert und vereinfacht wird. Zum Teil werden Sachverhalte schlicht falsch dargestellt, damit dann gängige Klischees bedient werden können nach dem Motto: „… alle Unternehmen sind hinterlistige Steuertrickser."

Fraglich ist, ob moralische Diskussionen in diesem Zusammenhang hilfreich sind, oder ob man sich nicht nüchterner an den gegebenen rechtlichen Rahmenbedingungen orientieren sollte. Wenn diese als nicht ausreichend erachtet werden, sind sie im Kontext einer demokratischen politischen Willensbildung änderbar. Das erfordert dann aber auch entsprechend ernsthafte nationale sowie zwischenstaatliche Anstrengungen.

**Schmidtke**
Mit welchen Maßnahmen kann man denn einer möglichen Verurteilung durch Medien und Betriebsprüfung entgegenwirken?

**Lagarden**
Ich habe gute Erfahrungen damit gemacht, einen konstruktiven Dialog und transparente Zusammenarbeit mit den Finanzverwaltungen der Länder zu pflegen, in denen wir tätig sind. Ich meine, dass man dabei manche Themen auch proaktiv ansprechen sollte. Deutschland kennt z. B. die zeitnahe Betriebsprüfung, um schneller Rechtssicherheit zu erlangen. Wegen der Komplexität steuerlicher Themen ist das hilfreicher als etwaige individuelle Pressekampagnen und trägt eher dazu bei, etwaigen Generalverdachtsvermutungen in der Öffentlichkeit entgegen zu wirken.

**Meier**
Unsere Politik ist es, gegenüber den Medien zurückhaltend zu sein. Letztlich haben wir das Gefühl, dass die Dinge nicht vollständig dargestellt werden, sondern vielmehr verkürzt und einseitig. So wurde unser Unternehmen wie auch einige andere im Zusammenhang mit einer Delaware-Gesellschaft genannt. Wir haben das Unternehmen aber nicht in Delaware gegründet, um dort Steuern zu sparen, sondern schlicht, weil es dort viel einfacher ist, ein Unternehmen zu gründen.

**Wilmanns**
Beobachten Sie schon Effekte aus den Diskussionen gerade auch zum Thema BEPS in den Betriebsprüfungen?

**Menninger**
Seit der intensiven öffentlichen Diskussion zum Thema BEPS hat sich die Aggressivität des lokalen Betriebsprüfers in vielen Ländern deutlich erhöht. Dabei steht vor allem die Maximierung der lokalen Steuereinnahmen im Fokus der jeweiligen Finanzverwaltung. Eine Vermeidung von Doppelbesteuerung scheint immer mehr in den Hintergrund zu geraten.

**Heidecke**
Stichwort „Doppelbesteuerung": Wie hoch schätzen Sie das Risiko ein, dass eine deklarierte oder in der Betriebsprüfung festgestellte Funktionsverlagerung zu einer Doppelbesteuerung führt?

**Menninger**
Da die steuerlichen Regelungen zu Auswirkungen von Reorganisationen weltweit nicht einheitlich sind, besteht eine hohe Gefahr von Doppelbesteuerungen.

**Bremer**
Dem kann ich nur zustimmen. Aufgrund der einerseits unklaren Definition in den Funktionsverlagerungsregularien sowie der ohnehin sehr volatilen Bewertungsproblematik von immateriellen Wirtschaftsgütern ist sehr viel Argumentationsspielraum vorhanden. Dieser führt häufig zu Diskussionen in Betriebsprüfungen und somit auch zu generellen

Anpassungsrisiken. Im Ausland besteht unserer Erfahrung nach kein Verständnis für die deutschen Regelungen. Insofern wird es daher weiterhin hauptsächlich von der Bereitschaft der jeweiligen beteiligten Partnerländer abhängig sein, die Sachverhalte in Verständigungsverfahren zu verhandeln.

**Lagarden**
Ja, das Risiko ist hoch, da die beteiligten Staaten eindeutig unterschiedliche Vorstellungen davon haben, wie der Fremdvergleichsgrundsatz i. V. m. Kap. IX der OECD-Verrechnungspreisleitlinien auszulegen ist. Weiterhin gehen die Ansichten bezüglich der Höhe der angemessenen Kompensation für Funktionsverlagerungen zwischen den Finanzverwaltungen der beteiligten Staaten auseinander. Für Henkel sind diesbezüglich Verständigungsverfahrensfälle bereits konkret absehbar. Vermutlich wird dieses Instrument aufgrund von Wesentlichkeitsüberlegungen jedoch nicht in allen Fällen greifen.

**Heidecke**
Sehen Sie Grenzen und auch Schwierigkeiten in der konkreten Berechnung insbesondere mit Blick auf den doppelten, ordentlichen und gewissenhaften Geschäftsleiter?

**Menninger**
Eine zweiseitige Bewertung ist grundsätzlich möglich, verursacht jedoch Zusatzaufwand, da die Sichtweise eines doppelten Geschäftsleiters üblicherweise nicht zugrunde gelegt wird.

**Lagarden**
Die Erfüllung der einschlägigen deutschen Regelungen ist verbunden mit deutlichem Zusatzaufwand im Unternehmen, der zum Teil auch von der Steuerabteilung geleistet werden muss. Denn aus Business-Sicht liegt eine Planung aus Käufer– und Verkäufersicht für Intercompany-Transaktionen schlichtweg nicht vor.

Ergänzend zur Doppelbesteuerung möchte ich betonen, dass sich viele Staaten scheinbar benachteiligt fühlen, was ihren Anteil am besteuerungsfähigen Einkommen im Konzern betrifft. Daher erwarte ich einen zunehmenden Disput um relevante Beiträge in der grenzüberschreitenden Wertschöpfungskette im Konzern und deren angemessene lokale Besteuerung. Es wird aus Unternehmenssicht erwartet, dass damit die Doppelbesteuerungsfälle deutlich zunehmen, bei gleichzeitig zumindest derzeit nur unvollkommen ausgestalteten Konfliktlösungsprozessen. Diese Mechanismen können schon den heutigen Fallzahlen in der Praxis nicht mehr ausreichend Herr werden.

**Bremer**
Zum Stichwort „doppelter Geschäftsleiter" und „zweiseitige Bewertung": Unseres Erachtens wird hier einer idealisierten – vermutlich theoretisch absolut begründeten – Sichtweise sehr viel Raum eingeräumt. Tatsächlich sind aber nach unserer Erfahrung sehr häufig solche zweiseitigen Betrachtungen für das operative Geschäft nicht notwendig.

Insoweit werden derartige zweiseitige Berechnungen häufig nicht erstellt und müssen entweder rückwirkend auf Basis der Planungen rekonstruiert werden oder liegen einfach nicht vor.

**Wilmanns**
Haben Sie im Rahmen einer Betriebsprüfung bereits Erfahrungen mit dem Thema „Funktionsverlagerung" gehabt?

**Meier**
Nein, bisher noch nicht. Klassische Funktionsverlagerungen sind bei uns auch eher selten, bedingt durch das Geschäftsmodell. Wir haben keine komplexen Produktionsketten und unsere immateriellen Vermögensgegenstände kommen für eine Funktionsverlagerung u. E. nicht in Betracht.

**Lagarden**
In Betriebsprüfungen geht es derzeit vor allem um Bewertungsfragen bei abgeschlossenen Einzelfällen im Hinblick auf die regelungskonforme Anwendung des hypothetischen Fremdvergleichs. Im konstruktiven Dialog mit der Betriebsprüfung wurden hier Rahmenbedingungen klargestellt, die dem Unternehmen eine einheitliche Behandlung der früheren Fälle zur Einigung mit der Betriebsprüfung ermöglichen und Vorgaben für künftige Fälle setzen.

**Bremer**
Sowohl in der Planung als auch in Betriebsprüfungen. Nicht weiter überraschend bilden die Unklarheiten in den Definitionen und den Rechtsfolgen die größten Schwierigkeiten; sowohl bei der Rechtsanwendung im Vorhinein als auch in der Betriebsprüfung, bedingt durch großen Argumentationsspielraum.

**Schmidtke**
Führt die Transferpaketregelung dazu, dass veränderte Gewinnsituationen automatisch die Vermutung einer Funktionsverlagerung auslöst? Kommen die Konzerne zunehmend in die Defensive bei Veränderungen?

**Bremer**
Die der Frage zugrunde liegenden Annahmen bzw. Befürchtungen decken sich mit unserer Beobachtung, dass die Regelungen zur Funktionsverlagerung häufig trotz gesetzlicher Formulierung aufgrund der Unbestimmtheit der eingeführten Begriffe Anlass zu Missverständnissen bzw. auch zu ungerechtfertigten Forderungen der Betriebsprüfung führen. Häufig besteht der Eindruck, dass Gewinnveränderungen mit einer „Übertragung von Gewinnpotential" einhergeht, was einen steuerpflichtigen Vorgang „Transferpaketbewertung" auslöse. Häufig wird dabei allerdings nicht berücksichtigt, dass nach wie vor eine Übertragung oder Überlassung von wesentlichen Wirtschaftsgütern notwendig ist.

**Schmidtke**

Bei all den Unsicherheiten und dem Risiko einer Doppelbesteuerung: Stellen die Regelungen zur Funktionsverlagerung dann nicht eine Investitionsbremse dar?

**Menninger**

Eine Investitionsbremse stellen die Regelungen zur Funktionsverlagerung nicht dar. Jedoch reduzieren sie die grenzüberschreitende Flexibilität und erhöhen den Compliance-Aufwand.

**Lagarden**

Nun, zumindest nicht für Henkel. Denn steuerliche Rahmenbedingungen sind nur einer von mehreren Standortfaktoren bei Investitionsentscheidungen und für Henkel nur von nachgeordneter Bedeutung. Das zeigen die Akquisitionshistorie der Henkel Gruppe einerseits sowie die langfristige Strategie des Aufbaus von neuen Forschungsstandorten in Schwellenländern andererseits. Bei Henkel gilt die klare Maxime „Tax follows business". Mit anderen Worten, die Geschäftsstrategie und diesbezügliche Entscheidungen der Business Units sind eindeutig führend. Die Steuerabteilung steht in diesem Prozess beratend zur Seite. Für die Steuerabteilung von Henkel liegt der Fokus beim Thema Funktionsverlagerungen deshalb eindeutig auf dem Aspekt „Compliance". Funktionsverlagerungen als denkbares Instrument steuerlicher Gestaltungen spielen in der Henkel-Gruppe keine Rolle.

**Bremer**

Für deutsche Unternehmen im Allgemeinen kann ich das nicht beurteilen. Für Siemens eher nicht, da Umstrukturierungen und Investitionsentscheidungen hauptsächlich nach rein geschäftlichen Gesichtspunkten erfolgen.

**Wilmanns**

Es ist wichtig, dass die Konzernsteuerabteilung ausreichend über Veränderungen im Konzern informiert ist, um mögliche Funktionsverlagerungen rechtzeitig zu erkennen. Welche Maßnahmen kann die Konzernsteuerabteilung ergreifen, um frühzeitig über Veränderungen informiert zu werden?

**Menninger**

Die Steuerabteilung sollte von Anfang an in jegliche Reorganisationsprojekte eingebunden sein, um auf mögliche steuerliche Effekte hinweisen zu können. Ebenso wichtig ist, dass der Leiter der Steuerabteilung sehr eng mit den operativen Bereichen vernetzt ist und sich aktiv in die Unternehmensentwicklung einbringt. Aufgrund der intensiven Diskussion im Rahmen der Einführung der neuen Regelung sowie einer inzwischen langjährigen Erfahrung sollte auch eine ausreichende Sensibilisierung sowohl auf Führungsebene als auch in der gesamten Organisation vorhanden sein. Ergänzt wird diese

Sensibilisierung über entsprechende Fach- und Organisationsanweisungen sowie eine regelmäßige Kommunikation durch die Steuerabteilung an die operativen Einheiten.

**Lagarden**
Verbessert wird die Einbindung der Steuerabteilung durch persönliche Kontakte bei Beratungen, die fallweise Zusammenarbeit in Projekten und durch interne Schulungen sowie die aktive Kommunikation der Steuerabteilung im Unternehmen in eigener Sache über die elektronischen Medien im Konzern. Beispiele sind Kurzberichte zu aktuellen Themen im „Management e-Letter", z. B. zu Transfer Pricing. Hier sehe ich auch die Steuerabteilung in der Bringschuld. Weiterhin wird eine Verbesserung erreicht durch die Einbindung der Steuerabteilung in verbindliche Genehmigungsprozesse und jährliche Projektgespräche zur Identifikation dokumentationsrelevanter Sachverhalte. Wichtig ist es, Vertrauen zu schaffen. Hier sollte auch das Business die steuerliche Sicht verstehen: Belastbare Aussagen bei komplexen Sachverhalten benötigen oft ihre Zeit.

**Meier**
Für mich ist es maßgeblich eine Frage der Vernetzung. Zudem schreibt unser Richtlinienwerk den frühzeitigen Einbezug der Steuerabteilung bei Veränderungen des Geschäftsmodells vor.

**Bremer**
Problematisch sind Vorgänge, deren steuerliche Relevanz unerkannt bleibt. Insofern ist die frühzeitige Einbindung der Steuerabteilung sicherzustellen. Da Umstrukturierungen und Investitionen nicht zwingend steuerlich getrieben sind, ist gleichwohl in den Organisationen auf das Thema Funktionsverlagerungsbesteuerung regelmäßig durch die Steuerabteilung hinzuweisen.

**Heidecke**
Werden Steuerabteilungen in den Diskussionen auch durch die von Ihnen genannten Vorgaben mehr als Bedenkenträger oder mehr als Mitgestalter in den Konzernen wahrgenommen?

**Menninger**
Ob Steuerabteilungen als Mitgestalter wahrgenommen werden, hängt von zwei Aspekten ab: Die Steuerabteilung sollte die nachhaltige Unterstützung durch die Geschäftsführung erfahren. Dazu ist es auch notwendig, dass die Steuerabteilung direkt an die Geschäftsführung berichtet. Außerdem sollte die Steuerabteilung mit eigenen Vorschlägen zur Optimierung des Unternehmens beitragen und dabei auch immer die Auswirkungen auf die operativen Bereiche im Blick haben.

**Lagarden**
Steuerabteilungen werden meines Erachtens als Mitgestalter in Konzernen wahrgenommen, mit dem strategischen Fokus auf der Sicherstellung steuerlicher Compliance. Das gilt insbesondere für die Steuerabteilung in der Konzernzentrale.

**Bremer**
Das hängt sehr von den jeweiligen unterschiedlichen Interessenlagen im Konzern und sicherlich auch den handelnden Personen ab.

**Wilmanns**
Lassen Sie uns den Blick einmal auf Ihre Industrie werfen: Welche Reorganisation von Erfolgsfaktoren und den hiermit verbundenen Organisationseinheiten könnten nach Ihrer Ansicht eine Funktionsverlagerung auslösen?

**Lagarden**
Aus Sicht der Konsumgüterbranche geht es vor allem um Effizienzsteigerungen, d. h. Konzentration, Standardisierung, Vereinfachung und damit verbundene Kosteneinsparungen, um im harten internationalen Wettbewerb nachhaltig bestehen zu können. Die mögliche Reorganisation von Erfolgsfaktoren spielt eine Rolle im Hinblick auf die Konsolidierung wesentlicher immaterieller Wirtschaftsgüter, die Verlagerung von Entscheidungskompetenzen in Personalfunktionen und den damit verbundenen Organisationsstrukturen sowie die Bündelung von Supportfunktionen in Shared-Service-Centern.

Zudem erwarte ich eine Zunahme an M&A-Aktivitäten in der Zukunft bedingt durch niedrige Zinsen, relativ unattraktive sonstige Anlagemöglichkeiten und Effizienzoptimierung auf Basis von Skaleneffekten in den Unternehmensgruppen. Diese M&A-Aktivitäten bringen in der Folge oft auch Umstrukturierungen und damit Funktionsverlagerungsthemen mit sich.

**Menninger**
Durch die schnellen weltweiten Veränderungen ist Flexibilität ein hohes Gut. Umstrukturierungen werden daher auch in Zukunft sehr wichtig sein, um sich den Marktgegebenheiten erfolgreich anpassen zu können und nachhaltig wettbewerbsfähig zu bleiben. Es ist daher besonders wichtig, dass diese Umstrukturierungen nicht durch steuerliche Regelungen eingeschränkt oder mit Doppelbesteuerung belastet werden.

**Schmidtke**
Welche weiteren steuerlichen Themen sind aus Ihrer Sicht bei konzerninternen Umstrukturierungen zu berücksichtigen?

**Menninger**
Ein wichtiges Thema sind steuerliche Investitionsförderungen, weil diese über die steuerlichen Ergebnisse des Standortes auch wesentlich durch die Verrechnungspreise beeinflusst werden.

**Meier**
Verrechnungspreisthemen sind von steigender Bedeutung und müssen in zukünftige Planungen einbezogen werden. Zudem wird die Bedeutung von APAs zunehmen und eine angemessene Gewinnverteilung innerhalb der Konzerne. Darüber hinaus sind klare

Weisungsbefugnisse und Zeichnungsrechte für einen einwandfreien Compliance-Prozess maßgeblich. Letztlich ist eine angemessene Abbildung im ERP-System notwendig.

**Heidecke**
Wenn man unser Gespräch Revue passieren lässt, dann ist weniger einseitiges steuerliches Fachwissen gefragt, sondern ein gutes Verständnis für betriebswirtschaftliche Sachverhalte und eine enge Beziehung zum operativen Geschäft. Kowallik & Gegusch, 2015, sehen zudem Veränderungen in Steuerabteilungen durch stärkere Einbindung von technologischen Lösungen. Welche Fähigkeiten muss ein guter Mitarbeiter der Steuerabteilung in Zukunft mitbringen, um maßgeblich in diesem Umfeld zum Erfolg beizutragen?

**Meier**
Richtig. Es sind nicht nur spezifische Kenntnisse gefragt, sondern ein breites Wissensspektrum. Die Anforderungen an die Mitarbeiter nehmen zu, was es immer schwieriger macht, geeignetes Personal zu finden. Gute Mitarbeiter sollten Interesse an wirtschaftlichen Zusammenhängen haben, eine ausgeprägte Sozialkompetenz und auch ein Verständnis für andere Bereiche im Konzern mitbringen.

**Menninger**
Ein guter Mitarbeiter der Steuerabteilung sollte neben der steuerlichen Kompetenz auch eine breite fachliche und persönliche Ausbildung mitbringen, damit er von den operativen Einheiten auch als adäquater Gesprächspartner akzeptiert wird.

**Lagarden**
Das sehe ich ähnlich. Gegenüber früheren Jahren wird die interdisziplinäre Zusammenarbeit in internationalen Teams immer wichtiger, ebenso wie eine sehr gute Kommunikationsfähigkeit der Steuerabteilung mit dem operativen Management. Verhandlungssicheres Englisch ist dafür unverzichtbar, im Transfer-Pricing-Bereich ohnehin. Dazu gehört für die Mitarbeiter der Steuerabteilung die verständliche Darstellung komplexer steuerlicher Zusammenhänge und die jederzeit hohe Bereitschaft zur Vermarktung der Steuerabteilung in eigener Sache.

**Wilmanns, Schmidtke und Heidecke**
Vielen Dank für Ihre geschätzte Zeit und das sehr interessante Gespräch.

## 17.2 „… mit einem ehemaligen Betriebsprüfer"
Harald Kuckhoff

**Heidecke (Interviewer)**
Lieber Herr Regierungsdirektor a. D. Kuckhoff, Sie sind seit Ihrer Pensionierung nicht mehr direkt im Geschäft als Betriebsprüfer. Aber mit 38 Jahren Erfahrung als Betriebsprüfer und einer langen Zeit als Sachgebietsleiter der Groß- und Konzernbetriebsprüfung

Düsseldorf II sind Sie ein ausgewiesener Experte auf dem Gebiet der Verrechnungspreise. Vermissen Sie manchmal die Zeit als Betriebsprüfer?

**Kuckhoff**
Mir hat die Zeit als Betriebsprüfer immer viel Freude gemacht. Ich habe aber schon während meiner Zeit als Betriebsprüfer immer auch versucht, den Blick der Unternehmen und Berater zu verstehen und mich gedanklich auf deren Stuhl zu setzen. Nicht zuletzt deshalb war ich nach meiner Zeit beim Finanzamt für mehr als zehn Jahre als Berater tätig. Gerne blicke ich auf meine Zeit als Betriebsprüfer zurück, aber vermissen wäre übertrieben.

**Heidecke**
Was hat sich denn heute geändert in der Betriebsprüfung und auch im Umgang zwischen Unternehmen und Betriebsprüfern im Vergleich mit vor vielleicht 20 Jahren?

**Kuckhoff**
Zunächst einmal ist festzustellen, dass das Thema Verrechnungspreise einen ganz anderen Stellenwert bekommen hat. So wusste doch vor 20 Jahren kaum einer, worum es hier geht. In den Betriebsprüfungen wurde das Thema selten aufgebracht. Durch das Grundsatzurteil des BFH v. 17.10.2001 mit der Folge der Dokumentationspflicht über den § 90 (3) AO vor gut zehn Jahren hat sich dies geändert. Was ich wahrnehme ist ein raueres Betriebsprüfungsklima: Sowohl aufseiten der Unternehmen und ihrer Berater als auch aufseiten der Betriebsprüfung.

**Heidecke**
Vor 20 Jahren wusste kaum einer, worum es sich bei Verrechnungspreisen handelt, insbesondere im grenzüberschreitenden Liefer- und Leistungsverkehr zwischen verbundenen Unternehmen. In den letzten zehn Jahren ist dieses Thema in den Fokus der Gesetzgebung und damit auch in den Blickwinkel der Betriebsprüfung geraten. So hat der Gesetzgeber 2008 im kodifizierten § 1 AStG Regelungen zur Funktionsverlagerung eingeführt. Sind diese Regelungen aus Ihrer Sicht gerechtfertigt oder wären aus Ihrer Sicht die vor 2008 bestehenden Regelungen ausreichend gewesen?

**Kuckhoff**
Die Funktionsverlagerung als Ausführungsverordnung muss vor dem Hintergrund der praktischen Anwendung durch die Betriebsprüfung gesehen werden. Grenzüberschreitende Verlagerungstatbestände zwischen verbundenen Unternehmen – insbesondere IWG-Verlagerungen – können i. d. R. nur im Rahmen von Betriebsprüfungen entdeckt und steuerlich dem Grunde und der Höhe nach gewürdigt werden. Die für Verlagerungstatbestände geltenden gesetzlichen Regelungen waren insoweit für die praktische Anwendung nicht ausreichend.

**Heidecke**

In der Praxis besteht der Eindruck, dass in der Öffentlichkeit mit jeder Veränderung im Konzern ein Generalverdacht vorhanden ist, dass Konzerne durch konzerninterne Verlagerungen von Funktionen Steuern sparen wollen. Wie beurteilen Sie die momentane Diskussion?

**Kuckhoff**

Funktionsverlagerungen in das Ausland zwischen verbundenen Unternehmen mit einer einhergehenden Steuerverminderung im Inland rechtfertigen allein keinen Generalverdacht für eine wirtschaftlich nicht begründbare Steuerverkürzung (Steuersparmodelle). Das Misstrauen der Finanzverwaltung – Stichwort: Steuersparmodell – resultiert meines Erachtens daraus, dass die hier angesprochenen Verlagerungstatbestände trotz bestehender Dokumentationspflichten und Anzeigepflichten i. d. R. nicht in das Steuererklärungsverfahren einfließen. Man wartet den Aufgriff durch die Betriebsprüfung ab!

**Heidecke**

Wie hoch schätzen Sie das Risiko ein, dass eine deklarierte oder in der Betriebsprüfung festgestellte Funktionsverlagerung zu einer Doppelbesteuerung führt? Erwarten Sie diesbezüglich zunehmend Verständigungsverfahren zu Funktionsverlagerungen bzw. beobachten Sie schon erste Fälle?

**Kuckhoff**

Das Risiko einer Doppelbesteuerung halte ich für hoch, weil die meisten Partnerstaaten eine aus deutscher Sicht korrespondierende steuerliche Behandlung der Funktionsverlagerungen mangels bestehender Regelungen nicht durchführen. Die Anzahl der Verständigungsverfahren in diesem Bereich wird nach meiner Erfahrung zunehmen.

**Heidecke**

Gehen Sie davon aus, dass der Tax Amortization Benefit sich langfristig etablieren und auch in Diskussionen mit ausländischen Finanzverwaltungen akzeptiert wird?

**Kuckhoff**

Nach meinen bisherigen Erfahrungen lassen die meisten Partnerstaaten Abschreibungen auf die im Transferpaket steckenden Einzelwirtschaftsgüter nicht zu. Vielmehr behandeln diese Staaten i. d. R. die übertragende Funktion als Gesamtwirtschaftsgut immaterieller Art und gehen von einer Wertbeständigkeit aus, d. h. lassen keine AfA-Raten in linearer Form zu, solange die übertragende Funktion ertragreich ist. Ein Tax Amortization Benefit tritt also nicht ein.

**Heidecke**

Die Transferpaketregelung geht vom doppelten, ordentlichen und gewissenhaften Geschäftsleiter aus. Mit anderen Worten: sie bewertet die zu verlagernde Funktion auf der Ebene der abgebenden als auch auf Ebene der aufnehmenden Partei sowohl vor als auch nach der Übertragung. Hier besteht das Problem, dass Unternehmen nicht immer Planzahlen mit und ohne Umstrukturierung entwickeln, schlicht weil die Ressourcen fehlen oder die Notwendigkeit aus operativer Sicht nicht gesehen wird. Läuft eine zweiseitige Analyse in diesem Fall dann nicht ins Leere?

**Kuckhoff**

Der Steuerpflichtige muss sich darauf einstellen, dass die sog. 4-fach-Bewertung gesetzlich vorgeschrieben ist (§ 1 Abs.3 Satz 5 und 6 AStG). Die hier angesprochenen Planzahlen betreffen nur zwei Komponenten dieser 4-fach-Bewertung, nämlich die Ertragsaussichten (Gewinnpotenziale) vor-und nach der Funktionsverlagerung. Der Steuerpflichtige muss sich aber darauf einstellen, realistische Planzahlen zu ermitteln (§ 1 Abs. 1 Satz 2 GAufzV) und kann sich nicht auf diesbezüglich fehlende Ressourcen berufen. Eine Analyse aus Sicht nur eines Vertragspartners führt zu keinen realistischen Werten und ist deshalb aus Sicht der Finanzverwaltung abzulehnen.

**Heidecke**

Im Funktionsverlagerungserlass wird dem Steuerpflichtigen die alternative Möglichkeit der Nutzungsüberlassung als Vergütungsmodell für den Wert der übertragenen Funktion/des übertragenen Wirtschaftsguts eingeräumt. Führen diese Regelungen nach Ihrer Ansicht zu einer Zunahme an Lizenzmodellen?

**Kuckhoff**

Schon aus Liquiditätsgründen und insbesondere in Fällen verlagerter gewinnträchtiger Funktionen ist mit einer Zunahme von Lizenzmodellen – Überlassung des Transferpakets zur Nutzung – zu rechnen.

**Heidecke**

Wie beurteilen Sie die Diskussion zur Preisanpassungsklausel, die oft in Verträgen zwischen fremden Dritten fehlt?

**Kuckhoff**

Es gibt heftige Diskussionen über die Fremdüblichkeit der Preisanpassungsklausel i. S. d. § 1 Abs. 3 Satz 11 AStG. Dies gilt insbesondere für den 10-Jahreszeitraum bezüglich einer Anpassung nach Satz 12 des § 1 Abs. 3 AStG. Die Betriebsprüfung sieht sich wiederholt dieser Diskussion ausgesetzt. Seitens der Finanzverwaltung wird den Steuerpflichtigen deshalb zur Minimierung eines Korrekturrisikos geraten, in Verlagerungsfällen eine Preisanpassungsklausel mit kürzeren Anpassungszeiträumen vertraglich zu vereinbaren, um eine Anpassung im Sinne des § 1 Abs. 3 Satz 12 AStG zu verhindern.

**Heidecke**

Welche Prüfungsschwerpunkte erwarten Sie im Kontext der „Funktionsverlagerung" für die Zukunft?

**Kuckhoff**

Grenzüberschreitende Geschäftsbeziehungen zwischen verbundenen Unternehmen stehen verstärkt im Fokus von Betriebsprüfungen. Dazu gehören auch Funktionsverlagerungen, insbesondere in das Ausland. Diese werden auch unter dem Gesichtspunkt einer Dokumentationspflicht gem. § 90 Abs. 3 AO i. V. m. § 3 GAufzV einer Prüfung unterzogen.

**Heidecke**

Wenn Sie aktiver Prüfer wären, welche Themen würden Sie bei einer Analyse einer möglichen Untersuchung einer Funktionsverlagerung zunächst aufbringen?

**Kuckhoff**

Ausgangspunkt meiner Prüfung wäre die diesbezügliche Sachverhalts- und Angemessenheitsdokumentation gem. § 3 GAufzV. Bei Anhaltspunkten für eine Funktionsverlagerung, z. B. bei einer veränderten Unternehmensstruktur und geänderten Funktion, würde ich ggf. eine Nachholung bzw. Ergänzung der Dokumentation durch das zu prüfende Unternehmen verlangen. Zu hinterfragen wäre auch der (wirtschaftliche) Grund für die Funktionsverlagerung ebenso wie die steuerliche Behandlung dieser durch den Partnerstaat. Die erhöhte Mitwirkungspflicht zwingt zu dieser Auskunft. Weiterer Prüfungspunkt wäre die Ermittlung der Gewinnpotenziale als Bewertungsgrundlagen für die Funktionsverlagerung (Transferpaket).

**Heidecke**

Welche praktischen Tipps aus Ihrer Erfahrung als Betriebsprüfer können Sie Mandanten im Zusammenhang mit dem Thema „Funktionsverlagerung" geben?

**Kuckhoff**

Dem Mandanten ist anzuraten, die Funktionsverlagerung sowohl als Sachverhalts- als auch als Angemessenheitsdokumentation sorgfältig darzulegen. Dies zwingt den Betriebsprüfer bei einer abweichenden Beurteilung seinerseits Angemessenheitskriterien für eine Vergütung im Rahmen seiner Beweislast zu ermitteln, die einen höheren Stellenwert für einen Fremdvergleich haben als die Vergütungswerte des zu prüfenden Unternehmens. Außerdem rate ich zur Vereinbarung von Anpassungsklauseln in Fällen von Funktionsverlagerungen, wie oben bereits erläutert.

**Heidecke**

Welche weiteren verrechnungspreisspezifischen Themen werden aus Ihrer Sicht bei konzerninternen Umstrukturierungen zunehmend geprüft?

**Kuckhoff**

Prüfungsschwerpunkt ist in jedem Fall die Angemessenheit der Verrechnungspreise nach einer Funktionsänderung (Funktionsverlagerung) im Konzern, bezogen auf das

Tagesgeschäft. Generell ist festzustellen, dass bei bestehenden Auslandsbeziehungen vermehrt Fachprüfer eingesetzt werden, die ggfs. bei Betriebsprüfungen hinzugezogen werden. Prüfungsschwerpunkte sind neben dem Liefer- und Leistungsverkehr insbesondere:

- Konzernumlagen
- Kostenumlagen
- Einzelabrechnung von Dienstleistungen
- Lizenzvereinbarungen
- Darlehensverhältnisse
- Forschungsumlagen
- Cashpooling

**Heidecke**
Wir danken Ihnen recht herzlichen für das interessante und informative Gespräch.

## 17.3 „… mit einem Vertreter des BMF"
Manfred Naumann

**Wilmanns (Interviewer)**
Herr Ministerialrat Naumann, Sie sind als Leiter des Referats IV B 5 im Bundesministerium für Finanzen zuständig für Doppelbesteuerungsabkommen u. A. mit USA, Kanada und Australien, das Außensteuergesetz sowie die Verrechnungspreise. Sie sind damit einer der wesentlichen Treiber und Mitgestalter der deutschen Verrechnungspreislandschaft. Verraten Sie uns doch, welches Thema Sie zurzeit am meisten beschäftigt?

**Naumann**
Ob ich „einer der wesentlichen Treiber … der deutschen Verrechnungspreislandschaft" bin, lasse ich mal dahingestellt. Es gibt mehrere Themen, die mich derzeit am meisten beschäftigen: Das BMF-Schreiben zur Betriebsstättengewinnaufteilungsverordnung (BsGaV), die Verrechnungspreisthemen in BEPS, z. B. Dokumentation einschließlich CbCR (Country by Country Reporting), Intangibles, RVO zum Fremdvergleichsgrundsatz usw. usf. …

**Heidecke (Interviewer)**
In 2008 hat der Gesetzgeber im kodifizierten § 1 AStG Regelungen zur Funktionsverlagerung eingeführt. Sind diese Regelungen aus Ihrer Sicht gerechtfertigt oder wären aus Ihrer Sicht die vor 2008 bestehenden Regelungen ausreichend gewesen?

**Naumann**
Die Regelungen zur Funktionsverlagerungen sind weder zu spät noch zu früh gekommen. Die Regelungen sind und waren wichtig. Sie sind auch grundsätzlich unabhängig von finanziellen Ergebnissen etwaiger Budgetierungen entstanden. Sie haben vielmehr die

Diskussionen der OECD zum Thema „Business Restructuring" aufgenommen. Anders als vielleicht an mancher Stelle zu hören, sind die deutschen Regeln in Anlehnung an die Regelungen der OECD zu „Business Restructuring" entstanden. Die OECD-Konformität relativiert das Konfliktpotenzial aus der Umsetzung der genannten Regelungen. Die OECD ihrerseits wollte mit den Regelungen u. a. der unentgeltlichen Nutzungsüberlassung und Übertragung von maßgeblichen immateriellen Werten Einhalt gebieten. In Folge der Öffnungen nach Osteuropa und den dort vorgefundenen günstigen Steuerregimen war aus deutscher Sicht die Gefahr erkennbar, dass im Inland geschaffene immaterielle Werte im Ausland ertragswirksam genutzt werden, ohne angemessene Vergütung. Dies würde zu einer Asymmetrie von Aufwand und Ertrag aus Sicht der betroffenen Herkunftsstaaten der immateriellen Werte führen.

Die Ausdehnung der Verrechnungspreisvorschriften auf Funktionsverlagerungsvorgänge im Konzern unter Einbeziehung der Übertragung von immateriellen Werten war gewollt, Funktionsverlagerungsvorgänge als solche waren aber nicht das auslösende Moment. Dies zeigt sich auch daran, dass die bloße Übertragung einer Produktions-, Vertriebs- oder Servicefunktion als solche nicht unter den Tatbestand der Funktionsverlagerung fällt, wenn keine wesentlichen immateriellen Wirtschaftsgüter im Spiel sind.

**Heidecke**
In der Praxis besteht der Eindruck, dass in der Öffentlichkeit mit jeder Veränderung im Konzern ein Generalverdacht vorhanden ist, dass Konzerne durch konzerninterne Verlagerungen von Funktionen Steuern sparen wollen. Wie beurteilen Sie die momentane Diskussion?

**Naumann**
Die Diskussion über einen Generalverdacht, dass Konzerne verstärkt Steuersparmodelle zu nutzen suchen, ist kritisch zu beurteilen. Nach meiner Ansicht sind die Kapazitäten innerhalb der Steuerabteilungen der meisten deutschen Konzerne ohnehin zu gering, um explizit auf das Nutzen von Steuersparmodellen ausgerichtet zu sein. I. d. R. sind die Steuerabteilungen in Konzernen auf die Zielsetzung ausgerichtet, die Verrechnungspreissysteme in Einklang mit den gesetzlichen Anforderungen und dem betriebswirtschaftlichen Verständnis, das diesen Anforderungen zugrunde liegt, zu bringen, diese zu bestimmen und entsprechend zu dokumentieren. Dennoch gibt es bedingt durch Unterschiede in den Steuersystemen der Staaten Anreize und Möglichkeiten für die Unternehmen, ihre Steuerquote zu optimieren. Was in der öffentlichen Diskussion an dieser Stelle oft fehlt, ist ein Hinweis darauf, dass verschiedene Staaten ganz bewusst Steuersparmodelle in der Konkurrenz um die Unternehmen anbieten. Solche zwischenstaatliche Steuerkonkurrenz wird international nicht grundsätzlich abgelehnt. Die Akzeptanz für Gestaltungen durch die Konzerne ist gegeben, solange die Konzerne in der Lage sind, die jeweiligen Verrechnungspreissysteme entsprechend dem betriebswirtschaftlichen Verständnis der konzerninternen Wertschöpfungsketten mit der steuerlich geforderten Substanz zu hinterlegen und dies in der Verrechnungspreisdokumentation nachzuweisen.

**Wilmanns**

Wie sehen Sie den von Mitgliedern der Finanzverwaltung beschriebenen Ansatz, im Rahmen von Korrelations- bzw. Zeitreihenanalysen auf mögliche Funktionsverlagerungen zu schließen (vgl. Wolenski & Wähnert, 2015)?

**Naumann**

Es scheint mir notwendig den Artikel vor einer endgültigen Meinungsbildung mit den Autoren zu diskutieren. Es kann jedoch festgehalten werden, dass eine singuläre Korrelationsanalyse eine Verrechnungspreisprüfung wohl kaum zu ersetzen vermag. Die Korrelations- bzw. Zeitreihenanalysen sind sicherlich geeignete Instrumente, um Risiken in bestehenden Verrechnungspreissystemen zu bestimmen. Dies kann jedoch als solches allein nicht zu einer Prüfungsfeststellung führen.

**Heidecke**

Wie hoch schätzen Sie das Risiko ein, dass eine deklarierte oder in der Betriebsprüfung festgestellte Funktionsverlagerung zu einer Doppelbesteuerung führt?

**Naumann**

Das BMF ist dem Ansatz zum „Business Restructuring" von der OECD weitestgehend gefolgt. Dies sollte das Risiko von potenziellen Doppelbesteuerungen aus Funktionsverlagerungen begrenzen. Zudem hat ein betriebswirtschaftlich basiertes Verrechnungspreissystem eine hohe internationale Akzeptanz. Ich gehe davon aus, dass weitere Staaten dieser betriebswirtschaftlichen Sicht folgen werden, auch wenn es anfänglich zu Schwierigkeiten in Prüfungen kommen mag. Prüfer haben i. d. R. einen eher steuerlichen als betriebswirtschaftlichen Hintergrund. Schulungen – auch zu betriebswirtschaftlichen Grundlagen – werden die Prüfer in Zukunft noch besser auf die Prüfung von Funktionsverlagerungen vorbereiten.

Ich sehe große Chancen der internationalen Akzeptanz, wenn der Steuerpflichtige die betriebswirtschaftlichen Überlegungen, die hinter seiner Umstrukturierung stehen, klar dokumentiert und transparent macht. Rechtssicherheit ist wahrscheinlich gerade dann zu erreichen, wenn der Steuerpflichtige sich im Inland an die gegebenen Regelwerke hält und im Ausland konsequent entsprechend dokumentiert. Das Risiko der Doppelbesteuerung dürfte durch umfangreiche und auf die betriebswirtschaftlichen Systeme ausgerichtete Dokumentation – auch ohne Verständigungsverfahren – durch den Steuerpflichtigen bereits im Vorhinein deutlich verringert werden. Einzelne Fragen zu Bewertungsparametern und weiteren Details wird man sicher auch in Zukunft kontrovers diskutieren, aber für eine grundsätzliche Akzeptanz des „Systems" (DCF-Methoden) auch im internationalen Kontext sehe ich sehr gute Chancen.

**Heidecke**

Sie sprechen es an: Unterschiede in den Details. Gehen Sie davon aus, dass der „Tax Amortization Benefit" sich langfristig etablieren und auch in Diskussionen mit ausländischen Finanzverwaltungen akzeptiert wird?

**Naumann**

In Anlehnung an den Fremdvergleichsgrundsatz stellt sich zunächst die Frage, ob ein unabhängiger Dritter einen solchen „Tax Amortization Benefit" berücksichtigt hätte. Dies ist zunächst eine betriebswirtschaftliche Frage, die aber auch in der Betriebswirtschaftslehre nicht eindeutig beantwortet ist. Bei kleineren Beträgen wäre wohl kein Abschreibungsvorteil zu berücksichtigen, bei größeren Beträgen aber sehr wohl. Mit diesem Problem mussten wir umgehen und es wurde entschieden, ihn zu berücksichtigen. Ab welcher Bewertungsgröße ein „Tax Amortization Benefit" zu berücksichtigen ist, ist seitens des BMF nicht geklärt. In die Diskussion, ob er in der Praxis berücksichtigt würde, sind betriebswirtschaftliche Argumente einzubeziehen und durch den Steuerpflichtigen vorzubringen.

Mit Blick auf mögliche Konflikte ist ferner zu erwähnen, dass bei Funktionsverlagerungen immer mehrere Staaten involvieren. Es stellt sich daher im Einzelfall die Frage, wie sich ein beteiligter ausländischer Staat verhalten wird. Der „Tax Amortization Benefit" kann sich im Einzelfall z. B. für Deutschland positiv auswirken und entsprechend im Ausland einen eher negativen Effekt mit sich bringen. Dies ist aber im Einzelfall zu klären. Im Extremfall könnte, auch wenn das – wegen der eintretenden Komplikationen – nicht gewünscht ist, ein Verständigungsverfahren Abhilfe schaffen.

**Heidecke**

In Ihren letzten Antworten betonen Sie sehr eine betriebswirtschaftliche Sicht auf die Dinge.

**Naumann**

Die betriebswirtschaftliche Komponente ist ganz klar gegeben und muss entsprechend berücksichtigt und dokumentiert werden. Es ist festzuhalten, dass „gute" Funktionsverlagerungen betriebswirtschaftliche Ursachen haben. Daher ist es erforderlich, betriebswirtschaftliche Argumente in Bezug auf Funktionsverlagerungen entsprechend zu würdigen.

**Heidecke**

Das ist ein enormer Paradigmenwechsel: Weg vom reinen Steuerrecht hin zu einer betriebswirtschaftlich geprägten Sicht. Wie wirkt sich dies speziell für die Betriebsprüfer aus?

**Naumann**

Für die Betriebsprüfer ist das durchaus gewöhnungsbedürftig. Aber ich möchte auch betonen, dass der doppelte ordentliche und gewissenhafte Geschäftsleiter bereits seit Jahrzehnten Bestandteil der deutschen Rechtsprechung, z. B. zur verdeckten Gewinnausschüttung, ist. Entsprechend sind die Überlegungen nicht neu, an das Problem über eine zweiseitige, wirtschaftlich geprägte Betrachtung heranzugehen. Dies wird im Übrigen auch durch die OECD weiter betont und war auch Forderung der internationalen Wirtschaft (BIAC).

**Wilmanns**

Die Transferpaketregelung bewertet die zu verlagernde Funktion auf Ebene der abgebenden als auch auf Ebene der aufnehmenden Partei sowohl vor als auch nach der Übertragung. Hier besteht das Problem, dass Unternehmen nicht immer Planzahlen mit und ohne Umstrukturierung entwickeln, schlicht weil die Ressourcen fehlen oder die Notwendigkeit aus operativer Sicht nicht gesehen wird. Läuft eine zweiseitige Analyse in diesem Fall dann nicht ins Leere?

**Naumann**

Es ist eins der bestehenden Probleme, dass bei der Bewertung Anforderungen an die Unternehmen gestellt werden müssen, die so in der betriebswirtschaftlichen Realität nicht unbedingt immer zwingend erscheinen mögen.

Es ist aber weithin unstrittig, dass in vielen Fällen ein Unternehmen, das einem anderen einen immateriellen Vermögenswert überträgt bzw. diesen Vermögenswert einem anderen zur Nutzung überlässt, nicht auf Gewinnpotenzial verzichten will. Die Perspektive des Gegenübers zielt darauf ab, keinen zu hohen Preis zu zahlen. Aus dieser unterschiedlichen Interessenlage ergeben sich die verschiedenen Verhandlungspositionen, die bekannt sein müssen, um (fiktiv) einen Fremdvergleich anstellen zu können. Zudem gehen wir davon aus, dass ein ordentlicher und gewissenhafter Geschäftsleiter gerade bei größeren Umstrukturierungen entsprechende Planungen durchführt: Er muss positive und negative Effekte gegenüberstellen und benötigt hierzu vergleichenden Analysen, um die Folgen der verschiedenen Szenarien, wie Umsatzrückgang, aber auch steuerliche Effekte, sachgerecht berücksichtigen zu können. Daher halten wir an der zweiseitigen Betrachtung fest.

**Heidecke**

Im Funktionsverlagerungserlass wird dem Steuerpflichtigen die alternative Möglichkeit der Nutzungsüberlassung als Vergütungsmodell für den Wert des übertragenen immateriellen Wirtschaftsguts eingeräumt. Führen diese Regelungen nach Ihrer Ansicht zu einer Zunahme an Lizenzmodellen?

**Naumann**

Eine Zunahme wurde erwartet, ist bisher aber nicht verifiziert. Anzumerken ist, dass gemäß der Verwaltungsgrundsätze im Zweifel von einer Lizenzierung und nicht von einer Eigentumsübertragung ausgegangen wird (Tz. 102 BMF-Schreiben v. 13.10.2010). Im Zweifel würde der Prüfer also eine Nutzungsüberlassung annehmen, um ggf. Liquiditätsprobleme nicht entstehen zu lassen.

**Wilmanns**

Um zu ergänzen mit Blick auf die Funktion: Wenn z. B. eine F&E-Funktion übertragen wird, dann gibt es doch zwei Möglichkeiten: Die sofortige steuerliche Ausgleichszahlung oder eine Nutzungsüberlassung für das der F&E-Tätigkeit zugrunde liegende Wirtschaftsgut.

**Naumann**
Es ist zu unterscheiden, ob nur ein einzelner Wert oder eine ganze Funktion übertragen wird. Die Möglichkeit im Erlass besteht im Hinblick auf einen abgrenzbaren immateriellen Wert, der im Rahmen einer Funktionsverlagerung zur Nutzung überlassen werden kann, nicht aber für die gesamte Funktion. Bei Verlagerung einer gesamten F&E-Funktion einschließlich der immateriellen Werte könnten theoretisch die bereits fertigen immateriellen Wirtschaftsgüter lizenziert werden. Für die restlichen „unfertigen" immateriellen Werte wäre dann die Berechnung eines „Zeitwertes" notwendig. Theoretisch ist dies möglich, in der Anwendung aber ein sehr schwieriger Fall.

**Heidecke**
Wie beurteilen Sie die Diskussion zur Preisanpassungsklausel, die ja oft in Verträgen zwischen fremden Dritten fehlt.

**Naumann**
Preisanpassungsklauseln sind immer dann zu berücksichtigen, wenn immaterielle Wirtschaftsgüter gegen eine Einmalzahlung übertragen werden. Der Grund hierfür liegt insbesondere in der bestehenden Informationsasymmetrie zwischen dem Steuerpflichtigen und der Betriebsprüfung. Der Steuerpflichtige weiß im Zweifel, was der immaterielle Wert tatsächlich wert ist, der Prüfer hingegen kann diesen Wert zum Zeitpunkt der Übertragung kaum ermitteln. Der Ansatz der Preisanpassungsklauseln ist gerechtfertigt, da ein fremder Dritter vermutlich einen ganz anderen Aufwand zur Bestimmung der Werthaltigkeit der immateriellen Werte in Kauf nehmen würde, als es konzernintern die Regel ist.

Die Preisanpassungsklauseln sind zudem stark an OECD-Formulierungen angelehnt für den Fall, dass der tatsächlich angesetzte Preis und die nachträgliche Entwicklung stark voneinander abweichen. Die Preisanpassungsklausel ist auf immaterielle Werte beschränkt. Der tatsächliche Anwendungsbereich dürfte daher gering sein. Ich gebe zu, dass der Ausgang von Verständigungsverfahren zu Preisanpassungsklauseln schwer abzuschätzen ist.

**Heidecke**
Welche weiteren verrechnungspreisspezifischen Themen werden aus Ihrer Sicht bei konzerninternen Umstrukturierungen zunehmend geprüft?

**Naumann**
Der Begriff „Umstrukturierung" selbst ist ein eher ungenauer Ausdruck. Durch die Regelungen zu Funktionsverlagerungen sind viele Fälle wie u. a. die Funktionsverdoppelung (eine Funktion, die bereits im Inland ausgeübt wird, wird im Ausland eröffnet), die

Funktionsneuaufnahme (im Ausland wird etwas ganz Neues begonnen) und die Funktionsübertragung (im Inland wird eine Funktion aufgegeben) angesprochen. Für alle Konstellationen kann es zu Verrechnungspreisthemen kommen, z. B. bei der Neuaufnahme einer Funktion zur Übertragung oder Nutzungsüberlassung von immateriellen Werten, oder bei der Funktionsverdoppelung zu einer nicht beabsichtigten Abschmelzung der Funktion im Inland. In der Gesamtschau besteht in jedem dieser Fälle das Bedürfnis, genauer zu quantifizieren, was genau das bisher tätige Unternehmen aufgibt und was genau das neu tätige erhält.

**Wilmanns**

Haben Sie in dem Zusammenhang das Betriebsstättenthema in Ihren Ausführungen bewusst oder unbewusst ausgeklammert; insbesondere im Lichte der zunehmenden Diskussion um Betriebsstättenbegründungen bei Umstrukturierungen?

**Naumann**

Nein, das war keine bewusste Ausklammerung. Das Betriebsstättenthema ist in Parallelität zu Tochterunternehmen zu sehen. Nach dem neuen OECD-Verständnis sind Betriebsstätten nach Möglichkeit mit Tochterunternehmen gleichzustellen. Entsprechend gelten die besprochenen Regelungen für Betriebsstätten wie für Tochtergesellschaften. Ich habe eine eher klassische Sichtweise zum Thema Betriebsstätten. Ich meine, dass die Definition in der Abgabenordnung und die entsprechenden Definitionen in den DBA ausreichend sind.

Eine Aufweichung der bestehenden Betriebsstättendefinition könnte zu verstärkten steuerlichen Problemen führen, insbesondere wenn durch eine Definitionsänderung die Zahl der Betriebsstätten international erheblich steigen würde. Bestehende Probleme aufgrund von Niedrigsteuerländern sollten nicht über die Betriebsstättenthematik bekämpft werden.

**Wilmanns**

Erwarten Sie zum Thema „Business Restructuring" bzw. Funktionsverlagerung in den nächsten fünf Jahren noch weitreichende Anpassungen und Vorgaben?

**Naumann**

In Bezug auf BEPS ist eine Prognose sehr unsicher, aber ich wage die Aussage, dass es vermutlich in der näheren Zukunft eher keinen starken Änderungsbedarf mit Bezug zu Funktionsverlagerungen geben wird. Ich glaube, dass wir hier in Deutschland mit den bestehenden Regelungen international gut aufgestellt sind.

**Wilmanns und Heidecke**

Wir danken Ihnen recht herzlich für das Interview.

## Literatur

Kowallik, & Gegusch. (2015). Die Steuerabteilung im Wandel. *Der Betrieb*, S. 341.
Wolenski, & Wähnert. (2015). Systematische Visualisierung von Gewinnverschiebungen. *IWB*, S. 105.

## Über die Autoren

**Dr. Björn Heidecke** (Hrsg.) ist seit 2011 Verrechnungspreisexperte bei der Deloitte GmbH am Standort Hamburg. In 2013 war er mehrere Monate im Verrechnungspreisteam am Standort Johannesburg/Südafrika tätig. Seine Interessen liegen in den Bereichen: Umstrukturierungen und Verrechnungspreise, Funktionsverlagerungsbewertungen, Bewertung von immateriellen Vermögensgegenständen, Verrechnungspreissysteme in Afrika, Verrechnungspreise bei Start-Ups und Themen an der Schnittstelle von Steuern und Ethik.

Er studierte von 2004 bis 2008 Diplom-Volkswirtschaftslehre und Diplom-Handelslehramt an der Christian-Albrechts-Universität zu Kiel und promovierte von 2008 bis 2011 an der TU Chemnitz sowie der Wirtschaftsuniversität Breslau.

Er ist Mitglied der Deutschen Gesellschaft für ökonomische Bildung und Alumni des Nachwuchsförderungsprogrammes der Hanns Martin Schleyer-Stiftung. Er publiziert regelmäßig auf dem Gebiet der Verrechnungspreise.

**Dr. Richard Schmidtke** (Hrsg.) ist Partner bei der Deloitte GmbH und leitet die Service Line Verrechnungspreise in München. Er betreut Mandanten insbesondere im Bereich der Business Model Optimization und IP-Verrechnungspreisplanung sowie Verrechnungsdokumentation, einschließlich deren Verteidigung in Betriebsprüfungen. Darüber hinaus betreut er Schlichtungsverfahren und Vorabverständigungsverfahren. Zu seinen Mandanten gehören europäische, japanische und US-amerikanische Großunternehmen in einer Vielzahl von Branchen, darunter Fertigung, Pharma, Chemie, Groß-/Einzelhandel sowie Konsumgüter und Logistik.

Er studierte Volkswirtschaftslehre und Wirtschaftsinformatik in München und Toulouse und promovierte in Wirtschaftswissenschaften an der Universität München. Er hat ferner einen Master in Rechnungswesen und Steuern der Business School Mannheim und ist CFA Charterholder des CFA Institute. Dr. Richard Schmidtke ist deutscher Steuerberater und Mitglied der Steuerberaterkammer.

Er ist Leiter der Deloitte Americas/EMEA Intellectual Property Group, einer internationalen Gruppe von Deloitte-Transfer-Pricing-Experten mit Schwerpunkt auf Verrechnungspreisen und geistigem Eigentum. Er unterrichtet „Verrechnungspreise" an der Business School Mannheim und Bewertung für Verrechnungspreiszwecke im „Bewertungskurs Fortgeschrittene" an der Bundesfinanzakademie.

Er hat eine Vielzahl an Artikeln in nationalen und internationalen Steuer- und Verrechnungspreiszeitschriften veröffentlicht. Er ist als einer der weltweit führenden Transfer-Pricing-Berater von Euromoney anerkannt.

**Jobst Wilmanns** (Hrsg.) ist Diplom-Kaufmann und Steuerberater. Seit 2014 arbeitet er als Partner und Leiter der Service Line Verrechnungspreise in Frankfurt am Main. Sein Aufgabenbereich umfasst die Beratung multinationaler Unternehmen überwiegend in den Branchen Chemie, Pharma, Automotive, Technologie, Anlagenbau und Financial Services. Er verfügt über langjährige Erfahrung in der Verrechnungspreisberatung, insbesondere in der Strukturierung, Implementierung,

Dokumentation und Verteidigung multinationaler Geschäftsmodelle. Er ist vielfach beauftragt worden für die Planung, Umsetzung und Koordination von Verrechnungspreissystemen zahlreicher großer deutscher Konzerne. Des Weiteren ist er maßgeblich verantwortlich für die Entwicklung neuer Beratungskonzepte und Gestaltungsmöglichkeiten, insbesondere in den Bereichen zu „Intellectual Property", Implementierung von Verrechnungspreissystemen und der Umsetzung internationaler Dokumentationsvorschriften.

In der Ausgabe 23/2015 der „Wirtschaftswoche" wurde er zu einem der Top-Spezialisten im Fachgebiet Steuerrecht gekürt und im Journal „Euromoney's 2015 Guide to the Word's Leading Transfer Pricing Advisers" vom September 2015 ebenfalls nominiert.

Er veröffentlichte als Co-Herausgeber das Buch „Internationale Verrechnungspreise" und ist häufiger Referent an Universitäten und an der Bundesfinanzakademie. Er ist außerdem Mitglied im „Arbeitskreis Verrechnungspreise" der Schmalenbach-Gesellschaft.

# Stichwortverzeichnis

§ 90 AO, 138
§ 89b HGB, 120
4-fach-Bewertung, 532
7-Punkte-Katalog, 75

**A**

Abgebende Unternehmen, 120
Abkommen, 62, 63
Abschlussvollmacht, 323
Abschnittsbesteuerung, 399
Abspaltung, 57
Abwälzungsvereinbarungen, 273, 274
Adjusted-Present-Value, 170
Allgemeiner Kündigungsschutz, 76
Amtsermittlungsgrundsatz, 419
Amtsermittlungsprinzip, 410, 411
Angemessenheitsdokumentation, 419, 425, 427, 441, 442, 444, 446
Anpassungsklausel, 533
Ansatz der unzureichenden Vergleichbarkeit, 293, 294
Anwachsung, 55, 56, 69
APV-Ansatz, 357
Arbeitnehmermitbestimmung, 59
Asset Management, 508
Asset-liability-match, 509
Atomisierung, 87
Aufspaltung, 56, 57
Aufzeichnungen, 10
Aufzeichnungspflicht, 421, 423, 426, 439
Ausfallbürgschaft, 387
Ausfuhrlieferungen, 461, 467, 470
Ausführungsgesetz zur SE-VO, 69
Ausgangsrechtsträger, 65

Ausgleichsanspruch, 73, 265, 266, 268, 270–276, 281, 282, 284, 286, 287
Ausgleichsposten, 341, 346
Ausgliederung, 57, 69
Außerordentliche Kündigung, 71
Authorized OECD Approach, 144
Automobilindustrie, 486

**B**

Banken, 512
Basiszins, 186, 248, 359
Beherrschender Einfluss, 426
Beherrschung, 365, 368
Beihilferechts, 77
Beizulegender Zeitwert, 366, 375, 376, 378, 380
BEPS, 2, 9, 13, 112, 122–125, 127, 128, 131–133, 135–137, 143, 144, 146, 147, 521–523, 534, 540
BEPS-Initiativen, 521
BEPS-Maßnahme Nr. 7, 323
Bestandskunden, 268
Besteuerungsdefizit, 82
Besteuerungskompetenzen, 464
Bestimmungslandprinzip, 464
Betafaktor, 186, 202, 204–207, 242, 246, 247, 359, 360
Betriebsänderung, 54
Betriebsaufgabe, 344
Betriebsausgabenabzug, 388
Betriebsbedingte Kündigung, 74
Betriebsgrundlagen, 457, 458
Betriebsprüfung, 471
Betriebsrat, 76
Betriebsstättenbegründung, 540

Betriebsstättengewinnaufteilungsverordnung (BsGaV), 330, 333, 334
Betriebsübergang, 74–76
Beweislast, 430
Bewerter, 352, 355, 357, 358, 362, 371, 373
Bewertungsgrundsätze, 353, 354, 366
Bewertungsmethoden, 354, 366, 367
Bewertungsnotwendigkeiten, 3–5
Bewertungsobjekte, 150
Bewertungsprinzipien, 150
Bewertungsstandard, 150
Bewertungstechniken, 371
Bilanzmodernisierungsgesetz, 366
Billigkeit, 270, 276
Binnenstruktur, 70
Bundesanstalt für Finanzdienstleistungsaufsicht, 509, 513
Business Restructuring, 112, 535, 536, 540
Buy-Sell-Distributoren, 328

## C

CAGR, 255, 257, 260, 262
Capital Asset Pricing Model (CAPM), 185, 186, 191, 202, 211, 359
Cartesio, 64
Cash and Cash Equivalents, 309
Cashflowbasierte Bewertungen, 293
Centros, 64
Chancen- und Risikoverteilung, 473
Chemische Industrie, 501
Committee on Fiscal Affairs, 144
Commodities, 502
Country by Country Reporting, 133

## D

Daily Mail, 64
DCF-Analyse, 303
DCF-Verfahren, 171, 184, 185, 357, 358
Dealing at arm's length, 388
Dealings, 333
Depreciation and Amortisation, 309
Digitale Wirtschaft, 134, 143–145, 327
Directive Shopping, 405
Discounted Cashflow, 157
Discounted-Cashflow-Verfahren, 256, 357, 361
Diskontierung, 156, 158, 170, 171, 175, 177

Disruptive Technologien, 492
Dokumentationspflicht, 425
Doppelbesteuerung, 323, 335, 336, 345, 466, 469, 523, 524, 526, 528, 531, 536
Doppelter Fremdvergleich, 363, 380
Doppelter, ordentlicher und gewissenhafter Geschäftsleite, 524, 531
Dotationskapital, 334

## E

Effektive Gewinnbesteuerung, 295
Eigenhändler, 71, 265–267, 269–271, 277–279, 283, 285–287, 455, 473, 475, 476
Eigentumsübertragung, 93, 463
Einbringung, 55, 56, 63, 68
Einigungsbereich, 153, 155, 156, 160, 161, 163–165, 167, 169
Einkünfteermittlungsvorschriften, 332
Einkünftekorrektur, 152
Einstandszahlungen, 273, 274
Einzelbewertung, 82, 92, 97–99, 104
Einzelwirtschaftsgüter, 443
Eisbergmodell, 35
Emerging Markets, 489
Enterprise Value, 296, 298, 299, 307, 310–312
Entity-Ansätze, 357
Entlassung, 2
Entnahme, 339, 340
Entrepreneur, 436, 437, 440
Entschädigungsansprüche, 119
Entstrickung, 337, 339, 341
Entstrickungsbesteuerung, 82, 92
Entstrickungsregelungen, 334, 341, 346
Entstrickungstatbestände, 83
Equity Risk Premium Puzzle, 199
Equity-Ansatz, 357
Ertragswertverfahren, 357
Escapeklauseln, 5, 90, 91, 97–99, 400
EU-Grundfreiheiten, 341

## F

Feste Geschäftseinrichtungen, 320
Finale Entnahmetheorie, 339
Finanzverwaltung, 456, 463, 465, 468, 471, 472, 474
Firm Value, 296, 310

# Stichwortverzeichnis

Fishing expeditions, 412
Formwechsel, 55, 56, 58, 64–65
Franchisenehmer, 265, 266, 271
Free-Cash-Flow-To-Equity, 172, 175, 296, 299
Free-Cash-Flow-To-Firm, 175
Fremdvergleich, 71, 73
Fremdvergleichsgrundsatz, 113, 114, 117, 121, 122, 131, 133, 364
Fremdvergleichspreis, 151
Fully Fledged Distributor, 267
Funktionen und Risiken, 436–438
Funktions- und Risikoallokation, 386, 388
Funktions- und Risikoanalyse, 334
Funktionsabschmelzung, 84, 89, 96
Funktionsabspaltung, 84, 89–91
Funktionsausgliederung, 84, 88
Funktionsneuaufnahme, 540
Funktionsübertragung, 540
Funktionsverdoppelung, 84, 90, 91, 93, 539
Funktionsverlagerung, 1, 2, 4–6, 10, 15, 113–120, 123, 402
Funktionsverlagerungsbesteuerung, 519, 527
Fusionskontrolle, 77

## G

Gegenleistung, 57
Gegenseitigkeit, 472
Gemeiner Wert, 151, 340, 341, 342, 344, 356
Gesamtabwägung, 75
Gesamtrechtsnachfolge, 57, 58, 68, 69, 457, 463
Geschäftsbesorgungsverhältnis, 474
Geschäftsveräußerung im Ganzen, 453–464, 468, 470, 471
Geschäftsvorfall, 422, 429, 431, 432, 440, 442, 446
Gestaltungsmissbrauch, 392, 393, 395
Gewinnaufteilung, 318, 329, 331, 332, 348
Gewinnpotenzial, 90, 95, 99, 106, 116, 117, 153, 155, 156, 159, 164, 169, 182
Gewinnverschiebung, 2, 9
Gewöhnlicher Aufenthalt, 318
Gewöhnliche Geschäftstätigkeit, 325
Gillardon-Methode, 281
Goodwill, 365, 368
Gründungsformen, 69
Gründungsvorschriften, 67

Gutachten, 425

## H

Haftung der Unternehmensleitung, 73
Haftungsrisiken, 54, 73
Handelsvertreter, 71
Harter Markt, 508
Heraus-Verschmelzung, 59
Hilfs- und Nebenrechnung, 333, 336, 338
Hilfs- und Vorbereitungstätigkeiten, 327
Hilfstätigkeiten, 324, 325, 329, 339, 346, 348
Hineinverlegung, 65
Hinzurechnungsbesteuerung, 392, 396–398
Hypothetischer Fremdvergleich, 114, 118, 121, 150, 153, 160, 163, 169, 178, 293, 294

## I

Identitätswahrende Verlegung, 64, 70
IDW-Prüfungsstandards, 352
Immaterielle Werte, 520, 535, 540
Immaterieller Vermögenswert, 368, 370, 377
Immaterielle Wirtschaftsgüter, 114, 132, 144, 435, 438, 439, 443, 447
Implementierung, 3, 9
Inbound-Fällen, 345
Industrie 4.0, 145, 494
Inländische Leistungsortes, 466
Innergemeinschaftliche Lieferungen, 460, 466, 476
Inspire Art, 64
Internet der Dinge, 491, 494, 495
Intervalling-Effekt, 203
Investitionsbremse, 526
Iterative Verfahren, 209

## J

Jahressteuergesetz 2016, 136
Joint Audits, 384, 414

## K

Kapitalisierungszeitraums, 102
Kapitalisierungszinssatz, 358, 362, 373, 379
Kapitalkosten, 303–305, 312, 313
Kapitalmarkt, 183, 205

Kapitalstruktur, 295, 303, 312, 313
Kapitalwertbasierte Verfahren, 373
Kartell- und wettbewerbsrechtliche Aspekte, 77
Kommission, 453, 473, 474, 476
Kommissionär, 71, 265, 266, 271, 286, 322, 323, 328, 348
Kommissionärsmodelle, 328
Kommittenten, 474
Konzerninterne Verlagerungen, 522, 531, 535
Konzerninterne Verträge, 384–386
Konzernsteuerabteilung, 526
Korrelations- bzw. Zeitreihenanalysen, 536
Korrespondenzprinzip, 402
Kostendeckungsbeitragsrechnung, 159
Kündigungsfristen, 276
Kündigungsschutzgesetz, 74
Kunstbezogene Vermögenswerte, 371

**L**
Leistungsaustausch, 426, 431
Leistungsortbestimmung, 464, 466
Levering, 205
Limited Risk Distributor, 267
Lizenzmodelle, 532, 538
Lizenzpreisanalogiemethode, 373, 374, 378
Lohnfertiger, 328
Low Risk Distributor, 327

**M**
Makroorganisation, 24, 27, 49
Marke, 482
Markenbewertung, 353
Marktbasierte Ansatze, 371
Marktrisikoprämie, 185, 186, 194, 196, 198–202, 207
Marktübliche Renditen, 183, 194
Maßgeblichkeit des Bewertungszwecks, 354, 355
Maximalausgleich, 278, 283–285
Mean-Reverting-Prozess, 196
Mehrgewinnmethode, 373, 378
Mikroorganisation, 24
Mindestfristen, 276
Mitbestimmungsniveau, 59

Mitwirkungspflichten, 419–421, 424, 425, 430, 445, 447
Moral Hazard, 26
Multilaterale Abkommen, 324
Multiplikatoransatz, 261
Münchner Formel, 266, 279, 281, 284, 285, 287

**N**
Nahestehen, 426, 432, 447
Nelson-Siegel-Svensson-Verfahren, 359
Neugründung, 2
Neuinvestitionsrenditen, 303, 305, 312, 313
Neuordnung, 83
Neutralitätsprinzip, 469
Niederlassungsfreiheit, 59–61, 64, 66, 67, 69
Niedrigzinspolitik, 208
Nutzungsüberlassung, 93, 105, 456, 463, 469, 532, 535, 538–540

**O**
Objektbezogen, 87
Objektivierter Unternehmenswert, 356
OECD-MA, 319–321, 323–328, 330, 343, 346, 347
OEM, 486
Öffnungsklauseln, 114, 118, 520
Omnichannel, 485
Onlinehändler, 327
Organisatorische Geschlossenheit, 458
Ort der Geschäftsleitung, 318
Outbound-Fall, 331, 343, 344

**P**
Partielle (objektbezogene) Einzelrechtsnachfolge, 460
Peergroup, 360
Perpetuity-Growth-Modell, 255, 261
Personalfunktion, 332, 334, 336–339, 343
Personenhandelsgesellschafte, 59, 69
Pharmazeutische Industrie, 496
Planungsrechnung, 358
PPA-Gutachten, 365, 367
Preisanpassungsklausel, 120, 121, 532, 539

Primäre Aktivitäten, 30
Prinzipals, 322, 323, 325, 326, 328, 348
Produktionsverlagerung und -ausweitung, 489
Projektorganisation, 26, 27
Prozess, 20, 22–25, 34, 37–39, 45, 48, 49
Prozessdimension, 20, 22, 34, 47
Prozessgestaltung, 9

**Q**
Qualifikationskonflikt, 128
Quellensteuer, 405

**R**
Räumliche Entfernung, 76
Recharakterisierung, 389
Rechnungsberichtigung, 460, 468
Rechtsnachfolge, 58
Referenzzeitraum, 197, 198, 247
Registergericht, 61
Reihengeschäfte, 465
Reingewinn, 100, 101, 155–158, 178
Rekursive Berechnung, 209, 210
Relevant Business Activity Approach, 329
Rendite, 182–184, 186, 198, 200–202, 204, 212, 215, 243
Renditeintervall, 197, 198, 203, 207
Reproduktionskostenmethode, 372
Residualwertmethode, 373, 374
Restrukturierung, 20, 21
Retail-und-Consumer, 482–484
Return on Equity, 295, 304
Reverse-Charge-Verfahren, 467
Risikoallokation, 121
Routineunternehmen, 436–438
Rückforderungsverlangen, 78
Rückwirkungsverbot, 272

**S**
Sachverhaltsdokumentation, 419, 427, 431, 432, 434, 435, 442, 446
Sanierung, 20, 21
Schätzungsbefugnis, 445, 448
Scheingeschäft, 387
Schlussbesteuerung, 82
Schließungskosten, 154, 164
SE (Societas Europaea), 64

Selbstständigkeitsfiktion, 343
Selbstständige Lebensfähigkeit, 458
Selbstständigkeitsfiktion, 330, 332, 333, 336
SEVIC-Entscheidung des EuGH, 59
Shareconomy-Trend, 494
Significant People Function, 393
Sitz des Unternehmens, 318
Sitzverlegung, 55, 64–66
Solvency II, 509, 511
Spaltung, 55–57, 60, 61, 68
Sperrwirkung, 344
Staatliche Beihilfe, 129
Ständiger Vertreter, 320
Stellungnahme, 425
Steuerliche Investitionsförderung, 528
Steuerlicher Teilbetrieb, 84
Steuersparmodell, 531, 535
Steuerumgehung, 395
Strukturdimension, 22, 32
Substance over Form, 387
Substanz, 383, 391–393, 395
Substanzerfordernis, 384
Sukzessive Anwendung der Rechtsordnungen, 61
Svensson-Methode, 189, 190
Switch-Over-Klausel, 408

**T**
Tatsächliches Verhalten, 385
Tatsächlicher Sitz, 57, 67
Tax Amortization Benefit, 531, 536, 537
Tax gross-up, 163–165
Tax rulings, 77
Technologieindustrie, 491
Teilbetrieb, 341
Teilbetriebsschwelle, 153
Teilwert, 151, 363, 364
Teilwertbegriff, 363
Teminal Value, 255, 256
Territorialprinzip, 13
Thesaurierungsquote, 296, 304
Total-CF-Ansatz, 170
Transferpaketbewertung, 520, 525
Transferpaketregelung, 525, 531, 538
Transferpaket, 97–99, 103–105
Transparenzfiktion, 364
Treaty Override, 336, 409
Treaty- bzw. Directive-Shopping, 131

## U

Überlassung, 3
Überseering, 64, 70
Übertragung, 3, 81, 82, 84, 87–89, 92–96, 105, 106
Übertragung von Einzelgegenständen, 58
Umsatzsteuer, 453, 454, 456, 457, 461, 463, 464, 466–472, 474, 476–478
Umsatzsteuerliche Einkunftsquelle, 457, 459
Umsatzsteuerrecht, 454, 464, 466, 469, 474, 477, 478
Umsatzsteuervoranmeldung, 472, 477
Umstrukturierung, 19–23, 32, 34, 35, 37–39, 43–46, 49, 50, 112, 113, 115–119, 121, 122
Umwandlung, 20, 21
Umwandlungsfähiger Rechtsträger, 59
Umwandlungsgesetz, 55–57
Unabdingbarkeitsgrundsatz, 274
Unlevern, 205
Unmittelbare Cashflow-Prognose, 373
Unterstützende Aktivität, 31
Untersuchungsgrundsatz, 419, 420
Unverwertbarkeit, 444–449

## V

Vale, 61, 63, 64, 66
Vale-Entscheidung, 61, 63, 64, 66
Veranlagungsverfahrens, 469, 472
Verdeckte Gewinnausschüttung, 363
Verfügungsgewalt, 368
Verfügungsmacht, 465, 470
Vergleichbarkeitsanalyse, 115, 117, 122
Vergütungsmodell, 532, 538
Verlagerung von Arbeitsplätzen ins Ausland, 76
Verlagerungsmotiv, 522
Verlegung des Verwaltungssitzes, 55, 67
Vermögenswert, 332, 333, 336
Verschmelzung, 55–61, 63, 69
Verschmelzungsrichtlinie, 58, 59, 61
Versicherung, 508
Versicherungsschutz, 508
Verspätungszuschlag, 430, 449
Vertragliche Gestaltungen, 384, 385
Vertragliche Risikoaufteilungen, 385
Vertragsbedingung, 385
Vertragsbeendigung, 71, 72, 266, 272, 274, 275, 277
Vertragskonzern, 77
Vertreterbetriebsstätte, 320, 322, 323, 325, 326, 348
Vertretung, 453, 473, 475
Vertriebsrecht, 71
Verwaltungsgrundsätze Betriebsstättengewinnaufteilung (VWG BsGa-E), 334
Verwaltungssitz, 57, 67, 68, 70
Verwehrung des steuerlichen Vorteils, 384
Verwertbarkeit, 444, 445
Vorgabe des europäischen Beihilferechts, 77
Vorsichtsprinzip, 355
Vorsteuerabzug, 453, 461, 469–472, 478
Vorsteuerabzugsrechte, 470
Vorsteuerüberhang, 472

## W

WACC, 170, 171, 184, 185, 191, 208–212, 304, 357, 361
Wahrung der Identität, 76
Wechselbalgtheorie, 67
Wechselwirkung, 6
Weicher Markt, 508
Weiterbeschäftigung, 74, 75
Wertausprägung, 291
Wertschöpfungsbeitrag, 327
Wertschöpfungskette, 481–484, 487, 498, 504, 506, 509, 513
Wertschöpfungskettenmodell, 29
Wertschöpfungspotenzial, 82, 90
Werttreiber, 482, 508
Wesentliche Strategie, 440
Wiederbeschaffungskostenmethode, 372
Wohnsitz, 318

## Z

Zeitwert, 353, 366, 371, 379, 380
Zieldimension, 22, 32
Zinsschranke, 400, 401
Zinsumfeld, 308
Zivilrechtlicher Anspruch, 266
Zollaspekt, 14
Zustimmung eines jeden Vertragspartners, 58
Zustimmung- oder Übertragungserfordernis, 68
Zweigniederlassung, 319
Zweistufige Vorgehensweise, 332, 334
Zwischenstaatliche Steuerkonkurrenz, 535

Printed by Printforce, the Netherlands